交通系与
清末民初经济变迁

杨涛 著

中国社会科学出版社

图书在版编目(CIP)数据

交通系与清末民初经济变迁/杨涛著.—北京：中国社会科学出版社，2017.12

ISBN 978-7-5203-0603-4

Ⅰ.①交… Ⅱ.①杨… Ⅲ.①交通系—研究 Ⅳ.①K258.207

中国版本图书馆CIP数据核字(2017)第143348号

出 版 人 赵剑英
责任编辑 耿晓明
责任校对 冯英爽
责任印制 李寡寡

出 版 中国社会科学出版社
社 址 北京鼓楼西大街甲158号
邮 编 100720
网 址 http://www.csspw.cn
发 行 部 010-84083685
门 市 部 010-84029450
经 销 新华书店及其他书店

印 刷 北京君升印刷有限公司
装 订 廊坊市广阳区广增装订厂
版 次 2017年12月第1版
印 次 2017年12月第1次印刷

开 本 710×1000 1/16
印 张 36.75
插 页 2
字 数 582千字
定 价 128.00元

序

杨涛博士的著作《交通系与清末民初经济变迁》即将由中国社会科学出版社出版，作为其导师，我自然非常高兴。这篇论文是清末民初社会转型研究、中国早期现代化及北洋史研究领域的学术新葩，鲜艳可爱，可喜可贺。

论文以清末民初为时限。这一阶段在百年近代中并不算长，从1901年清末新政算起，至北洋军阀覆灭不过20多年时间。清末民初被学界公认为一个特殊的时期，是一个激荡、起伏的发展时期，是近代变革最剧烈时期，是中国由传统社会向现代社会转型的重要阶段。政治、经济、社会、文化教育等领域的巨大变革，看得见，摸得着。如农本商末早已成为过去，振兴工商业成为政府与人民上下一致的意愿，时代发展的潮流。政府方面，无论是清政府还是北洋政府，均制订了一系列发展工商的政策与法规法令，刺激了经济的持续增长；政治方面，由君主专制到效法西方的君主立宪——预备仿行立宪，由君主立宪到民主共和，由总统制易为内阁制，宪法、国会、总统、内阁、政党、社团等西方资产阶级政治民主制度至少在形式上都被移植过来，人民具有了选举权和被选举权，有了出版、集会、结社等自由，这是过去一切时代所未有的；文化教育方面，延续一千多年的科举制度得以废除，现代学制得以全面贯彻，声光电化教学内容充斥课堂，新型知识分子群体成为国家最为活跃、最富生机的力量。但长期以来以阶级斗争为中心的革命史观却没有看好这一时期，极力否认这一阶段的进步性与合法性，视清末新政为“假维新”“伪立宪”，是腐朽、落后的封建专制统治。民初袁世凯为首的北洋集团统治，更视为黑暗的反动统治。以革命史为视角的研究对号召和动员人们进行反帝、反封斗争，加快中国社会进步，凝聚人心等方面起了很大作用，但无视这一时期中国社会的发展，进步，割断历史，是片面的，与唯物史观的实事求是精神相悖离。30 多年来的思想解放和改革开放实践，拓宽了我们的视野，重新审视这一时期的时机慢慢成熟。但人们限于长期的思想禁锢和思维定式，对清末民初社会的研究进展缓慢。

研究进展缓慢的另一主要原因，即清末民初是一个重要的转型期，是一个社会矛盾充斥的时期。新与旧，中与西，先进与落后，进步与反动，传统与现代并存，反对外国侵略与向西方学习同在，体现为极端混乱。其实这是非常正常的现象，任何一个大变革时代莫不如此。中国社会就是在矛盾中发展前进的，这就是历史的辩证法。大的矛盾下的具体矛盾更是多如牛毛，诸如行政与立法机构的矛盾，集权与分权的矛盾，中央政府与地方的矛盾，政府与社会的矛盾，政府与政党、政团或政治派别的矛盾，政府与宗教组织的矛盾，社会发展与社会治理的矛盾，社会各群体的矛盾，习俗与现代法制的矛盾等等。频繁出现的众多矛盾，不仅给社会稳定与发展带来了极大的压力，同时也给我们认识清末民初社会增加了众多的麻烦。一些人对清末民初社会研究望而却步，是可以理解的。

清末民初社会转型客观存在，存在决定意识。我自己意识到清末民初时段在中国近现代史上的重要地位，始于世纪之交，出于对 20 世纪百年历史反思。在进行了一些研究之后，确定博士招生的研究方向定为清末民初社会转型，并作为自己主要研究方向。在为博士研究生授课时，将清末民初社会转型研究析为政治、经济、军事、社会、思想文化转型研究等专题，与博士生多方探讨，取得良好成效。杨涛博士论文选题即围绕这一中心，有志对清末民初经济转型进行深入研究。

交通系是清末民初因新型交通事业发展而逐步形成的政治、经济派别，成员尽皆具有新知识与技术的官僚，其政治属性是后来发展的结果。交通系经营的现代事业的发展是国家进步和社会发展的标志，所以交通系自身发展势必促进清末民初的社会转型。但由于交通系是北洋集团中的一个派系，是依附于袁世凯而发展起来的。由于民初袁世凯集权专制，破坏民主法制，晚年又逆历史潮流而动，洪宪称帝，成为一个悲剧性人物。袁世凯的悲剧影响了交通系，对交通系的评价就成为一个非常复杂的问题。交通系是一个反动的官僚群体，还是一个对社会发展有过一定贡献的群体？大部分学者通过已有研究，将交通系定性为反动的官僚群体而给予抨击。

杨涛博士以“交通系与清末民初经济政策”作为自己的博士论文选题，应该是一个难度大、难题多、内容复杂、不易把握的选题。交通系是清末民初重要的财经官员群体，活动领域除了轮路电邮的交通四政外，金融、财政、实业，无不涉足。以交通系的经济政策与经济活动为研究内容，以早期现代化进程，制度创新与变革为主要研究理念，以对经济建设和经济现代化的影响，可资借鉴的历史经验为研究目的，所以该课题是一个有价值、有意义、有创新的研究课题。

我对杨涛博士完成这一选题充满了自信。杨涛博士入学前学术基础较好——河南大学中国近现代史硕士，副教授职称，已发表学术论文20余篇，且对经济史研究有着极大的兴趣。我相信他有能力完成这一选题，由此给予他大力支持，为他提供便利条件。比如支持他到南京大学民国史研究中心访学，获得学校资助。利用访学，杨涛向民国史研究中心名家陈谦平等教授请教、学习，获得到南京大学及第二历史档案馆查阅资料的便利条件等。杨涛不负我望，经过三年的奋力拼搏，近50万字的博士论文呈现在我的面前。经过严格的盲审程序和论文答辩，获得专家的一致好评，被专家确定为优秀博士论文。

杨涛博士论文克服了许多难点，多有创新。其创新择其重要者，我认为有以下几点：

第一，对交通系群体的详尽分析与恰当的历史定位。

比如通过对交通系主要人物学历、知识结构的考察，认为交通系主要人物不少人有着留学日本或美国的经历。在学识养成方面看，主要集中在铁路事业、财政经济、外交方面。他们能将所学与以后的所用很好地结合起来。通过对交通系主要人物经历、活动的考察，认为交通系主要人物职业经历、社会活动专业性强，而且在清末涉及许多重大事件。他们在这些社会活动和职业活动中体现了宽阔的政治视野，极强的专业技能，建树极多，成为本专业领域的专家和精英。清末如此，民初亦然。民初的交通系作为执政的北洋集团的一部分，大多以其经济政策影响国家的发展，交通系经济政策中的国家资本主义倾向是极为显著的，民初四政政策，如路政方面推行商办铁路国有、借债修路、崇官抑商、统一路政、加强铁路国有资产管理，反映出交通系主张铁路事业必须由国家垄断经营；为促进国有铁路营运、管理、建设、财会制度的发展，以统一路政、完善国有资产管理制度为主要手段。在电政方面颁布《电信条例》，明定国有原则，在管理上分设电政管理机构。在邮政上设立电政管理区、废除驿站，打击民信局和客邮，厘定邮政司与帛黎的关系，无不是强调国家力量在邮政领域的扩张。航政方面则更激烈地表现为轮船招商局的官办与商办之争。从实际效果看，国家资本主义政策在交通领域对促进四政的发展、改观具有明显效果。特别是铁路、电信与邮政，在袁世凯统治时期其发展成就是不容抹杀的。

第二，对民初袁世凯的集权政治给予辩证分析和理性评价。

研究交通系，分析其经济政策，必然涉及袁世凯的集权政治。通过对交通系经济政策的详尽分析，对民初袁世凯的集权政治给予辩证分析和理性评价，认为：一方面其在政治上削弱社会民主参与范围，乃至停开国会、施行党禁，并最终引发帝制活动，这都是应予以批判的，是毫无疑问的；但另一方面，在经济上，袁世凯作为一个后发现代化国家的领导人，亟须在国内形成稳定、统一的政治秩序，形成和平的经济发展环境，因此他不惜用政治威权和强制力来构建中央、国家以及以其为代表的权威，这又是无可非议的。而且正如许多经济学家、学者所承认的那样，正是在1913年袁世凯的个人集权统治得以稳定后，国内财政经济情况得到明显好转。袁世凯许多旨在加强中央集权的经济政策，如国税与中央专款制度，铁路国有化，矿业国有，收回各省滥币，财政厅直属中央，国库统一，中行归财政部直辖等等，其实际效果都是积极的。许多措施对恢复工商业发展，促进财政状况好转都是起到了良好效益的。因此从这一角度出发，我们对这些政策的实际制定者交通系的领袖人物，其政策制定的动机、意义都应从一个新的角度进行分析。即不能简单地认为这是袁世凯反动的集权统治在经济上的需要，而应理性分析，高度中央集权的经济制度与政策是否是必需的、合理的，而且其意义是积极的。这样的分析和评价，应该说是非常客观公正的。

第三，理论与研究方法的恰当运用与课题研究的一定深度。

研究交通系，采用多学科的方法是自然之事。杨涛博士没有满足于将清末民初交通系的复杂性交代清楚，给予适当定位。而是以交通系为例，运用社会转型、早期现代化、历史社会学、制度经济学等理论进一步研究清末民初社会，研究早期现代化进程，并得出与传统观点不同的结论。认为："从清末到民初，再到南京政府，受制于国家财政的极度困难，经济发展基础的极度落后，早期现代化目标的急剧繁重，国际形势特别是外患的极度紧迫，中国的早期现代化等是否顺利推行，首先需要的是一个强有力的集权政府，需要一个强有力的政治统治者，能实现国内政治统一，社会秩序稳定。这种诉求乃至发展成为极端民族主义、国家主义思潮的出现，在经济政策上就是集权主义、国家资本主义、统制主义，而不是自由主义、个人主义的色彩突出一些。"我认为杨涛的研究与结论，接近民初的国情与实际，对民初社会或北洋史的认识具有借鉴意义。民初社会张扬的应该如梁启超所说是国权主义，而非民权主义。

除了以上几处突出的创新点之外，我还认为其征引史料之丰富，其研究分量之厚重，是该篇论文的一大特点。杨涛竭尽全力，从国家第二历史档案馆、上海图书馆等搜集了不少未刊资料，在三年来的思考和写作过程中，他参考运用未刊档案资料 9 种，已刊档案资料 55 种，报刊资料 27 种，文集、资料汇编资料 95 种，参考论著 174 部，论文 55 篇。其初稿潇潇洒洒，洋洋大观，几近 50 万字。就其体系、内容、资料而言，可以说是非常少见的博士学位论文。

杨涛毕业后并没有急于将论文出版，而是利用四年多时间，不断精雕细琢。如在资料运用上增加了一些报刊资料和新出版的《北洋政府档案》等文献资料。对初稿中资料取舍，以及行文用语方面也做了不少更正、修改，使得文章更为精炼、规范。

尽管如此，我认为论文还有一些应尽完善之处。比如清末民初是一个比较开放的社会，外国人大量涌入，被中央及地方政府聘请为顾问、外教等，他们在华经历及参与中国国家各方面事务，均有文字存世。这些外文资料对研究清末民初社会，研究交通系是不可缺少的。

杨涛也注意到利用外文资料，可惜太少。另外，交通系群体具有经济属性，考察交通系的相关经济政策，还应该与民初的经济发展紧密集合起来。还有，对主要交通系成员的出身、籍贯、学历、经历等进行了较为详尽的叙述与分析，其旨趣、思维方式方面有没有共同点呢？这些都是应该加强与注意的地方。

博士论文付梓是一位学者研究成果形成的主要表现，值此时机，我不仅对杨涛博士论文出版深表祝贺，更希望他今后在学术道路上不忘初心，依旧充满热情，不断努力，积极创新，取得更加优异的学术成果。

是为序。

张华腾

2017 年 2 月 3 日

目　录

绪　论

中国的早期现代化实践肇始于19世纪60年代的“自强新政”（即通常所称的“洋务运动”）。庚子事变后，进一步扩展为以“清末新政”为外观，成为中国近代史上第一次全面、系统的现代化实践。这一阶段的现代化，以张之洞、刘坤一、袁世凯、岑春煊等为代表的地方督抚与地方士绅为实际推行者。辛亥革命前，袁世凯无论是作地方大员还是中央大员，对此一时期政治、军事、经济、文化教育乃至社会事业的现代化起到极大影响。袁世凯为首的北洋集团（包含交通系）推行的北洋新政具有典型示范作用，编练新军、成立巡警、推行地方自治、改良狱政司法、举办新式学堂、发展实业、推进天津等城市市政建设等都产生了深远影响。有学者评价以天津为中心的北洋新政成为实施新政的“实验场”，许多深具近代意义的机构、制度纷纷得以建立和实施，成为全国纷纷仿效的“样板”，对地方社会的发展以至中国的政治走向都产生了十分深远的影响。①

辛亥革命后，袁世凯建立了以其为核心的北洋政府，这一时期也是中国早期现代化进程中的第二个阶段。“民初北洋集团掌握国家政权，继续清末的改革并进一步发展，代表资产阶级的利益而多方面制定经济政策与法规，应该是资产阶级所为。所以北洋集团是中国资产阶级的一部分，中国资产阶级中的一个政治派别。”② 北京政府制定的一系列政策有利于资本主义的发展和早期现代化的深入推行。这些政策在经济领域尤为显著。有学者认为，北京政府统治时期是中国早

① 侯杰：《〈大公报〉与近代中国》，南开大学出版社2006年版，第3页。

② 张华腾：《北洋集团崛起研究》，中华书局2009年版，第300页。

期现代化的“启动阶段”和“异化阶段”。前者意指从社会制度变革、资产阶级的成长，尤其是资本积累与规模扩大方面，为早期现代化奠定了最为基础的条件。经过这个阶段工业化、民主化、民族化（即争取国家独立）的思想渐入人心，现代化的社会动员已经开始，制度机制和社会内部有利于现代化发展的各项条件初步具备，并逐渐发展。就后者而言，意指袁世凯虽然在经济上以“振兴实业”为旨归，以资本主义经济法制体系和科层组织的建立推进社会经济的现代化，但政治上实行专制与集权统治，民主共和制度名存实亡，“民权”重新成为一个问题，并严重影响现代化建设的各个方面。这一变化使得要求发展现代化的社会各界，对民国制度和政权现代化逐渐由满怀信心转向失望。[①] 还有学者指出北洋政府名义上一直维持“民主共和”政体，大部分时间设有两院制国会，实则以民意招牌行独裁之实。但同时许多军阀官僚投资工矿企业，兼有资本家身份。而且北洋政府采取的一系列政策如制定《公司条例》《矿业条例》，提倡国货、广设银行、改用袁头币等等，对经济现代化起了积极影响，出现政治上和经济上的极大反差。不过北洋政权代表反动阶级利益，依附于帝国主义，受其掣肘，推行的经济近代化仍具有局限性。[②] 总之，由于北京政府被认为是集权专制，是保守乃至反动的，影响了人们评价北洋集团、北京政府对推进中国早期经济近代化所起的作用。

但不能否认，在清末民初这一中国社会转型最剧烈时期，也是中国早期现代化的肇始、启动阶段，袁世凯和以其为首的北洋集团对社会转型、现代化的进程所起作用，是其他政治集团难以比肩的。在经济现代化层面，清末袁世凯为首的北洋集团广泛涉足于各经济领域。如工矿业方面，创办了直隶工艺总局，扶持启新洋灰公司与滦州煤矿公司、京师自来水公司而形成周学熙资本集团；交通业方面，控制了轮、路、电、邮四政，对交通四政向国有化、官办的转向中起到了巨大作用；金融与币制方面，袁世凯、周学熙与交通系先后创办了交通

① 虞和平：《中国现代化历程》（第二卷），江苏人民出版社 2007 年版，第 364—365 页。

② 黄逸平、虞宝棠：《北洋政府时期经济》，上海社会科学院出版社 1995 年版，第 19—20 页。

银行、北洋保商银行、天津官银号等金融机构，对推进铁路建设、实业发展、币制改革特别是试铸银圆产生巨大影响；财政方面，袁世凯等提出裁撤厘金、举办印花税、发行公债、改定关税等财政整理主张。这些经济上的重要举措与主张至民初不仅得到延续，并且因北洋集团上升为统治集团得到了进一步的扩展。袁世凯统治期间，周学熙、杨士琦为首的皖派与梁士诒、叶恭绰、周自齐、朱启钤为首的交通系（也称粤派）成为经济政策的制定者与执行者。特别是交通系的经济活动已不同于清末，不再局限于路政一隅及与之相关的金融、财政领域，而是全面扩张至交通、金融、财政、实业诸多领域。在国家机关层面，除交通部外，财政部、税务处、盐务署、农商部等关系国家经济发展的部门也一度为交通系所掌控。交通系还通过中国银行、交通银行、公债局、铁路协会等组织机构深刻影响着民初社会经济的发展与变迁。因此考察交通系的经济活动，可对北京政府统治初期的经济政策进行深入分析，从一个新的角度了解中国经济现代化的具体推行状况。

有学者指出，民初形成的以金融资本为中心的三大财团左右了抗战前中国经济的总体发展，这三大财团即北京、天津为中心的华北财团，上海为中心的江浙财团，香港、广州为中心的华南财团。在三大财团中，交通系居主的华北财团仰仗北洋政府支持及政府要员身份，实际长期居于核心地位。[①] 长期以来交通系被定义为以金融资本为后盾，以国家权力为凭借，将政治、经济资源互为融合，集官僚、财阀于一的所谓“官僚资产阶级”。这一政治色彩浓重的定义现在已被学界重新解读，即交通系与其他所谓官僚资产阶级在其从事的经济活动中，应严格区分其政府主管、企业法人、私人投资者的不同身份，相应分别为国家资本、私人资本性质的经济活动。有关“官僚资本”的研究应从法学、经济学的角度严格界定是否为个人的资本与企业经营活动。一些学者提出：“可不可以把官僚私人投资同国家资本混在

① 姜铎：《略论旧中国三大财团》，李新萍：《姜铎文存——近代中国洋务运动与资本主义论丛》，吉林人民出版社1996年版，第407—433页。

一起算作反动的‘官僚资本’。我认为这样做也是不妥当的。”[①] 但至今，“官僚资本”虽重新定义，却仍和“国家资本”捆绑，作为清末民初与“民间资本”对立的具有负面色彩的经济范畴，大部分时间或者讲绝大部分程度上对早期现代化进程具有消极作用。

交通系清末民初的经济活动虽有一些属于私人资本经营。但更主要的是体现为国家资本主义性质，具有垄断性、国家政策干预性质的经济活动，是作为国家行政机关与官办企业的领导、法人，执行国家公务活动与管理的行为。这些与交通业、财政税务、金融币制、实业紧密相关的经济活动体现出交通系对国家财政经济的“统制”作用，根本目的是维系统治的稳定和统一；也是为促进交通业、工农商业的发展，促进金融、财政制度的进一步完善和形势的根本好转。

因此我们在评价交通系时，如何评价交通系的经济政策、经济活动（特别是民初）就成为一个中心问题。这一问题在近代经济史研究领域中演化为许多有重要意义的课题。

首先，交通系在清末民初的经济政策与措施、经济活动渗透在各领域，其制定的一些重要政策、措施，如何在清末、北京政府、南京政府时期得以延续？一些政策成为历届政府的共识和必然选择，由此决定了中国现代化发展中是否具有某种“模式”“体制”特征？

其次，交通系的经济政策各个方面，在整个中国早期现代化进程中到底起到了怎样的重要影响，哪些政策应予肯定，哪些政策应予扬弃和继承，是应该予以准确评价的。

最后，有学者认为：“尽管东方国家在现代化过程中，政府作用及其效果的具体情况有所不同，但事实说明，从整体上看，东方国家现代化的成功程度仍有赖于政府强大的程度。中国和亚洲‘四小龙’的现代化经验可以充分说明这一点。从这个意义上讲，亨廷顿在《变化社会中的政治秩序》一书中所主张的发展中国家发展现代化必须依靠政府强大的‘强大政府论’，与现代化的东方道路是比较吻合

---

① 丁日初：《关于“官僚资本”与“官僚资产阶级”问题》，张宪文、陈兴唐、郑会欣：《民国档案与民国史学术讨论会论文集》，档案出版社1988年版，第445页。

的。"① 基于此，我们应正确评价交通系于民初制定经济政策体现出的、对袁世凯威权政治的支持，是否是中国早期现代化进程中一种迫不得已的选择。

遗憾的是，目前国内外学术界对于交通系与清末民初经济变迁，尚未有专门研究问世，也缺乏从早期现代化这一角度切入做出的深入研究。目前的研究多为描述性的，即主要是对交通系在铁路、公债、银行发展方面的活动进行研究。而系统、完整的评价交通系的经济政策、举措与活动对清末民初资本主义发展，对早期现代化的影响（特别是早期现代化的基本制度、模式层面）十分缺乏。

民初，交通系的各种经济政策与措施、活动以稳定国家财政为中心，以支持袁世凯的集权统治为表征，但其中部分经济政策客观上是否促进了经济现代化？我们必须思考，在具体的政策选择中，如何体现一种必然性，即受到经济伦理、经济行为传统继承影响，受到历史文化、风俗、政治制度，国内外环境诸多因素制约。这些政策选择的必然性是否体现出"制度经济"的特征。

本书基于以上思路，确立了以"交通系与清末民初经济变迁"为题目的研究。力图以交通系与清末民初经济发展为视角，揭示清末民初早期现代化的第一、第二阶段中带有规律性、必然性的发展模式和体制问题，并对交通系对早期现代化所起到的客观作用予以实事求是的评价。

一 学术前史

本书所指的"清末民初"指庚子事变后至1916年间袁世凯统治时期；"交通系"指以唐绍仪、梁士诒、叶恭绰、周自齐、朱启钤、吴鼎昌等为核心的旧交通系；"经济变迁"主要从两方面入手研究，一是指交通系核心人物以政府主管官员或法人身份参与管理、经营的国家资本主义企业时所制订的行业管理政策和有关活动，这些企业包

① 马敏、张三夕：《东方文化与现代文明》，湖北人民出版社2001年版，第46—47页。

含官办或官督商办、官商合办形式的铁路、航运、邮政、电信、银行等近代企业；二是指他们以国家机关首长名义，通过政府行为，以财政、税收、金融、币制、实业等政策、法规的颁布而干预、影响国内社会经济发展，配置与调整社会经济资源分配。

（一）关于“交通系”的研究现状

交通系的研究目前主要围绕以下几个内容。其一，作为北洋集团内部的主要派系所作的群体研究，主要涉及交通系（新、旧交通系）的形成、发展、人员构成及其主要特点，以及对交通系主要人物（主要为梁士诒、曹汝霖、叶恭绰）活动的研究。其二，政治史、外交史领域的研究，包括对交通系在辛亥革命前后、洪宪帝制、段祺瑞执政时期政治活动的研究；对交通系在“二十一条”签订、中国参加第一次世界大战、“西原借款”、清末路权交涉中的外交活动研究等等。

从研究成果看，国内已有一篇专题研究交通系的博士论文（于庆祥《清末民初交通系研究》），两篇专题研究交通系的硕士论文问世（石宝友《清末民初旧交通系研究》、武玉兴《叶恭绰与近代中国交通事业》）。关于交通系及其主要领袖的专著已有五部问世（贾熟村《北洋军阀时期的交通系》、贾熟村《曹汝霖传》、李吉奎《梁士诒》、杨权《开拓近代交通事业的文化人叶恭绰》、察应坤、邵瑞《周自齐传》）。涉及交通系研究的国内外论文有近三十篇（自1964年彭明先生所著国内第一篇研究交通系的论文《五四前后的交通系》计起），绝大多数为20世纪90年代后发表。这均可说明交通系的研究在近二十年内虽得到国内外学界重视，但比较其他研究领域，尚可称之为新兴的研究领域。总的来看，不仅成果可谓不丰，特别是在新的评价体系、研究方法和观点方面尚未有新的突破。

1. 交通系的形成、发展、人员构成及其特点

彭明先生所著《五四前后的交通系》（《历史教学》1964年第2期）对新旧交通系的发展概况给予了比较详细的论述。提出旧交通系以梁士诒为首，在袁世凯时代形成，是袁一手培植起来。文章详述交通系政治、经济权势扩张的表现。认为交通系是大地主大资产阶级当权派的一部分，是袁的工具，特点是活动于交通、银行、实业界。开

始比较倾向于英美，后来与日本的关系也日益密切。

于庆祥在其博士论文中提出交通系类似古代朋党之间的利益集团，派系组织松散，成员之间更多依赖私人交往和传统纽带。交通四政、金融领域是该派系的主要活动空间。并详列77名旧交通系人物名单，提出其成员具有近代学识，兼具传统与近代两个方向的特征，处于社会身份的转型之中。[①] 于庆祥在其博士论文和论文《论交通系的政治性格》（《河北建筑科技学院学报》1999年第4期）中进一步提出交通系是二级派系集团。该集团依靠对国家新兴实业经营的垄断，获得雄厚的经济实力进军政坛，国家的内务、外交、财政、金融都受到交通系程度不同的渗透。于庆祥认为交通系自身的经济实力使北洋军阀统治时期的每一个政治派别都不得不与之建立政治关系。交通系除核心人物外，还包括交通部各司司长、参事、科长，下属各铁路局局长、工程建设督办、会办、帮办，交通银行、中国银行、金城银行、盐业银行的部分投资人、总行管理者以及部分政府部门的中层人物。部分交通系人物如梁士诒、朱启钤、叶恭绰等人发表过对于交通、银行、内政等方面的一些论见，但显得零碎没有力度，是某一方面的具体意见，并非治理国家的高明之见，某些具体政策不能称为信仰。他们信奉经济利益、组织荣誉，因而政治表现即为追随政治强权，而不问是否顺应社会潮流。旧交通系组织极为涣散，成员约束性很差，外围人员处于游离状态。

刘桂五著《交通系述论》（《社会科学战线》1982年第3期）对以梁士诒、曹汝霖为首的新旧交通系的形成、发展概况及主要活动给予了简略介绍，认为交通系是一个掌握铁路、盐务、矿政等财政大权的官僚买办阶层，对外依靠帝国主义，为军阀“奔走”，控制外交大权，利用职权贪污中饱，成为官僚资产阶级与大地主。

苏全有著《清末铁路总局探析》（《中州学刊》2008年第2期）认为梁士诒以铁路总局为根据地，借助袁世凯的势力及影响，运用个人能力，以同年、同乡、部属和亲族为纽带，形成政治集团。认为这

① 于庆祥：《清末民初交通系研究》，中国人民大学2000年博士论文，第24、28—30页。

是交通系形成主要时期，从一开始就加入袁世凯、徐世昌为首的北洋集团，与盛宣怀就争夺管理权而产生激烈冲突。

张富强的《梁士诒功过评说纷纭》（《学术研究》1990 年第 2 期）介绍了 1989 年 12 月梁士诒史料征集研讨会简况，会议对梁士诒的功过评说纷纭。对梁士诒的定性出现三种观点。第一种认为梁士诒长期追随袁世凯，权位显赫，有二总统之称，为袁世凯的反动统治和称帝竭尽犬马之劳，是一个反面人物。第二种认为把梁视为彻头彻尾的反面人物，不够客观。应将其政治生涯以 1923 年为界区别开来。第三种认为，梁是一个复杂的人物，仅用反面或中间人物来定性不足以对其做出恰如其分的评价。应从他赞成共和、敦劝清帝逊位、倒行逆施支持袁氏复帝制、反对张勋复辟、同情和支持孙中山广东护法政权、和平统一南北的活动轨迹，全面评价其一生。还认为，就经济思想、理财经验，特别是经营铁路、办理金融、主持海关或是创办实业等方面而论，梁士诒都受到为实现中国富强愿望的激励和驱使，视教育与实业为改造中国根本方策。还有观点认为在经办借款等事务中梁有爱国言行，认为梁与孙中山在民初及 1923 年后有过合作。

2. 交通系与清末民初政治、外交

王雅文的《论清末民初政坛上的梁士诒》（《史学集刊》2004 年第 2 期）叙述了梁士诒在清末受维新思想启发，吸收“实用之学”，在兴办铁路、筹款建路、革新铁路管理方面建树极多。民初梁为袁世凯重用，由于拥戴袁世凯称帝而遭到世人的谴责，避罪逃亡。此后利用军阀矛盾，曾一度登上国务总理宝座，出现了短暂的“辉煌”，却最终在军阀混战中下野，未能避免其悲剧结局。徐建生的《“财神”梁士诒》（《历史教学》1989 年第 2 期）也对梁士诒从清末到北洋军阀统治时期的政治活动给予了详尽论述。

林家有的《孙中山与梁士诒》（《近代史研究》1990 年第 3 期），对比了孙中山与梁士诒由于家庭影响、教育背景的不同而形成的不同政治主张，介绍了二人在“二次革命”前后关系的转变。并指出力主南北统一，振兴实业是二人共同主张和互谅互信的原因。认为梁与孙关系不亲不疏，梁总体上是一个反面人物，但又是一个值得研究的重要复杂人物，他的经济思想、理财方略，以及经营金融、办理外交、整顿海关、治理交通的许多原则、做法，都值得研究、总结和借鉴。贾熟村的《孙中山集团与交通系的恩怨》（《云梦学刊》2010 年第 1 期），认为孙中山是共和立宪派，交通系是君主立宪派，这造成袁世凯统治时期双方的截然对立。在袁世凯去世后，双方在反直、北伐战争中表现了合作意向。

杨德山的《安福俱乐部与安福国会》（《历史教学》1999 年第 5 期）介绍了梁士诒与安福国会的关系。

陈剑敏的《梁士诒策划中国参加第一次世界大战始末》（《河北学刊》2002 年第 6 期）叙述了梁士诒在第一次世界大战中的外交主张，即联合英法对德宣战，抵制日本侵略的思想和主要活动。

陶季邑的《洪宪时梁士诒密电签名是他人所为》（《学术研究》1990 年第 2 期），通过史料考证，证明以往所公认的梁士诒、周自齐、朱启钤等十人致各省拥护帝制，并切实办理的密电为“他人代签”。陈长河的《梁士诒与公民党》（《历史档案》1992 年第 3 期），论述了公民党成立的背景及组织、活动情况，以史实考证方法说明了梁士诒参与帝制活动的情况。其另一篇论文《袁记“大典筹备处”成立于何时》（《史学月刊》1983 年第 3 期）通过考证，证实梁士诒、叶恭绰、周自齐、朱启钤等成立大典筹备处的时间当在 1915 年 11 月 17 日。方平的《梁士诒与“洪宪帝制”》（《近代中国》第十辑，2000 年）揭示了梁士诒从消极反对帝制到积极参与的原因，认为政事堂设立与五路大参案是症结所在，并指出梁士诒对袁世凯的依附性、对列强态度判断失误、袁的威慑、浓厚的皇权意识是内在根本原因，认为梁士诒在帝制活动中的蒙冤负谤一说不足为信。

贾熟村著《北洋军阀时期的交通系》[1] 与李吉奎著《梁士诒》[2] 是两部较为全面地反映交通系发展脉络的著作。贾著第二章专门介绍袁世凯统治时期的交通系活动，但偏重于如何“帮助袁世凯篡夺辛亥革命的胜利果实”“帮助袁世凯瓦解进步势力，镇压二次革命”“协助袁世凯进行廿一条交涉”“协助袁世凯筹措巨款”“协助袁世凯复

① 贾熟村：《北洋军阀时期的交通系》，河南人民出版社 1993 年版。

② 李吉奎：《梁士诒》，广东人民出版社 2005 年版。

辟帝制”。总体上对交通系的活动持否定态度，且以关注政治活动为主，对该时期交通系财政经济领域的活动主要以发行公债为主，内容单薄。

李吉奎著《梁士诒》以梁士诒的生平事迹为经纬，比较全面、客观反映了梁士诒的主要活动。特别是针对一些学者提出“梁士诒的案是不能翻的”（指梁士诒参与洪宪帝制与任国务总理时欲借日款赎回山东铁路自办两事），仍坚持认为“许多历史问题，都需要重新讨论，重新认识”①。因此该书对梁士诒的一些活动如清末赎回京汉铁路，辛亥革命中策动请愿逼清帝退位，第一次世界大战中的反日外交战略与组织惠民公司、招募华工参战都给予了较为全面的介绍，并对梁士诒的功绩予以肯定。对梁士诒与袁世凯关系的变化及牵扯到的皖、粤派斗争对梁如何逐渐成为帝制祸首有了客观、全面的论述。该书第四至第六章较为全面地反映了民初袁世凯统治时期梁士诒在政治、外交、财政等各方面的活动。该书对这一时期梁士诒的经济活动有比较多的反映，如署理财政部四个月左右时间里整顿财政的主张，任税务处督办时期力主关税自主、扶助民族产业发展，参与民国三、四年内国公债发行等。但内容仍不丰富，特别是缺乏金融、币制方面内容。

杨权的《开拓近代交通事业的文化人叶恭绰》② 在第一章第四节及第二章第一节中，对叶恭绰在清末民初对铁路发展所做贡献有所介绍，对民初推行的铁路标准化与规范化运动有所提及。但该书非历史专业性研究著作，在史料运用与史实阐述方面较欠缺。察应坤、邵瑞《周自齐传》③ 是国内目前唯一关于周自齐生平事迹的专著。该书第五至第十章介绍了周自齐在袁世凯统治时期，任度支部大臣、山东都督、交通总长、陆军总长、财政总长、农商总长、中行总裁的事迹有所提及。不过该著作在内容上以周自齐参与帝制活动与二十一条交涉为主。而且在史料运用上尤为不足，许多史实没有深入涉及甚而一笔带过，显得较为粗略。

---

① 李吉奎：《梁士诒》，广东人民出版社 2005 年版，“序言”第 1—2 页。

② 杨权：《开拓近代交通事业的文化人叶恭绰》，广东人民出版社 2009 年版。

③ 察应坤、邵瑞：《周自齐传》，山东画报出版社 2009 年版。

石宝友硕士论文《清末民初旧交通系研究》,[1] 在第一章论述了交通系在清末通过控制邮传部、铁路总局及交通银行而形成和壮大，但对民初交通系参与的经济活动论述的还不尽全面、详细。文章第二部分“交通系统辖民初经济”对民初交通系整顿财政的举措（整顿币制、编列预算、整顿银行、革新税务）、财源的筹措（办理内国公债、举借外债、实业借款）均有提及，重点论述了民国三、四年内国公债的发行。文章也对交通系的实业活动有所涉及。不过该文主要以梁士诒为中心，其他人物很少涉及，而且史料较为单一。

国外研究交通系的成果不多，麦肯农的《梁士诒与交通系》(*Lian Shih-i and the Communications Cligue*）介绍了梁士诒清末追随袁世凯与唐绍仪从办理铁路路政开始，到民国时期达到顶峰成为“二总统”的过程。认为梁士诒是有才干的官员，在中国现代化各方面有贡献。虽然梁经办铁路和现代财政，然而还是落入传统官僚模式之中，利用职权聚集私人财富和权势，通过不同形式贿赂与包庇，操纵铁路和交通银行，以取得自己经济上的利益，但是并非所有渎职传闻都有证据。该著认为梁是精明的官僚政客，培养了一个官僚派系。[2] 日本学者平野和由的《军阀政权的经济基础——交通系与交通银行》，揭示交通系在财政上借助交通银行为军阀提供经济保障，而军阀也借助交通系几次对交通银行实行改组，使交通银行更好地适应其需要。[3]

（二）关于“交通系人物经济活动与经济政策”的研究现状

1. 交通领域的活动与政策

张华腾的《京汉铁路利权的赎回及其是非得失》（《南开学报（哲学社会科学版）》2010 年第 2 期）提出中国政府赎回京汉铁路是 20 世纪初中国理性民族主义的体现，是收回路矿利权运动中最大成果。梁士诒等在赎路过程中的积极努力应给予充分肯定，借款赎路无

---

① 石宝友：《清末民初旧交通系研究》，安徽师范大学 2007 年硕士学位论文。

② ［美］麦肯农：《梁士诒与交通系》，张玉法主编：《中国现代史论集》第五辑，联经出版社 1980 年版，第 290 页。

③ ［日］平野和由：《军阀政権の经济基盘——交通系・交通银行の动向》，野沢丰、田中正俊：《讲座中国近现代史第四卷——“五・四”运动》，东京大学出版会，1978 年。

可厚非。京汉铁路的赎回不仅有着极大的经济利益，更为重要的是政治影响。

马陵合的《北洋时期全国铁路协会研究》（《史林》2009 年第 3 期）认为该组织虽是交通系发起并以其为主体，但不具备以会制路特征，属于同业联谊与行业社团性质。该论文注重协会的人事与组织机制，并就铁路共管前后的交涉问题进行了详细论述，但就民初交通部规章制度建设方面及铁路建设方面该协会的主要贡献未有涉及。

李金全的《交通系与北洋政府初期的经济》（《宝鸡文理学院学报（社科版）》2009 年第 2 期）主要介绍了交通系对民初铁路建设所做的贡献。武玉兴著《叶恭绰与近代中国交通事业》分别从“改良路务”“改革交通会计”“发展铁路教育”“对外力争路权”“主张交通救国”几个方面论述了叶恭绰对交通事业发展的巨大贡献。资料比较详尽而且史事较为全面，但议论缺乏。

苏全有、姚翠翠的《梁士诒与民初铁路》（《周口学院学报》2008 年第 6 期），苏全有、王丽霞的《民初交通部的干路国有政策评析》（《重庆交通大学学报（社会科学版）》2008 年第 4 期）重点介绍梁士诒致力于民国初年中国铁路发展的三大举措：大力推行八省铁路国有政策；积极支持孙中山的铁路兴办计划；不惜一切代价力保交通政局的巩固。梁士诒还全力抵制列强侵略，以优化发展铁路的外部环境。作者肯定民初铁路国有政策，认为以往的“商办情结”不足取。提出民初铁路干路国有政策推行成功，首要因素是得益于交通部、梁士诒对局势的准确把握。民初铁路干路国有政策主要问题集中在民股偿还中的尾欠问题。苏全有的《梁士诒与清末铁路》（《历史教学（高校版）》2010 年第 4 期）还从“完善行政管理及推动筑路建设”“发展铁路营运”“致力于铁路利权回收”三个方面介绍了梁士诒清末致力于铁路发展的主要功绩。苏全有在另一篇论文《梁士诒与清末铁路利权收回》（《河南大学学报（社会科学版）》2009 年第 6 期）中，详述了梁士诒对清末京汉、广九、沪宁路等路利权收回的贡献，以及设立交行，推行国有化的积极意义和深远影响。

一方面学术界对民初路、航、电国有化问题给予了高度关注。长期以来，出于肯定商办、反对政府官办的情结，许多学者对民初推行国有化、官办或官督商办政策持否定态度。如路政方面，评价袁世凯承认前清与帝国主义国家所订不平等条约和借款合同，推行八省铁路国有，实际引发了“帝国主义各国掠夺中国铁路的第二次狂潮”[①]。有的学者认为民初的铁路国有政策是为列强火中取栗，铁路干路国有，不只摧折了民间的新线铁路铺设活动，而且极大地削弱了正处于发展中的民族资本的实力。铁路干路国有化后，对民间集资路款任还不多，余款没有用于建设。[②] 同样在航政方面，招商局从辛亥革命后到袁世凯推行帝制，一直在与袁世凯重申“官督商办”进行斗争，最终使得招商局转归商办，袁世凯的阴谋终成画饼。[③] 有学者认为民初的电信业继承清末官督商办制度，实则是帝国主义通过官僚买办之手控制的一项垄断事业。帝国主义利用借款扩大权益，在电报、电话、无线电等方面进行侵夺，使中国电信更加半殖民地化。电信从业人员资格降低，机构设置混乱，朝令夕改，名义上中央集权管理，实质上由于军阀割据，始终处于四分五裂、号令不出都门的状态。用于电信基础建设的款项被军阀挪用，交通部还聘请外国人为总管、顾问，使电政主权丧失。[④]

另一方面对铁路国有政策持肯定态度的也有之，如认为民初政府决心振兴交通，将商办各路收归国有，并继续进行借款，赶筑各干路，两者同时并进，此点充分说明人民对满清政府不满，对民国政府之拥护，亦可见商路本无力进行。并指出国有计划与统一路权政策相关。但也承认本应分年摊还的商股，因国库支绌，“而国外借款复多扞格”，积欠过多，最终无法按时、足额归还。[⑤] 近年来一些学者提出民初干路国有运动之所以取得成功，内部原因主要是商办铁路自身

---

① 金士宣、徐文述：《中国铁路发展史（1876—1949）》，中国铁路出版社1986年版，第234—235页。

② 宓汝成：《中国近代铁路发展史上的民间创业活动》，《中国经济史研究》1994年第1期。

③ 张后铨：《招商局史（近代部分）》，中国社会科学出版社2007年版，第299页。

④ 邮电史编辑室：《近代中国邮电史》，人民邮电出版社1984年版，第109—111页。

⑤ 修域：《铁路篇·铁路政策之检讨》，王开节、修域、钱其琛：《铁路·电信七十五周年纪念刊》，沈云龙主编：《近代中国史料丛刊续编》第93辑总第924册，文海出版社1982年版，第15—17页。

山穷水尽。外部原因主要是孙中山的铁路国有计划和袁世凯的企求。[①]苏全有还提出新的观点，民初国有、民办铁路应共存竞争，无论是官营还是民营，皆非十全十美。交通部采取片面官办国有政策有失偏颇。[②]

相对于路政，学术界缺乏有关航政与电政中的国有、官办模式的研究成果。

另一热点是铁路外债问题。学术界至今主要观点仍持否定态度。如许毅指出铁路外债与列强在华外交利益关系密切。北洋政府铁路外债是其黑暗、反动、混乱的体现，是一段灰暗历史。[③] 马陵合认为铁路外债从经济民族主义角度看有多重指向，是挽回利权、均势外交工具性政策、改良国内政治集中体现。但铁路外债观的超经济特征甚为明显，甚至连基本外债理论也忽视了，如对还本付息这种必要的经济常识也不愿承认。铁路外债是国家利己主义的体现。在外债问题上国人既考虑现实的经济利权问题，又带有超经济性，既抗拒又依赖，充满了偏差与悖论。[④] 此外，苏全有与王丽霞的文章提出由于内债筹集不力，效果不彰，交通部转而倚重外债的观点有其合理性。[⑤]

至于统一路政、实行四政特别会计等问题。这在介绍民初铁路、邮电业发展的著作中都只有一般性介绍，没有专门、深入的研究。

2. 财政税收方面的活动与政策

民初财政经济政策的中心问题是统一财政、如何弥补赤字。质言之，就是极端的中央集权，针对公债紊乱、金融紊乱、各项短期借债紊乱、外债紊乱、金库紊乱、预算紊乱，以及其他种种紊乱事实，研

① 王榆芳：《试论民初干路国有运动成功的原因》，《河南科技大学学报（社会科学版）》2008 年第 8 期。

② 苏全有：《民初交通部的官营与民营政策评析——以铁路为视点》，《晋阳学刊》2008 年第 6 期。

③ 许毅：《北洋政府时期的铁路外债与铁路建设》，《从百年耻辱到民族复兴》（第二卷），经济科学出版社 2003 年版，第 533—537 页。

④ 马陵合：《清末民初铁路外债观研究》，复旦大学出版社 2004 年版，第 368—387 页。

⑤ 苏全有、王丽霞：《民初交通部的借债筑路政策评析》，《重庆交通大学学报（社会科学版）》2008 年第 6 期。

究采取何种手段渡过这一财政紊乱时期。[①] 具体讲，学术界研究的主要问题包括以下几个方面。

（1）公债发行问题。方平的《梁士诒的内债观与民三、民四内国公债》（《历史教学问题》2002 年第 5 期）详述了梁士诒的公债思想，即募集内债作为调剂金融、补助财政的应急之策，强调内债能否畅行，“信用为断”，坚信内债利于民生。认为公债发行成功的原因为预定债额小、机构与事权统一、债信优良、利率高且折扣大、以京汉路收入等为担保、发行渠道广泛等。但也指出内债中外合办，本息存于外国银行，采用包卖制度，金融市场不健全而使公债具有许多弊端，充满投机性，内债用途多为军政费用也是其主要弊端。

石宝友的《梁士诒与民初公债：民三、民四公债研究》（《黄山学院学报》2006 年第 1 期）认为民国三、四年公债的发行，其原因有二：一是梁为巩固个人地位和保全交通系实力，同时压制皖系，向袁世凯争宠，充当帝制运动的急先锋。二是基于对外债危害的进一步认识，梁士诒产生了一定的维护国家利益的意识。文章分析公债发行虽一方面改善了袁世凯执政时期的财政状况，但另一方面也刺激此后历届北洋政府效法，恶化了财政基础。

（2）官产、官业处置问题。徐建生、徐卫国认为刘揆一、张謇、周学熙与梁士诒经济思想中“国家财政”占有重要位置。在民初处理清末“机船路矿行”五类官产、官业时，周学熙以国家主义为旨归，反对张謇的主张。官产、官业如何处置“实际就是置国家资本主义于怎样地位的问题”。收归国有政策成为袁世凯政府财政、经济政策的中心，如“统一路政”“控制金融”政策长期执行下去。并认为这一政策的出台与中央地方矛盾尖锐、财政困难有直接关系，但这一国家资本主义的政策在 1916 年后没有达到“理性的预期”，严重阻挠了资本主义发展，摧残了民族资本。[②] 也有学者认为北洋政府本着“国家至上”的原则，将关系国计民生的道路、运河、邮电、供水、

---

① 杨汝梅：《民国财政论》，商务印书馆 1927 年版，第 10 页。

② 徐建生、徐卫国：《清末民初经济政策研究》，广西师范大学出版社 2001 年版，第 155、168—169、181—182 页。

铁路、矿山、银行收归国有，同时在税收上调节分配，抹杀国家的阶级性，宣扬“国家万能”。实际上暴露了这一学说的极端民族主义和集权主义性质，与当时的国际形势相呼应，但也反映了当时北洋政府乃至后来国民政府力主发展官营业的基本思想。①

（3）民初的税制改革问题。夏国祥提出袁世凯统治时期，为解决财政问题，不仅恢复解款制度，而且施行“中央专款制度”，均以中央集权为目的，强调国家与中央利益。但因中央与地方矛盾难以推行，只有以内外债为主要弥补办法。周学熙、熊希龄、陈锦涛、周自齐、李思浩等历任财长在税制改革上大同小异，无非是整顿旧税、推行新税、划分国地二税等，均以西方财税理论为幌子，而真正意图在于财政榨取，始终以“国计所需”为目的。认为1913年后的国地税划分是袁世凯独裁的产物，根本没有解决好中央与地方关系的平衡问题。② 王军主编的《中国财政制度变迁与思想演进》（第二卷）③，是近年来一部全面反映民初财政税收史的著作，对袁世凯统治时期的财政税收制度与财政税收思想有极为全面的介绍。认为从财政制度上看，北洋政府一方面大量承袭清政府的财政制度，稍加改造或整理，沿用20年之久；另一方面也试图创新财政制度，建立起规范的财政管理体制，但步履维艰。这种格局，与帝国主义列强对中国的控制，中国的封建势力盘踞有直接关系。并以盐税改革为例，说明北洋政府采取“就场专卖”的国家垄断方案，其财政政策最终仍与解决财政困绌问题相关。④ 马金花在其著作中提出民初西方的财政税制思想理论如“公平思想”、预算理论和财政分权理论等虽对财税制度改革有影响，但在现实中，中央集权与地方分权始终影响着财税制度改革，仍期望由中央控制各省财政。中央对地方财权掠夺，而地方事权却在

---

① 杜恂诚、严国海、孙林：《中国近代国有经济思想、制度与演变》，上海人民出版社2007年版，第84页。

② 夏国祥：《中国近代税制改革思想研究（1900——1949）》，上海财经大学出版社2006年版，第42—43、94、105页。

③ 王军主编：《中国财政制度变迁与思想演进》（第二卷），中国财政经济出版社2009年版。

④ 同上书，第335—336页。

叠加，造成财权与事权脱节，财政权利斗争更为复杂。[①] 综观这些研究成果，对财税政策中体现国家主义的政策，主要认为是袁世凯加强集权，掠夺、榨取的手段而已。对这些税收政策如何有利于民初宏观经济环境的好转、财税制度现代化还缺乏深入的论证，更没有将税制改革与交通系人物紧密关联在一起。

3. 金融、币制方面的活动与政策

杜恂诚的《交通系与交通银行》（《银行家》2003 年第 4 期）认为袁世凯执政时期，交行与中行一样充当了北洋政府的工具，在公债发行、募集洪宪帝制经费方面起到了巨大作用。袁世凯去世后，交行与政府关系逐渐淡远，梁士诒等也顺应了这种变化。杭斯的《梁士诒的办行方针》（《新金融》1995 年第 4 期）介绍了袁世凯统治时期，梁士诒发行公债、银行垫款、以债兑钞的三种整理财政方法，并介绍了交行分理国库、发行钞票、经理公债、垫款与放款的情况。洪葭管的《百年交行：1908—1949 年间的变迁》（《新金融》2008 年第 5 期）论及交通系在交行创办之初的主要业绩。

在金融业方面，学术界主要强调："随着中央集权的削弱和股权的变化，中、交两行逐步由国家银行向商业银行方向转化。这是中国主要华资银行的团结和统一，是在商业银行方向上的统一，而不是在财政金融业务方向上的统一，不是金融垄断性的统一。"[②] 将民初金融业中反对国家资本的控制与去垄断化和行政干预作为了主要方向。张启祥在其论文中指出，早在袁世凯帝制失败前，交通部在交行中的股份已从 40% 降到 30%，实际持有远低于此数。中交停兑风波后，交行与交通部关系疏远。但由于梁士诒的关系，交行与财政部的关系则一直密切。承担着政府垫款、国库的功能。中交二行作为国家银行存在竞争与合作关系。并提出："如果说晚清交通银行的中央银行角色是无意为之的话，北京政府时期的交通银行就是在梁士诒的努力下有意为之。""尽管交通银行获得了中央银行的地位，但是在实力劣

---

① 马金华：《民国财政研究》，经济科学出版社 2009 年版，第 136、255 页。

② 杜恂诚：《中国金融通史》第 3 卷（北洋政府时期），中国金融出版社 2002 年版，"绪论"第 3 页。

于中国银行以及北京政局混乱的情况下，交通银行并没有发挥出一个中央银行应有的职能。”① 一些学者还指出交通系与交通银行的“行—系”关系以1916年、1922年为两个转折，1916年前为直接控制，1916—1922年为间接控制，1922年后逐渐失去控制；在“行—部关系上”，1916年前交行隶属于交通部，主要业务与人事管理上与交通部关系密切，而1916年后交行业务与交通部疏远。交通部把特别会计及与交通事业有关的经营权，转移到中国银行等其他金融机关。在交行与财政部关系上，充分体现了金融与财政的融合，周自齐任财长期间尤为明显，垫款与公债发行是主要体现。在交通系、交通部、交通银行三位一体中，交通系决定交行业务重点的开拓，并因官场关系，使其取得交通、财政业务特权，但不可避免的呈现“商化”趋势。② 总体上学术界认为民初金融业中，国家资本主义并非是强势的。

民初币制问题是清末币制问题的进一步延续，“不外本位与单位问题之纷争，及其事实上进行步骤之不同”③。学术界大都肯定袁世凯推行的币制政策客观上利于经济发展。如朱宗震指出，袁世凯没有接受孙中山提出的施行金本位制，发行不兑换纸币的激进主张，也没有接受国际银行团与梁启超提出的虚金本位制，而是从财政与币制实际情况出发，维持银本位制。在财政极度困难并且币制借款无法筹集情况下，根据《国币条例》进行渐进变革，如统一银圆行市，整理广东、东三省滥币（纸币）等，充实中、交二行实力等等。这些措施在袁世凯推行洪宪帝制之前是取得了一定效果的。④ 值得注意的是袁世凯整理币制的许多主要举措大都推行于1914年至1915年，这正是周自齐任财政总长之时。姚会元指出《国币条例》的颁布是对卫斯林方案的否决，尽管当时币制改革案争论极大，条例还是得到大多省份的支持。“总体上讲，北洋时期币制仍然混乱，但从局部上考察，

① 张启祥：《交通银行研究》，复旦大学2006年博士论文，第84—91、201—202页。

② 翁先定：《交通银行官场活动研究（1907—1927）》，中国社会科学院经济研究所学术委员会编：《中国社会科学院经济研究所集刊》，第11集，中国社会科学出版社1988年版。

③ 张家骧：《中华币制史》，民国大学出版社1925年版，第三编，第4页。

④ 朱宗震：《袁世凯政府的币制改革》，《近代史研究》1989年第4期。

北洋政府的币制改革使银圆流通趋于统一，较清末的币制改革又进了一步。从历史发展的角度看，它为之后国民党政府的‘废两改元’准备了条件。”① 这些成果无疑和袁世凯在1913—1915年依靠集权取得较为稳定的局势有很大关系。但金融币制改革急需的稳定社会环境和一个有公信力的、高效的、权力集中的政府很快因洪宪帝制的推行而遭破坏。学术界因此未能对民初短暂的币制改革，所取成果的原因、意义，周自齐、梁士诒做出的努力给予深刻认识；对币制改革折射出的中央与地方关系、国家政策的干预作用乃至体现出的经济民族主义没有深入研究。

此外，魏明在其论文中提出军阀割据下的中国，交通系被视为一种有助于中央集权和国家统一的政治力量。铁路、邮电、航运线伸向全国各地，亦即伸向各割据地方，它使得地方与地方、地方与中央的利益相互沟通，具有某种一致性，另外交通系对厘金制度也有冲击。交通系通过交通、金融业的垄断及对财政的影响成为财阀，具有鲜明国家资本主义特点。但魏明也指出交通系不是一个进步势力，因为其支持的袁世凯、段祺瑞都是卖国政府。② 还有学者提出交通系以铁路、金融业的垄断资本为基础，把掠夺来的财富投资于工商业，开办煤矿和纺织公司，如朱启钤，就是中兴煤矿的大股东兼总理。叶恭绰为裕元纺织公司赞助者、京师华商电灯公司名誉董事，又是交通银行、新华储蓄银行董事。梁士诒也是中兴煤矿大股东，盐业银行、新华储蓄银行董事和发起人。周自齐为新华储蓄银行董事、中华懋业银行总裁和裕元、裕大纺织公司发起人。③

首先，还需一提的是于庆祥的博士论文《清末民初交通系研究》的第二部分“交通系与清末民初社会经济”分别从“交通四政”“银行领域”“财政税收”“公债发行”四个方面介绍了交通系

① 姚会元：《中国货币银行（1840—1952）》，武汉测绘科技大学出版社1993年版，第103—104页。

② 魏明：《北洋财阀——交通系透视》，德杰编：《龙虎争斗——北洋军阀密录》，团结出版社1994年版。

③ 李宗一、曾业英：《中华民国史》第二编（北洋军阀统治时期）第一卷（1912—1916年），中华书局1987年版，第399—401页。

经营的经济事业。但在交通四政的论述方面尤为薄弱，篇幅极少。在银行领域也主要以中交停兑风波为中心。财政税收也只是简单介绍这一时期财政收支结构的变化，篇幅很短，对于交通系如何通过公债局、税务处、盐务署及中交二行影响民初的财政收支，没有涉及，对如何通过财政部影响民初的税制、币制等甚至未有提及。公债发行只是论述了交行如何承接各类公债，对公债发行的作用、方法未有全面的分析、评述。

其次，这一部分还概括了交通系的经营特征，即第一个经营特征是“行业垄断”，主要论述交通系对“特别会计制度”的确立与维护，认为该制度脱离国家正常财政收纳途径，而形成一个独立财政系统，为特权阶层提供了挪用财政收入的空隙，为政府挪用资金用作政治斗争提供了便利条件。于文对该制度形成的必然性没有论述，对交通系行业垄断的其他表现如统一铁路债务、国有化等均未涉及。在路政之外，金融领域的垄断政策与行为更未提及。有关交通系的第二个经营特征，该文主要从交通系承募公债角度，论述了交通系对袁世凯、段祺瑞、徐世昌的“政治从属性”。这一部分还介绍了交通系的“经济能量”，即通过财政收支与民初主要国有铁路收入表的分析，认为交通系对财政收支结构、对经济格局、新的经营模式带来了一定的积极影响。

至于交通系人物的实业政策研究，至今还是一片空白，这不能不说是学术上的一大憾事。

（三）余论

归纳上述研究现状，可总结为以下几个特点。

1. 对交通系的研究

近年来对交通系的主要人物——梁士诒、叶恭绰等——促进清末民初铁路交通业的发展，通过发行公债、整顿税制使得民初财政好转给予了肯定，认为这些举措促进了社会经济的现代化；并认为梁士诒与交通系在清末民初收回路权、第一次世界大战中力主参战体现了其维护国家主权的意识。但总体上仍认为这一政治派系的政治、外交乃至经济活动出发点是巩固袁世凯的集权统治，并在袁死后投靠段祺瑞与徐世昌，基本上是一个反动、卖国的政治集团。交通系支持洪宪帝制，太平洋会议后与日本密约铁路借款，是其不可抹杀的历史污点。交通系没有系统、鲜明政治信仰与宗旨，以经济利益为中心，这使得它在政治舞台上只能担任附属角色，其经济主张和切身利益也因此易于被外部所主导。所以交通系虽然成为历届北洋政府的钱袋子，在交通、财政、金融上采取了一些推进经济近代化的措施，但交通系对交通部、交通银行、财政部等的控制中，仍然以袁世凯、段祺瑞、徐世昌等的意志和其利益需要为转移，使得这些措施在推进近代化作用上大打折扣。

再者，对交通系的研究，其群体性研究成果仍然较少。其主要人物中，对梁士诒研究多，而其他人物如叶恭绰、朱启钤、周自齐、吴鼎昌、曾鲲化、詹天佑、权量、周作民、郑洪年、龙建章、施肇基、张弧等人的活动均没有深入研究。在已有的研究领域中，也主要是以铁路、公债、洪宪帝制活动为主。其他方面的研究，如经济领域中涉及财政、币制、金融、税制改革等的研究十分缺乏。交通系对民初财政经济上的作用与地位，仍认识得不够深刻。而且尤为欠缺的是交通系对民初国家经济制度、模式影响的研究。

2. 对交通系经济政策与活动的研究

一方面，近年来学术界虽然摒弃了官僚资本、革命史观的影响，但毋庸置疑；另一方面，商办情节、自由资本主义的情节、市民社会的情节仍使得学术界在评价交通系及其经济政策的历史作用和历史地位时，从否定方面给予过多的阐释。

还需注意的是，清末民初交通系人物的经济政策具有鲜明的国家资本主义倾向。在早期现代化的历程中，民初的国家资本是清末国家资本主义的继承与发展，又是南京国民政府时期国家资本的源头，无可厚非地成为承前启后的重要历史环节，而且国家资本也应无可厚非地被视为中国早期现代化的中坚力量。清末民初，在国内外情势逼迫下，中国资本主义也由此驶上快车道。在整个现代化进程中，政府始终扮演着组织者和领导者的角色，现代化的进程基本上是一个自上而下，被政府牢牢控制的过程。政府通过动员国家资源和民族力量推动现代化，主要作用是建立强有力的管理经济机构，为社会经济发展提供基础设施，在国家资本主义体制内培育和造就了一批社会公共事务的管理和组织者。[1] 但民初以后由于集中的国家权利往往成为政治集团斗争的工具，而且政府权力过多膨胀，阻遏或摧垮了正在形成的市民社会，无法维持国家与社会之间的适度平和。结果便是普遍的社会失序与功能紊乱，给现代化进程设置了重重障碍。[2] 这都影响着人们判断，民初早期现代化的模式在当时的历史环境下应以自由资本主义为主体、方向，还是应以国家资本主义为主体。

再者，由于袁世凯的集权统治最终走向了复辟帝制，这一政治因素使得学术界在经济现代化层面上讨论民初经济发展模式时，不可避免地要抛弃和否定国家资本主义，否定财政经济政策中的国家主义与集权主义倾向，否定交通系有关经济政策的合理因素。这一倾向与民初被视为“资本主义的黄金时期”、与袁世凯死后的混乱无序、国家政治权威丧失又有着深刻的联系。因此学术界没有把袁世凯统治时期的交通系所制订的经济政策作为有价值和意义的研究课题，没有结合早期现代化的观点深入分析其具有的合理性、必然性，从社会、文化等更为深刻的背景分析交通系所制订的政策所具有的制度经济的特征。

此外，对清末民初交通系经济活动、其经济政策与措施的研究，主要集中在交通业、以交行为主的金融业方面，而于税收、财政、币制等方面的内容还很少涉及。在研究方法上，多是历史事实的阐释、考证，运用金融、财政学、公共管理学、社会学以及经济伦理学等理论进行研究还很缺乏。

二　选题和研究意义

（一）选题意义

首先，清末民初是中国历史上社会转型最激烈的时期，是早期现代化进程承前启后时期。各种新旧思想观念、制度、文化与行为习

---

① 蔡勤禹：《民间组织与灾荒救治——民国华洋义赈会研究》，商务印书馆 2005 年版，第 16 页。

② 马敏：《官商之间——社会巨变中的近代绅商》，天津人民出版社 1995 年版，第 373 页。

惯发生激烈碰撞，相互融合之际，最能够显现出中国的早期现代化应该走一条何种模式的发展道路。袁世凯与清末民初掌握国家财政经济命脉的交通系既为国家政策的制定者与推行者，本身又体现着新旧思想、观念的冲突与混合，因此通过清末，特别是对袁世凯政府统治时期，交通系在经济领域里的活动的考察，可以探寻中国早期现代化中必然要走的一条道路。进一步言之，交通系在这一时期所形成的一系列财政经济制度，除与学术界主要强调的袁世凯政治上的集权统治有关系外，应该是社会激烈转型所形成的客观条件所致，而不应过多强调袁的个人因素。只有这样的考察才是符合历史研究的基本原则的。

其次，交通系对清末民初财政经济的影响涉及方方面面，许多领域需要深入研究。如会计制度、审计制度、财政制度、税收制度、国家资产管理制度、金融制度、币制等等。对这些领域的研究不仅可以使我们对近代社会经济发展全貌有更为深入、全面的了解。同时其中的很多历史经验与教训可资借鉴，成为我们推进现代化建设和经济改革的极好参照。

再次，将交通系与国家资本主义的发展结合起来研究，探析国家资本主义各种表现。并通过与传统财政经济政策的比较，与清末民初引入的西方财政经济制度的比较，并与其后的南京国民政府时期的财政经济政策进行比较。历史性的考察国家资本主义的发展脉络，在中国早期现代化中的作用，交通系在其中所起到的重要作用。从这一角度，对交通系这一政治派别给予全面、客观的评价。

最后，力图从制度、模式上，分析交通系各种政策对中国早期现代化起到的深远影响。把早期现代化模式的形成既和近代交通业、金融业、财税、实业制度结合起来研究，又未将它与集权制度，与传统财政经济制度、经济伦理、文化思想观念完全对立起来。并具体通过交通系对政策的制定、执行情况的考察，以求得对这一模式、制度形成的必然性给予正确的阐述。

（二）重点难点和主要学术创新

1. 重点难点

（1）历史研究的前提首先都应强调，依据史料，最大限度的复原历史事实，并对这些历史事实给予客观阐述。因此全面的收集、整理清末民初关于交通系在经济领域中的活动资料是第一位的。这些资料涉及方方面面，许多方面堪称空白（如交通系对会计制度、国有资产管理制度的影响）。而尤其困难的是要分析这些制度、措施、活动哪些是交通系的创举，它们具有什么样的历史意义，对早期现代化又起了什么样的作用。这是本文的主要难点。

（2）如果从制度、模式的高度来分析清末民初交通系制订的经济政策的意义，特别是具有国家资本主义性质的经济政策，就必须将这一时期交通、财政税收、货币金融等方面的具体政策与南京国民政府时期的各方面政策进行比较，归纳其共同点。既要突出交通系制订的经济政策的创新性，又要注意在制度和模式上的同一性，并总结为这一时期经济史发展的一种规律。这种理论上的提炼需要综合运用历史学、社会学、经济学（特别是新制度学派的理论）、经济伦理学等理论，同时在逻辑上把握个别与一般、特殊与普通的关系。这是本文的重点与难点。

（3）如何正确分析交通系经济政策与袁世凯集权统治、早期现代化之间的关系，三者之间如何互相影响，这是本文的重点也是难点之一。

2. 学术创新

（1）本书对清末民初交通系的经济活动与经济政策给予了全面的研究，如会计制度、税制改革、国有资产管理制度、实业政策等方面，过去可以说是空白点，在本书研究中均有涉及。

（2）本书将交通系经济政策中的最核心部分，即国家资本主义性质经济政策，置于当时的历史背景之下与袁世凯的威权政治，与传统经济思想与政策与当时的历史等各种问题结合起来分析。既重视交通系制定各具体政策的个别、一般性，也注意它与南京政府时期有关政策的共同点，概括出中国早期现代化进程中某些具有体制、模式层面的因素。

（3）注意综合运用历史学、经济学、金融学、社会学、伦理学的理论来分析交通系的经济政策。笔者认为交通系经济政策特点是以财政问题为中心，在经济伦理上注重国家、中央利益，将金融、财政政策融合，注重对基础产业的国家垄断，在税制与财会制度改革中注意政策的历史延续性，并在一定程度上体现出民族主义倾向，符合早期现代化和工商业发展的要求。交通系的经济政策与清末民初中西文化碰撞、社会激烈转型，与袁世凯的集权统治、与当时的国际环境等历史背景相关；与交通系政治、经济利益诉求方式，与这一群体的职业、生活经历、文化修养等都有具体的关系。

（4）本书概括了交通系经济政策的五个特征。

（三）研究的思路、主要理论与方法

（1）研究思路：本书首先分析、阐述交通系在清末民初崛起、发展的原因。笔者认为交通系是北洋集团中的重要派系，通过参与北洋、东北新政、举办新式交通、布局金融业、支持袁世凯在辛亥革命后的东山再起，从而成为政治舞台上的重要力量。交通系在民初涉足交通、金融币制、财政税收、实业等领域，是经济领域中最为重要的政治力量。其经济政策不仅客观推进中国早期现代化，也是维系北京政府财政稳定与集权统治的根本保障。同时本书也考察交通系主要人物的生活史（其经历、受教育水平、人际交往、思想信仰及主要职业经历），指出他们普遍具有交通、金融、财政、法学、国际政治等方面的专业技术与知识，与政治官僚不同。交通系的主要人物以国家经济领域中的精英分子自居，意图主导财政经济、金融等领域的决策与活动。他们有自己的利益诉求形式，既通过政府行为，也通过社团、业缘、地缘、私交等形式密切内部联系，形成一个具有鲜明的利益倾向、垄断财经领域的集团。他们与袁世凯政府的利益有相一致之处，也有矛盾与摩擦的地方。但总体上是依赖袁世凯这一核心人物推行其经济政策，取得国家利益与自身集团利益的最大化。

其次，本书从交通、财政税收、金融币制、实业政策四个方面详尽考察清末民初交通系的具体活动。并注意从以下几个方面进行评价：一是其政策的创新性和历史影响，如币制改革、税制改革、对会计制度的影响/对国有资产管理制度的影响等；二是这些制度与传统的经济、财政制度，与清末以来引入的西方资本主义国家的经济制度有何异同；三是注意比较交通系的政策措施与清末、南京国民政府时期经济政策的异同，从中概括具有体制、模式层面的特点；四是与具体历史背景结合，分析每种政策出台的必然性，给予实事求是的评价；五是注意其对中国早期现代化所起到的影响。

本书最后总结了民初交通系经济政策的五个特点、历史影响及其对袁世凯统治的影响。在特点归纳上，注意运用各种学科理论综合分析，但尤为突出运用历史学的理论结合历史事实进行分析。在历史影响的分析上，主要阐述交通系经济政策在制度、模式上对经济现代化的影响，既肯定其积极方面，又指出其弊端与不足。其对袁世凯统治的影响，主要从对这一时期社会经济发展影响，对其集权统治影响两方面，客观评价、分析。

（2）主要理论与方法：首先，坚持历史研究中的实证主义，以史料为依据，以事实的严密考证为出发点。在历史认识、逻辑思维的形成、发展过程中，强调非主观化、非个人感情化、价值中立化。

其次，现代化理论的运用。交通系的经济活动涉及近代金融业的发展、币制近代化、近代交通业的发展、近代财政税收制建立、实业发展等方面。只有运用这一理论，才能客观评价民初交通系对中国早期现代化进程加快所作出的贡献。

最后，清末民初的早期现代化道路并没有完全与传统文化、传统经济制度，转型时期多元的社会生活对立起来，这些因素如同年鉴派的中、长时段论所侧重的，对中国早期现代化道路，模式有深远影响。因此必须运用历史社会学等理论。

本文在分析交通系这一群体时，注意运用社会学、行为学等理论，从其生活史方面分析这一群体的社会交际与组织活动、职业经历、文化修养、社会地位等情况。并从这一角度分析其经济活动特点形成的原因。

三 资料的收集与整理

关于该领域研究资料，本人参照前人成果和学术史，也通过个人的爬梳、整理，主要收集、使用了以下几种。

第一种，交通系人物史料，包括年谱、回忆录及自传、文集、日记、信函等。关于梁士诒的有凤岗及门弟子编《三水梁燕孙（士诒）

先生年谱》、陈奋编《北洋政府国务总理梁士诒史料集》、朱传誉编《梁士诒传记资料》，以及梁士诒病逝后由亲属、旧属编辑的《三水梁燕孙（士诒）先生哀挽录》；关于叶恭绰的有俞诚之编《遐庵汇稿》；新交通系人物曹汝霖的史料主要是其回忆录，即《一生之回忆》；朱启钤的有北京市政协文史资料研究委员会与秦皇岛市委统战部合编《蠖公纪事：朱启钤先生生平纪实》，朱启钤本人文集包括《蠖园文存》《东三省蒙务公牍汇编》，启功编《冉冉流芳惊绝代——朱启钤学术研讨会文集》中也收录不少关于朱启钤的回忆录等。而更多的人物史料则集中在《近代史资料》与《文史资料选辑》中，如《一个北洋政府官员的回忆》（李景铭）、《清末赎回京汉铁路之经过》（叶恭绰）、《袁世凯帝制活动与粤皖系之争》（周志俊）、《北洋军阀时期的交通银行》（韩宏泰）等。均有关于交通系主要人物活动的回忆，兹不一一列举。此外一些地方文史资料，如广东省番禺、三水的文史资料中有关于叶恭绰、梁士诒的回忆史料。

第二种是关于交通系的档案史料与文献丛编，资料较为丰富，主要者有两类。一类为政府官报。如民国建立后的《临时政府公报》（1912.1—1912.4）、《政府官报》（1912.5—1928.6）；清末则有《政治官报》（1907—1911）、《交通官报》（1909—1911）等。

另一类为档案资料与文献汇编。如国家第二历史档案馆编《中华民国史档案资料汇编》，第三辑的财政、金融、工矿业、农商等册中关于交通系的资料较为集中。《中国会计史料选编》第一册、第三册有不少关于民初铁路运输、邮政业的资料。《中华民国金融法规档案资料选编》上册，是研究交通系在民初金融活动的重要史料。《民国外债档案史料》第一、三、四、五、六册中，由交通系经手的各类借款、外债史料较为完备。《中国旧海关史料》（1859—1948）中关于民初的关税史料，特别是交通系领袖梁士诒任税务处督办时期的关税史料较为完备，同时《旧中国海关总税务司署通令选编》第二册中也有不少内容可资参考。台湾文海出版社所出《中国金融经济史料丛编》是一部极为重要的经济史研究资料，如第二辑总第十五册《关税案牍汇编》即为北京政府档案有关史料汇编，第二辑第11、12册为江恒源所著《中国关税史料》等，文献价值极为重要。以上史料均可用为研究交通系民初的经济政策。由交通银行总行编辑的《交通银行史料》第一卷（1907—1949），是研究交通系在金融领域活动的主要资料。刘绍唐所编《民国史料丛刊》第二十九册，姚崧龄所著《中国银行二十四年发展史（民国元年至二十四年）》，中国银行总行与二档合编的《中国银行行史资料汇编（1912—1949）》亦为研究交通系与中国银行的重要史料。此外《中华民国货币史资料（1912—1927）》为研究民初交通系与金融业发展的不可或缺的资料。《清末民国财政史料辑刊》收录许多清末民初预算、统计表册，关于财政制度沿革、各省财政变革的史料。由江苏省中华民国工商税收史编写组与中国第二历史档案馆编写、南京大学出版社出版的《中华民国工商税收史料选编》分直接税、盐税、地方税及其他税捐、货物税、综合类等五辑。以上两种史料均为了解交通系与民初财政的重要资料。宓汝成所编《中华民国铁路史资料（1912—1949）》、聂宝璋、朱荫贵所编《中国近代航运史资料》第二辑等均为研究交通系与民初铁路、交通业发展的重要史料。当然，由南京政府交通部、铁道部交通史编纂委员会编辑的《交通史》（分总务编、路政编、航政编、电政编、邮政编）也是不可或缺的重要资料。

再者由天津档案馆编《北洋军阀天津档案史料选编》、由广西师范大学编辑出版的《中华民国史资料外编》、由天津古籍出版社出版的《北洋军阀史料》、杜春和编《北洋军阀史料选辑》、北洋军阀史料编委会编《天津市历史博物馆藏北洋军阀史料》、章伯锋、李宗一编《北洋军阀（1912—1928）》（6 卷）（武汉出版社）、来新夏编《北洋军阀》（四卷）（上海人民出版社），由二史馆新编的《北洋政府档案》等均提供不少研究民初交通系经济活动的资料。

第三种为著述类史料。涉及民初财政税收方面与交通系有关的主要有：贾士毅所著《民国财政史》，杨荫溥的《民国财政史》、吴兆莘著《中国税制史》、晏才杰著《租税论》、陈向元编《中国关税史》、朱斯煌著《民国经济史》、杨汝梅著《民国财政论》、魏颂唐著《财政学撮要》、罗介夫著《中国财政问题》等。涉及清末民初交通业方面与交通系有关的主要有：金士宣、徐文述著《中国铁路发展史（1876—1949）》、凌鸿勋著《中华铁路史》、谢彬著《中国铁道史》、张心澂著《铁道会计》、曾鲲化著《中国铁路史》、楼祖诒著《中国邮电航空史》等。涉及民初货币、金融方面与交通系有关的主要有，贾士毅著《国债与金融》、陈锦涛著《中国币制问题之经过及展望》、邹宗伊著《金融经济大纲》、章宗元著《中国泉币沿革》、（奥）耿爱德著《中国纸币史》、张家骧著《中华币制史》、徐沧水编《中国今日之货币问题》、诸青来著《求是斋经济论集》等。

第四种为期刊杂志。其中使用最多的为《东方杂志》，本人引用了第1—13卷中的有关内容；此外《（天津）大公报》《时报》《申报》《盛京时报》参阅了1906—1917年间有关内容。《银行周报》1917年的相关内容，《铁路协会会报》1912年至1916年相关内容，《民国日报》1916年、1917年的有关内容。

此外，本人在中国第二历史档案馆查阅了北洋政府陆军部（全宗号1027、1011）、币制局（全宗号1028）档案以及中国银行（全宗号397）与交通银行（全宗号398）部分档案。在上海档案馆查阅了有关北洋政府时期中国银行、交通银行、财政部、税务处的相关档案文献。

第一章

北洋集团的崛起与交通系的形成、发展

1895 年大清帝国被曾视为“蕞尔小国”的日本击败，这给上至帝国的统治者，下至士农工商各阶层带来了空前的震撼。1895 年 7 月 19 日深受甲午战败刺激的光绪帝上谕军机处等：“朕宵旰忧勤，惩前毖后，惟以蠲除积习，力行实政为先。叠据中外臣工条陈时务详加披览，采择施行，如修铁路、铸钞币、造机器、开各矿、折南漕、减兵额、创邮政、练陆军、整海军、立学堂。大约以练兵筹饷为急务，以恤商惠工为本源。”同月，还谕令各督抚、将军要破格、广用经世之才。[①] 随即，在李鸿章、张之洞、刘坤一等地方督抚的引领下，有大批新型知识分子与士绅积极地投入、参与，以练新军、办学堂、建铁路、兴工矿等为主要内容，自强新政运动朝着纵深方向发展。这不仅使中国早期现代化的进程大大加快，也揭开了清末新政的帷幕。在这一空前剧烈的社会转型时期，产生了军事救国、实业救国、立宪变法救国、教育救国等不同主张，出现了立宪改良与暴力革命两种出路。孙中山、康有为、梁启超、张謇、严复等一大批风云人物为时势所造就，开始登上政治舞台。

与此同时，以袁世凯为首的北洋集团也开始逐步崛起。从小站练兵开始，到任山东巡抚、直隶总督、军机大臣兼外务部尚书，袁世凯始终以清王朝的股肱之臣、早期现代化的引领者、开拓者的形象出现

① 朱寿朋：《光绪朝东华录》第四册，中华书局 1958 年版，总第 3631、3625—3626 页。

在历史舞台上。在清末与袁世凯、北洋集团因争夺铁路、轮船招商局管理权而与之交恶的盛宣怀也评价道："回念庚子以后，公（袁世凯）扬历十年，禁烟、废八股、兴学、练兵，大端悉举，方之历朝贤将相，罕有其匹。"① 袁世凯在清末一直被视为统治者中的新派，以其为首的北洋集团在清末为中国的早期现代化做出了重大贡献。

在袁世凯身边，聚集了一大批精英、志士，有长于军事的冯国璋、段祺瑞、王士珍、叶祖珪、萨镇冰等，有长于政治、外交的唐绍仪、梁敦彦、施肇基、金邦平等，有专于教育的严修。他们是袁世凯推行北洋新政在各个领域的践行者，是早期现代化的骨干力量。除上述人物之外，还有一批致力于北洋新政实业发展，在清末铁路、银行等新经济领域卓有建树的精英、志士。他们之中除周学熙、杨士琦（因同属安徽人，民初在财经领域被称为与交通系并立的皖系）之外，还包括一个人数众多、涵盖领域更广、职业经历更为专业技术化、文化教育层次更高、在财经领域活动影响更大的群体。这一群体伴随着清末参与早期现代化事业，为新政做出的极大贡献，并在政治上追随袁世凯，逐步发展、壮大，成为清末民初政治舞台上最引人瞩目的力量之一。这一群体就是以唐绍仪、梁士诒、叶恭绰、周自齐、朱启钤、施肇基、詹天佑、吴鼎昌等为代表的交通系。清末是交通系的形成时期。这一时期，交通系的主要代表人物各自在外交、交通实业领域不仅崭露头角，而且都有所建树。

第一节　交通系主要成员及早期经历

交通系的形成、发展受制于两方面因素。一是客观上，与清末民初社会剧烈转型时期的社会潮流趋于一致，其行为适应了早期现代化与历史发展要求；二是主观上，交通系成员在总体文化水平、职业活动与专业技能、内部与外部社会关系等方面，具备了为其自身发展的良好条件。

---

① 骆宝善：《骆宝善评点袁世凯函牍》，岳麓书社 2005 年版，第 301 页。

一　出身、文化与教育状况

交通系主要人物的情况兹如表1－1：

表1－1　　交通系主要代表人物情况表

姓名（生卒年）	籍贯	学历、出身	清末主要任职
唐绍仪（1859—1938）	广东香山	留美幼童、耶鲁大学毕业	驻朝鲜总领事、天津海关道、全国铁路总公司督办、税务处会办大臣、邮传部侍郎与尚书、奉天巡抚
梁士诒（1869—1933）	广东三水	光绪三十年进士	翰林院庶吉士、编修、五路提调、铁路总局局长、交通银行帮办、邮传部副大臣（袁世凯内阁）
叶恭绰（1881—1968）	广东番禺	光绪二十五年补廪生、京师大学堂仕学馆肄业	邮传部佥事、承政厅厅长、铁路总局局长
周自齐（1871—1923）	山东单县①	广州同文馆毕业、甲午科顺天乡试副贡、京师同文馆毕业、哥伦比亚大学肄业	驻华盛顿公使馆秘书、驻纽约领事、驻古巴公使馆代办、外务部左丞、度支部大臣（袁世凯内阁）
朱启钤（1872—1964）	贵州开州	举人②	京师大学堂译学馆监督、京师内（外城）巡警厅厅丞、蒙务局督办、津浦路北段总办
施肇基（1877—1958）	江苏吴江	江宁同文馆、圣约翰书院、康奈尔大学文学学士、硕士	一等参赞（随五大臣出访）、邮传部右参议、京汉铁路总办、京奉铁路会办、外务部左丞
詹天佑（1861—1919）	广东南海人（祖籍安徽婺源）	留美幼童、耶鲁大学土木工程学学士	京张铁路总工程师、粤汉铁路总公司经理兼总工程师

① 周自齐祖籍山东单县，但因周自齐出生于其父为官广东期间，因此有的学者将其籍贯认为是广东广州。见贾熟村《北洋军阀时期的交通系》第33页。

② 朱启钤何年举人出身，其自叙年谱中没有记载，无法考证。罗澍伟在论文中称其为“光绪举人”（《朱启钤先生与天津》，启功主编：《冉冉流芳惊绝代—朱启钤学术研讨会文集》，贵州人民出版社2005年版，第72页），贾熟村在其书中（《北洋军阀时期的交通系》第33页）也称朱启钤为举人出身。沃丘仲子称其在瞿鸿禨为军机大臣后，“以举人纳资为曹郎”（见沃丘仲子《当代名人小传》（上），崇文书局1919年版，第165页）。

交通系的代表人物在文化及受教育水平上普遍较高，而且对先进的西方文化都有深刻的了解或掌握，有着较高的学识背景。在以上人物中，唐绍仪与詹天佑是清廷最早派出的留美幼童，是最早步出国门接受西方先进思想文化的一批精英。而周自齐、施肇基也同在美国留学，后者还取得了学位，这在清末可以说是屈指可数的。梁士诒、叶恭绰与朱启钤虽然都是科举出身，但他们在早年并未完全沉浸于四书五经之中，都积累了一定的西学素养，掌握了一定的先进文化。如梁士诒在1890年赴京会试时，路经上海，“择上海制造局、广学会及其他出版物，倾囊购之归”，“昼夜披读”。次年他与同在广州青云书院的梁启超研究财政、河渠、农业诸学。1896年梁士诒主讲凤冈书院，“以践履笃实，明体达用为旨”，不仅让学生学习经学、史学、词章、掌故，还开设中外舆地，各国历史、现代政治等。梁士诒鄙视词章，主张以天下为己任，应多读有用书，带有明显的经世务实倾向。1903年，梁士诒应试经济科考试，本应取第一，但“顽腐官僚竞相诬陷”，梁士诒以梁头康尾之嫌而落选。[①] 但梁士诒由此闻名，并以经世、务实的新派官员身份受到袁世凯、张之洞等封疆大吏的注重。

叶恭绰是近代著名学者，他于词章、书法、金石、收藏等传统文化无一不精。但叶恭绰在早年不仅有丰富的国学积累，同样也积极汲取新学。1895年叶恭绰15岁时，“时新机初启，长江流域竞为新学，先生与江右诸青年亦奋起，为开学堂，译印新籍诸事”。他还跟随日本人牛岛吉郎学习日语。1898年叶恭绰在广州应童子试，时任广东学政的张百熙对叶恭绰所作铁路赋“极赏”，并将叶取为第一，入府学并在次年补廪生。此间叶恭绰还与胡汉民等组织痒庐为“讲学与转输新书报之所”。以后叶恭绰先后求学于京师大学堂，并在湖北农业学堂、方言学堂、两湖师范学堂、上海《时报》等新式文化、教育机构任职，这无疑使其在知识结构、学识素养方面进一步提升。[②]

---

① 岑学吕：《三水梁燕孙（士诒）先生年谱》（上册），沈云龙：《近代中国史料丛刊总》第743册，文海出版社1966年版，第16、21、36、42页。

② 俞诚之：《遐庵汇稿（年谱）》，沈云龙：《近代中国史料丛刊》总第258册，台北文海出版社1966年版，第5—8页。

朱启钤幼时父早亡，由其姨夫瞿鸿禨与姨母抚养成人，督教备至。“然公无意于当时帖括之学，踔驰颇异常。”瞿鸿禨对外甥的这种“骏迈”即务实干练的品格非常喜欢，以后将朱启钤带在身边，宦游中州、巴蜀，使朱启钤“接席幕府之名贤”，瞿鸿禨事无大小，向其咨询。以后朱启钤随瞿鸿禨入京办理新政，“凡所经画有若京师译学馆之筹设，有若北洋警察之创办，皆垂为常典”①。朱启钤早年没有走上通过科举取得功名这条道路，而是通过帮助瞿鸿禨改革学校、筹设农场及办理警政等，从实际经验中积累了治世之学，对近代新学有了侧面的了解与吸收。

文化及受教育水平上高，对新学、西方文化有深刻的了解，这一特点不局限在少数领袖身上。交通系中还有一些主要人物也有留日、留美经历，详情如表1－2：②

表1－2 交通系其他主要人物简况

姓名、籍贯	留学国家（学校）	清末、民初主要任职
关庚麟（广东南海）	留日（弘文院速成师范科）	路政司员外郎、电政司郎中、承政厅佥事（清末） 汉粤川铁路督办、京汉铁路局长、铁路联运处处长（民初）
施肇曾（江苏吴江）	留美（不详）	驻美使署监员、纽约正领事、沪宁铁路与沪杭甬铁路总办、轮船招商局董事（清末） 陇海铁路督办（民初）
王景春（河北滦县）	留美（耶鲁大学铁路工科学士、伊利诺斯大学铁路管理学硕士与经济、外交学博士）	驻美使署翻译生（清末） 邮政总局局长（民初）

① 朱启钤：《蠖园文存》，沈云龙：《近代中国史料丛刊》总第227册，文海出版社1966年版，第10—11页。

② 敷文社：《最近官绅履历汇编》，沈云龙：《近代中国史料丛刊》第45辑总第450册，文海出版社1966年版，第340、91、98、167、128、244、344、75、116、338、335、346、123、33页（依据人名顺序）。

续表

姓名、籍贯	留学国家（学校）	清末、民初主要任职
周作民（江苏淮安）	留日（第三高等学校法律学士、帝国大学经济本科肄业）	南京法学堂翻译（清末） 财政部库藏司司长（民初）
李景铭（福建闽侯）	留日（早稻田大学政治经济学）	盐政处员外郎、清理财政处总核（清末） 财政部赋税司司长（民初）
颜德庆（江苏上海）	留美（裴真亚大学工科、礼海大学工程专业毕业）	粤汉铁路工程师、上海铁路公司顾问、京张铁路与正太路工程师（清末） 湘鄂铁路局长（民初）
阚　铎（安徽合肥）	留日（东京铁路学校建筑科毕业）	湖北土膏局局委员、江汉关道署秘书、苏州民政科长（清末） 交通部次长（民初）
周万鹏（江苏宝山）	留美（纽约曲老格致大书院毕业）	清江与汉口电报局领班、总管沪局提调与会办、电报总局会办（清末） 邮政总局局长（民初）
孙多珏（安徽寿州）	留美（不详）	吉长铁路副工程师（清末） 吉长路、宁湘路局长（民初）
罗国瑞（广东博罗）	留美（得乐埠伦斯利亚工程专门大学毕业）	江南海关道署洋务差总管、大冶铁路副工程师、勘察京汉与吉长路工程师、津浦路南段总办、路政司议员（清末） 路政司司长（民初）
邝孙谋（广东南海）	留美（工业学校土木工学科）	京奉、株萍、京张路工程师（清末） 京绥铁路会办（民初）
权量（湖北武昌）	留日（同文书院、东京高等商业学校毕业）	湖北劝业公所总务科长、邮传部承政厅机要科科长（清末） 交通部次长（民初）
吴鼎昌（浙江吴兴）	留日（成城学校、东京高等商业学校毕业）	江西大清银行分行经理、上海大清银行监督、东三省总督署度支、本溪矿务局总办（清末） 中国银行正监督与总裁、天津造币厂监督、农商部次长（民初）

从表 1 - 1、表 1 - 2 中我们可以看出，交通系的主要人物不少人有着留学日本或美国的经历。在学识养成方面看，主要集中在铁路事业、财政经济、政治、外交方面。这使得他们将所学与以后的所用能很好地结合起来。

交通系另外一些代表人物，虽没有留洋经历，但对近代文化有着较深的了解。或者通过参与近代事业，通过新政的历练而积累起专业技能。如龙建章为光绪三十年（1904）恩科进士，同年入京师大学堂学习。次年即作为参赞，随载泽、戴鸿慈等出洋考察，游历德、美、俄、奥、英、法、意、比、日，专任调查财政、宪政、地方自治等事。回国后，在张百熙与戴鸿慈举荐下，入邮传部先后任员外郎、电政司郎中、承政厅佥事派充电政司司长、承政上行走。①

关冕钧，为甲午年进士，后入翰林，与梁士诒为同科。甲午以后，"士夫习于宴安，京曹清谨拘绳尺，多厌厌无生气。君独广交游，好谈宴，究心经世之略，流辈颇惊笑之，君不顾也。尝于甲辰年一为会试同考官，所得多知名士。清末立宪议作，命五大臣使各国考宪政。君随戴公鸿慈、端公方历聘九国，研悉欧、美政法微意"。"归国，以本官调邮传部，绾总务，时议建铁路，首京张，以詹天佑总其事，而君副之。"②

再如郑洪年，"少年勤敏，能诗善文，治史通经，国学深厚，参加乡试，中试举人，因仰慕康有为的文章道德，入万木草堂读书，执弟子礼，专心听康先生讲授中西之学及学术源流"。戊戌变法后在两江法政学堂学习，毕业后先后入江宁学务处、交通部并任交通部科长，又参与创办暨南学堂（暨南大学前身）。③ 他是早期同盟会会员，近代著名的华侨教育家和交通实业家。

麦信坚，早年就读于香港师范书院和北洋医学堂，通英语。1888

---

① 秦经国主编：《中国第一历史档案馆藏清代官员履历档案全编》第 8 册，华东师范大学出版社 1997 年版，第 441—442 页。

② 叶恭绰：《关伯衡先生墓碑》，卞孝萱、唐文权：《民国人物碑传集》，团结出版社 1995 年版，第 252 页。

③ 陈汉才：《康门弟子述略》，广东高等教育出版社 1991 年版，第 94—95 页。

年任北洋医务局医官。后入李鸿章幕府，充医官，曾随李游历欧美。1901 年任出使德国大臣二等参赞。次年回国，先后供职于天津工程局。后为电车、电灯公司董事，保工局坐办，招商局及文报局总办。[①]（有的学者认为民初以后麦信坚进入交通部，当属于太子党梁敦彦的亲信[②]。）

二　地缘、亲缘、业缘关系密切

交通系主要人物从地缘上看，以广东籍为多，所以民初交通系被人称为“粤系”[③]。交通系在形成中，唐绍仪、梁士诒、叶恭绰三人同为广东籍，利用地缘关系，将其故交、旧友乃至亲属罗致到交通部门，地缘关系对交通系的形成确实起到极大作用。清末唐绍仪在与英国会议藏印条约时，奏调梁士诒为参赞，调外务部为主事。以后梁士诒又协助时任邮传部侍郎的唐绍仪督办京汉、沪宁、道清、正太、汴洛五路，使其在政治上逐渐崛起。[④] 同为广东籍的叶恭绰也不例外，除了与唐、梁之间的上下级、业缘关系，武昌起义后，叶恭绰还“因梁（士诒）而参与机要”[⑤]。三位核心人物之间私交深厚，关系极为亲密。

除了唐、梁、叶三位核心人物外，詹天佑也为广东籍，周自齐虽原籍山东，但在南方长大，能说广东方言，后与梁士诒建立关系，密切往来。[⑥] 交通系其他广东籍成员还有许多，与唐、梁、叶三人不仅是同乡、同事，有的还有亲缘关系，或私交深厚。如唐绍仪外甥唐荣禧为津浦铁路处长，施肇基为其侄女婿，而施肇基为施肇曾之弟。梁

---

① ［日］田原天南：《清末民初中国官绅人名录》，沈云龙：《近代中国史料丛刊》三编第 80 辑，总第 793 册，文海出版社 1996 年版，第 519 页。

② 张学继：《袁世凯幕府》，中国广播电视出版社 2005 年版，第 214 页。

③ 周志俊：《粤皖系之争与帝制活动》，中国人民政治协商会议全国委员会文史资料研究委员会编：《文史资料选辑》第十三辑，中国文史出版社 1961 年版。此外，张国淦在《洪宪遗闻》中也称交通系为粤系。

④ 岑学吕：《三水梁燕孙（士诒）先生年谱》（上册），第 45—46、58 页。

⑤ 俞诚之：《遐庵汇稿（年谱）》，第 15 页。

⑥ ［美］包华德主编：《民国名人传记辞典》第四分册，《中华民国史资料丛稿（译稿）》，沈自敏译、林东民校，中华书局 1983 年版，第 90 页。

士诒之弟梁士訏为广九铁路局长。梁士诒还与京张铁路局长关冕钧是儿女亲家，而叶恭绰之妹则嫁给关冕钧之子。詹天佑与邝孙谋则为同乡兼校友。除以上诸人外，龙建章为顺德人，关庚麟为南海人，郑洪年为广州人，麦信坚为番禺人，冯元鼎为高要人。

从业缘、僚属关系看，交通系主要成员多数是唐绍仪、陈璧、徐世昌分任清末邮传部侍郎、尚书，及梁士诒任铁路总局局长期间任职邮传部的，且以分布在铁路局为多。交通系人物大多自清末就与唐绍仪、梁士诒形成了私属性极强的僚属关系。至袁世凯东山再起，成立内阁时，梁士诒署邮传部尚书，叶恭绰为铁路总局局长。铁路总局下属九条国有铁路中，关赓麟任京奉路、京汉线会办；关冕钧任京张路总办、梁士訏任广九路总办，赵庆华任津浦路南段总办，孙多珏任吉长路总办。其中赵庆华（赵一荻的父亲）于1897年任职京奉路，结识了袁世凯与唐绍仪。1905年，梁士诒成为时任铁路大臣唐绍仪的秘书，与赵庆华成为同事。铁路总局成立后，赵成为梁的僚属。再如沈云沛，与梁士诒为同科进士，1910年以右侍郎衔署理邮传部尚书时，因左侍郎盛宣怀觊觎尚书一职，二人发生冲突。“梁士诒虽鼎力协助沈云沛，却为盛所夺，与梁士诒同受弹劾去职。”权量在任承政厅机要科科员、铁路总局营业科长时，为梁士诒的属僚。冯元鼎在1905年梁士诒初到邮传部时，即与其成为同事，关系亲密。①

总之交通系形成过程中，其主要人物通过密切的地缘、亲缘、业缘关系形成很强的内聚力。这种关系中既有通过业缘，即从事近代化事业形成的向外的辐射力，体现出开放、近代性的一面；同时也具有传统的注重地缘、亲缘等因素建立起来一个小圈子的倾向。反映了社会转型时期，社会流动、交往中的典型特点。

三　职业经历与社会活动特征

交通系主要人物的职业经历、社会活动专业性强，而且在清末涉及许多重大事件。他们在这些社会活动和职业活动中体现了宽阔的政

① 朱传誉：《梁士诒传记资料》（三），天一出版社1979年版，第20—21页。

治视野，极强的专业技能，建树极多，成为本专业领域的专家和精英。如铁路方面，王景春被认为是“1928 年前一名出色的长期从事铁道行政管理的人员”。他是清末唯一的铁路经济学的博士，有深厚学术研究基础，他的博士论文《英国铁道财政的法律条例》在伊利诺斯大学社会科学论丛上发表。他在伊利诺斯大学最后两年中（1909—1911）是铁道行政学院的研究员、商业和东方史讲师。民初很多铁路政策如统一路政、统一铁路会计都出自其手，是交通领域无可厚非的财政、经济问题专家。[①]

再如詹天佑、关冕钧与邝孙谋，通过努力，克服了京张铁路施工中的很多技术难题。詹天佑在回顾该路修建时自述道：“维时我国风气初开，于路工一门研究恒鲜。不获已仅择谙习工程之学生二人，牵同履勘。由丰台之柳村，趋东而北，沿都城，越清河、抵南口，穿八达岭，出岔道城，跨怀来、宣化，以达张家口，延袤三百六十余里。其中层峦叠嶂，盘路峭石，实居全路十分之一；境险工艰以及曲线坡度各作法，胥载本略，无事再縻楮墨。溯开筑伊始。襄事者仅二三人复因事他调，相助益孤。只以此项路工实关大局，窃为我国地大物博，而于一路之工，必需借重外人，引以为耻！更不得不力任其难，勉副众望。于是昼则手胼足胝，夜则绘图计工，困苦经营，其成功之迟速利钝，初何暇计耶？肇修以后，三阅月而飞桥通，两周岁而山洞阅。迨至宣统纪元，全工幸而告竣。前尘回首，如在梦寐中！盖始则几忘其难，继则不敢畏难，且直欲自秘其难。浸假中道而废，其不贻笑于邻国者几希！”[②] 自建京张铁路在当时成为中华民族扬眉吐气的一件了不起的成就，詹天佑等不愧是铁路建设领域里杰出的技术专家和精英。

在金融领域，吴鼎昌 1911 年 8 月由大清银行总监叶景葵介绍入该行并任总务科长，不久转任江西分行总监，开始了金融生涯。1914 年经梁士诒介绍结识袁世凯。[③] 他是北四行发起者，近代著名金融家。

---

① 卞孝萱、唐文权：《民国名人传记辞典》第 11 册，第 89 页。

② 陈亚兰译注：《李善兰华蘅芳詹天佑诗文选译》，巴蜀书社 1997 年版，第 91 页。

③ 中国社会科学院近代史研究所中华民国史研究室组编：《中华民国史资料丛稿（人物传）》第 5 辑，中华书局 1978 年版，第 50 页。

周作民与吴鼎昌列名民初十大银行家。周自齐出掌财政部时，对周作民颇为赏识，提升他为库藏司司长，并兼任财政部驻交通银行国库稽核。中、交两行与库藏司业务往来十分密切，周作民善于捕捉机遇，利用各种关系，在库藏司司长任上，与两银行的高层管理人员建立了良好的关系。他与另两位金城银行创办者胡笔江、任凤苞（民初任交行协理，与叶恭绰、龙建章、关庚麟称为交通系的龙、虎、凤、麟）与梁士诒的关系极为密切。①

在外交领域，除去唐绍仪、梁士诒、周自齐、朱启钤、施肇基都有丰富的外交活动阅历。周自齐在应试京师同文馆时，主考官批阅时，认为周的试卷“援泰西科学，为经义之证，诧为奇才”。经外务部侍郎张荫桓举荐随驻美公使伍廷芳，出使美国十余年。伍廷芳倚周自齐如左右手，周累充领事、参赞。后人评周办理外交“其荦荦大端，如：美人欲延工禁十年，公力争之。中货至古巴，以无条例，巴人苛敛之，公定税章，至今承用。旧金山地震，公募金赈华侨，全活者众。又代梁公（梁士诒）草疏，争赎粤汉铁路，及驳待华侨新例，尤为人所传诵。公自美返，需次外务部，历左、右丞参，洊擢侍郎。是时，张文襄公、鹿文端（鹿传霖）公并管中枢，凡中外交涉之事，必咨于公而后行。西藏达赖虐藏人，不逞者相挺为乱，公请褫达赖职，以释藏人之憾，文端从之。”②

曾与周自齐一起在美任职的颜惠庆曾回忆：“他（周自齐）精明强干，心胸开阔，通晓英语……由于力主引荐新人材，更新风气，他在外务部很有影响。他建议设立新闻处，并推荐我作处长。这个机构对宣传中国的外交政策，让世界了解中国，是十分必要的。”③

1909 年外务部与学部，会奏设立游美学务处，综司调查稽核、考选学生，派遣赴美留学出洋事宜，并附设留美预科肄业馆一所，学

① 徐矛、顾关林等主编：《中国十银行家》，上海人民出版社 1997 年版，第 265、267 页。

② 柯劭忞：《勋二位国务总理周公墓志铭》，卞孝萱、唐文权：《辛亥人物碑传集》，第 324 页。

③ 颜惠庆：《颜惠庆自传——一个民国元老的历史记忆》，商务印书馆 2003 年版，第 68 页。

务处主持者为周自齐总办。[①] 以上这些事例均展示出周自齐超人的外交才华。

朱启钤在清末先后办理巡警、边政事务，为其后来民初任职内务部打下基础。徐世昌在举荐朱启钤的奏文中称："查有开缺民政部外城巡警总厅厅丞朱启钤，器识宏通，心精力果，开办京师巡警成效昭著，该员才识开明，不辞劳怨。前经臣等奏调来东，委以考查各事，尽心计划，动中肯綮，臣等再四筹商，意见相同，拟派该员为三省蒙务局督办以资控驭。"[②]

施肇基1905年随五大臣出洋考察宪政，负责翻译、整理宪政书籍等事务。端方对其颇为赏识，以其出国办事辛劳，循"异常保举例"行文军机处，以道员存记。回国后唐绍仪举荐其入邮传部从事铁路事业。在京汉路，施肇基着重于财政整理、制度厘定、待遇改善及弊端扫除诸事。并妥善处理废除免票，续借路款等事。此后施肇基又为徐世昌延揽任滨江关道员并兼署吉林交涉局。他曾严正向俄方声明，于东清路而言，"俄所有者唯路权，只有行车之权，与地方行政管理何涉"？并与徐世昌密议收回该路。此间他还与继任东三省总督锡良妥善处理了伊藤博文被暗杀案件，使日方失去借机寻衅的可能。[③]

交通系领袖梁士诒在清末更是广泛涉足外交、铁路、金融等领域。邮传部尚书陈璧在举荐梁士诒的奏折中曾这样讲："梁士诒才大心细，识力过人，讲求时务，洞见本原；官编修时，雅负物望，经外务部奏保人才，奉旨以五品京堂候补，历充中藏、中俄议约参赞官，筹画精详，外交具有卓见。经臣部奏保丞参，充丞参上行走，兼铁路总局局长、交通银行帮理各差。于路政、财政尤为综核。臣部深资赞助，卓然经世之材。"[④] 陈璧在奏折中称赞梁士诒不仅在办理路政上有收归京汉路、成立交行等业绩，也称赞梁在与英国交涉藏印条约、

---

① 李桂林编著：《中国现代教育史教学参考资料》，人民教育出版社1987年版，第427页。

② 郑毅主编：《东北农业经济史料集成》第3册，吉林文史出版社2005年版，第301页。

③ 施肇基：《施肇基早年回忆录》，传记文学出版社1967年版，第49、51—52、53—54、64、67页。

④ 岑学吕：《三水梁燕孙（士诒）先生年谱》（上册），第73页。

禁烟问题，日俄战争后中日交涉东三省外交问题时所体现出的外交方面的远见卓识。西方外交官也这样评价梁士诒，“虽然没有学习过西洋科学，但他赋有敏锐的头脑，所以他能迅速地了解西洋的情况和方法；他最突出的本领是组织才能，他曾建立中国交通业务方面的管理和财务制度”①。

总之，交通系的主要人物，在清末主要涉足交通（铁路为多）、外交领域。虽然他们当时的身份还并不显赫，也不足以彻底影响整个经济、外交政策的决定。但他们在实际的外交和交通事务中，体现了极强的专业技能和才识，已成为袁世凯、陈璧、张百熙、徐世昌等主要统治者倚重的本领域的精英与骨干。他们对外交、交通事业政策的最后制定，以及相关历史事件的发展起到巨大作用。交通系主要人物对决策者的影响反映出他们是本领域的专家、精英，体现着意见领袖和技术官员的身份。

四 与北洋集团核心人物袁世凯、徐世昌的关系

交通系主要人物在清末就与袁世凯、徐世昌这两位北洋集团领袖关系密切，受到他们的提携与重用，对其发展起到很大的影响。

清末交通系形成、发展首先与唐绍仪分不开，而唐绍仪与袁世凯的密切关系更有深刻原因。唐绍仪与袁世凯早年曾一同驻节朝鲜，在十余年的共事过程中，二人携手挫败日本、沙俄、美国、英国等对朝鲜的渗透、扩张阴谋，结下了深厚友情。1891 年 9 月袁世凯曾因母病请假回籍，他向朝廷举荐唐绍仪代署，称其“忠直明敏，胆识兼优，熟悉韩情，请委令代理”。唐绍仪对袁世凯的知遇之恩甚为感谢。② 甲午战争爆发后，唐绍仪还帮助袁世凯离开朝鲜，免为日本加害，而自己留在朝鲜独撑险局，直到 1898 年 10 月才因回籍奔丧离开朝鲜。

后来袁世凯升任山东巡抚，在 1900 年 5 月奏称山东办理铁路、

① ［美］保罗·S. 芮恩施：《一个美国外交官使华记》，李抱宏、盛震溯译，商务印书馆 1982 年版，第 79—80 页。

② 沈祖宪、吴闿生：《容庵弟子记》，来新夏：《北洋军阀》第五册，上海人民出版社 1988 年版，第 26 页。

矿务极其繁重，关系重大，请准将候补知府唐绍仪派往山东，交其差遣委用。[①] 从此二人携手开始共铸北洋十年赫赫功绩。这期间袁世凯多次保举唐绍仪，使其在政治舞台上的地位日益突出。如 1901 年 11 月，袁世凯奏调唐绍仪总办山东省商务局。[②] 1901 年他举荐时为三品道员的唐绍仪为杰出之员，交军机处记名简放。以后袁世凯又奏请将唐绍仪随调北洋，委任唐为天津海关道道员。这期间涉及外交、海关、矿务、铁路等事务，“世凯倚之左右手”[③]。

1907 年，唐绍仪授奉天巡抚，与北洋集团的另一领袖徐世昌建立了密切关系。当时为抵制日、俄两国对东北的侵略，“世昌欲先营辽沈，铁道自盛京至郑家屯，渐由东蒙出长春达瑷珲，以与南满、东清抗。然中国安有财力？遂密疏举唐绍仪使美”[④]。

除唐绍仪外，交通系其他主要领袖也多受袁世凯与徐世昌的提携、重用，成为袁世凯幕府与徐世昌衙署中的精英、骨干。

梁士诒早在 1903 年，就为袁世凯慕名邀请，“致意天津海关道唐绍仪为介聘，先生至津，为北洋编书局总办。由是北洋兵书（又名袁世凯兵书）多出自先生之手”[⑤]。梁士诒从事路政事业后，袁世凯还保举称其：“心精力果，学识兼优，经邮传部奏充铁路总局局长，将历年与各国所订借款造路合同，勾稽得失，于事权利益，挽回不少。”[⑥]

特别值得一提的是袁世凯对詹天佑的知遇之恩和大力擢拔。早在袁世凯办理京奉路接收事宜时，他就致电盛宣怀称现因“无华工员，势难措手”，拟将詹天佑调来留用三月。[⑦] 1905 年 10 月袁世凯奏张家

---

① 《请调副都统荫昌等赴东襄办交涉事宜折》，廖一中、罗真容：《袁世凯奏议》（上），天津古籍出版社 1989 年版，第 117 页。

② 《创办东省商务局拟定试办章程折》，廖一中、罗真容：《袁世凯奏议》（上），第 344 页。

③ 赵叔雍：《唐绍仪》，《辛亥人物碑传集》，第 339 页。

④ 沃丘仲子：《徐世昌》，上海崇文书局 1918 年版，第 14 页。

⑤ 岑学吕：《三水梁燕孙（士诒）先生年谱》（上册），第 43 页。

⑥ 同上书，第 73 页。

⑦ 盛宣怀：《愚斋存稿》卷 57，沈云龙：《近代中国史料丛刊续编》第十三辑，文海出版社 1966 年版，第 16—17 页。

口一带为内地与口北、蒙古贸易皮毛、驼绒、茶叶、纸张、糖线、煤油重地，拟派詹天佑修建京张铁路。[①]此后袁世凯还上奏请援照大学堂奖励章程，赐詹天佑以进士出身。[②]

徐世昌任邮传部尚书后，对已“管路局事”的梁士诒仍如历任堂官皆倚为左右手。“其副则叶恭绰、龙建章也。世昌既莅任，一仍其旧，事皆听之士诒。唯津浦路政则奉旨自为督办者，乃举朱启钤、陆勤伯等分司之。”“及入管邮传，则梁士诒之伦把持部务，皆唐绍仪所荐拔。世昌亦倾心任之。”因此以后梁士诒、叶恭绰等对徐世昌“皆以师体事之”[③]。不仅如此，徐世昌在任东三省总督期间，唐绍仪为奉天巡抚，朱启钤、施肇基都成为他手下处理外交事务的得力干将。

第二节　北洋、东北新政及辛亥革命中的建树

交通系的形成、发展，客观上是因为其主要人物在清末投身于早期现代化事业，在清末新政时期的积极作为。除了在铁路、金融领域外，他们追随袁世凯、徐世昌在直隶、东北推行新政，为北洋集团崛起居功至伟。在辛亥革命中支持袁世凯通过与革命党、立宪派合作推翻了清王朝，建立起了共和国。

一　在北洋、东北新政中的建树

（一）成立巡警、维持京津

袁世凯就任直督以后，首要问题就是收回尚在联军“都统衙门”管辖下的天津，为移署创造条件。当时处理收回天津主要是两个问题，一是各国在津租界范围问题，二是依据《辛丑条约》，中国不得派兵在天津驻扎这一涉及军事、治安管理主权问题。而这两个问题均由唐绍仪处理。

---

① 朱寿朋：《光绪朝东华录》第5册，总第5421—5422页。

② 《道员詹天佑请给予出身片》，廖一中、罗真容：《袁世凯奏议》（下），第1478—1479页。

③ 沃丘仲子：《徐世昌》，第18、64页。

在与列强交涉各国租界范围、租界内财产处置问题上，唐绍仪据理力争，全力维护国权与天津人民利益。如在交涉意大利租界问题时，他曾讲：“此次意使所请订立租界，均以兴旺商务及应与各国均沾利益为词。职道再四磋商，惟有遵谕设法补救民艰，与该使商定仍准民人在租界内执业，俾免意商垄断以纾生计，并妥定盐坨迁移一切事宜，亦与商情尚无窒碍。”① 再如与俄国交涉租界问题时，俄方再三要求将界内坨地收买，如照其议，租界内各国居民往来交通必受阻隔，而且会授意大利以口实。唐绍仪等最后与天津盐商妥议，拒绝俄方提出的免价拨给要求，采取用地多少画出界址，议给地价、出示收买的方法解决了这一问题。②

为收回天津的军事与治安权，唐绍仪与袁世凯还巧妙地制定对策，将此前在保定募练之巡警队两千人预调来天津。“按段接办。其各国原设之华捕一千余人，亦暂行酌留，免其流落滋事。复在附近津城二十里内，按南北东西及四隅分设保甲局八处，每局派文武员弁各一人，酌带马步巡丁，稽查匪类。其二十里外，则分拨营队扼要屯扎，海口及附近铁路各处，酌派水陆巡警队分布弹压。以上各项均饬由唐绍仪等先期筹商，布置就绪，议明于十二月一律任事。”③ 1902年8月，都统衙门取消，天津主权得以收回。

唐绍仪对天津收回后的市政建设还做出很大贡献，如疏浚海河，整理市容、市貌等，兹不一一列举。

袁世凯在天津成立巡警，其意义十分深远，这实际成为近代中国警察、民政制度变革一个具有里程碑意义的事件。清末，袁世凯、徐世昌、唐绍仪、赵秉钧都为这一制度的发展起到了作用，而交通系另一人物朱启钤也为清末巡警制的发展做出过贡献。1906年—1907年，朱启钤在时任巡警部尚书徐世昌举荐下，先后任京师内城、外城巡警

---

① 《唐绍仪为袁世凯批意租界章程事咨钱镕（附：粘抄意租界章程详复北洋大臣袁世凯）》，天津档案馆、南开大学分校档案系编：《天津租界档案选编》，天津人民出版社1992年版，第396页。

② 《张莲芬、唐绍仪、钱镕为勘查海河东岸拨作坨地事禀袁世凯及袁批》，天津档案馆、南开大学分校档案系编：《天津租界档案选编》，第342页。

③ 《恭报抵津日期接收地方情形折》，廖一中、罗真容：《袁世凯奏议》（中），第620页。

厅厅丞。他“首创北京警察市政”，而且对王府井附近的东安市场、道路规划、消防、警务等市政建设、规划都做出了具体的安排。[①] 这也成为民初他任职内务部，致力于民政事业的铺垫。

（二）财税方面卓有建树

庚子事变后，天津常关归属总税务司管辖。这不仅严重损害了中国的经济主权，而且对举办新政、处理各种社会事业需款甚繁的袁世凯来说都是极大窒碍。为此他与唐绍仪积极筹谋各种办法，一是维护中方在关税上的利益，二是为新政募集各种经费。

袁世凯与唐绍仪首先规定，今后常关税按照户部所定税则征收，由税务司征收后，移送天津海关存储，以备赔款所需。其收入除提出一成作为常关经费外，仍需提取一成为北洋大臣衙门、天津海关、洋务、商务等经费。[②] 在唐绍仪任津海关道期间，关税收入对北洋新政举办给予极大挹注。如军费方面，袁世凯曾奏各省 1902 年应协北洋饷需共三百万六千两，实收仅一百九十四万两，只能以赈捐与津海关经费挹注。[③]

天津收回后，市面私铸充斥，制钱断绝，而行使银条有贴水等名目，使得银钱兑价忽涨忽落，造成工商疲敝，货物滞销。唐绍仪体察商艰，减免利息，并缓提在各商号、钱庄所存公款。并代各钱庄禀请向洋行借款，请海关道、盐运司担保。最后与袁世凯商定如下办法：一、“总由于银钱荒乏，欲图挽救，非筹拨巨款不为功。”在前户部已拨付 100 万两之外，再拨款救市。二、官府与绅商合股开设银行，以期疏通，并设立商务会所籍资联络。遴选合适、殷实钱庄、票号，制定章程，“明定限制，准其行使零整钱帖。”由官府为之稽查维持。三、天津开设铜元局，先期铸造当十铜圆一千余万枚，“现复饬局加工赶造，发商周转。俟银行开办后，再令出使银条，以使兑换。”

① 北京市政协文史资料研究委员会、秦皇岛市委统战部：《蠖公纪事：朱启钤先生生平纪实》，中国文史出版社 1991 年版，第 21—24 页。

② 《天津常关归并税司兼管并酌提经费办公折》，廖一中、罗真容：《袁世凯奏议》（中），第 653—654 页。

③ 《附请改拨北洋各省协饷片》，“国立”故宫博物院印行：《袁世凯奏折专辑》第三册，台湾广文书局 1970 年版，第 804—805 页。

“据称近日市面渐可流通，各号与洋商银行川换往来已有六、七十万金，但能共守信实，必可日有起色各等语。”[①] 这些措施稳定了庚子事变后天津等地的金融形势。

（三）处理中外合办企业问题

在北洋行政推行中，袁世凯积极举办近代工矿企业，其中很多企业为中外合办，必然牵扯到利权问题。唐绍仪等协助袁世凯妥善处理了相关问题。

其中最为典型的是处理开平矿务局督办张翼盗卖矿产、地亩，出卖矿权等情。袁世凯在1903年至1904年间不仅三次奏参张翼，督促其赴伦敦起诉，还令唐绍仪与英方总办那森直接交涉。唐绍仪代袁世凯提出如下条件，即：一、袁世凯任公司总裁；二、在伦敦董事部占一席之地；三、袁世凯在即将组成的地方董事部中得以委派官员；四、应报效二十万两。以此作为在伦敦撤诉条件。[②] 袁世凯与唐绍仪对英方与张翼所订卖约及协议出卖中方利益之处大加斥责，严厉抵制。同时袁世凯还支持周学熙创办滦州煤矿与开平公司竞争，以维矿权。

1902年10月，袁世凯上奏称芦汉铁路总局派员与临城矿务局草签合同，未经前直隶总督李鸿章应允，且合同内容多处与本年二月新订矿务章程矛盾。其中第一条、第三条、第六条均不妥当。并表示：“直隶原有各矿悉数被盗卖，坐令利权旁落，土地日见侵削，臣忝列畿疆，何堪当此重咎。”提出将草合同作废另订新合同。[③] 此后袁世凯委派唐绍仪、梁敦彦与比方交涉，重订合同，规定：“该矿系华洋合办，矿局派华总办一员，华工程司一员及各华员，比公司只派洋工程总办一员及各洋员，遇事互商妥办，有矿务局出名公同树押。该矿一切事宜归北洋大臣节制，华洋办事员遵北洋大臣指示。”并定比方

---

① 《复陈天津市面情形酌拟办法折》，廖一中、罗真容：《袁世凯奏议》（中），第798—801页。

② 熊性美、阎光华：《开滦煤矿矿权史料》（第3123、3124、3127件），南开大学出版社2004年版，第262—264、268、269页。

③ 《临城矿务局员与比公司私立草约应行作为废纸折》，廖一中、罗真容：《袁世凯奏议》（中），第661—662页。

股本抵作借款，中方可在15年后清偿收回。[①]

再如，比利时商人承办天津电车电灯公司，于天津交还前已获得联军都统衙门批准，故而只能准其按条款接办。袁世凯与唐绍仪对此，认为："只可于订立章程之中，格外详审，隐示限制，总以收回利益，不失主权为宗旨。"经唐绍仪、洋务局道员蔡绍基、天津知府凌福彭与比方数月谈判，拟定草合同二十七条，"核较原禀章程，争回利益甚多，照此办理，似尚无碍地方利权，无损于小民生计"[②]。

（四）配合东北改制，抵制日俄侵略

日俄战争后，列强觊觎东北，使得这一地区形势更为危急。在这一情形下，1907年清政府决定施行东北改制设省，徐世昌、段芝贵、唐绍仪等入主东北三省，而施肇基、朱启钤等作为唐绍仪、徐世昌的幕僚也在东北新政推行中而多有建树。

首先是围绕路权、矿权的斗争。这期间在铁路方面，唐绍仪、施肇基抵制日本改道安奉路，筹划新齐线，并拟收复俄国人控制的东清线（后详述）。特别是在与俄国交涉矿山、林业经营、开发主权时，寸土不让，使俄方极为恼火。"埋怨唐绍仪在中俄谈判中始终对俄国持敌对态度，不管俄国就任何问题发表意见，唐氏均加以拒绝。"[③]虽然由于日、俄的破坏、抵制和拖延，唐绍仪与施肇基等在外交上总体收获不大，但还是将部分矿权如被俄国夺占的漠河金矿等收回。

其次，为抵制日俄向东蒙扩张，东三省总督徐世昌委任朱启钤主持蒙务局。当时俄国利用西伯利亚铁路建成，就东蒙与日本展开激烈争夺，哲理木十旗情形日益危急。而筹设蒙务局，规划蒙疆兴革均由朱启钤督办。朱启钤曾遍历哲理木十旗，"凡山川险要、风俗习惯及诸蒙窳朽之状，既有所得，辄为大府陈之，而筹其办法"。在垦务等问题上，对受日俄煽惑的旗民，没有"牵率顾忌以迁就"，朱启钤深

① 《临城煤矿现与比国订立借款合办合同缮单具陈折》，廖一中、罗真容：《袁世凯奏议》（中），第1094—1113页。

② 《比商承办天津电车电灯公司议定合同批准照办折》，廖一中、罗真容：《袁世凯奏议》（中），第951—952页。

③ 黄光域译，吕浦校：《丙午中俄谈判及丁未设东省总督资料两则》，中国社会科学院近代史研究所编：《近代史资料》总46号，中国社会科学出版社1982年版，第136页。

知，“若以外人集目之地，吾方力图抵制者。而或为无端之兴废，则匪特弃前功，抑将以速祸患矣”[①]。徐世昌还与朱启钤提出拓殖必以交通为首要，以裁驿设邮，兴建铁路为内容。并提出：“实边之策在迁民，迁民之效在工筑”，大力兴修工厂、道路，并推行改革币制。徐世昌与朱启钤还提出，“拟仿普鲁士之设开拓移民评议员会，收买大农地分割为小农地。先择新荒一段，招致小农，计口授地，凡土质艺事悉教导之，牛犁籽种土木工筑均以官力维持，标准既立，推行自易，此垦务之权舆也。”并且主张分拨军队以防匪患，添设官吏以卫民居，铺设铁路以便运输，开办实业以拓权利，这些“皆须次第举办，择要设施”，以作为抵制日俄扩张的根本。[②] 这些措施都收到了明显成效。

（五）推行禁烟

早在1904年，梁士诒与唐绍仪赴印度与英国会议藏印条约之时，就对禁绝鸦片，“时与唐使商及，唐亦深加赞许”。梁士诒还详细调查垄断鸦片出口的沙宣洋行与东印度公司的关系，计划交涉，并筹拟方略，以备回国后施行。二人归国后向袁世凯禀明，袁世凯大力支持，并嘱托唐绍仪与梁士诒从外交上着手，“分函各朝贵，力促成之”[③]。梁、唐二人实际成为清末禁烟政策的最早倡议和实际制定者。此后袁世凯在直隶、徐世昌在东北都大力推行禁烟。

总之，交通系主要人物（特别是唐绍仪），以外交活动为中心，围绕维护主权、抵制列强侵略这一主旨，在清末北洋、东北新政推行中，协助袁世凯、徐世昌经办了许多重大事件。这不仅为北洋集团崛起发挥了至关重要的作用，也为以后交通系发展、壮大打下坚实基础。

二　辛亥革命中的功勋

1909年1月载沣借两宫相继离世之际，以患足疾为借口，将袁世

① 朱启钤：《东三省蒙务公牍汇编》，沈云龙：《近代中国史料丛刊》第34辑，总第339—340册，文海出版社1969年版，“序言”第2—3页。

② 郑毅主编：《东北农业经济史料集成》第3册，第302页。

③ 岑学吕：《三水梁燕孙（士诒）先生年谱》（上册），第50、56页。

凯开缺罢职。而袁世凯被罢职累及追随他的交通系领袖唐绍仪、梁士诒等。正奉袁世凯之名出访美国，欲施行“联日制美”计划唐绍仪被朝廷召回，不久即免去奉天巡抚一职，仅以邮传部侍郎候补。而在邮传部唐绍仪又因对盛宣怀国有化政策的不满而遭到排挤。载沣还以为人轻率，不堪重任为由对他进一步冷落。[①] 此外，盛宣怀还指使七名御史奏参梁士诒，“把持路政、任用私人、糜费公款”，奏撤梁士诒铁路局长一职。[②] 袁世凯、唐绍仪、梁士诒同时陷入政治生涯的低谷。

但武昌起义爆发却很快将袁世凯、唐绍仪、梁士诒置于风口浪尖，使他们成为主导历史走向的关键人物。

在武昌起义爆发后不久，袁世凯即派人密告梁士诒“南方军事尚易结束，北京政治头绪纷如，正赖梁燕孙居中策划一切。请与唐少川预为布置”。此后，梁、唐二人一在南方前沿负责谈判，一留守北京，在后方协助袁世凯总理各事。袁、唐二人“间有意旨不能融洽”均依赖梁士诒“为之弥缝解释”。当时袁世凯昔日幕府散在四方，梁士诒不得已，引叶恭绰、施愚、蔡廷干等共参机要，而仍由其总大成。梁士诒曾“半月不一眠”[③]。唐绍仪、梁士诒、叶恭绰已成为袁世凯在辛亥革命中做出各种重大决策的最为依赖的人物。

交通系主要人物为辛亥政局的走向的影响主要体现在两方面，一是共和政体的确立，二是逼迫清帝退位。

南北议和中，虽然立宪派与革命党人都对“非袁莫属”表示认可，但政体问题仍是一个重大分歧。唐绍仪代表袁世凯在会谈中表明支持共和的态度对问题解决起到积极作用。南北会谈前，唐绍仪已明确表露颠覆清王朝、拥护共和的思想。唐绍仪曾告诉袁世凯，不能参加一个以保留清廷为政策基础的内阁，并花了几个小时劝说庆亲王，使他确信，朝廷务必体面地下台，以促成和解。[④] 1911 年 11 月 28

① 《唐绍怡不见重于监国》，《盛京时报》宣统三年七月二十二日（1911 年 9 月 14 日）。

② 岑学吕：《三水梁燕孙（士诒）先生年谱》（上册），第 91—92 页。

③ 同上书，第 111 页。

④ 张晓辉、苏苑：《唐绍仪传》，珠海出版社 2004 年版，第 125 页。

日，唐绍仪报告袁世凯，称南方革命军宗旨以改建共和政体为目的，若北方不认共和，即不同意再行会议。唐称东南各省民情，主张共和已成不可阻遏之势，一旦和谈停止，战端再起，财政不仅空虚，生灵涂炭，列强分裂必启。唐绍仪提议请即日明降谕旨，命总理大臣颁布阁令召集临时国会，将君主、民主付之公议，以定旨归。[①] 而据日本公使伊集院与袁世凯的谈话，则称："以唐绍仪之立场而论，本应坚持君主立宪主张，但据来电观之，似对共和体制并不反对，且已向伍廷芳泄露此意。更有甚者，据松井参事官来电称：唐曾公开言明其本人原系一共和论者。"[②] 这表明南北会谈中，唐绍仪并未执行袁世凯既定的将国体问题交给国民大会，以君主立宪制为旨归的方案。

谈判中唐绍仪坚持的思路是确立共和，逼清帝退位以实现南北和平统一，并拥立袁世凯为大总统，而这一思路实际上也是辛亥政局的最后走向。唐绍仪曾致函梁士诒要其劝说袁，并"电请驻京某某等国公使力劝袁总理承认共和。"[③] 民元以后唐、梁二人均认为当前统一中国，非袁莫属，而欲治理中国，非袁诚心与国民党合作不可。[④] 这实际是始自辛亥以来政治观念的延续与发展。

由于在谈判中坚持共和，一些王公贵族对唐绍仪十分恼怒，指责唐绍仪，"在上海并未与彼党评论君主民主之利害，先自赞成共和。其电奏一味恫吓，竟全堕彼党之计中，实不称议和之任，请迅速调回"[⑤]。虽然袁世凯迫于顽固王公贵族压力，同时也对南方推举孙中山就任临时大总统表示不满，将唐绍仪撤换。但他在张謇、黄兴的劝触下，态度逐渐回转。此外孙中山表示："如清帝实行退位，宣布共和，

---

① 《宣统三年十一月初八日清议和总代表唐绍仪致内阁总理袁世凯电》，中国史学会：《辛亥革命》第8册，上海人民出版社1957年版，第222—223页。

② 中国社会科学院近代史研究所编：《中华民国史料丛稿—日本外交文书选译有关辛亥革命》，中国社会科学出版社1980年版，第310页。

③ 《唐绍怡致梁阮要电》、《电请开国民会议》，《盛京时报》宣统三年十一月十二日（1911年12月31日）。

④ 岑学吕：《三水梁燕孙（士诒）先生年谱》（上册），第122页。

⑤ 《宣统三年十一月□日资政院议员毓善等致内阁总理袁世凯函》，中国史学会：《辛亥革命》第8册，第156页。

则临时政府决不食言，文即可正式宣布解职，以功以能，首推袁氏。”[①]袁世凯最后顺应了共和潮流。据后来任袁世凯政治顾问的英国人莫理循记载：“袁世凯派唐绍仪去上海时，完全清楚唐绍仪的意图，我对这点从没有过任何怀疑。唐绍仪的辞职要求被接受了，但从那以后他一直同袁世凯保持着密切联系。他是通过他的亲密朋友梁士诒进行联系的。……因为唐绍仪同扔炸弹的汪兆铭联系密切，又因为汪兆铭在北京时几乎天天同袁世凯进行联系（有一次汪兆铭来看我，就是同袁世凯谈了三小时以后来的），你就可以看出袁世凯已经多么深地介入共和运动，又多么容易使我相信袁世凯会同意实行共和并出任第一任总统。”[②]

为解决南北统一、清帝退位问题，唐绍仪与梁士诒也付出许多努力。在第三次南北谈判中，唐绍仪与南方形成如下协议：对清皇室以外国君主之礼待之；退居颐和园；由国会定给岁俸数目；各陵寝及宗庙，听其奉祀。并同意满汉平等，不得歧视；保护其原有之私产并给以生计安排；营业、居住无限制；王公等爵号仍旧保持。[③] 这为分化顽固势力，扫清共和道路上的障碍至关重要。第五次会谈中唐绍仪还与南方代表伍廷芳拟定了《各省停战条件》《续议停战规则》，宣布自 1911 年 12 月 9 日，南北双方实现停战。[④]

横亘在共和制度面前的反动力量只剩清廷内部的封建王公贵族势力，袁世凯与北洋集团加紧了逼迫清帝退位的计划。1912 年 1 月 19 日在御前会议上，赵秉钧、梁士诒与胡惟德三人合词奏称：人心已去，君主制度恐难保全。恳赞同共和，以维大局。三人还以退席、辞职威胁隆裕太后。[⑤] 唐绍仪还致电驻美公使张荫棠，“转请美政府劝告清廷从速退位，以弭国民涂炭等情。张钦使昨已复电允诺”[⑥]。同

---

① 中国社会科学院近代史研究所中华民国史研究室编：《孙中山全集》第 2 卷，中华书局 1982 年版，第 23 页。

② ［澳］骆惠敏：《清末民初政情内幕：泰晤士报驻北京记者袁世凯政治顾问乔·厄·莫理循书信集》（以下简称《清末民初政情内幕》）（上册），知识出版社 1986 年版，第 835—836 页。

③ 观渡庐编：《共和关键录》，著易堂书局 1912 年版，第 18 页。

④ 观渡庐编：《共和关键录》，第 33—34 页。

⑤ 岑学吕：《三水梁燕孙（士诒）先生年谱》（上册），第 105、111 页。

⑥ 《转请美政府劝告清廷》，《盛京时报》宣统三年十二月二日（1912 年 1 月 20 日）。

时以段祺瑞为首的北洋将领也两次通电清帝退位。1912 年2 月12 日，清帝宣布正式退位。其退位诏书（一共三道，其中前两道为优待条件）由唐绍仪、梁士诒居间传达，南方则有汪精卫主稿，往返商谈数十次。而每次均由梁士诒与赵秉钧上奏隆裕太后，其中关于禁卫军待遇条款由叶恭绰起草与修改。①

唐绍仪、梁士诒、叶恭绰等人在辛亥革命中所作所为是符合历史发展方向的。林家有先生就提出为促成共和，梁士诒据孙中山关于清帝退位的条件，与唐绍仪一南一北，弥缝解释，用心尤苦。而且还策划清统将段祺瑞等赞成共和，联合 47 名将领奏请清帝退位。梁士诒赞成共和，固然是形势所迫的权宜之计，但他对南北停战息争，迫使清帝退位，稳定大局起到了一定作用。② 辛亥革命是南北议和达成的和平结局，通过谈判由民主共和取代封建专制，是辛亥革命时期政治家高度智慧的结晶。对同盟会来说，在革命实力严重不足的情况下，对北洋集团妥协，借北洋集团的力量推翻清王朝，实现了革命的目标，这是不容置疑的。革命党与袁世凯为首的北洋集团之间既有对立性，“又有着某种程度的统一性。在清末极其复杂的社会矛盾运动中，武昌起义促使这两支政治力量携手结为政治同盟，共同推翻了清王朝，建立起全国统一的中华民国政权”③。从这一角度看，唐绍仪、梁士诒、叶恭绰等的功绩是巨大的、不容抹杀的。

第三节　交通系主要人物与清末铁路、金融

除了在新政、辛亥革命中的突出功绩外，交通系的形成、发展与其主要人物在清末交通（主要为铁路）、金融领域中的作为密不可分。这些作为主要体现在控制交通行政权、收回铁路路权、革新路政、成立交行以活动金融四个方面。

---

① 岑学吕：《三水梁燕孙（士诒）先生年谱》（上册），第 110 页。

② 林家有：《孙中山与梁士诒》，《近代史研究》1990 年第 3 期。

③ 张华腾：《对立中的统一：辛亥革命前后同盟会、北洋集团关系述论》，《江海学刊》2006 年第 1 期。

一　控制交通行政权

（一）邮传部设立之前情况

邮传部设立前，交通行政没有专门统辖机构，航政方面，招商局归属北洋大臣，内地商船附属于工部，邮政附属于总税务司，路、电虽派大臣督办，但未设专职，仅为兼差。[①] 清末的铁路行政管理更是几经变易，这给清末的交通发展特别是铁路建设带来极为消极的影响。曾任交通次长的阚铎就指出，路政四十余年来（至民初），交通机关变易已有八次之多，除前述的海署时代、铁路总公司时代、外务部矿务铁路局时代、商部通艺司时代、邮传部时代外，又有第六期设铁路总局与特设武昌总公司时代、第七期创设交通部将路政司合并于铁路局时代、第八期交通部与上海总公司、汉口督办鼎立时代。这与铁路为统一的交通事业性质背道而驰，铁路本为"举国之资"，"今以机关分立，各不相下，他日结果不惟工事不能尅日进行，线路不能斟酌缓急，支干既不相谋，轨迹复难划一。而国债、外交损失、纠缠且不可以数计"[②]。

清末改革铁路、交通行政，成立专署机关，在国家的统筹与有力引导下，抵制列强攘夺交通利权，推进对早期现代化进程、对国计民生具有基础作用的交通四政发展，特别是铁路建设发展是极为重要的。这一过程是国家必须加强交通行政集权化的过程，也是袁世凯为首的北洋集团与交通系在邮传部成立前后逐渐控制交通四政的过程。

1902 年年底清廷以各国电务，因事关军政而多归官办。中国电报业务创自商办，诸多窒碍转归官办，清廷命袁世凯、张之洞将中国电报业实际情况核实估计后，悉数付价收回，另由政府遴员经理，以专责成。[③] 袁世凯随后致盛宣怀电中，表示不赞同张之洞坚持商办主张，认为电信事务繁杂重大，将来必须专设电政大臣，方免贻误。[④] 袁世凯就任督办电政大臣后，以电报为邮政要枢，蒙朝廷保护，买回

---

① 岑学吕：《三水梁燕孙（士诒）先生年谱》（上册），第 57 页。

② 阚铎：《铁路机关统一之今昔》，《铁路协会会报》，第 2 卷第 8 册，总第十一期。

③ 王开节、修域、钱其琛：《铁路·电信七十五周年纪念刊》（电信），第 5 页。

④ 盛宣怀：《愚斋存稿》卷 59，第 15—16 页。

外洋水线，陆线也逐渐推广各地，提出应奉旨改归官办，各商可照旧附设，商民共利，以抵制外人干预。声明各路商电，各省官电，均归电政大臣统办。外国新创无线电报，应援照公例，除津榆铁路外，无论何国何人，一概不准在中国境内私设无线电报，如不遵行，按例课罚。[①] 他奏称除租界、通商口岸洋商可自设外，无论何地何人，未经中国政府及电报局允准，均不准擅设电话，以保护电信主权，并请饬外务部查照立案。[②] 袁世凯坚持官办政策，一直视电政为北洋禁脔，袁世凯之后，担任电政大臣的吴重熹与杨士琦都是北洋集团重要人物。

航政也是如此，1902 年 11 月盛宣怀致电袁世凯，称电报局、轮船招商局将由张翼督办已有传闻，“开平华商正在聚讼，轮、电股商闻此消息，票价顿跌。难保不转卖外人”。并称轮船招商局、电报局均发端于北洋，现二局均为商办。袁世凯督办商务为既成事实，希望在袁的督办下，勿令轮船招商局蹈开平覆辙。袁世凯复电称接管轮、电二局，“在津伊曾劝北洋收回，辞以不暇兼顾，因而自谋，亦在意中，然内未必予之。当电京阻止”[③]。结果是袁世凯派杨士琦接管轮、电二局，并将二局收归官办，大拂盛宣怀之意。盛宣怀曾致电荣禄认为电报局可官办以免为外人侵夺，并与袁世凯商妥。但认为轮船招商局是与洋商争利之企业，各国无官办之例，“应仍听商办隶入商部”[④]。而袁世凯则明确表示请其摆脱与轮船招商局、电报局及各铁路关系，将以上事务统归北洋。“周旋船事，照在沪与沈（能虎）、杨（士琦）所商，附片奏明，以安商心。”并毫不忌讳盛宣怀以张之洞为后台，称收归轮船招商局一事，“南皮当不至格外挑剔，俟收清后一切仍旧，并拟请公襄助，化商为官，公免受累受谤”[⑤]。这是盛宣怀与北洋集团、与袁世凯结下仇怨的始因。

铁路方面，盛宣怀在 1896 年任督办铁路大臣，名义为“督办铁

---

① 朱寿朋：《光绪朝东华录》第 5 册，总第 5379—5380 页。
② 《请饬禁擅设电话片》，廖一中、罗真容：《袁世凯奏议》下册，第 1169 页。
③ 盛宣怀：《愚斋存稿》卷 59，第 3—4、6 页。
④ 夏东元：《盛宣怀年谱长编》（下卷），上海交通大学出版社 2004 年版，第 764 页。
⑤ 盛宣怀：《愚斋存稿》卷 59，第 10 页。

路公司事务大臣”。袁世凯1902年12月奉旨接收督办铁路大臣关防，至1907年1月移交，其名义为“督办津镇铁路事务大臣”。他还在1901年与胡燏棻任“督办关内外铁路事宜会办大臣”[①]。袁世凯与盛宣怀统属关系十分微妙。除袁世凯任津镇、关内外铁路督办大臣外，唐绍仪与梁士诒也逐渐涉入铁路领域，壮大了北洋派在铁路方面的势力。1905年9月盛宣怀因沪宁路“靡费过多”被军机处奏参。1906年初盛宣怀因病辞去督办铁路公司一差，由唐绍仪奉旨接办。此时商部已成立，唐奏请裁撤总公司，所有事宜归并商部办理。唐绍仪还与梁士诒对盛宣怀主持下“深秘不可言”的铁路总公司整顿，“钩覆清厘，欲扫除荡涤一切。旧日有关系人闻之大惧，先生（梁士诒）之与盛结怨自此始”[②]。

可见邮传部设立前，北洋集团对交通四政实际已逐渐掌控，而路政的控制则相对较晚。学术界一直较为关注盛宣怀与梁士诒在争夺铁路路权中的矛盾与斗争，而从纵深的角度看，这只是北洋集团在清末其崛起过程中，政治活动与政治舞台不断外延、扩大的表现，是与其他政治势力特别是盛宣怀争夺控制交通四政的一个反映。他们都意识到统一交通行政对促进交通业发展、抵制利权外溢的重要性，他们之间的矛盾只是政治集团在权利场中相互博弈的反映。

邮传部设立后，袁世凯与交通系同盛宣怀、其他政治势力争夺交通事权的斗争更为激烈，先后经历了丁未政潮、陈璧被参革职、唐绍仪辞职与铁路总局被裁三大风波。

（二）邮传部设立之后情况

袁世凯对设置邮传部极为关注，这不仅因为交通四政在新政推行、政治格局构建中的地位，还因为北洋新政各经费来源与四政收入息息相关。1907年3月他奏请援照前直隶总督裕禄所请，将轮、电二局每年二成余利批解北洋。称关内外铁路余利截止上年12月底，已移交邮传部，现地方办理工业、学务、新政、练兵、巡防治

---

① 钱实甫：《清季新设职官年表》，中华书局1961年版，第68页。

② 岑学吕：《三水梁燕孙（士诒）先生年谱》（上册），第56页。

安均须款用，此后请邮传部除将二局余利拨给外，请天津铁路局以后提取二成直接拨给北洋，“作为护路巡警、探访员弁暨各项新政之需，以济地方燃眉之急”[①]。袁世凯称关内外铁路余利每月以80万元归北洋，对北洋各项新政大有裨益[②]。

袁世凯通过唐绍仪积极干预邮传部事务，特别是人事安排。邮传部设立不久，唐绍仪以侍郎身份，奏请将京张铁路总办陈昭常补授右丞，施肇基为右参议。不久时任翰林编修的关冕钧、吏部主事龙建章、陆军部学习主事关庚麟、直隶候补知府冯元鼎等三十二人调入部中。[③] 交通系势力大量进入邮传部，“百熙为世凯儿女姻亲，任邮传部尚书；左侍郎胡燏棻，右侍郎唐绍仪，皆袁世凯党”[④]。袁世凯在邮传部栽培亲信，形成势力，受到了政敌的忌恨。此后御史马吉樟奏参张百熙，唐绍仪也两次被申斥，舆论认为这些事“不得谓与直督袁世凯无涉”。陈昭常、那晋、施肇基等在邮传部的任职情况，唐绍仪“曾商之于袁督”[⑤]。当时岑春煊、瞿鸿禨与肃亲王载泽自成一党，在丁未政潮中，岑春煊在瞿鸿禨支持下，借机谋取邮传部尚书一职。“庆王、世凯大愤，不一月出为两广总督，陈璧继任，两党倾轧开始，光绪三十三年事也。”[⑥] 这是交通系与袁世凯为首的北洋集团争夺交通行政权经受的第一次风波。

邮传部设立后，尚书、侍郎两职大多出自北洋集团或者是与袁亲近的人物。兹列表如下（表1－3）说明：[⑦]

---

① 《请提轮电两局报效铁路余利以济要需折》，廖一中、罗真容：《袁世凯奏议》下册，第1451—1452页。

② 俞诚之：《遐庵汇稿（附年谱）》，第24页。

③ 《拣员请补署丞参折》、《请调用京外各员折》，《邮传部奏议类编·续编》（总务），沈云龙：《近代中国史料丛刊》第14辑第140册，文海出版社1967年版，第17—18、22—23页。

④ 刘成禺：《世载堂杂忆》，辽宁教育出版社1997年版，第79页。

⑤ 《参议缺将简满员补授之悬揣》，《申报》1907年2月23日。

⑥ 《世载堂杂忆》，辽宁教育出版社1997年版，第79页。

⑦ 钱实甫：《清季重要职官年表》，中华书局1959年版，第105—112页。另据苏全有《清末邮传部研究》（中华书局2005年版，第58—59页）中将《清季重要职官年表》中“漏列”沈云沛的内容所做的补充。

表 1－3　　邮传部首脑人物与袁世凯关系

姓名	任职及时间	与袁世凯关系
张百熙	尚书（三十二年九月—三十三年二月）	姻亲
陈璧	尚书（光绪三十三年四月至宣统元年正月）	北洋集团人物
徐世昌	尚书（宣统元年正月至宣统二年七月）	北洋集团人物
沈云沛	尚书（宣统二年七月署理）	北洋集团、交通系
唐绍仪	尚书（宣统三年九月，未到任）	北洋集团、交通系领袖
杨士琦	尚书（宣统三年九月至十一月，署理）	北洋集团人物
梁士诒	正首领（宣统三年十一月至民国元年三月，署理）	北洋集团、交通系领袖
唐绍仪	左侍郎（光绪三十二年九月至三十三年三月）；	北洋集团、交通系领袖
朱宝奎	左侍郎（光绪三十三年三月，补授）	北洋集团人物
吴重熹	左侍郎（光绪三十三年三月至三十四年八月，转补）	北洋集团人物
沈云沛	左侍郎（宣统二年七月）	北洋集团人物
胡燏棻	右侍郎（光绪三十二年九月至十一月，补授）	北洋集团人物
梁士诒	副大臣（宣统三年九月，署理）	北洋集团、交通系领袖

表 1－3 说明北洋集团自邮传部成立后，直到清末绝大多数时间控制着该部。交通系人物唐绍仪、梁士诒、沈云沛担任过正副首长一职。就其他高级职位而言，陈昭常 1906 年担任过右丞一职，梁士诒在 1910—1911 年担任过左参议一职。交通系的权势扩张主要是在陈璧与徐世昌任该部尚书期间，而其扩张的基础是梁士诒控制的铁路总局。

陈璧任邮传部尚书后，依据部章，将冯元鼎、姚绍书两名交通系人物举荐为丞参上行走。这一职务，须“承上启下，职务殷繁，必须熟悉船路电邮四政情形，方足以资佐理”。陈璧又举荐丁忧在籍的梁士诒，称其熟悉路政，条理缜密，论事、办事均有决断，外交应付卓有胆识。“如蒙简放，应请作为署理。”① 1907 年年底，陈璧奏称官办

① 《豫保丞参折》，陈璧：《望嵓堂奏稿》，沈云龙：《近代中国史料丛刊》第十辑总第 93 册，文海出版社 1966 年版，第 619—623 页。

京汉、京奉、正太、汴洛、道清、沪宁、广九各路行政头绪纷繁，与外人交涉借债修路因统系不一，经理不便。拟仿照日本铁路作业局规格，略参民政部巡警总厅，学部督学局之制，设局办理，名为邮传部铁路总局。遴派局长总办借款、管理各路事宜，并举荐梁士诒为该局局长。[①] 以后陈璧在梁士诒协助下，收回京汉路并举办交通银行，陈对梁极为倚重，称梁士诒对其深资擘助。铁路总局的设立成为交通系形成、发展中一个具有里程碑意义的事件。

陈璧不喜用文士，对崇尚实干、经验丰富的叶恭绰极为倚重，常令其参与起草文书，“析疑辩难”。据叶恭绰回忆，陈璧“长邮传部时，一日余呈稿，公复下笔，方数行。余徐言：此事，实如何。公瞿然曰：‘余误矣！’即毁之，仍用余稿。”[②] 铁路局设立后以梁士诒为局长，叶恭绰为秘书长，“两氏都精明干练，初只辖京汉、沪宁、道清、正太、汴洛五路，故人称为五路财神。后又逐渐加入各路，归局管辖。与各借款国磋商重订合同、厘定权限，借款国只管会计，行车人事，均由路局局长管理。借款分年归还，还清路归国有。又定会计年度，改用阳历，会计独立，办得很得当。后又奏设交通银行，铁路收入均归其经理，于是人事愈繁，势力愈大，形成交通系，遭人指摘”[③]。清末，“盖全国各干线之创建，几乎无不经梁之手，在当时是炙手可热之能员”[④]。1908 年梁士诒与直督杨士骧办理慈禧太后与光绪帝晋谒西陵一事，“行在赐食”，慈禧太后对梁称：“梁士诒已吃饱否？当勉力加餐，吃饱才好做事。”而对杨士骧无一言。[⑤] 足见其地位之隆厚。

但交通系在邮传部遭遇的第二次风波很快到来。不久，载泽“欲倒陈（璧）以孤袁之势，兼为旧督办铁路之某公（指盛宣怀）报复”。而陈璧因与袁世凯“沆瀣切磋诸端”，被视为袁党，于是政

① 《拟改铁路提调处为铁路总局并派梁士诒充局长折》，陈璧：《望嵓堂奏稿》，第 679—680 页。

② 《陈玉苍尚书奏议序》，俞诚之：《遐庵汇稿》中编，第 359—360 页。

③ 曹汝霖：《一生之回忆》，中国大百科全书出版社 2009 年版，第 80 页。

④ 庸庵：《交通系与民初政局》，黄苹孙：《四十年来之北京》第一、二辑合刊，大东图书公司 1949 年版，第 6 页。

⑤ 岑学吕：《三水梁燕孙（士诒）先生年谱》（上册），第 73 页。

敌以崇陵工程和摄政王府第两事对陈璧弹劾，将陈罢职，成为“受抑之最酷者”。此事牵连梁士诒、叶恭绰、关庚麟、龙建章等。梁士诒等虽无罪，但实为交通系在清末经历的第二次大的政治风波。①陈璧、梁士诒被参前，他们刚刚通过艰苦的外交谈判，从比利时人手中收回京汉路，政敌借此攻击也是打压交通系与北洋集团以此积累起的政治声誉。“昏庸的清政府丝毫没给在事者何等奖励，给予他们的是一场轩然大波的大参案，陈璧革职，牵连多人。大参案轰动一时，这一场大事——赎回京汉铁路的胜利交涉，邀寂寞而终。”②

陈璧去职后，东三省总督徐世昌因袁世凯被开缺，不安于其位，求内调。遂以徐继陈邮传部尚书之职。徐世昌作为梁士诒的旧交，对梁士诒倚重如故。不久将梁士诒补授左参议一职，该职为邮传部中仅次于尚书、侍郎、左右丞之职位。③ 徐世昌不仅启用梁士诒，还将叶恭绰升为承政厅厅长。对御史胡思敬所奏邮传部丞参过多，应予酌减一事，徐世昌坚决抵制，奏留叶等十三人，“遂见擢用”④。徐世昌多次上奏举荐人才，使一大批交通系人物作为业务精英进入邮传部或铁路局。如他举荐日本明智大学毕业生蔡汇沧、岩仓铁道专门学校毕业生曾鲲化，虽无官阶，但确系在专门高等学堂以上学校毕业，于试用期满后恳请调部使用。他还奏请将留美学生出身的卢祖华调任为京奉路洋务总办。⑤ 徐世昌还以奉上谕查办津浦路总办李德顺等“乘便营私”之际，将该路督办大臣吕海寰与帮办大臣孙宝琦排挤掉，以沈云沛取代孙宝琦，总办则委任给老部下、交通系领袖朱启钤。⑥ 交通系人物的势力在邮传部中进一步发

---

① 《陈玉苍尚书七十寿序》，俞诚之：《遐庵汇稿》中编，第496页；岑学吕：《三水梁燕孙（士诒）先生年谱》（上册）第83页。

② 张国淦：《洪宪遗闻》，中国人民政治协商会议全国委员会文史资料研究委员会编：《文史资料选辑》（合订本第一册），中国文史出版社1986年版，第133页。

③ 岑学吕：《三水梁燕孙（士诒）先生年谱》（上册），第84—85页。

④ 俞诚之：《遐庵汇稿（年谱）》，第12页。

⑤ 《本部奏调用专门人员奏明立案折》，《交通官报》（折奏）第一期；《本部奉派丞参上行走人员折》，《交通官报》（折奏）第二期。

⑥ 沈云龙：《徐世昌评传》，传记文学出版社1979年版，第120页。

展、壮大。

徐世昌调军机处后，本以唐绍仪继任，以保持一系利益。但载泽欲集中财权，犹如载涛集中军权。盛宣怀希厚结载泽，载泽以邮传部收入丰厚好福裕，为扩张势力计，遂联手载沣起用盛宣怀，授邮传部侍郎。盛宣怀一到任，即以裁抑铁路局为第一事。结果是唐绍仪被迫辞职；梁士诒支持沈云沛与盛竞争而不果，亦被免职。“迨袁世凯入京组阁，士诒始恢复已失之势力，且以叶恭绰承其衣钵，‘交通系’之名词，乃渐成立焉。”① 这是清末交通系在其发展中经历的第三次风波。这三次政治风波，特点都是交通系与盛宣怀、贵胄势力争夺通行政权，与袁世凯在清末政治舞台上的浮沉有密切联系。三次政治风波，使交通系与袁世凯、徐世昌等北洋集团领袖的关系更为融合，也强化了自身在交通领域的地位与势力，为其民初的进一步扩张奠定了基础。

二　收回路权

早在清末，交通系与邮传部的官员对路权的旁落十分痛心，将收回路权作为推进铁路事业发展的重要举措。他们意识到：“立国之道，以主权为重，而交通关系全体，更不可视为等闲。我国交通事业均发起于外人，识者已恨其为通史上一极不名誉之事件。讵知久假不归，大权旁落。……如铁路则有德之胶济，俄之东清，法之滇越、龙州、赤安，日之南满、安奉，其里数达于中国之一半。而我国所有之七千余里借款修筑者又居其十分之九焉。综观大局，志士仁人所为伤心疾首而不能已者也。”② 当时关内外路、津镇路（筹建）、京汉路、沪宁路被袁世凯、唐绍仪控制，“事实上唐氏之被命参与中央政府的外交、税务与路政等事务，亦为袁的大力举荐，而唐对袁一直奉命惟谨……所以，此期内我国铁路政策的拟议与执行，实际代表了袁、唐二人的看法与做法，与在此之前盛宣怀控有绝大部分外资铁路线的时期，颇

① 徐凌霄、徐一士：《凌霄一士随笔》第2册，山西古籍出版社1997年版，第633—634页。

② 曾鲲化：《祝中国交通界之前途》，《交通官报》1909年第1期。

不相同”①。

（一）收回京汉路路权

京汉铁路前身为芦汉铁路。1889 年张之洞提出将芦汉路作为干路、枢纽，并提出筹集官款，招商集股成立铁路公司，商借洋债，仍由该商自行清理等具体方法。② 清廷谕令，张之洞所议详尽，为自强要策，可毅然兴办。③ 1896 年清廷设立铁路总公司后，令盛宣怀筹款修筑芦汉路。1897 年 4 月至 1899 年 2 月，盛宣怀以总公司官款及英德借款一部分作为资金，建成芦汉路芦保段。盛宣怀本欲拟募官股 300 万两，商股 3700 万两修芦汉铁路全路，但首期 1000 万两资金的筹集就因绅商筹股无力、国库空虚无法垫付而陷入困境，只能走上借款修路这条路。

1897 年 5 月至 1898 年 6 月，历经一年多谈判，盛宣怀代表清廷与比利时签订《芦汉铁路比国借款续订详细合同》与《芦汉铁路行车合同》。借款合同规定比利时银公司贷款 450 万英镑（11250 万法郎），用以修筑保定至汉口段，年息 5 厘，九扣交款。规定 1907 年前，中国不得增还或全还借款、核减利息。中方责成比方代雇总工程师代中国总公司监造，并代测绘全路图、兴办工程、订购材料器具，以备行车之用。购办材料在欧洲花费不计外，其所有工程费用及所有比公司代雇办工员匠薪工、川费，统由中国总公司给付，公司无须自备经费开销一切。行车合同第 6 款定：“在此公司代办芦汉铁路行车期内，中国总公司准于每年公同结账后，除摊还各项借款本利各费外，于实在余利中，酌提十分之二，酬给比公司。”第 8 款定：“设遇行车进款不敷开销，中国总公司自应筹款弥补，俾得照常行车。”④ 这些条款使这条所谓国办铁路实际掌握在外人手中。

有学者提出最早提出收回京汉铁路路权的是盛宣怀，“但最热心

① 李恩涵：《中英广九铁路路权交涉—晚清收回路权运动研究之三》，中华文化复兴运动推行委员会主编，中国近代现代史论集编辑委员会编辑：《中国近现代史论集》第十四辑，《清季对外交涉（一）英美法德》，台湾商务印书馆 1986 年版，第 278—279 页。

② 朱寿朋：《光绪朝东华录》总第三册，第 2608—2609 页。

③ 《大清德宗景（光绪）皇帝实录》，台湾华文书局 1970 年影印本，第 269 卷，第 5—6 页。

④ 王铁崖：《中外旧约章汇编》第一册，三联书店 1982 年版，第 774、777、781 页。

并付诸行动而且将京汉铁路收回的是北洋集团”[①]。1905年11月，京汉路全线竣工典礼上唐绍仪就提出了赎回京汉线的想法。[②] 袁世凯提出收回京汉路则在1906年9月，“公建议赎回京汉铁路。光绪三十二三年间，路亡国亡之言盈天下，京汉一路横亘南北，其他支线待款兴修，舆论、外交两难应付。局长梁士诒秉承公之意旨，毅然赎回此路于比人之手”[③]。而清廷则在1907年5、6月间密议筹款向比公司赎回，并秘嘱陈璧此事交梁士诒“负责处办”[④]。

1907年7月，梁士诒以事体重大，“复虑廷议主持之不坚，影响于赎路之进行，乃与陈尚书商先上此疏（《密陈京汉铁路清还洋款期限折》）以解释合同，俾两宫先留一印象，兼明此事之不可终止，且免廷议纷挐，及内外机关之阻格”[⑤]。该折称已将合同细加研究，并饬通晓法文员司将合同详加翻译，字字推求，认为自应早日将全路赎还，未赎还之前，比公司享有合同所载之权，又逐年坐分二成余利，打算颇远，如有迁延，难保不别生事端。再三筹商，必须在明年12月以前筹款收回，以保固有利权而免生意外。[⑥]

为顺利收回京汉路路权，陈璧与梁士诒将应行布置规划各节，细细推研，在会议政务处提议：“拟用改正合同、招募公债、挪借款项、提集存款、另借新款五项办法。”改正合同因比高等法院称公司总董无改正债东权利，若换发债票须另外向法国缴纳印花税，需款甚巨，于是作罢。因此设法筹款赎路成为唯一的办法。[⑦]

其筹款办法主要为成立交通银行，总揽对内、对外借款赎路一事。陈璧在奏折中称：“现拟赎回京汉铁路，需款尤巨，议办债票、股票必须有总汇之区，专司出纳。”“拟由臣部附入股本，设立银行，

---

① 张华腾：《京汉铁路利权的赎回及其是非得失》，《南开学报（哲学社会科学版）》2010年第2期。

② ［法］约瑟夫·马纪樵：《中国铁路金融与外交（1860—1914）》，许峻峰译，中国铁道出版社2009年版，第188页。

③ 沈祖宪、吴闿生：《容庵弟子记》，《北洋军阀》第五册，第91页。

④ 岑学吕：《三水梁燕孙（士诒）先生年谱》（上册），第60页。

⑤ 沈祖宪、吴闿生：《容庵弟子记》，《北洋军阀》第五册，第91页

⑥ 《密陈京汉铁路清还洋款期限折》，陈璧：《望嵒堂奏稿》，第626—627页。

⑦ 《密陈近日筹赎京汉铁路情形折》，陈璧：《望嵒堂奏稿》，第748—749页。

官商合办，股本银五百万两，招募商股六成，先由臣部认股四成以应开办之用。”交行章程由梁士诒草拟，交通银行成立后以李经楚为经理，梁士诒为帮理。①

交行成立后，对外采取“以夷制夷”办法，于1908年9月向英国汇丰银行与法国汇理银行借款五百万英镑，以30年为期归还，折扣九四，前15年利息五厘，后15年四厘五。以直隶、湖北、江苏、浙江等省杂捐为担保。二行声明：“概不干预铁路及工艺实业之事”，除折扣外不给酬费，且不指明款项用处。② 实为当时对外借款所罕见。对内则模仿直隶“成法”，由交行发行赎路公债，计一千万元，年息七厘，以12年为期，第8年还本，以铁路余利四分之一偿还。③ 此外，又由邮传部向度支部筹借官款规平银500万两，息借商款100万两，从京汉路1906年余利中提取100万两。④

除千方百计筹款外，梁士诒等在收回路权中还表现出了前所未有的坚决、强硬立场。面对比利时千方百计地拖延，他们表示：“无论评断至如何地位、若干时期，均不得因此丝毫阻碍一千九百零九年一月一号，中国收回该路之事。”⑤

1908年12月28日，出使比利时大臣李盛铎将应交本息合计227401041法郎零33生丁向比方如数交清，又照合同付清比公司芦保3年官息二成，共银圆240129.9元。1909年1月1日，梁士诒与京汉铁路监督郑清濂，“将比公司经手各项问卷账目、款项材料一并点收，并将抵押卷悉数收回，迭次合同全行作废”。当时比方“于收款交路各事，要求挟制，迭发难端”，叶恭绰对此，“随时随事峻拒婉商，始克就范”⑥。

---

① 岑学吕：《三水梁燕孙（士诒）先生年谱》（上册），第66页。

② 《拟订汇丰、汇理两银行借款合同折》，陈璧：《望嵒堂奏稿》，第761—763页。

③ 《拟仿直隶成法筹办赎路公债折》，陈璧：《望嵒堂奏稿》，第777—778页。

④ 《筹借官款收赎京汉铁路折》、《密陈近日筹赎京汉铁路情形折》，陈璧：《望嵒堂奏稿》，第759、749页。

⑤ 叶恭绰：《清末赎回京汉铁路的经过》，《文史资料选辑》第1册，中国文史出版社1960年版，第400页。

⑥ 《注销京汉铁路借款行车合同并接收情形折》，陈璧：《望嵒堂奏稿》，第809—810页。

京汉路收回是近代史上维护民族主权的一大胜利。京汉路在很长一段时间内被称为“法国铁路”，“但是在中国收回铁路后，中国人逐渐代替了外国技术人员。他们的数量从 1904 年的 219 名下降到 1910 年的 91 名和 1913 年的 61 名。”[①] 京汉铁路收回的第一年，收入增加 800 余万元，“这总算替中国争了一口气”[②]。这无疑是交通系人物的一大历史功绩。

（二）对东北路权的努力争回

1. 与日本交涉新奉、吉长路

中日之间关于东北铁路路权交涉包括京奉路（又称关内外铁路、北宁铁路）、南满、安奉、吉长等路。

京奉路前身为 1877 年兴建的中国第一条真正的自办铁路唐胥路。1885 年、1887 年经延长线路改为唐芦（芦台）、唐津（大津）线。甲午战争后，由胡燏棻督办该路时改称津榆路（天津至榆关），1897 年改称关内外铁路。1902 年 8 月袁世凯奉令先后从英国、俄国手中收回该路，此时，该路已分别延长至京城正阳门、新民。日俄战争期间，日本擅自筑造新民至奉天轻便铁路。战后日本又据《朴茨茅斯条约》，企图以南满为基地，图霸东蒙并进一步向北满扩张，而铁路成为其扩张的主要手段。

1905 年，唐绍仪随奕劻、瞿鸿禨参与中日东北善后谈判。由于奕劻只参加了一次谈判即回国，瞿鸿禨不谙外交，因此唐绍仪在谈判中起到主要作用。[③] 历经 22 次谈判，1905 年 12 月中日双方签订《会议东三省事宜正约、附约》。在该约签字前，中日曾议定由中方备价日金 166 万元收回该路。并向南满铁道会社借日金 32 万元改新奉路为标准轨，并将借款半数用以兴建吉长路作为交换条件。[④] 附约规定安奉路虽由日本政府接续经营，但以 15 年为限。“届期彼此公请一他国公估人，按该路建置各物件估价售与中国。未售以前，准由中国政府运送兵丁、饷械，可按东省铁路章程办理。至该路改良办法，应由

① ［法］约瑟夫·马纪樵：《中国铁路金融与外交（1860—1914）》，第 190—191 页。
② 叶恭绰：《清末赎回京汉铁路的经过》，第 401 页。
③ 张晓辉、苏苑：《唐绍仪传》，第 68 页。
④ 凌统勋：《中国铁路志》，第 175 页。

日本承办人员与中国特派人员妥实商议。所有办理该路事务，中国政府援照东省铁路合同，派员查察经理。至该路运转中国官商货物价值，应另订详章。"① 双方在会议记录中（秘密议定书）虽规定："中国政府为维持东省铁路利益起见，于未收回该铁路（南满路）之前，允于该路附近不筑并行干路及有损于该路利益之支路。"但十三条规定吉长路由中国"自行筹款筑造"，只向日本借路款约半数，分25年偿还。第十七条规定安奉路以公平价格售予中国，日本允中国在辽东自造铁路，仿中英关内外借款办法向中方借款半数，为期18年。并同意裁撤各军用轨。②

应该讲在谈判中，尽管日本的侵略利益得到满足，但唐绍仪等还是通过努力，在路权上为中国挽回了不少利益。而且秘密议定书中，"第十三条和第十七条关于吉长铁路、新奉铁路双方达成的初步谅解，后来由中日于1907年4月15日签订《新奉吉长铁路协约》才付诸实施。因此，绝不能视这种会议录为正式条约"③。这为与日本进一步交涉留下了余地与空间。《新奉吉长铁路协约》由唐绍仪与那桐、瞿鸿禨负责签订，在邮传部所上奏折中称："当经派员与议，先订定大纲七条，新奉系借日币三十二万圆，吉长系借日币二百一十五万圆，年息五厘，折扣九三。协约原定新奉辽河以东之日本总工程司，现订只派工程司，删去总字，仍归京奉铁路总办及总工程司节制。原订之日本账房，现订无庸派委。吉长之日本总工程司，现订由中国选择；日本账房，重订由南满洲铁路公司选择，均归中国委派等语。臣覆加细核，所议似较周密，当经商明外务部核准，饬由铁路总局局长梁士诒签押，并由外务部与日使彼此照会，允认施行。谨缮具借款续约清单，恭呈御览。至借款详细合同，再由臣部委员与南满洲铁路公司签订，以便迅速兴工。"④ 新奉段至此彻底收回后，京奉路在1907年全

① 王铁崖：《中外旧约章汇编》第二册，第340页。

② 王芸生：《六十年来中国与日本》第四册，三联书店1980年版，第226—228页。

③ 褚德新、梁德主编：《中外约章汇要（1689—1949）》，黑龙江人民出版社1991年版，第384页。

④ 《拟定新奉、吉长铁路借款续约折》，邮传部：《邮传部奏议类编·续编》，总第1073—1074页。

线铺通。而吉长路利权也得到极大挽回。

2. 筹建新法线与联美制日

日俄战争后日方即以新奉路、吉长路为筹码，在南满、安奉路的修建权上与中方讨价还价。日方不仅打算通过控制新奉、吉长二路借款企图侵夺中方主权，而且还想以安奉、南满二路为基础进一步扩张其利益。日方的主要手段是反对中国建立南满铁路平行线，并将安奉线自行改造。此间中日双方主要就安奉路问题进行了频繁交涉。日方当时不顾《会议东三省事宜附约》第六条规定：日本“改良”安奉路时，须由两国派员妥商；该铁路必要租用地，将来双方另商办法；“惟该铁路系中日新约另行新办之路，与南满铁路由中俄移转中日者性质不同”。日方罔顾条约规定，而且不顾中日两国全权会议议定除长春至旅大线外，其他线路不得设护路兵的条款，在安奉路本溪车站等地租地建造兵房。[①] 1908年后日本私自沿线勘察。“近闻日人之新闻杂志中叫嚣狂言者为满韩联络政策。欲此政策见诸施行，非将安奉线改易广轨式，与京义线之轨式相吻合不可。轨式既同，鸭绿架桥之交涉即随之而起。国界混淆，国防坐失，其后患实不堪偻指。一思与南满洲线相接联也。”[②] 时任奉天巡抚的唐绍仪在与日方交涉时，提出两项建议：一、确认安奉路为独立路线，不得援引南满之例继续驻兵；二、安奉路改良，应照原有路线进行，不得变更路线。建议遭日方拒绝，谈判毫无进展。唐绍仪还趁与日本驻奉天领事议订《安奉铁路沿线矿山合办条约》之机，将“不得另设它线”字样附注于第1条末段，但日方仍坚持改筑之权。[③] 在此种情形下，唐绍仪与袁世凯、徐世昌等商议建造新法、锦瑷线抵制日本侵略。

早在1906年10月，唐绍仪与美国驻奉天领事司戴德联络，积极谋划修建新法线，并达成初步协议，旋因美国金融危机而搁置。[④] 11月后徐世昌、唐绍仪转与英国保龄公司接洽，双方签订草约。议定由

---

① “中央”研究院近代史研究所：《清季中日韩关系史料》，1972年版，总第6664页。

② 王芸生：《六十年来中国与日本》第五卷，三联书店1980年版，第170页。

③ 张晓辉、苏苑：《唐绍仪传》，第82页。

④ 宓汝成：《帝国主义与中国铁路（1847—1949）》，经济管理出版社2007年版，第115页。

英国中英公司筹款，保龄公司承建新民至齐齐哈尔段（称新齐路），借款300万镑，工程分三期，首期新民至法库门18—24个月内完工。英国驻华公使朱尔典向清朝外务部表示："甚盼保龄公司承办此路有成。"[①] 但此事遭到日本坚决抵制，日驻英公使小村向英外相葛雷提出质询，反对筑造南满平行线，表示"此前在北京举行的日清谈判，之所以议定满洲的平行线，就是担心法库门线计划。如果铺设该线，则满铁无疑将受到重大损害，并要求英国政府予以理解"[②]。由于日本的抵制、破坏与英国对英日同盟的顾忌，唐绍仪修建新法线的计划夭折。

但唐绍仪与袁世凯、徐世昌继续积极谋划联美制日之策，由于政治变动未能实施。"忆袁氏被逐后，颇有谓由于外交关系者，盖袁氏主联美制日之策，以中美互派大使为第一步。因唐绍仪以致谢减收赔款专使赴美之便，属于美政府秘商，时西后尚未死也。迨载沣监国，受日人之利用而罢袁，联美之策遂无成。"[③] 1908年10月，在袁世凯支持下，唐绍仪以答谢美国将庚款退回名义赴美，此行引起日本极大警觉，日本与美国签订《罗脱—高平协定》，该协定为日本驻美大使高平与美国国务卿罗脱在几次协商后，达成对华政策基本原则，即日美双方均允诺支持中国独立与领土完整，但赞成门户开放政策，各国在华工商业机会均等，双方达成谅解。与此同时国内两宫相继离世，政局发生变动，袁世凯不久遭开缺，随使联美制日计划再受挫折。但需指出的是，由于唐绍仪与袁世凯的努力，以后继任东三省总督锡良等继续推行锦瑷线的计划，中美之间仍有接触。如1909年年底，外务部与邮传部奏："先后接准美国费署使节略暨照会，以美国政府顾全中国东三省主权，并保守利益均沾，开放门户主义，拟将中、日、俄所造之铁路，准各国得一体承购股票，认明中国为地主。此事若果开办，须先请中，日、俄三国允准襄助。英，美两国固有锦瑷铁路合同，亦须帮同办理。若此，则满洲土地之权与铁路界内之交涉，均可

---

① 王芸生：《六十年来中国与日本》第五卷，第105页。

② ［日］铃木隆史：《日本帝国主义与满洲》，周启乾译，金禾出版社1998年版，第143页。

③ 徐凌霄、徐一士：《凌霄一士随笔》第二册，第521页。

由此而定，不致再生障碍等语。”“本部以东省情形日急，非统筹全局，不足以资补救。筹筑锦瑷叶路，为目下至为切要之图。果能妥改合同，似不能不准其续与定议。美国倡议联合各国共办东省铁路，此事果底于成，不特中国行政权不致再有障碍，且各国利益既乎，则日、俄固无从争雄，英、美亦不致垄断。以现在东省情形而论，计亦无有逾于此者。”[①] 由此看，唐绍仪访美结果不能仅仅以失败论之，从实际效果看清政府仍以锦瑷路的建设为根本手段，利用美国门户开放政策，意图打破日、俄、英对东三省铁路利益的侵削，这均得益于唐绍仪、徐世昌、袁世凯前期的外交成果。

（三）沪宁、广九、沪杭甬路路权的争回

1. 沪宁路交涉

1903 年，时任铁路公司督办的盛宣怀与英国签订了《沪宁铁路借款合同》，规定中国向英国银公司借款 325 万英镑，时间 50 年，利息五厘，九扣。其第六款规定由督办大臣筹设沪宁铁路总管理处，共办事人员五名，内中国人员两员，工程师与英方职员共三人。“地方大宪以及督办大臣之意，总工程司自当时常敬重。总工程司职任止能管理、建造行车，以及办理铁路相干之事。”[②] 该合同内关于总管理处与总工程师洋员职权的规定多有侵犯中方权益之处。此外沪宁路的另一主要问题是前期施工用款靡费过多，而续借款又有被英方借机进一步侵削路权的可能。为此，唐绍仪与梁士诒与英方进行了极为艰苦的交涉。

在陈璧所上奏折中称：1905 年冬，沪宁路督办大臣唐绍仪因该路设立总管理处，凡事皆须华洋会议，彼众我寡，有碍主权，欲挽回利权，改订总管理处章程，屡与英使及中英公司代理人商议。英方因此路开销太大，同意与中方商议筹款购地、续借路本、购料用钱三项事宜。声明须这三项事宜议定后，再将总管理处章程删改。

---

① 《外务部致度、邮两部函一美外部谓保全中国铁路主权须先收回锦瑷路希详复》，中华人民共和国财政部、中国人民银行总行编：《清代外债史资料（1853—1911）》（中册），中国金融出版社 1991 年版，第 536—537 页。

② 《沪宁铁路借款合同》，财政科学研究所、中国第二历史档案馆主编：《民国外债档案史料》第三册，档案出版社 1989 年版，第 167 页。

此后梁士诒奉令继续与英方交涉，与英国代理人濮兰德逐字磋商，最终使得英方就范。议定：一、嗣后如添双轨，所需地基由政府款项购置；二、凡筑造路工，预备行车不敷款，由中方筹备，不再续借；三、凡在上海购料，中英公司所用钱款，截至西历1906年12月为止已发生的47000两，付银35000两作为了结。1906年12月以后的，均照原数74%折减付给。总管理处现改为中国派一总办，所有全路工程、行车、厂务之事权责任均归其决议施行，无须会议。① 在梁士诒代唐绍仪所拟奏折中称："臣等查沪宁一路用款既较他路为繁多，事权亦较他路为掣肘，自非改定总管理处章程，无以立办事之根据。今幸往复磋商，悉已就绪。主权既归掌握，财政不至虚糜。较之原订合同其未尽合宜之处，补救已多，似于该路前途颇有裨益。"② 毫无疑问，唐绍仪与梁士诒通过努力为沪宁路利权争回作出了巨大贡献。

2. 广九路交涉

广九路本为粤汉路一段。1898年盛宣怀与英国怡和洋行签订广九路草合同，"大致仿照沪宁路办法"。1905年因国内掀起赎回粤汉路运动，中方向英国香港政府借款，"而其时沪宁借款之约已签，英使趁此更催我速订广九正约"③。草合同规定借款以广东盐厘为抵押，广九铁路将来所需之总工程师及会计师，须用英国人。开车之后，逐日所收车费，按月解交香港英国银行代收。每年酌提若干，作为代收银行酬金。中国未将广九铁路成本还清之前，所有全路悉由英国管理。成本还清后，将全路交回中国。所有筑造广九铁路之材料，向英国采办。"以上之铁路系中、英两国合办，当由两国政府作主。"④ 主权损失极大。

广九路兴筑后，英国以香港、九龙的地利之便，"藉以侵夺广

---

① 关赓麟：《交通史路政编》第十册，交通部、铁道部交通史编纂委员会1935年版，第3080—3081页。

② 《代唐绍仪拟与中英公司改订沪宁铁路办事章程奏折》，陈奋：《北洋政府国务总理——梁士诒史料集》，中国文史出版社1991年版，第176页。

③ 凌鸿勋：《中国铁路志》，第232页。

④ 宓汝成：《中国近代铁路史资料（1863—1911）》第二册，第786页。

州之利。京外官吏不知其计，未加注意。直至广九全路工程将竣，议约通车，种种苛求于焉始见。争久而不能决”。1910 年邮传部令梁士诒，查勘情形，设法挽救。梁士诒得令后，即偕同工程专家及随员等南下，勘查全线工程水陆交通码头、货栈地点。回京复命。又请改派赵庆华继任该路总办，与香港政府议订通车合同。费时一年之久，始与英方达成协议。总办有管理全路行车工程全权，车务总管选派中国人担任。“他路借款以路作抵押者，皆派洋员为车务总管，此路独否，盖非一朝一夕之成绩所得遂愿者也。邮传部嗣又指派詹天佑、黄仲良为总副理，接办粤汉公司，并将粤汉与广九接轨地段之权利，让归粤汉建筑，规定非至黄埔车站筑成，不得接轨通车。广州利益，因得不致遽为香港所夺。”[①] 梁士诒还反对英方将广九路勘路费 11000 英镑单独开列，认为此事合同未载，“未经总局核准，辄行擅支，实属不合”[②]。

3. 沪杭甬路交涉

早在 1898 年，英国向清廷施加压力，由盛宣怀与英国怡和洋行订立《苏杭甬铁路借款草合同》，规定按沪宁路贷款条件办理。后英国因忙于英布战争，参加八国联军、筹集沪宁路贷款等因，迟迟未订立正约。1907 年英方目睹清廷准允苏、浙绅民成立商办铁路公司兴筑该路，十分气恼，要求清廷与之速定正约。

在沪杭甬铁路问题上，时任外务部尚书的袁世凯态度明确。既要适应考虑如何维护绅商的利益，对英国的不合理要求也要坚决抵制。1907 年 10 月，他奏称，沪杭甬路，“年余以来，集款颇称踊跃，勘办已有规模，在事各绅商艰苦经营，不遗余力，民力已大可见。臣部因应外交，参酌舆论，自应竭力维持，勉筹两全之策”。袁世凯告诉英国公使朱尔典顺应舆情，以本省之人造本省之路，政府未便禁阻。对朱尔典所称当依合同办理之意见，不予采纳。由于苏浙士绅坚持自办，并筹得巨款。在此情形下，袁世凯认为：“惟有仍本自办主义，

---

① 岑学吕：《三水梁燕孙（士诒）先生年谱》（上册），第 90—91 页。

② 《上唐绍仪关于广九铁路勘路经费请示函》，陈奋：《北洋政府国务总理——梁士诒史料集》，第 185 页。

与英方公司开议，力争主权。”并报告本年7月以来已由侍郎汪大燮与英方交涉，英方不再坚持与沪宁章程一律，并由梁敦彦与英国银公司议定办路、借款为两事，路由中国自造。除华商原有股本尽数备用，不使稍有亏损外，仍需150万英镑内向英公司筹借。另指的款为抵押，公司不能借口干预路务。该路为官督商办还是官商合办，由邮传部会同士绅商议。[①]

清廷决定借款修沪杭通铁路后，唐绍仪面对士绅的激烈反对，做了大量安抚工作。“江浙绅商经再三开导亦知商部从前委曲求全之意，与朝廷近日不得已之苦衷，接受了唐所主张的九广式修改草约、改善借款条件的办法，双方的胶葛才得以转圜。”[②] 1908年3月，梁士诒作为代表与英国代表濮兰德正式签署借款正约。数目150万英镑，九三折扣，30年期限，由该路收入与关内外铁路余利偿还。“此铁路建造、工程及管理一切之权，全归中国国家。该公司代购外洋材料、机器以三万五千镑作为酬劳，一切用银均包在内。选用英总工程司一人，该总工程司须听命于总办各等语。”并以沪宁铁路正约为教训，不用本省押款，不须洋员查账，总工程师由我自选，余利用银均先尽我。此路可与沪宁铁路接轨。“凡系两省人民所注意之处，罔不审慎推求，期于就范”[③] 应特别指出的是英方、外务部与邮传部代表的清政府、江浙士绅三角矛盾的最后解决，系在军机大臣外务部尚书袁世凯的主持下，将浙绅“拒约”的目标降低为“修改原约”，以改善中国向英借款的条件为目的。他设法将江绅商代表邀约晋京，与外务部、英使三方面会谈比事。在邮传部参议兼铁路总局局长梁士诒的建议下，三方面的意见互相调和，由邮传部出面向英商借款，而将此款转借予江浙铁路公司，借款条件仿效对中国利益最为优厚的津浦路借款合同，所筑沪杭甬路则由江苏、浙江的铁路公司完全控制。[④] 袁世凯与唐绍仪、梁士诒应该客观地讲，对该路路权的争回是作了极大努

① 朱寿朋：《光绪朝东华录》第5册，第5749—5751页。

② 张晓辉、苏苑：《唐绍仪传》，第60页。

③ 朱寿朋：《光绪朝东华录》第5册，第5856页。

④ 李恩涵：《中国近代之收回路路利权运动》，中华民国史料研究中心编：《中国现代史研究专题报告》第2辑，1985年。

力的。而且该路并未如川汉路一样引发社会大动乱的发生，是极为不易的。

三　革新路政

清末，交通系主要人物的活动在交通领域以办理铁路路政为主。邮传部作为近代史上第一个交通管理专门机构，自成立后就积极规划全国路政的发展重点，在1906年提出今后路政应统筹的主要内容为：预定全国干线、支线及归官办、商办事宜；统一全国轨制；分别全国干路支路先后缓急办法；统计近三年全国官办已成铁路每年收支赢绌及净利；预计已成铁路赢利每年约可增修铁路里数；决算已成铁路平均每里筑造费；统计自今年起官商各路每年可造成若干；预筹铁路内外债办法；派员履行工程师及上等职务；预养森林；预勘煤矿；预筹增设造车厂；预筹合设炼钢厂；预筹设立专门学堂及中下级学堂办法；颁发各项图表册籍票据格式及填注法；预筹派遣游学专门办法；精绘各项路线图。[①] 概括起来，其主要内容包括规划与拓展铁路干支线、铁路养护及铁路行政、财务管理等方面。围绕这些路政主要内容，梁士诒在担任五路提调、铁路总局局长之际，他们对路政进行了较大的革新，一些举措至民初依然沿用，影响深远。

（一）规划与拓展铁路干支线

近代中国铁路干线计划最早为英国人史提芬逊在1864年提出，为五条，这一计划完全服务于英国的侵略利益，未考虑中国国防及经济上的需要，亦未考虑地理上与工程上之情况，不过是拟议而已。1881年刘铭传出于国防安全考虑，提出修建清江经山东至北京、汉口经河南至北京两条铁路，并修建北京至盛京、北京至甘肃铁路。甲午战争后，列强掀起争修铁路的狂潮，“我国自身既无力筑路，又无力阻止外国之要索，于是依违于其间，创为外人彼此牵制，以夷制夷之妙论。例如为防止俄人势力侵入关内，则关内外借英款以防俄。又

---

① 《整理四政条陈》，俞诚之：《遐庵汇稿（上编·公牍）》，第5—6页。（原文所记时间“光绪三十（1904）年”有误，应为1906年，因为叶恭绰入邮传部及邮传部成立时间均在1906年。）

为防英人势力由津沽直达长江，则将津浦一路分由英德两国借款兴筑，凡此筑路并无通盘计划可言”[①]。甲午战争后至邮传部成立前，虽有张之洞等地方督抚及康有为、陈炽、胡礼垣等提出兴建铁路的紧迫性，但对铁路干线规划并无具体的主张。

1907年8月邮传部以岑春煊的方案为蓝本，拟定干路路线，其计划以京城为枢纽，区分为东西南北四大干路。并明确“欲定轨枢”，需讲明政治地理、兵势地理、商业地理，并与陆军部、农工通盘筹划，对外可以便利行军与转运饷需，对内可以收通商惠工之效。所定四条干线详细路线为：南线以京汉、粤汉线为基础，“跨江与接”；北线则以京张路为基础，再延展至库伦，更远则展至恰克图；东线以关内外铁路及已收回之新奉线为基础，展修至齐齐哈尔及瑷珲；西线由正太路入手，至太原以西仍与同蒲连属，更西则与陕西巡抚曹鸿勋议定，由潼关修至兰州，并达于伊犁。各支线则“是宜用政治地理区划州县之法析而分之”。并称待部章定后，即派员偕工程师携图考察，如有增设轨线之处，随时注明详报。[②]

邮传部的这一干线、支线规划，至王朝覆灭，全国铁路的建设基本以此为准。不仅如此，民国以后乃至今天铁路建设与规划仍然深受它的影响。但亦需指出的是，邮传部这一铁路干、支线方案对东南沿海各线如津镇、沪宁、沪杭甬各线并未列入在内，实为一大不足。以下介绍交通系人物等对清末铁路干、支线的拓展所起到的积极作用。

早在庚子事变前，时为督办铁路大臣的王文韶与张之洞有鉴于中国财政支绌，而京汉等线路长款巨，已提出暂借洋债造路，陆续招股还债的主张，认为：“干路必不可缓，洋股必不可恃，华股必不能足”，强调“洋债与洋股迥不相同，路归洋股，则路权持于彼，款归借债，则路权仍属于我”[③]。盛宣怀也主张借款与路工截然两事，债权国不得干预路工、章程。[④] 对于举借铁路外债，梁士诒也并不反对。

---

① 凌鸿勋：《中华铁路史》，商务印书馆1981年版，第22—23页。

② 《遵旨筹画全国铁路轨线折》，邮传部：《邮传部奏议类编·续编》，第569—575页。

③ 《芦汉铁路商办难成另筹办法折》，张之洞：《张文襄公全集》（第44卷奏议），中国书店1990年版，第26页。

④ 盛宣怀：《愚斋存稿》卷26，电报卷3。

他在赎回京汉铁路之际，曾提出借款赎回为唯一办法，“至另借新债，最为繁难，且当另定宗旨。债东除按期得回本息外，不得有丝毫管路权，分利权，购料、稽查权，及以路抵押权。下至款存银行，雇佣工程司各权利，一切除去”[①]。也明确地体现出将借款与路权截然分开的思想。因此借款修路是交通系在清末推进铁路建设的主要思路。交通系借款修路详情见表1－4。[②]

表1－4　　交通系清末铁路借款

日期	借款名称、经手人	贷方、金额	铁路长度	备注
1907.3	广九铁路借款、唐绍仪	中英公司、150万英镑	100英里	1907年兴筑，1911年竣工
1908.3	沪杭甬路借款、梁士诒	中英公司、150万英镑	182公里（苏杭甬）	1906年兴筑、1909年铺通
1908.10	京汉铁路赎路借款、陈璧与梁士诒	汇丰银行与东方汇理银行、共500万英镑	1214公里	1906年通车、1909年赎回
1908.10	新奉铁路借款、陈璧与梁士诒	南满铁路公司、32万日元	48英里	1905年赎回日本修建轻轨、1911年改建为双轨
1909.8	吉长铁路借款、唐绍仪	南满铁路公司、215万日元	127.7公里	1909年兴筑

除了上述各路外，1907年梁士诒、关赓麟还奉陈璧之命前去验收正太路竣工事宜，以收主权；添设要职，统筹财政，考核养路各节，与借款公司详细磋商。梁士诒等在验收中发现该路入不敷出，按

① 岑学吕：《三水梁燕孙（士诒）先生年谱》（上册），第76页。

② 借款情况参考宓汝成《帝国主义与中国铁路（1847—1949）》，第523—524页表；广九路铁路长度参考金士宣、徐文述《中国铁路发展史》第179—180页；其他各路长度、通车情况参考凌鸿勋《中国铁路志》，沈云龙《近代中国史料丛刊续辑》第93辑总第923册，文海出版社1982年版，第233、216、179、175、297—298页。

光绪三十四年（1908）预算，不敷数目达到581000多两。针对这一问题梁士诒不仅提出便利煤商，调控煤价以增加运费收入办法，还特地派出工程人员“测勘直隶石家庄至山东德州枝线，为交通津浦路线计。总筹该路全局，总期新添之资本与利息无亏，于干路有益”[①]。

此外，京张铁路由袁世凯奉旨于1905年开始修建。袁世凯曾奏称京张铁路经詹天佑等勘查，共需测量经费、占地土方费、桥梁涵洞、路轨、厂房、电线、材料、车辆、薪俸等费用7291860两。拟从关内外铁路余利项下拨付。[②] 该路除向英国借款500万两以外，其余款项均由关内外铁路余利中拨给。詹天佑等交通系人物为该路规划、建设居功至伟。“先是京奉铁路有余利，中政府拟拨建京张。英人以为京奉路实借英资而成，今以京奉余利筑路，宜由英工程师主持。然中政府已与俄人有长城迤北之铁路，不能由他国承办之议，故俄使出而反对。两国相持不下，中国不得已乃改为自办，且申言不借材他国，英、俄始无异议。是年四月，遂设局开办，以陈昭常为总办，氏（詹天佑）为会办兼总工程师。自中国兴筑铁路以来，华人为总工程师者，当以氏为嚆矢。当时闻者多相惊笑，英人报章至谓中国建筑此路人才尚未诞生以相揶揄。氏既受外界激刺，益黾勉将事，与工程员同操作研究，集思协力，卒底于成。”[③] 除詹天佑外，邝孙谋、关冕钧、颜德庆等对京张路的建设及拓展做出重大贡献。如关冕钧主张先修京张铁路，然后再使其通达库伦。“那时，副总办是著名的铁路工程师詹天佑，詹具体负责铁路的工程设施，关冕钧则负责路政的总体工作。修筑京津铁路时，从塘沽到天津的铺轨工程，仅用了80天时间，路成、费省、工坚且是为国人自营铁路之始。后因朝廷变故，铁路修至包头而止。后来关冕钧述及此事，说如果铁路一直修到库伦，又哪会有外蒙的独立。”[④]

---

① 岑学吕：《三水梁燕孙（士诒）先生年谱》（上册），第63—64页。

② 《勘估京张铁路工需银数折》，廖一中、罗真容：《袁世凯奏议》下卷，第1202—1208页。

③ 杨铨：《詹天佑传》，卞孝萱：《民国人物碑传集》，团结出版社1995年版，第577页。

④ 关冠明：《我的曾伯祖父——关冕钧》，中国人民政治协商会议梧州市委员会文史资料委员会编：《梧州市文史资料选辑》第17辑，（出版地、时间不详）第84页。

“京张铁路完成以后，中国工程师之能力，便受普遍之承认；因而踏进在中国工程司历史上新的时期。从此时起，所有中国以本国资财而修筑的铁路，如宜归、广韶、张包、株萍、沈海、吉海、呼海等路之重要职位，皆由中国工程师所担任。同时，在借款各铁路上，中国工程师亦取得较为重要之地位。”① 陈西林、邝孙谋、关冕钧、颜德庆等经詹天佑培养，成为以后中国铁路建设的重要人才。京张铁路不仅成为中国自行规划设计、建造的第一条铁路，而且对铁路技术人才的培养，对交通系的发展都具有巨大意义。

梁士诒对京张路建设也甚为关注。光绪三十四年（1908）正月以后，“京张铁路工程款项改由铁路总局拨款，初京张建筑费由关内外铁路年拨银一百三十万两，然缓急时虞不济，因陈其隐于部，至是，乃饬由铁路总局按月筹拨，自尔月需工款每能先期济用，工程赖以迅速告成，皆赖先生筹画之力也”②。

交通系还积极将京张路进一步拓展，即兴筑张绥铁路，以此来推进北干线建设。徐世昌任邮传部尚书后，1909 年奏称展筑张绥铁路办法，称已派俞人凤先期勘察该路，制定施工建筑计划由张绥总工程司詹天佑覆报。徐世昌称张绥一线，实于行军、理藩政策，于口外，山西、宁夏等地煤炭、杂粮、皮毛、牲畜贸易关系巨大。拟以京奉路余利拨作修路经费。③ 清廷于是决定先行展筑至绥远。1909 年京张段竣工，即由邮传部拨款展修张绥段，设张绥铁路局，以关冕钧为总办。其时詹天佑调任粤汉路经理，由邝孙谋继任总工程师。1911 年筑至阳高，辛亥革命事起，京奉余利停拨，此路工事暂停。④

此外，交通系人物还参与多条干支线的勘测、施工等事宜，如詹天佑在 1909 年任商办洛潼铁路（洛阳至潼关 230 余千米）工程顾问，他实地勘定自观音堂经硖石至陕州一带（50 余千米）入陕必经之山

---

① 萨福均：《三十年来之铁路工程》，中国工程师学会编：《中国工程师学会三十周年纪念刊——三十年来之中国工程》，京华印书馆 1946 年版，第 1 页。

② 岑学吕：《三水梁燕孙（士诒）先生年谱》（上册），第 72 页。

③ 《展修张绥铁路筹定办法折》，邮传部：《邮传部奏议类编 · 续编》，第 1679—1682 页。

④ 凌鸿勋：《中华铁路史》，第 94 页。

区线路，并制定分三大段修建全路之规划。[①] 粤汉路则先后由邝孙谋、詹天佑担任总工程师，颜德庆也参与该路勘察、建设等事项。该路的重要支线萍醴铁路也由詹天佑负责工程事宜。[②]

交通系人物对清末铁路路线的拓展贡献极大。“后十年内（1901—1911），除完成北宁、平汉两全线外，中东、南满及其支线，平绥之平张段，陇海路之汴洛段，粤汉路之广三段，南浔路之九德段以及安沈、津浦、胶济、正太、道清、京沪、沪杭、广九、株萍、滇越、潮汕等线，亦均告完成，共长约8000公里，终满清时代，总计有铁路9100公里。”[③] 清末十年所造的8000千米铁路干支线中，由交通系人物负责借款筑造、赎回、施工设计的铁路占到了绝大多数，特别是东西南北四条大干线，即京奉、正太、京汉与粤汉、京张与张绥线的建设更是与他们的努力密不可分。

（二）铁路制度革新

1. 铁路局的职掌及人事、办公制度

铁路局初设时，依三权分立之原则而成。仿照日本铁道作业局制度与路政司同隶于邮传部之下。立法、司法属路政，行政、外交则归总局并订有章程。铁路总局章程明确规定该局，掌借款，各路交涉、建设、保存、运输各事物。章程第十九条规定：“凡现定路线、轨式、运费、票价、行车伤人律、偷窃路料律、材料税、火车货捐、地亩钱粮、购地价值、免票官物、半价、员役舞弊、洋人殴人等项章程，皆属于立法、司法之件，由局长加签呈堂交司议。稿由部施行，亦可交局转行。”二十二条规定各借款公司、各路局、各银行账册，由局核算呈堂分别准驳。二十五条规定各路所设学堂派参议厅筹办。如有特别整顿之事，可由堂官交局办理。二十七、二十九规定铁路局长应从外国铁路工程、机械学专门毕业生中，与以相当职位，开单请派为艺师、艺士。外国工程师及各项委员及选用在署录事由局长酌拟人数。该局最初分建设、计理、考工及统计四科。1910年改设为营业、建

---

① 詹同济编译：《詹天佑日记书信文章选》，燕山出版社1989年版，第166页。

② 凌鸿勋：《中国铁路志》，第223、240页。

③ 莫卫：《我国铁路建设之回顾与前瞻》，王开节、修域、钱其琛：《铁路·电信七十五周年纪念刊》，第233页。

筑、交涉、计理、汽机五课。另设录事处，并增设提调二人。由叶恭绰、关赓麟担任。副提调由袁长龄担任。“至局长梁士诒以才而能权。”①

梁士诒任局长期间，建章立制形成一系列长期沿用、影响深远的人事、办公制度。例如：“以与各国订立合同，及聘用洋员、购买材料、预算、营业种种关系，以用阳历为宜；故一切薪工簿据，悉用阳历。又尝订定铁路人员制服，在当时以为为便利计，应如此耳。”②这无疑都是极具有开放意识的举措，但这些革新竟然成为政敌与顽固势力的把柄，他们以梁士诒“改正朔，易服色”为借口，“欲加以夷族罪”③。梁士诒还规定路员养老章程十六条，后修订为十一条，规定了路员工龄年满十五年后，可每年发给四分之一年薪养老，以后每多一年加增二百四十分之一。④ 铁路总局与邮传部还详定公文往来、因公出差、关防印章等制度，出台《铁路雇佣洋员合同格式》《路员养老章程》《铁路毕业生见习规则》《铁路员司工役服色章程》《出差结费章程》等，从多方面完善了办公、内务、人事方面的制度。

2. 财务会计制度

在铁路财务会计制度方面，主要为施行铁路特别会计制度。所谓特别会计，在财务上使国营事业的会计脱离国家行政费之普通会计，自为收支，于总预算、决算案中另立统系。在法律上现金仍归国库管理，预算需经立法机关通过，决算需经审计机关审查，与一般会计无异。只是作用上仍以国营事业收入供其支出，有余缴解，不足则由政府拨补。国家所拨资本及收入优先维持及发展，不能挪作他用。“在清末民初之间，交通事业正在萌芽，国家财政困难，多向各方罗掘，以供政费，铁路借款及铁路营业收入亦在罗掘之列，使铁路事业得不到保障，不特无从发达，且已成之路将会日就衰落。所以铁路特别会计制度虽在各国国营事业多已盛行，而我国为培植及维护铁路事业尤

① 曾鲲化：《中国铁路史》，沈云龙：《近代中国史料丛刊》总第973册，文海出版社1966年版，第79—83页。

② 岑学吕：《三水梁燕孙（士诒）先生年谱》（上册），第93页。

③ 同上。

④ 曾鲲化：《中国铁路史》，第83、166页。

有事实上之需要。”① 由上可见，铁路特别会计制度成为保障铁路事业发展的一项重要政策。

铁路特别会计制度的确立是积极向国外学习、引进先进制度的结果，与邮传部中的留日人员大力主张分不开。这些留日人员指出各国现在均舍弃纯计预算（强调收入与支出的平衡，而以财政盈余为宗旨），大多采用特别会计制度，以便于偿还外债，并可通过发行公债积累资金。这种会计制度可以营业所得盈余优先发展本项官业，获得固定资本，这是该制度最大特点。他们还提出铁路特别会计要旨，以铁道资金、铁道用品资金及将来投资金额为资本，以其岁入充其岁出；铁道建设及改良所需经费，以铁道余利补充。铁道余利如有不足之时，政府可于本会计负担之中，发行公债或借其他特别会计及其他会计资金，因整理或偿还本会计负担公债或借入金亦可。时人认为扩张路政，莫先于此。②

特别会计制度确立与赎回京汉路，并为此筹设交通银行有关。在赎回京汉路的过程中，陈璧与梁士诒痛感京汉与借款所办各路，“存放款项，向系分储，各立界限，此盈彼绌，不能互相挹注。且由欧汇华，由华汇欧，又不能自为划价，而镑亏之折耗，尤其显者也”。而收回京汉路，需办债票、股票以筹巨款，欲以四政收入作为抵押，但“必须有总汇之区，专司出纳”③。提出将邮电路船四政收入由交行统一经理，实行特别会计制度。各项事业款项由部握其统筹经划之权。1910 年政府颁布《统一国库章程》，所有船路电邮各款归交通银行经营。当时虽尚无特别会计之名，而特别会计之意义已渐为国人所认识。次年邮传部拟有《路政经费特别会计细则》，由部咨内阁法律馆审查，经当时资政院议决有案。自是铁路特别会计之名正式成立。④

《统一国库章程》规定官办铁路、邮电等项出入各款应由度支大臣会同该管大臣另订特别出纳事务细则办理。出入各款有向由他种银行保管出纳者，经度支大臣允准，由大清银行与该银行订立代理国库

---

① 凌鸿勋：《中国铁路志》，第 125—126 页。

② 黄为基：《铁道特别会计论》，《交通官报》1910 年第 27 期，第 1—12 页。

③ 朱寿朋：《光绪朝东华录》第五册，第 5789 页。

④ 凌鸿勋：《中国铁路志》，第 126—127 页。

契约，依本章程办理。《路政经费特别会计细则草案》中规定全国官办铁路所有资本、财产，及一切提拨、指借专办路政各款为路政经费。依度支部奏定试办特别预算暂行章程及本特别会计细则办理。各路均需设置固定、流动资本，价值均按货币计算。特别会计账目分资本账目与营业账目。资本项下以铁路余利、公债所得、借贷所得、出售固定资产、杂款收入为岁入所得，以创设改筑铁路费、偿还公债、购买物料、工程费、杂款为岁出项。营业账目以营业、租赁、存款利息、杂款为岁入项，以营业费、监督管理费、维修保护及添补费用、欠债本息、杂款为岁出项。[①]《路政经费特别会计细则草案》制定之时，正值梁士诒遭盛宣怀奏参被革职之际（1911 年 2 月），但这一制度的出台是不以人的意志为转移的，不因政治集团的沉浮而兴废，说明了这一制度的确立符合铁路建设本身的需要。

除特别会计制度外，财政会计制度方面另一重大政策是实行预算制度。铁路预算编制滥觞于 1910 年，度支部奏准试办，奉旨咨行各部遵办。于是邮传部遂札饬各路局编造宣统三年预算，此为铁路预算正式成立之始。当时各路所编预算，仅属岁入、岁出两课，科目分类亦颇简单。[②] 1911 年 2 月，邮传部以度支部奏定试办特别预算暂行章程，饬参议厅法制科草拟《路政经费特别会计细则》54 条，经路政司及铁路总局签注后，由部咨内阁法律馆审查交资政院议决。该预算案因辛亥革命爆发未能颁行，但在预算、决算及出纳制度等有更为详尽之规定。[③]

在出纳制度、簿册使用等方面也作了相应变革。出纳方面规定由部派员任路政经费出纳官，出纳官应将收现款与管理经费上缴国库，未设国库或交通不便地方由其保管。所收款项应每日或按月分数次上缴岁入经理官，并发给收条。邮传部可委任各路局总办及掌管路政经费各衙门、局所长官为路政经费支付官，有向国库发支付印文之权。各支付官所司岁出款项由本部指定，编成支付预算，上报国库，以其

① 俞飞鹏：《交通史总务编》，第二章财政，中华书局 1936 年版，第 52—55 页。
② 张竞立：《铁路预算统制之研究》，《交通杂志》1933 年第 1 期。
③ 俞飞鹏：《交通史总务编》，第二章财政，第 52 页。

专司岁出款项为限，由本部特发钤记交该支付官收执。又规定为支发现款起见，可由本部特发支付印文，委任官吏或银行预领现款存储备用。但限于清还公债本息、在外国支付费用、在交通不便地方支付费用、各衙门居所不满千元的日杂费用、不满6000千元的工程费用等等。①

在簿册使用及记账办法方面，我国创办铁路初期，凡由国库拨款兴修者，沿用我国普通收付记账办法，项目零乱，簿册更多缺略。借用外资修筑之路，则因合同条款关系，掌握会计事务多为外人，账簿组织，科目分类，收支手续，统计报告等，都随债权国习惯。以致会计名目纷歧，组织亦各不相同。政府于各路的稽核亦多循普通机关报销办法，每年填造四柱清册，照例核销。② 邮传部与铁路局就此对簿册使用进行改革，做出如下规定："本部岁入主计官应备路政经费资本账簿、营业出入账簿及公积金账簿，所有路政经费预算额，实际应收，实在已收额、未收额，路政经费，岁出预算额，预算决定后增加额，已发支付印文额，移入次年分额、余额均应一一记入。"路政经费岁入经理官应备收纳入款簿，所有实际应收额，实在已收额均应一一记入。又规定出纳官应备日记簿，所有逐日出纳现款应详细记入。国库司出纳人应备支出簿及领存备支簿。支出簿将岁出支付预算额、支付印文提取额一一记入；领存备支簿应将领存款项额，支付印文提取额、实支付额一一记入。③

3. 铁路的养护、运营、建设等制度

铁路建设中一个极为重要而易于引发社会矛盾的问题是铁路占地问题。"当各处之初办铁路也，其收用土地因国家向无定章，往往与地主多所争执。同一地也，而价格悬殊；同一路也，而各段互异。"1906年年初，商部尚书载振令通艺司拟定全国铁路购地章程18条，通令各路遵照，"然地价之高低随时转变，不能拘格以求其法，卒鲜有施行之者"。1910年又因民间坟墓占地不利铁路交通，邮传部奏请

① 俞飞鹏：《交通史总务编》，第二章财政，第56—57页。
② 凌鸿勋：《中国铁路志》，第123页。
③ 俞飞鹏：《交通史总务编》，第二章财政，第60页。

“令人民仿行族葬，俾利交通，惜议而未行焉”。此后交由内阁咨议铁路征地通行条例因辛亥革命爆发而未公布。[①] 对铁路用地纳税问题，1908 年初，邮传部奏商部于 1906 年所定，官绅承办铁路除官道、官河不纳税外，所购民地由各铁路公司纳税；而借款所办官路在合同期满前不纳税有窒碍之处，经与商部合议，改为借款各路待获有余利后，再行照完。官商铁路所占官河、官道及从前未经官用或未拨于民用者，一概免税，并定有章程十二条，至今通行。[②]

铁路建设另一问题是铁路设备统一问题。“我国铁路创造之先后不齐，而以借重客卿，又各墨守其祖国成例，致种种规制，各路均互相参差。”[③] 最初由唐胥铁路始，各路多采用英制以四尺八寸半为铁道轨制。1904 年、1906 年、1911 年邮传部先后奏请厘定铁路轨制，并颁行《中国铁路轨制章程》。不仅严定轨制并明确铁路建筑标准，如铁轨重量，山坡、桥洞、沟渠等工程，石渣、枕木等材料，车站配套设备等标准。[④]

铁路总局对铁路养护也十分重视。如 1908 年，正太路坡头、乱流等站因洪流猝发，冲坏轨道，该路总办与总工程司对沿途水道源流、地势高低等情形详加勘查，由颜德庆负责并详报。邮传部与铁路局据此拨款加筑该路防水工程。[⑤] 各局还对铁路两侧造林，特别是榆树栽种十分重视，此中原因一是“既资荫凉，且固堤工”。二是“以后尤便枕木之需”。其中正太路由石家庄至获鹿、榆次至太原路两侧均已栽种。道清路于两侧均留五尺宽堤基用以植种树木。京汉路专门由各养路处雇佣杂役一二人专门管理。[⑥]

铁路运营方面主要为严格规定票价。邮传部曾出台《铁路免价减价章程及免价变通办法章程》，规定除钦差大臣及随从因公事乘车免价外，各将军、督抚、都统在其所辖境内因公乘车可免价，其辖地外

---

① 曾鲲化：《中国铁路史》，第 243 页。

② 同上书，第 244—245 页。

③ 同上书，第 250 页。

④ 关赓麟：《交通史路政编》，第二章总纲，第 1055—1060 页。

⑤ 《正太铁路添筑防水工程折》，邮传部：《邮传部奏议类编·续编》（路政），总第 1103—105 页。

⑥ 关赓麟：《交通史路政编》，第一章总纲，第 635—637 页。

按半价折收；各司道在所辖地内票价减半，辖地外全价。此后又进一步修改，提出："铁路既以营业为宗旨，则无论官商各路，均当实力整顿，废去免票之名，庶无亏耗之实。除海陆军兵丁饷械系另定专章，及有借款行车合同之路仍应查照合同办理外，其余各部、省办公人员及官物、材料拟自本年（1908）十二月初十日，即西（历）明年正月一号起一律停废免票。"并称由部代购车票一律作正开销。[①]但铁路总局对赈灾、救济运输物资，仍灵活变通。如1908年直隶遭遇水旱各灾，直隶总督杨士骧鼓励粮商到河南等地采买米粮，举办平粜。当时京汉路没有商办平粜运价规定，为保证粮商采买顺利，杨士骧与铁路局议定运价问题。最后议定"概照商价一律核减九五"。"京汉运粮脚价本视京奉为轻，兹复概按九五折减，收于粮商既属便宜，而与官运赈捐、平粜仍稍有区别。"[②]

为保证铁路营运，梁士诒于1907年10月间提出裁撤铁路厘捐。清末铁路兴修后，商运大都改道铁路，厘金骤失大宗收入，于是各省当局纷设铁路厘捐，对铁路运送货物，征取通过税；而未入铁路前，已出铁路后固有厘税，仍照抽收，不啻对由铁路运送货物特加一重罚。又火车既不能按站稽征，则往往将原来水陆多处局卡应征之厘额合并于起运车站抽收，而不能详分其路程长短，故铁路货捐成为铁路及货商一大障碍。除适用子口税单之洋商，向内地采运土货不受影响外，本国商人均大受影响。梁士诒一针见血地指出厘捐阻碍交通，在于各督抚不加体恤，因此与各级官吏斗争长达十余年。1909年3月，邮传部与湖广总督杨文鼎、直督陈夔龙商议，"三省货捐，病商蠹路，请一律裁撤，所有税收，均由邮传部拨还，盖用先生（梁士诒）之策也"。遂裁撤京汉火车货捐局，陈夔龙表示赞同，愿照豫鄂两省办理。但杨文鼎、河南巡抚张人骏以影响厘金等收入为词，提出货捐碍难裁撤。邮传部与铁路局回复鄂豫二省称如以认拨款项确定后不能增加，则可以通过加征运费作为补偿。但豫鄂两督抚"以权不我操，恐

---

① 《变通铁路免价减价办法折》，邮传部：《邮传部奏议类编·续编》（路政），总第1065—1071页。

② 《督宪杨准邮传部咨直隶采粮平粜减收车费事宜札饬赈抚局查照文》，甘厚慈辑：《北洋公牍类纂续编》（卷十六，铁路），文海出版社1967年版，第1203—1204页。

日后部认筹拨款项有不足数，仍藉词函复不允”[①]。此事虽未成功，但显示出梁士诒对铁路弊政的革新之志。

四　创办交通银行

交通银行系梁士诒在光绪三十三年（1907）十一月向陈璧提议，“以借款各路，依合同规定，存放款项，向由外国银行分储，汇款亦有外国银行汇划，损失颇多，故建议于尚书陈公，奏请设立交通银行，官商合办，籍以绾合轮路邮电四政，收回权利”[②]。不久陈璧奏请设立交行，派梁士诒为该行帮理。[③]

交行成立后，明确该行纯系“商业银行性质”。并规定该行为股份有限公司。开业初规定股本为500万两库平银，以官四民六分别募集。其中官股200万两，“由邮传部铁路总局（时该局以福公司借款存入本行作为护本）陆续拨交，不足之数，再由邮传部存款项下补付足额，计自本行开办以迄辛亥年年底（民国元年二月十七日），先后八次，由铁路局共拨到银一百五十八万两”[④]。

该行成立后有关交通方面的主要业务为赎回京汉路，就此向汇丰、汇理银行借款500万英镑，由该行保管、偿还。此外，1908年6月，邮传部委托交行收回电报商股，截至当年9月，收回商股22000股，共付股款本息396万元，电报事业归国营。支付京汉路芦保段三年官息二成，合银圆24万余元。[⑤] 不仅京汉路，清末其他各路借款，如粤汉铁路借款也由交行经理。该路借款由外国各银行于汇款前六个月内，商定汇价。“则邮传部应与银行等定一彼此以为妥善之汇款办法，邮传部可自行核夺，将以上所载净数之一半存于邮传部所指定为经理此事之交通银行，及或大清银行，归入湖广官办铁路账内。此项存于中国银行之款，全为大清政府所担任。在中国所存于银行等及所

---

① 岑学吕：《三水梁燕孙（士诒）先生年谱》（上册），第64、84页。

② 同上书，第65页。

③ 交通银行总行、中国第二历史档案馆合编：《交通银行史料》上册，中国金融出版社1995年版，第9页。

④ 同上书，第11、16—17页。

⑤ 同上书，第12—13页。

指定之中国银行之款，随时由邮传部按照预估造路工程一月所需之款，拨交德华银行收入鄂境川汉造路账内，并交汇丰银行收入湖南、湖北二省境内粤汉造路账内，以期于造路工程无所间断为要。”① 交行与铁路总局对于该项借款使用都负有一定责任。

清末，交通银行与铁路总局及梁士诒的关系除上述拨付官股、担任帮理、经理京汉路借款事宜外，还有以下几个方面。1908 年，邮传部为赎回京汉路，任命铁路局长梁士诒与李经楚（后为交行经理）为公债局经理，以龙建章、陆梦熊等四人为帮理。谕令梁士诒与交行经理李经楚等，“务当妥慎经理，以重债务”。之后，邮传部订京汉铁路公债章程及公债办事附章。邮传部与公债局委托交行经募公债银圆 1000 万元，经理还本付息事宜。此项公债在国内零星售出额为银圆 339800 元。由交行售给伦敦菲色尔公司 45 万英镑，正金银行 220 万日元。均由公债局会同交行经理，公债局直到 1912 年才合并于总务厅会计科。②

铁路总局依照《交通银行奏定章程》第七条之规定，邮传部管理之轮、路、电、邮各局，“所存储汇兑揭借等事，该行任之”，一切款项往来均经交行。特别是遇有各路继续建设、流动等项资金时，对交行更是仰需。如 1908 年年初，梁士诒向交行咨复在上海分行提用资金 30 万两，拟分三期支用，“祈即购备规银，以便届时电交。此外京张铁路另要用银三十八万五千两，于二月内，亦祈预备”。1910 年初，津镇铁路总办朱启钤因向德华银行借款未成，提出：“前在交通津行所存三十万之款意欲动拨，虽不全提，然至少需五十万之谱。”在交行初期放款业务中，以铁路放款为最多。比较大的有 1910 年对福建铁路公司的放款 50 万两；由于津浦铁路关系，放给中兴煤矿公司 60 万两（由津浦路局所购公司煤价扣还，由路局与公司按商妥煤价订定合同，合同抄本存交行，带有补偿贸易性质）；1911 年对江苏铁路公司放款 80 万两（其中 50 万两是交行承借邮传部款转借苏路公

① 《粤汉川汉铁路借款合同》，财政科学研究所、中国第二历史档案馆编：《民国外债档案史料》第三册，第 644 页。

② 俞飞鹏：《交通史总务编》，第二章财政，第 9—10 页；交通银行总行、中国第二历史档案馆：《交通银行史料》上册，第 13 页。

司的，带有委托贷款性质）等。虽然是对官方的放款，却是发展交通事业的。[①]

五　对铁路国有化的态度

1903 年，清廷曾颁布《铁路简明章程》，明确无论华洋官商，均可禀请开办铁路。此后掀起了一股民间筹资自办铁路的热潮。从 1903 年至 1911 年，商办铁路路线有 32 条，但始终保持商办铁路名义的却只有 10 条。之所以如此，原因在于三点，即各路存在“划省为界之谬见”；在于“股款非资本家担任”，各路资本以杂款捐为主，“搜敛公私，不遗余力，稍有识者，固不待国有之谕下，而已知其绝非持久之计矣”；在于“办理不得人”，假公济私，侵蚀路款之事时有发生。[②]

宣统三年（1911）四月，邮传部尚书盛宣怀奉上谕遵议给事中石长信所奏干路国有一事，提出当下全国铁路并无统一规划，以致全国路政错乱纷歧，不分支干，不量民力，一纸呈请即批准商办。数年以来，各路收股未过半，造路无多。账目混乱，腐败之极。上下交受其害。应明谕昭示天下，以前各省自设公司，所修干路均归国有，定为政策。[③] 清廷准照邮传部所奏谕令干路国有，由此而带来大规模的反对干路国有、借款修路的保路运动。

梁士诒此时已经因盛宣怀奏参而被罢职，对盛宣怀的干路国有政策，梁士诒年谱中这样评价：“时清廷当积弱之后，威信久失，革命运动潜滋暗长，将一触即发。盛氏懵焉不察，欲倚以有成，结果反成亡清之导火线，实亦盛氏所不及料也。盛坚持铁路国有之主张，其意不过在复前此所绾铁路被夺于唐（绍仪）氏之仇，且借以恢复势力，固无所谓政策也。特书策者为之缘饰推衍，勾结以成其事耳。”“盛宣怀以铁路国有论促清室之亡，实操切从事，行之不得其道。”[④] 将盛宣怀推行铁路国有化失败原因归根于两点：第一，铁

---

① 交通银行总行、中国第二历史档案馆：《交通银行史料》，第 172、305、343 页。

② 曾鲲化：《中国铁路史》，第 106—107 页。

③ 宓汝成：《中国近代铁路史资料（1863—1911）》第二册，第 1236 页。

④ 岑学吕：《三水梁燕孙（士诒）先生年谱》（上册），第 97—98、147 页。

路收归国有政策不全面、不系统；第二，推行过于仓促、草率，时机不合宜。

而梁士诒本人并不反对铁路国有化政策。徐世昌任邮传部尚书时，是推行国有化政策的转向时期。1908 年 6 月清廷谕令邮传部，因各商办铁路奏办多年，成效不佳，妨碍交通。令邮传部遴派妥员分往各路，确实查勘各路工程，应分几年竣工，公司股本能否按年接济。一面妥拟办法，严定期限。倘所集资本不敷尚巨，推诿误工，未能依限完竣，由该部会同该管督抚另筹办理，并将该省承办人员差使撤销。[①] 1908 年 7 月、12 月清政府任命张之洞为粤汉、川汉铁路督办大臣，埋下铁路干路国有政策之伏笔。[②] 1910 年徐世昌主张持续张之洞的政策，举借外债将粤汉、川汉路收归国有。反对借款的地方士绅代表刘心源、张伯烈等闻知后，遂发动猛烈示威运动，逼迫邮传部拒款。同时频频召开讲演会，唤起舆论支持，又在其机关报《中国报》上呼吁声援。鼓动在京拒款派，连续发电逼问当局，表示无论如何，不达到拒绝借款归为商办目的绝不停止。拒款派还组成铁路协会，声称集款 500 万元（另由咨议局集款 400 余万元）确有把握。在此种情形下，邮传部派梁士诒南下汉口。梁此举“不过系完成手续，且表示重视民意之意，实则欲对拒款派之空言立证，以说明必须借款，并对彼等之运动进行打击而已。果然，梁士诒复命云，湖北绅民集资，迄今仅百数十万两，且此数尚未全部缴齐。以此为理由，邮传部对拒款派之请愿乃进行压抑。本月（1910 年 3 月）十九日徐世昌乃于私宅召见代表黎大钧、刘心源、张伯烈等，加以责斥。拒款派代表对此严加驳辩，张伯烈等不肯退出徐氏私宅，不达目的绝不离去，慷慨激昂，哀哭痛骂，踞坐徐门亘数日云”。为防止双方矛盾激化，酿成风潮，梁士诒提出折中方案：一方面举借外资，另一方面允许湖北绅商筹款。张伯烈等闻之，共同表示反对此策，声言无论邮传部举借外债与否，湖北人士决不许可外资参与此路，对梁士诒折中案决不听从。由于张伯烈以绝食要挟邮传部，徐世昌不得已接见张，并正式批准其

① 朱寿朋：《光绪朝东华录》，第 5930—5931 页。

② 尹铁：《晚清铁路与晚清社会变迁研究》，经济科学出版社 2005 年版，第 305 页。

禀帖，批准成立商办铁路公司。[1] 梁士诒的方案是以外债、民间集资兼而有之，应属比较稳妥的办法。之后，川汉、粤汉路绅民仍继续集资。但随着徐世昌 1910 年调离邮传部，次年初梁士诒被解职，二人远离了铁路国有化问题这一漩涡。不久之后，盛宣怀就因为将国有化问题公开化，将清王朝送上了万劫不复的灭亡之路。

清末是北洋集团的崛起时期。作为北洋集团的重要组成部分，交通系的主要人物在此时是以新型知识分子、专业技术官僚与精英的身份而登上历史舞台的，以新政实践者、辛亥革命的有功之士、近代交通业的开拓引领者的形象出现。他们追随袁世凯与徐世昌，以交通、外交领域为主要活动空间，积极赞襄北洋与东北新政，是新政的具体推行者与实践者，为早期近代化和北洋集团崛起起到了巨大作用。在唐绍仪、梁士诒、叶恭绰、朱启钤等人身上体现了求新、务实、敢为的作风，并体现了积极捍卫国家主权的思想。在辛亥革命中，他们倾向共和，为南北统一、颠覆帝制立下不朽的功劳。在交通业方面，特别是铁路路政方面，他们通过铁路会计、养护、人事行政等制度，以及国有化、成立交行等措施对推进铁路事业的发展起到了积极影响，并对民初的铁路事业发展产生深远影响。唐绍仪、梁士诒等以他们政治、外交、经济方面的卓越建树奠定了在清末民初政治舞台上的地位与影响，为交通系的形成和进一步发展打下了深厚基础。

---

① 《日使伊集院致外务相小村报告》，中华人民共和国财政部、中国人民银行总行编：《清代外债史资料（1853—1911）》下册，第 169—170 页。

第二章

交通系与民初交通四政

经营交通四政是交通系的主要活动，是其对民初社会经济影响的主要方式，也是其维系自身政治、经济利益的主要方式。本章主要围绕民初交通系制订的经济政策这一中心，评述交通系对民初的交通业产生的深远影响。

第一节　对交通部及交通行政、事权的控制、影响

1912 年 1 月 1 日，临时参议院选举孙中山为临时大总统，依据临时政府组成令共设九部。交通行政设交通部，任命汤寿潜为总长，于右任为次长。以交通部命名及长官各称总、次长自此始。3 月 14 日，袁世凯经参议院选举为大总统，30 日，袁世凯任命唐绍仪为国务总理并兼任交通部总长，"是为废止邮传部旧名，改为交通部新称之始"。4 月 17 日、18 日邮传部与南京临时政府之交通部分别向北京政府交通部办理移交事务。[①] 依据 1912 年 7 月 18 日公布的《各部官制通则》及 1912 年、1913 年、1914 年修订的本部官制，交通部职权主要为"管理铁路，邮政，电政，航政；监督所辖官署，全国铁路、电气事业"[②]。交通事业自此进入到民初交通系通过交通部管理、领导的时代。

---

① 俞飞鹏：《交通史总务编》，第一章官制，第 24—25 页。

② 钱实甫：《北洋政府时期的政治制度》上册，中华书局 1984 年版，第 88—89 页。

一　对交通部的控制

交通系与交通部（邮传部）、交通银行三位一体。[①] 清末这一特点已渐有雏形。民初，交通部成为交通系势力扩张的大本营与基点，交通四政长期为其把持。

从人事上看1912—1916年交通部总长、次长长期由交通系人物担任，详情见下（表2-1）。[②]

表2-1　1912—1916年旧交通系人物担任交通部总长、次长任职情况

时间	总长任职情况	次长任职情况
1912年	唐绍仪3月30日，兼。 施肇基4月8日，任；6月27日，辞。 朱启钤7月26日，任。	冯元鼎4月17日，任。
1913年	朱启钤9月4日，辞。 叶恭绰9月4日，代。 周自齐9月11日，任。	冯元鼎7月2日，兼任汉粤川铁路督办。 叶恭绰7月3日，代。
1914年	周自齐2月9日，调。 朱启钤2月8日，兼代（至5月1日）。	冯元鼎6月12日，免。 叶恭绰6月12日，任。 麦信坚6月13日，任。
1915年		叶恭绰6月20日，停职；10月19日，撤销处分。 麦信坚（本年续任）。
1916年		叶恭绰5月28日，请假；6月16日，免。 权量5月26日，代；6月16日署；10月13日回参事原任（缺任）。 麦信坚7月21日，辞。

① 翁先定：《交通银行官场活动研究（1907—1927）》，第390—398页。

② 刘寿林：《辛亥以后十七年职官年表》，中华书局1966年版，第90—94页。人名后所附内容为任、兼、代、调、辞职时间及停职、请假、署理卸任等情况。

此间总长一职1912年6月27日至7月26日由刘冠雄代理，1914年5月1日至1916年6月间后由梁敦彦、曹汝霖、汪大燮担任。值得注意的是交通总长一职在1914年5月以前绝大多数时间为交通系所把持，缘何此后却无人问津呢？这与当时的北洋集团内部的派系斗争，特别是粤皖系之间的政争有极大联系。

袁世凯统治时期政治舞台上活跃着两大派系，其一是以梁士诒、周自齐、叶恭绰、朱启钤、吴鼎昌等为代表的旧交通系，即“粤系”。另一派系是以周学熙、杨士琦、孙多森为代表的皖系，杨士琦为皖系“中心人物”，周学熙被奉为“盟主”①。但粤皖系之间围绕财经政策制定、权力分配，屡有矛盾与冲突。粤、皖系政争为袁世凯、太子党借机推行洪宪帝制提供了大好机会，加剧了北洋集团内部的矛盾与危机，可以被认为是北洋集团由盛而衰的一个重要原因。

粤皖系政争首先是双方争权夺利。叶恭绰曾谈及粤皖系政争起端，源于清末邮传部设立后将已归农商部的船、电二政转归其下，且以唐绍仪任侍郎。“而杨士琦是在农商部，因此引为大憾。唐知其故，恒周旋之，并以女妻杨子，结为亲戚，但无济于事，终至仳离。又值南北议和，意极相左（即杨士琦不满唐绍仪对南方的所谓让步，作者注），遂成水火。迨辛亥革命后袁氏当选总统，唐绍仪任内阁总理，而杨温温无所试，嫉妒更深，故唐之下台，杨实与有力焉。唐绍仪既倒，怨毒遂移集梁士诒，又值北洋旧僚蜂拥而至，皆有所欲，袁皆推之于梁，梁成为众矢之的，势所必然。”② 辛亥鼎新前杨士琦的政治地位、对交通事权影响力并不落后于梁士诒，但至民初杨士琦风头转居其下。可举一例说明，梁士诒因担任总统府秘书长一职位，被世人称为“二总统”，而杨士琦却无实权与要职。1913年初梁士诒回广东省亲、公干，其秘书长一职才由杨士琦临时代理。③ 粤皖系政争，杨士琦成为始作俑者，正如叶恭绰所讲心态上的嫉妒与不平衡是重要

① 周志俊：《袁世凯帝制活动与粤皖系之争》，第89页。

② 叶恭绰：《往事回忆：洪宪帝制前政事堂的产生及其有关个人的活动》，中国社会科学院近代史研究所近代史资料编辑室：《近代史资料（总第74号）》，中国社会科学院出版社1989年版，第163页。

③ 《译电——北京电》，《申报》1913年1月29日。

原因。

政争首先因交通总长之争而趋于激烈和公开化。民初交通系的唐绍仪、施肇基、朱启钤、周自齐、叶恭绰在1914年5月太子党成员梁敦彦出任交通总长前，一直把持首长置位。而次长一位至袁世凯倒台前，则一直由冯元鼎、叶恭绰、麦信坚、权量等交通系人物担任。此外梁士诒、叶恭绰、朱启钤、詹天佑等还成立中华全国铁路协会，采取"以会制路"的方式把持铁路路政（本文不赞同有的学者认为的该会纯为"行业类互益性"团体，不具有"以会制路"功能的观点）。他们将交通事权视为禁脔，严禁其他派系渗进这一领域，因此与觊觎交通总长职位的杨士琦发生了激烈冲突。

熊希龄内阁倒台后，各政治势力都想利用政治大洗牌之机扩大影响。当时朱启钤已内定转任内务总长，留下的交通总长一职成了各方瞩目的一块肥肉。按北京各大报社预测，交通总长当由杨士琦担任。[1]杨士琦拟任交通总长是代国务总理孙宝琦的举荐，袁世凯也"欣然"同意。杨士琦对孙宝琦"莞然"谓："交通部的事，天然是燕孙（梁士诒氏）的事，我如何可干？但若一定要我去做，我亦没有什么不肯。不过我决不与人争抢就是了。"[2] 但随后发生了戏剧性的一幕。孙宝琦已拟定特任命令，并向梁士诒征询意见。但在命令发表前一刹那，财政总长兼陆军总长周自齐打电话给国务院，称梁士诒讲总统叫暂缓发布对杨士琦的任命。时有舆论报道："杨士琦确拟交通，忽缓发表，外间颇疑因杨、梁向来反目之故。"[3]

粤皖系政争并不局限在交通部，当梁士诒与交通系如日中天之时，他们还把手伸进皖系一直掌控的财政部与中国银行，激化了双方的矛盾。这里不再展开。

此外，粤皖系对财经问题决策上的分歧也是主要原因，其中津浦路厘捐局的裁撤问题更是矛盾的爆发点。"财政总长周学熙的矛头是指向因争论铁路厘金的废除而积怨颇深的叶恭绰本人，以'勾

---

① 《特约路透电——北京电》，《申报》1913年8月15日。

② 《杨士琦：电影中之交通总长》，黄远庸：《黄远生遗著》第二册第四卷，商务印书馆1924年版，第18—19页。

③ 《专电——北京电》，《申报》1914年3月9日。

结奸商反抗国税'为由进行弹劾的。"① 再据叶恭绰年谱记载1913年"有人献言于袁（世凯）者，谓'交通余利极多，叶：（叶恭绰）某靳不归公，意别有。在目下度支奇绌，应令挹彼注兹，方为合理'。袁信焉。先生（叶）方力主交通事业应设立特别会计，因有人于舆论大加攻击，无知者从而应和，势汹汹然，所谓交通系之名亦缘于是"②。袁世凯对掌握交通四政收支，但并不听命于其的叶恭绰的不满，这是后来三次长大参案、五路大参案发生的背景之一。粤皖系在经济领域中的矛盾还有许多，如盐政改革问题、外债问题、币制改革问题、中行管理制度问题、蔡乃煌与烟土专卖问题等等，这里亦不再展开。

在1914年5月总统府设政事堂，梁士诒改任税务处督办之前，其个人权力达到了巅峰。梁士诒此间先后担任的职务有总统府秘书、署财政次长并代理部务，又为交通银行总理、全国铁路协会会长、财政委员会委员，权倾一时，被人们誉为"二总统"。梁士诒掌握中枢，凡人入谒袁世凯，禀商事件，袁曰："问梁秘书长去！""外间不察以为先生综握机要，左右袁氏，支配群僚，至送先生以二总统之号，其实皆用为排挤之具耳。"③ 在交通界，梁士诒以领袖而居，发挥着举足轻重的作用。就粤皖系力量而言，粤系处于攻势和优势地位。而让袁世凯忌惮的是，交通系控制总统府政治中枢，在政治上不赞成总统集权制度，起初也并不赞成帝制活动。财政上中交二行控制在交通系手里，梁士诒、周自齐、吴鼎昌、张弧等人把持财政部、盐务署、税务处、内国公债局、币制局等财政要冲，钱袋子牢牢掌握在交通系手里。但袁世凯并不能任意指使交通系以满足其所需。如前所言叶恭绰以铁路会计制度为护身符拒绝袁世凯的要求即是一例。利用集团内部派系矛盾，达到制衡各种政治力量，以巩固自身利益，满足其集权与专制目的，这是袁世凯与一切

---

① ［日］林原文子：《津浦铁路厘金局的废除与恢复——袁世凯政权经济政策的主要特征（续）》，刘庆旻译，《北京档案史料》1997年第5期。

② 俞诚之：《遐庵汇稿（年谱）》，第23—24页。

③ 岑学吕：《三水梁燕孙（士诒）先生年谱》（上册），第188页。

统治者惯用的政治手腕。一旦某个政治派系在权力场域的角力中取得优势或压倒性的地位，并且对其政治利益构成制衡，将是专制统治者最难容忍的。这样袁氏父子与太子党势必会指使、纵容对交通系不满的势力发起攻击。

1914年初春，“北京官场排斥梁士诒之暗潮渐急，刻下正在极力运动之际。采反对派策士之计划，系拟将王占元（时在河南剿讨白狼）充湖北都督，使段祺瑞由鄂回京，藉以固排梁派之地步。闻徐世昌亦不慊于梁之所为，梁在朝一日，断不入京”①。在反梁、反交通系方面，皖系与段祺瑞、徐世昌、太子党结成了联盟。而杨士琦等第一步计划，就是借重袁克定的力量，引太子党梁敦彦入交通部，侵削交通系大本营的势力。杨士琦的乌纱帽飞走后，舆论普遍认为交通总长应由交通系的周自齐接任，而梁士诒则瞩望财政总长一职。但结果是梁士诒、周自齐的打算双双落空。在交通系人物司掌交通总长可能性极小的情况下，梁士诒、周自齐被迫同意让太子党的梁敦彦出任总长。② 梁敦彦出任交通总长，“实由袁克定所拉，以拆交通团体之台”③。根源在于德皇威廉二世曾向梁敦彦鼓吹共和不适用于中国，力主君主制，暗合袁克定之心，所以在1914年袁克定偕时任驻德公使的梁回国。这就与同样支持帝制，反对交通系，受袁克定“发纵指挥”的杨士琦合为一流。④

梁敦彦任总长后，“多用杨士琦所荐之人，固梁知杨不久必长交通，已仍任外交”⑤。舆论报道，梁敦彦到部后，有撤换次长兼路政局长叶恭绰，派人到某路查账计划。“梁氏初任交通，一般反对旧交通派之人物对于旧人肆为攻击，对于新用之人极端恭维，意在梁氏尽去全部职员。取而代之。”⑥ 梁敦彦对于部事大加更张，将矛

---

① 《北京专电——排斥梁士诒一派之合力运动》，《盛京时报》1914年3月15日。

② 《特约路透电》，《时报》1914年5月13日。

③ 叶恭绰：《我参加讨伐张勋复辟之回忆》，中国人民政治协商会议全国委员会文史资料委员会：《文史资料选辑》（第41辑），中国文史出版社2000年版，第50页。

④ 张国淦：《洪宪遗闻》，《文史资料选辑》（合订本第一册），第138、140页。

⑤ 《专电》，《时报》1914年7月21日。

⑥ 《交通部暗潮之镇静》，《时报》1914年7月24日。

头指向叶恭绰，迫使其辞职。梁敦彦所为显然是袁克定授意，杨士琦煽惑，这预示着一场更大的政治风潮即将到来。

不久由杨士琦主持，制造三次长参案，陆军次长徐树铮、财政次长兼盐务署长张弧、交通次长叶恭绰均同日被免职。此前熊希龄、段祺瑞、梁士诒因不赞成帝制，相继免去总理、陆军总长、总统府秘书长职务。“杨老五主张，宜先加以重大威吓，梁燕孙更不应随熊、段反对，必叶恭绰怂恿为之，故对梁、叶更进一步，由袁亲手交下五路舞弊大参案，命肃政使夏寿康将原文火速提出弹劾。同时袁见燕孙，又谓我已将汝名摘下。燕孙惧祸，乃赞成帝制。”① 1915 年 6 至 7 月，袁世凯令平政院查办津浦铁路局局长赵庆华营私舞弊一案，后牵连交通次长叶恭绰、京汉铁路局局长关赓麟、京绥铁路局局长关冕钧，正太、沪宁二路主要官员亦同受牵连，此即轰动一时的交通大参案（五路大参案）。交通大参案的影响不仅是将交通系绑在洪宪帝制这趟车上，其领袖对交通行政权的控制也受到一定的负面影响。外界评价大参案之发动，“实出于一种整顿官方之动念，不欲有此种把持垄断之官吏于其下也”。“盖当局实不认有此党派之存在也。”虽不久袁世凯就如舆论所猜测那样，对此案不再追既往，从宽处置叶恭绰、赵庆华等。② 但大参案后，“麦信坚同为次长，献媚于某公子及杨士琦与总长梁敦彦，比而倾先生（叶恭绰）。梁为人巽怠而有成见，一切听麦摆布，先生惟逊避而已”③。在一定程度上，交通系领袖对交通部的垄断被削弱。

除去交通部正副首长为交通系长期控制外，其下的重要职位如参事、司局长则长期为交通系人物所垄断。兹将 1912 年至 1916 年任职之参事、司局长情况汇总如下（表 2－2 至表 2－4）：④ 表 2－2 为 1912 年 5 月至 1913 年 12 月 23 日间情况。

---

① 刘成禺：《世载堂杂忆》，第 174 页。

② 季啸风、沈友益主编：《中华民国史史料外编——前日本末次研究所情报资料》（第二册），广西师范大学出版社 1995 年版，第 647、652 页。

③ 俞诚之：《遐庵汇稿（年谱）》，第 46—47 页。

④ 以下三表参考刘寿林：《辛亥以后十七年职官年表》，第 90—94 页。人名后所附内容为任调职时间及任职情况。

表2-2 1912年5月11日至1913年12月交通部参事、司长任职情况

时间	参事	路政司长	电政司长	航政司长	邮政司长
1912年5月11日至1912年底	颜德庆、龙建章、陆梦熊任；何启椿7月14日任	叶恭绰任	荣永清5月11日任，12月30日免	曹汝英5月11日任，12月30日免	王文蔚（不详）
1913年（至12月23日前）	颜德庆（1月18日出差，由梅光羲1月24日署理其职）；龙建章；陆梦熊；何启椿（1月18日出差，由张缉光同日署理其职）。雷光宇署；权量（时间不详）	叶恭绰	龙建章	梅光羲11月8日调任	王文蔚

表2-3为1913年12月23日至1914年7月1日间情况。此间交通部机构设置由原来的四司变为三局。

表2-3 1913年12月23日至1914年7月1日交通部各局长任职情况

参事	路政局长	邮政局长	经理局长
陆梦熊、权量、何启椿、雷光宇（1914年1月24日任）	叶恭绰	龙建章	陈福颐

表2-4，1914年7月1日后至1916年10月间情况。此间交通部机构设置由三局变为六司（1914年7月1日），复在1916年10月变为四司。

表2-4 1914年7月1日后至1916年10月交通部参事、司长任职情况

参事	路政司长	路工司长	邮传司长	综核司长	铁路会计司长	邮传会计司长
陆梦熊、权量、何启椿（1916年9月13日免职）、雷光宇	袁龄1914年7月20日署、1914年11月1日任	沈祺1914年7月20日任；曾鲲化1916年10月14日任	周万鹏1914年7月20日任、1916年9月13日免；姚国祯1916年10月14日任	吴应科1914年7月20日任、1916年9月13日免；刘蕃1916年10月14日任	王景春1914年7月20日任	蒋尊祎1914年7月20日任

以上三表中任、属、兼参事及各司、局长者共21人，据贾熟村所列的旧交通系主要人物名单，仅有梅光羲、荣永清、曹汝英、王文蔚四人不属于交通系人物，而此四人均在1912年任职，除王文蔚外，其他三人任职时间均不长。[①] 交通部中最为显赫和关键的部门——路政司长（局长）一直为叶恭绰所把持。在叶恭绰统管路政时期，"对于各路，得迳发局令，不弟职权较崇，且办事亦极顺手。惜后废于袁氏，不能递升为日本铁道部之制度也"[②]。从籍贯上看，这21名参事与局、司长及1912—1916年任正副总长的11人中，广东籍的交通系人物有唐绍仪、施肇基、周自齐、叶恭绰、麦信坚、冯元鼎、颜德庆、龙建章、袁龄、吴应科等，占到三分之一强。因此，交通部当时被人称作"粤系之交通部"[③]。交通系对交通部事权垄断、控制，时人曾如此描述："至今仍握重权焉，司员等统系分明，外人不得加入，以此根深蒂固，许隽人（许世英）以东海旧僚，干木（段祺瑞）嬖臣，而任总长时，偶位置私党数人，众即啧有烦言，紧要关头几无人为之帮忙，后卒失败。""财政部总综财权，而收入较丰之盐务、海关税，为外人所监督。烟酒公卖又另立专署，视交通部之自操主权别

① 贾熟村：《北洋军阀时期的交通系》，第29—37页。
② 谢彬：《中国铁道史》，上海中华书局1929年版，第142—143页。
③ 《交通之粤系谈》，《申报》1913年9月13日。

无分支者，盖不可同日语。且交通事项，军人外吏都不复干涉，用人之柄总于部长，在国务员中差有独立气象，非与总理有密切关系者，断无此席希望。”①

二　中华全国铁路协会的成立

交通系对铁路事权的控制、影响除了依靠交通部路政机关外，成立中华全国铁路协会也是其重要手段之一。

中华全国铁路协会初名为“中华民国铁路协会”，成立于1912年6月30日。该会发起人为詹天佑、叶恭绰、朱启钤、冯元鼎等，最初以孙中山为名誉会长，选举梁士诒、叶恭绰为正副会长。梁士诒在报告该会发起旨趣时，称：“一在发达铁路未来之伟业。大旨谓将未来之路赶紧发达，则以前国际种种损失自易消减无形。他若川粤汉，若滇黔桂，或为商务铁路，或为交通铁路，或为国防铁路，以及关乎国力伸张、天下大势等路，暨蒙藏、西北铁路应如何建筑，皆当次第举办者。则路线如何规划，调查如何入手，人才如何组织，勘路经费如何准备，筑路经费如何擘划，凡此设施，欲其成功，决非行政机关一手一足之烈。至若运输、计理，若机关、汽力，若桥梁、隧道，其营业上、机械上、建设上——皆应研究改良而为将来敷设之协助。一在维持原有铁路之现状，大旨以铁路之利办铁路之事务，就其盈余抽还借款。若独立会计，裁去不规则之协款，取消不文明之厘捐，皆属要图，更须就其余利筹措改良办法。他如洋工师合同也，各国公司借款也，如何不使越我范围，如何不使丧我权利，本会当研求之，协赞之，强毅、坚忍以曲达之，一心群力以辅助之。”②

中华全国铁路协会章程明确该会宗旨为协助本国路政进行、促进铁路工业发达、保护本国铁路权利、融洽铁路同人情谊。该会事务分五项：备各种书籍供会员研究；邀请中外专家演讲铁路事项；委托会员随时调查铁路建筑与管理；刊印会报及关于路事之书籍；

① 沃邱仲子：《民国十年官僚腐败史》，中华书局2007年版，第39—40页。
② 俞飞鹏：《交通史总务编》（庶政），第383页。

就铁路问题向政府提出建设性意见。[①] 在协会发起人呈交通部文中也称集思广益，组织铁路同业团体，协赞国家政务而收个人相互利益是本会发起要旨。[②] 从中我们可以看到中华铁路协会目的是以“研求”“协赞”“辅助”等方式，协助政府于铁路建设、规划、经费筹措与使用上不断改良与进步，发挥协会同仁在交通领域的精英、专家、领袖作用，从外交、财务、工程、管理等专业方面对路政起到重要作用和影响。

有关该会对交通系控制、影响铁路事权的作用，及对交通系发展的影响，虞和平这样评价道：梁士诒之所以要组织一个囊括全国铁路系统的中华全国铁路协会，企图兼并孙中山领导的中华民国铁道协会，显然带有以会制路的用意。他还发起和资助了中华民国邮政协会和中华民国电报协会，身兼交通系统三大协会会长，旨在借此控制全国交通事业。[③] 贾熟村也认为交通系的形成过程，以铁路总局为其基本线索，也在铁路协会等组织中表现出来。[④] 而有的学者认为该会既不是同业公会，也不是学术机构，而是一个专业性强于技术性，政治功能日益淡化，行业类互益性团体，不具备直接干预路政功能。铁路协会以会制路的组织性质可能难以成立，因其并未直接介入铁路国有等管理问题及人事任免事宜。[⑤] 笔者以为称铁路协会是一个行业类社会团体是正确的，但认为该协会对路政没有干预功能，“以会制路”组织性质难以成立显然是不合适的。

铁路协会对于交通系来说是其组织活动的重要形式，是其联络、聚合铁路同仁的主要渠道。协会通过严密的组织制度、活动方式，建立密切的业缘、同仁关系，将核心人物关系与一般成员关系进一步融合。使交通系人物的交通领袖地位的进一步提升，并得到铁路界精

---

① 《中华全国铁路协会章程》，中华全国铁路协会编辑部编：《中华全国铁路协会第一次报告》，中华全国铁路协会事务所 1912 年版。

② 《中华全国铁路协会发起人朱启钤、冯元鼎、叶恭绰、詹天佑、施肇曾、黄仲良、郑洪谋、钟文耀、孙多珏、丁平澜、权量呈交通部文（附简章）》，《政府公报》1912 年 5 月 19 日，第 19 期。

③ 虞和平：《中国现代化历程》第二卷，第 390 页。

④ 贾熟村：《北洋军阀时期的交通系》，第 25—26 页。

⑤ 马陵合：《北洋时期中华铁路协会研究》，《史林》2009 年第 3 期。

英、专家在情感、社会关系上的进一步认可与支持，从而更好地发挥其对路政的干预和影响作用。

铁路协会的核心，即正副会长、评议员、干事，主要由交通系人物担任。该会采取议行分立原则。执行大会与评议员会议为议决机构，其中执行大会半年召开一次，由 30 名评议员组成的评议会（以会长为议长）每月召开一次。在行政方面主要职员为正副会长、由会长于会员中选派的 16 名干事。1912—1916 年历任正副会长均由梁士诒、叶恭绰担任，此外朱启钤在 1913 年被推选为名誉会长。1914 年铁路协会第二年度大会梁士诒指定关赓麟为执行部总干事。龙学兢为文书干事主任，何瑞章等三人为文书干事。方仁元为庶务干事主任。19 名交际干事中有赵庆华、叶道绳、张兢立、邝孙谋、俞人凤、水钧韶、鲍宗汉、蔡序东等。郑洪年为调查干事主任，袁龄、章祜等 15 人为干事。阚铎为编辑干事主任，陆梦熊、权量、郑洪年、张心澂、曾鲲化、徐世章等为干事。只有会计干事主任与三名会计干事没有交通系人物担任。评议员中属于交通系人物的有权量、方仁元、周自齐、冯元鼎、郑洪年、黄开文、关冕钧、蔡序东、赵庆华、施肇曾、任凤苞、阚铎、冯懿同、龙建章、詹天佑，候补有张心澂、关庚麟、孙多珏、水钧韶、黄赞熙、章祜等。[①]

铁路协会在民初诸多社团中属于规模庞大者，截止 1913 年 6 月 23 日，成立一周年之际，会员已达 1263 人，并在京外各地设立分会，其中广东分会有 216 人，上海 113 人，河南 74 人，福建 56 人。[②]而且会务组织严密、有序，诚如该会会员所言："本会进行纯系循乎轨道，不尚虚浮，较之他项团体微异，本会特色在此。"以其第一次定期大会为例，会议有一千人参加，先是摇铃开会，次有主席宣布开幕词并报告会务，再改选评议员半数并选派期满干事，再之为会员提交议案并发表演说，最后宣布闭会。[③] 第一年度评议员会议举行 11 次，提出议案共 807 件，已决者达到 508 件。[④] 再以该会第十五次评

① 《全国铁路协会第二年度举行大会》，《时报》1914 年 6 月 26 日。
② 《第一年度会务报告情形》，《铁路协会会报》，第二卷第八册，总第十一期。
③ 《第一次定期大会纪事》，《铁路协会会报》，第二卷第七册，总第十期。
④ 《第一年度会务报告情形》，《铁路协会会报》，第二卷第八册，总第十一期。

议员会议为例，由梁士诒与评议员、职员30余人到会。会议内容为：第一，报告1913年9月份收支各案；第二，8月、9月入会情况；第三，一致同意袁德君发起湖南分会并推选朱启钤为名誉会长；第四，陈请交通部厘定路员请假、例假奖劝案，并指定关庚麟、陆梦熊、权量起草；第五，指定关庚麟、陆梦熊、权量、龙建章改定新刑律中关于损害铁路的各条款。[①] 外人这样评价：较之于同在1912年成立的中华民国铁道协会与铁路工会，铁路协会"主旨与前二项无异，仅在其成员方面由有阅历经验者组成"。"该会最为踏实而素质较高，系铁道方面各会中最有希望者。"[②]

更为重要的是，铁路协会会员集铁路界领袖、铁路行政官员、铁路界专家与精英于一体，集思广益，为交通政策的成熟出台创造条件。特别是在政策出台受到阻碍时，更是将协会会员意见作为一种舆论来影响政府的最后决策。

铁路协会在成立大会上就推举关庚麟起草铁路政策建议案，提交交通部，主张应速定以下铁路政策。第一，国有政策定义与办法宜从速议定，宣示国民；第二，筹款方法先事研究；第三，全国铁路干线宜首先规定缓急，限期赶筑；第四，宜确定特别会计制度；第五，铁路法律、章程宜统一；第六，扫除铁路弊政；第七，规定铁路材料、物品形式、度量，以便竞购；第八，养成路政人才；第九，铁路事业免受政潮牵动；第十，汰除官有营业积习，明定办事员之权限、责任；第十一，彻底剔除积弊。[③] 交通部在批文中称赞："所陈十一条举建筑、管理、营业三大纲，穷源竟微，筹划周至。其于兴利除弊之点尤能洞中窍要，井井有条，非具有经验知识者曷能言之确切？筹款方法，列举四例，亦俱详审，足资参考。规定干线分别缓急筑造，并属当务之急，希望别建议案、绘图说贴，呈部以备讨论。若材料、物品自成一格，则非俟本国机器、制造各厂成立后，不可一时，尚难骤

① 《第十五次评议会议事录》，《铁路协会会报》，第二卷第十一册，总第十四期。

② ［日］宗方小太郎：《辛壬日记 一九一二年中国之政党结社》，中华书局2007年版，第219—220页。

③ 《中华全国铁路协会建议请速定铁路政策意见书》，《铁路协会会报拔萃》第1—15期，第5—11页。

言及此。他如特别会计制度，法律章程之统一，设法扫除积弊，养成路务人才诸条，皆维持路政之要图，本部已设立特别会计综核处，法规编撰处，交通传习所，当可斟酌情事次第改良。贵会共具热心，统筹全局，深堪忻佩，如续见闻，希随时建议，以匡不逮，本部有厚望焉！”此后铁路协会评议员议决，提交政府采择议案共有74件。[①] 至1914年梁敦彦任交通总长时，所提铁路政策要点为（1）宣布国有政策；（2）研究筹款；（3）干线分缓急；（4）路款出入宜定特别会计；（5）法律谋统一；（6）规定材料物品形式；（7）养成路务人才。仍不外以上交通系的主张。[②]

在上述74件议案中，我们以统一路政，特别是统一铁路会计的提案为例。其中相关的提案为第三条“研究交通部交到法定轨式案”、第五条“边省铁路宜用狭轨铁道抑广轨铁道案”、第七条“铁路两旁宜筹种合宜树木以为将来道木材料案”、第八条“铁路会计改良宜以归于统一为入手办法案”、第十七条“推用新式电码本案”、第十八条“陈请交通部规定划一路员例假及不请假奖劝案”、第二十条“铁路宜从速编订规条以资依据案”、第二十二条“划一各路所用车辆体制案”、第二十八条“统一全国铁路电报办法案”、第三十三条“统一各路惩戒规则并组织惩戒会建议案”、第四十六条“铁路统一问题之利害案”、第四十八条“改良客车座位建议案”、第五十条“创设全国铁路共同材料厂建议案”、第五十五条“铁路之统一三策案”、第六十条“设置管理联运行李专员建议案”、第六十六条“规定各路员司利益假办法案”、第七十条“铁路法规会议决草案总则编宜从速试行以资统一案”、第七十一条“拟请编译课定一表式以便调查案”[③]。其中不少为后来统一路政、推行统一会计的具体举措。如第七条之建议被采用情况如下，“民国二年五月，中华全国铁路协会呈交通部，据会员邝孙谋函，以我国枕木多仰给于日本，权利外溢。我国已通车各铁路两旁余地宽阔，宜呈部转商农林部查明各路地质，

① 俞飞鹏：《交通史总务编》（庶政），第417—418页。
② 《铁路政策中之进行观》，《时报》1914年6月8日。
③ 俞飞鹏：《交通史总务编》（庶政），第418—422页。

所宜各行种树，为将来作道木之用。六月路政司据以致函各路局研究，且谓土宜、气候、种植、栽培胥宜悉力筹维，乃有实效可睹。并嘱将已办情形随时声复”[①]。

再如铁路协会建议“各路局每年必编造一种年报，以报告一年中之账目及全路之经营情况，以资比较”[②]。这一建议后来也被采纳。此外叶恭绰、王景春、张心澂等多次在会报发表文章、在协会会议上演说提出施行铁路特别会计，成立以叶恭绰、王景春为正副会长的“统一铁路会计委员会”，聘请欧美顾问，改革会计制度。叶、王二人，“皆毅然肩比艰辛，独具之举，以与亚当士顾问协力以图，实有非常之功能焉”。“其编成资本支出分类则例精审而深具条理，一国即知盖非有极高之专门技能，加以莫大之功，则未克竟此举。其颁行以后，非特大裨路务，且于部中主管员司、统计家于研考中国铁路发展情形均有无穷之便利。”[③]

交通系领袖梁士诒虽未在交通部任职，却通过铁路协会对民初路政进行干预。如民初八省铁路国有一事，“时掌部务者为朱启钤，司路政者为叶恭绰，先生（梁士诒）以全国铁路协会会长资格与磋商收赎各路，妥订章程、合约。凡有识者，均晓然于商股之无望，国有之易期，至是乃水到渠成，一一如议，绝无抗拒”[④]。

综上可以得出结论，民初交通系干预、控制、影响路政的途径，除了控制交通部，铁路协会也起到了极大作用。而且该会所提建议案因为带有社会团体舆论性质、表达的是专家与精英人士的洞察之见，因此更有说服力、更有建设性，以及被采纳的可能性。而会员中以交通系人物为主，能及时、有效地将部务与会务链接，将建议案转化为政策，使“以会制路”的目的得以实现。在太子党梁敦彦任交通总长时，叶恭绰曾不得已辞职，其原因正是梁敦彦“对于部事多所更张，举其一例则为铁路协会之解散，该会固该部（铁路总局）人所

---

① 俞飞鹏：《交通史路政编》（总纲），第637页。

② 《统一铁路年报》，《铁路协会会报》第四卷第六册，总第三十三期。

③ 《论中国铁路统一会计委员会》，《铁路协会会报》，第三卷第八期，总第二十三期。

④ 岑学吕：《三水梁燕孙（士诒）先生年谱》（上册），第147页。

组成也”[①]。梁敦彦对铁路协会的解散实则是对交通系人物控制路权的一种打击与约束，从中正可以反映出铁路协会在民初作为交通系控制路政的主要机构，所起的作用是显而易见的。

三　利用“二次革命”对路权的进一步控制

民国建立后，在交通部以外，还设有孙中山为首的中国铁路总公司，此外汉粤川铁路督办由中央直接任命，铁路事权分属三家。

1912 年 9 月袁、孙北京会谈后，袁世凯授权孙中山全权筹划全国铁路，将拟筑之路先与各国商人商议借款招股事宜，按照将来参议院议决条例订立合同，报明政府批准，一面组织铁路总公司，以利进行。[②] 梁士诒于 9 月 10 日将命令送达孙中山，并与孙中山商订公司职能、权力等条。[③] 梁士诒与叶恭绰等对孙中山的铁路建设计划也是极为支持的，孙中山就曾夸赞叶恭绰，称：“吾之北也，喜得一同志焉，辟使赞画全国铁路事宜。”[④] 10 月 14 日，中国铁路总公司于上海成立，孙中山此外又设立铁道督办办事处。1913 年 4 月由孙中山起草，经参议院审议通过，袁世凯命令公布《中国铁路总公司条例》，再次确认了袁世凯对孙中山的授权。[⑤] 这实际上体现了公司与交通部的这种利益划分，是孙、袁妥协的结果。但不久因二次革命突发，袁世凯在 1913 年 7 月 23 日下令取消孙中山全权筹备全国铁路的授权。[⑥] 31 日，下令所有铁路总公司条例内事权，暂由交通部执行。[⑦] 这是交通部权力扩大化的一个重要事件。

交通部权力扩大还体现在裁撤汉粤川路督办一事上。汉粤川路督办一职，袁世凯先是任命黄兴担任。黄兴以经费没有着落，各省意见不一致，一再推辞，因未被获准而勉强赴任。“袁和党人未破脸前，尽量耍手段，给以虚衔，而不令其放手去做，做不来不怕知难而退，

---

① 《译电》，《时报》1914 年 6 月 19 日。
② 《临时大总统令》，《政府公报》第 134 号，1912 年 9 月 11 日。
③ 陈锡祺主编：《孙中山年谱长编》（上册），中华书局 1991 年版，第 726 页。
④ 俞诚之：《遐庵汇稿（年谱）》，第 21 页。
⑤ 《中国铁路总公司条例》，《政府公报》第 324 号，1913 年 4 月 1 日。
⑥ 《临时大总统令》，《政府公报》第 437 号，1913 年 7 月 24 日。
⑦ 《命令》，《申报》1913 年 8 月 4 日。

对黄之辞，便即照准。”[1] 如黄兴所言袁世凯坚持督办应受交通部管辖，行政事项均须向部请示批准。[2] 即便黄兴赴任后，袁世凯仍启用对民党抱有敌视态度的岑春煊替代黄兴，又卸磨杀驴，后免去岑春煊的职务。

1913 年 3 月，交通部与银行团订湖广铁路借款合同办法四条。6 月交通部次长冯元鼎赴汉执行督办职权，设湘鄂、广宜、宜夔三局，同时兴办三路工程，后以詹天佑为督办。[3] 袁世凯就汉粤川路曾专门批示：一切工程事宜由冯与交通部技监詹天佑会同办理。[4] “控制铁路总公司内事权和派遣汉粤川督办几乎同时实现，使交通部统一了全国铁路行政权。”[5] 交通部致电鄂、川、湘三省，此后不派督办，路归部辖，以免部与公司权限纠葛，界限不清，有碍进行；也避免了提款困难，督办数易，方针不定等问题。[6] 至此，全国铁路管理、建设事权均收归交通部。

第二节　交通系与民初铁路

民初交通系对铁路有深远影响的措施、政策包含三方面，即铁路国有政策，推行统一路政的政策以及对铁路资产的管理制度。以下分别阐述。

一　铁路国有政策的推行

如何看待铁路国有化问题，近三十年来学术界呈现出这样的一种倾向：对清末干路国有政策，始则多持“失败论”，继则由过去的否

---

① 高拜石：《古春风楼琐记》第五集，台湾新生报社 1979 年版，第 119—120 页。

② 李书斌：《辛亥前后黄克强先生的革命活动》，中国人民政治协商会议全国委员会文史资料研究委员会编：《辛亥革命回忆录》第一集，中华书局 1961 年版，第 205 页。

③ 张心澂：《中国现代交通史》，上海书店 1992 年版，第 117 页。

④ 《临时大总统指令第 42 号，令交通总长》，《铁路协会会报》第二卷第七期，总第十期；另见《川粤汉路事之进行》，《盛京时报》1913 年 6 月 22 日。

⑤ 魏明：《交通系概述》，《南开学报》1987 年第 4 期。

⑥ 《汉粤川路改归部辖之理由》，《盛京时报》1913 年 6 月 27 日。

定为主转变为有部分持肯定态度。[①] 对于民初的铁路国有政策，近年来的研究成果则以持“肯定论”“成功论”为主。[②] 清末民初的铁路国有政策有连续性，实质相同。学术界的最新成果对清末民初铁路国有政策持肯定态度，说明这一政策推行具有必然性、可行性，不以人们主观意志为转移。但为何清末推行干路国有政策失败，而民初则得以成功呢？其中原因不在于客观条件差异，而在于政策制定者主观决策的差异，这一点学术界的研究尚不深入。此外民初铁路国有化政策的整体性研究，即于收回商办铁路之外，对其他如官办铁路政策，举借外债政策，统一铁路路政政策都缺乏研究。特别是这一政策如何体现国家垄断、控制铁路发展，其具有的国家资本主义性质也不尽深入。

（一）商办铁路国有

1. 商办铁路的困境

清末兴起的商办铁路至民初以后，其状况如何呢？时人称：“各省商办铁路，自鼎革以还元气未复，金融停滞，已成者无从继续，未成者益难进行。”[③] 各商办铁路大都资金筹措无着，财政异常混乱。各路在经营、建设上都出现极大困境。

以清末保路运动中，风潮最为激烈的川路言之，“川路集款，全恃摊捐”，“每年入股，从宽约计数百万金，即使按每年收足，亦需二十年始克全路竣工”，当时民力已竭，罗掘已空，百姓抗交租股，屡起风潮。[④]

清末湖北商民成立湖北铁路公司，计划筹集路股 2600 万元，其

① 如陈晓东《清政府铁路“干路国有政策”再评价》，《史学月刊》2008 年第 3 期；朱英《晚清经济政策与改革措施》，华中师范大学 1996 年版，第 154 页。

② 如苏全有、王丽霞《民初交通部的干路国有政策评析》，《重庆交通大学学报（社会科学版）》2008 年第 4 期；苏全有《民初交通部的官营与民营政策评析——以铁路为视点》，《晋阳学刊》2008 年第 6 期；苏全有、姚翠翠《梁士诒与民初铁路》，《周口学院学报》2008 年第 6 期；王榆芳《试论民初干路国有运动成功的原因》，《河南科技大学学报（社会科学版）》2008 年第 8 期。

③ 《交通救国论》，俞诚之：《遐庵汇稿》（中编・诗文），第 228 页。

④ 宓汝成：《中华民国铁路史资料（1912 — 1949）》，社会科学文献出版社 2002 年版，第 3 页。

中川汉路计划筹集2000万元，粤汉路计划筹集600万元，至民初实际只筹集了211万元。① 民办之江苏铁路公司，计划集资2000万元，而至收归国有时，实际到位只有468万元。②

各路不仅筹资无方，管理、经营上也极为混乱。如川路“自开办迄今，查账不能实行，结算亦无报告。内中弊滥，无从探测”。“滥放无归之账”与“私挪贸易之账”竟有50余万元，且滥支给董事津贴、薪水等。③ 浙路因铁路公司理事长汤寿潜的亲信左右竟相介绍购进筑路物资，汤寿潜未慎重考虑，致路成之日积余物资达7、8百万元之多。因此公司资金周转出现困难，仅1700万元债务产生的利息已使公司不胜负担。此时汤氏之弟在上海以合股名义所开设的钱庄倒闭，存欠相抵，亏空30余万元。上海公共租界巡捕房要逮捕汤氏，使汤难于应付。最后汤寿潜只能向财政部疏通，由部垫款。④

各路资金上的匮乏，经营、管理上的混乱给各路建设带来以下危害。第一，建设成果了了，乏善可言。“查各该路惟苏、浙、湘均已成路二百里，此外或仅筑土方若干，或仅购材料若干。”以交通部赎回款65684718元计算，商办铁路平均每里竟然耗资十万余元国家资本用以赎回。⑤ 第二，影响已订约各路即时拨付债款进行建设。例如，“汉粤川铁路借款既于1911年签字，债票亦久已售出”，但因辛亥革命之故，厘金借款抵押无法拨付，只能将各路作为抵押。而且列强不信任交行，提出由各国派员到路管理材料、账目。因此，“四川、湖南商办之路，须收归国有，广水、宜昌、长沙、汉口四处，须同时开工，方能交款”⑥。第三，在商办各路，

① 关赓麟：《交通史（路政编）》第16册，第20、67、74页。

② 同上书，第104页。

③ 《中华民国铁路史资料（1912—1949）》，第5—6页。

④ 许炳堃：《浙路收归国有的内幕》，中国人民政治协商会议全国委员会文史资料研究委员会编：《文史资料选辑》第11辑，中华书局1961年版，第91页。

⑤ 曾鲲化：《中国铁路史》，第119页。

⑥ 修域：《铁路政策之检讨》，王开节、修域、钱其琛：《铁路·电信七十五周年纪念刊》，第17页。

"各省商民分疆划界，自为风气，阻碍、迟缓，危害不可胜言。此由其知爱乡而不知爱国。卒之人才消乏，财力不继，以一省之困难而全国交通蒙其影响。今之地方政府又复然矣，以一省之铁路为一省之所有，筹借外款，自辟蹊径，比比然也"①。这造成了路权的严重分裂。第四，由于商办铁路的存在，使得全国铁路干支线的统一规划始终无法进行，各路之间的统一规划经营无法实施。有识之士曾指出："我国各铁路因历史上之沿革，大抵各自为政，办法丛脞，形式分离。有稍识者，无不痛心疾首，叹为险路，视为畏途。"其中危害严重者，如"路章之弊"，"各路之办法，车务之章程，往往各为畛域，互相参差"②。在民初收回的八省铁路中，无论是1907年前清邮传部所定干路路线，孙中山涉及的三大干路路线，1913年交通部涉及的四大干线，均将各路列入。③ 但因政府无法管理，统系不一，干路规划无法进行。

2. 社会各界对铁路国有政策的一致支持

如果说清末社会各界对铁路国有多持反对态度的话，民初则相反，各界对国有政策则普遍持支持态度。

清末保路风潮最激烈的四川在1912年11月，"经股东大会决议率先让归国有"④。对国有问题争论最为持久的当属浙路，最终历经两年多反复，"浙路国有，旅京股东全体赞成，昨（1914年2月27日）谈话会到者三十余人，研究条件，亦都满意"⑤。苏路在清末保路风潮中不亚于川路，发起人为学界中人，其股东除富商外，"半属章甫缝掖之流，而奇零小股，则苦工负贩为多"⑥。应该说苏路在民意上与川路最具有代表性。而江苏铁路公司在股东投票中，3063票

---

① 《中华全国铁路协会建议请速定铁路政策意见书》，《铁路协会会报拔萃》第1—15期，第6页。

② 萧梅性：《统一路政建议》，《铁路协会会报拔萃》第1—15期，第128页。

③ 谢彬：《中国铁道史》，第217—220页。

④ 《川路政归国有》，《申报》1912年10月4日。

⑤ 《路事纪闻》，《铁路协会会报》第三卷第三期，总第十八期。

⑥ 《敬告江苏商界同必御侮书》，中国国民党中央委员会党史资料编纂委员会编：《江浙铁路风潮》（第2册时论），（中国台湾）中央文物供应社1968年版，第18页。

赞成国有，反对者仅17票。[①] 社会各界所以支持铁路国有，是深刻意识到："铁路建设必须有大规模之计划，方是以适应国有之需要，而大规模之建设不能不由政府集中统筹。"[②]

孙中山与袁世凯在1912年8—9月的会谈对民初政治形势起到极大影响。9月25日，以孙袁会谈结果为基础，袁世凯政府公布了《内政大纲八条》，以袁、孙与黄兴、黎元洪四巨头名义公布。其中规定"立国取统一制度"；"开放门户，输入外资，兴办铁路、矿山，建置钢铁工厂，以厚民生"；"交通取中央集权主义"等。[③] 这八项方针是民初北洋系、革命派、共和党三大政治势力妥协的产物，客观上为民初创造了比较稳定、和平的国内局势，也使得广大商民对民初致力于发展实业充满期盼。而八大政纲也明确表示将铁路作为发展中心，以利用外资为导向，以交通上的集权主义为中心，这都影响着民间对商办铁路命运的分析。

由于孙中山在民初被袁世凯授全权筹划全国铁路，因此他与交通系作为铁路政策的制定者，在铁路国有化问题上的态度对商办铁路前途至关重要。孙中山以"国家社会主义"为理念，明确主张铁路国有。他提出："我国铁道应提倡归为公有，则公家于铁道一项，每年顿增6万万之收入；再以之兴办生产事业，利仍归公，则大公司、大资本尽为公有之社会事业，可免为少数资本家所垄断专制矣。"[④] 这与交通系国有主张一致。由于交通系与孙中山在国有问题上的一致，这就为商办铁路收归国有创造了良好的舆论导向和政策实施的环境。

3. 交通系领袖在收回各路中的作用

民国成立后，交通部在1913年至1915年间将川路、湘路、苏路、同蒲路、皖路、浙路、洛潼路、鄂路等八省商办铁路订约接

① "国史"馆史料处主编：《中国铁路沿革史》，（中国）台北："国史"馆1984年版，第401—402页。

② 张嘉璈：《中国铁道建设》，商务印书馆1945年版，第18页。

③ 《通告》，《政府公报》第149号，1912年9月26日。

④ 《在上海对中国社会党的演说》，中国社会科学院近代史研究所中华民国史研究室编：《孙中山全集》第二卷，第521页。

收，此外原商办之漳厦路在1914年，也因无法维持由交通部代管。[①] 株萍路在1913年10月与湘路签订联运合同，全路收归国有。[②] 各路收回后，原川、鄂、湘三省铁路合并为粤汉、川汉两铁路，河南、陕西两省修建之洛潼铁路并入陇海铁路，晋省之同蒲铁路并入同成铁路，皖省之芜广铁路并入宁湘铁路，江苏、浙江省之沪嘉、甬嘉铁路合并为沪杭甬铁路。从而初步实现了铁路国有化与铁路干线的统一管理。以上十路（并非某些学者所说的八路）在两年多时间里成功收归国有，固有很多客观原因，但与交通系的主观努力分不开。

首先，这与交通系领袖梁士诒、叶恭绰、朱启钤力主国有政策分不开。梁士诒作为交通系领袖，对收回各路起到统领作用。首先梁士诒以交通界领袖、铁路协会会长资格与身为交通总长的朱启钤、路政司长的叶恭绰，“磋商收赎各路，妥订章程、和约”。其次他还就政府发还各路股款量、年限 、摊还细节等问题，制定了详细的计划。[③]

梁士诒、叶恭绰等交通系领袖还通过中华全国铁路协会，在1912年6月成立后不久，明确提出应速定之铁路政策，头一条即为国有政策。该建议提出国有铁路应明定是否限于大干线，是否以公办界定之，中央与地方公办铁路关系。认为国有铁路可破除省界意识，“苟非铁路国有，则险阻荒芜之要域孰经营之而开通之？西北诸部将永成化外矣。而况集款之方亦定待铁路政策而定，使铁路国有，外人自易投资，而本国商民从而兴起，合同定于中央，全路统于政府，则交通政策庶几贯澈矣”[④]。叶恭绰在民初，“国人咸憬然知国有铁路之不可

---

① 修域：《铁路政策之检讨》，王开节、修域、钱其琛：《铁路·电信七十五周年纪念刊》，第16页。

② 关赓麟：《交通史路政编》第十四册，第399页。

③ 汪敬虞：《中国近代经济史（1895—1927）》（下册），人民出版社2000年版，第2010页。本人尚未查证梁士诒关于铁路国有政策的言论，但他领导了赎回各路事宜应是确无疑问的。

④ 关赓麟：《交通史（总务编）》，第五章庶政，第412页。

以已，先生复乘机晓谕，切实推行，故得水到渠成”[①]。

朱启钤作为交通总长，是铁路国有政策的实际制定与执行者。1912年11月6日，他在上大总统袁世凯的呈文中，提出：“铁路为国家气脉，所关干路为路线经纬所系。各国干路多归国家经营，盖一由政治上之作用当属国家，一由财力上之负担不能责之人民也。”[②]正是交通系领袖在国有化问题的坚定、一致，才为它的顺利推行提供了良好条件。

其次，与交通系领袖对政策、措施的正确制定与运用密不可分。其措施首当其冲，就是一改清末铁路国有采取的强硬策略。叶恭绰讲：“收赎各路，实恃诚信相孚，公义相感，有以致之。至各路原用之款，性质不同，或为公股，出自各项税捐；或为商股，则商人所自认。是时交通部财力竭蹶，万分无从预筹巨款，乃与各路分别商定分年摊还办法。各路亦咸涣然解喻，毫无异言。先生推诚相与，委曲求全之所致也。先生恒言，世间作用之大，无过于‘诚’字有以哉。”[③]

对于收回各路来说，最大的问题是如何清算各路路款，以及如何清偿。对此交通系领袖采取了积极、稳妥的还款办法。以下举例说明之。

川汉路由交通部订明还款办法，“直接股分十年，间接款自接收后第十一年起分五年摊还，年息六厘，由部先给定期期票。并订明路欠债款分别归还办法，签约后，乃分别派员核算、清理，预备接收”。该路路款至1915年本息应付29253400元，“由部全数还给期票”[④]。

湖南省粤汉铁路，依照接收合同，订明：“湘境粤汉干线及三佛支路，湘点七分之三所有已成路线，未成路线，一切产业、权利均归国有。股本以商房租薪股为甲项，分三年摊还；以米盐股为乙项，自接收三年后，分十二年摊还，年息六厘。均先给有期证券，按期还

① 俞诚之：《遐庵汇稿（年谱）》，第23页。
② 宓汝成：《中华民国铁路史资料（1912—1949）》，第3页。
③ 俞诚之：《遐庵汇稿（年谱）》，第23页。
④ 谢彬：《中国铁路沿革史》，第429页。

款。其余应行事宜，均经商定，列入合约签字。”统计甲乙两项本息合计1301万元。甲乙股本头两年即还款200万元。[①] 特别值得一提的是，“湖南非财赋之区，招徕巨资颇不容易”，而交通部限于财力，还款困难，所以双方都需要相互理解，彼此互为体谅。朱启钤称：“本部屡次约与会商，开示部中财力支绌，股款分年摊还负担已为不轻各情。代表亦深识大体，惟以保全商本担负债务为请。两方各存体谅之心，遂议定还股仍采分年摊还办法……”[②]

苏省铁路照合约，公司将一切财产与权利让与部，股本正股3476523元，息股1073895元，分五年摊还，每年按三次摊还，本息合给。[③]

由上可见交通部在偿还各路路款时，能做到认真沟通，全面清算，对商本力求不亏不蚀，还本周期总体不长，而且给息较高。为了保障还款到位，梁士诒与朱启钤等还积极推出发行公债、举借外债，以铁路盈余即时拨付等办法，清偿该款。

首先以发行民国三、四年内国公债办法清还路款。民国三年内国公债发行由公债局局长梁士诒负责，公债付息银先由财政部、交通部筹足一年利息96万元，交外国银行存储以为计息、保息，其中5万元为交通余利拨给。[④] 民国三、四年度预算均拨一部分公债收入来偿还路款。如川路1914年曾领得50万元路款外，另将领款一部分用于购买公债达60万元。[⑤] 即采用以远还近的办法，将到期路款用公债办法先予以支付。

其次，为举借铁路外债。各路收回后，既要考虑建设，又要支付商股，因此对于交通部来说，最为可行办法即为举借外债。民初，各路收归国有后，“均并入借款之路。自民国元年即发生大借外债之事，

---

① 谢彬：《中国铁路沿革史》，第432页；《中国大事记》，《东方杂志》第十卷第一号。

② 宓汝成：《中华民国铁路史资料（1912—1949）》，第19页。

③ 沪宁沪杭甬铁路管理局编查科编：《沪宁沪杭甬铁路史料》，出版地不详，1924年版，第39—40页。

④ 千家驹：《旧中国公债史料（1894—1949）》，中华书局1984年版，第43页。

⑤ 宓汝成：《中华民国铁路史资料（1912—1949）》，第7页。

故国有时期未终，而二次对外（借款修路）时期已开始”[①]。其中与收回各路相关的借款有 1914 年 2 月由时任财政总长的交通系人物周自齐举借的沪枫铁路借款垫款，该款主要用于归还收购沪杭甬路铁路商股；1914 年 3 月的宁湘铁路借款垫款由交通总长朱启钤与财政总长周自齐举借，用于归还皖路与株萍铁路的商股。[②]

再者，在交通部编订的路航电邮四政特别会计预算中，例年在资本岁出项中，都要将归还各路路款项列入。其中民国二年度预算支出的收归国有铁路资本一项为 5831557.37 元。[③] 民国三年度支出为 9438100 元，民国四年度支出为 8168184 元。[④] 由于洪宪帝制前，财政状况得到好转，因此各路路款偿还情况较好。对民初铁路国有持批评态度的汪敬虞先生也指出：袁世凯政府在与各路公司“协议”撤销商办时，除了豫路（洛潼）在协议中由政府当局采取收购股票的方式进行外，其余七省（川、湘、鄂、苏、浙、皖、晋）铁路公司，分别根据前定的“消除”办法，商定由政府发还各路股款量、年限和摊还细节。认还的路款，包括豫路在内，总计股本金为 5100 余万元，利息约 1700 万元；其中以川、浙、湘三路的数量为最多，分别为 1890 余万元、1050 万元和近 900 万元，约占政府认还本金总数的 75%。川、浙、湘三省的路股最初一、二、三期如协议按期付清。[⑤] 总体上收回铁路政策的实施情况最开始时应该讲比较理想，矛盾也较少。

4. 国有化后的遗留问题

一是尾欠问题。

商办铁路国有后，路款清偿始终对于袁世凯政府来说是一个沉重负担，交通部为收赎商路所负债务却多的惊人，共计 65684718 元。交通部之所以忍痛出此巨额，是为统一路权计，不得已。[⑥] 所负债务

---

① 张心澂：《中国现代交通史》，第 44 页。
② 徐义生：《中国近代外债史统计资料》，中华书局 1962 年版，第 124—125 页。
③ 俞飞鹏：《交通史总务编》第二章财政，第 492 页。
④ 贾士毅：《民国财政史》，商务印书馆 1917 年版，第 780、793 页。
⑤ 汪敬虞：《中国近代经济史（1895—1927）》下册，第 2010 页。
⑥ 曾鲲化：《中国铁路史》，第 119 页。

如下（表2－5）。[1]

表2－5　　国有化后各路负债情况表

路名	订约年月日	股别	还本	付息	总计
川路	1912.11.2	直接用款	9754561元	3219563元	12974124元
		间接用款	9145669元	7133622元	16279291元
湘路	1913.6.3	甲项商房租薪	4400000元	495000元	4895000元
		乙项米盐	4722600元	3400000元	8122600元
苏路	1913.6.12		4683051元	764907元	5447958元
豫路	1913.8.25	商股			1916129元
		盐股			2083844元
晋路	1913.9.9		109353元	14246元	123599元
皖路	1914.3.3	招股	203770元	27851元	231621元
		米股	676753元	59719元	736472元
		茶股	130591元	17627元	148218元
浙路	1914.4.11		10651120元	1615420元	1226540元
鄂路	1915.1.10		404449元	54600元	459049元
总计			44881917元	16802555元	61684473元

交通部是否有能力即时清还，受到许多因素制约。“凡股款银元6740余万元，债款1380余万元，实非当时政府财力所能负担。故先定一分年摊还股本之法，再筹调拨。及国内多事，国外又不能举债，所有积欠商路之款始则折给债票，继则延宕时日，卒无法一一应付。所以收回国有一事，虽属成功，但商民未免吃亏，政府信用亦受影响。”[2] 这里所讲的国内多事，则指洪宪帝制，国外不能举债指第一次世界大战的爆发使得国际金融形势恶化，国际贷款的来源因此紧张。

由此对路款清偿带来的消极影响是路款无法照民国五年前的情况

① 关赓麟：《交通史路政编》（第3册），第548—549页。原表有误，酌有改动。

② 凌鸿勋：《中华铁路史》，第13页。

按时清还，出现了极为严重的尾欠现象。

如浙路股款，已还五期，而第六期股款不发现洋，只发给不能兑换的交通银行钞票，市价低至票面的六成。“以成绩优美之浙路，而股东亏耗若此。”[①] 而此后，浙路与其他路路款只能继续拖欠。“结至十三年底，除洛潼、同蒲两路之商股、皖路之招股、米股、茶股均已还清，湘路甲项证券、苏路证券、浙路证券已偿还大半外，其他各项债款，类多久悬未偿。”各路累计拖欠达到35709761.43元。[②] 尾欠成为严重影响民生和铁路事业发展的一大弊政。

此外，在袁世凯政权垮台前，清还路款也出现不少问题。如洛潼路，“漏发股款，吞没路项，借口截限，民股一概不给”。河南巡按使多次催问股东会长彭某，而彭某径自潜逃出省。[③] 而且还出现路款为盐商等收购现象，如同是洛潼路，1916年归还股本，因本息给以银洋，故开办仅一月，出售铁路股票者达数十万余人。“乃连日以来，芦淮东路等处盐商持盐斛加价股票向本会求售者凡数起，缠扰不休。不知本会之宗旨专为收回股东之血本起见，盐斛股票并未提及。凡持有此项股票，万勿持向前来。”[④] 这说明在清还制度方面还存在漏洞。

二是管理权问题。

第一次世界大战之前，各国铁路制度可分四种，民有私业、国有官业、民有官业（“人民设路，政府租营”）、国有民业[⑤]（即“政府以已成线路租与私设公司营业”）。[⑥] 实际上后两者对于铁路发展来说，都是可以采取的办法。但交通部采取了单一的国有国营模式，原有股东委员会只有清算路款的权利了。如苏路收归国有，在江苏铁路

---

① 《路股迭受损失》，《民国日报》1917年9月2日。

② 宓汝成：《中华民国铁路史资料（1912—1949）》，第57页。

③ 《洛潼铁路国有后之纠葛》，《时报》1914年7月24日。

④ 《本埠新闻》，《大公报》1916年6月10日。

⑤ 在民初的文献中，“民业”有两种不同解释，一为人民私设的企业经营管理，但投资方未必是人民，此处所讲的“民业”即这一概念。另一种解释为人民投资，人民经营管理，下文提到的北京政府颁布的《民业铁路法》中，即体现出这一概念。本文也采用后一概念。

⑥ 曾鲲化：《中国铁路史》，第16—18页。

公司与交通部合约中声明：公司所属一切财产、权利完全让归国有，有交通部直辖，自由处理。“一切所有以前给予该公司之权利，概行取消。”① 苏路收回后，取消沪枫、甬嘉路名，在上海成立沪杭甬铁路局，路员及总工程司、各总管均由沪宁路派员兼任。② 这等于抑制了商民的投资热情，剥夺了其管理权限，缩小了铁路投入的社会资本，并不可取。

（二）借款修路

民国成立后，对于铁路事业发展来说，一个最为重要也是最为棘手的问题就是铁路建设款项的筹集。而这一问题又因交通部推行铁路国有、抑制民办铁路、约束各省铁路借款政策而更加突出。

民国成立前已有国有铁路京汉、京奉、正太、汴洛、道清、广九、沪宁、吉长、津浦等线路，无不是因为财政支绌而举借外债修建、赎回的。其中京汉路赎路借款为500万法郎，津浦路续借款300万英镑，沪宁路借款为290万英镑，广九路借款150万英镑。③ 民初八省铁路收回后，合并入原有借债各路，这使得北洋政府承付的新旧铁路外债压力空前加大。仅至1913年底，“历次借款铁路，以京奉始，以海兰终”。中有振兴实业借款、津浦路、沪宁、沪杭甬、广九、道清、汴洛、正太、赎路新借款、吉长、新奉、陇秦豫海共计65680435镑之巨。折合现金达1011982000元，还息总计需652743000元。④

统计1912年7月至1916年6月间，由交通系人物经手的铁路外债借款共有12笔，兹列表如下说明（表2－6）。⑤

① 沪宁沪杭甬铁路管理局编查科编：《沪宁沪杭甬铁路史料》，第39页。

② 张心澂：《中国现代交通史》，第109页。

③ 宓汝成：《帝国主义与中国铁路》，第523—524页。

④ 《铁路借款考》，《东方杂志》1913年第九卷第十一号。

⑤ 《帝国主义与中国铁路》，第525—526页。原书对沪宁铁路借款、沙兴铁路借款垫款原额记载有误。年限参考铁道部《中国铁路借款合同汇编》，沈云龙：近代中国史料丛刊三编总第289册，文海出版社（出版时间不详），第一册第290、295页，第二册第190页。《民国外债档案史料》第四册第227—238、542、638、679页，第五册第13、82页。贾士毅：《民国财政史》，第128页。王景春：《中国铁路借款合同全集》（下册），学生书局1969年版，第268、101页。

表 2－6 交通系人物 1912—1916 年经手铁路借款情况表

时间	借款名称	经手人	贷方	借款原额	借款折合国币	年息（%） 归还年限	折扣	备注
1912. 7. 11	津浦铁路临时垫款	朱启钤 （交通总长）	德华银行	900424 英镑	9192806 元	7 1912 年底	无	
1912. 8. 28	津浦铁路临时垫款	朱启钤	英国华中铁路公司	30 万英镑	3062825 元	7 1913. 3. 31 前	无	
1912. 9. 24	陇秦豫海铁路金镑借款	朱启钤 周学熙（财政总长）	比利时铁路电车公司	25000 万法郎（合 1000 万英镑）①	102094166 元	5 40 年	八五	
1912. 12. 21	京汉赎路借款	交通部（驻英公使代）	英伦城市平安储蓄银行	15 万英镑	1530413 元	7 不详	九七	
1913. 7. 25	同成铁路借款垫款	梁士诒（代理财长）	法、比铁道公司	100 万英镑	10303608 元	6 40 年	九四点五	
1913. 10. 30	沪宁铁路购地借款	周自齐（交通总长）	中英公司	150000 英镑	1547254 元	6 10 年	九二	

① 按照 1912 年 11 月 25 日签订的《修正陇秦豫海铁路借款合同专条》第一款规定，“合同中所载债票数目均按英金计算，以二十五佛朗作为一英磅。该合同所附之还本付息表亦改为英金计算。”见《民国外债档案史料》第四册，第 237—238 页。该款折合国币数目为换算值。

续表

时间	借款名称	经手人	贷方	借款原额	借款折合国币	年息（%） 归还年限	折扣	备注
1913. 11. 14	浦信铁路借款垫款	朱启钤	华中铁路公司	307256 英镑 13 先令 5 便士	316 9363 元	6（第一次垫款）、7（第二次垫款） 40 年	九二	分两期拨付、计息
1914. 1. 21	钦渝铁路借款垫款	熊希龄（财长）、周自齐（交通总长）	中法实业银行	32115500 法郎	1450 3174 元	5 5	九四弱	
1914. 2. 14	沪枫铁路借款	周自齐（财长）、交通部	中英公司	375000 英镑	428 1527 元	6 20 年	九一	
1914. 3. 31	宁湘铁路借款垫款	周自齐、朱启钤	中英公司	200 万两库平银、486000 元现银	347 6923 元	7 45 年	九六	
1914. 7. 27	沙兴铁路借款垫款	周自齐	英国宝林公司	1000 万英镑	11417 4046 元	5 40 年	九六	因欧战只付 4 万英镑
1916. 2. 19	陇海铁路七厘国库券	陇海路督办施肇曾	比利时铁路电车公司	1000 万比利时法郎	336 5011 元	7 1920. 7. 1 前	九五	

由表2－6可以看出，交通系经办了多次铁路外债，这些外债无不与国有铁路相关。这些外债确有许多对主权、利益的侵害之处，如有多笔借款时间长达40乃至45年，其利息无一不在五厘以上，个别高达七厘。折扣也较高，个别出现了九二、九一乃至八五折扣。再如，一些借款合同在人事、铁路物资供应上给予外人不少特权。如同成铁路借款合同订明，“督办会同公司，慎选富有经验，熟悉铁路之法比人一名为总工程司，该总工程司测勘路线，详拟工程图样，估计全路工价，监造一切工程，订购材料器具，以备行车之用”。“所有营造工程，应需外国人员，由总工程司开列总段长、分段长及总核算等执事员组成表，呈请督办核准，委托公司代为选聘，归总工程司调度。”①

更为严重的是借款的被挪用问题，如以上借款中，陇秦豫海铁路金镑借款第一期即被财政部挪用55.8万英镑；钦渝铁路借款垫款成立后，专门成立钦渝铁路局，由叶恭绰任督办，“颁给督办关防，然实无所事事，不过为财政部一代收垫款机关而已”②。钦渝铁路借款垫款具为财部挪用。

因此有的学者认为民初铁路借款有下面四个方面的特点：(1) 铁路外债次数多，数额少；利息高，折扣大，担保差；计划多，成路少；借款少，垫款多，欠款更多；(2) 外债数额既已不多，而挪借、移用严重，担保形同虚设，绝大多数借款的偿还都发生问题，使得铁路借款纠纷、改订、整理多，严重影响铁路建设进度；(3) 北洋政府时期铁路外债在外交和国际背景下具有新的特点；(4) 北洋政府时期军阀混战，战祸连连，国家分裂，经济残破的政治军事和经济形势极大影响了铁路建设和铁路借款。③ 学界多认同这一观点，因此对国有铁路的借款多持否定态度。

但我们并不能就此认为国有铁路以举外债作为主要筹款方式是不可取的。实际上民初不仅是交通系领袖，而且社会各界也多持有发展

① 王景春：《中国铁路借款合同全集》（下册），第142页。

② 曾鲲化：《中国铁路史》，第496、848页。

③ 许毅：《北洋政府外债与封建复辟》，经济科学出版社2000年版，第452—455页。

铁路，必举外债的思想。孙中山就提出："若能使借债之条约不碍主权，借债亦复何伤！近日各省舆论皆如此。况且我国现有铁路，如京汉、京奉、津浦、正太各线，何一非借债而成。惟京张铁路，系中国自己出资所修，然其资本又系京奉铁路之余利，其实仍系间接借债，并非中国自出资本。"[①] 曾任汉粤川路督办的谭人凤也认为："借外债以修此路，实为万不得已之举。铸错已成，补牢未晚。与其蹉跎岁月，坐亏利息，何如利用外资，早兴路政？况借债以从事生产，尤为各国通例乎。"[②] 张謇也一改清末在沪杭甬路借款问题上的抵制态度，与熊希龄曾一道致函汤寿潜，称民国成立，国家人民已同一体，苏路已为国有，十年借款悬案应该结束，望其出于公心予以支持。[③] 1912年的全国工商会议上，引进外资观点得到工商界一致认可，"今拟于腹地则斟酌利用外资，于边地则实行门户开放。苟能事前预定计划，临时妥定条文，于领土主权不生妨害，即借外资营业正自无妨。盖外资不善用之，固足以召亡；善用之，亦未尝不可以利国也"[④]。

这都表明各方政治家对外债问题已经有了一个比较理性的认识，即第一，借款背景与以前不一样了。现在是民国，国民一体，国家具有公信力和向心力。但相同的是发展铁路，仍亟须解决资金问题。第二，借外债只要做到不失利权，严定借款合同则未尝不可。第三，采取开放门户，多方借资，变得宽松国际融资环境。

梁士诒在通过举借外债发展国有铁路问题上态度十分明确。民初沪杭甬铁路国有化时，汤寿潜对于借债赎回商办铁路心存抵触，为此梁士诒多方联络、疏通有关人士。"民国成立以后，总统府要人某君（指梁士诒）于交通一方尤极力发展，时时语政党要人，以鼓吹实业借款……而名流阁员中与之表同情者，尤以季老（指张謇）最为热心。"[⑤] 梁士诒对善后大借款表示不满，认为是我国财政史上一大痛

① 《在北京报界欢迎会的演说》，《孙中山全集》（第2卷），第431—432页。

② 《粤汉路事说帖》，《民立报》1912年7月8日。

③ 《为将浙路收归国有解决沪杭甬借款交涉事与张謇致汤寿潜函》，《神州日报》1914年3月5日。

④ 赵秉钧编：《工商会议报告录》，工商部1913年，第3页。

⑤ 转引自闵杰《民国初年商办铁路的收归国有》，中国社会科学院近代史研究所：《中华民国研究三十年（1972—2002）》中册，社会科学文献出版社2008年版，第820页。

事。但在代理财政总长期间（1913），他提出整理财政主张，反对削减外债岁出预算额（当时新旧外债累计应支出29905万元，占岁出44%），因为外债关系国权，减无可减。梁士诒看到外债对财政带来的极大危险，但认为目前唯有力图补救之方。[①] 这表明梁士诒清醒意识到外债危害，但不摒弃外债，而是设法减轻外债即对财政的消极影响。

叶恭绰是民初铁路外债的最直接经手者，他主张："设最初办路之时，吾国上下即能同心，一致确知路之必应办，债之必须借，因以详究造路、借债之法，则最初之契约必胜于现订之本，嗣后自更易于改良。且当时无外交上、经济上种种之影响。"他还认为当时是铁路外债举借的最佳、最适宜时机。应当研究路线计划，投资者及代理人心理，欧美市场状况，我国铁路外债历史及新发生借债事实。今后，（1）直接向欧美市场募集巨款，清理旧债，以去种种束缚；（2）逐渐绾合新旧各路为有系统的组织，完全其作用；（3）依铁路线以图经济力发展，实行有限制的门户开放，以维大局和平；（4）注意世界交通线，以应变外交。[②] 他还提出当时可以选择一两条易于筹资与盈利的主要干线，试行筹资办法。可将内国公债与外债同时作为办法，内国公债虽可为建设计划之根本办法，但会使国内财政负担过重。"至若外资筑路，吾人亦不反对，惟吾国须先有一借用外资之标准、条件，内须维护国家主权，外须保持债务之信用。"[③]

作为路政的最主要领导，叶恭绰的主张代表了交通系对铁路外债问题的最洞彻、理性的认识。我们可以将其主张概括为三点：国有铁路必须举借外债来筹集资本；筹集外债必须结合当时国内形势，研究国际金融市场情况，审慎举借；出台政策，限定借债标准、条件，维护国权与债方利益。叶恭绰的思想有许多精华之处，他力主举借外债的主张实际为当局所采纳。

朱启钤以交通总长名义还在1912年就对铁路借款严加限制，"铁

---

① 岑学吕：《三水梁燕孙（士诒）先生年谱》（上册），第135、138—139页。

② 《中国铁路之过去与未来》，俞诚之：《遐庵汇稿（演讲）》，第1—4页。

③ 《民二在全国铁路总公司孙总理欢迎会演词》，俞诚之：《遐庵汇稿（演讲）》，第7页。

路借用外债，关系至为重大、近闻各省商办铁路，颇有借用外债，并未经中央政府允准，径向外国商民自由订借情事，实于地方及路政主权均有关系，嗣后各处铁路借用外债，先应报部核准，方能向外人议借。所订合同条约，皆须交本部核准缔约；倘未经呈明致生纠葛，本部碍难承认、希转行各省办铁路公司一并遵照。"①这表明交通系对国有铁路借款问题给予了优先考虑和保障。再如各路对借款提用也有严格规定。如粤汉路，"始于二年九月规定，提用借款手续大旨以华洋各机关用项，先期提出预算，由局长核定后，督饬洋账房造总预算表，呈送督办核准，再按照合同交由银行之查账员查明，再行支用。如查账员对于预算内之款项，有不能明了之处，可以停止付款，再求督办之满意解释。"②

在铁路外债的支付问题上，"欧战爆发，前此三四年中，我国之路政虽属支绌，但多数借款合同，尚未至还本期限，每年只付利息一千八百万而已。以铁路本身之收入尚能如数偿付外债利息也"③。加之这一时期，国内政治稳定，通过财政整理，国内财政状况得到好转，因此外债在当时还没有像后来对袁世凯政府统治带来极大之危害。"来自外债的收入，它在1912年和1915年间起重要作用。一部分是必需的。尽管欧洲国家吸收了国际上的资金，但它在战争爆发前仍然得到很好的规划。北京政府开始缩减向外国借债的数目。"④

有的学者武断认为铁路外债从开始就和袁世凯的集权、专制活动密不可分，充满政治色彩，而很少用于铁路事业发展上，这是不对的。因为交通系领袖不仅出台特别会计制度力求路款的有效和优先使用（详见下节），而且其主观目的也带有为铁路事业发展筹集资金的倾向。从实际使用情况看，北洋政府时期的外债，用于军费、行政费借款占43.7%，而用于实业借款的为28.88%，而铁路借款即占到的是20.6%。⑤ 在1912—1927年全国新增的4264公里铁路中，除沪杭

---

① 关赓麟：《交通史路政编》第六册，第4006页。

② 《汉粤川之过去》，《铁路协会会报》第四卷第三号，总第30期。

③ 陈宪章：《中国国有铁路之外债问题》，文英印务局1937年版，第4页。

④ Ernest P. Young：*The President of Yuan Shikai*，Michigan University Press，1968，p. 56.

⑤ 隆武华：《外债两重性——引擎，桎梏》，中国财政经济出版社2001年版，第236页。

甬铁路等少数铁路由交通部拨款外，都是借外债修筑的。[①] 1910 年至 1913 年，共勘测路线 6553 里，添造改建新旧铁路路线 2478 里，车站 150 个，铁路码头 4 处，桥梁涵洞 1770 个，房屋 584 所。添置机车 131 辆，客车 444 辆，货车 2999 辆，机车厂 6 处，汽机 9 座，发电机 18 座。国有铁路在 1910 年、1911 年、1912 年建筑费分别为 263848501 元，287802865 元，307395523 元。各国有铁路至 1913 年支干线（含岔道、避车道）情况如下：沪枫 55 里，株萍 90 里，吉长 127 里，广九 143 里，道清 150 里，汴洛 185 里，京张 227 里，正太 243 里，沪宁 327 里，京奉 974 里，津浦 1079 里，京汉 1315 里。[②] 外债对于国有铁路的建设、发展来说，作用是不容抹杀的。

（三）铁路政策中的“崇官抑商”倾向

1. 商办铁路清末民初不同处境

在《辛丑条约》签订后，针对列强意欲瓜分中国铁路的野心，中国掀起了自办铁路的热潮，而自办铁路又肇因于清政府官办铁路大举外债。由于官办铁路借款合同中，对建筑、包工购料、用人理财，甚至行车营业有许多有损主权的条款，各省士绅纷起拒绝外债，废除成约。首先发动废约的是粤汉路，次为平汉路，三为沪杭甬路，且各省官商，纷纷成立铁路公司，自办铁路，以为抵制。[③]这是铁路商办的最为重要的原因，即以经济民族主义为导向，以资本自筹、民营为主要方针。随着清末新政推行，清廷提倡“通商惠工”，力主发展交通，创立邮传部，鼓励民间投资，刺激商办铁路修筑。特别是 1903 年 12 月商部奏定《铁路简明章程》，规定无论华、洋官商，禀请开办铁路，须提供规划、图纸，呈明集有确实股本若干。并经商部行咨地方官，查明其人是否公正，家资是否殷实，有无违背定章各情后均可举办。[④] 这意味着清廷取消了民间自办铁路的限制，为清末商办铁路发

① 许毅：《北洋政府外债与封建复辟》，第 31 页。

② 《路政进行表》，《铁路协会会报》第四卷第六期，总第三十三期。

③ 修域：《铁路政策之检讨》，王开节、修域、钱其琛：《铁路·电信七十五周年纪念刊》（路政篇），第 10—11 页。

④ 宓汝成：《中国铁路史资料（1863—1911）》第三册，中华书局 1963 年版，第 926 页。

展提供了政策依据。

但至民初，商办铁路在各种不利条件的约束之下，发展情况可用“极为艰窘”来形容。这些不利因素是，已有之官办铁路如京奉、平汉、津镇、京张等路的挤压与竞争。同时列强或以中外合办、或以提供铁路贷款名义进一步在资金上、营业上减削商办铁路的发展空间。再者，商办铁路拒绝外债的情节使其在资本筹措上遇到极大困难，而在管理、营业上又存在诸多弊端，也影响了它的正常发展。例如：“粤汉路线约3000里，修路及开车费约万万元，粤省收股仅及两期。弊窦丛生，股价竞落至两三折矣。股东徘徊观望，趑趄不前，欲收三期，谁肯应者？”① 王先谦于1905年创办的“粤汉铁路筹款购地公司”更是被人讽为安排亲朋故旧拿钱吃闲饭的机构。②

即便做到坚决抵制外债，对商办铁路来说也难以实际做到。以皖路为例，办理8年，用款200余万两，仅修筑芜湖至湾址50余里而已，而所背负各洋行债款为数极多，无法筹还，几至酿成交涉。③“顾拒用外债，名非不美，要视官商之实力如何，是时徒骛虚名，如南浔之私借日资，潮汕亦有日股之嫌，商人既无力经营，国人遂转移其目标于国有政策之一途。”④ 清末商办铁路创办热潮时，虽有苏路、浙路、豫路、川路、鄂路、湘路、西潼、南浔、同蒲、新宁、潮汕禀请建造商办铁路，但实际上各路迫于资金困难、经营不善，难以维持。有学者专门统计清末开办商办铁路线共计32条，其中11条未办，半途停办3条，归国有的8条，其中始终能保存商办名义者，仅潮汕、南浔、新宁、房山、粤汉粤段、齐昂、周长、峄县、贾汪等十线。而潮汕资金有三分之一，南浔资金有十分之九属日本借款，齐昂全系公款。“则所谓完全商办之路，从可知其内容。”⑤

---

① 石芳勤：《谭人凤集》，湖南人民出版社2008年版，第54页。

② ［美］周锡瑞：《改良与革命》，杨慎之译，江苏人民出版社2007年版，第99页。

③ 《五十年来中国之交通》，俞诚之：《遐庵汇稿》（诗文），第228—231页。

④ 修域：《铁路政策之检讨》，王开节、修域、钱其琛：《铁路·电信七十五周年纪念刊》（路政篇），第15页。

⑤ 谢彬：《中国铁道史》，第22—23页。

潮汕路建于1903年，由华侨张煜创办，资本360万元，1909年完工，长26.1英里。新宁线由绅商陈宜禧创办于1905年12月，资本430多万元，1913年竣工，全线长221华里。南浔线1904年由李盛铎禀请商部奏准设立，1907年向日本兴业银行借资100万两，由日方任总工程司，并由日本大仓洋行包造。1912年向日本东亚兴业株式会社举借500万元，1914年又举借日资250万元，以路产与进款抵押。1915年2月南昌至九江段通车，全长128公里。但因“路短而与水路竞争，办理亦不善，历年入不敷出，负债甚巨，日本根据合同，谋管路产”①。

从以上三条硕果仅存的商办铁路上，我们可以看出民初商办铁路总体状况并不理想，资本缺乏乃至不得已举借外债，管理不善，铁路经营规模小，这都影响着民初商办铁路的发展前景，也影响着交通系领袖作为铁路政策制定者，对民营铁路的政策制定。不少学者指出，鉴于清末民初商办铁路发展的实际状况与铁路建设的需要，交通部出台一系列政策，其目的就是约束、抑制商办铁路发展。政策上明显带有“追求全盘国有化”，抑制商办的“偏颇”之处。② 也有学者认为：“北洋政府打着‘统一路政’的旗号，不仅将各省民办铁路公司收归国有，而且竭力阻止民办铁路建设，目的在于掌握全部铁路权以迎合列强投资铁路的要求并取得借款。”③ 即都认为民初交通部铁路政策，与国有化紧密配合，针对商办铁路的政策明显带有“崇官抑商”倾向。

2. 抑制商办铁路的表现与理由

民初交通部以扶持国有铁路为目的，对商办铁路的抑制主要体现在以下几方面。第一，对申请举办商办铁路，以计划不周，无详细办法为由有意搁置。如民国初年福建都督代侨商黄怡益禀请开办商办福琯路埠公司。交通部以该路路线过短，且水陆并行，以及未就勘查、购地、工程、材料、房屋等详细规划，对建设困难情况、组织方法均

① 张心澂：《中国现代交通史》，第125、140—141页。

② 如苏全有《民初交通部的官营与民营政策评析——以铁路为视点》，《晋阳学刊》2008年第6期。

③ 杜恂诚：《中国近代国有经济思想、制度与演变》，第201—202页。

未成文报部，无法立案。[1] 对烟台商会禀请修建至德州铁路，交通部认为在资金、营业上均属考虑不周，于津浦、胶济线考虑，该线不宜建设。交通部提议不妨改设为烟台至潍坊铁路为适宜。[2]

第二，颁布《民业铁路条例》，对商办铁路加以限制。当时交通部路政司鉴于商办铁路无章可循的局面，在清末邮传部“商办路律”基础之上，进行修订。该条例于1913年8月29日开始修订，因二次革命耽搁颁布，直到1914年3月31日，以大总统申令公布施行。同年8月又颁布了《发给民业铁路执照规则》共9条，对民业铁路的条件和基本要求做出明确规定。次年交通部又对《民业铁路条例》修正，改其名称为《民业铁路法》。《民业铁路法》对商办铁路开办资格有多种限制，如第四条规定创办人需持有十分之二股本，由交通总长检验。在程序上得有暂准立案与批准立案两个环节，由交通总长核准路线，并查验创办人是否“认足股本总额”，方准立案。股本需在立案后一年半时间内集齐，每股不少于50元。公司每六个月应向部报告工程进展情况，交通总长可以辞退公司所聘总工程师。与国有铁路联运运价由总长决定，公司不得兼营其他业务。总长认为必要时得派员至公司监视下列各事：股东会议；股东存储及款项出入；工程及使用材料；行车及营业情形。“监视员于职务上认为必要时，得令公司职员报告一切并得检阅公司文卷、图书及账簿。”铁路公司违背法令或抗拒交通总长之命令时，交通总长可予以以下处分：解散公司；停止营业；罚款；命其改选董事；命其更换职员。铁路更改路线。借让、委托、抵押、合并、售卖、停业必须经交通总长许可。[3]

第三，以妨害干线或线路设计不合理为由反对修建商办铁路，或称与国有铁路干支线建设计划冲突而予以否决。如河南周家口商会禀请修建至郾城铁路，由商人筹股自修。但交通部驳称：“郾城至周家口一路，原系京汉干路所拟五支线之一，业令该路局派员提前勘探，

---

① 《专件》，《铁路协会会报》第一卷第一期。

② 同上。

③ 关赓麟：《交通史路政编》第六册，第3961—3969页。

估计经费，分别筹办。该绅士等呈请建筑之处，碍难允许。其周家口至颍州一线，该处河流甚多，水道运输均可直达津浦，本无展筑之必要。现周郾支线，既有京汉路局建设，一并毋庸置疑可也。”[①] 1913年6月直隶商人曹祯祥等呈直隶省政府转咨交通部，要求集股修建沧州至石家庄铁路，交通部批复称：“本部经令京汉、津浦查覆，据京汉复称于本路有所影响，与正太有利无害。津浦路复称于路线甚为妨碍。”此后又以“正太有展线（至德州）成约在前，未予核准”[②]。商办安颍铁路，交通部也以与津浦、浦信两路妨害至深为由，禁止修筑此路。[③] 并称安颍线应熟察情形，等候本路支干线竣工，方可在扩充力量后，展修至颍州一段，届时方可斟夺办理。[④]

第四，以招股、集资毫无成果为名禁止开办。如蒙藏交通公司呈请蒙汉绅商自愿集资修建锦州至洮南铁路，并已派人前往勘查，恳请交通部准允。而交通部批复称该机关未呈请立案，其呈请用保息方法招股未得到财政部批准。“此次拟修路线、工程计划，全属空泛，且兼无资本金。呈验以前，呈请种种，均未经本部核准，自是毫无根据。该公司竟贸然招股，实属迹近招摇。况边防交通重要，应有本部全局统筹，断难任他机关自为风气，以致政策不能贯彻，贻害国家。”严令该公司停止招股。[⑤] 广澳铁路公司因筹集商股无措，恳请交通部展限六个月验收。到期后，交通部以该公司并未到部验明股款，一再延展为由，下令将请办广澳公司原案及公司名义撤销，并电咨广东军政长官。[⑥] 不久，交通部因商办铁路公司，“籍办路为名，指定路线请予立案，一面即假公司名义招股敛财，实与交通、营业、商界信用大有关系”。否决了实业会申请举办无锡至广德铁路，梅毅年申请举办新宁至阳江铁路。[⑦]

---

① 《路事纪闻》，《铁路协会会报》第二卷第十期，总第13期。

② 关赓麟：《交通史路政编》第14册，第799页。

③ 《交通部查究皖北商会》，《申报》1914年1月13日。

④ 《交通部批第75号》，《政府公报》第757号，1914年6月15日。

⑤ 《法制章程》，《铁路协会会报》第二卷第十期，总第13期。

⑥ 宓汝成：《中华民国铁路史资料（1912—1949）》，社会科学文献出版社2002年版，第83页。

⑦ 《交通部取缔请办铁路》，《铁路协会会报》第二卷第十一期，总第14期。

1912年8月朱启钤专门致电各省都督，严禁各省私借外款兴建铁路，“并谓国务院议招募外债兴筑外省铁路在案，故各省毋庸提前筹画路事”。对路政中借债问题强调施行集权。①

3. 铁路政策中的抑商现象评价

第一，从交通部制定的政策中可以看到，抑商政策的主要目的有两个。一个是规范商办铁路的开办制度，避免重蹈覆辙，出现清末商办铁路的困局。一个是在民初财政支绌、铁路事业起步阶段，需要国家统筹发展，优先保障国有铁路的利益，并以此让商办铁路做出让步。从以上所举例子，可以看到交通部为了国有铁路利益主要从两个方面抑制、约束民办铁路，即资金上限制其举借外债，并减少在融资时遇到的竞争问题；此外在路线规划上力求不与国有铁路干支线发生矛盾，以影响国有铁路的建设与经营。如上述郾城至周家口线既然称为京汉路支线，路局已在勘测，为何却说商办无展修必要呢？可见该路是早已列入国有干路支线建设计划，商办铁路无资格过问。至于安颖、沧石等路遇到的情形更是如此。

第二，抑制、约束商办铁路的措施，包括出台《民业铁路条例》不能完全视为反动的、消极的。该条例中许多条款是针对商办铁路举办中的一些突出问题，如资金不到位，管理缺乏制度，规划不周等情况的应对措施。这些政策、措施体现了交通部作为行业管理机构，对民业铁路的规范管理与监督，是其作为行政主管部门应赋予的职责与权利。

第三，交通部对民业铁路并不是一味地抑制与约束。二次革命之后，随着国内局势的稳定，特别是政府对南方各省的统治秩序的建立，使得政府有能力有信心开放商办铁路经营权利。二次革命后《民业铁路条例》的适时出台就是顺应局势发展的结果。袁世凯统治时期，商办铁路还是有所发展的。至其统治覆灭时，除原有的民业铁路外，新办的还有以下数条（表2－7）。②

---

①《交通部路事之集权》，《盛京时报》1912年8月14日。

②张心澂：《中国现代交通史》，第141—144页。

表 2－7　　1912—1916 年中国新办民业铁路情况表

铁路名称	举办时间	资金总额	铁路长度
双城铁路	1912 年	246000 元	12 华里
个碧临铁路	1913 年	777 万余元	61.6 公里
柳江铁路	1914 年	72 万元	31.74 华里
通裕铁路	1914 年	20 万元	50.29 华里
龙溪铁路	1915 年	12 万元	55.88 华里
程漳铁路	1915 年	7 万元	25 华里
增仙铁路	1915 年	60 万元	50.29 华里
东龙铁路	1916 年	15 万元	64.26 华里
泸井铁路	1914 年（准建）	700 万元	166.4 华里

其中双城、柳江、通裕铁路均开工、竣工于袁世凯统治时期。交通部在实施倡官抑民政策的同时，也意识到民营铁路虽然有诸多问题，可它在一定程度上方便了地方客货运输，况且能弥补当时政府根本无财力进行大规模的铁路建设的不足。所以调整政策，支持民营或省营铁路，还将胶济路权属让归民有。此外云南绅商李光翰等于 1914 年向政府请求承办个旧至碧色寨铁路，吉林省双城县绅蒋清芬等于 1913 年向交通部申请，并征得中东铁路局同意，修筑双城至中东路双城车站 6 公里铁路，均开工修通。[①] 但是，交通部始终放不下对民营铁路的戒心，一直对民办铁路采取压制政策，使其资金缺乏，无宽松自由的环境。汪敬虞先生讲：适当允许发展民业铁路是以保护国有铁路利益为前提的。[②]

民国以后，交通部实行一系列的官营政策扭转了官营铁路的不利局面。据记载，从 1913 年起各路出现了赢利，利润增长率为 8.3%。[③] 1912 年京汉铁路的营业收入有 13630036 银圆，盈余 9396335 银圆。至 1916 年收入和盈余分别为 20466622 和 13439080 银圆。[④] 同时一些商

① 李文耀：《中国铁路变革论》，中国铁道出版社 2005 年版，第 21 页。

② 汪敬虞：《中国近代经济史（1895—1927）》，第 1591—1592 页。

③ 《西人述我国铁道之进步》，《申报》1915 年 10 月 8 日。

④ 曾鲲化：《中国铁路史》，第 691—692 页。

路如沪宁路在收归国有后，逐渐改良。利润较之从前明显增加。[①] 同时交通部在国有各路推行的联运、统一铁路会计、技术等方面的措施也开始发生功效，国有铁路日趋繁荣。在资金投入方面，民国成立后交通部立即积极借款，“造路之约接连订立，所含路线达一万英里”[②]。这时期铁路运力随铁路线的增加而提高，1912 年运客 162330 万人公里，运货 243233 万吨公里，1927 年运客 266321 万人公里，运货 266051 万吨公里。[③] 这与民营铁路惨淡经营形成巨大反差。

有学者提出，民初国有、商办铁路应该走上一条同时存在、优势互补的发展道路。[④] 这一观点民初即有不少学者提出。他们认为铁路国有有以下几个优点：（1）可使利益较巨，而路费较低。（2）符合于平民政治原则。（3）若私人管理，将造成财产上不平等，也不利于偿还外债。（4）铁路财产多，分布广泛。国家投资铁路最多，且铁路外债担保最多，是公共事业。因此他们并不反对铁路国有，认为重在国有政策推行办法符合国情。但他们也指出国有铁路的弊端，即往往浪费大量资金而收益不佳，充当金钱的试用品；不如私立公司省费而有效，而且员工人数较多。他们还认为铁路与其他公立机关相同，取决于国民对国有企业与国有制的信任程度，取决于政府是否有信用。“或取国有制，或取私有制，均非根本之事实，其根本事实，在一方面尽忠实之服务，而一方面则予以正当之报偿。”而社会各界也应秉持公义，对国有、私有不存偏见。[⑤]

事实上，国有、商办并非皆然对立。1914 年以后民营铁路开始有所抬头，并有纷纷投资兴办的趋势，同时条例的颁布说明交通部在尝试发展国有铁路同时，积极调整民营铁路政策，使其与国有铁路互补，以使铁路建设走上国有、民业相辅相成的良性发展轨道。

---

① 《沪杭路一年间营业之状况》，《申报》1916 年 1 月 7 日。

② 《中国铁路问题》，《申报》1919 年 11 月 3 日。

③ 严中平等编：《中国近代经济史统计资料选辑》，科学出版社 1955 年版，第 180、207 页。

④ 苏全有：《民初交通部的官营与民营政策评析——以铁路为视点》，《晋阳学刊》2008 年第 6 期。

⑤ 钱智修：《国有铁路之利弊》，《东方杂志》1914 年第十一卷第三号。

二 统一路政

（一）统一路政政策提出原因

统一路政口号的提出与清末民初国有铁路普遍存在的弊端有极大联系。自清末，统一路政的思想已有萌芽。“民众更厌恶种种无休止之争论，贪污腐化以及挥霍公共财物，而当民众逐渐认识铁路之无限价值时，他们就更加支持由中央政府制定一项强有力的铁路政策。”[①] 当时路政统一主要与干路国有、克服商办铁路弊端关联，但也表现为邮传部积极统筹规划全国铁路干支线，划一铁路轨制，统一铁路文书用语等举措。[②] 此外，有学者还指出路矿总局、商部都对路政统一监督与管理作过努力，如矿务总局颁布的《矿务铁路章程》，商部对各路借款官办颁布法规集中管理。“邮传部成立后，在这方面继续努力，于一年内取得成效，使各借款官办铁路均直接置于邮传部的集中统一管理之下。”如在铁路规章中对免票、客货运、铁路轨制的规定，出台员工养老、出差、合同格式等人事方面的统一制度，设立立法机构等都是其具体体现。[③] 因此，在清末统一路政的概念已含有铁路干路所有权归国家所有，行政管理权统一，经营管理制度规范化三个方面的含义。

入民国以后，铁路存在的制度不统一问题依旧赓续。除国有化问题及各路分属外资、商办、国有而造成的行政管理权不统一外，主要为铁路的经营管理制度的不统一。由于中国铁路大都举借外债，并由外国人代为修筑管理，而中国政府并无统筹之计划，任由各路各自为政，其修筑规范、行车方式、营业规则、会计制度等，均各采用各债权国之制度，如英制、法制。此外尚有德、俄、日等国之制。“各路规章多不适合本国情形，且因纷乱不一，人民不知适从，至不便利，而政府欲执行铁路管理，或监督职权，尤感苦难，故统一各国管理制

---

① ［澳］骆惠敏：《清末民初政情内幕》（上册），第727页。

② 统一轨制见曾鲲化：《中国铁路史》第433页；统一铁路文书用语见关赓麟：《交通史路政编》第一册，第146页。

③ 朱英：《晚清经济政策与改革措施》，第143、149、151—154页。

度，实为急要之图。"①

民初，在交通系的重要喉舌《铁路协会会报》上，就有铁路界专家指出路政不统一的表现弊端：用人制度之弊，各路无统一制度，以致出现任人唯私，作奸犯科现象。而路章之弊，系由各铁路因历史沿革，各自为政，形式分离。其中危害严重者，为车务章程不统一，运货担保制度不统一，车费收款办法不统一，举不胜举。文字不统一之弊，即同属一国，而铁路各用不同债权国文字作为造册之用。这些弊端原因何在？他们认为："向使中央有划一路政之办法，各路循中央法制之范围，何至有今日政令分歧，办法丛杂之怪现象？"针对以上问题，他们建议：第一，宜设路政编制处，划一路章。路章内容包括路章总则，临时通饬（由各路颁布，含变通、续订路政章程、各种命令、传单及广告、限于一路之训令等），寻常章程（由部颁发，含营业、行车、路工、厂务、电务、会计、路警、总务、路局组织等规则、进退人员条例及其职责等）。第二，各路册籍、文牍应统一使用中文，并应研究机器、电报等统一术语。第三，应设专门学堂培养人才，各路人员应统归中央调遣并严定其考叙、俸薪等制度，应设保证金解决其退休养老问题，中央应设审查处防止作奸犯科，设立职工宿舍，对工役通过考试录用。第四，实行集权，将各路总办改为路长，直接归中央监督，"分科治事，尤为集权要点。各路机关应与中央各科，针线相对，条理贯穿，庶几纲举目张，井然不紊矣"！以上诸条核心为"则一法制的中央集权使路政归于统一而已"②。可以说这一主张概括了统一路政的主要内容、目的和本质。

有学者指出："各路管理统一运动，开始于民二之铁路会计统一委员会。"并由最初的统一会计制度逐渐扩展，发展为统一各路建筑，设备、设计、工程规范，又发展到统一各路营业规则（以各路联运为契机）等等。③ 以下就对民初交通系人物致力于统一路政的举措进行

① 修域：《铁路政策之检讨》，王开节、修域、钱其琛：《铁路·电信七十五周年纪念刊》，第20页。

② 萧梅性：《统一路政建议》，《铁路协会会报拔萃》第1—15期，第128页。

③ 修域：《铁路政策之检讨》，王开节、修域、钱其琛：《铁路·电信七十五周年纪念刊》（铁路编），第20—21页。

介绍。

（二）统一路政的内容

1. 统一铁路会计，实行特别会计制度

（1）交通系对铁路特别会计制度的提倡及各方的反对、质疑

铁路特别会计制度发端于清末赎回京汉路时。1910 年清廷曾制定了特别会计预算制度，1911 年邮传部又拟有路政经费特别会计细则，“由部咨内阁法律馆审查，交资政院议决，后以清廷不祚，未及颁行。然特别会计之名词实由斯出见”①。

北京政府成立后，叶恭绰、朱启钤、王景春等，一方面以交通部官员身份，另一方面在交通系控制、影响民初路政的另一大本营——中华全国铁路协会中，以铁路界领袖、专家、精英身份竭力提倡推行铁路特别会计制度。铁路协会成立不久，即向交通部提出：“欲求路政圆满之策，第一须将铁路款项划归特别会计。”随后交通部设立特别会计综核处，表示“当可斟酌情事次第改良”②。

交通系认为特别会计制度势在必行，理由有二。其一，铁路特别会计制度在古代与纯计预算制并行，其后纯计预算制淡出视野，而特别会计制度仍极盛行。采用该制度是历史潮流。其二，特别会计制度含两种性质，即偿金特别会计与作业特别会计。一是体现偿金特别会计制度特点，便于以低息还高息债务，即以借换之策偿还路债。一是体现作业特别会计制度特点，不主张消极节约，利于筹集铁路建设所需巨额款项。而这些问题都是目前路政的首要问题。③ 交通系还特别强调：“铁路之宜于特别会计，凡学者所皆知，而在中国为尤甚。顾论者徒以意见之争，往往以对人的关系而因以攻击。及与此良好制度，此大弊也。”表明赞成该制度完全超越派系成见，纯为铁路发展计，唯有特别会计能克服铁路款项悬欠、挪用现象，“庶铁路自身得以逐渐发展，兼可为国内外投资者信用保障，此为百利而无一害也”④。

---

① 曾鲲化：《中国铁路史》，第 406 页。

② 俞飞鹏：《交通史总务编》，第五章庶政，第 413、418 页。

③ 一尘：《论铁路特别会计及其利用》，《铁路协会会报》，第一卷第二期。

④ 俞飞鹏：《交通史总务编》，第五章庶政，第 450 页。

1913 年 2 月朱启钤以交通总长身份向国务会议提出，路邮电航四政照《会计法》第三十五条，政府自为经营之事业，应另设立特别会计制度，在国务会议上得以通过。同年 5 月交通部编订二年度四政特别会计预算，提交国会，后因国会解散未及通过，但 1914 年后历年交通部仍照特别会计办理，均编制有“四政特别会计预算”①。

在交通部内，积极进行铁路会计制度改良、创新，以使特别会计制度有效施行。先在 1913 年 2 月设立特别会计总核处，调派京汉铁路会办王景春为处长，3 月改设为统一铁路会计委员会，以叶恭绰、王景春为正、副会长。王景春作为铁路财政经济方面的专家，对特别会计制度的制定起到最为突出的作用。他提出委员会应含总理，京奉、京张、津浦、京汉四路局长及外国顾问共六人，选聘英国籍、或美国、瑞士顾问。“三月内赴各路调查清楚原有会计办法，现行章程，簿记格式。”应选任“具有国际常识”与专业技能的办事会员。“亦须派遣娴于日本语言文字及铁路情形，或具有法律知识一二员。”因日本亦学习欧美，“当其创建之始，其铁路会计之缺点谅与吾今日相同”②。委员会在此后一年半时间内，开会 90 余次，制定各种会计表式、则例。“其监督事宜由部中铁路会计司禀承部中执行，并就原会基础改组常设之统一铁路会计会。”③

袁世凯对铁路特别会计制度也予以支持，1914 年 10 月 2 日他以大总统身份公布《会计法》，其第三十四条明定“凡特别事项不能依据本法时，得设立特别会计，特别会计别以法律定之”④。1916 年 1 月当时的立法机构参政院通过“洪宪元年度路邮电航四政特别会计预算”，更是进一步确立了该制度。

但另一方面，对铁路特别会计制度不乏反对与质疑之声。1913 年 5 月国会众议院预算委员会对交通部提出的二年度四政特别会计预

---

① 俞飞鹏：《交通史总务编》，第二章财政，第 62 页。

② 《王景春呈交通部筹备统一铁路会计办法说帖》，《铁路协会会报》第二卷第七期，总第十期。

③ 张心澂：《中国统一铁路会计小史》，《铁路协会会报》第二卷第四号，总第二十九期。

④ 中国会计学会会计史料编写组、中国第二历史档案馆编：《中国会计史料选编：中华民国时期》第一册，江苏古籍出版社 1990 年版，第 35 页。

算提出质疑。其理由称："一谓其自由收支，有碍财政之统一；二谓妨碍国库之统一；三谓其自由借款；四谓其滥费不易稽查。"[①] 国会之外，交通系政敌攻击梁士诒、叶恭绰以铁路特别会计为名，把持巨款，视为私囊。还有的认为袁世凯支持铁路特别会计制度，国务总理与财政部均不得过问，实际上已成为袁世凯的私人金库。[②] 更有人认为设立四政特别会计的用意，非以发展交通事业为目的，实为交通系把持路政，挪用公款的一种手段。故设立四政特别会计以后，交通事业不唯不见发达，反日渐衰败。[③] 这都表明交通系力主施行铁路特别会计制度的动机被误认为出于部门、集团利益，是徇私舞弊之温床，是为袁世凯集权统治提供政治献金，而其效果上对财政统一、对国库统一、对铁路事业之发达并未带来积极的影响。

我们究竟应如何看待交通系力主施行铁路特别会计制度的动机，这一制度究竟起到何种效果呢？这只有结合铁路特别会计制度对民初路政、财政会计制度的影响，进行考察，才能做出实事求是的解答。

（2）铁路特别会计制度对民初路政的影响

民国成立后，对于铁路事业发展来说，一个最为重要也是最为棘手的问题就是铁路建设款项的筹集。而这一问题又因交通部推行铁路国有、抑制民办铁路、约束各省铁路借款政策而更加突出。

前已论及民国成立前已有之国有铁路京汉、京奉、正太、汴洛、道清、广九、沪宁、吉长、津浦等线路，无不是因为财政支绌而举借外债修建、赎回的。而民初商办铁路收归国有后，各路均并入已有外债，各路使得交通部的压力愈大。1912 年交通部严令禁止商办铁路举借外债，1914 年又通令因财政未有统一整理，已有借款各路，"因选线不良，或于营业上初无何等之预计，致历年由政府弥补款项，至数千万之多"，要求除已有借款合同铁路外，今后借款修路暂缓。[④] 这都是交通部在外债为主的筹集铁路建设资金压力下的不得已之举。

---

① 俞飞鹏：《交通史总务编》，第二章财政，第 63 页。

② 韩宏泰：《北洋军阀时期的交通银行》，中国人民政治协商会议全国委员会文史资料研究委员会编：《文史资料选辑》第 88 辑，文史资料出版社 1983 年版，第 92—93 页。

③ 罗介夫：《中国财政问题》，太平洋书店 1932 年版，第 140—141 页。

④ 《中国大事记》，《东方杂志》1914 年第十卷第十二号。

也说明民初铁路建设，特别是铁路建设资金的筹措必须由代表政府的交通部统筹、规划。

对掌控民初铁路事业发展的交通系领袖来说，如何在国内财政极为艰窘的情形下，保证铁路资金充足，并能将铁路收支款项用于国有铁路建设，支付铁路外债，使铁路财政良性运行，乃至渐有盈余，是一个非常重大的课题，这取决于一种财政制度上的有力保障。王景春就指出国有各铁路必须有良好会计财务制度，保障路款有效使用。他讲各路决不能如航业之轮船招商局，商办之川汉、粤汉路，账目杂乱，款项漫无稽核，使得我国大企业数十年腐败如昔，永无进步。他还一针见血地指明："设干路渐次造齐，会计仍然纷乱，斯时再图改良，不知复损失若干国款。"唯有以统一铁路会计为机，行特别会计之实，将各路会计改良。[①] 王景春将特别会计制度看作维持铁路事业发展的生命线、输血管。叶恭绰也讲："今日而言，续吾国交通事业之命，唯有励行特别会计之一途。严禁交通事业以外任何机关与人之移用。"路款来之不易，必须以特别会计制度来保障专款专用。[②]

必须指出的是，希冀通过铁路特别会计制度来抵御外部政治势力对铁路借款、盈余的挪用，只能说是交通系的良好愿望。据不完全统计，袁世凯统治时期，被财政部完全挪用的铁路借款有钦榆铁路垫款，为32115500法郎；同成铁路垫款770217英镑零6先令6便士，5799859法郎。部分挪用陇海路、四洮路借款1206万银圆。[③] 叶恭绰对此极为愤慨，他讲："以财部不能尽其职责以付交通资金之故，致以年收入及余利均有增加之交部而得收支不适合之结果，此在凡交通当局均应为之愁虑。历来当局均斤斤然与财部争，其所以争者，非冀财部能以接济，但冀其勿掠用交部。"他还讲，民国以来铁路建设、营业、收购商办铁路、育才等费，财政部分文未给，全靠交通部自筹。而现在铁路新增资产已过一亿元，较之从前大有进步，"为何如此，自有公论，此区区者恐不得不归功于严守特别会计之效果。否亦

① 王景春：《统一铁路会计说》，《铁路协会会报》第二卷第七期，总第十期。
② 《交通部特别会计之存废问题》，俞诚之：《遐庵汇稿（诗文）》，第213页。
③ 曾鲲化：《中国铁路史》，第496页。

早归入军费、政费，消除乌有矣”[①]。我们可以看到叶恭绰等交通系人物对外部政治势力劫夺铁路事业经费是极为愤恨和不情愿的。而且可以设想，如若没有铁路特别会计制度的保护作用，铁路经费被挪用将更为严重，叶恭绰所提到的民初的铁路建设成就也难以达到。参照1914年四政特别会计岁出预算情况，岁出共计202372718元，其中与铁路相关的支出项目为路政资本支出（119199238元）、收归国有铁路资本（9438100元）、路政营业支出（38252128元）三项，已占到总支出的80%以上。特别行政经费虽开始列入，而数量仅为1124632元。[②] 铁路特别会计制度在优先保障铁路经费方面，是起到实质作用的。

（3）铁路特别会计制度对民初财会制度的影响

要从财会制度上评价铁路特别会计制度的是非、优劣，必须考察该特别会计制度对民初铁路会计制度的影响，是否破坏了预算、国库统一，是否可以自由支取以及其在袁世凯的洪宪帝制中给予了怎样的财政支持。

先以对铁路会计制度影响言之。在交通部统一铁路会计，施行特别会计制度前，“会计一端，尚无一定之成规。又因借款关系，其借英款，则办法从英，借法比款，则从法比，路各异制。路账用西式，报部之账，又改为四柱。甲路与乙路不同，近年与往年复异，新造各路，无所适从；民有之路，无所适从。成绩优劣，难睹其详，稽查考核，亦难着手”[③]。王景春也曾言：“以铁路之眼光观之，景谓非账也。以此等不划一，不完全之会计而管理最繁杂，最宏大之铁路营业，欲藉以审定办路之成绩优劣，其尤盲者之于五色不能辨别也明矣。”“假款修路外人皆要求管理会计之权，吾国人固以此权操之外人，当事反对，然不自反思吾国人之会计改良适宜，故反对徒归无效已耳。会计不良，外人因债权关系自必诸多要挟然。欲保持吾国之权力，自不能长与此终古。”[④] 施行特别会计制度是当时解决铁路财政、

① 《再论交通部之特别会计》，俞诚之：《遐庵汇稿（诗文）》，第216—217页。
② 贾士毅：《民国财政史》，第779—780页。
③ 《中国统一铁路会计小史》，《铁路协会会报》第二卷第四号，总第二十九期。
④ 《统一铁路会计说》，《铁路协会会报》第二卷第七期，总第十期。

会计制度弊端所必需的，统一铁路会计举措是其具体落实。交通部统一铁路会计委员会就指出改良会计制度的意义、实质，其中会计一端，既为财产之斗衡，更属全路之纲领，本路所管路电邮航出入款项，均经国务会议通过，认为特别会计，尤须“审慎经理，详细稽核，内以理国家之财政，外以昭世界之信用”①。没有先进的财会制度作为支撑，铁路特别会计制度就无法发挥应有作用。

1912 年京张铁路率先进行会计制度改革，采用西式簿册记账，设计新式账簿、报表格式，并呈请交通部批准试行，这是北洋政府时期实行特别会计制度的最早一次变革。1913 年 2 月，朱启钤以京张路为经验，提出设特别会计制度总核处，改良铁路会计。改设为统一铁路会计委员会后，交通部聘请美国人亚当士为顾问，王景春等还聘请英国、瑞士铁路会计专家，并调查各局情况，最后制定十项铁路会计则例。1914 年又进一步制定出九种计算书及会计报告格式。②这十项则例分别为：①资本支出分类则例，并附会计报告书表式样；②营业进款分类则例，并附会计报告书表格式；③营业用款分类则例，并附会计报告书表格式；④岁计账分类则例；⑤盈亏账分类则例；⑥盈亏拨补账分类则例；⑦营业铁路处理新没展长铁路线及扩充改良支出则例；⑧总平准表分类则例；⑨列车、机车里程统计则例；⑩年报及统计则例表式。这些则例是我国在路政范围内首次进行统一会计制度的尝试，揭开了我国官厅着手统一会计制度的序幕，意义深远 。“从而使铁道会计制度与会计核算方法的统一又向前推进一步，并奠定了铁道特别会计制度之初基。”③

对外界指责铁路特别会计制度破坏预算与国库统一，叶恭绰如此答复：“实则特别会计之条例及其施行之手续，列账之办法较普通会计尤为严密，所有款项、账目前有预算，后有决算，照例咨交法定机

① 中国会计学会会计史料编写组、中国第二历史档案馆编：《中国会计史料选编》第三册，第 1594、1597 页。

② 《交通史路政编》，第五册，第一章总纲，第 3076、3081 页。

③ 郭道扬：《中国会计史稿》（下册），中国财政经济出版社 1988 年版，第 406—407 页。

关审核。且每岁有会计统计报告刊行中外，出入之间，予天下以共见。”[①] 某些人指责特别会计制度存有以下三个弊端，即（甲）交通部预算向不送财政部；（乙）交通部决算不送审计院；（丙）交通部可在预算外自由支用，叶恭绰还针对这些指责作出答复。称甲乙两项，可询国会、国务院、审计院、财政部经手编制或审查预算、决算者，究竟交通部预算曾送财政部及审计院否？便可证明。“凡预算所无之款，吾知交部固未尝有自由支出以供交部之用者。”叶恭绰还指出一般人以为特别会计制度破坏预算统一、国库统一，实际是对该制度本身存有误解，实际上铁路特别会计在总预决算案中，为一统系一中的部分，预算案中准许其将余款循环继续支用，此系会计方面之事。至其出纳一向统一，于国库无所谓一般与特别之分。[②] 此外交通部在将特别会计总核处改设为统一会计委员会时，专门致函审计院，表示此举全为指导各路改良会计制度，统一规章，根本目的仍为便利本部编制预算。交通部称：“此则亟须申述，期众共喻，以免为进行之阻力者也。”[③] 显示出积极的沟通意向。

指责铁路特别会计制度破坏国库统一，是难以成立的。因为1914年4月7日，袁世凯以大总统令形式公布《交通银行则例》，并有总理孙宝琦、财政总长周自齐、交通总长朱启钤副署。规定交通银行掌管特别会计之国库金，交通银行得受政府委托，分理金库。[④] 而追溯到1910年颁行的《统一国库章程》中，其第六条规定交通四政出入各款，由度支大臣会同邮传部另订特别出纳事务细则办理，前项出入各款向交行保管出纳，经度支大臣允准，由大清银行与该行订立代理国库契约，仍本章程办理。[⑤]《统一国库章程》也早已规定交通银行承担国库职能，其特许经办的四政特别会计收入成为主要业务，何谈特别会计制度破坏国库统一呢？而且财政部公布有《财政部委托交通

---

① 《保持交通四政特别会计决案》，俞诚之：《遐庵汇稿（公牍）》，第142页。

② 《交通部特别会计之存废问题》，俞诚之：《遐庵汇稿（诗文）》，第212—213页。

③ 关赓麟：《交通史路政编》，第五册，第一章总纲，第3120—3122页。

④ 中国第二历史档案馆编：《中华民国史档案资料汇编》第三辑（金融一），江苏古籍出版社1991年版，第48页。

⑤ 贾士毅：《民国财政史》，第1281页。

银行代理金库暂行章程》，其中明确规定特别会计之岁出，法律契约别有规定外，交通银行得代行中国银行管理金库职责。由财政总长、交通总长令管理特别会计出纳官吏，将所有款项统由交通银行收纳、支付。特别会计与国债收入、支出须划分两部，并不得与银行营业收支相混。交通银行每五日须作收支报告，每月终须作月计表，送财政部库藏司查核。财政总长无论何时得派员检查交通银行代理金库之账簿、现金及有价证券。财政部还可以派员会同审计院审核。[①] 财政部对交通银行代理国库，经理特别会计出纳是予以承认的，而且在收支款的查核上也有严格的制度要求，又怎能说其自由收支呢？这种指责更多的是因为交通银行代理四政特别会计收入使得交通系、交通部、交通银行更加趋于一体，引发了外界的疑忌与不满。

至于特别会计制度为袁世凯的帝制活动提供财政支持，始于1915年交通大参案后。交通系屈服于袁世凯的威慑，成为帝制活动的财政支柱。对于铁路特别会计制度对洪宪帝制的影响，叶恭绰承认袁世凯曾以“雷霆万钧之力”挪用各路余利，虽不及千万，但掠用交部之款，袁氏“首启其端”[②]。根据“洪宪元年度路电邮航四政特别会计预算”，岁出总计为144340399元，其中“特别行政经费”及“交通部特别支出”分别支出为799000元与660万元。[③] 交通银行本来作为财政部委托之代理金库，保存四政收入，采用特别会计制度，而今成了袁世凯的“内库”，先后为财政部垫款3115万元，设立大典筹备处耗资2000万元以上，占到该行存款八成以上。致使库款空虚，只得滥发兑换券，遂酿成第一次停兑风波。[④] 特别会计制度对帝制的支持作用这一事实决不能否认。但也必须看到，交通系通过它为袁世凯提供政治献金，是在1915年的交通大参案后。决不能因此错误认为，大参案之前交通系人物努力推行与维护铁路特别会计制度的真正用

① 贾士毅：《民国财政史》，第1286—1287页。

② 《再论交通部之特别会计》，俞诚之：《遐庵汇稿（诗文）》，第217页。

③ 《洪宪元年度路电邮航四政特别会计预算》，《大中华杂志》第二卷第二期，1916年2月20日。

④ 韩宏泰：《北洋军阀时期的交通银行》，中国人民政治协商会议全国委员会文史资料委员会：《文史资料选辑》第88辑，第94—95页。

意，从1914年预算中设立特别行政费起，已经牢牢地与袁世凯的专制、集权统治结合为一体，这一制度一开始就充满了政治工具色彩。这样认为其实是倒叙历史，是违背历史事实的。

交通系的重要代表人物、交通经济学家张心澂对铁路特别会计制度曾有如下评论："交通特别会计随历届交通当局（指交通系）之见地与环境之不同而变迁。当局志在发展交通者，以政府不能拨助资金，全恃交通自身之营运，故亟思以特别会计为护符，保持其所得进益为发展之用。乃国家财政支绌，不能容其如此，势不能深闭固拒，于是不得不在妥协之下，为相当有限的一部分盈余或非盈余拨助政府，而以垫付财政部之名义为账目归宿之途径，以保持所谓特别会计者，其用心亦良苦矣!""则自北京政府成立以至告终，交通会计始终欲以其特别会计地位，保其事业之完全进行。"但由于时局多变，国家财政困难，人员不能久于其任，这一理想而终不能如愿。①

结合张心澂的这番话与以上研究可说明，交通系创立铁路特别会计制度的初衷，是以铁路界精英、专家、领袖身份，意图以制度的创新、改良，妥善解决国家财政与路政收支之间的关系，根本目的是保障铁路建设资金的优先供给、充足使用，"志在发展交通"。这一制度从实际效果看，在袁世凯统治时期对铁路事业的发展、铁路财政会计制度的革新是起到了一定的积极作用的。但是在民初极端恶劣的财政形势下，交通系无法通过特别会计制度积极谋求铁路事业的发展空间，最大限度的筹集和使用资金。而是被迫消极地将其作为护身符，抵制铁路资金的被挪用，其本来目的已被扭曲。而更为恶劣的政治影响如帝制活动，交通系受到皖系政敌的攻击而深陷交通大参案，使得这一制度被进一步扭曲，成为帝制活动的财政支柱。同时交通系、交通银行、交通部三位一体的关系因特别会计制度而愈加显现。这使得人们更多的是从政治角度，只注重铁路特别会计制度对袁世凯帝制、专制统治，对交通系的集团利益的影响，评价因此较低。这一评价自然不全面、不公正。铁路特别会计制度的作用被扭曲乃至破坏，其影响来自交通系之外。而交通系为保持这一制度，作过妥协，但也进行

① 张心澂：《交通会计》，商务印书馆1934年版，第6、11页。

了抗争，这种抗争超越了自身派系利益的范畴，是完全为了铁路事业的发展。

2. 统一路政行政制度

民初各国有铁路管理制度异常混乱，并无统一制度可言，各路管理财务、文案、行车的机构名目不同，且权限、职能也不一。“至各路内部组织，无通行办法，各路殊不一致。关于总务者有华文案处、洋文案处、通译处、庶务处、稽查处、总参赞处、弹压处等名称。关于会计者，有总核算处、总收支处、监查处、核算处、购料总管等名称。关于车务者，有行车处、车务局、行车总管等名称。养路处、车务处则各路皆有。”[①] 行政管理制度的混乱不统一严重影响了路政的正常运转。

早在1912年铁路总局就饬令京汉铁路局长关庚麟将该路职员名称、职责分清统系、等级列为一表，以资考证。此后总局又详拟表式发函给各路照填，“俾归划一焉”[②]。为统一国有各路行政机构设置名称及职权范围，1913年交通部颁发部令严定各科权限，以责成各科员完全责任。[③] 1913年12月6日交通部令划一各路局及长官名称部令。命令京汉、津浦、京奉、京张、张绥、沪宁、广九、株萍、吉厂八局定为交通部直辖某某铁路管理局。正太、道清两局定为交通部直辖某某铁路监督局。各路局总、会办均应改称局长、副局长。[④] 1915年8月14日，袁世凯以大总统令，将各路局长改称为督办，一律由中央简任。处长、所长、厂长、总管、各大站站长较为重要的职务改为荐任，其他各职由交通部或局委派，均应按文官任职令将荐任、委派各职名称、人数交政事堂饬法制局汇总在案。[⑤] 该举实为“政府以铁路有结党营私之弊”而专设。但交通部以铁路为官营商业，且多属专门技术职务，不能适用于铨选、补缺制度，故路局官制未能尽依文

① 关赓麟:《交通史路政编》第一册，第323页。
② 曾鲲化:《中国铁路史》，第131页。
③ 《内阁成立以后之各总长之态度》,《申报》1913年9月21日。
④ 关赓麟:《交通史路政编》第一册，第325页。
⑤ 《大总统申令》,《政府公报》1915年8月15日第1175号。

官任职规定。[①] 这一现象背后其实反映出两种情况，一是与交通大参案的发动相关联，袁世凯要以此敲山震虎，削弱交通系对交通行政权特别是路政行政管理、人事权的控制；二是交通系在此问题上提出以技术岗位职务来确定路政、交通部门的人事制度，不能适用于一般的行政科层制度和文官选任制度，是有一定合理性的。

有学者将民初铁路行政管理的统一过程分为两个时期。1912 年 5 月至 1914 年 1 月为第一阶段，这一时期设立路政司，以叶恭绰为司长，“将旧有铁路总局及川粤汉筹备处概行裁并，并执行借款合同上督办职权”。1914 年 1 月至 11 月间，路政司改设为路政局，设总务、会计、营业、监理、编查、外务、工务、机务八科。“局长仍为叶恭绰，对于各路，得迳发局令，不第职权较崇，且办事亦极顺手，惜后废于袁氏，不能递升为日本铁道部之制度也。”[②] 朱启钤任总长时对叶恭绰力主铁道院独立主张极为支持，“朱总长以交通隶属中央，各省无须专司，故粤都督请简各司，朱于交通司拒不副署，遂作罢论”[③]。

至袁世凯政权垮台前，交通部制定的旨在统一行政管理方面的制度还有，1913 年 5 月通过铁路暂行公文格式，1913 年 8 月的派赴外国修习实务员章程，1914 年 5 月铁路招收专门学生实习规则与铁路人员资历证明书规则、铁路职员服制规则、铁路任用专门人员函约，1915 年 12 月的国有铁路职员征缴保证金规则。[④] 但国有铁路统一编制问题在袁世凯死后才正式出台，1916 年 8 月交通部公布了《国有铁路局编制通则》，规定国有铁路分为管理局和工程局二类，已通车营业者称为管理局，尚在建筑中者称为工程局；又以路线长短、事务简繁，区分各路为一、二、三等。一等局为京奉铁路局、京汉铁路局津浦铁路局；二等局为京绥铁路局、正太铁路局、沪宁铁路局、道清铁路局；三等局为吉长铁路局、株萍铁路局、广九铁路局、沪杭甬铁路局、漳厦铁路局。陇海铁路与汉粤川仍为总公所，保留铁路督办一

① 关赓麟：《交通史路政编》（第 1 册），第 325—326 页。
② 谢彬：《中国铁道史》，第 142—143 页。
③ 《叶恭绰主铁道院独立》，《时报》1912 年 12 月 24 日专电。
④ 张心澂：《中国现代交通史》，第 77 页。

职。管理局权限为掌理运输、修养、营业、会计及其他附属事项。工程局为掌理全路测勘、建筑、设备、会计及其他附属事项。在全路未竣工之前，即使有部分通车营业，仍由工程局负责，竣工后改为管理局。通则还规定管理局与工程局机构设置，职位设置、职责与委任、派充办法等。[①] 这就为统一铁路行政打下了一个坚实的基础。

在统一公文方面，前清通用禀札式通例，即各路于部用禀（或申详），部行用札至各路，商办各路用照会，官办各路用咨。民国后改革公文格式，统一行政，于1913年5月17日订直辖各路暂行公文书程式令十五条，将公文分为呈、公函、委任令、训令、指令、批、布告七种。[②]

3. 统一国有铁路技术标准

“我国兴建铁路之初，对于筑路，缺乏人才，又无成规，且筑路经费困难，多仰赖于借外资。于是借用某国债款，其合同即规定购用该国材料，并以该国籍工程师主持建筑，因此建筑规程与设备，悉采用该借款国之习惯与标准，以致各路有各路的标准，各路有各路的规章。”[③] “除采用轨距幸能一致外（正太除外），其他工程标准细节，则一任外籍工程师决定。”[④]

统一国有铁路技术标准包含内容主要为铁路建设标准，所用材料标准，度量衡等。“北平交通部，对于铁路技术标准统一工作，曾遭遇到很多困难。”即借款国反对，已成各路永久建筑材料翻新，材料购买的市场竞争等。[⑤] 但民初交通部在致力于技术标准统一方面还是做了许多努力。1916年成立的交通部铁路法规委员会，特定铁路建设法以谋统一，次年进一步修改润色。所订工程类法规有：《国有铁路建筑标准及规则》，其内容最为详备，规定了路线、建筑、桥梁、轨道、车站设备等标准。又定有《国有铁路钢桥规范书》《国有铁路

---

① 曾鲲化：《中国铁路史》，第133—136页。

② 同上书，第176页。

③ 段品庄：《铁路技术标准之建立与改进》，王开节、修域、钱其琛：《铁路·电信七十五周年纪念刊》，第152页。

④ 凌鸿勋：《中国铁路志》，第42页。

⑤ 段品庄：《铁路技术标准之建立与改进》，王开节、修域、钱其琛：《铁路·电信七十五周年纪念刊》，第153页。

钢轨及机件规范书》《国有铁路西门土规范书》。机械类则有:《国有铁路材料规范书》《国有铁路车辆制造保养检查标准及规则》《国有铁路机车制造规范书》《国有铁路机车尺度规范书》及四种货车规范书。运输类则有国有铁路行车规章。[①]

而在国有铁路各建筑及技术标准制定前,交通部已为统一技术标准做了大量前期工作。如公布国有铁路干线钢轨及配件标准规范书。钢轨定为干线用每米43公斤,次要线每米用30公斤。[②] 1916年铁路法规委员会还详定有材料购物、包工、招标等细则,对划一铁路材料采买标准做了严格规定。[③] 特别是自清末以来我国铁路因用外资原因,各路采用权度遂不一致,如里数之计算,在京奉、沪宁、道清、广九等路以英里计,在京汉、汴洛、正太等路则以法里计,京张、株萍及商办各路则以华里计。1915年1月,根据袁世凯公布之《权度法》,交通部在次年由路工司致电各路,"营造尺、库平、制尺、镑制及万国权度通制先行制定权度换算表,发交作为标准,改良权度时换算之"[④]。

4. 统一铁路运输、营业规章

此一时期颁布的主要规章有以下几种:1912年7月《限制铁路乘车及限价、免价条例》;1913年2月制定,1914年5月修改的《军用乘车及运输执照暂行条例》;1913年6月《国有铁路运输教育品特别减价条例》;1914年4月《五路联络运输条例》;1914年7月《国有铁路运送电料减价章程》;1914年12月《联运行李运输章程》;1915年3月《遣犯减价乘车执照暂行章程》。[⑤] 以上规章涉及统一运输、营业业务内容,含统一票价、军运、民运、货运、联运、特殊运输等事务的规定。

(1)联运业务

联运业务的统一分国内、国外两种。国内联运旨在打破商办铁

① 曾鲲化:《中国铁路史》,第253—254页。
② 凌鸿勋:《中国铁路志》,第86页。
③ 关赓麟:《交通史路政编》第二册,第1290页。
④ 关赓麟:《交通史路政编》第一册,第743、769—770页。
⑤ 张心澂:《中国现代交通史》,第80页。

路、外资铁路与合资铁路与国有铁路业务上的分立，始于1913年。“前此各路虽偶以接轨之关系，有互相联络之举，亦仅限于两路之间，或两路各一段之间，且办法参差不一。民国二年十月北京交通部鉴于联运之需要，召集北宁、平汉、平绥、津浦，及京沪五路代表，开会于天津，当经议定旅客行李及包裹联运各办法，于民国三年四月一日实行。”以后有五路逐渐扩充至沪杭甬、道清、陇海、汴洛、湘鄂、正太、胶济等线。[①] 此为客运联运。至货物运输，因各路货物等级及运价、运送规则悬殊，各路车辆设备亦多少不同，加以沿线厘捐林立，检验手续繁杂，采行联运，阻碍甚多。民初各路间开始互相指定某种货物，施行联运，订定运送及收费办法、互通车辆办法，嗣后逐渐推广。[②]

各路联运后，制定制度如下：①联络运输应用簿记、单据细则32条，于1914年6月1日施行。②互通车辆，各路次就彼此互用车辆应缴纳租金彼此磋商。③清算账目，各路议定“联运旅客之票价应将各路票价加总计算，其账目由联运各路输管”。④各路采用新权度。⑤积极宣传。各路为方便联运，在1913年10月，将行李统一名称及免费重量标准，并对行李托运分寻常、保险两种，并在1914年12月制订行李保险赔偿标准。[③]

联运还打破国有铁路的局限，与合资铁路、外国人修建铁路联运。1915年京奉一线与南满、朝鲜铁路通票联运。1914年冬交通部经日本同意，又将京汉、京张、津浦、沪宁四路加入，自1915年农历一月一日实行。可向指定联运各站购买直达车票，旅行包裹等件可挂号保险，直接运至其指定联运各站。[④]

国际联运，为日本在1913年最先提出，双方随后议定，在北京、大连、东京、汉城间联运，中国有京汉、津浦、沪杭甬、京绥、沪宁线加入。双方签订合同，派遣值官处理联运事务，并就账目清理，货币兑换等协商。联运施行客货联运。1913年，路政司派员到莫斯科

---

① 金士宣：《铁路运输业务》，天津大公报馆1932年版，第359—360页。
② 同上书，第360页。
③ 曾鲲化：《中国铁路史》，第388—391页。
④ 《联络铁道运输之扩充》，《铁路协会会报》第四卷第三号，总第30号。

与俄、法、德、日、奥、比、英等国签订欧亚联运协议，于1914年5月1日开始售票。当时舆论报道：“交部创设一种国内外铁道直接联络，由北京购票可直达欧洲各大城市、日本（时指日据朝鲜半岛）及国内各线。”①

（2）军运、客货运及特种运输的规定

早在1913年各路第一次联运会议上即提出各路货车运输需有统一办法，1916年经联运会议起草办法交货物联运审查会审定，后于1920年通过。对货物种类、等级、铁路赔偿责任、托运与查验手续等做了详尽规定。②

对客运还专门统一团体购票规定，如1912年7月北京大学工科学生乘车赴各地实习，交通部经与教育部协商按七折售票，并推广至各学校。以后交通部明定划一团体车票办理办法，即不得少于十人，以七五折售票，由学校统一函送请求，对年幼学生则推出半价票制度。1914年，交通部又因山东贫民往东北垦荒者极多，同时各路之间，与航运票价竞争激烈，遂议定在原有一二三等票之外，“创办联运贫民通票，用有盖货车作四等车载，以春秋两季为限”。令各路施行。③

交通部还对京汉、京奉等路强开专车、乱挂、加挂现象进行治理。当时各处强开专车，日不暇给，而损坏路线、损失车辆、耗费路款、为难路员不堪言状。交通总长施肇基经呈请大总统袁世凯后饬令：“嗣后除军事输送需要专车另有陆军部、各省都督电商或函商本部，饬局照备外，其余各项因公往来人员均请一律乘坐逐日客车。”遇有特殊情形或优待礼遇情形需电商或致函交通部。此举“俾办事者奉公守法，易于应付。而铁路得休养生息，专力营业，于国家财政，国民经济不无裨益。自是轨外行动又稍戢矣”④。

对于票价，1914年交通部路政司通令各铁路局遵照如下规定：各路客、货要价，均收大洋，但票价或票价尾数，在五角或不满五角

① 《国内外铁路直接联络之先声》，《铁路协会会报》第四卷第三号，总第30号。

② 曾鲲化：《中国铁路史》，第332页。

③ 同上书，第315、316页。

④ 同上书，第318—319页。

者，概收小洋；各路小洋出入一律贴水，每角贴铜圆二或一枚；凡票价或票价尾数不足一角者，得用铜圆交纳；各路铜圆出入，应均贴水二成。[①] 对票价问题做了专门规定。

此外对免票问题的统一，也是统一营运制度的一大重点。民国建立后“各机关人员肆求免票，各路司亦滥发无已”[②]。为此交通部呈请大总统袁世凯批准该部制定的铁路免价减价条例十七条，后经国务会议通过。该条例附限制挂车办法规定只准总统、大总统得以开免费专车，国务总理、各部总长、参议院议长、各省都督可挂车并免费，由护路军警随时发给。免价乘车券分长期与一次性两种。长期分三月、六月与一年三种，主要为便利路员与护路军警而设。由路政司随时抽查各路办理免费车票情况。[③] 这对根治铁路营运中的弊端起到了有效作用。

（3）货运负责制度

“我国铁路建筑之初，因财力所限，车辆既感缺乏，厂栈设置又属未周，站员夫役殊少，训练法令规章诸多简而不备，时为权宜之计，所有运送货物，悉凭货主自行处理，无论大宗零件，铁路核收运费后，由货主派人押送，保管一切，铁路向不负损失赔偿之责，并于运载规章明白规定之。”[④] 从而造成盗贼充斥，乘客受苦难诉的局面。1913 年 2 月交通部因该规定非正当办法，要求京汉、京奉、京张和津浦四路筹商装运货物负担责任办法，其内容包括货栈之设置，棚车之改添，站内之保管，车上之监护与及交付手续，赔偿限制等，均须一一妥为筹及。[⑤]

1913 年 6 月，交通部又催促京汉、京奉、京张、津浦四路，速行商议担负运输货物行李责任办法。但因当时各路基础设备尚不健全，也不具备一定的法律条件，实行货运负责存在一定难度。交通部因而要求：“拟先由包运行李代寄包件入手试办，逐渐推行，以补运输向

---

① 关赓麟：《交通史路政编》第一册，第 625 页。
② 曾鲲化：《中国铁路史》，第 323 页。
③ 关赓麟：《交通史路政编》第三册，第 1703—1705 页。
④ 叶恭绰：《遐庵汇稿（年谱）》，第 243 页。
⑤ 关赓麟：《交通史路政编》第三册，第 2020 页。

章之不足，一俟将来路律颁行，再议完全担任。”[①]

1915年1月，交通部发布部令要求京汉、京张、津浦、京奉四路继续筹拟铁路负责保管货物办法：“现在路务日渐扩充，五路旅客联运、中日旅客联运均已实施，其货物联运亦当次第举行。夫以铁路未负保管之责，不但未尽运输之功用，在商家即不能以货物作为抵押，亦即无活动之余地，商业不振即路运所关，且商人小宗货物未能直接交由铁路输送，而必须转由转运公司报运，其转运公司对于商人则收零担货脚，对于铁路则按货车或吨数交费。铁路每年失此运费为数计亦甚巨，虽担负保管于开办时所费不赀，然铁路保管本为铁路应负之责任，且可征收保险各费，不虑无所取偿。此事本部已认为亟须举办之事，决在必行，除分行外，仰将担负保管，一切办法迅速详拟，详候核夺，以便及时办理勿延。”[②]

此后不久，京张、张绥铁路上呈交通部详拟铁路负责保管货物办法九条。京奉路起初敷衍塞责，但最终也制订了担负保管分年筹备办法清单，规定：“铁路员役上自站长下至铁路员工，对行车货物财产之安全，各直接负有完全责任。”[③]

交通部提倡货运负责，其目的为“利路便商，改良路务”，虽成效有限，但从铁路事业及国民经济发展的长远利益来看，具有一定的积极意义，这对于以后再次实施运货负责，提供了很好的实践经验。

（4）统一便利商民措施

交通部为了促进工商业发展，服务民生，多次制订减价等便商办法。如为了减低京都粮价，电令京奉、京汉各铁路减收运价，使粮价逐渐低落。[④] 铁路为营业性质，以便利客商为前提，铁路规章规定，凡行车之时刻，铁路均负有公告之责，各站应设立广告牌。但交通部考察各站广告往往大小参差，自为风气，甚至应行粘贴各规章，有缺略不全者，有旧章与新章并行悬挂者，使得旅客无所适从。交通部因

---

① 关赓麟：《交通史路政编》第三册，第2021—2022页。

② 同上书，第2023页。

③ 《交通部训饬铁路员司》，《申报》1913年1月19日。

④ 《专电》，《申报》1913年2月23日。

此要求各站及时更定时刻表、规章、广告。[1] 交通部这些做法不仅促进商业的发展，而且从外部营造有利的营运氛围。

（5）其他措施

统一路政促进了全国铁路网的规划、建设。但清末以来各铁路线之间缺乏联系，总体规划仍滞后。民国建立之初，交通部为科学规划全国铁路干线路网，特设一测勘全国路线处，进行实地调查，以求网状之构成。并在海内外悬奖征求，应募者有 39 人，形成了全国关注与支持铁路建设的热潮。许多对铁路建设和中国山川、地理很了解，在铁路界很有威望的人士积极参与规划工作。在规划期间交通部还派大量交通专业人士从事实地考察，为规划工作提供翔实的实地考察资料。

最终，交通部在听取各界人士意见，并派部员调查的基础之上，拟定了全国铁路四大干线建设规划。纵贯线两条即中央纵贯线（从内蒙古经晋北，以北京为中枢，南往汉口，直达九龙）、东部纵贯线（自满洲经河北、山东、江苏、浙江、福建达广东）。横贯线两条即北方横贯线（以江苏海州为起点，经河南、陕西、甘肃达新疆伊犁、与中亚铁路相连接）、中央横贯线（自沪宁，经武汉，入四川）。[2] 并提出了全国线路分别缓急、循序渐进的主张。实践证明，交通部拟定的这四大干线规划，具有很强的科学性与可行性。

交通部结束了清末各铁路服装混乱的现象。1914 年 5 月，交通部颁布了审定铁路职员服制规则 8 条，将路员服制分为礼服、制服二种，每种分“三等九级”。并规定：“路员任职务时应一律著用制服，所有一切章志均须整齐完备。”冬季换装日期必须全路统一。对路警、医务人员服制则另有规定。[3]

交通部为改善路务，还派职员去外国考察。1914 年 6 月，京汉铁路管理局前特派调查长张鸿藻同养路处副段长唐某赴朝鲜、日本考察铁路事宜，视察日本北海道各处森林枕木情形，考察日本铁道院各管

① 《交通部令所属各单位文十一件》，叶恭绰：《遐庵汇稿》（公牍）（上），第 32 页。
② 凌鸿勋：《中国铁路志》，第 19 页。
③ 关赓麟：《交通史路政编》第一册总纲，第 700—701 页。

理局建筑路线如何精良，运输管理如何周密，材料仓库保存如何完备及其他有关铁路事件。[①]

此外铁路人才缺乏，各处又纷纷调人，各路员司在局办事见异思迁，造成人员管理混乱，影响工作效率，交通部对此采取统一办法。规定：其一，在事员司均按现在每月薪水之数加20%，到差以来所得之薪水加5%。但追加薪水均寄存于指定银行，每月取息，5年或10年期满方能取出，以奖励在局办事，安于现状者。其二，仿照聘用外国人之法，择在局员司重要人员，与其订立合同，合同未满之前不得离职。若违背合同，与以相当之处分。[②] 以上两办法均经表决后，由交通部核准。这些措施无疑统一了人事管理制度，稳定了铁路职员。

总之，交通部以中国交通事业日渐发达，当时急需制定种种统一路政办法，包含货运负责、改良铁路会计与预算、裁撤铁路货捐，改革领域还包括制订车务律、建设造车厂、遍设兑换处等。[③] 这些措施先后得到施行，均产生良好效果。

（三）统一路政的影响

首先，铁路行政通过统一路政运动得到了空前统一，一改清末骈枝机关林立，令出多门，统系不一的弊端。路政局长总管国有各路及借债各路，监督商办铁路，“路政司之职权与范围于是较为庞大，民国肇造之开始十年间，部中关于审订铁路名词，修订铁路法规，统一会计则例，统一技术标准，审查全国铁路路线等事，各有专设委员会，负责研究推动，此为铁路行政较有规模时期”[④]。

其次，使得交通部旨在推进铁路事业发展的统一化、标准化、规范化政策得到有效落实。如会计制度方面，交通部命令：“查各铁路账款每月即计算，及年报送部以资审核。所有详细数目，一切单据及账目是否相符，用途是否得当，登记办法是否完善，自应由部随时酌派人员到局实地查核，以资考证，即关于会计上其他各种办法亦应随时派员前往

① 《整顿路政之见端》，《申报》1914年6月10日。

② 《京汉局限制员司之新办法》，《申报》1914年3月23日。

③ 《各路行政之近讯》，《申报》1913年2月13日。

④ 凌鸿勋：《中华铁路史》，第49页。

接洽。”[①] 交通部明令自1915年1月1日起，铁路盈亏账、盈亏拨补账、岁计账三种分类则例以及铁路总平准表分类则例已由统一铁路会计委员会颁行，以英文文本为标准，各路须严格实行。[②] “各路局每年必编造一种年报以报告一年中之账目及全路之经营状况，以资比较。”[③] 可见，以统一路政为契机，财会等制度得到了进一步的完善。

第三，统一路政促进了铁路事业的发展，具体说就是财政、建设、营业等方面有了质的改观。“我国铁路会计，自是方树基础，铁路建筑，亦始有标准可循，各种规章、标准，此后复逐年均有修正、补充。”[④] 正是通过统一路政，铁路各事业建章立制，有章可循，使得面貌发生巨变。交通部日籍顾问平井曾赞叹道：“就京汉铁路之成绩观之，其营业费用不过仅占营业收入之三成，如此经济的设施，除感服外，别无他道。”当时以一日工资得旅行里数计算，美国为75里，英国为37.5里，德国50里，印度16里，日本55里，而中国是150里以内。[⑤] 这一变化与京汉路施行的新的会计制度、营业制度有极大关系。

三　国有铁路的资产管理制度

民初铁路以国有铁路为主，这些铁路资产自然为国有资产。交通系领袖作为铁路事业的管理者，自然要担负起管理、维护这些国有资产的职责。这些铁路资产范围极广，含铁路路轨、铁路用地、铁路配套设施（电线、电杆、树木、地基、料石）、桥梁涵洞、车站厂房、铁路资金、办公设备等等。其相关制度主要如下。

（一）国有铁路用地法规

1.《铁路收用土地暂行章程》

该章程颁布于1913年7月9日。“交通部以商部前拟铁路购地章程不合时势，特另订铁路收用土地暂行章程，凡五十五条，以部令公

① 《交通部稽查路账之先声》，《铁路协会会报》第四卷第六号，总第33号。

② 《铁路盈亏账、拨补账分类则例附原详文部饬》、《总平准表分类则例附议案详文部饬》，《铁路协会会报》第四卷第五号，总第32号。

③ 《统一铁路年报》，《铁路协会会报》第四卷第六号，总第33号。

④ 夏光宇：《七十五年来铁路大事之回忆与述评》，王开节、修域、钱其琛：《铁路·电信七十五周年纪念刊》（铁路编），第257页。

⑤ 《平井顾问演说民国之铁路》，《铁路协会会报》第三卷第十二号，总第27期。

布其内容。分土地为国有、公有、民有三项，而驿路、沟渠、界路、湖河及荒地、荒山等之属诸国有者，概不给价，余均由购地机关酌量各该处情形分别土地种类，拟定等则，制一价目表，呈报交通部核准，通令地方官厅颁行布告。无论何人，不准高抬。其购地机关，除路局专员外，并设评判员及向导两种，评判员择附近绅董充之，向导则地保充之，俾路局与地方得以融合。”①

该法规分八章，其中第一章总纲部分明确铁路用地范围如下：(1) 路线用地；(2) 车站、车厂、仓库、信号、电报、电话、贮煤、贮水各项用地；(3) 在路员役住屋用地；(4) 各种工厂及收容材料、器具用地；(5) 取土、取石、运料及便道、便桥，并迁埋义冢用地；(6) 附属铁路事业必须用地如码头、旅舍等。路线用地视筑堤土方架桥等工事所需，照工程方法专定。铁路收用土地，包括田地、园地、山地、林地、矿地、沙地、街市地、荒地、河川、沟渠、池沼等。购地后，该地钱粮等负担由铁路负担，地权归铁路。第二章为丈量，明确初丈、复丈、插标等手续。第三章为收地，规定购地款及土地附属费，如迁移费、补偿费等均应给现款并妥善安置地主祖坟等事宜。第四章为定价，规定地价种类及补偿费等标准。第五章发价，规定了填写草票、订立卖契、换取三联领价执照，发款等手续。并规定：“凡铁路应用之地，业主如有纠葛，归业主自行处理。购地机关不论有无纠葛直行凭绅董、公正人价购。其纠葛未清以前，将地价送交地方官或自治机关存储。俟其纠葛清理后，发给具领。”第六章契据，规定铁路收用土地时，应由业主将所有各种契据检齐呈缴。如系白契或无契可缴者，应以粮串为凭。无粮串者以领状为凭。仍责成地保、邻右加结声明委无隐匿契据及押转占卖情事，呈缴存案。“铁路划收之地，不能令业主将总契、总串缴局存留者，应由购地机关刊印摘单，将业主原地若干、铁路划用若干，由业主填注、签字，附入领状。保结之内仍将该业主原来契串逐细批明发回，并加盖委员姓名、经手戳记。”“铁路收用之地须分别村庄坐落界址、亩分、价值及国有、公有、民有，并所置地契串领状保结各项名目、编号、造册，盖

① 曾鲲化：《中国铁路史》，第243—244页。

用购地机关之关防，一送路局查核，一存购地机关，一存地方官。核对粮串过割领状保结等件，并应加盖县印。”第七章迁移机关，规定购地员、向导、评判员职责。规定评判员对于购地上一切事项协助购地局员，遵章执行。业主如有反抗或争执，评判员须秉公处理。向导受购地机关传讯、委托，有调查地亩、界限、号码，调取卷册、契据、通知业主证明纠葛各事之责。但以上各事，如向导力所不及，评判员应协同办理，负其责任。评判员、向导如有舞弊或武断等情被人检举，查系确实，应即分别革除、惩罚，另选补充。购地员司不得假公济私，自行添置地亩，不准代他人托买及授意旁人暗中谋买，如违分别惩罚。第八章为附则。①

2.《验契条例》

该条例由财政部颁布于民国三年（1914）3 月，其第四条规定：“凡国有、公有不动产之旧契，呈验时免收查验费。但以收益为目的者，不在此限。”② 因此不可避免的会以铁路收益为目的，应当征收铁路土地验契税。“于是地方官辄欲各路局照缴验契费，经汉粤川、沪宁两路先后电请部示。部交参事厅、路政司核议。四月四日，厅司会呈审议案，谓铁路主旨在便利全国交通，非纯以收益为目的者可比，自法理上解释确有不必验契，不必纳费之正当理由。”经咨财政部（时周自齐为总长），交通部在 1914 年 7 月通令各省：“凡国有铁路一律照向章，由地方官会同盖印，其已有旧契，毋庸查验、收费，同月十八日经财政部覆称照准。”该年 9 月，津浦铁路局因南皮县令该局缴纳地租，由交通部经咨财政部，财政部分咨各省巡按使，请照成案办理，不应催缴验契税。③ 这是交通系势力在控制交通部与财政部后合力维护铁路国有资产利益的体现。

（二）对铁路国有资金管理制度

1. 国有铁路出纳员特别保证金制度

该制度出台于 1913 年 12 月，原因为各路掌管银钱职务，间有卷

① 浙江民政厅：《土地法规》，1930 年，第 485—493 页。

② 《大总统公布验契条例》，中国第二历史档案馆编：《中华民国史档案资料汇编》第三辑（财政），第 1548 页。

③ 曾鲲化：《中国铁路史》，第 246 页。

款潜逃，无法追究者。于是交通部特制定《交通部所属出纳员信用保证金规则草案》，由路政司发给各路签注。1914 年 6 月 11 日，袁世凯公布《掌司公款人员征缴保证金条例》，正值京奉路发生郑丽生亏蚀巨款匿逃案件。于是该路拟定员司保单、保结规则十一条，站长与一般职员缴纳保证金从 500 元到 3000 元不等，较交通部规定多十几倍。10 月，交通部令各路照本路情形核办。12 月路政司制订《征缴特别保证金规则八条》呈送交通部，“其额为月俸五倍以上，三十倍以下，适用通行债票、现金、给年息六厘半债票。照原来应得之息，至少须缴足一半，余觅商户书具保单，遇免职、停职或转职时全数退还，有亏欠者，则照扣或令保人代偿之”。1914 年 12 月 25 日，袁世凯以总统令将以上内容以《国有铁路职员征缴特别保证金规则》公布。[①]

2. 《铁路资本支出分类则例》

该则例颁行于 1914 年 5 月 27 日，为叶恭绰、王景春制订。[②] 将铁路资本支出分为两大项，即建筑支出与建筑以外支出账。并详定各用款内容。[③]

3. 《铁路营业进款分类则例》[④]

该则例颁布于 1914 年 12 月 5 日，将铁路营业进款分为两大项，即运输进款与其他进款。并详定各进款类别、统计办法。

4. 《铁路营业用款分类则例》（含附件）

该则例颁布于 1914 年 12 月 5 日，其目的是规范当事人员对于经手各款之责任，以节靡费，而广效用。规定工资、工料不归纳营业款内，薪水、公费以及办公处费用，皆分别登记，不但可撙节奢费于事前，且使各路于所管同一之部分，孰俭孰奢能有所比较。“今如开始营业十年或二十年中，每年不顾修理与耗损费，而误将资本移作净利，则表面上营业似发达，当事者或膺上赏，数年后，一旦路产敝

---

① 曾鲲化：《中国铁路史》，第 164 页。

② 同上书，第 461 页。

③ 内容见中国会计学会会计史料编写组、中国第二历史档案馆：《中国会计史料选编：中华民国时期》第三册，第 1607—1633 页。

④ 同上书，第 1633—1648 页。

坏，修理改建，动需巨款，则不致破产，亦将大受恐慌，此皆不适当之会计所致。现值统一会计，亟宜防患未然，此本会议决，适用折旧支出之原因也。规定折旧支出，仅以车辆为限。”“更应声明者，折旧公积，并非现款，并非资产，不过平准表中借方之一项，仅表示某年或某月中应行列入借方支出之数，此纯属会计问题。至应列贷方之数，若何准备以抵消此项支出之数，应俟政府另为规定。折旧一项既非现款，自无贮库之必要，若存储蓄银行所得利息较低（低于铁路添借新资所出息率），自应不必定须存储。”规定除折旧外，他项支出如火险及捐助，职员病、伤、死、丧、公积等款均需声明。[①]

5.《铁路岁计账目则例》

该则例颁布于1914年10月，“主旨所以表示各路一年度之盈亏，凡铁路收支既不得列入营业进款、用款账又非资本收支，亦不得归入资本账目，而其款项又为一年度内事实上所必有者，以岁计账处理之”。主要包括有价证券、利息、实业投资、租金、税款、债款、政府资金利息、因债务发生的兑换盈亏、货币跌价等，与营业进款、用款相抵而为岁计账。交通部特别强调岁计账目与营业进款、用款不得混列，“营业当事者不能以岁计账入款之多掩饰其营业进款之减少，而滥邀营业进步之名。亦不因岁计账支出之巨，没其节俭用费之功”[②]。

6.《铁路盈亏账则例》《铁路盈亏拨补账则例》

两项则例分别颁布于1915年3月。前项则例主旨为，“在处理岁计账之数以前，会计年度各种交易所发生收支款目及其他杂项。凡与本年度盈绌无关，而适在本年度处理者”。后项则例主旨为，“将各路历年与本年盈亏通盘计算，而表示自今实在盈亏情形及拨用、弥补之各方法者也”[③]。

7.《铁路总平准分类表分类则例》

该则例颁布于1914年10月。“自则例所以示各账清结之日，全路经济状况及铁路开始截至该日，各种交易之结果如何，盖为各项账

---

① 中国会计学会会计史料编写组、中国第二历史档案馆：《中国会计史料选编：中华民国时期》第三册，第1600—1603页。

② 曾鲲化：《中国铁路史》，第463页。

③ 同上书，第467—468页。

目最终归结之点。一经编定，则一期间之账目为一结束资产负债之数，平衡债务、债权之关系，可一目了然矣。”①

8.《营业铁路处理新设展长路线及扩充改良路产会计则例》

该则例颁布于1915年1月，“旨在划清工程用款界限。原会计公例，凡扩充、改良工程皆应于资本项下开支，而寻常修理、改筑应作为营业用款”。该则例将新设、展长铁路，“以正当之收入悉作进款而增益资产。原价之支出则列作资本”②。

至于铁路收入转移国库情况，以下详细介绍。

（三）对铁路资产的其他政策、规定

1. 对铁道旁林木政策

1913年，邝孙谋以我国枕木多购自日本，利权外溢，而已通各路两侧空地极多，建议各路广种树木。路政司交各路商议。当年8月与农商部商定，“由部派员赴各路沿路栽种，其道远不便运苗之处，则拟请各路局拨隙地以为育苗之用”。此项造林事宜及支出经费概由农商部担任，管理事宜则由各路巡警随时保护。此后农商部与交通部会订《筹办造林保路办法》，明确造林所产林木用于电杆、枕木，各育林苗圃用地为车站附近征用各地，不少于200亩，不足者可另行租借。每年各苗圃所需租地、育苗、造林、守林经费为7088元。并规定林木砍伐时间、价格，雇用守林员、技工看守、维护等内容。③

2. 对破坏铁路财产的严惩

1912年3月，袁世凯以临时大总统名义公布《暂行新刑律》，其第十五章“妨害交通罪”对破坏铁路财产犯罪量刑有详细规定，如损坏或壅塞桥梁，损坏轨道、灯塔等分别给予二等到四等的有期徒刑。④“然地方官仍若视为无睹，是以匪徒日炽，防不胜防，而铁路因此所受损失更不可以道里计。惟二年株萍铁路曾有军队枪毙窃钉犯

---

① 曾鲲化：《中国铁路史》，第469页。

② 同上书，第470页。

③ 关赓麟：《交通史路政编》第一册，第637、638、648—652页。

④ 司法行政部刑事司编：《各国刑法汇编》（上册），司法通讯社1980年版，第114—116页。

二人，遂至今无敢再试。”①

3. 铁路材料采买招标制度与设立路电材料研究会

邮传部早在1909年，就提出各材料采购应比较货色、价值、种类、厂名及投标日期等，并先行报部核示，始准照购。但民国以后，各路即视为具文，即使价值至百万元也任意购置。权量代理部务时，令凡采购物品在千元以上者应一律招标，并派员监视。“是各路均有戒心，而滥购滥用不多觏矣。”②

1914年11月交通部以本部路电两项岁需材料极为繁多，稍有不慎，弊蠹丛生。路电材料货式异同，物资优劣，价格高下，储藏繁易，用途大小，均须研究。饬在本部附设路电材料研究会，派技监罗国瑞，综核司司长吴应科为会长，路政司司长袁龄、路工司司长沈琪、铁路会计司司长王景春、邮传司司长周万鹏、邮传会计司司长蒋尊祎为该会委员。该会关于购置路电各项材料一切事宜得随时建议。1915年3月交通部又令，该委员会下设两处，一为购办材料监察处，一为路电行政稽查处。将路电材料购办过程中各种积弊，“破除情面，以改良整顿为前提”③。

综上所述，可以看到交通系在民初虽受到大参案影响，但仍实际始终控制着交通行政权。他们通过交通部，也通过铁路协会，并利用二次革命的影响，牢牢掌握着铁路行政权的运行。在所制订的铁路政策上，交通系以铁路国有化为第一要务，不仅将各商办铁路收回，并以借债修路为筹集铁路资金、发展铁路事业的主要手段。再者在民初财政极端困难，交通事业需要统筹规划，强调以国家为主体的背景下，优先保障国有铁路在路线、资金使用上的利益是毫无争议的，为此而采取的抑制商办铁路的政策也有其合理性。

交通系以统一路政为目标，在铁路行政管理、财政、建筑技术标准上推行统一化、制度化、标准化运动。这一举措促进了国有铁路在营业、管理、建设上的正规化、规范化。特别是财政上的特别会计制

① 曾鲲化：《中国铁路史》，第532—533页。

② 同上书，第283—284页。

③ 俞飞鹏：《交通史总务编》（庶政），第56—58页。

度更是有着深远影响。交通系制定了许多法规、政策，来保障铁路国有资产的采买、使用，界定国有资产的范围。许多举措具有开创性。铁路作为国有资产，其发展必然带有鲜明的国家资本主义的性质。交通系的铁路政策实际上也不可避免地带有国家资本主义经济政策性质。

第三节 交通系与民初的航政、邮政、电政

交通系除了在路政方面施加影响外，民初也积极涉足于电政、航政与邮政，既为扩大其势力范围与影响，同时也积极谋求航运、邮政、电信事业的发展。

一 电信事业的发展

中国创办电信业始于1881年，天津架设至上海第一条电报线并设立电局，同年英国瑞记洋行在上海设立电话公司。至1902年之前，电信业主要为官督商办，由各省督抚经营，或由外国人举办。1902年11月清廷谕令电政收归国有，至1910年邮传部订立接收办法十条，将全国7万余里电报线路，239处局所收归国有。[①] 邮传部内先后设有电政司（局）管理电政事务。

民国建立后，交通部初设电政司分管电政，1913年设邮传局电业科管理电政，次年电政又分属邮传及邮传会计两司掌管，1916年复设电政司管理。从人事上看，电政部门历任长官龙建章、蒋尊祎、周万鹏、姚国祯均为交通系人物。由于交通四政中航政收入微薄，且轮船招商局实际为盛宣怀与皖系杨士琦所把持；邮政同样如此，不仅收入不丰，且管理权被洋总办帛黎侵夺。因此四政中，电政对于交通系来说，其地位仅次于路政。

（一）颁布《电信条例》，明定国营原则

民国成立后，交通部即参酌各国成例，制定《电信条例》。该

① 钱其琛：《电信政策之检讨》，王开节、修域、钱其琛：《铁路·电信七十五周年纪念刊》（电信），第153页。

条例几经起草、修改，于1915年4月18日，交由袁世凯以教令公布。规定：电信（含有线、无线电报与电话）由国家经营。供矿山、铁路及特别营业专用，个人团体及官署因便利递送设于居所与电报局联通，或其供一宅地范围内使用者，学术团体、船舶航海以及在一定区域内设电话者，均属个人或团体私设，必须经国家许可方可设立。政府可因必要情事将私设电信以法令供军事、公共通信之用，并派人专门管理。政府得以公共安全必要停止一定区域内电报、电话联络。电报、电话费均征收现款。电报电话材料购置一律免税。[①]

（二）完善电政组织与管理制度

交通部成立后，在电政司之下设立总务、营业、稽核、筹度、考工、会计六科，并详定各科职掌章程草案与细则。邮传局时期设总务、电业、邮政、航务、外务、考工、编查、会计八科。电政司时期，设立总务、监理、营业、计核、考工、主计六科。是为中央电政机关情况。

地方上，电政机关因为管理区域广阔，线路极长，特别是新展线路极多，急需统一电政管理。1913年1月交通部因所管辖电报、电话局已有600多所，行政却不统一。路线总计9万余里，但报务仍多阻滞。急需改良管理办法。1月31日，朱启钤与国务总理赵秉钧呈请袁世凯批准设立电政管理局，施行划区管理制度。[②] 分全国电政区域为十三处，各设管理局一所，每局设监督一员，以电政司长负总监督之任，特拟订电政管理局职掌暂行章程19条。[③] 各电政管理局下辖一、二、三等电报局及报房若干。每等又分甲乙两级，各局设局长一名、领班一名，报务繁忙之区设总管、副领班一人。1916年撤销管理局，各局监督职务改为指定一等电报局兼办。工务方面，1913年

---

① 《教令第20号》，《政府公报》1915年4月19日第1058号。

② 《交通部呈大总统划分电政区域酌设管理局拟定暂行章程及所属各局处数表请鉴核批示遵行文并批（附章程并表）》，《政府公报》1913年2月6日第271号。

③ 交通部年编纂委员会编：《交通年鉴》第一卷，交通部总务司出版社1933年版，第29页。

于各电政管理局辖区内，设巡线总管二名到五名不等，“受各本区电政管理局之督饬，随时检巡区内各局所辖路线，并将巡线情形报告于总管（即电政司司长）。凡区内设线及大修工程完竣，并指派该总管会同部派之员验收。五年裁撤管理局后，所辖巡线总管，一仍旧制”①。

此外，电政部门另设有制造机构，如1912年设立机器厂，1916年设立电池厂。储运机构，如1912年设立驻沪电料转运处，直辖于交通部，在汉口、天津设转运处，下设总务、收发、册报三课。还在上海设交通部驻沪电报洋账房，负责与水线（水下电缆，又称海线）电报公司核对及预算水线电报账款事宜。②

（三）整顿电信业务

1.《电信条例》有关规定

条例中对于电信业务方面有以下具体规定：第一是政府为维持公共安全可以停止或限制某一区域电话传达，拒绝或停止认为内容妨害公共安全的电报。第二遇有不可抗力，电报不能及时传达，通信者不得要求赔偿，电报机构内部事故由通信者负责。第三除依照命令外，电报须依照指定地点递送，收件人不清者必须公告。第四电报局收受密码、隐语者，认为必要，可要求发信人说明意义，若遭拒绝，可以停发。第五电报、电话局职工执行职务过程不得有阻碍，若经过宅地、田地等需损害、拆除，业主可向政府请求赔偿，电话、电报线铺设中遇有类似问题，同样。第六职员执行公务需有助力者，由政府以相当报酬。第七电报、电话费各依照定率征收现款，电报、电话所用材料概免课税，但海关税不在此例。③

2. 关于电报内容的特别规定

为了维护政治秩序的稳定，给经济发展提供良好秩序，1913年11月交通部致电各电政局，要求凡非正当机关之密码电报，须详加

---

① 钱其琛：《电信政策之检讨》，王开节、修域、钱其琛：《铁路·电信七十五周年纪念刊》（电信），第15—17页。

② 同上书，第21页。

③ 《教令第20号》，《政府公报》1915年4月19日第1058号。

审慎，以防“乱党”通递消息。凡有捏造消息传发新闻电报者，交通部依据万国及中国电报章程第七条通告电局概不传递，且撤销该发电者应有之权利。[1]同年12月，交通部通电省议会为地方议事机关，其法定职权应以关系一省为限。所有国家大政及关系国家法令事件均非各省议会所能干涉。时大局初宁，人心未靖，诚恐乱党利用省议会名义动辄通电激起风潮，非国家前途之福。交通部鉴于此，通饬各电局各省会除报告开会闭会、请愿、声请解释法令事件，准其电达政府议院外，凡有涉于干涉国家大政及抵抗中央，命令各局均不准转发。[2]上述措施之外，交通部推行电政的举措还有：咨文地方官保护，编制密码本等。

3. 出台《划拨电生赡家章程》

1913年2月，交通总长朱启钤制订该章程，训令颁布执行。在该章程颁布前，交通部内向有旧例，由局从业务员薪水中扣除一部分，作为“赡家”费，免费为其划拨。“乃近来公电络绎，每于临时请拨，甚或假赡家名义，为他人划拨私款，各局几成汇兑之所。而本部办理此项案件亦复应接不暇。”实际上，业务员长期将薪水个人支用，并无赡家款项，或调离该局，或任意增减，与立案时所报数目不符。因此非将该项章程重行改订不可。新章规定，赡家费须由个人或家属向电政管理局或交通部申请立案；申请人应详细声明其姓名、年龄、籍贯、薪金及赡家数目、交款家属姓名与地址、划拨局名等信息，并后附具呈格式；经部审核后，由部发给划拨电局与其家属二联单一份，赡家费由指定付款局每月二十日前凭单核付列出，不可预支；赡家费由电政管理局照数从薪金中扣除，不得任意增减，若有不符，溢出之数由电政管理局如数赔付；调出或新调入业务员，管理局应备案报部知道，业务员有罚薪、斥革或其他原因不能扣除赡家费的，应即刻备案报部；指定付款局名与赡家费严禁任意更改，家属迁居，或数目增减，停止缴付等情况，均需先行由经办之局报部核办，并将原凭单缴还；凭单抵押，遗失，或业务员遇有斥革、离职、罚金情况而停

① 《电政之整顿》，《申报》1913年5月8日。

② 《交通部禁止电局擅发省议会干涉国家大政电》，《申报》1913年12月27日。

付，即视为废纸。①

4. 各电局发行印花税办法

印花税是民国以后新施行的税目，其征收对象为证书、执照、契约、簿据等。民初电政营业内容大都与印花税课征范围相关，规范电信业印花税征收办法不仅仅是整顿电政所需，也关系国家财政收支，其意义非比寻常。早在1913年印花税刚刚推行之时，交通部电政司就专门制定《发行印花专则》，规定电政司承领印花，第一次由财政部函送交通部转发，以后续领应由电政司酌定每月需用数目，提前一个月呈由交通部函送财政部核发。电政司承领印花后，应将认定之发行所造具表册，呈交通部函送财政部核发。各支所发行照大洋核收，由中国银行代收、汇解。“各电报局发售印花之账目，财政部得随时以部令派员往查，惟须先期知照交通部转饬接洽。关于发售印花一切呈报簿册，由财政部总发行所送交电政司领发各发行之电报局应用。”②

1914年交通部邮传局制订《各电局发行印花税票施行细则》，规定邮传局认定电政管理局与电报局为印花税票与印花税发行支所，各支所悬挂招牌、字样、颜色、名称、区域由邮传局规定；规定了电报局领用印花税手续，查核、遗失补办与赔偿办法；电报局出售印花税票注意事项、向部报告事宜、登记汇总事宜；印花税收入解交中行事宜，收入分配为办公、酬劳费办法等。附则规定了发票、契约凭据、当票、凭单、包裹单、账簿、提货单、保险单、期票、汇票、借款字据、合同等26类收取印花税税额标准；规定营业性质之官业适用本条例，规定贴用印花税票办法、注意事项等，规定未按要求贴用者，未盖章画押，罚款百倍，不足定数罚款五十倍，重复贴用罚款三百倍，伪造者照伪造纸币例论处。③

---

① 《交通部为核准划拨电生赡家章程由电政司转饬各局一体遵照致各电局训令》、《划拨电生赡家章程（附家属具呈格式）》，中国第二历史档案馆：《北洋政府档案》第八十五册，第171—175页。

② 《电政司发行印花专则》，段志清、潘寿民：《中国印花税史稿》（上册），上海古籍出版社2007年版，第187页。

③ 《各电局发行印花税票施行细则》，中国第二历史档案馆：《北洋政府档案》第八十五册，第478—489页。

5. 规范营业服务

民初，交通部因军电、官电络绎不绝，各省商电颇有任意耽搁，誊写字码不清，通告商民可将电报底稿邮寄到部，定彻查严惩。“所有各局员生等须认明营业二字，破除习气，于电报之收发、递送务求利便商民之法，积极改良，如后仍前延误，漫不经心，则非特有损电政名誉，而与报务营业及国家收入均受其影响，即与破坏电政无异。此项破坏电政之人，本部决不故容，轻则记过罚薪，重则撤差严究。”①

1914 年 7 月，交通部制订《国内电报稽核细则》。细则规定国内电报分官电、商电、新闻电三类，需专设流水簿，依照收到顺序编号，分别等次逐项汇总。国外电报设特别簿。又规定流水簿分五种簿记，每种簿记详定核对、负责、编辑、造册、应注明内容等制度。制订相关明细表的统计、汇总、造报等制度。各电局每日应将已收、未收、应收报费数目分类汇总，每月汇总报部查核，以下各项应另编报费明细表，含一等官电、四等军电、代收各局报费、各局代收报费、追问电报、赈务免费电报、抄费、投递、邮费。规定各局及下属各局、报房报送期限分别为 5 日至 15 日以内，最多宽限不得过五日。逾期没有报送，各表细数、总数不符，来去各表次数、字数不符，报费短收、多收，应列报而未报，应注明而未注明者均应严惩。②

6. 电政出纳整顿

1913 年 7 月，交通部电政司制订《电政出纳员职务暂行规程》。规程规定：电政司在各重要电报局特派出纳员，专司该局出入款、单据（均需其复核、签名），归司直辖；出纳员常驻办公，不得擅自离职，遇有事故应请司派员代理。对出纳员专设簿记，款目计算、收存、登记、核查等做出详细规定。对局长、电政司、出纳员在经费核发、审批中的职责与有关程序做出严格规定。③

1913 年 9 月 2 日，交通部又专门制订《电话会计事务暂行规

---

① 《交通部关于整理电局之文牍》，《时报》1914 年 5 月 14 日。

② 俞飞鹏：《交通史电政编》，交通部总务司 1936 年版，第一册，第 726—735 页。

③ 《电政出纳员职务暂行规程》，中国第二历史档案馆：《北洋政府档案》第八十五册，第 250—255 页。

程》。本规程为整理电话局会计及稽核收入、支出方法。规程规定：电话收支款分为营业、资本两大类，各局应编制年度收支预算，每年前三个月内送交，每月编制收支报告书，15 日前送交，每年编制收支总计书，该年经过一个月内报送；资本项下外，建设及改良、扩充，特别支用各款，所有工料等费总数及各月细数详细列表册报部；转账列入收入拨款项下，该局解部款及奉部令拨款列入支出拨款项下，与该局实收实支划清界限；支出款必须有凭单、收据（按审计处有关证明条件的有关规定），按月附入收支报告报部。规定营业项下收入、支出列具体项目；收款除列收支报告外，应详列话费次数、用户名等详细表册，支款各项必须部核后方能开支，意外用款必须编制临时概算，由部核准，材料由部照章订购，50 元以下、临时雇工者由出纳员查明后可先支后报。又规定资本项下收入、支出各项目；支出各款需每月在报告书中附列各科目，雇工另列每日雇工日计表。各局员司应向出纳员报告关于总务、工程、款项、材料等每日或每旬情况；出纳员监督各局会计事务，可商请局长裁撤冗滥司事、差役、工匠。电话租费与长途话费由会计司事领取填单，由局长盖章后通知用户，收据由出纳员签字后向用户收取，除领薪水另有规定外，其余局长以下职员薪水每月 20 日支发，不得提前，否则局长与出纳员共担责任；临时雇工由工程司预先计算，报局长核定，并将工程情况、工费交出纳员查核。①

同日，交通总长朱启钤又颁布《各电报局收支报告暂行规则》，由各局施行。该规则为电报局划一收支办法。规定电报局收支报告应遵照部定格式、限期，按月造具两份，一份交交通部，一份连同收支凭单、票据呈各区电政管理局查核；各报房需划清界限以备考核盈亏，各电报局不得将所辖各分局、报房收支款列入，每月收支报告呈电报局查核后，呈交通部或电政管理局；收支各款不得划抵核扣，支出款未得到部或管理局核准者不得列入；收支报告必须有电报局长签名、盖章，出纳员需会同签名，报房由领班及所辖局局长签字外，管

① 《电话会计事务暂行规程》，中国第二历史档案馆：《北洋政府档案》第八十五册，第 320—335 页。

理局局长亦需签字、盖章。电报局收款分正项款、杂项款两项，正项款以应收数为准，需照月计表分等次、华洋文、密码与明码按项列入，杂项款需将日期、简明理由列入报告摘要。支出款同前分两类。规定正杂项支出合理项目，关于员役姓名、薪金数目、电料类别等均需详细列入。规定划拨收入款名目，划拨支出款名目。支出款收据、凭单规定同《电政出纳员职务暂行规程》。各局按等级连同所管分局、报房需在每月 5 日至 15 日内将收支报告寄呈，逾期不交者处分；凡列支解款未交，列支经费未奉交通部或管理局核准，或与原案不符，列支拨款未奉交通部或管理局核准，或与原案不符，漏列款项者应分别处分。并后附《划拨各款收支方法表》。①

7. 免费、减费规定

交通部为整顿电政，特规定只有以下情形，可以免收、减收电报费。

（1）赈务电报。规定凡内务部与各省行政公署许可立案华洋团体办理赈灾事务，知照交通部可递发免费电报。此类电报专指临时、特别急赈，非永久性质。准发者应由交通部发给执照，该执照需由内务部与各省公署转请交通部发给，分指定局与不指定局两种。执照声明事务所或公会名称、地点、代表人、立案时间、被灾地点、灾情、赈灾事务目的与办法、期限、执照数目等。不指定局需注明出发人、人数、经过地点、事项等。执照以 6 个月为期，任何团体至多不得超过三张执照，事务完竣后应及时缴还执照。赈灾电报应以灾情、采办赈灾物资、关于捐款及拨解款等紧要事项相关，限用中英文，遇有密码、句意费解、暗藏隐语、违规者仍需收费。赈灾电报纳入四等，需在各项纳费电报拍发后递送，紧急电报按三等商电处理，校对需收费，邮费需另计收费。②

（2）铁路电报减价。1914 年 7 月，交通部颁布《铁路发电减费办法》，规定国有各路，“因公发电，无论明、密码。准列四等，均

① 《各电报局收支报告暂行规则》，中国第二历史档案馆：《北洋政府档案》第八十五册，第 340—362 页。

② 俞飞鹏：《交通史电政编》第二册，第 122—125 页。

照报费章程规定之价目，减收半费。但有特别情形，由本部准寄发一等电，饬知有案者，仍照一等官电章程一律办理”。经过大东北公司水线，以及三等电、出洋电报不得减收。以上减费电报需加盖关防，并先行知照关防样式。此项电报应随时缴纳现金，遇有必要情形可记账，但需按月结清。[①]

（3）官电减费。1914 年 12 月颁布《交通部修正一等官电减费条例》，袁世凯批令施行。呈文称此项章程沿用已久，所列官署名称，多与现制不符。东西各国，限制发递极为严密，日本对国内官电纳费办法与商报一律。我国电报开办之初因属商股，官电定为半费。收归国有后，沿袭未改，以便官厅政令传布便捷。但近来各处官署往来不明此情，滥用一等电文，以致各处紧要电文积压，延误之事层出不穷。而电费能按月清缴者更是不到一成。长此以往，营业前途、电政信用均被破坏。新条例规定发一等官电以中央各部院机关以及各省将军、长江巡阅使、各省巡按使、海军总司令暨第一二舰队司令、各要塞司令、中央直辖各军长师长、各处都统办事长官、驻外公使为限。交通部临时核定中央特任专使、行军长官一等官电，各机关附属机关用钤印空白电稿不得列入。一等官电递送顺序为大总统发电、各处专电、依照电局收到顺序。一等官电不分明码、密码均按四等华文明码减半，洋文照四等洋文减半，由外国公司水线递送依照特别价目。除临时机关应纳现金外，其余可记账，但须按月结清。若需翻译按照商电减半收费，递送较远需加专力费用，需邮寄者预收挂号费，寄发多处，按照价目每处加收报费一份，一地多处者，加收抄报费，按字数照四等商电减半收费。各机关需声明姓名、地点、官衔。[②]

8. 勘察线路规定

1913 年，交通部制订《查勘电报线路规则》，专为测量、勘察电报线路，设线或大修等事项制订。规定测勘时应预先探明路径，并请求地方官与电政管理局保护，内容包括地势高低、有无水患、沿途距

---

① 《铁路发电减费办法》，中国第二历史档案馆：《北洋政府档案》第八十五册，第 412—415 页。

② 《交通部修正一等官电减费条附原呈》，中国第二历史档案馆：《北洋政府档案》第八十五册，第 471—476 页。

离、是否便于巡视与作业、河港、山林、经过城镇、房屋与坟墓等。查勘员应及时处理线杆倒歪等各种问题；对查勘线杆、设线调查、大修调查、查勘应备主要仪器、应估报内容等做出详细规定。查勘员调查完毕后应详报木杆、工程材料与器具、材料运输储存、工费、设局料物费、川资薪水杂费等。调查期限在交通部委任后一星期内开始，不得迟过两星期。查勘费用包含薪水、公费、随工差役食物、旅费及舟车费、遣散工人川资、伙食杂费等。规定如有捏报、浮估等未经实地勘察者，视情节记过、处分、罚缴用款。其出力者得奖励之。①

（四）电政事业的发展

民初交通系对电信事业致力推进发展，其所取得成就主要体现在以下几方面。

1. 电报线路的空前延长。至 1916 年已有 9 万余里之长，国家拨款架设之官线有：①江苏含飞线（跨越江河湖泊的空中电线）、旱线、水线、无线四种，为上海、常州间 3302 里；②直隶天津至大名旱线，2947 里；③东三省水线、裸线两种，为奉天至哈尔滨 10288 里；④山东旱水两线，为济南至王庄 1497 里；⑤广东无线旱线，为广州至肇庆 5646 里；⑥川边裸线，为雅州至巴塘 2700 里；⑦福州厦门裸线 144 里；⑧甘肃平凉至宁夏裸线 3815 里；⑨贵州贵阳至黔西大线 450 里；⑩新疆裸线、树胶线，为迪化至伊犁 9956 里；⑪云南裸线，为大理至普洱 6242 里；⑫广西大小线，为南宁至余州 6045 里。由商人集资架设商线，国家管理的有：①山东飞线水线，济南至泰安 3709 里；②山西飞线，太原至平定 1669 里；③河南飞线，开封南阳 3408 里；④陕西飞线，西安至灞州 1104 里；⑤福建水线飞线，福州至延平 2670 里；⑥浙江水线，杭州至台州 2793 里；⑦江西飞线、地线、水线，南昌至湖口 2669 里；⑧湖北飞线、地线、水线，汉口至荆州 5462 里；⑨湖南飞线、水线 2169 里，为长沙至岳州；⑩四川飞线 2874，为成都至巫山；⑪广东飞线，为广州至潮州 1499 里；⑫江苏铅线，为南京至福山 434 里；⑬直隶飞线、水线，为天津至通

① 《查勘电报线路规则》，徐白齐编：《中华民国法规大全》第四册，行政（七）交通，商务印书馆 1936 年版，第 4440—4442 页。

州 3004 里；⑭中央无线、旱线，为北京至高碑店 697 里；⑮蒙古旱线，为蒙边至库伦 2074 里。[①]

2. 扩大电政业务

民国初年新兴的电政事业有无线电报和市话服务，以及市区公共交通业务（电车）、电灯电气公司等。无线电报于 1911 年始用于军事上，由陆军部掌管。"民国元年，交通部与海军部、陆军部、参谋本部会议，将无线电交由交通部办理。南京电台已于革命时因军事被毁，乃将北京电台移交。交通部复订购火花式电台五座，分设于张家口、武昌、吴淞、福州、广州。"各处先后成立无线电局，收发官商用电报。[②] 电话市话最初为交通部与各租界工部局合办。如天津在 1912 年由工部局与交通部签订改换新式交换机及扩充租界电话合同，各国对交通部新订价目也表示赞同，天津市话逐渐扩充至 3000 多号。[③] 在南京，因 1913 年江苏民政长韩国钧将南京、苏州电话业务租给商人管祥麟包办，交通部坚决反对，认为有违章程，经咨将韩国钧合同作废。并将省办及管祥麟所购材料由部承购，电话业务统归交通部办理。[④] 交通部积极鼓励创办电力电气公司，如在 1916 年批准周学熙与张献廷等创办唐山电灯公司与保定电灯、电力公司。[⑤]

电车作为近代新兴的交通工具对城市交通发展、市民生活方式都产生了极大影响，而且自清末以来，开办城市有轨、无轨电车者多系洋人和商办，因此交通部对办理电车事宜作了严格规定。1912 年北京电灯公司申请办理电车，交通部以事属创办，须密察民情，详细斟酌，没有立即批准。此后京师总议会议决办理电车办法，其中规定不得招纳洋股洋款、路线图由总董与议董商定、严定电车伤人处理办法、不得以不动产作为抵押、严格查账，规定不得由外国人查账。"一切材料、机件尽中国自制、自有者购买"，工程不准外国人插手

---

① 《内外时报 中国电政之里数》，《东方杂志》1916 年第十三卷第四号。

② 张心澂：《中国现代交通史》，第 526 页。

③ 俞飞鹏：《交通史电政编》，交通部总务司 1936 年版，第二册，第 274—275 页。

④ 张心澂：《中国现代交通史》，第 432 页。

⑤ 俞飞鹏：《交通史电政编》第四册第六章，第 18 页。

或限定外国人数。此后京师总议会呈请工商、内务与交通部批准，由三部划清职责，交通部职责为，“专任监督工程事项，批示承办商人饬将工程、建筑方法、机械构造程式暨各项计划书详细图表呈报后再行核办”①。

3. 营业收入明显改观、在财政收入中比例提高

据统计，1912 年全国共有电报局所 565 个，电报线路 6 万余公里，盈利 199.7 万元。到 1917 年发展到电报局所共 741 个，年营业收入 923.3 万元，盈利 377 万元。1923 年电报局所共 959 个，电线里程近 8 万公里，年营业收入约达 1185 万元，年盈利 730 万元。② 电政收入在四政特别会计收入中，1913 年 1 月至 7 月收入为 165418.852 元。1913 年 7 月 1 日至 1914 年 6 月 30 日电政解部款为 1725682.15 元，1914 年 7 月 1 日至 1915 年 6 月 30 日为 153493.59 元，1915 年 7 至 12 月为 33750.9 元，1916 年全年为 1549087.580 元（该年度路政收入为 3940528.830 元）。③ 其中民国二年度与五年度收入均突破百万元，而且电政收入主要用于补足邮政不敷数目，其对交通事业发展作用巨大。

4. 电政事业之规划

邮传司长周万鹏在 1916 年初对推动电政事业发展呈如下规划，即以人才、材料、款项为三要端。其中电政材料因欧战原因，提倡设立国内电品制造厂，奖励自制电业材料。因普通行政知识者难以担任电政事务，“拟将电政人员考试甄用，任用、待遇酌仿邮政分别规定”。并将工程、材料、营业等部门专业人员派赴国外“实地考习”。规定每年提取电政余利十分之二作为公积金，不得挪用，并对高达 284 万元的各处官欠进行清理。④

---

① 俞飞鹏：《交通史电政编》第四册第六章，第 76—77 页。

② 秦孝仪主编：《中华民国经济发展史》（上），近代中国出版社 1983 年版，第 175—180 页。俞飞鹏：《交通史电政篇》第二册，第 56—84、226—244 页。

③ 俞飞鹏：《交通史总务编》，第二章（财政），第 483、486、494、503、505 页。另有资料称 1915 年电政收入为 650 万元多，电话收入为 57 万元多，电报、电话营业支出为 441 万余元，盈余 267 万元多，拨充电政资本 163 万元多。见《交通部关于电政之报告》，《盛京时报》1916 年 3 月 19 日。

④ 《交通部关于电政之报告》，《盛京时报》1916 年 3 月 19 日。

二 邮政事业的重大改观

近代邮政创办于赫德，由海关总税务司兼办。创办中国邮政之初，一时各方纷纷反对，大多数华人均袒护本国民信局，而两广总督及湖广总督亦赞助民信局，极力反对办理邮政，多次奏请朝廷收回成命。上海、福州、厦门、烟台、威海、天津、长江各埠外国人设邮局时，希望通过发行邮票以增加收入，但有的邮票式样粗劣，价值不一。芜湖邮局邮票竟加印英文准用二字，使邮局更受国人抵制。1897年1月清廷令海关开办收发邮件，但招募人员时，应者寥寥。其原因一者薪水较少，二者工作时间又长。其职员大都缺乏常识与专业训练。虽然民信局间接受邮局节制，而其寄递信件仍无异从前。华人对邮局，“抱一种歧视之念”。1901年帛黎任总办后，“邮政为国家事业之真历史，实自此始”。专业人员渐增，业务急增，逐渐树立公众信用。全国各处无论远近，甚至藩属，莫不有中国邮政局。“盖使无海关款项之源源接济，则邮局决不易于成立”①。1913年交通部致函国务院，声明邮局改组办法时仍声称：“惟是邮政一项，本无特别财源，从前海关垫款，既须筹还。向恃六关协款，亦经停拨。”②

但是至民初，邮政业仍存有许多弊端，严重阻碍了邮政事业的发展。这些弊端主要有二：第一，邮政行政管理权虽在1911年5月，与海关总税务司彻底分离，由邮政总局总办帛黎接管，经理邮政事务，而邮传部邮政局长只有监督之权。“其经理各局及用人均由局长督同总办斟酌施行。”③ 第二，办理邮政的机关繁多，“举凡从前旧式邮政机关，若驿站，若文报局，若信局，在理当即全部撤除，以收统一独占之效，而竟听其自为消灭，不加以法律之强制，遂令文报局，至民国初年，犹间见于各省，徒有其名之驿站，亦迟之又久，始行撤

---

① 《内外时报——中国邮政史》，《东方杂志》1914年第十一卷一号。

② 《交通部致国务院报明改组邮局办法并附比较表请查照函》，《政府公报》1913年11月19日第555号。

③ 许季珂：《邮政组织之演变》，王开节、何纵炎编：《邮政六十周年纪念刊》，沈云龙主编：《近代中国史料丛刊续辑》总第925册，文海出版社1982年版，第22页。

尽，信局迄今犹残存于各大都会及各市镇。邮政事业，发达迟迟。”① 民初交通部发展邮政事业所面临的局面可以说是极不乐观的。因线路受损，官电拖欠，各局无从追索逃欠。赣宁之变、镇压白朗起义与外蒙交涉，因军事原因而建设的工程日不暇给，明知款项无措，而因军事关系欲罢不能，资金西借东挪，痛苦万状。民国三年财年预算不敷70余万之多，财政部不但一文不发，且官电欠费高达100余万元，大都以转账二字行之。所有电报收入只能专靠商电收费入200余万元。但在缴还债息及代办经费外，剩下无几。邮传局对内告知职员，减政时代万难加薪。而且自邮传局设立以来，各管理局报告放弃职务者极多，每年花费在人员薪资、培训上的10余万巨款几等于虚掷。“在政府之意竟视此项机关为赘疣，且各报攻讦，物议沸腾，人言啧啧。”交通部与北京政府不得已将一些邮局裁撤，并希望，“当此财政万分支绌之秋，政府岌岌可危，凡属国民自应各尽一分子挽回之责，均当把良心出来维持大局，凡事秉公做去，即被裁者亦当相谅”②。

但是，就是在这些不利局面下，交通部在民初通过一系列举措，改变了邮政事业的面貌，使邮政事业出现了前所未有的大的改观。

（一）划一邮政行政管理权

1. 中央邮政机构的建立

民国建立后，大抵承袭邮传部旧制，内设邮政司，外置邮政总局，由司长兼局长。局内分总务、通译、稽核、供应四科。1913年邮传司改设为邮传局，下设邮务课，总局设总务、文牍、稽核、营业、联邮、供应等科室。邮政总局在总办之下设会办一职，邮传部时期该职务一直空缺，1914年交通部派王文蔚充任。③ 在完善中央邮政机关同时，交通部还积极收回邮政主权。“邮政总局局长一席，向由洋员帛黎担任，日昨朱总长（朱启钤）为收回邮权起见，特令龙建

① 谢彬：《中国邮电航空史》，上海书店1991年影印版，第2页。

② 《交通部关于整理电局之文牍》，《时报》1914年5月14日。

③ 交通部、铁道部交通史编纂委员会：《交通史邮政编》第一册，中华书局1930年版，第210—211页。

章兼任局长，帛黎则立于顾问地位云。”①

2. 地方上划分邮区

1912 年邮政司长兼邮政总局局长王文蔚与邮政总局总办帛黎会商地方邮政机关改组办法，拟定三条，并于 1913 年 11 月 8 日由交通部呈交袁世凯批准。这三条办法即：一划定邮务区域。从前邮政依附海关，就国内通商口岸次第扩充，划为 45 处，以便就近管理。现今设法变通，依行省之制改为 21 区，邮区经合并后，公务繁多，需陆续添用职员，逐年加添经费，二划一邮局名称。拟于各区设邮务管理局，以下斟酌地方事务繁简，分为一、二、三等邮局，以归一律。三修订职员等级。拟一面仍照海关甄录办法，一面照现在情形酌定录用原则，每区设一邮务长，以下称为邮务官、邮务佐、邮务员，是为高级人员。次级人员通称为邮务生，分管次等局所或次等差务。②

邮区划分后，邮政系统仍然实行统一管理、统一收支制度，即各地方邮政管理局收支由邮政总局统一核算，盈余上缴，不敷则由中央弥补，并在交通部内设立设计考核委员会，专司监察收支等情形。

3. 裁驿归邮

驿站为中国古老的邮政传递方式，隶属于兵部车驾司管理并于京城设立捷报处，专司内廷交寄文书。邮局开办后，捷报处与驿站就成为骈枝机关。1910 年邮传部已开始着手裁驿事宜，但是有些地方，“因财政困顿，仍旧保留”③。1912 年 5 月，交通总长施肇基呈大总统袁世凯，将清末所设之邮报处裁撤，“此后北京外发公文概由北京邮局挂号寄递。至各省驿站亦均先后裁撤，而将公文改由邮局寄递焉”④。根据各省报告均在当年完成裁驿事宜，次年开始办理邮政递送业务。⑤ 1914 年 5 月，交通部还以邮政机构普遍设立为由，下令裁撤文报局。此后沿海发达省已难见驿站与文报局二者

① 《收回邮权之实行》，《盛京时报》1914 年 4 月 22 日。

② 《邮政总局呈交通部酌拟更定邮务区域划一邮政名称修订邮员等级三大端列表请签核指令遵行文》，《政府公报》1913 年 11 月 19 日第 555 号。

③ 沈阳市邮政局邮政志办公室：《中国邮电史料》（第 2 辑），沈阳市邮政局邮政志 1986 年版，第 28 页。

④ 王柽：《邮政》，商务印书馆 1935 年版，第 7 页。

⑤ 交通部、铁道部交通史编纂委员会：《交通史邮政编》第一册，第 30—32 页。

踪影。

4. 坚持国有，排挤民信局

民初邮政国营，其必然性在于以下原因。其一，从中外历史进程看，邮政本为适应军政需要而设，均由官府办理；其二，从邮政特质来看，邮政以服务公众为最高目标，机构庞大，设备繁巨，非私人之人力物力所能胜任；其三，从国家权力方面来看，“邮政国营，不仅为国家行使其交通行政权之一，而且是对于国民应尽的一种职责”[①]。民初交通系坚持国有立场，对民间不尽规范的邮政机构——民信局，给予了进一步的排挤和清理。

清末邮政官局开办初期，全国有几千处民信局。民信局为商民传递信件、包裹，承办银钱汇兑，业务范围广泛，经营方式灵活，服务周到，深受商民信赖。而当时邮政官局只有二十多处，要想把民信局的业务承担下来，一时是办不到的。[②] 因此清政府和当时办理邮政的海关总税务司都不得不对民信局予以支持，将邮局在内地的一些邮政业务委托给一些民信局。但邮政总局与民信局之间争夺邮政业务的矛盾在清末始终存在。清末赫德就多次要求总理衙门约束民信局业务，如禁止办理挂号。清廷也随即出台《大清邮政民局章程》，规定民信局应按其邮寄包裹总共重量，依照邮局寄费标准，缴纳邮费；如系寄往交通便利地方，则缴半价；如寄往邮差邮路所达之处，概付全价。不久又特颁谕令不准私交轮船、火车寄送。“嗣后凡有民局应赴邮政局从新挂号者，邮政予以利益，不挂号者待与平人无异。”并公布取缔违背章程民信局的办法。[③] 但民信局在清末依旧保持着极大的市场和生命力。

民国以后民信局亟待清理，一是统一邮权需要，一是民信局自身有极大局限性。如民初邮传部就控告湖北河口十六家民信局违犯章程，未经邮局批准擅自投递走私信件一事，要求严惩。民信局另一大弊端是，“开设地点以及所开办的路线多以获利为原则，而与入不敷

---

① 何纵炎：《邮政政策之检讨》，王开节、何纵炎：《邮政六十周年纪念刊》，第2—3页。

② 邮电史编辑室编：《中国近代邮电史》，人民邮电出版社1984年版，第34页。

③ 交通部、铁道部交通史编纂委员会：《交通史邮政编》第一册，第47—55页。

出之路线，即不加注意，如以国家社会眼光观之，洵为重大之缺点”①。

民初民信局与政府之间要求邮政自由经营的斗争仍在延续，上海各民信局联名禀请政府，要求寄递自由。经交通部严行驳斥，各民信局又组织上海信业联合会，希图抵制官局，终无效果。② 交通部声明民信局以前清邮传部规定为凭毫无道理，现交通部正修订旧章。又称邮政应统一为国营机能，不容民信局羼杂其间。该代表欲徇民信局私利，改邮政定章，实于统一行政，力求进步之旨有悖。若非邮局独有责任，依据章程，至偏僻乡村，邮件怎可寄到？至各民信局之间互寄邮件反多由邮局代寄，为各国邮政法所未闻，不合事理。交通部还严厉驳斥民信局要求减免向邮局所纳费用请求，认为：“未尝减免于人民，而但减免于民信局，以苟便少数人盈利之私图。”民信局还要求仿照偿还民业铁路之例，给予邮局占有邮政，赔偿损失费。交通部答复称：“查铁路本有国有、民有之分，而邮政则各国皆为国家所有权。其发行邮票之专利，带有印花税性质，纯系国家事业，非人民所能自营，安得谓之占有？民有铁路改归国有，因其有路可用，故应还其建筑之资。至邮政之于民信局，并无因而用之之处，何所谓偿？何所用购？恤金乃国家所以待死事，旌有功，岂可滥与。以此要挟，更属离奇。要之邮政急需扩张，信业当然消灭，乃世界共同之趋势，本亦无术为之保存。”③

此后，民信局在邮政总局的竞争之下，其情况已是江河日下。1913 年民信局包封邮件共 749 万多件，较之上年减去 100 万件，北京界内只存 14 家，其中 3 家已歇业。山西民信局尚存数处，生意异常寥落。河南尚存赊旗镇未挂号民信局一家，其营业已减去一半。1914 年民信局包封邮件共为 5913100 件。1912 年民信局交邮政总局递寄包裹为 244000 件，信件 2749000 件，已较 1909 年减少 250 万件。④

① 何纵炎：《邮政政策之检讨》，王开节、何纵炎：《邮政六十周年纪念刊》，第 6 页。

② 交通部、铁道部交通史编纂委员会：《交通史邮政编》第一册，第 58 页。

③ 《交通部批信业联合会代表签称信业被迫太甚筹议办法请准采择呈》，《政府公报》1912 年 10 月 7 日第 160 号。

④ 交通部、铁道部交通史编纂委员会：《交通史邮政编》第一册，第 60—62 页。

5. 加入万国邮政联盟，扫除“客邮”弊害

清理整顿客邮的起因为，“欧人来华日多，每于锭船及贸易监督住所设邮箱供侨民通信之用，五口通商条约签订后，英人首于口岸贸易处设立正式通信机关，以后各国纷纷效尤，竞相设立，客邮遂遍布各商埠”。[①] 各国办理客邮以本国邮政章程办理，按国内邮资计费，对中国国际、国内邮件办理以极大冲击。而且各国在通商口岸乃至沿海、通用本国邮票，收寄本国及中国商民邮件。客邮邮件完全不受中国邮政与海关检查，严重侵犯中国主权。交通部曾声明：“各国在中国领土内设置邮局，除中国财政甚受损失，并阻碍中国邮务发达外，亦最直接侵犯中国领土及行政之完整。此种侵犯尤为可憾者，即各国对于他国人民尊重，而对于中国人民则否，足使中国人民心存感念，有藐视中国政府威信之意。”施肇基还指出客邮常还损害中国邮政、税关收入，且常有私运物品之情事，尤以鸦片为甚。[②]

扫除客邮的危害，主要办法就是加入万国邮政联盟，依照国际公约来减少主权损失。1910 年邮传部筹议邮政清单，预备 1912 年加入万国联盟，并特地注明要借机与“各国提议裁撤客邮”，然未及实行，清朝即告覆亡。

交通部成立后，一方面各项邮政事务“多照邮会定章办理，且次第与各国联邮”，同时，政府继续设法取消客邮。[③] 1914 年万国邮联大会定于 9 月 10 日在马德里举行，是年 3 月中国政府正式加入大会，通告联邮各国。并任命驻西班牙大使戴陈霖为会议全权代表，与帛黎计划赴欧参加大会（因第一次世界大战而未能成行）。该年 9 月，“将奉天、天津、上海、广州等处邮局派为直接互换局，以便加入邮会各国直接封发邮件，而一方使经由西比利亚转运之邮件便于分拣，迅于传递起见，复于京奉与津浦两路之火车中，设立行动邮局，办理其事”[④]。1914 年 9 月 1 日起，中国实施万国邮联主要章程。

加入万国邮联，为中国打击、取缔客邮取得良好条件，中国得以

---

① 许季珂：《邮政组织之演变》，王开节、何纵炎：《邮政六十周年纪念刊》，第 19 页。
② 交通部、铁道部交通史编纂委员会：《交通史邮政编》第四册，第 1340、1342 页。
③ 同上书，第 1362、1316 页。
④ 王柽：《邮政》，第 8—9 页。

依照国际公约合理维护中国主权。“即将以前与法日英德俄等国签订的过渡专约废止，国际通邮不再假手于在华的客邮，改向法英俄等国轮船铁路直接互换邮件总包。”[①]“邮费收纳，各国客局在中国内地价目不一，颇有侵夺之虑。加入后，按公约办理庶无畸轻畸重之虞！”[②]民初加入万国邮会是中国力争邮政主权斗争的一个主要环节，此后经过1922年太平洋会议和1945年抗战胜利的影响，客邮在中国被彻底扫除。

6. 起草邮律

1912年为划一邮政管理制度，交通部即着手起草邮律，1915年设邮律起草委员会，周万鹏为委员长，蒋尊祎、徐洪等为委员，所起草26条交由邮传司修订为38条，交给邮政总局研究。该邮律草案在1920年修订为邮政条例，于1922年正式通过。[③]

（二）邮政事业取得的巨大成绩

1. 邮政业积极拓宽经营领域

民初新开邮政主要业务如下：1912年商务传单，保价信函；1913年代售印花税票、在乌兰花等开办军邮、加入万国邮政联盟、于京奉及津浦路火车上设行动邮局；1914年开办村镇投递及收揽邮件业务，邮传电报；至1916年乡村投递逐渐推广，而代替了民信局业务。[④]

2. 营业上的整顿、改进与成绩

整顿方面的内容主要是延误、营私等问题。1913年，交通部据外省都督电称，“近来各邮局公司信函有压搁、偷拆情事，并闻有政党勾串邮局司事，从中舞弊拆阅信件，甚至紧要公函亦不交投等事”。鉴于邮务行政为利便交通之要举，受人民信用之委托，且此等流言影响于邮界者甚大，交通部申明约法以资警醒。“按临时约法人民有书

---

① 邱信凉：《六十年来邮政国际关系》，王开节、何纵炎：《邮政六十周年纪念刊》，第130页。

② 交通部、铁道部交通史编纂委员会：《交通史邮政编》第四册，第915—916页。

③ 《中国现代交通史》，第597页。

④ 何建祥：《邮政业务之改进》，《邮政六十周年纪念刊》，第31—32页；夏荷生：《六十年来邮政大事记》，《邮政六十周年纪念刊》，第152页。

信秘密之自由，认为此种权利断不许旁人妄加侵害。又查新刑律第二百十五条以强暴、迫胁或杂术妨害邮件、电信之递送者，处四等以下有期徒刑、拘役或三百以下罚金。”从事邮政、电信职务之人犯第二百十五条之罪者，处三等至五等有期徒刑。无故拆阅、藏匿、毁弃他人之信函处五等有期徒刑或100以下罚金。[①] 对邮局信函的投送进行了整顿。

邮局承寄衙署公文往往投递耽延。“邮局投递公文，每各署号房因封面上注有附件，未能同时递到不肯收受，必待附件一齐送到方为接收。而此项附件大抵非按印刷物类即按包裹交寄，势不能与按信件交寄之公文同时寄到。缘印刷物及包裹所纳邮费较信件为轻，故与信件分途递寄，其寄到时期亦较信件为缓。”邮局为避免递寄公报出现延迟和遗失，拟递寄公报办法三条，一是随时就经寄之公报录下姓名、住址函询是否收到，有无延误、遗失等情况。二是凡寄递公报重量逾二公斤及封捆不坚者，嘱咐寄件人合法封装，再行收受。三是无法投递之公报，或地址不详，邮署每月一次开具细单退还。[②] 保障公文准时、安全投送。

改进方面主要集中于邮件运输方面。清末天津与北京之间，开办骑差邮路，由天津税务司德璀琳管理，逐日开班，每次带运邮件重量以40英镑为限。北京与天津间邮路，为最重要之邮路，其他各地邮运情形，不难由此想见。民国以后，新式交通工具日益普遍。交通部认识到：“邮政与路政、航政、电政相需而行，借助路航发达，邮电合一而后邮政乃能捷速。”于1914年在京奉线火车上设立行动邮局。[③]利用现代交通工具邮寄邮件，提高了邮件的寄送速度。

此外还有减轻邮费等措施。交通部据上海书业公会呈陈，体察报纸代表舆论，监督社会。民国开创，南北统一，有赖报界同心协力，竭诚赞助。公会所称困难情形属实，不设法维持，势将相继歇业。“旋复据上海书业公会呈请援照新闻纸减费例，减低书籍印刷物邮资

① 《交通部训令第64号》，《政府公报》1913年2月20日第284号。

② 《交通部致印铸局查邮局现拟递寄公报办法三条尚属妥洽请查照登入政府公报函》，《政府公报》1913年6月7日第390号。

③ 张翊：《邮政机械之应用》，王开节、何纵炎：《邮政六十周年纪念刊》，第120页。

二分之一，亦经照准。”[①] 这一举措促进文化传播的同时，大大提高了邮政的业务量。

交通部鉴于邮政储金可以奖励储蓄，有裨民生，在各国行之已久，派员调查各国储金制度，1912 年交通部部员谢式瑾条陈设立储金筹备处。1913 年 2 月，交通部呈称：“以邮便储金关系国计民生，亟应从速试办。惟兹事体大，应先筹划详细，方足以利推行而资遵守。”[②] 乃设立筹备邮便储金委员会，由参事及邮政司长主持一切，并派冯农、钱春祺等员充作该会会员。在这一时期交通部做了大量开办邮政储金的前期准备工作。经过交通部的努力，民初邮政由长期亏损、依靠电政收入弥补，而逐渐转亏为盈，走上良性发展道路。

首先各项营业均有发展。1914 年所有经办邮件总数，如信件、明信片、新闻纸、印刷物及货物，已逾 69200 万件。较 1913 年计增 6275 万件。

邮路 1914 年较 1913 年增 26000 里。紧要邮差路，经重组，更为迅速。长线邮路交通均能保障，如自新疆省绥来县直连内地。扬子江上游宜昌、重庆之间邮路，已设有按时轮船。自甘肃、宁夏经太原以达北京，复设更邮路一条，经陕西、山西，系用昼夜兼程快班。1915 年邮差邮路合计 408000 里，轮船与民船邮路合计 59000 里，火车邮路合计 19000 里，共计 486000 里，约合英里 161900 里。管理局在 1912、1913、1914 年分别增加 48、45、21 个；一二三等邮局及支局 1909 年为 605 个，1914 年为 1462 个，代办所同期由 3606 个增加到 6841 个，邮件从 30600 万件增加到 69218 余万件，挂号邮件从 25598000 件增加为 57265000 件，快递与保险邮件从 908000 件增加为 5236553 件，信箱、信筒、信柜所收邮件从 16044000 件，增加到 41745888 件，包裹从 3280000 件增加到 7363878 件，汇出银圆从 4866000 元增加到 11986900 元，收存银圆从 4843500 元增加到

① 薛聘文、王士英：《邮政资费之沿革》，王开节、何纵炎：《邮政六十周年纪念刊》，第 43 页。

② 《交通部训令第 63 号》《政府公报》1913 年 2 月 20 日第 284 号。

12210600 元。[①]

邮政收支也明显好转，经过交通部整顿，使得民初数年为邮政营业繁盛时期，“民初数年每年收入平均约四百余万元。”[②] 邮政经过民初几年的发展，服务的范围逐覆盖至偏远乡村，取得了良好社会效益。各处繁盛乡村已有分设邮局，为服务偏僻村起见，可就近设法转递。按照历届统计，无法投递之邮件已渐次减少，不过千分之一。[③] 邮政已毫无疑问成为一“文明而高尚之职业”了。[④]

三　航政事业的艰难发展

（一）统一航政之努力

民国以前，船政主要由总税务司下设的理船厅管理。1909 年 9 月，宪政编查馆奏定行政纲目，明定理船厅掌职应归邮传部，由部咨请税务大臣移交。而总税务司坚执与理船厅不能划分，且以条约关系，海事工程暨船钞两项，绝不能移交华人。1912 年至 1914 年，交通部为了收回航政管理权，迭经交涉。1912 年 5 月交通部以航政纷乱，宜速筹划一之计，拟于沿江沿海各要埠，设立航政管理局。并拟具职掌章程呈大总统鉴核。称理船厅原系本部职掌，应俟与税务处妥商办法，另案办理。袁世凯批如拟办理。6 月咨行税务处请将理船厅移交直辖，7 月税务处咨复仍以条约关系，认为当从长计议，妥筹办法。[⑤]

1912 年 7 月，福建、湖北等省交通厅向交通部呈请，收回该省理船厅管辖船政，交本省办理，并请交通部“极力主持”。交通部回函称因各国尚未承认民国，交涉无法开展，但电咨福建都督可由该省外交司、关税司先行办理。9 月因湖北、广东已将船政收回办理，交通部专门致电黎元洪与广东都督胡汉民，咨询、调查办理办法，以作准

---

① 《内外时报——中华民国三年邮政事务总论》，《东方杂志》1916 年第十三卷第五号。

② 王晋玉：《邮政财务制度》，王开节、何纵炎：《邮政六十周年纪念刊》，第 137 页。

③ 《交通部批信业联合会代表签称信业被迫太甚筹议办法请准采择呈》，《政府公报》1912 年 10 月 7 日第 160 号。

④ 《内外时报——中国邮政史》，《东方杂志》1914 年第十一卷一号。

⑤ 交通部年鉴编纂委员会编：《交通年鉴》，交通部总务司 1936 年版，第 41 页。

备。1914 年 5 月交通部再次拟定航政管理局职掌章程呈袁世凯，将理船厅管辖事项应纳入该部范围。6 月交通部咨文税务处，称从前中国航政采取“放任主义”，由海关理船厅兼管，但管辖范围仅限于标识与检查船舶，“其他关系航政办法，尚付阙如。窃维海关兼任理船，仅为附属机关，税务、航务性质本不相同，在交通未设专部以前，自可权宜办理。现在本部官制，凡属航务行政，所有航路标识，监督船舶、船员等项职守攸归，责无旁贷。似宜归本部管辖，以符名实而便进行”。提出海关应即刻派员与交通部协商管理航政办法。但理船厅以《马凯条约》第五条为理由拒绝了交通部的要求。①

但是交通部还是积极努力，为统一航政而有所作为，这主要体现在颁布《修正轮船注册给照暂行章程》上。该章程 1914 年 5 月由交通总长朱启钤签署颁布施行。章程规定凡营业之大小轮船，无论官厅、公司或个人所有，均须遵照章程呈请交通部核准注册给照。轮船非经交通部核准注册给照，不得向海关领取船牌。凡轮船行驶航线，由交通部分别江海、内港各项，于执照内指定。各航商将部照赴海关呈验领取船牌后，按照指定航线行驶，并遵照各海关理船厅现行章程办理。经注册给照轮船由交通部通知航线内地方官署随时保护。此项执照可直接或由地方官及主管官署向部呈领。如遇推广营业、变更章程时须呈报交通部核准。规定海关应验明交通部执照，并注明验讫及日期，每三个月汇总报部。新置办轮船或急需开行，可暂办船牌，但限定三个月内办理。遇有推广航线、增设码头、更换船名、变更执照内容应到部更换执照。船只损毁、自行或官厅命令营业船只租售他人、违背政令等，交通部可吊销执照。又规定补办、办理执照费用及注意事项。声明补办期三个月，更换执照时间为六个月。② 这一章程的颁布彰显了交通部统一航政的决议，客观上形成民初交通部与海关共同管理船政，交通部作用越来越突出的局面。结束了清末海关独霸中国船政的历史。

---

① 交通部、铁道部交通史编纂委员会：《交通史航政编》第一册，（出版地、单位不详）1931 年，第 27—29 页。

② 《轮船注册给照暂行章程》，中国第二历史档案馆编：《北洋政府档案》第 85 册，第 393—398 页。

此外，交通部还与税务处督办梁士诒合作，不断扩大航政管辖范围。如1915年6月，交通部会同税务处制订《沉船条例》，呈请袁世凯批准；同月又会同制订《民船夜间悬灯章程》。1916年4月，交通部与税务处会同陆军部又制订《军警用轮船暂行章程》。[①]

（二）维持轮船招商局的国有地位

民国初年，航政方面主要的事件是围绕轮船招商局的国有还是商办问题，这一问题实际是以袁世凯、交通系为代表的北洋集团，与盛宣怀之间争夺轮船招商局的斗争自清末以来的进一步发展。

1902年袁世凯以北洋官业合法继承人的身份与名义，利用盛宣怀丁忧辞去各职机会奏请将招商局归北洋督办。该年秋，袁世凯将盛宣怀的亲信郑观应排挤出局，次年任命杨士琦为招商局总理，以沈能虎、徐润为会办，将商董改称总董，北洋集团开始了长达5年的对招商局的官督商办的管理。郑观应对官督商办极为反对，他称："盖官督商办者，既有委员监督，而用人之权，操自督办，股东不能过问……结党营私，毫无顾忌，而局务遂日归腐败矣。"[②] 盛宣怀也在1907年初即积极鼓动江浙股东，在上海愚园计划开会，"决议由商人自禀商部立案承办"[③]。

袁世凯被开缺后，盛宣怀在1909年3月联合郑观应等筹划召开第一次股东大会，图谋商办，夺回轮船招商局。但邮传部在该年8月举行的股东大会上干预正坐办、副坐办、会办兼总董的人事安排，并正式接管招商局。这实际上是尚书徐世昌同盛宣怀争夺招商局控制权的又一步骤。盛宣怀迅速反击，9月招商局召开了第一次董事会会议，推举盛宣怀为正主席，并对办事机构作了调整。部委坐办与商选董事会同时并存，招商局进入了所谓商办隶部时期。[④] 1911年盛宣怀取代徐世昌任邮传部尚书后，更是进一步加强了对该局的控制。至辛

---

① 张心澂：《中国现代交通史》，第三编，第27页。

② 聂宝璋、朱荫贵编：《中国近代航运史资料》（1895—1927）第二辑上册，中国社会科学出版社2002年版，第519页。

③ 交通部、铁道部交通史编纂委员会：《交通史航政编》第一册，（出版地、单位不详）1931年，第186页。

④ 张后铨：《招商局史（近代部分）》，第243页。

亥革命前，可以说北洋集团与盛宣怀之间争夺轮船招商局的斗争一直没有停息，而这一斗争表面呈现为北洋集团代表政府坚持官办立场，而盛宣怀代表股东立场，坚持商办。

民国建立以后，双方斗争经历了以下几个事件。第一个事件，招商局反对北洋政府与交通部推行“官督商办”政策。民国建立后交通部设立航政司，意欲统一航政，其目标不仅在将招商局收归国有，同时对外国轮船公司也予以抵制。朱启钤在交通部呈袁世凯文中，报告设立航政司下属之航政管理局原因时，称：“现拟于沿江海各要埠设立航政管理局，目前财政支绌，不能同时并举，拟先择要设置一二局，逐渐推广，仍随时酌量情形，增设分支各局，籍资监督。所有各该局常年经费暂以注册费拨充，撙节动用，尚足敷支。一俟该局成立以后，即将该管辖区域内旧设之航政各机关概行裁撤，以归统一。”①

正是本着这样的动机，1912 年 11 月交通部曾委派施肇曾与曹汝英二人以“审查员”身份到上海推行“官督商办”政策，同时袁世凯命杨士琦往招商局查办改组事宜。当时曹汝英为航政司司长，交通部令其设法维持招商局。之后又“添派”施肇曾前往，足见对将招商局收为官办何等之重视!② 但交通部此举遭到招商局股东强烈抵制，广东籍股东郑冲礼称：“交通部不名一文，竟欲强占招商局，此种举动，较之满清的铁路国有政策尤为专制。”郑崇礼等还联合各地股东，发起“招商局救亡大会”，邀请上海各工商团体参加，引发了极大的社会风潮。③ 在这样的情况下，袁世凯为防止冲突产生，只好将官督商办暂时收场。

第二个事件，袁世凯与交通部利用招商局重组新公司之际，意图控制招商局。民初招商局经营存在许多弊端，“客脚有弊，栈房有弊，修船有弊，买煤有弊，买物有弊，账房有弊，房租有弊，无不有弊”④。招商局即使到 1914 年可同时停泊 23 艘普通江轮。在上海的产

---

① 交通部、铁道部交通史编纂委员会：《交通史航政编》第一册，第 18 页。

② 《派杨士琦查办招商局改组》，《东方杂志》1913 年第九卷第七号；《交通史航政编》第一册，第 17 页。

③ 张后铨：《招商局史（近代部分）》，第 263 页。

④ 夏东元：《郑观应传》，华东师范大学出版社 1985 年版，第 239 页。

业，据保守估计应不少于2000万两。公司的船队包括30艘轮船，总计54367吨。这些船当中21艘已使用甚久，一艘甚至达44年。只有9艘是在1896年至1912年间建造的。船队的市场总值不过150万两上下，至少有40%蚀本开航，浪费钱财和管理不善现象到处可见。招商局股票共4万股，每股股价140两，总值560万两，其中盛宣怀占13000股，李经方4000股。1912年12月间，股东们曾经想把招商局卖给政府，要价1150万两。其中800万两为股票价值（即每股200两），另外的350万两偿付招商局所欠的各项债务。① 从上述材料中可以看到。民初招商局的总体经营、财务状况和甲午战争前后的发展时期相比，是极不理想的。因此改组招商局，优化经营与管理制度，扩大股本是客观要求。无论北洋政府交通部，还是招商局内部股东在这一问题上看法都是一致的。

1912年7月，招商局全体股东在上海张园开会，讨论新公司重组问题，董事会决议“召人承任另组织新公司”，并“以现银交易股票为主”。各股东来电纷纷表示反对贱价出卖外国人，力戒洋商参股，免失主权。② 当时出现广东籍商人刘学洵与招商局谈判欲以600万两承买股票，而招商局董事唐德熙、陈猷则坚决反对。③ 唐、陈二人实际出于私利，意图趁公司改组之际，将公积银90万两以花红名义瓜分，故指控公司此举“恐有映射”，“暗售于外人”，请袁世凯与交通部主持此事。这就为袁世凯插手招商局改组事宜埋下伏笔。

袁世凯先是将新公司愚弄股东，盗卖航权，及各地股东来电反对出卖一事提交国务会议讨论，又令交通部派员彻底清查。当时沪上称此举，“可以拨云雾而见青天，宵小之伎俩必有水落石出一日”④。随后，交通部也表示：“上海招商局股东内斗，群情惶惑。兹为注重航权起见，无论如何为难，当由中央补助，拟按照资本四百万，每年由政府保息一分，参酌各国成案，特订补助章程，并由部特派专员实行

① ［澳］骆惠敏：《清末民初政情内幕》（下册），第329—331页。

② 《招商局贱卖船产之阻力》，《申报》1912年8月4日。

③ 张后铨：《招商局史（近代部分）》，第264页。

④ 《专电》，《申报》1912年8月3日；《清谈》，《申报》1912年8月6日。

监督。”[①] 而媒体透漏，刘学洵实际不名一文，受国民党指使，以“仇盛宣怀为名义”，插手此事。所拟募800万两收购招商局，“内中三百万两系拓殖公司所有，此款与南京政府诸重要伟大人物有关系，余五百万两确为日本人资本，名为改组，实同中外合办”[②]。因此袁世凯与交通部彻查改组一事是力免招商局主权丧于外人之手，这一意义必须肯定。交通部提出实行部辖监督，国家补助的方法是合理的。

此后，袁世凯令杨士琦南下彻查招商局改组事宜，一时间沪上传闻招商局将收归国有。招商局内部为抵制国有，乃提出如归国有，仍须每股给还现银200两。[③] 而按照最早提出招商局改组的王存善的提议，公司招股承领额为600万两，每股作价150两。[④] 因此股东大会提出的每股需按200两收购，实为对北洋政府的恶意拒绝。北洋政府对此项要求因财政支绌原因难以接受。1912年年底，招商局股东发起组建新公司，并通过添发新股补助公司办法。对此交通部表示不反对组建新公司，但要求公司必须在4个星期内付清现银800万两，并承担300万两旧债，否则新公司仍先尽政府组织成立。同时杨士琦表示，未完成政府规定之招股方案前，新公司成员“均无官员资格”，将行政权仍牢牢掌握在其手中。[⑤] 交通部还电令：“在未经部准以前，该局（轮船招商局）如有新发股票及以该新股票转售、抵押或被人没收等情事，无论内外国人收执此项票据，不得作为有效。”[⑥] 这样在外有北洋政府、交通部的严格约束，内有董事会的对立下，新公司运行始终处于有名无实状态，到1913年6月，招商局重组董事会，新公司宣告解散。

第三个事件为盗卖风波。盗卖风波源于1912年。招商局接陆军全体将校及沪军都督转行中央政府急令，“以民国新立，军需孔繁，暂假招商局抵押银一千万两备用，由中央政府分年担保本息”。1912

① 《关于招商局事之要点·国务院电》，《申报》1912年8月17日。

② 聂宝璋、朱荫贵：《中国近代航运史资料》（1895—1927）第二辑上册，第628—629页。

③ 夏东元：《郑观应传》，第241页。

④ 《招商局董事温宗尧对于股东报告本局内讧之内容》，《时报》1912年9月11日。

⑤ 张后铨：《招商局史（近代部分）》，第265页。

⑥ 《中国大事记》，《东方杂志》1914年第十卷第十二号。

年南京政府派陈其美、汪精卫与招商局会议借款。该借款遭副总统黎元洪的反对，因此没有完全实现。但是，招商局董事会迫于政府命令，进退维谷，最后避重就轻，以房产抵押借款50万两。[①]

当时，“革命分子迫使这家中国航运公司要么将公司卖掉，要么同意巨额借款。按计划，所得新款是要交给革命新政府的，该政府答应晚些日子用某些未曾说明的特权报答该公司。日邮和日清轮船公司自告奋勇出面做贷款人，答应借给一千万两，以中国公司的船队作抵押。这笔借款实际上未经过讨论就于2月1日在革命分子控制下的一次招商局股东会议上通过了。”200名股东大多反对，但却敢怒不敢言，其他股东的来电也被会议领导置之不理。“可最后该借款却被逃避了（指轮船招商局暂时取消向日本公司借款），部分是由于袁世凯，他是北方系的、更为保守的反日军方代表人物，在3月份成了新共和国的临时大总统；部分是由于香港汇丰银行介入。后者向招商局提供了一笔150万两的借款，其中三分之一给了革命分子”[②]。

而此后刘学洵受国民党支持向外国人借款，利用招商局重组之际意图控制该公司，将船产卖给外国人。当时舆论报道“兹至各团体电达北京后，袁大总统以此事事关中国航路主权，特派高等参议蔡廷干率同精于商业之司员数人，克期南下，妥筹善后”[③]。

除了刘学洵借款盗卖轮船招商局外，盛宣怀在辛亥革命后流亡日本。由于惧怕革命党将其所控制的企业变为国有，盛宣怀以汉阳铁厂、大冶煤矿、萍乡煤矿及轮船招商局、扬子电器公司等作为抵押向日本借款2000万元。

对于招商局面临的被盗卖给外国人的危险，除了舆论揭露外，北洋政府与交通部也积极采取措施予以防患。经与公司磋商，1912年12月达成谅解，公司同意政府以1150万元购买。后因政府无款实现这一计划，谈判毫无结果。但交通部仍坚持有优先赎买和优先

---

① 交通部、铁道部交通史编纂委员会：《交通史航政编》第一册，第164页。

② 聂宝璋、朱荫贵：《中国近代航运史资料》（1895—1927）第二辑上册，第596页。

③ 《袁总统注意航路主权》，《申报》1912年8月14日。

借债之权。[①] 交通总长朱启钤对盗卖轮船招商局一事，不仅派员赴沪考查，并且明确表示该局非由国家维持不能继续举办。该局为航业性质，自应隶属交通部，而招商营运，又附带商业性质，应提交国务院会议划分与工商部权限。

而国务院会议定："中国航业只此一局最为重要，无论如何为难，必须设法维持。现已决议，由中央岁出补助经费以为永久维持。"至该局管辖权限，凡关于行业及用人之权，由交通部主持，"于局中法律上事件，属于工商业之经营者，则归工商部厘定，以归划一。"[②] 交通部还将刘学洵盗卖局产一事以公电形式通电全国，称："竟不料少数不肖股东为个人营私起见，忍弃全国航权，甘为民国罪人而不顾也！""所有刘学洵托名收买局产一事，应由该局集合在事同人并多数股东，竭力劝导。本部当与国民共同抵拒，务达保全目的。"并表示一面由部继续提供补助，一面筹款弥补各项亏欠。[③] 交通部针对招商局可能出现的被盗卖，航政主权丢失的危机，作了积极应对。国有化、归部直辖，由中央拨补都是符合当时实际情况、有望解决危机的办法。但是由于股东大会对国有化的抵制，政府与轮船招商局就收买价格无法达成一致意见，加之盛宣怀在这时积极插手局务，使得这些方案最终无法实现。

第四个事件是更换股票事件。1913 年 6 月，招商局进行董事会改选，已回国的盛宣怀与郑观应积极活动，而袁世凯也让杨士琦故意缺席会议，意图造成董事会流产，使盛宣怀的计划破产。结果双方互作让步，在股东大会上，杨士琦与王存善当选为董事，而盛宣怀与郑观应也同时当选，9 名董事组成新董事会，杨士琦与盛宣怀成为正副会长。股东大会还声明："注重商办所有用人之权即由商主之。""援照公司章程公举经理协理主持局势。""拟请盛宫保（盛宣怀）为总理，杨侍郎（杨士琦）、李龑侯为协理。"[④] 这表明，盛宣怀初回上海时，

---

① 聂宝璋、朱荫贵：《中国近代航运史资料》（1895—1927）第二辑上册，第 599—600 页。

② 《太平洋报》1912 年 9 月 26 日。

③ 《公电》，《申报》1912 年 8 月 9 日。

④ 交通部、铁道部交通史编纂委员会：《交通史航政编》第一册，第 202 页。

董事之中“九人有八人阿附盛杏荪”① 现象在此次股东大会上虽有减削，但在盛宣怀的活动之下，招商局董事会仍以商办为宗旨，与袁世凯、交通部的国有主张持续对立。新董事会要求北洋政府稽查员与交通部所派监督，“与商举之会长办事权限各不相侵，以仰体政府恤商之至意，即以保全本公司完全商办之性质”②。

交通部此后对轮船招商局成立积余产业股票一事持坚决反对意见。1914 年年初招商局举行股东特别会议，实行航、产分开。目的是保全资产，杜绝私卖私借和避免“局外人之妄想”，股东会议决定，将与航运业无关的房产以及其他股份划出，共值 324.6 万余两，约合洋 524.6 万余元，另立积余产业公司，分填两种股票，在航业项下加填股份 440 万两，以 400 万两分派股东，以 40 万两作为花红公积分派各办事人员；在积余产业项下除酌留公司预备金外，加填股份 440 万元，以 400 万元分给股东，以 40 万元作为花红公积分给办事人员。由于各股东获得实在利益，均予以支持，并纷纷到局更换股票。③此举显然得到盛宣怀的支持，他在给王存善信函中曾讲，“鄙见不如仍照我公原议，不必格外要好，转生枝节，并将刊本积余产业章程，即行登报”④。

朱启钤呈请袁世凯批准，不准轮船招商局将产业、行业股票分立两种，派杨士琦与王存善到局稽查，于两股票加盖戳记。命令所有股票存户，积余产业，均不得分立为二。称 30 余年间几经蹉跌，全恃官力维持。经查实，“所分股息，率多取给成本，几于剜肉补疮。不可收拾。今徒加增股票，粉饰外观，自欺欺人，于事何济？设竟辗转售卖，浸至暗弃航业，试问该董事会何能当此重责”⑤。交通部还严令根据公司章程第六节，该局产业如有售变卖换，必须禀部核准。“现在该局财产实在若干，所估价值是否正确，对外方面有无应还债

① 张后铨：《招商局史（近代部分）》，第 268 页。

② 同上。

③ 同上书，第 272—273 页。

④ 《盛宣怀致王存善函》，陈旭麓、顾廷龙、汪熙主编：《轮船招商局》，上海人民出版社 2002 年版，第 1220 页。

⑤ 《中国大事记》，《东方杂志》1914 年第十一卷第一号。

务，以一公司资本所经营之财产析而为二，是否适当，均应详细调查以昭妥慎。现在本部会同农商部切实审查，所有此次办法，非有两部核定不能作准，在未经部准以前该局如有印发新股票及以该新股票转售、抵押或被人没收等情事，无论内外国人收执此项票据，不得作为有效。应即一体周知。”①

袁世凯还明确表示：“产生于航，航倚于产，断无可分之理。”并由外务部照会各国，不得收买轮船招商局股票，以重国权。② 由于袁世凯与交通部的强硬措施和鲜明态度，使得两种股票未能分立，但积余产业公司仍旧得以存在。袁世凯与交通部对轮船招商局坚持国有之方针，始终坚持。1912 年 9 月国务会议，再次重申“轮船招商局所办事业于全国海权及航线皆大有关系。既于全国有重要关系，国家不能不维持而资助之。交通部每年负担轮船招商局利息 40 万元，又补助其流动资金百余万元，是则交通部对于招商局既有巨款之辅助，即不能不监督之。”③

虽然交通部付出极大努力，但是轮船招商局国有化的计划没有实现。轮船招商局也结束了清末以来的官督商办历史，进入所谓的“商办时期”。但商办时期，轮船招商局经过短暂繁荣后，即陷入前所未有的萧条时期，同时经营、管理上的弊端、腐败也空前严重。这与同一时期民族资本进入“黄金时期”形成鲜明反差。我们不禁要思考，为什么轮船招商局商办以后陷入困境，民初交通部提出的国有化方案究竟是利大于弊还是弊大于利？

（三）促进民初航运发展的重要举措、政策

1. 统筹规划、挽回利权

航路与国家有密切关系，在平时可以输送物品，在战时能运载兵役。交通部拟定航运发展规划，分为国内、国外两种。国内航路，分长江、沿海、内河等自由主权之权。国外航路须由所经各国协议，长崎、神户、马关、横滨、香港、西贡、新加坡、檀香山、旧金山、好

---

① 《交通部关于招商局事之布告》，《申报》1914 年 4 月 3 日。

② 张后铨：《招商局史（近代部分）》，第 273 页。

③ 《招商局决议归交通部监督》，《盛京时报》1912 年 9 月 11 日。

望角等以上各地，得各国允许后，“制造邮便船一面运载商品，一面递送信件并游历南洋，保护华侨。庶太平洋面中国之旗帜往来不绝。如得同意，即由本部筹议，各总长甚韪其说”①。

交通部在1914年还提出派员加入国际航海协会，编订航政各项法律，规划成立海事局。同时为应对海事纠纷，统一执法，筹设航务审判所。这都是交通部提出的维持航业的短期目标。② 交通部鉴于民国航业现状极为幼稚，不仅远洋航路尚无一公司组织，即沿海航路除招商轮船公司外，尚无第二公司出现。故提出拟创办一规模极大之轮船公司。资本金暂定为5000万元，官商合办出股五分之二，其余五分之三向内地资本家及南洋侨商募集。订购新式之大小轮船3—40艘，所经营之航路为（甲）外洋航路暂办三线，亚欧线、亚美线、南洋群岛线。（乙）沿海及内河。定名为中国邮船公司，所有官股概不取息，以资奖励。③ 中国邮传公司后在1915年成立，以30万元美金购得美洲太平洋邮船公司轮船一艘，成立之日即开辟旧金山经檀香山、日本至上海、香港航线，“实为我国汽船通行太平洋之始”。第一年即获利10万元，之后相继添购两艘轮船。“公司三轮均得各国商人之信用，每次客货盈舱。交通部为奖励远洋航业起见，以该公司每年所纳船吨税，由部发还，移作奖金。”1916年奖励5万元。④

2. 扶持商船公司发展

民初，因为轮船招商局商办化，其他官办轮船公司发展有限，所以国内轮船公司主要以商船公司为主。据统计，1912年商船总资本27599961元，船数为1380艘，总吨位为120719吨。1915年分别为37136291元、2056艘、161109吨，1916年则为39937141元、2146艘，173417吨。有的商船公司如宁绍公司自开办后，至民初连年亏损，而从1914年起开始盈余，1916年后更是连年盈余。⑤

---

① 《交通部进行之一斑》，《申报》1913年12月3日。

② 《交通部之政见及大事记》，《时报》1914年10月25日。

③ 《中国邮传公司将出现矣》，《申报》1913年12月5日。

④ 张心澂：《中国现代交通史》，第289—290页。

⑤ 交通部、铁道部交通史编纂委员会：《交通史航政编》第一册，第134—135、385页。

交通部扶持商船公司主要体现在以下几方面。第一是对于积极发展航运的船商给以奖励。如1915年1月，交通部呈文袁世凯，称东南沿海临近强邻，通商行船自关重要，但现今仅有三家航运公司。其中新加坡华侨林秉祥创建的和源号规模较大，经营南洋航线。林秉祥系新加坡中华商会总理，“祖国公益，屡屡乐输”。现购置大船五艘，资本过千万。“中国通商，多半出其规划。”此外泗水商务总会总理黄俊慧等对于通商行船贡献颇多。另有仰光华侨林振宗，兴办双德号，购置巨轮4艘。以上三人，都是福建籍华侨中，“航业之最著者，扶助国家，裨益侨黎，洵有勋劳于国”。交通部提议奖给林秉祥等五人勋章，黄俊慧等五人匾额，并分别奖给林秉祥、林振宗、黄俊慧等四等、五等嘉禾勋章。①

第二是对商船公司承担库银、官用物品，赈灾物质、难民遣返、展览会等运输，施行减免税政策。如1914年8月，财政部咨交通部因中交二行转运库款，需轮船招商局转运。交通部随后与招商局协调，并咨文财政部称：“招商局系属完全商报，所称承运官用物品均以七折为准一节，核与成案相符。”再如1914年12月与1915年1月，浙江巡按使屈映光、安徽巡按使韩国钧致电交通部，因采买粜米，接济灾民，由招商局承运，请求运价以七折计算，得到交通部同意。1914年10月，交通部致电招商局同意免票运送因欧战回国华工，以示体恤。②

3. 谋划葫芦岛开埠

1915年1月，政事堂提请交通部会同外交部等会议葫芦岛开埠一事。交通部等派员调查，称葫芦岛为北方全属政府管理唯一大港，且其开埠后较秦皇岛更佳。葫芦岛常年不冻，又有京奉路连接，并已有智利等国工程师勘察、建设。该港开埠对于军事、经济均意义重大，不容稍缓。袁世凯批令奉天巡按使遵照办理。开埠一事虽然之后并未立即启动，但是1919年以后成为北京政府十分重视的一件事情，对

---

① 交通部、铁道部交通史编纂委员会：《交通史航政编》第三册，第1058—1059页。

② 同上书，第1046、1052—1053页。

于民初航运业的发展也产生极大影响。[1]

交通系的民初四政政策，其主要倾向为国有化问题。如路政方面推行商办铁路国有、借债修路、崇官抑商政策、统一路政政策、加强铁路国有资产管理，实际反映出交通系对铁路事业必须由国家垄断经营；为促进国有铁路营运、管理、建设、财会制度的发展，则以统一路政、完善国有资产管理制度为手段。在电政方面则颁布有《电信条例》，明定国有原则，在管理上分设电政管理机构。在邮政上，设立电政管理区、废除驿站，打击民信局和客邮，厘定邮政司与帛黎之间的关系，无不是强调国家力量在邮政领域的扩张。航政方面则更激烈地表现为轮船招商局的官办与商办之争。这其实反映出交通系民初交通四政政策带有鲜明的国家资本主义特色。从实际效果看，国家资本主义政策在交通领域对促进四政的发展、改观具有明显效果。特别是铁路、电信与邮政，在袁世凯统治时期其发展成就是不容抹杀的。

---

① 交通部、铁道部交通史编纂委员会：《交通史航政编》第四册，第2104—2108页。

第三章

交通系与民初金融

袁世凯统治时期，交通系在金融、币制方面发挥的巨大作用，主要通过梁士诒与周自齐二人体现出来。梁士诒在民初担任金融、币制方面的职务主要有：1913 年 5 月 16 日至 9 月 1 日署财政次长，代理部务。1913 年 2 月 19 日与周学熙、梁启超、陈威等列特设之财政委员会委员，筹划全国财政。1914 年 8 月梁士诒被华洋各董事公举为内国公债局总理。1914 年 5 月 2 日任税务处督办。① 此外，1912 年 5 月，经股东联合会公举，呈准交通部委任，梁士诒当选交通银行总理。1914 年 5 月，经股东总会选举再次当选。② 1914 年袁世凯令成立新华储蓄银行，由中交二行投资，梁士诒与周自齐、叶恭绰等具为该行董事。③ 周自齐在民初金融、币制方面的职务主要有：1914 年 2 月 9 日至 1915 年 3 月 5 日，1916 年 5 月 20 日至 6 月 23 日两任财政总长。④ 在中国银行，周自齐自 1913 年 8 月 21 日起便担任中国银行总裁，在财政总长任上又兼中国银行督办（副督办为交通系人物陈威）。1916 年中国银行发生停兑风波时，袁世凯特意将周自齐任命为财政总长兼中行督办，对周自齐、陈威请辞该职一再挽留，称：“现值财政支绌，调剂金融实为当务之急，该督办等热诚任事，素能顾念

---

① 岑学吕：《三水梁燕孙（士诒）先生年谱》（上册），第 137、154、128、201—202、186 页

② 交通银行总行、中国第二历史档案馆：《交通银行史料（1907—1949）》第一卷，第 106 页。

③ 银行周报社：《银行年鉴（1921—1922）》，（出版地不详）1922 年，第 27 页。

④ 刘寿林：《辛亥以后十七年职官年表》，第 41—43 页。

大局，仍望悉心擘画，勉为其难。”[①] 足见袁世凯对周自齐与陈威二人的倚重。

交通系对民初金融、币制影响主要包括使中交二行取得国有银行、央行地位；二行取得特许经营权，并将国家财政与二行金融活动融合为一，如代理国库、经理公债、财政垫款等。二行之外，新华储蓄银行也是交通系影响民初金融与财政的主要机构。同时中交二行对工商企业的经营、发展，积极提供贷款等金融服务，起到了金融机构应起到的作用。币制方面，主要是整理各种滥币，统一币制，并为币制改革及《国币条例》的颁布奠定良好的经济基础。交通系在金融、币制方面的政策有突出的国家资本主义特征，即利用政权，将国家财政与金融、币制方面的政策合为一体，使得国家资本、国有制经济以官办、官督商办形式，在金融等领域扩张；并以财政、金融币制政策干预、影响社会经济的发展和社会经济资源分配，突出稳定国家财政金融，谋求货币政策统一，金融机构由国家统制的目的。

第一节　对中交二行的控制与影响

中交二行是交通系在金融领域的据点。其对中交二行的控制主要指在人事与行政管理上的控制，对中交二行的影响主要指使二行在民初成为国有银行、中央银行，在其业务上取得特许经营权。

一　控制中交二行的人事与行政管理权

（一）控制交通银行的人事与行政管理权

交行主要组织、机构自清末依照奏定章程规定设有股东大会、董事会、总管理处（设有总理、协理、帮理等职务）等，民初沿革如故。辛亥革命以前股东大会举行过两次。辛亥革命爆发后至1914年5月间，因时局动荡，此间未召开股东大会，而临时设立南北股东联合

① 中国银行总行、中国第二历史档案馆编：《中国银行行史资料汇编（1912—1949）》上编第一册，档案出版社1991年版，第102、97页。

会。1914 年 5 月 24 日，交通银行在北京召开第三届股东大会，股东联合会选举梁士诒为交行经理。梁士诒复于第三届股东大会蝉联交行总理，交通系人物任凤苞在 1912 年 3 月由邮传部派任交行协理，在第三届股东大会上被选任为协理，得以连任。任凤苞还在 1916 年 7 月，梁士诒离任总理职务后，经董事会公推兼代总理。董事会成立于第三届股东大会时，第一届董事会选举张勋、鲍宗汉、施肇曾、陈锦涛等 7 人为董事（奏定章程规定交行成立时董事只设 4 人），以张勋为董事会主席。但 1928 年，前董事会并不参与日常事务，常务董事系辅助总理、协理执行职务。在第一届股东大会召开前，董事会会议时以总理为议长。①

1914 年 4 月 7 日，袁世凯公布《交通银行则例》，并由国务总理孙宝琦与财政总长周自齐、交通总长朱启钤副署。规定董事会 5 人以上，11 人以下，由持有 200 股以上股东选出，任期 4 年并得连任，呈报财政部与交通部备案。交行设总理、协理各一名，并新设帮理一名。总理、协理分别由持 400 股、300 股以上股东选出，呈交通部转咨财政部存案，任期 5 年并可连任。而帮理一职为交通部委派，由路政局局长充任。交通银行股东大会每年只开一次，如有特别事故，得开临时股东大会。《交通银行则例》第十六条特别说明："交通银行总、协、帮理及董事之责任、权限，另以章程定之。"② 董事会自此成立，虽以董事为主席，不再以总协理为议长。但是董事会职权未有章程订定，只以审查账目为主，由董事会推举审查决算董事，时称查账董事（1925 年设置监事后此制废止）。③ 还需一提的是清末奏定交行章程规定于持有 40 股以上股东中选举监事二人，负检查行政与稽查一切款项事务，任期 2 年。但始终没有照章选举。"民国三年公布本行则例，亦无设置监事之规定……"④

由上可见，交通银行实权掌握在握有行政管理权的总理与协理手

---

① 交通银行总行、中国第二历史档案馆：《交通银行史料（1907—1949）》第一卷，第 38、106、39、55 页。

② 同上书，第 189—191 页。

③ 同上书，第 56 页。

④ 同上书，第 74 页。

中，而董事会与股东大会权限、作用较弱。交行自成立至1934年设总行前，最高权力机构为总管理处。设管理处之初，除董事、监事外，总理、协理由最大股东邮传部奏派，专管总分行事务。帮理由路政人员充任。“使铁路款项收支互相关顾，不生牵掣；有总稽查，亦由部奏派，专司稽查。又次有咨议，亦系部派，会同咨议开办事宜及簿记管理。有总办、副办，由股东在总管理处呈部核定人员内选举，专理总分行一切事务。”总管理处内设有稽核所（负责会计、账目）、信电所（负责文书、公债）、物料所（负责庶务、钞券、物料）、汇划所（负责收支），职员由部与铁路总局派员兼充。民国以后总管理处制度未有大变化，只是总理、协理由股东选举请部委派，是为股东总会正式选举总理、协理之始。“总管理处之组织，除稽核所已于民国二年改为统账处外，多仍其旧。”[①] 交通银行1912—1916年间总理、协理、帮理人选，除梁士诒、任凤苞连任总理、协理外，担任帮理的交通系人物为叶恭绰与吴应科。可见以总管理处为核心的行政管理权实际被交通系所掌控。因此在当时就有人评论总管理处，“帮助总协理综理全行事务”[②]。

实际上，交通系与股东之间围绕交行权利归属的矛盾与斗争并非不存在。清末李经楚任总理时，挪用行款给义善源、源丰润银号，为数210万两之多。结果两银号倒闭，所欠巨款无法归还。交行资金因此周转困难，辛亥革命前已到了一蹶不振、难以为继的局面。所以众股东引以为戒，对官僚把持交行，而众股东不能过问行务甚为抵制。因此在第一届股东大会召开之际，不仅要求总理、协理不由部派，而由股东推选，还进一步要求在1914年修订行章时，厘定帮理权限。因为“帮理是交通部在交行统治权力的总象征，股东早就不满帮理对行务的干涉”[③]。而对于交通系来说，交行主要资金来源为铁路款项，而为保证其收支方便，就必须保证路政人员牢牢掌握帮理一职。这次斗争中交通系最终成为赢家。对于这次股东

① 交通银行总行、中国第二历史档案馆：《交通银行史料（1907—1949）》第一卷，第92—93页。

② 《修改本行章程之经过》，《交通银行月刊》增刊第一号（1925年）。

③ 翁先定：《交通银行官场活动研究（1907—1927）》，第399页。

与交通系的矛盾、冲突，舆论曾报道如下："自该行质问财、交两部之事发表，一般股东大为注意，内中有一部分人不满现任职员，且觊觎其权力，加以外部煽惑，向周符尤氏协商意见，反对前次选举，欲籍周力以推翻一切，盖周固为最长股东也。周答，现在行员较李经楚时代总觉改良甚多。现在行务日行发达，股票已值40余万两，亦极为满意。"①

第一届股东大会前，交通部一直视交行为附属机构，主要依据1907年的《交通银行奏定章程》。1914年交行在呈请袁世凯修订交行章程时称，本行前清所有各项章程、条款，均有奏定专案，民国改建，继续有效。该行自民国以来，"维持地方金融，辅助国家财政，厥功至伟，虽系营业机构，资本亦多商股，然开办该行之本意，原为辅助交通事业起见，且经前邮传部附入资本至两万股之多，与他项股份公司固有区别。其所经营事业，如掌管特别会计之国库金，及委托分理金库等项，尤非寻常商办营业可比，是交通银行则例直接关系该行之信用，间接关系国家之信用"②。这反映出交通银行因其历史渊源与交通部关系密不可分，这不仅仅体现在交通部入股上，也反映在交行业务与交通四政的密不可分之关系。由此决定交通部、交通系对该行人事、行政管理权的牢牢掌控，而客观上这一做法与交行乃至国家财政信用的保障是有利的。

（二）控制中国银行的人事与行政管理权

依照1913年4月15日由袁世凯公布之《中国银行则例》规定，财政部与财政总长对于中国银行人事及行政管理权如下：中国银行增加股本得有股东总会议决，但须经财政总长核准后，再行添招；总行、分行（号）设立及与其他银行订立代理合同或汇兑契约，须经财政总长核准；总行营业年限展延须经财政总长核准；营业净利中提取公积金、摊派股利，须经股东总会议决，呈由财政总长核准；将公债与有价证券作抵押举借定期、活期借款，其金额、利息须经总裁、副总裁、董事、监事随时议决，并经财政总长核

① 《交通银行暗潮之近况》，《时报》1914年7月28日要闻。

② 周葆銮：《中华银行史》，商务印书馆1923年版，第二编，第11—12页。

准；在商股未招满一万股之前，董事、监事由股东总会选任持有50股以上股东担任之规定不得适用，董事、监事人数及选任均以财政部令定之；总分行（号）及代理处应行报告事件及程式，由银行呈准财政总长订详细章程办理；财政总长对于中国银行一切业务，如认为违背则例及本行章程，或认为不利于政府，皆可制止；财政总长得派监理官一人，监视中国银行一切事务；中国银行须照本则例主旨详定章程，付股东会议议决，遇有增改情形，呈请财政总长核准。①

依据则例规定，交通系领袖得以财政部首长身份干预中国银行人事及行政管理事务，他们还与其他政治派系为争夺中行权利而展开斗争，这突出表现在中国银行正副总裁任免上。民初中国银行人事更替异常频繁，“财政总长更易一次，总裁即随之俱去，以致人无固志，垫款迄无限制”②。民初大清银行改组为中国银行后，最初由交通系人物吴鼎昌任监督，但因与周学熙相处不甚融洽而辞职他就。后由周学熙亲信孙多森任筹备处主任。周学熙任财政总长时，让孙多森与另一亲信聂其炜主管中行，分任正副总裁。1913 年 5 月，周学熙因善后大借款被参议院参责而辞职。袁世凯派总统府秘书长梁士诒署理财政次长，代理部务。梁对中国银行垂涎已久，就乘此机会排挤孙多森和聂其炜，一心想把中行拿到手里。袁世凯经常向孙多森表示，为了对付国民党，军事方面很紧张，要孙在财政金融方面给他缓一口气。孙却坚持银行利益，不肯过分通融。袁遂借此机会把孙从中行调开。当孙已调职尚未离开北京的时候，梁士诒忽派钱币司长吴乃琛对聂其炜说，政府需款孔亟，要聂答应中行按月担负经费450 万元，以 5 个月为期。聂称中行无从担负如此巨款，请部另行筹划。吴即和聂去见孙多森，孙也很支持聂的意见。7 月间政府公报即登载财政部派公债司长陈威代理中行总裁、钱币司长吴乃琛代理副总裁的通知。而按照中行则例的规定，总裁、副

① 中国第二历史档案馆、中国人民银行江苏省分行、江苏省金融志编委会：《中华民国金融法规选编》，档案出版社 1989 年版，第 160—163 页。

② 中国银行总行、中国第二历史档案馆编：《中国银行行史资料汇编（1912—1949）》上编第一册，第 346 页。

总裁任期五年，财政部不应随便调动，也未向聂其炜说明。据聂其炜回忆：“梁是总统府秘书长，这一通知又说是‘奉总统面讽’，我于是才明白这一套把戏，完全是梁在要弄，其目的无非想把中行拿过去，但我对外依然无所表示。”① 这是梁士诒在财政部署理部务期间，交通系趁机进入中国银行权利层的开始。

1913 年 8 月周自齐出任中行总裁，“是故总统之意，任周为总裁，即系为发行钞票，管理国库之张本”。“汤君（汤睿）为经济大家，周氏有财政经验，相助为理，或能日有起色。”袁世凯原有让周自齐担任财政总长意向，因为周学熙取代，故安置中行总裁要位，实际上是将币制改革重任寄于周自齐身上。② “周自齐任财政总长后改任汤睿为总裁、项藻馨为副总裁，汤是进步党首领、熊希龄‘名流内阁’成员梁启超推荐的，后熊希龄内阁被袁解散，汤和项也随之下台。周自齐又任同党、交通系要人萨福懋（清末海军提督萨镇冰之子，交通系成员）为总裁、陈威为副总裁。”③ 这是交通系势力在中国银行内部的进一步扩张。

按照中国银行则例，中行主要组织、机构为股东总会（分通常、临时两种，股东总会在 1916 年前始终未能召开），其作用为选举正副总裁及董事、监事，其行政上主要由正副总裁、董事、监事办理，事权集中于正副总裁身上。其中由交通系领袖出任中国银行领袖的有：1913 年 7 月至 9 月间，由陈威与周自齐先后代理与署理总裁一职，吴乃琛代理副总裁。1914 年 7 月至 1915 年 4 月由萨福懋任总裁，萨福懋还在 1916 年 4 月被公举为总裁，但未能到任。此外 1914 年 7 月到 1916 年 9 月间，陈威一直担任副总裁一职，是 1912 至 1916 年间担任中国银行领袖时间最长的人物。④ 1914 年 8 月 3 日袁世凯任命萨福懋为中国银行总裁，陈威为副总裁。萨对袁

---

① 聂其炜：《我和 1913 年时的中国银行》，中国人民政治协商会议全国委员会文史资料研究委员会编：《文史资料选辑》第 49 辑，中华书局 1964 年版，第 115—118 页。

② 《周自齐为银行总裁之原因》，《盛京时报》1913 年 8 月 29 日。

③ 杜恂诚：《中国金融通史》第三卷（北洋政府时期），第 103 页。

④ 中国银行总行、中国第二历史档案馆编：《中国银行行史资料汇编（1912—1949）》上编第一册，第 102 页。

世凯要求的垫款，完全听命于梁士诒，当时报纸讥萨为袁氏府之“帮账房”①。

二 对中交二行性质、地位的影响

（一）对中国银行地位、性质的影响

1. 官办中央银行地位的维持

辛亥革命后，南京临时政府将原大清银行各处总分行改设为中国银行，该行办理之初仍将原大清银行500万两商股保留，并添招500万两商股，继续保留官商合办股份制银行之意。1912年2月6日中国银行成立并开始营业，财政总长陈锦涛在开幕仪式上讲：“本银行于将来统一纸币、办理国库两事，股东必得绝大利益。”通商交涉使温宗尧向股东报告称已通知海关总税务司将税款归中国银行经收，“是即统一财政之起点，兼为实行中央银行办法之基础”。2月12日，袁世凯致电中国银行商股联合会，也明确表示：“旧大清银行本具中央银行性质，新政府自应继续办理，统一政府即日成立，当将前此批准之件，核计统一办法。”② 可见在南北未有统一时，各方对中国银行央行地位均已给以承认。

熊希龄掌财政部期间，令吴鼎昌筹备中国银行开办事宜。吴鼎昌意欲将中行原有大清银行官股全部取消，商股500万两与676万两存款在4年内、3年内全部摊还，以结束与大清银行之纠葛。1912年6月，吴鼎昌草拟中国银行则例，规定中国银行总股本为3000万元，无论政府或人民均可认购，吴鼎昌呈请财政部先垫款四分之一，7月财政部实际拨款50万元。各股东在5月份曾致函熊希龄，就中行股份配置问题提出了商办、官商合办和官办三种方案，倾向于前两种。但熊希龄却倾向于后两种方案，答复称：“民国政策恤商为本。该股东屡次呈请，已经孙、袁两大总统先后批准，本部应即变通办理，所有该股东等商股500万两俟中国银行完全成立后，准其作为存款，以

---

① 中国人民银行金融研究所编：《中国货币金融史大事记》，人民中国出版社1994年版，第140页。

② 姚崧龄：《中国银行二十四年发展史》，传记文学出版社1976年版，第15—16页。

免亏损，而示体恤。”[1] 熊希龄此举看似体恤商本，实则体恤商本大可不必退还股本，何况当时中行官股已经耗尽，全靠500万两商股支撑门面，在商股十分难招的时候，更不应使中行成为一家没有分文股本的银行。正因为如此，这一做法使当时社会各界难以理解与接受，一时间对中国银行产生了种种谣传，最普遍的就是怀疑中行筹办处要在中国银行之外另组办一家国有银行。其实熊希龄的目的是要为中国银行全部资本国有化铺平道路，熊希龄之后提出《创办国有中央银行议案》《中国银行则例》草案就是很好的证明。但是熊的主张因为遭到北京政府其他要员的反对，加上没有从外国银行团借到巨额资金，而最终化为泡影。[2]

此后周学熙任财政总长，对吴鼎昌与熊希龄的方案颇为不满，另设筹办国家银行事务所。吴鼎昌愤然辞职，坚持主张：“中央银行归为国有，流弊甚多。折中至当，宜采用股份有限公司制度，定为资本3000万，无论政府人民，均可购置。”吴与周的矛盾实际反映对中行发展的不同政策，二者在于：“前者意欲效法日本之中央银行制度，以中国银行担任统一发行纸币，集中经理国库，及调剂全国金融，成为一完全巩固之中央银行。后者观点着眼于财政收支，视银行为政府之外库，其心目中之中国银行，仅为一政府之银行而已。”[3] 官办与商办的矛盾已彰显出来。

吴鼎昌辞职后，周学熙仍准将商股不愿改为存单者继续保留为商股，给以五厘年息听各商自便。[4] 1913年4月《中国银行则例》通过，规定中国银行股本总额为6000万元，分60万股，其中政府认垫30万股，余数由政府酌量情形分期宣布售与人民。中国银行须由政府垫交所认三分之一股份时始得营业，并招募商股。但政府实际垫交

① 中国银行总行、中国第二历史档案馆编：《中国银行行史资料汇编（1912—1949）》上编第一册，第16页。

② 中国银行行史编辑委员会：《中国银行行史（1912—1949）》，中国金融出版社1995年版，第21页。

③ 姚崧龄：《中国银行二十四年发展史》，第17页。

④ 中国银行总行、中国第二历史档案馆编：《中国银行行史资料汇编（1912—1949）》上编第一册，第23页。

股本先后只有 300 万元，至 1914 年年底，商股并未招募新股。[①] 1915 年 9 月以前，中国银行的股本都是官股，“银行的一切事务处于北洋政府的完全控制之下。这一阶段的中国银行，可以看作是国家资本”[②]。中国银行官股情况按总裁陈威在 1913 年 7 月报告，“本行自元年八月一号起至二年三月三号止，先后奉部拨到资本共折合银元 2930587.15 元”。又呈请财政部准将 500 万元八厘公债票作为官股（未实际拨付）。[③] 1914 年财政总长周自齐报告称：“嗣复于三年七月三十一日拨付六厘公债 1000 万元作价银元 700 万元，两项合计银元 9930587.16 元，核与资本原额 1000 万元之数尚差尾数 69412.84 元。兹查二年分该行应付本部股利共计 156642.49 元，所有前项资本金尾数应准在股利项下如数拨付，以补足 1000 万元之数，尚余股利 87229.65 元，应即收入国库项下，拨还该行部欠垫款，以资结束，仰即遵照，分别出账，并报部备案等因。”[④]

虽然中行在 1915 年 9 月前意图以官股的增拨来保证其营业，但交通系领袖也感到仅仅凭借官股无法扩大中行营业规模。梁士诒认为旧式票号、钱庄，均不足以应现代化信用制度需要，因与美国驻华公使芮恩施相商，欲取得美方技术及资金援助，借以增强其功能。如美方愿意贷款，当可参加中国银行管理与营业。恰巧美国巨商盖斯特因接洽北京电车工程来华，对此事产生兴趣，即取得对中行贷款优先选择权。返美后向各方积极游说，于 1914 年 6 月取得美国国务院公函，批准该项贷款。美国财团其他人物也表示愿意参加。[⑤] 根据芮恩施的记录，中美就中行贷款问题接触时，美国伯利恒钢铁公司承建福建海军基地一事，在日本人中间引起了波动，现在又产生了新的余波。“日本人正企图回避我拒绝承认的这样一个事实：美国在华企业无论如何还要受美国以外的别的国家的声明或协议的限制。”“周自齐先

---

① 姚崧龄：《中国银行二十四年发展史》，第 18 页。

② 杜恂诚：《中国金融通史》第三卷（北洋政府时期），第 127 页。

③ 中国银行总行、中国第二历史档案馆编：《中国银行行史资料汇编（1912—1949）》上编第一册，第 76—77 页。

④ 同上书，第 81 页。

⑤ 姚崧龄：《中国银行二十四年发展史》，第 18—19 页。

生就任财政总长后，积极主张中国政府对美国人表示友好、以换取美国人借款给中国政府。他准备借四千万美元外债来偿还中国政府所借的全部流动债务。”而芮恩施本人也主张美国资本，赞助中国成立现代银行。但由于美国政府担心日本反对这种具有垄断性质的特许权，加之第一次世界大战爆发，使得谈判最后并无进展。[①] 但这一举措仍然有两方面意义，一是交通系积极尝试进行国际融资，来促进中行金融业务的国际化与近代化；二是以利用美国等国资本、技术，在经济上与当时利用第一次世界大战意图独霸中国的日本积极抗衡，予以抵制。

周自齐任财政总长后，对中国银行官办主张坚持不渝，并将中国银行与财政部关系进一步加强，在 1914 年 6 月 11 日，他呈请将中国银行改为财政部直辖，“视同该部之附属机关，于是财政与金融系统混而为一”[②]。面对中国银行资本有限问题，除了意图募集外资来扩大营业外，他并无其他选择。当时中行总裁汤叡曾在 1914 年 4 月提出：“或于大宗资本未拔以前，为一时权宜计，惟有于应设或已设分行号之各该省分就征收税款内，由大部指拨若干作为资本，以便将应设之分行号次第设立，其已设者亦得量为扩张。而此项税款在拨解省份只认作解付大部之款，本行承受此项拨款，亦惟认为大部加拨银行之资本金。在名义上银行与拨款省份无受授关系，但各该省或有需款情事，此则属于银行之运用，本行仍当随时酌量应济。果使银行运用之途较广，即将来垫借之力愈丰，在银行为救地方计，亦无不惟力是视。”[③] 但是周自齐与袁世凯对将国库与银行资本混用一事表示坚决反对，袁世凯批复财政部称：“查银行关系重要，自应设法维持，俾周转有借，运用通灵。来呈所称国库资金与银行资本不能混为一途，洵为确论，自未便遽准以应设及已

---

① ［美］保罗·S. 芮恩施：《一个美国外交官使华记》，第 82—85、87 页。

② 姚崧龄：《中国银行二十四年发展史》，第 18 页。

③ 中国银行总行、中国第二历史档案馆编：《中国银行行史资料汇编（1912—1949）》上编第一册，第 81 页。

设省份税款借作资本，应令另拟办法呈候核行可也。”[①] 这说明，在如何保证中国银行官办性质上，周自齐以不破坏银行金融制度的基本原则，即不可将银行资本与财政收支款混而为一作为底线的。但另一方面，外资无法筹集到位，而本国商股因坚持官办原因迟迟未有招募，因此中国银行自1912年至1915年间是纯以国家资本而经营的。至1915年9月，周学熙任财政总长后，变更周自齐将中国银行隶属于财政部的旧制，主张从速招集商股，拟先募集500万元，至1500万元时，始得选举商股董事与监事。[②] 至1915年9月第一次招募商股后，中国银行共有资本为13592500元，其中官股为11280000元，商股为2312500元，商股只占到17%。[③] 而考察1912—1915年官股的主要来源，是与梁士诒、周自齐、陈威将民国三年六厘公债抵充分不开的。

2. 经理国库与发行兑换券

（1）经理国库

民初北洋政府在财政上始终强调国库统一。其原因除财政支绌，而军政等各项开支极大外，还有另外两个主要因素。其一，“就是现在的中央各部会类多自由收入、自由支出”，同时，关、盐、烟酒等财政行政官厅与地方财政机构独立，使各省机关分设，各管其收支，“与地方财政最高机关也是毫无关系，人私其财，政于何有？支离破碎，不可名状，此为极端的分散主义”。外者又有列强的利权争夺，经济侵略。“国家坐是积弱不振，尚不急图整理，实无以救危亡。考察现在政治上最大的弊害就是省县各自为政，今设法整理，不是枝枝节节所能奏效，必须通盘筹画，为整个的进行，非先将国家的财政完全统一，实行中央集权主义无从着手。”[④] 因此，国库统一实际是配合中央集权主义下的财政统一，中交二行是国库统

---

① 中国银行总行、中国第二历史档案馆编：《中国银行行史资料汇编（1912—1949）》上编第一册，第78页。

② 姚崧龄：《中国银行二十四年发展史》，第19页。

③ 许涤新、吴承明：《中国资本主义发展史》（第二卷，旧民主主义革命时期的中国资本主义），第649页表5—29。

④ 罗介夫：《中国财政问题》，太平洋书店1932年版，第4、6页。

一的具体落实者。

其二，袁世凯起初想把财政弄好，实行中央集权的政策，先是划分国税与地方税、设立国税厅，中央政府直接征收，杜绝地方节留，而扩大中央政府的财政权力。之后规复前清解款制度，设专款制度并行，袁世凯威望渐增，各省军民对于中央命令不敢违抗，解款不敢截留，财政统一渐有希望。[①] 为配合袁世凯的财政集权，就需要强化中央金库职能，必须确立国库制度。民初数任财长都提出："统一财政以整理出纳机关为前提，而整理出纳机关尤以组织金库为枢纽。自非迅设金库，势难总管收支，各省税厅既已筹备，整齐出纳端赖金库。国家一日不能停收支，即金库一日不能不设立。"甚而提出统一金库非办到直接征收不可。[②] 这都说明，中交二行在民初承担国库职能不仅必须而且意义重大。

经理国库是近代国家银行[③]应尽之职能。依照《中国银行则例》，中国银行受政府委托，经理国库及募集或偿还公债事务，关税、盐课及一切国家款项应归中国银行经理。[④] 但民初国库事务实际多由地方官署或地方银行经理，周自齐任财政总长（兼署陆军总长）期间，与交通总长朱启钤（兼署内务总长）先是积极起草了《会计条例》，其中明确规定：各官署所管一切岁入，统由国库收入之。各官署所管一切岁入，不得于未交国库以前先行使用，法令另有规定者不在此限。财政总长依据预算定额，对国库可发支付命令，并依据法令规定，委任相当官吏发支付命令。规定违背支付法令者，国库不得支付。财政总长及其所委任官吏，非对于国家正当债权人或代理人，不得发支付命令。财政总长以下列各项经费为限，委任主务官及政府指定银行发给现款时，应发预付支付命令。（含国债本利；军队、军舰，

① 罗介夫：《中国财政问题》，第27页。

② 魏颂唐：《财政学撮要》，浙江经济学会1917年版，第28、38页。

③ 所谓"国家银行"指依据国家金融法规代表国家具有中央银行职能的银行，或为完全行政机构性质的中央银行，或为受国家立法、行政机关管理、监督的商业银行。后者其资产中有国家资本加入。清末民初的大清银行、中国银行、交通银行属于以专业、商业银行履行中央银行性质的国家银行。

④ 周葆鉴：《中华银行史》，第一编，第126页。

或官有船舶经费；在外各公署经费；前项以外在外国支付之经费；交通不便地方及未设立国库地方所支付经费；各官署常用杂款每年不满5000元经费；无确定地点之办公处所需经费；各官署直接自办工程经费，但一主务官以付一万元为限。）各官署所管一切岁出，统由国库支付之。政府得指定银行，命其管理金库出纳事务。[①] 该条例明确了财政部与中国银行及交通银行对于金库收支的各自职责、权利，也是明确了金库的职能、性质。即所谓“盖国家现金之收支，须有汇划之枢纽，而管理现金出纳之处，是为金库”[②]。此外，1913年5月2日公布了《金库条例草案》，明确规定金库掌管国库现金出纳事宜，分设总库、分库、支库，各库由财政总长委托中国银行掌理。中国银行可酌量情形委托其他银行代理，或另设办事处办理分金库、支金库事务，但须经财政总长核准。中国银行于总金库、分金库、支金库的现金保管及出纳事项，对政府须付完全责任。各金库成立之日起，所有国库岁出入，统由金库收纳支付，但另有规定者不在此例。中国银行应将金库款项与营业资本分别存储，但经财政总长核准后，可以金库款项之一部分移作存款。财政总长、审计院长可以随时派员检查金库之金柜及账簿，财政总长认为必要时，还可以检查中国银行及各分行之金柜账簿。[③] 次年周自齐任财政总长后，将中行管理的单一国库制度变为中交二行同时管理的复杂金库制度，并修改《金库条例草案》，其内容以下详述。

依据《金库条例草案》及《会计法》规定，除因垫款关系，少数几省外，“至民国四年冬，各省国库业已由中国银行接收者有十八省之多”[④]。（另有统计为十五省，详见下文）而各省国库收归中国银行多数完成于梁士诒、周自齐任财政总长（1913年5月到9月、1914年2月至1915年3月间），详情请看下表说明（表3－1）。

---

① 中国第二历史档案馆编：《中华民国档案资料汇编》第三辑财政（一），第27—33页。

② 贾士毅：《民国财政史》，第1283页。

③ 《财政总长周学熙呈请大总统缮具金库条例草案拟恳先准试筹请训令施行文并批附条例》，《政府公报》1913年5月4日第356号。

④ 周葆銮：《中华银行史》，第126页。

表 3 - 1　　中国银行接收各省金库详情①

库别	接收日期	年收数	年支出数	说明
天津（直隶）分库	1914 年 7 月 1 日	1100 余万元	1100 余万元	周自齐任上
江宁（江苏）分库	1914 年 1 月 1 日	13819000 多	11306000 多	
杭州（浙江）分库	1914 年 7 月 1 日	1500 万元	1400 万元	周自齐任上
太原（山西）分库	1914 年 6 月 16 日	900 万元	880 万元多	周自齐任上
济南（山东）分库	1913 年 8 月 11 日	1200 余万元	1100 余万元	梁士诒任上
福建分库	1914 年 7 月 1 日	276 万元多及 51 万元多专款	250 万元	周自齐任上
安徽分库	1914 年 10 月 1 日	6937530 元	6937530 元	周自齐任上
广东分库	1914 年 9 月 10 日	1800 万元多	2000 万元多	周自齐任上
吉林分库	1915 年 1 月 1 日	500 余万元	660 余万元	周自齐任上
奉天分库	1914 年 5 月	1178 万元	1200 万元	周自齐任上
黑龙江分库	1914 年 9 月	5199603 元	5822301 元	周自齐任上
贵州分库	1915 年 7 月 1 日	300 万元	300 余万元	
江西分库	1915 年 8 月 1 日			
四川分库	1915 年 12 月 1 日			
归绥（绥远）分库	1915 年 1 月 1 日	67 万元	106 万元	周自齐任上

陕西省 1915 年由财政部札令该省已设中行分行，该省原来经管收支的秦丰银行应将金库移交中行。湖北省原由官钱局经理收支，1914 年夏由财政部电令改交。湖南 1912 年由湖南银行代办，“三年财政部令改交金库，旋因纸币尚未整理，至近日（1915 年初）始移

① 贾士毅：《民国财政史》，第 1298—1300 页。

归中国银行经理”。河南收支款项，“已归金库办理，惟（中国银行）与交通银行同负责任耳”。江西国库已在1914年夏由财政部电令该省移交中国银行分行，因垫款原因推迟至1915年移交。四川省初由濬川源银行代办，由财政部委派专员经理金库事宜，也是在1914年夏协商改交金库于中国银行。“以上各省中国银行皆已完全经理国库（至1915年年底），此外如甘肃、云南、广西、新疆、库伦各处，或正在筹设分行，或业经磋商移转，则十年之间可达金库统一之目的。”[①] 京兆分行在1914年9月由中国银行总裁萨福懋呈请财政总长周自齐筹备开设，1914年12月，派遣伍锡河、魏长源为正副经理。[②] 至1915年底，由北洋政府经过中行接管国库省区达到十五个（直隶、江苏、广东、福建、绥远、浙江、山西、山东、安徽、江西、奉天、黑龙江、吉林、四川、贵州），经收款项达到一亿三千余万元，占全国税收50%以上，汇解中央之款达到4000余万元。“是年（1915）可称为中国银行代理各省金库之鼎盛时期，有助于总分支行存款、汇款业务。至北京总金库，在以往四年中，始因民元、二、三年，三年有外债收入，几达三亿八千万元……”[③] 而国库统一在财政收支上发挥如此大能量和作用，不能不归功于梁士诒与周自齐，因为各省国库收归中国银行的工作主要由二人完成。

周自齐与梁士诒还积极将海关税款拨交中国银行国库存放。“民国以前，关款均存在华人金融机构。迨1911年革命事件作，秩序紊乱，为求安全起见，始改存外国银行，非有总税务司及其代表之签押不能提用，恶例一开遂永以为例。1914年间，政府与海关约定，凡关款收入存入就地中国银行，然因外债契约关系，一俟中行集有成数，遂须解入数家外商银行存贮，以作债务本息担保。”[④] 1913年梁士诒署理财政部期间，令各海关监督，关税收入委托各港口之中国银行分行收存，若在中国银行尚未设有分行之处，则交由中国银行在当

---

① 周葆銮：《中华银行史》，第127—130页。

② 中国银行北京分行、北京档案馆编：《北京的中国银行（1914—1949）》，中国金融出版社1989年版，第3、11页。

③ 姚崧龄：《中国银行二十四年发展史》，第20页。

④ 谢菊曾：《述海关之沿革及近况》，《钱业月报》1927年第1期，第24页。

地特设之派出机构收存。总税务司安格联表示该想法虽属合理，且总税务司一向赞同将中央政府资金集中于中央银行，但认为目前直接对海关监督颁发通令尚为时过早。总税务司不同意将税款交存所谓派出机构，并命令各口岸海关严格保密，务必遵照。[①] 此后，总税务司与中国银行订立合同，明确总税务司将关款交中国银行办理并交纳除船钞外一切手续、酬劳费，中国银行同意总税务司可随时于账簿内提取，并协商汇解问题。北京政府对该合同指示如下："国库对于此项税款之收支自不能不变通办理，规定例外，以为将来规复之计。现在关税凡在抵押外债赔款各款范围以内款项，其存储办法应准照总税务司所拟，存入中国银行九条合同办法暂行照办。其转入库账之法，俟总税务司每结收入税款及付出洋赔各款报告到后，由本部按照成例补发收付命令记账。一面知照中国银行补记金库账上，以完手续。至预算亦应由部另订特别办法，庶免窒碍。"[②]

安格联一直以中国银行各分支机构尚未健全为由，不能将关款移交所谓"派出机构"，有意耽搁。在1913年12月底，中国银行再次与其协商移交事宜，安格联表示："应注意在将税款交存于中国银行地方分支行之前，应按现行安排先发出通知。由外国银行直接办理税款之口岸，若无本总税务司之特别指令，应保持原来办法不变。"[③] 1914年年初，中国银行上海分行宋汉章、张嘉璈开始向总税务司交涉收回关税一事。[④] 周自齐与梁士诒为将关税款保管权由外国银行手中收回，作了极大努力。"经财政部及税务处迭次向外人磋商，已得外人允许。自（1914年）七月起，关税即提交中国银行存储，并可任政府之运用云。"[⑤] 周自齐与时任税务处督办的梁士诒紧密配合，

---

① 海关总署《旧中国海关总税务司署通令选编》编译委员会编：《旧中国海关总税务司署通令选编第二卷（1911—1930年）》，中国海关出版社2003年版，第59页。

② 海关总署《旧中国海关总税务司署通令选编》编译委员会编：《旧中国海关总税务司署通令选编第二卷（1911—1930年）》，第83—84、86页。

③ 海关总署《旧中国海关总税务司署通令选编》编译委员会编：《旧中国海关总税务司署通令选编第二卷（1911—1930年）》，第81页。

④ 中国银行上海国际金融研究所行史编写组：《中国银行上海分行史》，经济科学出版社1991年版，第9页。

⑤ 《关税提存中国银行》，《盛京时报》1914年6月20日。

将关税收支移交于中国银行，其情况详见下表（表3－2）。[①]

表3－2　　民初各海关关款移交中国银行情况表

海关名称及移交库名	移交时间	各关年收数及酬劳费
宜昌关 宜昌支库	1914年5月1日	洋关10万两 常关13万余串 酬劳费每月80两
沙市关 沙市支库	1914年7月1日	洋关4万两 常关5万串　酬劳费年贴300两
粤海关 广东分库	1914年7月1日	洋关300余万两 酬劳费月贴1000两
镇江关 镇江支库	1914年4月1日	洋关54—55万两 常关21—22万元 酬劳费每千两提3两、每千元汇水2元
浙江关 宁波支库	1914年6月1日	洋关60余万两 常关6—7万两 酬劳费每千两提4两
杭州关 杭州分库	1914年3月1日	洋关50余万两　酬劳费每千两提2两5钱
闽海关 福州分库	1914年5月1日	新关60万两 50里内外常关共36万两 酬劳费每千两分别提3两、10两
福海关 福州分库	1914年8月1日	新关茶税14万两 新关税4万两 常关税7万两 每千两分别提酬劳费3两、10两
安东关 安东支库	1914年10月1日	洋关47万余两 酬劳费每千两提8两
东海关 烟台支库	1914年5月	常关25万余元 每千元提酬劳费8元左右
金陵关 下关分派处	1914年5月1日	洋关25万余两 每千两提酬劳费5两

关于盐税收入保管问题，因善后大借款与克里普斯借款均将盐税作为抵押，因此中国银行争取将盐税收入归为其保管使面临许多困难。而梁士诒与周自齐等为此还是付出极大努力，力争国库统一。梁士诒署理财政总长时即与五国银行团进行协商。1913年9月五国银行团代表锡丽尔在复梁士诒信函中称，已收到梁士诒当年8月15日

① 贾士毅：《民国财政史》，第1300—1904页。

“有关盐务收入存入银行团一函之评论译文”，“在该文内，阁下指出银行团银行之工作时间短，假日多，可能妨碍商人缴款，因而可能减少盐税之征收，阁下同时说国家银业已与各地海关建立联系，因而问及是否也可以考虑将中国、交通两行作为盐务收款银行”。“在作复时我希望说明，由于借款协定规定盐务收入之征收应缴存银行团各银行，因而银行团代表认为碍难考虑将中国、交通两行定为收款银行之提议。”①

为此，梁士诒于该月将原有之盐务筹备处撤销，而成立由其总辖的盐务署，财政总长为督办，由财政次长张弧任署长，盐务稽核造报所改为盐务稽核所，由张弧（交通系人物）任总办，丁恩任会办。财政部及张弧与五国银行团不断交涉、协商。1913 年 11 月，银行团拟定《存储及汇寄盐款暂行章程》，规定：一，中国银行为收受盐税税款的指定银行。该行应将盐税净收入折成银行团接受的货币，逐日解交银行团。二，在无银行团的地点，应在一周内汇往上海中国银行，后者应于每星期一将此款折成上海银两，均匀分别解缴各银行团。并存入中国盐款账内。② 此后中国银行将各处盐款接收，并就原有各交款机关、收款行号及外国解款银行间运费、汇费问题妥订办法。③

（2）发行兑换券

自清末以来，国人对纸币之流通、使用之便利可行已有深刻认识，主张使用纸币之呼声愈发强烈。黄遵宪与郑观应、唐才常都较早提出设银行、行钞票是改变中国币制紊乱与落后的根本方法。民国建立后，孙中山先生公开提出：“行钱币革命，以解决财政之困难。”所谓钱币革命，即以国家法令所规定纸币代替金属货币，认为信用货币代替金属货币，“此天然之进化，势所必至，理有固然”。他还主张应设立纸币发行、销毁机构，筹设公仓以便人民兑换。认为推广纸

① 南开大学经济研究所经济史研究室编：《中国近代盐务史资料选辑》第一辑，南开大学出版社 1991 年版，第 170—171 页。

② 南开大学经济研究所经济史研究室编：《中国近代盐务史资料选辑》第一辑，第 173—174 页。

③ 贾士毅：《民国财政史》，第 1304—1307 页。

币有助于工商业发达，刺激出口，抵制白银外流。[1] 虽然孙中山先生等人的崇用纸币兑换券的主张在民初币制改革方案中不占主流，“迄未见采择施行，而浅见者反目之为病国”[2]。但说明在民初银两、制钱、银圆、铜圆、纸币混用，币制异常混乱情形下，通过成立强大的中央银行，发行纸币，收兑金属货币，为统一币制，稳定财政金融，促进外贸收支好转与工商业发展，奠定良好基础，应是中国金融近代化的根本目标，也是中国银行与交通银行执行国家银行，发行兑换券应承担的根本职责。

民初，“依《中国银行则例》第十二条之规定，中国银行有发行兑换券之特权。”[3] 1912 至 1916 年间，中国银行发行兑换券情况大致可分为三期。

第一时期，为辛亥革命后至“二次革命”爆发前。这一时期为沿用前清大清银行钞票，中国银行只是在一元、五元、十元三种钞票上加盖“中国银行兑换券”与“中华民国元年”字样。就中国银行兑换券地位而言，1912 年 12 月财政部呈准大总统袁世凯，提出在《纸币则例》未定之前，以中国银行所发之兑换券通行全国。1912 年 7 月中国银行监督吴鼎昌呈请财政总长转咨内务部、交通部及各省都督、海关税务司，中行兑换券，“凡京内外商民人等及邮、电、路、税、厘各项公私机关，均应一体通用，不得留难折扣”[4]。1913 年 1 月财政部呈准袁世凯公布《中国银行兑换券暂行章程》，规定所有官款出纳，完纳地丁钱粮及厘金、税收，商民交易，俸饷发放，均准一律行用中国银行兑换券。并由中国银行多储准备金，以供兑换，多设兑换所以便取携，各处不得拒收及折扣、贴水。[5]

这一时期，由于各省均有各种军用票、银圆票、铜圆票流通，

---

① 《倡议钱币革命对抗沙俄侵略通电》，中国社会科学院近代史研究所中华民国史研究室编：《孙中山全集》第二卷，第 544—549 页。

② 叶世昌：《中国货币理论史》，厦门大学出版社 2003 年版，第 402 页。

③ 周葆銮：《中华银行史》，第 130 页。

④ 《财政部咨内务部、交通部中国银行总行业经择日开办发行钞票请饬晓谕商民人等即通知各机关处一体通用文》，《政府公报》1912 年 7 月 29 日（第 90 号）。

⑤ 《财政部呈准中国银行兑换券暂行章程》，中国第二历史档案馆编：《中华民国史档案资料汇编》（第三辑金融一），第 78 页。

使得中国银行兑换券的流通颇受阻，更难说统一纸币发行。吴鼎昌曾言："近年来，吾国金融之危险，全在各省纸币之泛滥，据财政部调查，其数约在两万万元。现货驱除，恶币充塞，国家之财政，工商之营业，均陷于不可挽救之境。"认为币制未统一，中国银行兑换券不能通行全国，整理各省纸币非有现款不可，但财政困难，难筹收回纸币现金。而公债收回纸币也前途未料，这都影响着兑换券的统一。吴鼎昌还讲："统一币制与整理纸币同时并进，议定币制之时，全副精神当贯注于整理纸币一事。"① 吴鼎昌一语中的，指出了影响中行兑换券流通、使用的根本问题，即币制未能统一。这也反映出中行要成为真正的中央银行，其兑换券具有信用和发行规模，前提是国家必须制定货币本位制度，决定国家货币主币、辅币制度。

发行、流通情况上，中国银行向美国钞票公司订制的印有"中国银行"字样钞票（正面为黄帝图像）开始使用。"当时上海租界，外商银行林立，发行钞票已具历史，而内地商民狃于习惯，乐用银币，故上海中国银行最初发行之钞票，偶有挤兑情事。所幸准备充足，尚能应付裕如。迨年底，发行额亦不过二百万元。"这一时期，为顺利发行兑换券，中国银行特规定暂时参照前1910年制订的《兑换纸币则例》，现金准备率为百分之五十。②

第二个时期为二次革命爆发后到1914年2月《国币条例颁布》之前。交通系人物吴鼎昌认为，中行兑换券在民间流通、得以接受，首先在于国家命令公私活动必须提倡使用中行纸币，而中行纸币信用未立。代理中国银行总裁陈威呈请财政部梁士诒咨大总统，中国银行改组后，必须查照各国中央银行通例，宽筹准备金，首在引起人民信用，以通全国之脉络。目前大宗纸币尚未齐备，此项兑换券为将来法定纸币，系为整理金融，速谋统一起见。刻下应通令各省广设分行，

---

① 吴鼎昌：《整理币制意见书》，财政部钱币司编：《币制汇编》第四册，1919年（出版地不详），第189—190页。

② 姚崧龄：《中国银行二十四年发展史》，第20—21页。

所有公私出纳，应准一律通行。梁士诒批复称："除海关二字外均照办。"①

这一时期，"统一纸币，决定采纸币统一主义，全国纸币，均由中国银行发行，各省官银行不得再发纸币。其从前各省银行已发出之纸币一律收回，易以中国银行发行之新纸币。而其所谓新纸币，原拟由国家银行发行一种定期兑换券，以为活动国库之地步"。同时为统一使用中国银行纸币，"先行筹备发行纸币之准备金，以巩固国家银行之基础；先行商订币制借款，一面发行公债，吸收全国现金，以为将来发行纸币之准备金；更调查全国所需纸币额，应有若干，以为发行新纸币之据准"②。1913 年 11 月财政部命令禁止各省再发行纸币，视各省官商金融机关所发纸币皆为滥币。"下令禁止滥发纸币从先生（梁士诒）之请也。"③ 北洋政府利用平息二次革命，国内较为有利的政治环境，在财政金融上力行推广中行纸币，打击各省滥币，以期统一币制，为将来《国币条例》制定奠定基础。

北洋政府为统一纸币发行，先是颁布《整理各省官发纸币法案》，明令各省通用官发纸币一律停止增发，票版缴销。由中国银行、民元六厘公债票、纸币完纳租税时收回，中国银行收兑纸币应随时销毁。中国银行收回滥币准备金由民元六厘公债拨给，中国银行兑换券随时兑现。中国银行兑换券之准备金，得酌量情形，以其若干份照时价购买生金、生银或古金银，或旧货币，或洋银，交由造币厂改铸新币或卖出之，以谋利殖。④ 为整理滥币，梁士诒掌财政部时，"查阅各省滥币情形，以湖南、湖北、广东为甚，乃日筹收回整理之法"。在其努力下，1914 年 4 至 5 月间，湖南滥币被收回。1914 年 5 至 7 月间，广东滥币得到有效清理，其中湖南滥币收回 2200 万元，广东收回滥

---

① 《陈威为遵行大总统公私出纳一律通行中国银行兑换券令请咨行鲁豫晋军民长官饬属办理呈》中国第二历史档案馆编：《中华民国史档案资料汇编》（第三辑金融一），第 428—429 页。

② 《〈时事汇报〉载文谈财政部统一纸币的计划》，中国人民银行总行参事室编：《中华民国货币史资料（1912—1927）》第一辑，上海人民出版社 1986 年版，第 127 页。

③ 岑学吕：《三水梁燕孙（士诒）先生年谱》（上册），第 162 页。

④ 《财政部拟订〈整理各省官发纸币法案〉》，中国人民银行总行参事室编：《中华民国货币史资料（1912—1927）》第一辑，第 130—131 页。

币3000多万元。[①]

第二次革命期间，借北洋军在南方用兵，梁士诒与财政部以解决饷需为名义，称："饷需浩繁，非推行兑换券，设立临时兑换所，不足以敷周转而昭信用。"于是令中交二行订立临时兑换所办法五条，规定发给军饷一律由中交二行发给兑换券，还就兑换券与银圆折算问题妥订办法。[②] 这不仅是对中行与交行发行兑换券的支持，也是将中行兑换券发行业务借机向南方各省推展。

第三个阶段即《国币条例》颁布到袁世凯覆灭前后的停兑风波发生。中行发行兑换券主要目的是配合《国币条例》出台，进一步打击滥币，统一币制。

1914年3月财政总长周自齐呈大总统，称各省纸币充斥，商办银行发行虽不在少数，但"其由官银钱号发行者固属多数"，为保障清理各省纸币，推广中行纸币统一，建议修改《各省官银钱号监理官章程》，对官办、官商合办、商办银钱银号严加监管。[③] 1914年5月，周自齐再次训令各省官银钱行号监理官，称："查各省官银钱行号发行纸币为数甚巨，业奉大总统通令禁止增发在案。乃本部近闻各省仍有擅行增印、增发情事，如果属实，殊属不合。为此，令仰各该监理官切实查明所属各官银钱行号有无上项情事，立即呈复，以凭核夺。以后并须严行检查，随时报部，毋得隐徇，致负委任。"[④]

除了打击各省继续滥发纸币外，周自齐等还为中行纸币推广出台新的政策。在周学熙任财政总长时期，曾规定中国银行发行兑换券分各省区使用，分别加盖分行戳记，如天津分行、上海分行等字样。各区省之间若需换用兑换券，需另附汇水。这一做法实际上是人为地将中行业务分裂，使得兑换券发行仍与各地金融机关经营活动相联系，

---

① 岑学吕：《三水梁燕孙（士诒）先生年谱》（上册），第162—163、178—182页。

② 《财政部为解决饷需推行兑换券订定中交两行设立临时兑换所办法训令稿》，中国人民银行总行参事室编：《中华民国史档案资料汇编》（第三辑金融一），第429—430页。

③ 《国务总理孙宝琦、署财政总长周自齐呈大总统拟于各省官银钱号监理官章程第十二条官商合办之银钱号句加入发行纸币之商办银钱行号一语检同章程请批示施行文并批（附章程）》，《政府公报》1914年3月6日第656号。

④ 《财政部训令各省官银钱行号监理官文》，中国人民银行总行参事室编：《中华民国货币史资料（1912—1927）》第一辑，第134—135页。

以其利益为中心。对此周自齐令："查中国、交通两银行既操发行纸币之权，自当归于统一，彼省与此省不应复分界限。现在各该行所发纸币，遇有隔省兑换，仍有贴水之举，商民既苦不便，亦失中央银行性质，且于推广纸币亦生窒碍。拟请饬两行议定划一办法，不得复行贴水名目，以期推行尽利。"① 1914 年 8 月周自齐还令中国银行通电各省，称："凡各地官商款无论汇往何处，均可承接，照汇费用仍照定章收取，不得额外加索。"②

此外，中行还与国内多家银行订立领用中行兑换券合同。如与浙江兴业银行订立领用兑换券合同如下：

①兴行领用中行 10 元、5 元、1 元兑换券共 300 万元，二行会同在各地方分批点明封存。由中行保管，兴行随时陆续领用。②兴行领用时应备现金五成，中央公债二成半，交付中行以充保证，中行对于前项现金保证应给年息二厘，兴行不得随时动用保证金。③兴行除缴前项保证金七成半外，其余二成半空额应由兴行自备保证金，中行随时点验。对前项保证金，无论现金、中央公债、他项有价证券可优先处理。④二行于前项兑换券加暗记。⑤二行兑换券相互兑收，每日抵充，有尾数各行自备现金补足，有尾欠不得于保证金内扣除，遇银根紧得商特别办法。⑥兴行不得自发钞票，原发钞自领到中行兑换券之日起，限六个月收回。处理手续为：交原发兴行钞票，流通、存额送交中行点验；存票额点验相符，由中行派员与兴行监督销毁；作废之兴行流通票随时报告中行。③

由中行与兴业银行所订领用兑换券合同，可以看出中行利用发行兑换券对商办银行之准备金制度、纸币发行制度借此确立了监督、管理权，有效体现了作为国家银行与中央银行应赋予的责任和权限。

在梁士诒、周自齐、陈威、吴鼎昌等努力下，中国银行兑换券发行

---

① 《财政部总务厅机要科抄送中国银行货币交换所筹办处开办日期暨进行方法呈致泉币司付》，中国第二历史档案馆编：《中华民国史档案资料汇编》（第三辑金融一），第 431 页。

② 《财政部维持金融之流通》，《时报》1914 年 8 月 18 日。

③ 上海档案馆藏档：《中国银行、浙江兴业银行为领用兑换券合同》，档号 268—1—597—35。

情况有明显好转。其发行数量1912年为1061636.21元，1913年为5020995.09元，1914年为16398178.71元，1915年为38449228.38元，1916年为46437234.7元。[①] 中行业务也遍及各地，很多县也设立机构，发行兑换券，如京兆分行，在密云、霸县、涿县、静海等县及宁河县之芦台、文安县之胜芳等处分设汇兑所，并出示晓谕，兑换券公私款用一律通行。[②]

特别值得一提的还有这样一个事件。1914年10月，交通部次长叶恭绰致函财政总长周自齐，略谓日本自铸大宗银圆开始兑换，以为在济南推行军票之张本。“据云该国铸到银元已经由炉房细加分析成色，尚优于本国银元云云。惟觉扰乱币制，关系甚巨，此间人多谓计及我国现无抵制之实力等语。”周自齐与财政部接函后，复山东财政厅称：“查该项军票、银元行使市面，漫无限制，势必扰乱币制。应即酌量设法以资抵制，至胶济车价应兼收各种钞票、银元，不得以日币为限，仰由该厅赶速商承巡按使查照，与日人磋商办理。”当时山东巡按使蔡儒楷认为：“似不可与之争用中国银元，缘争用，则日人必要求津浦路及钱粮厘税一律通用伊之一元现金，恐国家所损尤大。”但财政部复电，“仍希随时相机办理”[③]。

但客观上讲中国银行兑换券虽极力推行，但截止1915年止，发行金额不过3000余万元。“虽较从前大清银行发票已增一倍，以我国幅员之广，人民之众，比诸各国之中央银行，实未能望其颠末。”[④] 推其原因，即各省纸币太滥，供过于求；国库未能统一，无法操纵；币制未能划一，横生阻碍。[⑤] 民初中国银行兑换券的发行、推广充分

---

① 中国人民银行总行参事室编：《中华民国货币史资料（1912—1927）》第一辑，第147页。

② 中国银行北京分行、北京档案馆编：《北京的中国银行（1914—1949）》，第53页。

③ 《财政部为日军在济南行用军票银元与交通部山东省财政厅来往函电》，第二历史档案馆编：《北洋政府档案》第63册，档案出版社2010年版，第19—20、29—30、36、38页。

④ 周葆鉴：《中华银行史》，第132页。

⑤ 《财政总长周学熙缕陈中国银行兑换券未能迅速推广原因拟定分省收回旧纸币划一货币办法呈稿》，中国第二历史档案馆编：《中华民国史档案资料汇编》（第三辑金融一），第442—444页。

显示中国币制走向近代化道路的坎坷和漫长。但作为中国币制近代化的重要环节，中行兑换券的发行代表了中国币制由混乱走向统一的趋向。随着《国币条例》的颁布，中行兑换券发行、流通带有合理性和必要性。但币制近代化与人民社会生活习惯有很大关系，民间崇用金属货币，对纸币有疑忌心理，这对币制改革具有“长期”影响，绝非重大政治、军事的变动、依靠政治强制力所能变化。此外民初政治上，北洋集团在内有革命党对立，外有日本等列强干涉的局势下，推行币制改革，统一全国金融没有理想的环境，而财政上的巨大困难也制约着币制改革推行的速度和效果。但是我们不能以此否定交通系领袖为统一币制而推行中行兑换券的努力，并一味认为其目的只是为了集团利益和袁世凯的专制统治，他们为中国货币的近代化是做出了一定的努力和贡献的。1916 年以后的北洋政府与南京国民政府实际上继续着交通系领袖统一金融币制的政策，即废两改元，成立强有力的中央银行，使国家银行的纸币成为法定货币，并逐渐使其取代金属货币，而成为主要流通货币，从而进入到信用货币时代。从这一角度上讲，交通系领袖实际上是中国币制统一与近代化的拓荒、开路者。

（二）对交通银行地位、性质的影响

1. 从商业、特种、股份制银行向国家银行转变

清末交通银行创立之初，其性质可以用商业银行、特种银行、股份制银行概括。所谓商业银行性质，指按照 1907 年 11 月邮传部《交通银行奏定章程及其则例》规定，交通银行纯用商业银行性质，一切均照商律办理。该行专理存放款项，买卖荒金荒银，汇兑划拨款项，折收期票，及代人收存紧要物件等业务。该行可照国内外银行发行纸币，流通各项票据，但不得发行国币纸票。[①]（1910 年，清廷明定银圆为国币，交通银行可以经营四政及一般商业银行业务，推行国币，为统一币制助手。[②]）

交行按照邮传部《奏设交通银行折》所称，与中央银行性质截然

① 交通银行总行、中国第二历史档案馆：《交通银行史料（1907—1949）》第一卷，第 172—173 页。

② 同上书，“前言”第 3 页。

不同，援照商业各银号通例，兑出银圆、银两、纸币，以资周转，待度支部颁发银行钞票准备金章程及银行法律，以商业银行性质扩充邮政汇兑，储金业务。① “交通银行一开始就是一个集储蓄、汇兑、划拨多种功能于一身的商业银行，按照当时颁布的银行条例来看，它既可以说是殖业银行，也可以说是储蓄银行。”②

所谓特种银行指交行设立，借以便利交通，振兴轮、路、电、邮四政，四政存储汇兑等事，由该行专任。该行初设时，也须以铁路所经省份及海岸交通便利处设立分支。更为重要的是该行与邮传部关系特殊，即总理、协理由邮传部任命。③ 该行财会制度因借债赎路及经理四政，施行特别会计制度。

所谓股份制银行指该行创立之初，按照官四民六比例配股，共募库平足银 1000 万两股本，其中先行募集 5 万股（共计资本 500 万两），“邮传部既任二万股，即为最大股东，可以选派总理、协理，由股东公举董事四人，为稽核总管理处事务人员”④。而交行商股大都来自官僚和金融企业界人士，官僚中又以交通系为主，如梁士诒、施肇曾、任振采等人，多持有交行股票 1、2 千股（每股一百两），少者亦有 5、6 百股。曹汝霖、叶恭绰、周自齐、朱启钤等亦持有交通银行股票。⑤

总之，民国以前的交通银行是由邮传部统属，以经理交通四政为主的专业性特种商业银行，从资本构成看是由交通系控制、邮传部控股的官商合办股份制银行。其地位与大清银行的央行地位不同，交行至 1911 年 2 月，经资政院批准得以代理国库，与大清银行订立代理国库契约，保管轮、路、邮、电各款。

民国以后，交通银行商业银行性质未有变化，按照 1914 年 4 月由财政总长周自齐与交通总长朱启钤与国务总理孙宝琦联署的《交通

---

① 岑学吕：《三水梁燕孙（士诒）先生年谱》（上册），第 66 页。

② 张启祥：《交通银行研究》，第 28 页。

③ 交通银行总行、中国第二历史档案馆：《交通银行史料（1907—1949）》第一卷，第 172—174 页。

④ 周葆銮：《中华银行史》，第二编第一章，第 10 页。

⑤ 交通银行总行、中国第二历史档案馆：《交通银行史料（1907—1949）》第一卷，“前言”第 3 页。

银行则例》，交通银行作为商业银行营业种类如下：国内外汇兑及跟单押汇；各种存款及储蓄；各种放款；国库证券及商业妥实期票之贴现；兑换外国货币及买卖生金生银；经收各种票据及保管重要物件；其他汇业银行及实业银行应有之营业。[①]

至于特种银行性质仍旧保持，到1916年6月交行因垫款过巨而陷入停兑危机之前，行部间的业务关系一直保持着密切联系。这期间，交通系正处于上升时期，从三位一体（交通系、交通银行、交通部）的整体利益出发，行、部紧紧拴在一起。交行积极为交通部筹垫，到1916年交行件兑时，已先后为交部垫借款额1000余万元。交部则以特权之授予给以回报。从经管赎路债券开始，邮部路政收入和以后的邮、航二政收入，及其他有关邮部款项之进出、存储等，皆由交行一家经营。特别会计也一并交给交行代管。而经手的其他如债券发行、存储、汇兑、揭借等业务则有记录在案。这些经营项目一部分构成交行经常性存款，另一部分构成交行经常性的往来业务。都是交行利润的重要来源。[②] 1914年交行股东大会召开，交通总长朱启钤训词："交通银行为本部四政特别特别会计唯一之金融机关，且占国内商业银行重要地位。本部对于该行一方面出于监督地位，一方面处于股东地位，关系较为密切。比年以来，行务之有关重要者，无不尽心维持。"财政总长周自齐训词："虽有中国银行为国库出纳机关，而调和社会上之经济为国家银行之辅助者，惟交通银行是赖。""交通银行在国中为特殊银行。"大会商请总理、帮理等，"函恳交通部将民国二年分官股应得官利暂缓提用"。部准俟旧账整理后再提用。[③] 交通银行通过交通部，经理交通四政收支为基础，具有专门办理交通实业的专业银行、特种银行性质。

在股份制银行性质上，交通银行也依然保持官商合办性质。按照

---

① 《大总统公布交通银行则例令》，中国第二历史档案馆编：《中华民国史档案资料汇编》（第三辑金融一），第49页。

② 翁先定：《交通银行官场活动研究（1907—1927）》，《中国社会科学院经济研究所集刊（第11集）》，第402页。

③ 《北京交通银行股东大会之盛况》，《时报》1914年5月29日。

《交通银行则例》第三条规定，交通银行股本总额仍为库平足银1000万两，每股仍为100两，分10万股。除前邮传部为辅助交通事业附入4万股为固定股本外，其余6万股由人民承购。[①]“新定则例虽有增加股分为一万两之条，迄今尚未施行。”[②] 交行股本在1919年、1922年因交通部提取官股归还交行垫款，使得官股股本萎缩，由2万股减为12838股。同时1922年增收股款共211875元，“应全数补招商股”[③]。但在1916年停兑风波前，交行股本没有增收，官商之间股本构成稳定在四六比例水平。

民国建立后，交通银行的性质最大变化便是新具有了国家银行的性质，打破一国只有一个中央银行的普遍适用原则，原因有多重。其一，与民国后交通银行的良好业绩、经营状况分不开，特别是对国家财政辅助作用分不开。北洋政府认为：“查交通银行自入民国以后，维持地方金融，辅助国家财政，厥功至伟，成绩尤优。虽系营业机关，资本亦多商股，然开办该行之本意，原为辅助交通事业起见，且经前邮传部附入资本至二万股之多，与他项股分公司固有区别，其所经营事业，如掌特别会计之国库及委托分理金库等项，尤非寻常商办营业可比，是交通银行则例直接关系该行之信用，间接关系国家之信用。”[④]

其二，是梁士诒等交通系领袖的巨大能量，提升了交通银行在国家经济生活中的地位与作用。熊希龄任内阁总理时，“政界显然分为总理派（指熊希龄、梁启超为首的进步党）与总统派（指袁世凯和梁士诒、周学熙等为首的北洋集团）之两种。其影响及于中央财务、行政者，乃有中国银行派与交通银行派。及交通银行派，此亦事之至可怪笑者也。代理国库之权，按照法令，断宜归诸中国银行，梁士诒为财政次长时，乃以部令移之交通，坐是受舆论攻击，

---

① 交通银行总行、中国第二历史档案馆：《交通银行史料（1907—1949）》第一卷，第189页。

② 贾士毅：《民国财政史》，第1364页。

③ 交通银行总行、中国第二历史档案馆：《交通银行史料（1907—1949）》第一卷，第19—22页。

④ 周葆銮：《中华银行史》，第二编第一章，第11—12页。

至今尚未解决”[①]。这说明，交通系使交通银行成为中央银行，出现两个中央银行这种罕见的复杂国家银行制度，实际与袁世凯利用交通系在1913年打击、排挤进步党势力有很大关系，也是梁士诒等积极扩张其经济能量使然。

其三，交行成为国家银行和央行，与民初推行币制改革背景有极大关系。当时北洋政府为统一币制，统一财政，稳定与扩大中央财政收入，都需要交通银行协助中国银行承担此重责。“民国初元，政府以中国银行尚未筹备就绪，故将金库事务委托交通银行分任之。由是，中交两行相提并称，隐然有国家银行之资格。”[②] 梁士诒任财政总长时，“于以往货币滥印滥铸，民信未孚，主张一面收回滥币，一面试行统一货币政策，由政府组织健全的中央银行；且与兑换方面，要有充分的准备，主张现金准备，亦称直接准备”。“包括对于散漫银行制度整顿构想，在于寻求标本兼治之途。”[③] 梁士诒已有将交行升级为央行之抱负，使其在币制改革与财政统一问题上发挥作用。在财政上，交行在1914年前，已经为政府多次垫款，至1912年6月底，政府欠交行大洋13689元多，交行结存233273两多；1913年6月底欠1329246元，结存6836198两多；到1914年6月政府欠交行4918031元，结存9604785两多。[④] 而且在辛亥革命胜利后不久，度支部颁布《中华民国度支部兑换券规条》，已规定：“中华民国度支部委托中国银行及交通银行为兑换机关，办理兑换券与现款之交换。”“此项兑换券，凡缴付地丁、钱粮及一切公家收款，皆准行用，商民交易，亦一律通行，不得有贴水折减情事，违者处罚。”[⑤]

由此可见，交通银行在国家经济生活中能量巨大，特别是对财政、货币改革影响不容忽视。在民初交行与中行一样，是最大的官商

① 《近日财政之各面观》，《中华民国史史料外编——前日本末次研究所情报资料》，第542页。

② 贾士毅：《民国财政史》，第1360页。

③ 朱传誉：《梁士诒传记资料》第三辑，第110页。

④ 《交通代理金库权与欠款》，《申报》1917年4月18日。

⑤ 中国第二历史档案馆藏：《陆军部档案》全宗号1011，卷宗号95。

合办银行，同属于历史悠久、信誉卓著、规模巨大的金融机构。“中交两行，在民国十七年中央银行未成立以前，显居我国金融界领导地位，对国家金融之建树，国券之推行，颇多贡献。”① 反过来，中行在民初因其实力不足以完全承担唯一国家银行角色。例如，“关于统一各省纸币问题，势必中国银行具有充分财力，始克担任收回各省已发纸币之责。此在当时，自非中国银行力量所能负荷”②。而且中行自身实力有限，辛亥革命后，各地大清银行因为行名的关系，业务开展得都不如交通银行。交行因有邮船路电四政的存款，头寸较为宽裕。中国银行成立之初，仅设有天津、上海、汉口三处分行。后来接收各地金库，陆续添设分支行，经收关税盐税，经理国库，业务得以逐步发展。但各项银行业务，除发行兑换券、代理国库、经收关税、募集公债外，其他如存款、放款、贴现、汇兑等业务，发展有限。③ 因此交行分任国家银行与中央银行职能是为当时金融、财政各方面实际情况决定的一种必然结果。

由于交通银行在民初已实际具有发行兑换券与代理国库职能，所以在1914年3月交通银行请交通部呈文大总统袁世凯修改交通银行则例，后由朱启钤与周自齐进呈袁世凯，称：“本行前订章程，虽事实上至今援用，而因革损益，要贵因时制宜，庶对内对外效力益远。”④ 交通银行成为国家银行是在1914年3月的《交通银行则例》中明确化。依照则例得经营国库证券及商业妥实期票贴现；交通银行掌管特别会计之金库，受政府委托金库；交通银行受政府委托，专理国外款项及承办其他事件；交通银行受政府特许发行兑换券，其办法照财政部所定之银行兑换券则例。但发行样式、数目及期限，另由银

① 宋汉章：《我国银行制度之演进》，朱斯煌主编：《民国经济史——银行周报三十周纪念刊》，银行周报社1948年版，第1页。

② 姚崧龄：《中国银行二十四年发展史》，第21页。

③ 董昕：《中国银行上海分行研究（1912—1937）》，上海人民出版社2009年版，第38页。

④ 《交通银行为修改章程事呈交通部文》，中国人民银行北京分行金融研究所、《北京金融志》编委会办公室编：《北京金融史料（银行篇）》第五册，1993年（出版地不详），第72页。

行呈请财政部核定。[1] 至 1915 年 10 月 31 日，袁世凯颁布大总统令："近年国家因度支困难，力求整顿，一切支出已可勉敷，此后关于重大事端，如画一币制、整顿公债等亟须次第进行，中国、交通两银行具有国家银行性质，信用夙著，历年经理国库、流通钞票，成效昭彰，著责成该两银行按照前此办法，切实推行，以为币制公债进行之辅助，该两银行应共负责任，协力图功，以副国家调护金融、更新财政之至意，即由财政、交通两部转饬遵照此令。"[2] 这一命令，"首次正式提出'国家银行'的概念，从而把交通银行正式定位为具有中央银行性质的国家银行"[3]。

梁士诒与中行随后致上海总商会，称稳定国家财政，维持、调护社会金融为政治之本，"本行设立有年，上承政府之提倡，下赖商民之信用，凡国家银行之职务得以尽力扩张，社会经济之设施并以同时举办，在事同仁莫名欣慰"。对大总统申令，梁士诒表示："惟查国家银行之性质与普通银行不同，凡维持金融，经理国库，发行钞票，代理公债，皆为其特别职务，在与国家财政、社会金融有莫大之关系。中国幅员广大，弟等自惭微弱，自非籍尊处之提倡、维持，恐难期效力之事半功倍。既承明令之责成，敢为冒昧之陈请，伏乞尊处普告商民，凡关于国家银行应有之职务，随时赐予接洽，本处无不遵奉进行，惟力是视。"[4] 表明了梁士诒与交行积极与商界联络，将交行所承担国家银行与央行责任尽力履行之意。

还需一提的是 1914 年，交行曾有收归国有之议。这一主张由商股东方面传出，股东请政府将该行收归国有，偿还其股本以便自由再营他业。经调查，不仅商股东有此主张，即政府方面亦有收交通

---

① 交通银行总行、中国第二历史档案馆：《交通银行史料（1907—1949）》第一卷，第 190 页。

② 《大总统申令》，《政府公报》1915 年 11 月 1 日第 1251 号。

③ 张启祥：《交通银行研究》，第 83 页。但有的学者认为民初的交行，"以其与中国银行同享特别权利，遂均以中央银行目之，其实皆未完全具有此种性质也"。即与南京国民政府时期的中央银行相比较，在单一垄断性（事权统一）、行政独立性及监管职能、非商业银行性质方面还并未是完全中央银行。见梁钜文《中央银行制度概论》，大东书局 1931 年版，第 52、175—187 页。

④ 《交通银行致上海总商会公函》，《申报》1915 年 11 月 18 日。

银行为国有之动议，系出于交通部考量铁路国有这一事实。而其根本原因，“查交通银行总、协理本由政府委任，其改为股东选举乃根据于新《交通银行条例》。新《交通银行条例》之出现实在总统制未实行以前，故此次选举实惹起股东之公愤与政府之注意。以两日到会投票者多无权代理，股东实无几人。以特约投票之结果，梁士诒得被选总理，完全达到目的。商股与政府同时感觉，酝酿至今，而收归国有之议遂大发动矣”。“此议一动，政府与商股东两方面意见相同，大约不会中止。然而此时有一大障碍随收归国有之议同时发生，即梁士诒其人也。梁之议论则谓交通银行如果收归国有，则彼即不能和盘托出。窥梁之意，似以交通银行与政府财政上别有关系，政府或有欠款，一时不能清偿，故借此以尼止收归国有之议。”①

2. 交通银行的特许经营权

（1）兑换券的发行情况

交通银行在1909年开始发行兑换券，其种类有银两券、银圆券及小银圆券，但均非国币券，至辛亥革命前，三者共发行约250余万元。② 至清覆灭时，交行发行兑换券数额有限，虽同业中属佼佼者，“但这种发行与一般商业银行并无差别，营运范围受到很大限制”③。

1912年4月4日，时任袁世凯内阁度支部大臣的周自齐致函各机关，称本部现拟中华民国理财部兑换券章程十三条，经大总统批准在案。此项兑换券由政府准备现款，委托中国、交通及保商银行为发行及兑换机关。所有一切公家收款，商民交易，均一律通用，不准稍有折扣阻碍，违者从严处罚。周自齐与度支部要求推广中交二行纸币在于尚未发行国家兑换券，各处所通行纸币，主要为官银号或钱铺、票号兑换券，其式样不一，额面参差，效力之大与正式兑换券无异。但辛亥革命以来，此项纸票信用大坏，因而物价下落，金融紧张。发行

---

① 《交通银行收归国有之来因去果》，《申报》1914年6月21日。

② 交通银行总行、中国第二历史档案馆：《交通银行史料（1907—1949）》第一卷，第805页。

③ 韩宏泰：《北洋军阀时期的交通银行》，中国人民政治协商会议全国委员会文史资料委员会：《文史资料选辑》第88辑，第92页。

兑换券目的即恢复信用，救济金融，稳定财政。[①] 这表明当时中交二行得到发行兑换券特权与辛亥年间因革命而发生的金融风波有极大关系。度支部为根除现银缺少、纸币兑换券横行情况，拟拨专款稳定金融，其具体办法即度支部借助中交二行良好信用与较充足准备，让中交二行发行兑换券以统一流通之纸币，办理兑换券与现银交换。而度支部与中交二行之间，就此项兑换券之收发、交换、销毁及委托关系等项，另订细则办理。[②]

1913 年 1 月交通总长朱启钤呈请袁世凯中行营业急需补助。而交通银行，自民国成立以来首先整顿经营，照常贸易，承办公家款项均臻妥善。其所发行之兑换券准备充足，人皆信用，僻壤偏隅，皆能行使，区域之流行甚广，足以禅益金融，维持市面。“可否仰乞大总统特颁明令通饬全国，在纸币则例未经规定以先，所有交通银行发行之兑换券按照中国银行兑换券章程一律办理。庶经济多一辅助机关，即市面多一周转方法。”[③] 袁世凯随后令纸币条例未经规定以前，交通银行发行之纸币兑换券，应按照中国银行兑换券章程一律。交行钞票经过海关免税，及完纳各税费，可援照中国银行兑换券办法。[④] “于是本行兑换券之地位遂益确定。同月交通部令各路局、各站长，暨通电直、皖、鄂、鲁、苏、豫、奉、吉等省推行本行兑换券，并函由本行在铁路、轮船、电报、邮政各局分设兑换机关。”[⑤] 这一时期交行兑换券主要作用体现在财政收支与统一币制上。

1914 年 2 月北洋政府公布《国币条例》，该年 3 月，遵照条例，交通银行经理梁士诒呈准财政部发国币兑换券，国币券之发行始此。该年 7 月至 1915 年 1 月，交行奉财政部命令为配合国币推行，先是

---

① 《度支部为印刷中华民国度支部兑换券原呈暨章程函》，中国第二历史档案馆编：《中华民国史档案资料汇编》第三辑（金融一），第 76—77 页。

② 《周自齐为印送度支部陈请发行兑换券原呈及度支部兑换券章程致陆军部公函》，中国第二历史档案馆、中国人民银行江苏分行编：《中华民国金融法规选编》，第 64—65 页。

③ 俞飞鹏：《交通史总务编》，第二章财政，第 423—424 页。

④ 周葆銮：《中华银行史》，第二编第一章，第 23—24 页。

⑤ 交通银行总行、中国第二历史档案馆：《交通银行史料（1907—1949）》第一卷，第 806 页。

负责兑换北洋银圆，而后办理南北洋银圆平价，最后兑换国币新币。“于是，新币通用范围，由北方而推及南省，通货亦由复杂而渐趋一致。国币之基础既立，本行国币兑换券之信用益固，从前发行之银两券，亦自此逐渐收回，不再发行。”① 这一时期交行发行兑换券主要目的无疑是为了推行《国币条例》，统一币制起见。“大抵改革币制其运用之妙全恃银行兑换券。”② 中交二行兑换券的发行在当时具有两面性，一方面收回各种金属货币与各种纸币滥币，为统一币制而起着积极作用；另一方面，承接政府垫款，特别是为洪宪帝制提供现银、资金，导致纸票滥发，酿成停兑风潮，而具有一种消极性（表3－3）。

表3－3 **交行在1912—1916年间发行兑换券情况** ③

年份	发行额（元）	折合（两）
1912	1190337.06	库平银793558.040
1913	6748144.42	库平银4498762.946
1914	8936440.92	库平银5957627.280
1915	37294665.21	库平银24863110.140
1916	31946837.26	库平银21297891.504

值得注意的是，在1912—1914年间，交行兑换券发行数量并不多，而在1915年数量激增为1914年4倍，这既反映出当时交行经营情况，交行业务有扩张、膨胀之势，但也与洪宪帝制活动关系密切。

（2）分理国库

交通银行代理国库职能最早始于1911年。该年2月23日，交通银行依照1910年资政院与邮传部所拟统一国库章程，呈请依章程第

① 《交通银行自述发行纸币兑换券概况》，《中华民国货币史资料（1912—1927）》第一辑，第159页。

② 梁启超：《余之币制金融政策》，大中华杂志第一卷第三期（民国四年三月二十日）。

③ 《交通银行发行兑换券种类》，《中华民国货币史资料（1912—1927）》第一辑，第162页。

六条规定，将四政出入各款由交行办理，并与大清银行订立代理国库契约、特别出纳事务细则以行使代理国库之职能。3 月 14 日，邮传部札交通银行，称："兹准度支部咨开，查交通银行与大清银行订立代理国库契约，保管轮、路、邮、电各款，核与奏定章程相符，自可允准咨复转饬遵章办理等因前来。"①

"民国初元，政府以中国银行尚未筹备就绪，故将金库事务委托交通银行分任之。"② 所指即交通银行在民初沿用前清旧制经管四政收支，实际具有代理国库职能，并因特别会计制度而得到财政部认可。但是，"业经财政部核准代理金库，并奉大总统令予以发行兑换券特权，现因金库条例规定以中国银行代理金库，而法律程序未备。审计部门为检查国库，函请将委托交通银行代理国库章程早为规定，财政部乃订出暂行章程十六条，公布施行"③。这得益于梁士诒在 1913 年 5 月至 9 月间掌管财政部期间所为。而在梁士诒署理财政部前，由周学熙缮具的金库条例草案则只规定：总金库、分金库及支金库由财政总长委托中国银行掌理。④

交行代理金库仍有法律认可问题存在，所以梁士诒到部后，积极设法为交行代理国库在法律上正名。1913 年梁士诒到财政部后即在 5 月 31 日公布《交通银行代理国库暂行章程》十六条，并布告如下："交通银行当中国银行未成立之先，向本经理国家出纳，嗣经本部核准代理金库，又奉大总统命令予以发行兑换券特权，与中国银行兑换券一律通用。现在金库条例草案已呈奉大总统批准公示，先行试办，按照该条例，系以委托中国银行代理金库为原则。惟关系该条例之法律一切未备，骤难实行。国会公议又未卜是否同意，而审计处以检查国库，函请将委托交通银行代理国库章程早为规定。本部权衡缓急，兹特暂定交通银行代理国库章程十六条公布如左，俾资遵守。一俟国

---

① 交通银行总行、中国第二历史档案馆：《交通银行史料（1907—1949）》第一卷，第 694—695 页。

② 周葆銮：《中华银行史》，第二编第一章，第 25 页。

③ 中华民国史实纪要编辑委员会：《中华民国史实纪要（初稿）中华民国二年（1913 年正月至六月）》，中华民国史料研究中心出版（时间不详），第 598 页。

④《财政总长周学熙呈大总统缮具金库条例草案拟恳先准试办请训令施行文并批（附条例）》，《政府公报》1913 年 5 月 4 日第 356 号。

库条例经国会议定后，再行改照法律确定办法办理，希一体遵照。”[①] 该条例规定在国会制定金库条例之前，暂行委托交通银行代理国库，国库条例颁布后依照规定由中国银行委托。本部委托交通银行范围，以国债收支一部分为主。但租税统系内出纳，也可酌量各地情形，委托交行代理。交行代理法律契约限制内金库事务，不以公债收支为限，在金库出纳区域，遇有中行无分支机构或出款甚巨情形，交行均可代理。特别会计岁出入统由交通银行收纳支付，并不得与国债收支及营业收支相混。其收支款项除特别会计外分别善后借款与否分别办理。收发款项如有外币、生银及不同折色，折合银圆须向本部库藏司商定。交行金库账簿暂由交行呈报办法办理，每五日作收支报告一次，每月作统计表一次交库藏司。财政总长得派员检查交通银行代理金库及有价证券情况，审计处由财政部派员会同检查。交行因代理金库得发兑换券，发行额按照市面情形伸缩，但须呈明财政总长核准。[②] 不久财政部又出台《金库出纳暂行章程》，明定各机关、财政部库藏司与中交二行以命令、支票等形式领取款项之手续。[③] 梁士诒与财政部的这些举措使得交通银行代理国库的法律依据初步完备。

“自梁士诒到财政部以来，以交通银行代理国库，于本月八号（1913 年 6 月）布告委托交通银行代理金库暂行章程第十六条，云系审计处提议，中国银行见之，以为此章程与则例抵牾，以为审计处提议，即具函询问审计处，请其说明理由。”[④] 这表明中行对交行代理国库一事深表反对。当时中交二行之间关于代理国库的矛盾已为各界所关注。熊希龄到部前本来各项借款均交中国、交通银行保管，并“两银行各半分存”，但熊到部后改为中国银行五成，交通与北洋保商银行各二成。“虽未办结国库统一，已大有伸中国银行，绌交通银行之势。”“夫发行纸币之权，在各国唯中央银行是属。吾国则中国、交通两银行，外各省官银号及商立银行，其发行机关乃至纷乱而无纪

① 《财政部布告第三号》，《政府公报》1913 年 6 月 8 日第 391 号

② 周葆銮：《中华银行史》，第一编，第 187—190 页。

③ 交通银行总行、中国第二历史档案馆：《交通银行史料（1907—1949）》第一卷，第 701—702 页。

④ 《中国银行与交通银行之冲突》，《申报》1913 年 6 月 30 日。

极。以后欲一一收回，以此权属诸中国银行，交通银行一方面必百端阻挠，生前途之几多之阻碍。财部中人主张亦左右为难。于是有调停于中国银行派与交通银行派之间者。”①

当时审计处称据交通部来函，转请财政部将交通银行代理国库章程早为规定，以便施行，本处所请规定者，乃指交通银行代理交通部行政、育才费办法，非请规定委托交通银行代理其他收支，财政部布告与本处无干。至有违背法律命令，本处不能负此责任。不久参议员骆继汉（国民党籍议员）等以梁士诒变动金库代理机关，质问政府，谓此事是否以行政部令抵触法律，是否以部令侵犯命令。梁士诒借口者，不过该布告中所称关系金库条例之法律未备。金库条例草案已经批令试办，梁借口未经国会同意，实际意识是金库无法律制度可循，委托交通银行代理胜于中国银行。“闻外间舆论谓财政总长以交通银行总裁代长财政，思揽此次大借款经理之权，故欲混两机关于一。观该章程第三条委托范围以国债收支一部分为主，可谓图穷匕见云云。”②

事实说明，交通银行代理国库引发很多反对意见，这些反对意见反映出民初政争的一些情况。即宋案至“二次革命”平息之间，进步党人欲借帮助北洋集团同国民党斗争，邀功并意图把持财政大权。进步党与袁世凯商议组阁时，力挺梁启超担任财长，梁也认为自己是理财最为内行的专家，舍我岂有最佳人选。但财政问题是北京政府面对的一个大的不得了的问题。袁世凯在财政问题上一直仰仗周学熙为首的皖系，梁士诒为首的交通系，岂肯让他人为自己看守钱袋子。所以袁世凯即以梁启超书生一个，不能胜任国家大事为由断然拒绝。梁启超自然失望万分，后来，梁启超虽任袁世凯钦点重量级人物组成的财政委员会的成员，并任财政部币制局局长。但梁启超讲，自己的所有财政主张，除了在整理广东滥币方面有所成就外，余者币制改革、财政整理计划、公债发行主张、税制改革计划不能遂愿。③ 其次，便

---

① 《近日财政之各面观》，季啸风、沈友益：《中华民国史史料外编——前日本末次研究所情报资料》第二册，第542—543页。

② 《中国银行与交通银行之冲突》，《申报》1913年6月30日。

③ 张朋圆：《梁启超与民国政治》，吉林出版集团有限公司2007年版，第99—101页。

是国民党籍的议员在国会中对北洋派的继续抵制，骆继汉当时受国民党津贴2000元，在国会中活动支持吴景濂，反对北洋派支持汤化龙当选众议院议长，双方矛盾已是水深火热。[①] 国民党籍议员挑起交行代理国库一事的争论不过是与北洋集团在国会内斗争、矛盾的向外延伸而已。

1913年6月13日，审计处致函财政部并答复中行，就交行代理金库章程是否与则例抵牾做出解释。"本处以为财政部对于修正交通银行经营国库，收发交通部行政、育才等费办法九条尚有与交通部斟酌、增订之处，故于本年四月十三日即据交通部来函转请财政部将交通银行代理国库章程早为规定，以便实行检查。此项章程即指修正办法而言，其范围专限于行政、育才等费，此外并无提议将一般收支委托交通银行之事。则提议之理由亦可不必再剖。至五月三十一日财政部第三号之布告与本处无干，与中国银行则例暨大总统批准之金库条例草案有无抵触，应由财政部解释，非在本处权限范围之内。唯该布告称审计处以检查国库函请交通银行代理金库，章程早为规定等语，似乎此次发生之原因出于本处，其实本处所请早为规定者，请核定委托交通银行代理交通部行政、育才等费之办法，非请交通部代理交通部行政、育才等费以为之收支，此则本处所应声明者也。"[②]

可以讲，审计处至财政部与中国银行信函，将梁士诒呈请袁世凯准交通银行代理国库一事来龙去脉解释得一清二楚。即梁士诒的呈请理由不是来自于审计处，而是自己的打算。其次，审计处也客观指出在1913年5月梁士诒与财部发表布告前，财政部与审计处对交通银行代理国库之职责已有承认，并定有规则、章程办理。最后，审计处指出虽然交通银行有代理国库之权，代理权限仅限于交通行政与育才经费收支，不涉及其他收支款项。在交通银行分理国库问题上，交通系与其反对者都未获得理想结果，彼此各有让步。即熊希龄与国民党

① 韩玉辰：《民初国会生活散记》，中国人民政治协商会议全国委员会文史资料研究委员会编：《文史资料选辑》第53辑，文史资料出版社1964年版，第232页。

② 《审计处复中国银行、致财政部详复贵行中国银行来函所询交通银行代理金库章程与则例有无抵牾及其理由各节钞录文件希查照备案函》，《政府公报》1913年6月20日第403号。

意图收回交通银行分理国库权利的计划没有成行，特别是熊希龄组阁时曾将取消交行分理金库职能一案由国务会议议决。[1] 但1914年《交通银行则例》依旧保持经理四政特别会计之国库金，并受政府委托分理金库，说明袁世凯对交行分理金库是积极支持的，也说明袁世凯意图借助交通系对财政、金融局面的统制与掌控。但另一方面交通系通过分理国库意欲在金融业上的扩张并未完全如愿，其分理金库范围至袁世凯政权覆灭前局限在交通四政上，并不能扩大到其他方面。

以上中交二行特别是交通银行通过交通系取得的发行兑换券与经理国库特权仅是它们所取得特许经营特权的一部分，此外尚有发行公债、为政府垫款、举借外债等等，这些内容将分别叙述于后。

第二节　经理内国公债

一　发行内债之必然性

民初内国公债的举办主要与当时的财政收支状况有极大联系。北洋政府成立以来，一直苦于财政支绌，筹款无门的局面得不到扭转。以1913年为例，该年岁入项下，盐税收入77565534元，海关税57468604元，常关税10755679元，各部收入11088618元，各省借款33418530元，公债收入22337元。当时善后大借款虽告成，但实收为2100万英镑，“限制用途尤为严酷”，由中央开支者仅4至9月行政费约550万镑，其他如偿还赔付洋款580万镑，各省历年积欠五国银行团旧债280余万镑直接由银行团扣除，此外赔偿外国人损失200万镑，裁遣军队300万镑，整顿盐务费200万镑均指有用途，无通融余地。而因镇压“二次革命”举借的第三次瑞记借款与奥国借款均有军事上专门用途。反过来岁出却高居不下，中央各部政费及中央协款共计高达497872605元，收支相抵不敷数目达85205640元。[2] 1914年袁世凯政府每月中央政费发给200万两，但不敷数目每月维

① 张启祥：《交通银行研究》，第79页。

② 贾士毅：《民国财政史》，第46—48页。

持在40万两以上。财政部特请各部派员商议核减办法，毫无结果。[①]袁世凯对扭转财政收支问题异常关注，“愿亲自担负财政之责任，故欲在总统府组织财政会议，各省派代表会议金融及借款问题”[②]。该年2月参议院讨论财政整理问题，为划一解决方法，由饶汉祥提出拟发行长期内债3900余万元，短期内债3500余万元，短期外债3500余万元，以六厘债票整顿之。参议院议决：“六厘公债办法甚善，倘按律实施，于人民不过尽小数之财力，于国家财政莫大之利益。”[③]

参议院表决整顿财政非举公债不可，也与当时熊希龄内阁在办理财政上没有善法有极大关系。熊希龄内阁将财政问题解决寄希望于节流，但无开源之法。“反熊派（指交通系梁士诒等）以其为非政治家，只挂减政招牌，非但旧机关未能减少，新居所又日益增多，总长财政而理财政策除乞怜于银行团外，一无所施。”“张（謇）日夜竭蹶，希实业之进行；梁（启超）近日因短期外债、长短期内债附属条件一切重要问题关系财政，实民国生死存亡之关头，异常吃力，彻夜不息。”但张、梁二人对财政清理均无善法，与熊希龄连带离职。[④]

1914年1月熊希龄因筹款无力，辞去财政总长一职。袁世凯本意委任周学熙为财政总长，“梁（士诒）殊不愿，或即任朱启钤”[⑤]。最后袁世凯委任周自齐接任财政总长。1914年初发生的财政部人事更迭，实际反映出北洋政府与袁世凯在财政政策上将要做出的巨大举措，这就是要靠交通系领袖周自齐与梁士诒，通过中交二行以内国公债发行来改变目前财政状况。而第一次世界大战迫在眉睫，“政府知外债之难，拟发内债一千六百万元，而鉴于以往募集之屡度失败，非有周详之计划必难收效，于是财长周子廙（自齐）商于先生（梁士诒）拟具民国三年内国公债条例，呈请大总统批准公布”。该年8月梁士诒被袁世凯任命为内国公债局总理。[⑥]民初，梁士诒在财政上的

① 《专电》，《时报》1914年3月25日。
② 《特约路透电》，《时报》1914年2月17日。
③ 《整顿国债议案之调查谈》，《时报》1914年2月15日。
④ 《熊总理辞职之面面观》，《时报》1914年2月17日。
⑤ 《专电》，《时报》1914年1月30日。
⑥ 岑学吕：《三水梁燕孙（士诒）先生年谱》（上册），第196—197页。

重要作用不言而喻。袁与梁关系如有一比，“袁大总统为前路先锋，梁士诒乃为其后路粮台”[①]。梁士诒此时被任命为内国公债局长，袁世凯在财政上自然是望梁在内国公债办理上有所作为。

二 梁士诒、周自齐力主发行公债

内国公债的举办也与梁士诒与周自齐的整顿金融与财政主张有极大关系。周自齐初任总长时，曾认为：“若云举办内债，则政治未能清明，用途漫无限制，孰肯以艰辛所得之资财，供政府无穷之挥霍，是内借亦劝成不易也。”[②] 但在就任总长后，对于办理内国公债周自齐的主张有明显变化，首先周自齐意识到：“内国公债为国家命脉，社会金融之所托，关系甚巨，自应督饬中国、交通两银行与主管拨款各机关商定逐期拨款办法，切实照行。”为保障公债偿付基金积极努力。[③] 周自齐专门在财政部内设立公债司，主管公债募集、发行、出纳管理、还本付息等事。[④] 为整理财政，周自齐新设整理旧税、办理新税、推广公债三所，足见其对公债问题认识转变。[⑤] 民国三年六厘公债开办后，周自齐还呈请袁世凯，以公债发行必须筹划周密，有综持一切讨论执行之机关，拟设立内国公债局总揽一切。并详定内国公债局章程。[⑥]

梁士诒力主发行公债有两方面原因，一是梁士诒此时因受皖系攻击和袁世凯的猜忌，被免去总统府秘书长一职，交通总长一职自民元以来也第一次更换为非交通系的人物（梁敦彦）担任。梁士诒与交通系急需与袁世凯重新修好关系，获得袁的信任以便东山再起，而民国三、四年内国公债发行无疑是极好机会。舆论曾有评价，梁士诒在公债等事情上竭力为袁赞襄，“故将来新君主第一任内阁总理大臣即

① 岑学吕：《三水梁燕孙（士诒）先生年谱》（上册），第189—190页。

② 《周自齐沥陈财政困难拟筹挽救办法呈》，中国第二历史档案馆编：《中华民国史档案资料汇编》第三辑（财政一），第100页。

③ 佚名：《中国公债史料》，沈云龙辑：近代中国史料丛刊三编第二十辑总第200册，台湾文海出版社1987年版，第96页。

④ 《中国大事记》，《东方杂志》1914年第十一卷二号。

⑤ 《财政部整理赋税所开幕后详志》，《时报》1914年7月21日。

⑥ 千家驹：《旧中国公债史料》，中华书局1984年版，第39—40页。

属梁氏，外间已众口一词，恐非无因也”[①]。

二是梁士诒坚决反对举借外债。有学者认为民元梁士诒主张增加财政信用作为举借外债先决条件，以短期国库券发行方案为主。“梁士诒反对外债，实反对有害于国家权益的借款条件。”[②] 梁曾言“至以外债充行政之需，尤为财政原则所大忌”。梁士诒认为民国财政到了破产边缘。特别是在1914年内国公债局成立后，梁士诒致电各省将军、巡按使与财政厅劝募公债，称：“国运肇新，财源顿竭，含垢忍辱，乞灵外人，故无论稽核用途，干涉押品，担保利息，种种条件甚严，渐启监督财政之机，而折扣之损失，汇兑之亏耗，漏卮之溢何可计数?”由于第一次世界大战爆发，举借更非可能，各省开源节流协解中央效果不佳，因此只有求助公债发行，他认为上下交益，立国大计，莫要于此。[③]

梁士诒认为在募集国债问题上，内国公债应优先于外债募集。早在1913年，他即提出以不受束缚为条件，“于财政委员会议力陈内债之计”。以发行内国公债代替外债。但袁世凯与财政当局“以为缓不济急”，且欲外交上结交奥援，对梁士诒主张没有采纳。[④] 但这说明梁士诒在财政政策上确属有远见卓识。

但民初公债发行客观上面临许多棘手问题。自清末以来，历届政府发行公债均未有佳绩。且不说清廷发行的昭信股票，南京临时政府亦曾发行八厘军需公债，计划募集一亿元，由南京政府直接募入不过500万元，其他则被各省都督预先领出贱卖，以作为军费来源。该项公债后与爱国公债合并由北洋政府承担，实际发行数量为7371150元。[⑤] 北洋政府为救济财政困乏，假拨充中国银行资本并偿还各种短期借款以及整理各省滥发纸币为名，于1913年2月制定民国元年六厘公债条例，虽然以九二折扣发行，以印花税、契税为担保，但因还本时间为35年，5年后始发利息，虽大多以四成价格发售，实际收

① 《杂论》，《时报》1915年10月5日。
② 朱传誉：《梁士诒传记资料》第三册，第107页。
③ 岑学吕：《三水梁燕孙（士诒）先生年谱》（上册），第137—138、202—203页。
④ 同上书，第132页。
⑤ 贾士毅：《国债与金融》，商务印书馆1930年版，第46页。

额不超过五千万元。“其后，该公债市价低落到额面二成以内。”① 这说明清末民初社会大众对于公债从心理上还存在隔膜。日本舆论曾评价中国政府丝毫没有公信，人民对于国家也没有信任，以民初爱国公债、临时政府八厘公债发行失败为例，断言中国“非实行人种，所以不能募集内债者也”。中国财政惟有依赖外债，“彼渐中毒于外债”，“不独永远不得断绝，行且加重其恶因”②。因此，对交通系领袖梁士诒、周自齐来说，如何保障民国三、四年公债的顺利发行是一个非常棘手的问题。

三　民国三、四年内国公债的募集

梁士诒、周自齐等为公债的顺利发行采取了诸多方法，其情况大致如下。

（一）成立内国公债局

在民国三年内国公债发行之前，“经理公债未有专局，而财政部之公债司职掌行政，与发行机构职权各别”③。为统一事权，使公债经理有综持统一机关，协调政府、中外金融机关及各募集单位关系，并处理发售、保管、使用、兑现公债等各种问题，财政部呈请成立内国公债局。其要旨在于国家系处于债务者地位。“当时设立之用意，其重要职务有三，一为劝募，二为收款，三为付息，其职权实兼财政部之会计、公债、库藏三司而有之也。”④

按照财政部在1914年8月颁布的《内国公债局章程》规定，由华洋十六人组成董事会，由董事中选举总理一员，协理四员，“常川到局办事”。该局董事有下列各员组成：财政部派员一名，交通部派员一名（为叶恭绰），税务处派税务司洋员二人，中国银行总裁（为萨福懋），交通银行经理（为梁士诒），中法银行经理洋员，保商银行经理洋员，华商殷实银钱行号经理二员，购买公债票最多者六人（华人必占半数）。由总理总揽全局事务，董事会得以列席局务会议、

① 罗介夫：《中国财政问题》，第351页。
② 《中国财政论》，《东方杂志》1914年第十卷第十一号。
③ 贾士毅：《国债与金融》，第10页。
④ 徐沧水：《内国公债史》，商务印书馆1926年版，第34页。

稽查账目、检查本息存款还付。该局得联络国内中外各银行及资本家，以包卖及其他方法销售债票。上项承包银行及资本家，予以百分之六以内之经手佣费。发行债票时得酌量情形委托中国，交通总、分各行，联合交易所代卖债票。所有应行规定募集、发行暨偿本付息以及登记账目各项详细章程，应按照公债条例，随时拟订，报部核夺。①

内国公债局是一个非官方的，属于专营公债的法人团体组织。由于中外董事均有，得以避免为政府控制、支配。之所以任用安格联与包罗为董事，在于公债条例载明偿本付息之款均应交指定外国银行存储，并指定公债局协理、总税务司安格联为经理出纳款项专员，定名为会计协理。所有该局收存款项及预备偿本付息，支存付款均由安格联以会计协理资格经理。公债款项出纳事务，除经总理签字外，仍由安格联副署，此系安格联管理公债基金由来。② 国内公债局引用外人无非是让应募国债的各界商民放心，认为公债出纳、支付本息由外人而非财政部任意决定。梁士诒讲公债发行以中外合办，参用洋员，为力求征信之证据。③这在当时政府信用没有得到绅民认可，社会各界对公债还缺乏接受心理，造成公债发行面临诸多不稳定因素情形下，应属可取。当时舆论曾有如此评价，我国公债发行屡有失败，其原因极大一部分在于不信任政府。“后民国三年及四年发行公债，改由总税务司安格联氏管理，不受政治影响，债信始稍肇巩固。以前人民视债券几同废纸，后此种观念逐渐转移，其转移即始于民国三年及四年公债也。”④

（二）对公债发行方法的改革

梁士诒在总结从前内国公债发行失败原因时曾指出，除了风气未开，民情闭隔，人民不知公债用途、收益外，主要原因为政府信用未立，经营不得法，特别是定额过高，还本时间太长。⑤ 在这一经验教训基础上，梁士诒与周自齐对民国三、四年公债发行进行了改革。

① 《财政部关于设立内国公债局并拟订章程暨大总统批令》，中国第二历史档案馆编：《中华民国史档案资料汇编》第三辑（财政一），第872—873页。

② 徐沧水：《内国公债史》，第35页。

③ 岑学吕：《三水梁燕孙（士诒）先生年谱》（上册），第204页。

④ 佚名：《我国发行内国公债史略》，太平洋书店1929年版，第5页。

⑤ 岑学吕：《三水梁燕孙（士诒）先生年谱》（上册），第204页。

首先提高民国三、四年公债利息与折扣，缩短发行周期与支付利息时间，并减少发行数量。在公债利息方面，当时国外金融市场如欧美等国一般借款年利率在3%左右，折扣为九七，日本年利率为4%左右，折扣为九五。[①] 而民国三、四年公债发行利息均高达六厘，而折扣方面，民国三年内国公债每百元实收94元，民国四年内国公债每百元实收90元。[②] 而民国四年内国公债发行后，第一次付息为是年10月12日，距离发行时不过数日，因此发行价格实际为八七折扣。[③] 由于民国三、四年内国公债在利息、折扣上的便宜规定，刺激了商民踊跃认募。

梁士诒与周自齐还缩短发行周期与支付利息时间，并减少发行额。1914年8月，周自齐呈大总统袁世凯称："为今之计，求收速效而树国信，莫如减少额数，缩短年限，另发一种六厘公债，以树之先声。"[④] 民国三年内国公债因欲博得人民信任，一切条件较前者为优，原定数额不似以前达数万万元。初发只1600万元。[⑤] 民国四年内国公债定额也只有2400万元。按照周自齐所定民国三年内国公债条例规定，其计息方法为每年6月与12月为支付利息时间，即从发行后当年计息而非像以前在发行数年后始计息；三年内只付利息，第四年起用抽签方法偿还九分之一本金，至第12年全部还清本金。发行周期实际缩短至12年。民国四年内国公债条例类同，以每年4月、10月为支付利息时间，二年内只付利息，从第三年内抽签偿还本金，至第18年还清。[⑥] 这样做实际上是取信于民，让广大应募者对民国三、四年国内公债有了认可和信任。

（三）树立信用

梁士诒曾讲公债能否发行顺利，"纯以信用为断"[⑦]。为树立债

---

① 宓汝成：《帝国主义与中国铁路（1847—1949）》，第284页。

② 徐沧水：《内国公债史》，第51、56页。

③ 佚名：《我国发行内国公债史略》，第15页。

④ 《财政部关于请核准公布三年公债条例暨大总统批令》，中国第二历史档案馆编：《中华民国史档案资料汇编》第三辑（财政一），第870页。

⑤ 佚名：《我国发行内国公债史略》，第8页。

⑥ 千家驹：《旧中国公债史料（1894—1949）》，第42—43、46页。

⑦ 岑学吕：《三水梁燕孙（士诒）先生年谱》（上册），第204页。

信，梁士诒与周自齐采取了以下办法。第一是保障担保之可靠。民国三、四年内国公债成功发行，“所指定之担保品，各方皆认实可靠”。这一因素起了极大作用。[①] 按照民国三年内国公债条例规定公债应付息银，先由财政部、交通部筹足一年利息 96 万元，拨交公债局指定外国银行，永远存储。此外仍由财政部、交通部按月另指确实担保款 8 万元，拨交指定之外国银行存储，以备每届付息之用。前项的款每月由交通部铁路余利拨 5 万元左右，翼商税拨 3 万元。此项公债应付本银，指定京汉铁路第四次抵押款 280 万元内，于第 4 年起拨存。“此项公债偿本、付息，由中国、交通总、分行，暨政府委托之外国银行、中国股本坚实银号或海关税务司署支付。”[②] 民国四年内国公债条例规定：公债应付利息，先由财政部筹足一年利息 144 万元，拨交总税务司，存在中国、交通两银行，并永远存储作为保息，此外另由财政部按月拨款 12 万元交总税务司，存在以上两银行，拨入公债项下，以备届期付息之用。此项公债应付本息，政府完全担保，指定全国未经抵押债款之常关拨款及张家口征收局收入，及山西全省厘金为担保。此项公债偿本付息，由中国、交通总分行暨政府委托的外国银行、中国殷实商号或海关、税务司署支付。[③] 1914 年年底北京政府颁布《补充民国三年内国公债债额条例》，定扩充债额先由交通、财政部筹足一年利息 48 万，在杀虎口、凤阳关关税项下每月拨出 4 万元交中交二行存储，拟发行 800 万，仍以京汉铁路余利 280 万元为担保。[④]

第二是出台法律确保债信。1914 年 11 月，财政部呈准大总统袁世凯颁布《妨害内债信用惩罚令》，规定届期还本付息，如有经理有意迁延不还，折合银钱不公，对持票人以债票完纳租税及其他现款支用拒不接纳，在抽签还本有舞弊者，并有浮收、侵吞、克扣情形者均处以徒刑与罚金。[⑤]

---

① 佚名：《我国发行内国公债史略》，第 8 页。

② 千家驹：《旧中国公债史料（1894—1949）》，第 42—43 页。

③ 同上书，第 46—47 页。

④ 《法令》，《东方杂志》1915 年第十二卷第二号。

⑤ 《大总统申令》，《政府公报》1914 年 11 月 30 日第 924 号。

第三是与财政部详定提用债款及保持债票价格办法。梁士诒曾讲："故凡债款之提拨、支用，以及还本付息之筹备，债票价格之维持，息息与信用相关。即事事宜求精确。是以所有债款均照条例，由中国、交通两银行经收，另款专储，凡财政部提拨之款均系奉大总统批准有案，准部咨照，始有本局通知两行照数分拨，此外无论如何不能动用。本年六月三十日为第二次付息之期，先经会同财政部委派专员分赴各省会商财政厅及中交二行，预为布置。至债票价格，不外将用途推广，以使其流通。或另设减债基金，随时买收，以防其滥折，亦已节次筹画，见诸实行。总求上昭政府之无私，下谋闾阎之便利，庶几养成习惯，裨益将来。"①

第四是制定保息办法。即仿照五国善后大借款，将全年债息 90 万元预先存储于外国银行以保信用，又逐月提拨全年息金十分之一以备付息，此项息款由公债局之董事会保管，陆续拨付银行，以资应用。② 为确保第一期利息按时支付，还特规定，"在辖境广阔或未设中交两行而致使百姓取息不便的地方，酌情委托商号经理，以便百姓"③。

（四）对应募者积极奖励与刺激

为刺激各界应募，梁士诒在民国三年内国公债发售时规定，对先应募第一期者除应付利息之外，加奖一年之利息，实际应募款为八八折。使得应募者为此踊跃，一时间，"群情翕然，解囊恐后"④。梁士诒还推出包卖公债票章程，规定凡包卖 10 万元者给 4% 手续费，满 25 万元者给 4.5%，满 50 万元给 5%，100 万元给 6% 手续费。⑤ 梁士诒为扩大债券应募，令内国公债局，"征文广布，以通俗之文，阐繁绩之理"。目的是，"购债获享之优利，政府募集之苦衷，俾天下共谅共喻，故能如响斯应，争先投资"⑥。

---

① 徐沧水：《内国公债史》，第 54 页。

② 贾士毅：《国债与金融》，第 10 页。

③ 岑学吕：《三水梁燕孙（士诒）先生年谱》（上册），第 209 页。

④ 同上书，第 251 页。

⑤ 同上书，第 205 页。

⑥ 同上书，第 250 页。

（五）对各界力量的广泛动员

在公债应募过程中，除了借助中交二行力量之外，梁士诒与周自齐还广泛依靠各界力量。如财政部在1914年8月与1915年1月两次致电各省，请各省将军、巡按使与商会踊跃应募。称："此后庶政整理需款孔殷，苟能一呼众应，风气大开，则金融贯注，上下交益，立国大计，莫要于此。诸公尽抱忱时，安危与共，尚祈剀谕绅商，竭力应募，苟有成效，必加奖励。"① 当时承募公债者为三类，即资本团承包（银行、资本家）、各省财政厅应募、各省绅民直接应募，而民国三年公债发行不及两个月，各省报告称已发售一千六百余万元。②

梁士诒与财政部还致函五国银行团与汇丰银行，称民国四年内国公债以盐税作为担保，请其踊跃应募、承办。③ 此外，他们与上海总商会积极沟通，在致函周金箴、朱葆三、虞洽卿、傅筱庵、张公权、宋汉章等工商、金融界巨擘信函中，称："兹拟定名'公债局驻沪经理处'，设经理员，由商会、中国、交通三部合组之，以期呼应一气，敦请诸公为经理，必于兹举大有裨助。至经理中宜如何推定正副主任，俾有综覆，应请公推，庶期允洽！此外，各业首领并请一体协力劝办，或顾问、或咨议，另寄聘状。其经理售票章程，已寄中国、交通银行沪行。"④ 而上海总商会反映积极。上海设局后，数日内认购60万元，当局深信其总额可增募至200万元，钱业商人已认募14万元。上海各界对认募定额虽感不易，"然一般商家莫不异常热心，赞助政府"。"赞助驻沪经理处之举动，见之其劝募之法极有条理。每一会馆，皆有一董事。"⑤

尤其要指出的是民国四年内国公债由财政部派遣推销员，"赴海外向侨民募集，华侨之购买公债，其动机大都激于爱国思想，非因视

① 《财政部为劝募三年公债致各省将军、巡按使、财政厅密函稿》、《财政部关于发行四年公债要求各地电告认购债额密电》，中国第二历史档案馆编：《中华民国档案资料汇编》第三辑（财政一），第873—875、881—882页。

② 贾士毅：《国债与金融》，第11页。

③ 《财政部关于发行四年公债尽先商请五国银行团承办函》，中国第二历史档案馆编：《中华民国档案资料汇编》第三辑（财政一），第881页。

④ 岑学吕：《三水梁燕孙（士诒）先生年谱》（上册），第213页。

⑤ 《内国公债之踊跃》，《时报》1914年9月13日。

此为稳健投资而乐于购买也”。海外发行取得良好效果。①

总之，梁士诒对于公债发行，“于历次内国公债信用破坏无余之日，又值欧洲战起，金融困乏之时，而出任内债总理，知非祛除人民疑虑，则募集无成。非指定、确实基金，则无征不信。知政府与人民之隔阂也，必须贯而通之；知人民信任外人之心理也，必须利用而转移之；故制度不取特任，而取官民、财团之公推，募集不假手胥吏，而严于各省财政机关之代募，内外相维，成效乃著”②。

除了梁士诒、周自齐的努力外，必须看到这一时期公债能顺利募集，与当时欧战爆发，国人渴望国内和平统一有很大关系，而政府发行公债办法，颇能迎合当时人民心理。同时公债发行与其他整理财政手段互为补充，国家财政系统已开始建立。正是基于对国内和平、统一环境的期盼，加之袁世凯采取措施统一财政与金融，国内财政情况明显好转，才使得社会各界对民国三、四年内国公债发行的前景及债信抱有积极态度。这是内国公债发行成功的客观因素。

四　民国三、四年内国公债发行成功之表现

第一，发行顺利、超额完成。民国三年内国公债预定、增发总额为 24926100 元，按九四折扣实收额应为 23908411 元，扣除手续费、汇兑费、奖励金共 3556090 元，实际收数在 20424320 元。“我国内债应募额超过发行额者，实以该公债为始，不可不谓大成功。”③ 特别值得一提的是，民国三年公债原定发行额为 1600 万元，事属创举，原无把握。但发行才两月，核计京内外应募债额数目已达 2400 万元，超过原额二分之一，且悉数交清。原拟按照定额退还债户，但购票各户均不乐意。此后周自齐呈请大总统依照中国、交通两银行咨请，“请由本部呈明大总统追加债额，增加条例，一面另筹相当抵押及加筹偿本付息的款，以补原条例第六、第七两条之所不及，并提交参政院代行立法院承认，以免向隅而餍众望等情前来。并续据各省经募机

---

① 佚名：《我国发行内国公债史略》，第 15—16 页。

② 岑学吕：《三水梁燕孙（士诒）先生年谱》（上册），第 216 页。

③ 罗介夫：《中国财政问题》，第 353 页。

关函电，事同前因。本部复查该银行等所拟追加债额办法，实于维持国信之中，兼寓俯顺舆情之意，所陈各节，衡之法理，揆以事实，均无不合”[①]。后袁世凯准允财政部增发800万元债票。

民国四年内国公债发行定额为2400万元，结果逾定额二百余万元，应募债额计26155215元，扣除手续费1315938.6元，实收债款为21483717.8元。[②]

其次，因内国公债发行使得国家财政情况有所好转。民国三年、四年内国公债以整理金融、旧债，补助国库为目的。民国四年度预算临时岁入中内债为2400万元，而临时岁入共计31436376元，临时、经常岁入共计382501180元。五年度预算临时岁入共计45741609元，其中内国公债占1000万元。[③] 而民国四年公债发行原因，“当三年杪，正值欧洲酣战之际，中国税收损失颇巨，除中央所负长期外债得以盐、关税款抵付外，年内应付短期债款至一千九百余万元之多。而按年份还短期内外债款四千九百余万元尚不在内。四年度国家概算收支不敷之数又达四千万元左右。财政部援照三年内债成案，另募四年度内国公债二千四百万元为整理旧债，辅助国库之需”[④]。在1914、1915年岁入中，内国公债均占有相当比例。正是有了公债的拨补，这两年的财政有了明显好转。

千家驹曾指出：“公债在财政学上说，本不过是补苴国家收支一时的不敷，或救济财政上非常之支出的一种应急手段、公债本身原无所谓善恶，其对一国金融财政之为害为利，胥视吾人运用之得益与否以为断，此殆为近世财政学所公认。在本质上，公债和租税是无以异的，因为两者同是‘出之于民’，同是由于维持国家统治权利的必要而产生的。租税与公债不同的：只是前者课征于现在，后者责偿于将来；租税是赤裸裸的人民对国家经费的负担，而公债是租税之一种特殊形态，即应募者与纳税者非同一人，应募者以投资的方式购买公

① 《财政部关于追加三年公债额数并拟具条例呈》，中国第二历史档案馆编：《中华民国档案资料汇编》第三辑（财政一），第879页。

② 徐沧水：《内国公债史》，第57页。

③ 贾士毅：《民国财政史》，第1621、1638页。

④ 同上书，第1063页。

债，纳税者须在将来始负担此项债额。”[①] 因此从公债发行对拨补国家财政用途而言，只能以其对财政状况所起作用来说明其优劣与否，而决不能以其他标准来判断。

再者，民国三、四年内国公债的成功发行还在于使人们对公债、对财政、对金融，对国家偿还公债能力有了新的认识。当时舆论曾有如此评述：“就民国四年之中国经济观之，非特其力足以清偿应付之外债，且足以偿还国内应付之公债。政府债票信用因而增高，据近年发表预算，则仅募集内国公债两千万元即足敷用。而此两千万元亦不难设法征集，本年预算岁入至四万七千一百九十四万六千七百一十元，以中国人数四万万计之，则每人负担之数为一元一角八分，据日本统计，则其国人民负担赋税，约每人每年八元七角（日金），与中国相较相差甚远多，足知中国财政之发展固尚未有穷也。”[②] 显示出社会各界在民国三、四年公债成功募集后，对社会所具有的认购能力，政府的还债信用有了新的认识。舆论认为民国三、四年内国公债突破定额，成功发行，使得政府与社会各界形成一种经济信用之关系，使民众对国家财政始有一种信心，而对今后公债继续发行奠定一种基础。[③]

由于公债大多委办于资本集团，特别是金融机关，而公债条例明确规定公债可以买卖、出售，这就刺激了期票买卖这一金融业务的繁盛，使得公债金融市场逐渐形成。“自内国公债盛行以来，国内银行界遂大行活动，不惟风起云涌，新设之数骤增，且有专司与政府交易之银行，虽迹近投机，然实因政府借债利息既高，折扣又大，苟不致破产程度。则银行直接、间接所获之利益，固较任何放款为优也。”[④] 第一次世界大战前后是中国金融业的大发展时期，既和这一时期民族工商业的繁荣发展相关，也是北京政府发行内国公债刺激的结果，从这一角度看，内国公债发行是民族资本金融机构发展的良好时机，是促进国内金融市场发展的一个大好时机。

---

① 千家驹：《中国经济问题丛书之二：中国的内债》，社会调查所（北平）1933 年 4 月版，第 1 页。

② 《中国现实之经济》，《东方杂志》第 13 卷第 6 号。

③ 《财政新谈》，《申报》1914 年 5 月 21 日。

④ 贾士毅：《国债与金融》，第 25 页。

五　民国五年内国公债的发行

1916年3月，北洋政府为履行财政预算，决定于该年发行六厘内国公债，以2000万元为定额，每百元按九五折扣发行，又规定三个月内缴齐者给奖金一厘，实际发行价格为九四折扣。该公债指定以全国烟酒税每年1168万元收入为担保。此外由财政部按月备款10万元拨付内国公债局，交由总税务司拨交指定之银行存储。以备每期付息之用。公债发行之际，适值护国战争，政局变动，募集均未能如额。至其募集方法均与前两年相同。时值中交两银行北京支行停兑期中，全国金融无不紧急，因此募债成绩远逊前两年。按梁士诒报告财政总长周自齐的情况，截至1916年5月31日止，已实收6649663.1元。其中已拨给财政部631万多。[①] 民国五年内国公债发行效果极差，究其因与袁世凯冒天下之大不韪，推行帝制引发云南护国运动有极大关系。而袁世凯覆灭后，财政部遂将内国公债局裁撤。虽然当局深恐人民恐慌，将董事会移入财政部，但不过保有虚名，使得各界对公债信用产生动摇心理。[②]

六　中交二行与内国公债

中交二行在民国三、四、五年内国公债发行中起到巨大作用，财政部曾指令中交二行协助国家财政，使划一币制，整理公债次第进行，二行具有国家银行性质，“以为币制公债进行之辅助，该两银行应共负责任，协力图功，以副国家调护金融更新财政之至意”[③]。即将中交二行履行国家银行、中央银行的职责近期内定为统一币制与经理公债。贾士毅曾指出，公债发行分为直接、间接募集两种，前者为社会募集，后者为银行、资本团募集。1914年虽设立公债局，名义上直接向公众募债，实际上大都仍由银行担任包卖。“然公债与内国银行之关系不徒发行一端，即平时之经守、还本付息以及抵押、买卖

① 徐沧水：《内国公债史》，第61—62页。

② 贾士毅：《国债与金融》，第16页。

③ 《中国大事记》，《东方杂志》1915年第十二卷第十二号。

等情无不与银行有深切之关系。”[①] 反映了金融与财政通过银行经理公债而得以进一步融合。中交二行对内国公债发行影响具体情况如下。

第一，是资本团体应募国债最多的。民国三年内国公债，中国银行应募总额为 280 万元，交通银行为 6338375 元。民国四年内国公债，中国银行承募 2659900 元，交通银行承募 3137685 元。[②] 尤其是，梁士诒控制下的交行，每次经募债款均居各银行之首。前两次交行共实募总额近 20%。[③]

第二，中交二行在利息担保与公债本金偿还上扮演了重要角色。在公债利息担保方面，如前所言，民国三年内国公债利息以交通部铁路余利为担保，由交通银行专备此款。民国三、四年内国公债每年拨付利息分存于中交二行及指定信誉较好的外国银行。民国三、四年内国公债发行不久，“因时局不宁，财政紊乱，其间变化甚多”。特别是受帝制牵动，因此利息担保交由安格联统一经营。民国三年内国公债利息 144 万，由周自齐令财政部在 1915 年 1 月移交安格联。安格联将此款各三分之一存于汇丰、道胜两银行，余款分存于中交二行。四年公债，财部亦如前拨款 144 万元，作为付息担保。但此款未存入外国银行。后为公债付息稳固计，自 1915 年 1 月起，由安氏自财部所拨款额中，按月存中交二行，以 24 万元作为公债息金。初公债付息进行颇称顺利，付息期届，即以中交二行钞票支付。开始中交钞票并无折扣。即使在帝制发生引发金融风潮后，“幸而中交之沪汉分行不受袁氏制裁，其他钞票价格未被波及，持票者于津沪领息，仍得十足领受。故当时公债基金虽大部扣留北京，而公债付息仍得勉力维持。安氏为避免不兑现纸币付息起见，竭力向财政部筹拨现款。五年五月，筹得现款二十四万元，是为财政部于公债 息金方面末次支付之款”[④]。

交行在内债还本付息方面作用尤为巨大。民国三年内国公债，第

---

① 贾士毅：《国债与金融》，第 22—23 页。

② 贾士毅：《民国财政史》，第 1060、1064 页。

③ 韩宏泰：《北洋军阀时期的交通银行》，中国人民政治协商会议全国委员会文史资料委员会：《文史资料选辑》第 88 辑，第 94 页。

④ 佚名：《我国发行内国公债史略》，第 19 页。

一、二次抽签还本以关税项下拨充之基金不敷甚巨，故其一部分系由交行垫付。四年公债、特种公债，其每年应付息款由财政部筹足拨交总税务司转存指定银行，以备到期支付，交行为指定银行之一。交行除支付债券本息外，并多垫付之款。五年发行六厘公债，交行先后为第一次还本、第六至十期利息垫款。[①]

七 内国公债的消极影响

尽管民国三、四年内国公债发行取得巨大成功，而且社会反响良好。但毋庸讳言，其中存有的弊端也是显而易见的，而且在五年内国公债发行上尤为突出。

第一，公债发行没有用于工商业发展，虽以整理币制、公债、补助国库、履行预算为名，但实际用途主要为政军费用。梁士诒也承认："所惜者当时未能以内债收入，整理外债，以恢复国家对外原有的信用，而转以其收入，充国家经常经费，致令军政各费，缘以膨胀，财政基础随之破坏。"[②] 民初莫理循就指出尽管民国三年公债以优惠办法吸引了各界积极应募，"然而，为了修造铁路和其他工业目的而发行的债券，对于投资者具有更大的吸引力，而且它与不用于再生产工作的纯粹国内公债，是不能相提并论的"[③]。

第二，诱发了金融业的非良性发展。"更以最正当之利益而论，则银行以公债借贷、买卖，既可资无资金周转不灵之弊，而以公债为发行钞票准备，又可与现金有同一效用，无虑呆滞。按诸经济原理亦最为吻合。"但政府发行公债，招致公债市场资金过多，以致流动资本运转不灵。市场利率遂因之腾贵，事业家无所取资。"在银行少一流通之资本，社会少一活动之财源。加以政府发行之公债，在初无不指定基金、利息优厚，境过情迁，往往基金流用，本息无着，银行之资力薄弱者遂因之停搁或破产者有之。"[④]

---

① 交通银行总行、中国第二历史档案馆：《交通银行史料（1907—1949）》，第705—706页。

② 岑学吕：《三水梁燕孙（士诒）先生年谱》（上册），第417页。

③ ［澳］骆惠敏：《清末民初政情内幕》（下册），第450页。

④ 贾士毅：《国债与金融》，第26页。

第三，历届北洋政府鉴于袁世凯覆灭前所发内债推销甚易，而纷纷效法。但是袁世凯垮台后，军阀割据，内战频仍，财政上日益困难，北京政府债信日益低落，又不能不举债度日，于是成为我国公债史上光怪奇离之局。内国公债“在民国十五年以前，以七年最高，九年次之，十年又次之……每年发行额均在一万万元以上”①。

第四，公债本金清偿问题至袁世凯政权垮台后，逐渐成为一大难题，而形成以后的公债清理问题。详情请看下表说明（表3－4）。②

表3－4　　北京政府1916年前发行公债还本付息情况表

公债名称	1916年前还本情况	1916年后还本情况	备注
民国三年内国公债	未按期还本延至1917年	抽签还本共计九次	至1931年底本息全部还清
民国四年内国公债	未按期还本，推迟至1919年	共抽签还本六次	至1929年4月将本息全部还清
民国五年内国公债	未按期举行推迟至1920年	1921年始还	至1928年9月底付清全部本息

到1921年民国三、四、五年内国公债等十种公债未偿本息额高达315233805元。③ 公债本息偿还使得公债非但没有给北洋政府带来财政上的宽松之机，反而像一把枷锁牢牢束缚住了它。

第三节　垫款与中交停兑风波

一　1912—1916年间中交二行垫款情况

（一）中国银行垫款情况

中国银行为北洋政府垫款情况，大致以1914年7月中行归财部

① 叶元龙：《中国财政问题》，商务印书馆1937年版，第105页。

② 见贾士毅：《国债与金融》第16页；佚名：《我国发行内国公债史略》第11—13、16—17、34页。

③ 徐沧水：《内国公债史》，第140页。

直辖为界，分两个阶段。其理由因中国银行归部直辖，“视同该部附属机关，不免使国家财政与金融系统混而为一，殊失中国银行理想中欲具之超然独立的中央银行地位”[①]。在此期间，中国银行放款方面，“大部分为中央政府之财政部垫款，与因接收地方金库，对于财政厅之短期放款，以及收回地方纸币之临时垫款”[②]。

中行垫款如上所言，分三部分，主要为财政垫款。梁士诒署理财政部期间，中行依兑换券则例草案拟发行4万万元。梁士诒致函中行要求自1913年5月起，由本部每月拨付现款225万元、六厘公债225万元，交中行执收后，即由中行发行兑换券450万元，以支付一切行政经费，所有拨交中银行公债照章由收到兑换券之日起给息。而中行表示财政部此举，“示统一国库之方，寓推行纸币之意”。但认为有三难，第一，兑换券发行与流通数目意义不同，发行数目虽易于推广，但流通数目取决于准备之充分，不独以发行数目为准。第二，兑换券发行权集中制度未经实行，中国银行而外，发行者还有本国银行若干家，外国银行若干家，除中国银行之外，占到了流通数目的三分之二强，中行难以把控。第三，中行是否要兑现其他各行流通纸币，而自身准备有限，难以做到。中行提出请愿办法，“请添拨国库现金交本行存储也。查金库则例草案，国库出纳统归中国银行经理，应请将中央政府所入225万以外之现金统交银行内设之国库存储。国库办法纯采保管制度，库款与行款分为二库，非经总长许可，不能移作存款，法至稳健。嗣后如国家之支出能用兑换券者，概由银行发给兑换券，随时由银行存储现金五成，购公债五成为之准备。兑现数目适合五成，则公债纸币同时推广，政府银行两沾其利，事至幸也。兑现之数超过五成，遂由银行将超额之公债出售，若一时难觅市场，则呈请财政总长售与国库，换回现金，如是则试办之五成保证准备，缓急乃有后盾，且以符国库正当统一之手续矣。一请通知行政机关与本行往来也”[③]。

---

① 中国银行总行、中国第二历史档案馆编：《中国银行行史资料汇编（1912—1949）》上册，第541页。

② 姚崧龄：《中国银行二十四年发展史》，第22页。

③ 中国银行总行、中国第二历史档案馆编：《中国银行行史资料汇编（1912—1949）》上编第一册，第533—534页。

通过这段资料可以看出，自梁士诒署理财政部始，要求中行每月例行将450万元兑换券作为垫款拨给财政部充作行政费用。但中行对此举带来的金融业务上的困难与危机显然有所预见，即一旦发行量过度，而流通量又不能完全支配、主导金融市场，同时现金准备不充分，没有续拨，而纯以公债票或国库券来抵充，将会造成中行业务的极大危机，直接危及国库安全。

周自齐任财政总长后，与时为中行总裁的孙多森为财部垫款一事屡有冲突。财政部认为孙多森“片面谈有权利而无义务”，认为孙要求财政部先发国库券100万镑以解决因奥款推缓造成的中行流动资金不敷情形，并要求将善后大借款应发行政各费拨交中行以作为发行兑换券准备。周自齐虽令为中行垫发500万元公债票作为流动资金，并称与孙多森就大借款拨交中行作兑换券发行准备商定方案，但内心对孙十分恼火。其焦点就是孙多森请将中行章程修改送部议定，并请早日宣布，目的使财政部与中行分立，不愿履行更多垫款义务。周自齐在批复中称：“应改万不能与部离而为二。”并毫不客气地批复孙多森要求将大借款折给现银要求为废话。孙多森还要求将中行垫付皇室经费由财政部尽数拨还，周自齐称：“应查，似已拨还。”中行对财部要求垫付吉林整理纸币经费360万元，颇为不乐意，提出由大借款中先垫付50万镑，周自齐对此也毫不客气的批复：“不阅（善后借款）合同太无用！”孙多森又称筹边局欠中行垫款140余万元，请周自齐令保商银行偿还。周自齐批复称由陈威查明此款办理情况。[①]

此外，中行为收回纸币也有垫款，情况如下。广东纸币收回垫款138万元，江西纸币收回垫款360万元，吉林纸币收回垫款167万元。各省收回纸币中行所垫之款，达到6653500元。[②] 中行这一垫款行为是作为中央银行理应具备的职能和义务。此外中行在统一国库过程中，对各省国库进行接收，垫付了六七百万元未能收回，但因此广设了不少分支机构，扩大了存放款和汇款业务，成为中行初期业务发展

---

① 中国银行总行、中国第二历史档案馆编：《中国银行行史资料汇编（1912—1949）》上编第一册，第535—536页。

② 姚崧龄：《中国银行二十四年发展史》，第21页。

的一个主要特点。[1] 这同样也是中行履行央行职能应尽职责。因此对中行垫款行为，应区别分析，后两者应予以肯定。即使就中行为财政部行政经费垫款而言，也应结合国家财政宏观需要而加以正确评析。而且就垫款来看，不能只看中行对财政部的垫款情况，也应考察财政部在中行流通资金不足时，以垫款对其业务予以支持。如周自齐除将大借款中应行拨存中国银行资金拨给外，“并将奥款200万镑拨交该行作准备之资本，俾得推广信用。巩固营业，以期逐渐扩充云”[2]。

中国银行为北洋政府的其他垫款还有：1913年12月垫付政府德华银行借款规元42.75万两，垫付丹麦捷成洋行欠款42.6万两。其中的捷成洋行垫款由财政部令上海中行垫款兑付。1914年2月，财政部电令上海分行垫付德华银行前项借款银圆25万元，但中行金库存款不敷支付，于是上海分行只得将所保管盐余款项中临时凑拨16.1万余元。由于盐税款属于专户存储，每10天需按时解交外商银行以支付外债，而该款未能及时补还，引起盐务稽核总所的疑问和诘责。[3]

中行在1912—1916年总体垫款情况，有学者认为：“至北京总金库，在以往四年中，始因民元、二、三，三年有外债收入，几达三亿八千万元，而民国四年度，各省解款增加，复有少数内债之发行，虽因中央财政收支青黄不接，偶有强行垫款之必要，所幸为数尚不过巨。”[4] 这说明1915年年底前垫款虽有之，但尚未给中国银行带来巨大灾难。但也应看到，“中行自开业以来，即以部行一体之故，成为财政部之外府，力供政费，终日不惶，何论营业，更何论酌剂全国之金融”，“迄于（民国）六年九月，合计为政府垫款之数竟达四千六百三十余万”[5]。根据王克敏与张嘉璈后来统计，中行为政府垫款1913年为144万余元，1914年为406万余元，1915年为654万余元，1916年猛增为1037万余元，各机关欠款转入部账470余万元，积欠

① 中国银行行史编辑委员会：《中国银行行史（1912—1949）》，第38页。

② 《财政部拨付银行资本金》，《大公报》1916年6月2日。

③ 中国银行上海国际金融研究所行史编写组：《中国银行上海分行史》，第10页。

④ 姚崧龄：《中国银行二十四年发展史》，第20页。

⑤ 中国第二历史档案馆藏：《中国银行档案》全宗号397，卷宗号9174。

利息500余万元。[①] 随着部行结为一体、总统府改制、交通大参案等标志性事件发生，进一步逼使梁士诒、周自齐在垫款上唯袁世凯洪宪帝制活动需要为是，将中行经营推向了极为险峻的境地，最终导致停兑风波的发生。

（二）交通银行垫款情况

“自民国成立以来，国家财政不甚充裕，财政部常有支绌情形，应付维艰。每向交通部挪借款项，除军事运输记账，作为财政部借交通部款外，如官、电欠费转账，财政部应拨付交通部普通行政经费转账。与夫财政部借用之现款未言明归还者，交通部均于特别会计账内立‘财政部’户登记之。至财政部暂借之款及公债票等原拟归还者，则立‘财政部暂借款’户登记之，但暂借之款亦多未能归还。”1912—1916年财政部欠、归交通部与交通银行垫款情况如下表（表3－5）。[②]

表3－5　　1912—1916年交通银行垫款情况

年份	币别（单位元）	垫拨财政部之数（结算）	财政部拨还之数（结算）	备考
1912年	银圆	1779539.32		
1913年上半年	银圆	426159.599		
1913年7月至1914年6月	银圆	1795296.39		
1914年7月至1915年6月	银圆	1450557.39		
1915年下半年	银圆		775000	该部拨还之款
1916年上半年	银圆	1331160.71		

以上不计入洪宪帝制垫款，共计6782713.409元，扣除还款

① 《中国银行民国六年（1917）九月以前垫支政府借款数额》，中国人民银行总行参事室编：《中华民国货币史资料（1912—1927）》第一辑，第198页。

② 俞飞鹏：《交通史总务编》，第二章财政第401页。有学者将交通部与交通银行对财政部的垫款分别计算，认为这一时期，交通部垫款为664万元，交通银行则为2841万元，值得商榷。因为按照特别会计制度规定，交通部经收四政收入应以特别会计制度由国库统一出纳。见张启祥：《交通银行研究》，第90页；［日］平野和由：《军阀政権の经济基盘—交通系・交通银行の动向》，田沢丰、田中正俊：《讲座中国近现代史第四卷“五・四”运动》，东京大学出版会1978年版，第64页。

775000 元，实际财政部欠款为 6007713.409 元。交通银行垫款急剧增加是为帝制活动垫款，其具体数目，学者们普遍认为是 2000 万元以上；其余为财政部垫款数目，一说为 3115 万元，一说为 4750 万元。[①]

交通部、交通银行为财政部垫款在帝制活动推行前也并不为多，其数量同样猛增于帝制活动开始后。交通银行垫款折合该行当时全部放款数量的 94%，全部存款的 72%。[②] 按照 1916 年 5 月 11 日，交通银行致财政部函，交通银行自民国元年以来借款于政府情况如表 3 -6。[③]

表 3 -6　交通银行统计 1912—1916 年中央各机关与各省欠款情况表

机关和地方	数额（元）	机关和地方	数额（元）
财政部	28410000	安徽	500000
交通部	6640000	黑龙江	300000
海军部	85000	四川	500000
内务部	210000	湖北	400000
参谋部	166000	江苏	800000
教育部	183000	热河	300000
全国煤油督办	320000	察哈尔	100000
陆军各师	94000	河南	500000
禁卫军	4000	陕西	500000
毅军	12000	吉林	300000
讲武堂	26000	绥远	200000
盐务署	600000	广东	900000
奉天	1000000	其他	800000
湖南	800000		

① 翁先定：《交通银行官场活动研究（1907—1927）》，中国社会科学院经济研究所学术委员会编：《中国社会科学院经济研究所集刊（第 11 集）》，第 411 页；交通银行总行、中国第二历史档案馆：《交通银行史料（1907—1949）》第一卷第 349 页；中国第二历史档案馆藏：《交通银行档案》全宗号 398，卷宗号 3258。

② 中国第二历史档案馆藏：《交通银行档案》全宗号 398，卷宗号 3258。

③ 中国人民银行总行参事室编：《中华民国货币史资料（1912—1927）》第一辑，第 196 页。

二 中交第一次停兑风波

（一）停兑令的出台

交通大参案后，交通系领袖梁士诒、周自齐决议“要头不要脸”，在袁世凯、杨度为首的太子党、周学熙与杨士琦为代表的皖系胁迫下，对帝制由不支持而转为积极组织、策划，使中交二行为之垫款，造成二行经营上面临巨大危机。此外护国战争爆发，南方各省解款已经停止，独立各省抵制公债发行和中交兑换券，引发了金融的不稳定。政事堂为此讨论维持办法，维护信用而稳定财政。[①] “夫金权即政权也，中央财界大王梁士诒之势力乃成旭日升天之状，其先帝政问题进行，需款颇急之时，颇多依梁士诒之力。”“然至此穷境，梁之将来决不能如前之乐观。（1916 年 1 月）二十一日代行立法院会议不如从前之阿谀，则梁士诒最近势力已可推知时局与财政、与金钱，实与梁之势力有最大关系。”[②]

早在 1915 年年底、1916 年年初，政事堂电令各省近来因谣言丛生，使得金融紧迫，洋价腾涨，要求各处重惩不法之徒，并随时与中交两行预为设法。直隶巡按使朱家宝报告：“近日上海少数乱党假借云南叛军名义，密发传单，遍寄各省，破坏公债及钞票信用。”并专门致电天津总商会，请其开导各商，同心协力保障公债与中交二行钞票信用。[③] 由此可知当时南方独立各省除了军事上的打击外，对袁世凯统治的经济基础——公债与中交二行钞票也从动摇其信用入手予以瓦解。在云南军政府布告中，称将来共和统一政府成立，所有中国、交通两银行原有纸币自应担负责任。但二行于起义以后发出纸币，并一切公债及各项存款，本政府概不承认。[④] 这无疑对中交二行停兑风波发生起到极大影响。

---

① 《要闻——政事堂筹议维持公债办法》，《大公报》1916 年 4 月 1 日。

② 《呜呼梁士诒》，《民国日报》1916 年 2 月 9 日。

③ 《直隶军务巡按使朱家宝为查有匪徒蛊惑摇动市面者即予重惩事饬津商会》、《直隶巡按使朱家宝为密饬查禁破坏公债及钞票信用事饬津商会》，天津档案馆编：《北洋军阀天津档案史料选编》，天津古籍出版社 1990 年版，第 33—34 页。

④ 《直隶巡按使朱家宝为南方“党匪”寄递煽惑传单事饬津邮政分局（附件 1：抄单）》，天津档案馆编：《北洋军阀天津档案史料选编》，第 36—37 页。

1916年3至4月间，已有中行广东分行受牵累，并因害怕地方政府强迫借款而宣布停业。随后因浙江宣布独立，浙江分行发生挤兑事件，上海因交通中断而引发金融恐慌。4月下旬，因传言政府发行的钞票不可兑换，北京、天津、上海、山东中交二行要求兑现者越来越多，二行已面临信用危机。5月份，北洋政府逆差已有1000万元，各部薪俸发放所赖之盐余款只有70万元，外债支付也已到期。奉总理段祺瑞之命到财政部催要政费的徐树铮认为除了停兑，别无他法。①

停兑令出台前后，正值徐世昌卸任政事堂国务卿，由段祺瑞继任。据梁士诒年谱记载："自段氏当国，知袁已临末路，即毅然以天下为己任，计收拾时局非财不举。"段祺瑞让梁士诒帮助其整理财政。梁乃将中交两行内容和盘托出。称中交两行流行市面钞票共有7000余万元，而库存现金只约2000万元，放出商款约2000万元，而历年贷与政府者约4000万元，皆系财政部历年积欠款，并非如外间所云为洪宪时期所用，且悉有账可查。欲维持应发军政各费，如不能借内外债，则只有增发钞票。不过今日人心不定，设大家挤兑，银行必然立倒，更无收拾时局之可言。段祺瑞称为财政上寻求办法计，只能是，"两害取其轻，一切由其负责"。并由其委派徐树铮、梁士诒与银行界、财政界协议，"皆认为两害取其轻，不妨暂时宣布停兑，腾出时日，整理兑现。于国计民生，祸害比较为少"。段祺瑞深以为然，遂以国务院令形式颁布停兑令。②

梁士诒年谱对停兑原因不仅设法粉饰，称中交二行为财部垫款实与帝制无关，又称二行钞票不得兑现与南京国民政府时期命令中央、中国、交通三行钞票为法币，不得再行使用现银相类似。沈云龙先生认为"其说殊巧辩"。沈云龙引严复的观点称："梁士诒倡停止付现之院令，盖以逢项城之意，欲取中国银行预备金，以为救急之计。乃京、汉而外，举不奉令，则事已全反其所期，而徒为益深益热之败着。项城自就职以还，于中交二行，其亏负显然可指者，过四千万，

① 杜恂诚：《中国金融通史》第三卷（北洋政府时期），第118—119页。

② 岑学吕：《三水梁燕孙（士诒）先生年谱》（上册），第338页。

而暗昧通挪，经梁士诒、叶恭绰为之腾攫者，尚过此数，是其宜败久矣。”[①] 事实是，梁士诒不仅是停兑令的实际建议与制定者，而且停兑令的目的不过是设法应付中交二行为帝制垫款出现的经营危机，设法为袁世凯的统治找到一个财政上亟须摆脱困境的办法。日本驻华使馆官员曾指出中、交两行实行停兑之原因，实梁士诒之献策与主张。如在北京以及各省没有什么强烈反对，则将准备发行不兑换纸币。“上述中、交停兑之原因，自然由于财政困难，但政府之方针是：今后北京及各省依然使用在市面流通之中、交纸币，关税、订立合同以及官吏薪俸、小额买卖等，亦仍用中、交纸币；惟军、警二方面的饷银，依然支付现银，目下中、交两行之库存现银，即作为上述支付军警之军饷准备。”[②]

（二）停兑令颁布与中交合并风波

为应付财政、金融危机，北京政府财政部先是在 4 月底饬令内外各机关，“经征各银款一律用中国、交通两银行钞票，以期统一纸币，维持圜法”[③]。5 月初，财政部、交通部再次饬下，京津一带严令征收机关征收房铺捐、应缴捐款、常关关税、路电营业款等，一律专收中国、交通银行钞票，不得用现款。[④] 5 月 11 日，段祺瑞以国务院令形式发布停兑命令，称各国金融紧迫时，国家银行纸币有暂行停止兑现及禁止提取银行现款之法，以资维持，使现款可以保存、周转。应由财政、交通两部饬令中国、交通两银行，“自奉令之日起，所有该两行已发行之纸币及应付款项，暂时一律不准兑现、付现，一俟大局定后，即行颁布院令，定期兑付，所存之准备现款，应责成两行一律封存。”要求地方，凡有该两行分设机构，有关地方官酌派军警监视，不准两行私自违令兑现、付现，并严行弹压，禁止滋扰，违者应随时严行究办。并饬该两行将已发行兑换券种类、额数，详晰列表呈报财

① 沈云龙：《近代史料考释》第二集，第 149—150 页。

② 《日本驻华使馆关于中、交停兑的情报判断，大正（1916）五月十五日》，中国人民银行总行参事室编：《中华民国货币史资料（1912—1927）》第一辑，第 204 页。

③ 《要闻—京兆》，《大公报》1916 年 4 月 29 日。

④ 《本埠新闻》，《大公报》1916 年 5 月 8 日、9 日。

政部，以防滥发。[①] 为办理停兑事宜，国务院设立临时财政委员会，由财政部、交通部、陆军部、内务部、农商部、交通银行、中国银行派员充任。[②] 国务院与财政部又命令，限定铜圆票、银圆票兑换银圆、铜圆数量与标准，其中北京限定银圆票一元换铜圆票一百元或135枚，每人每次准兑换银圆票一元一次，对兑换铜圆时间、数目应严加限制。[③]

在停兑事件中，梁士诒可被称为是袁世凯最为仰仗，也是为挽救袁世凯败落命运最为出力之人。据媒体报道，袁世凯不仅有意让梁士诒署财政次长，而且让他极力挽留周学熙，在周学熙执意辞职后，梁士诒先是举荐熊希龄，次又推荐周自齐为财政总长。不仅如此，袁世凯还责成梁士诒设法向各国举借外债，并授命其向两院报告停兑、借款事宜可临时代财政总长出席。[④] 梁士诒不仅策划停兑事宜，还积极与周自齐筹借外债，并极力主张中交二行合并。

周自齐到部后（第二次出任财政总长），为借款一事布告称唯有以借款暂渡难关。但举债一事遭到广西议会等指责，认为此举纯系清偿外债且引发财政监督。[⑤] 周自齐百般开脱，称："广西议会果能不恃借款，别有救亡之策，岂特本部拜赐良多，全国人民胥受其福。否则事前莫展一筹，事后任意吹求，非瞢于事实，致生误会，即别有用意。"之后周自齐令将大借款及奥款借款一部分拨给中行以维持营业、巩固信用。[⑥] 各界披露梁士诒"日前以来，狂走飞奔，特向各国银行、公司、公使馆暨各要人处勉请借款，苦筹资金。其设心以为政府财政奇窘，乘胜由己力成就借款，取得资金以供新政府之施用，树此

① 《国务院令第二号》，《政府公报》1916年5月12日第127号。

② 《财政部致有关各部、银行函——设立临时财政委员会办理暂停付现及维持市面事宜，民国五年五月十五日》，中国人民银行总行参事室编：《中华民国货币史资料（1912—1927）》第一辑，第203页。

③ 《国务院致各省通电——说明中、交停兑原由及措施，民国五年五月十四日》，中国人民银行总行参事室编：《中华民国货币史资料（1912—1927）》第一辑，第202—203页。

④ 《大总统对于梁士诒之责成》，《大公报》1916年5月17日。

⑤ 《财政部布告借款事》、《续前借款》，《大公报》1916年5月23日、24日。

⑥ 《财政部通电》、《财政部拨付银行资本金》，《大公报》1916年5月27日及6月2日。

奇功，籍维持其失堕之势”。舆论认为财政紊乱、银行破产、市面恐慌均与其举债、停兑之举大有关系。袁世凯死后，南北调停必须先惩处梁士诒，非结束其财政、金融政策不可。①

除借债来应付危机外，梁士诒与周自齐还策划中交二行合并。中交二行合并最早为熊希龄与梁启超提出，二人以为中交二行的二元制国家银行为中外罕见，对统一国库、划一财政收支，实属不利。但二人主张遭到梁士诒的反对。② 中交停兑风波发生后，因交行垫款多于中行，而且交行经营困境较中行更为严峻，中行又得到财部以外债拨付资本，于是梁士诒与周自齐均打算将二行合并以解决问题。舆论曾报道梁士诒主张中行停兑，不惜牺牲中国银行以救交通银行挤兑危机。会议之时，行员一致反对，但周自齐素来仰梁士诒鼻息，故不能挽回。“日昨梁士诒又使周自齐令司库提取广东分行钞票数十万元，上海分行钞票数百万元分投广东、上海两处行使。司库请示理由，并言现当停止兑现之时，万无增发纸币之理由，拒不允提，周自齐复强副司库提取。”③ 正是周自齐唯梁士诒之命是从，在保障中交二行停兑一事上与梁步调一致，为二行合并提供了基础。肃政使傅增湘等称：“中国银行以周自齐为之督办，凡所设施，皆唯唯听命于梁士诒，嗣自齐之庸懦不职，自属无可为讳。而交通银行之种种弊窦原操纵于梁士诒一人，因交通银行之不可收拾，累及中国银行。院令一下，损国家威信，失全国人心，无一非梁士诒为之主动，又属无可为讳……前项院令系出于梁士诒之要挟欺蒙，已为多数国民所见谅。如再听令梁士诒辈之总揽财权，不顾大局，则将来险象四伏，国家前途更有不堪设想者……至交通银行一切款项用途，应责成梁士诒克日清理，不可听其脱离关系，清结之后，再定办法。总之，中国银行重在首先维

---

① 《恶贯满盈之梁士诒》，季啸风、沈友益：《中华民国史史料外编—前日本末次研究所情报资料》第三册，第510页。

② 翁先定：《交通银行官场活动研究（1907—1927）》，中国社会科学院经济研究所学术委员会编：《中国社会科学院经济研究所集刊（第11集）》，第415页。

③ 《梁士诒破坏金融之阴谋种种》，季啸风、沈友益：《中华民国史史料外编——前日本末次研究所情报资料》第三册，第467页。

持，交通银行重在切实清理。”[①] 由于梁士诒把持财政，而周自齐唯命是从，既有解决财政困局之打算，更有解交行困境之私意，中交合并的计划就是在这样的局面下提了出来。

正如舆论评论，梁士诒力推中交合并，只因为中国银行已有外国银行允准协助，而交行反之，势必形势更见危急，如将二行合并，交行亏空当有办法解决。[②] 1916 年 6 月 13 日，财政总长周自齐发表了《整理金融条陈》提出了中交合并、统一国库、统一发行的建议。其条陈第五点具体指出：将交通银行并入中国银行，原有商股换给中国银行股票，官股亦改商股，与中行一律。所有钞票由中行担任兑收，所有债权债务由中行清理。但参众两院的部分议员提出维持中行、清理交行的议案。交行商股股东成立商股股东联合会，也表示反对。并提出以下三项主张：（1）交行商股占十分之六，政府应尊重商股权益，有关交行一切处分须先征得商股同意；（2）政府应速筹款，归还交行垫款，以便恢复业务；（3）政府对于交行不应歧视，应力予维持，与中国银行一律待遇。由于周自齐不久即卸任，继任财长陈锦涛权衡得失，提交国务会议讨论，未能获得通过。两行合并问题暂时作罢。[③] 而中行商股股东在 6 月 15 日亦成立商股联合会，并在上海举行由三百人参加的大会，张謇、叶揆初等明确表示电请政府依照 1913 年参众两院通过之中国银行则例，指定该行为唯一国家银行，有代理国库、发行纸币特权；电请政府准允将美国借款及盐余拨还中行垫款，俾京津二行恢复营业；添招商股并扩张商权；再电政府要求不得发生中交合并问题。[④]

需指出的是，对中交合并问题肯定者亦有之。如交行芜湖分行经

① 《傅增湘等指摘梁士诒为中交停兑祸源请择公正人员长财部分别维持清理两行呈》，中国第二历史档案馆编：《中华民国史档案资料汇编》第三辑（金融一），第 482—483 页。

② 《上海金融在袁世凯帝制时代》，上海通志馆编：《上海通志馆期刊》第二卷（第一至四期），沈云龙：《近代中国史料丛刊续辑》第三十九辑，文海出版社 1977 年版，第 164 页。

③ 韩宏泰：《北洋军阀时期的交通银行》，中国人民政治协商会议全国委员会文史资料委员会：《文史资料选辑》第 88 辑，第 94—95 页。

④ 《上海金融在袁世凯帝制时代》，上海通志馆编：《上海通志馆期刊》第二卷，第 166 页。

理周作民就建议不如乘此时机，实行两行合并，国计民生两有裨益。中行南京分行亦提出："交行本固有四政收入之挹注，再加以分收税款，或可活动，惟我行之前途殊属危险。两行痛痒相关，均属国家命脉，为大局计，似应兼筹并顾。"[①] 中交合并是一个需要从不同角度分析的问题，若从中央银行制度完善及金融、财政统一角度考察，有其合理性，应予肯定。但梁士诒、周自齐在中交合并问题上虽有部分前述主张，但更多的是出于派系利益和一时之需，不能讲是完全合理并且可行的。

（三）各界对停兑令的反对

停兑令颁布后，很快在国内引起了金融恐慌，影响极为恶劣。由于下层人民使用纸币的习惯，"若于忧伤憔悴之余，又重困之以不换纸币，直为渊驱鱼，为丛驱爵耳，安见其有济于国家财政也?"[②] 舆论认为现停兑令一下，等同于辛亥时南军持枪逼用军用票之举，使政府在京津信用全失。由于二行停兑，京津一带，根据法令一元钞票本应兑付 132 枚铜钱，但奸商实际只以 120 枚收兑，再转兑于二行，借机牟利。[③] 由于停兑令严禁以铜圆票直接兑换铜圆，而铜圆又因北洋政府前设由平市管钱局严加取缔、打击，流通极少，只能在购买物品后得到铜圆。受停兑影响，北京大米一石增价 4 到 5 角，白面百斤增价铜圆 40 枚。金店大多歇业，少数营业者将金价由以往 50 元左右抬价至 80 元以上。甚而有军人持交行钞票要求兑现饷银而遭长官弹压者。[④]

由于停兑令给金融、民生带来极大危机，因此受到社会各界强烈抵制。即使在统治者内部，反对者亦大有人在。江苏都督冯国璋即为一例。据梁士诒称，停兑令下后，"南中某督本与段有隙，因密授意金融业抗阻，为开宗明义之第一拳，此令不能推行尽善，复有别一暗

---

① 中国银行总行、中国第二历史档案馆编：《中国银行行史资料汇编（1912—1949）》，第 479 页。

② 《闲评不兑换纸币》，《大公报》1916 年 5 月 6 日。

③ 《论纸币不换与不换纸币之影响》，《大公报》1916 年 5 月 17 日。

④ 《中、交两行停兑后的北京市况》，中国人民银行总行参事室编：《中华民国货币史资料（1912—1927）》第一辑，第 208—209 页。

潮在，而不尽由金融关系也”[①]。冯国璋还与齐燮元致电中行上海分行及中行股东联合会，公然表示：“本上将军、本巡按使已两电中央，痛切驳复，请将前令立时取消，并通饬各县照常行使兑付。官厅、商会竭力维持，担保贵会决议。沪行办法（指坚持兑现）极是，甚为佩慰。”[②]

正是在冯国璋的支持下，中行上海分行与股东联合会对停兑令给予坚决抵制。中行上海分行报告股东会议，院令难以遵行，决议照旧兑付。同时，南京、汉口、九江、太原、济南等分行亦照旧兑付现银。[③] 各地中交行对停兑令态度并不一致，其中并未履行停兑命令的省份有奉天（张作霖以中交二行纸币以小洋为单位，与大洋不同，要求照旧兑付）、吉林、黑龙江、山西（以恐摇动人心、丧失信用为由反对停兑，两行照常营业）、安徽（限于安徽字样钞票兑现）、湖北（二行照旧兑现）、湖南（中行照旧兑现、交行宣布整理钞票）、江西（除中行南昌分行停兑外其余照旧兑现）、福建（除厦门中行分行外，其余照旧兑现）、江苏（全省中行照旧兑现、交行停兑，徐州则两行照旧兑现）、浙江（该省独立后，发生挤兑，已将二行钞票大部分收回）。最初仍坚持兑现，后来不得已停兑的有察哈尔（张家口）。只有北京、天津、山东、热河、绥远、山东等地两行全部停兑。[④]

如果说各地军阀对停兑令反映不一是袁世凯死后、北洋集团四分五裂在地缘政治上的表现的话，那么中行上海分行对停兑令的抵制则表明以宋汉章、张嘉璈为代表的民族资本家与交通系争夺金融权的斗争。

中行上海分行经理宋汉章、副经理张嘉璈两人认为停兑令“不特

---

① 岑学吕：《三水梁燕孙（士诒）先生年谱》（上册），第339页。

② 《中国银行复财政部函——停兑后中、交两行钞票兑换铜元办法，民国五年五月十六日》，中国人民银行总行参事室编：《中华民国货币史资料（1912—1927）》第一辑，第220—221页。

③ 《中国大事记》，《东方杂志》1916年第十三卷第六号。

④ 周葆銮：《中华币制史》第二编，第155—161页；《各地中、交两行对待停兑命令的态度》，中国人民银行总行参事室编：《中华民国货币史资料（1912—1927）》第一辑，第225—230页。

将断绝中国银行之生命，抑且将摧残正在发育之近代化金融组织，因之断然拒绝。”随后二人商议由兴业银行董事长叶景葵、浙江地方实业银行经理李铭、上海商业储蓄银行经理陈德辉等人代表中行股东、存户、持券人提起诉讼，以保全张嘉璈等在停兑期间免受北洋政府撤职。并发起股东联合会，以东南商界领袖张謇、叶景葵为正副会长，钱永铭为秘书长。并刊登布告，称该会聘请律师督饬沪行准备充足，所有钞票一律兑现。张、宋二人还以沪行资产及苏州河堆栈，收押道契等为抵押向汇丰、德华银行拆借资金。二人还与冯国璋、齐燮元互通声讯，以资联络。受沪行影响，湖北也采取同样态度。“影响波及安徽、江西、浙江三省，俾中交两行得官厅之合作，钞票一律照常兑现。存款亦于数日后恢复自由提取。因此汉口中国银行钞票在沿长江各埠，虽不能与上海钞票同等齐观，而信用未受损失。自此以后，自上海至汉口，遂成中国银行钞票发行之主要区域。”①

停兑事件最终以江浙金融家的胜利而告终。江浙资产阶级不仅使中行股东会成了他们在中行名正言顺的活动基地，而且进一步掌握了中行的董、监事会。从 1918 年 2 月选举产生的中行第一届董、监事会到 1928 年第四届止，江浙资产阶级在历届董、监事会中都占有明显优势，特别是第四届，当选的 12 名董事中，江浙籍董事超过半数，常务董事 5 人中，江浙人竟占 4 席，从而掌握了中行实际领导权，直到 1935 年张嘉璈被蒋介石逼离中行为止。② 这是江浙资产阶级崛起并控制中行的具有标志意义的事件。对于交通银行而言，在停兑事件平息后梁士诒与周自齐等因遭通缉而远离交行权利中心，取而代之的是以曹汝霖为首的新交通系。“总起来说，这一时期，交通系在交行势力全面瓦解，江浙资产阶级势力侵入交行（指张謇、钱永铭等取得交行领导权，作者注），旧交通系直接控制交行的条件基本消失，间接控制交行的工具也趋于消亡。”交通银行在 1917 年后失去四政款项经理权，并且对交部垫款数量明显逊于前期。③

---

① 姚崧龄：《中国银行二十四年发展史》，第 30—34 页。

② 中国银行行史编辑委员会：《中国银行行史》，第 89—90 页。

③ 翁先定：《交通银行官场活动研究（1907—1927）》，中国社会科学院经济研究所学术委员会编：《中国社会科学院经济研究所集刊（第 11 集）》，第 397、403 页。

第四节　交通银行金融业务的广泛开展

一　梁士诒与民初交行的经营方针

1912年至1916年间，作为交行领袖的梁士诒，在1914年5月25日于交行股东总会上对各行正副经理的发言中提出如下五点经营方针。①

第一，提出银行业务首在吸收存款，次为汇兑，又其次为买卖生金、生银，而最不可做者为信用放款与不动产押款。认为交行等国内银行不同于资本雄厚、存款充足的欧美国家银行，不可以放款为主要业务，且不可如银号、钱庄贪图简易之法，以买卖生金、生银为主要业务，亦不能如辛亥革命前以银行资产为抵押大肆放款。总之，“此本行之所以立一决心，无论有无抵押，限期长短，总不愿意放款”。

第二，以吸收存款，补资本之不足为银行经营之道。提出交行应利用革命以来大好时机吸收窖藏之民间资本，使银行“可名为人民之总账房”。同时，吸收外来存款，间接促进社会经济发达，以振兴实业，强调对于支票行用亟应注意。应设法推广纸币、信用支票，改变现银流通之习惯。并情理兼重，辅以广告宣传，扩大存款业务。

第三，汇兑为仅次于存款之事，应利用交通，推广银行汇兑，便利商民，尤其对跟单汇兑业务，应设法广泛推广。

第四，外汇兑换业务，以生金、生银兑换固然可以获利极多，但办理较难，事属初创，待有成效再行推广。

第五，行政改革与特别经营之事七项。（1）修改行章。最重要的是统账一事，统账实行以后，各行应得花红由总管理处另订办法，大致以各行所得二成，以若干为普通花红，若干按盈余摊派，若干按办事成绩为特别奖励。（2）将旧账与他种行务划分清理。（因旧账为各

---

① 《交通银行总处分送梁士诒关于营业方法与办事方针之谈话笔录致各行所函稿》，《中华民国史档案资料汇编》第三辑金融（一），第356—362页。

部门欠款及从前营业旧账，故梁士诒特令每行派一、二不怕跑路，会说话人办理）（3）本行对于政府及官署须时常联络，如有往来，不必专于利息求生活，须于汇兑上求其利益。（4）与五国银行团商定，关于盐款经营，"尽由本行以六个月期票交纳盐课。此事若成，获利甚巨，而消纳资财之地甚多，有此消纳之途，便无需放款矣。"（5）"本行对于政府收回滥币及改革币制之计划，已定有相助相益之办法，此事亦极可以消纳存款，并图厚利。"（6）多觅经纪人，"又联络邮电航路中人为媒介，则吸收人民之资财以为政府之用"，为政府经理六厘公债，"政府与以每百元六元之佣钱，以酬其劳"。（7）利用本行交通、邮政之便利，举办邮政储蓄事业。

梁士诒特别指出："凡此七者，皆本行年内及今后拟行改革及特别经营之事，在章程之改订，旧账之划分，固无与资财生若何之关系，然而其他事业，如官署往来，盐款经营及收回滥币、改革币制等事，则需财之地正多。是故本行最大之方针，在夫吸收多数之存款，而运用于此种重大稳妥事业之中，区区零星个人及商号之放款，利少害大，本总理实不注意及之。"

综观梁士诒所提七点经营方针，总体特点是：第一，规避风险与金融投机，在经营上力主稳健、稳妥，在业务内容上以吸纳存款为主，而不主张放款。吸纳存款主要方式为经理汇兑、发行钞票，并通过保管盐余、经理公债、开办邮政储蓄来扩大银行利润。第二，主要业务对象为政府，梁士诒将保管盐余、经理公债、收回滥币与参与币制改革作为交行主要业务，实际上使交行与国家财政保持密切联系，并且在业务上更注重利用国家权力与行政特权。同时梁士诒强调交行与官署往来款项不专注于利息，而只求汇兑利益，实际反映出交行对政府款项往来上如垫款屡屡发生，迫使其实际难以遵守银行业的一大原则——大宗放款为银行经营最大弊端，也实际违背了银行经营以利息为主要利润来源的普遍原则。同时梁士诒不屑于对工商业者零星放款作为主要经营内容，也影响了交行对民族工商业发展的支持力度。梁士诒主持交行期间经营方针实质就是形成财政与金融的融合，结果是，"以大量资金向政府垫款，而对于一般商业放款业务很不重视”[①]。

二 交行业务的整理与扩大

辛亥革命之后至袁世凯镇压“二次革命”之前，交行业务总体上处于整理、恢复时期。此前先有前任交行总理李经楚向源丰润、义善源票号挪借资金，使交行濒临倒闭。辛亥革命后，各地军政府对交行又屡次向交行催逼借款。如上海民军以交行为官方开设，陈其美勒索沪交行现款20万元。南京政府成立，以交行未附沪军政府，威胁万端。而电政局，川汉路局又纷纷来提存款。粤行较远，陈炯明强迫交账，由粤财政部接收。宁行所属四散，通州、五河等处亦时有军队扰乱。“迨统一政府成立，事机稍纾，本会（交行股东理事会）以规复营业要求继续权利，并商由管理处分别派赴各处清查账目，计划进行。筹议至熟。于是本行由危险时期渐入稳健时期矣。然旧日积亏，望洋徒叹，兵燹所失为数不资。计扩张振兴非得理财专家不可。”由于梁士诒与任凤苞（字振采）在辛亥革命前后，设法维持营业，多有建树，因此股东大会投票选举“一致致意梁、任二君”。“同人等佥以梁燕孙先生学识、魄力、经验冠绝一时，公举为本行总理，交通部照章以任。任振采、叶誉虎两先生为协理。”推举二人为交行新领导，以渡过难关。[②]

梁士诒整顿、恢复交行营业的主要措施有三。

第一，整顿旧账，缓提官存。1912年11月交行致函交通部，称本行正值整顿时期，必须坚定人民信心，始能固本行基础。因现在金融市场时露恐慌，所以提出一方面继续整理旧账，追还官欠；另一方面该行辛亥年12月底以前所存款项，仿照大清银行办法，一律暂缓提取。[③] 同年梁士诒还在致交部信函中称：“士诒等复承股东之推举，

---

① 交通银行总行、中国第二历史档案馆：《交通银行史料（1907—1949）》第一卷上册，“前言”第8页。

② 《民国财政一席谈》，《时报》1914年2月1日。

③ 交通银行：《交通银行编制辛亥前各路局邮传部存欠各款账略》，1924年（出版地点不详），第39页。

大部之维系，任事以来，殚精竭智，期收效果。严承各股东研究、讨论，以划分新旧账界限为入手之方针。旧账责成原经手之人分别清理，收存还欠，并将滥放账款之经理酌量撤换。新事则随时往来，不与旧账稍有牵涉。各处新存之款亦可随时提用，不稍短欠。”[①] 同时梁士诒对从前欠款严加催缴。1912 年至 1915 年间，清查旧款情况如下：1912 年共计清理欠还款 520 余万两，其中收回欠款 210 余万两，偿还欠款 310 余万两；1913 年收回欠款 310 余万两，偿还欠款 230 余万两；1914 年共清理欠还款共计 300 余万两；1915 年各行清理欠还款共 220 余万两。[②]

第二，为巩固交行信用，在营业艰难、资本有限情形下，仍然将商股官息按照惯例发给。梁士诒任总理不久，“辛亥上半年，民国元年下半年暨民国二年分商股官息现已相继发付斯固。”[③] 此举无疑凝聚了股东的精神，同时在社会上重塑了交行注重信用的形象。

第三，以吸收存款和经营汇兑来扩大业务。这是梁士诒扩大交行营业的基本理念。综计自 1912 年 3 月至 8 月，先后将陆军部各处饷银每月百万余元，以及内务部、财政部、海军部款项交由交通银行经理汇划。其汇费以低于外国银行 5 元（收费每 1000 银圆收 15 元）之优惠办法办理，且不计折色等。[④] 1912 年 7 月至 1913 年底，新设汇兑所有车镇、漯河、枣庄、徐州、郑县、洛阳、彰德、唐山、保定、北通州、阳高、宣化、大同、铁岭、信阳、德州、海甸、马厂、小站、济宁、焦作、吉林、镇江、孙家台、顺德、哈尔滨、九江。[⑤] 交行依照外国银行成例办理汇兑业务，汇率较从前提高。“尔时收入汇款虽以科目未定，难以统计，而汇水收益除元年外，均为最多年份。”

---

① 交通银行：《交通银行编制辛亥前各路局邮传部存欠各款账略》，第 47 页。

② 《交通银行民元至民 4 的营业报告》，《北京金融志》编委会办公室编：《北京金融史料（银行篇 5）》；转引自张启祥《交通银行研究》，第 72 页。

③ 《北京交通银行股东大会之盛况》，《时报》1914 年 5 月 29 日。

④ 交通银行：《交通银行编制辛亥前各路局邮传部存欠各款账略》，第 47 页。

⑤ 中国第二历史档案馆藏：《交通银行档案》，全宗号 398，卷宗号 694。

详情可见下表说明（表 3 - 7）。[1]

表 3 - 7　　交通银行 1916 年以前汇款收入增减比较表

年份	金额（元）	百分率（%）
1909 年	207956.79	100
1912 年	311852.70	149.96
1913 年	1260340.30	606.06
1914 年	1947024.11	936.27
1915 年	2347454.21	1128.82
1916 年	1042072.57	500.11 *

注：* 原表如此。

比较 1912 年至 1916 年间交行利息收入分别为 150652.18 元、898996.85 元、1485719.43 元、1739662.74 元、3229604.66 元。历年收入除 1916 年较汇兑收入高出外，其他年份均低于汇兑收入，这足以说明汇兑收入在交行营业中的地位，也说明梁士诒将汇兑经理作为交行发展的中心。舆论报道至 1914 年交通银行业务日渐发达，在重要商埠设有 67 处分行。“该行执事诸人对于汇兑一项全力经营，进出甚巨，而汇水甚为公道，各界均极欢迎。兹经切实调查，民国三年，该总行结合分行之账，其盈余将及三百万元云。”[2]

经过梁士诒的努力，交行业务很快走出低谷，呈现良好转机。梁士诒除旧布新，一面收欠还存，一面扩充营业。行之两年，规模渐复，信用大昭。又修订则例，交通部缓提官利，使商股得派利息。商情踊跃，股票价腾。1914 年净利润达到 1675198 两多，官利为 30 万两，资本红利为 15 万两，公积金为近 42 万两，酬劳及奖励金为 287296 两多。归入盈余之款为 520359 两多。1915 年净利润 2001843 两多，资本官利及红利各 30 万两，公积金为 500460 两多，酬劳费及

① 交通银行总行、中国第二历史档案馆：《交通银行史料（1907—1949）》第一卷，第 711 页。

② 《三年度交通银行之盈余》，《盛京时报》1915 年 1 月 16 日。

奖励金为 360414 两多。归入盈余之款为 540467 两。[①]

第五节　其他金融活动

一　新华储蓄银行的设立

新华储蓄银行的设立属于交通银行的特种投资。所谓特种投资指，“凡因协助官商企画或因发展实业而投资于公共事业或工商事业并持有其股票者，又或因抵偿欠款没收押品而持有各种股票者，概名之曰特种投资，俾与寻常放款购置证券二者有别。”[②] 实际就是交通银行以金融资本投资于工商企业活动。但交行承担实业银行性质业务，虽为 1914 年公布之则例明确规定，但该行投资实业始于 1928 年，之前并不多。[③] 总体看，只有新华储蓄银行影响较大。

新华储蓄银行简称新华银行，后改名称为新华信托储蓄银行。该行是旧中国经营时间较久，业务影响较大的商业银行。该行成立于 1914 年 10 月，为我国较早办理商业储蓄的专业银行，有谓：“辛亥革命后，专营储蓄业务官商合办的储蓄银行，则以‘新华储蓄银行’为始。”[④]

学界对新华银行成立原因有不同认识，可以概括为以下几点。一说为袁世凯筹备帝制经费，梁士诒向袁建议，成立一个官商合办的储蓄银行。将有奖储蓄票的发行、销售、开奖等事，委托该行兼办。梁士诒为了便于控制这个银行，推荐他的亲信方仁元负责。[⑤] 也有认为，新华银行举办是第一次世界大战期间民族工业发展，京师总商会等要求成立商业银行活跃金融使然。同时袁世凯为借机筹措财政款项，决定模仿国外储蓄会有奖储蓄办法，“诱骗中国社会闲散资金”[⑥]。还是

---

① 周葆銮：《中华银行史》第二编第一章，第 28—29 页。

② 交通银行总行、中国第二历史档案馆：《交通银行史料（1907—1949）》第一卷，第 1551—1552 页。

③ 同上书，第 14 页。

④ 朱锡祚：《新华信托储蓄银行沿革》，中国人民政治协商会议全国委员会文史资料研究委员会编：《文史资料选辑》第 31 辑，中华书局 1962 年版，第 169 页。

⑤ 同上书，第 170 页。

⑥《新华信托储蓄银行概况》，中国人民银行北京分行金融研究所、《北京金融志》编委会办公室编：《北京金融史料》（银行篇二），第 1 页。

有认为，民国以来储蓄事业虽有增进，但依旧微不足道。由于法商等开办储蓄银行予以竞争，“盖以我国储蓄事业素称落后，竟劳外人代庖，及后虽力挽狂澜，而国人之膏血已不知为之吸取几许矣”①。从夺回利权，发展民族资本银行的储蓄事业角度出发，新华银行的举办意义十分重大。按照中国银行与交通银行报告称：“欲资本之充裕，非有最良之枢纽，集各方面之游资、耗羡为之挹注、流通，则其力不宏而用不广。此设立储蓄银行，之所以为急务也。前清末季，北京曾设储蓄银行，嗣后以辛亥之役，半途辍业。比者欧洲陡兴，金融突生变动，而工商各业，应乘时奋起者，实更急于平时。徒以资本难筹，群焉中阻。而拥资者苦无安顿之所，存滞废置，不知几岁。是非有特别机关为之敛散、流转，将工商各业永无振作之时。国家所受隐亏，实为至巨。兹因有鉴于此，特公同发起创立新华储蓄银行。”② 由此而看，袁世凯、梁士诒通过中交二行发起新华银行的初衷还是从振兴工商、活跃金融、抵制外资角度出发的。

新华银行的发起与交通系关系密切。有谓新华银行的政治背景是交通系。新华银行经营的隆替，也可看作交通系的盛衰过程。总经理方仁元为交通系中坚人物。叶恭绰为路政司长时，方禽缘在交通部任佥事，叶恭绰对方仁元颇为赏识。方任总经理，是叶的介绍。新华银行的成立以及遭遇困难的时候，都得到交通系的维持，所以该行在金融界的资历虽浅，实力不大，但在北京金融界仍驾于当时其他商办银行之上。③ 再如，交通系不少人物均为该行股东，其中梁士诒持有400股（每股100银圆），吴鼎昌200股，任凤苞200股，方仁元200股，汪有龄200股，朱启钤200股，周作民100股。④

由于交通系的因素，交行与新华银行关系也更为密切。按照交行与新华银行协议，交行与中行在新华银行开办之初，一次拨给资本银圆

① 朱福奎：《民元来我国之储蓄事业》，朱斯煌：《民国经济史》第87页。

② 周葆銮：《中华银行史》，第四编二章，第5—6页。

③ 朱锡祚：《新华信托储蓄银行沿革》，中国人民政治协商会议全国委员会文史资料研究委员会编：《文史资料选辑》第31辑，第180—181页。

④ 《股东分类名单》，中国人民银行北京分行金融研究所、《北京金融志》编委会办公室编：《北京金融史料》（银行篇二），第24页。

15 万元（交通银行实际拨给 5 万元，中行为拨付），不计官利，待有盈余时酌提红利。新华银行所收存款只存于交行与中行，不得与其他行号往来，交行与中行对新华银行各尽一半权利、义务。往来款按周息三厘结算（透支则按五厘），存款半年至5 年其周息分别以6 厘至9 厘计算。交行与中行预备 40 万元新华银行紧急透支款以备提用，并以新华银行存款足以相抵为度。新华银行与津、沪两地交行分立往来账，按周息存三欠五办法，但每行欠款以 2 万元为限。若新华银行存款超过 100 万元，另议办法。[①] 1914 年 10 月颁布的新华储蓄银行章程规定：本行按储蓄存款总数酌提若干成购入国家公债、证券，交存所在地中国银行或交通银行保管，作为各种储蓄存款之担保。其成数禀明财政部定之。前项储蓄存款总数以半年结算之现存总数定之；本行资金运用其一为在中国银行或交通银行作活期或定期放款；该行得因市面情形，将国家公债证券等向中交二行暂时抵借款项，以资接济。[②] 交行与中行还是新华银行最大股东，各持有股票 2500 股。由上可见，交通系从一开始就在人事上、业务上控制了该行。以后新华银行虽有商股加入，“似已冲淡官股的色彩了，但在统系上，它是中交两行的旁支”[③]。

新华银行成立后的主要业务如方仁元所言一切秉承中交两行指导，以提倡储蓄二字为宗旨，但非如中、交两行有代理国库、发行钞票权利。较一般普通银行亦略有不同，仅以吸收多数零星款项以为周转。入手之初，毫无把握，又值事变迭生，金融奇紧，办理困难。“幸格外审慎，一切从稳固方面着手，即如抵押放款一事，非市面上流行之有价证券，一概不准抵押。至收入存款，除分存中、交两行外，余则酌购国内公债及铁路债券等等，既可作准备金之用，又可谋略高利息，以资补助。故得以勉力支持；历年均有盈余。”[④] 即主要业务为发行有奖储蓄公债票和经理零星储蓄业务为主，新华银行通过这两项业务取得较好业

---

① 《中交两行与新华银行协议》，中国人民银行北京分行金融研究所、《北京金融志》编委会办公室编：《北京金融史料》（银行篇二），第 28 页。

② 《新华储蓄银行章程》，中国人民银行北京分行金融研究所、《北京金融志》编委会办公室编：《北京金融史料》（银行篇二），第 13—15 页。

③ 陈真、姚洛编：《中国近代工业史资料》第一辑，三联书店 1957 年版，第 801 页。

④ 《总经理方仁元在股东会的报告》，中国人民银行北京分行金融研究所、《北京金融志》编委会办公室编：《北京金融史料》（银行篇二），第 26—27 页。

绩。当时储蓄事业正在发轫，市面游资充斥，正苦没有出路，因之所吸收的储蓄存款很多。开业之后两三年年终决算，盈利颇巨。行中职员年终可得 13 个月或 18 个月的薪水，而高级职员除得普通奖金外，还可分得特别奖励金。新华银行储蓄利息高。当时定期存款利息一般在年息二厘或三厘，活期一般不给利息。但新华银行存款活期年息六厘，定期存款年息八厘，较之外商银行利率也极为优厚。[①]

储蓄业务方面，新华银行将存款分为往来存款、特别往来存款、通知存款、甲种定期存款、乙种定期存款、丙种定期存款、丁种定期存款、戊种定期存款、已种定期存款、庚种定期存款、辛种定期存款共计 11 种。对每张存款依据性质不同，分别确定每笔初存款数目、续存款最小额度计息办法。其中辛种定期存款主要服务于学校、医院及慈善机构，如抚恤金、奖学金、慈善费用，故给息特别优厚，定期 1 年给息 7 厘，5 年以上者 9 厘。而与各机关、行号间往来存款第一次需存银圆 100 元或京足银 100 两，此后续存不得少于 1 元或 1 两。周息 2 厘，每年六月底结算。[②] 由此可见其经营顾及社会效应，并针对存户性质灵活制定储蓄制度。到 1918 年新华银行定期存款已达 100 万元以上，活期存款将近 500 万元，存款种类有 10 余种，存户一万两千余。[③]

按《新华储蓄银行发行储蓄票章程》规定：本银行储蓄票禀请政府特准发行；储蓄票偿还本金及中签给奖，均由政府担保；储蓄票发行总额每次定为 100 万号，即 100 万张；每张金额定为银圆 10 元；储蓄票每年发行 1 次；储蓄票偿还本金以 3 年为限，其还本日期于票面书明，但已中签者即凭票付奖，不另还本；储蓄票应付利息，代以抽签给奖，每年抽签 1 次，给奖 1 次；每次发行储蓄票均抽签 3 次，分为每年开签一次，但已中签者，下次不再抽签。每次中签金额如左：一等奖 1 张，中奖金额 10 万元；二等奖 10 张，每张 4 万元……第十二等奖 1000 张，每张 50 元；凡三次未中签之储蓄票，自满偿还

---

① 朱锡祚：《新华信托储蓄银行沿革》，中国人民政治协商会议全国委员会文史资料研究委员会编：《文史资料选辑》第 31 辑，第 171、175 页。

② 周葆銮：《中华银行史》，第四编第二章，第 11—17 页。

③ 《新华信托储蓄银行业务经营概况》，中国人民银行北京分行金融研究所、《北京金融志》编委会办公室编：《北京金融史料》（银行篇二），第 5 页。

之期起，一年内可就原发行之地新华储蓄银行或中国、交通两银行及邮电各局持票领本，逾期不领，即行作废。[1]

新华银行储蓄票在每年 3 月开奖一次。按规定储蓄票应在 1918 年 3 月满 3 年后抽签还本，时间分别为 1918 年、1919 年、1920 年 3 月，但因库款支绌，凡三次抽签未中者延迟至 1925 年 4 月归还本金，后在 1920 年又呈准以五年公债票 1000 万元收回剩余未还本储蓄票，在 1923 年彻底整理完毕。[2]“至于付奖、还本以及销售事宜，则委托各地中国、交通两银行和邮电局代办。”[3] 新华储蓄银行储蓄票不光以高额奖金刺激人们购买，而且抽签兑奖过程中，有肃政使派人监督，以示公正。如 1916 年 4 月 25 日第二次抽签给奖时，新华银行呈请财政部监理会同两名肃政使监督先农坛抽签过程。[4] 抽奖在社会上引发巨大反响，每届抽奖，先农坛人头攒动，热闹非凡。舆论认为鼓动了社会投机心理，但储蓄票有归还之日，较之各种彩券又大有不同。“且逐渐养成国民储蓄之美风，亦未始无功可录也。”[5] 而社会各界也乐其广为发行。如农商总长张謇在接到新华银行函请后，通饬天津等处商会，称新华银行储蓄票在引起人民储蓄美德，推广票纸普及，其效果需仰仗各处商铺为代售机关票，于国于民两有裨益，为此通饬该商会总会广为劝导。[6]

新华银行发行储蓄票所募款项，主要作用还是弥补政费不足，贾士毅将该储蓄票发行列为公债事项，称当局照各国富签公债之例发行储蓄票 1000 万元。储蓄票安排在民国三年六厘公债之后，民国四年公债发行前，实际受到民国三年公债发行顺利影响，该储蓄票本来准备次年继

---

① 《北京政府公布之新华储蓄银行发行储蓄票章程》，中国第二历史档案馆、中国人民银行江苏分行编：《中华民国金融法规选编》（上册），第 87—89 页。

② 贾士毅：《国债与金融》，第二编第二章第 18 页。

③ 周彦：《北京新华储蓄银行的组织业务及其内幕》，全国政协文史资料委员会编：《文史资料存稿选编》第 21 辑（经济）上册，中国文史出版社 2002 年版，第 471 页。

④ 《财政部呈新华储蓄银行第一期储蓄票第二次抽签请派肃政使监督文并批令》，《政府公报》1916 年 4 月 15 日第 100 号。

⑤ 钱天鹤：《论有奖储蓄票之弊害》，《东方杂志》1920 年第十七卷第十号。

⑥ 《农商总长张謇为新华储蓄银行发行储蓄票事饬津商会》，天津档案馆编：《北洋军阀天津档案史料选编》，第 303—304 页。

续发行，因经办费用过巨而未能照章续办。[①] 该项储蓄票公债收入尽为政费之用。至于新华银行营业收入情况，1914 年、1915 年、1916 年综合库存现金、存放中交行款、各项放款、有价证券、房地产及其他资产，其总处暨京、津、沪三行总资产数分别为 1578886 元、3015566 元、2641144 元，扣除各项储蓄存款、同业存款、汇解款及其他负债情况，1914 年负 2310 元，1915、1916 年盈利 128877 元、53959 元。三年分别对外放款数目为 348137 元、571998 元、47925 元。其营业收入是否如中交行有为政府垫款情况，限于资料，难以详查。但根据北洋政府财政部报告，截止 1919 年 4 月，财部向新华银行短期借款积欠数目达 90 万元。[②] 可知，新华银行为北洋政府垫款是屡有发生的。

二 通惠实业公司与汉冶萍公司的维持

清末民初各地崛起的实业集团中，由通惠实业公司、中孚银行和阜丰面粉厂组成的通孚阜集团（由孙多森、孙多鑫、孙多珏兄弟创立）名扬海内，显赫一时。1914 年在北洋政府支持下，孙多森筹建通惠实业公司。[③] 有学者指出“通孚阜”集团演变成“通孚丰”系，是以通惠实业公司为核心，广泛投资于银行、面粉、化工、地产等领域。[④]

通惠公司发起，按照梁士诒年谱记载，梁为发起人之一。“是时外间盛传粤皖两派不相能，先生亦感觉孤危，且冀望有机会可以摆脱一切，因组织此公司，而推荐孙，盖孙亦皖人也。”[⑤] 梁士诒目的是以此弥缝交通系与皖系之间的争斗。[⑥] 但梁士诒等发起该公司另一目的还是第一次世界大战爆发后，中国资本主义发展获得良好时机，进一步垄断多种企业，获取更大财富。因此 1914 年 10 月，拨给官股 60

---

① 贾士毅：《民国财政史》，第 1062—1063 页。

② 《财政部维持中央财政意见书》，中国第二历史档案馆编：《中华民国史档案资料汇编》第三辑（财政一），第 189 页。

③ 王鹤鸣：《“通孚阜”集团的创业者——孙多鑫、孙多森、孙多钰合传》，安徽省政协《安徽著名历史人物丛书》编委会编：《安徽著名历史人物丛书》第五分册，中国文史出版社 1991 年版，第 306、316 页。

④ 陈真、姚洛：《中国近代工业史资料》第一辑，第 333 页。

⑤ 岑学吕：《三水梁燕孙（士诒）先生年谱》（上册），第 192 页。

⑥ 贾熟村：《北洋军阀时期的交通系》，第 236 页。

万元，另招商股90万元，在北京筹建具有托拉斯性质的通惠实业公司，经办银行、仓库、保险及其他农工实业，以孙多森、周学熙为筹办人，列名发起的还有袁克文、张镇芳、李士伟、梁士诒等30人。[①]根据新闻报道，通惠实业公司创建系，“承办、筹划、经纪工商实业，调剂金融承募债票”[②]。杜恂诚先生认为通惠实业公司类似于后来的控股公司，投资于几个行业。北洋政府时期的投资公司数量不多，成功的更少，但却是中国民族金融业的一种新组织形式。以其为中心，“形成了一个合金融与产业为一体的实力较为雄厚的横向企业集团”[③]。

虽然通惠实业公司在袁世凯死后为孙多森所控制，并且“通孚丰财团”所享利益远大于交通系所获得利益。但是交通系人物在1916年前对该公司活动仍有相当影响，这不仅因为梁士诒为该公司发起人，交通系重要人物施肇曾长期担任该公司副总经理，更为重要的是该公司成立后，主要活动是募集债票，与中交二行在财政部领导下，补助国内工矿企业，这其中的主要活动便是自成立后至底洪宪帝制推行前与日本交涉汉冶萍煤矿一事。

汉冶萍公司成立于1908年，该年盛宣怀奏称经与前任、现任湖广总督张之洞、赵尔巽商议，拟将汉冶萍合成一大公司，新旧股份招足2000万元，一面拨还华洋债款，一面扩充炼铁。并称清还债欠，须加股银1500万元，恐非旦夕所能招足。[④] 盛宣怀的奏折中对汉冶萍公司的发展产生以下影响，一是公司的官商合办性质；二是厂矿合并，经营扩大；三是在资本上需要扩充，又需清偿旧欠，急需挹注。

汉冶萍公司占当时全国全年钢产量90%以上，且汉冶萍公司是清政府唯一近代化性质、新式煤钢联合企业，控制了该公司无疑等于控制了中国的重工业。因此汉冶萍公司是官办还是官督商办抑或商办，可否借用外债等就成为十分敏感且重大的问题。

---

① 王鹤鸣：《“通孚阜”集团的创业者——孙多鑫、孙多森、孙多钰合传》，安徽省政协《安徽著名历史人物丛书》编委会编：《安徽著名历史人物丛书》第五分册，第316—317页。

② 《中国大事记》，《东方杂志》1915年第十二卷第十一号。

③ 杜恂诚：《中国金融通史》第三卷（北洋政府时期），第277—278页。

④ 《汉冶萍煤铁厂矿现筹合并扩充办法折》，盛宣怀：《愚斋存稿》第14卷奏疏，第13—17页。

汉冶萍公司成立以后经营状况并不理想，资金筹措尤为困难。公司成立至辛亥革命前，实际共收资本1300余万元，而用款却达3200万元，“综计股本少，而活本多，且活本无久存，或数月一转，或一年一转，不特子息之重，抑亦筹划之艰”。1903年，盛宣怀即向日本兴业银行举借日金300万元，以日本购买铁砂价来偿还本息，10年内不得变更，此为汉冶萍举借日债之始。1908年公司合并组建时，又两次向正金银行借款200万元日金，日资遂借招新旧股款之机插足汉冶萍。1909年、1910年盛宣怀又先后向日本借债1227125余元、600万元。①

辛亥革命后，逃亡日本的盛宣怀与日本三井洋行密订1200万日金借款，其原因如日方所言希望公司受到日本的保护，平安保全下来，并急切签订合同。盛宣怀此举还表明他对南京临时政府抱有敌意。② 时临时政府因财政困难，由孙中山派何天炯赴日与盛宣怀协商以公司财产为抵押，向日本借款，或采用中日合办方式。盛宣怀表示经与三井洋行商谈，认为公司正值动乱之中，日方担心开工无把握，即使以产业为抵押也无人肯借款，唯有中日合办可行（孙中山曾在1911年底与三井洋行商谈合办一事）。日方代表小田切再次重申汉冶萍已无财产，只能合办，不能借款。于是临时政府授权三井洋行与盛宣怀交涉，1912年1月26日由临时政府、三井洋行、汉冶萍公司签订《汉冶萍公司中日合办草约》（称宁约），规定公司除现存日金1000万元外，续借500万日金，作为日方股本，该公司为中日合办性质。公司则借款500万元于临时政府作为购买武器、军火之用。③ 该草约因受到国内各界反对，孙中山在2月23日宣布作废，并请人转电盛宣怀，称：“今各省反对，舆论哗然，盛氏宜早设法废除此约，且证书有须通过于公司股东会一语，不为通过，此约即废，不患无以处此也。”3月，股东大会以全数票反对中日合办，草约宣告无效。④

---

① 陈真、姚洛：《中国近代工业史资料》第三辑，第473、516页。

② 武汉大学经济系编：《旧中国汉冶萍公司与日本关系史料选辑》，上海人民出版社1985年版，第245页。

③ 陈旭麓、顾廷龙、汪熙主编：《辛亥革命前后．盛宣怀档案资料选辑》（一），上海人民出版社1979年版，第230—242页；《孙中山年谱长编》（上册），第639—641页。

④ 陈旭麓、顾廷龙、汪熙主编：《辛亥革命前后．盛宣怀档案资料选辑》（一），第253、261页。

但盛宣怀对废约一事，却称："汉冶萍孙、黄（兴）与日本订立合办之草约，幸敝处在加一续约，声明须俟政府核准再加股东会通过……民政府力摧实业公司，汉冶萍、招商局几乎不能保全，幸赖项城之力……汉冶萍事明明是孙逸仙与三井订立契约，逼公司承认……尚幸操纵得法，得以轻轻取消。袁世凯犹以影响共和劝我务即揭破……项城实一世之雄，论其才识经验，断无其匹。"① 袁、盛二人之间关系确实因此修好许多。

但是，围绕公司是否国有、是否中日合办，盛宣怀与袁世凯为首的北洋政府之间仍存有分歧。辛亥革命后公司总体状况是，汉阳铁厂在辛亥革命中被炮火摧毁，工作停顿，损失巨大。1912 年政府拟收归国有，因故未成。次年，该公司又告困难，于是再向日本八幡制铁所及正金银行商借日金 1500 万元，年息 6 厘，以生铁供日本 40 年为期，期内供给日方矿石 1500 万吨，生铁 8 百万吨。"旋欧战发生，该公司前以世界市场铁价大波，获得盈余。但大量生铁仍被日方低价购去，致大好机会，拱手让人。同时，公司盈余所得被商股股东分派无余，致旧债毫无偿付。"② 公司一方面在生产、资金方面仍然与日本有着千丝万缕关系而受到制约，另一方面，欧战发生，又给公司在生产经营、企业改制带来前所未有的好机遇。汉冶萍到底选择哪种发展、经营模式摆在了盛宣怀与袁世凯和北洋政府统治者面前。

盛宣怀曾指出，当时汉冶萍公司发展有三种办法，一为国有，二为商办，三为国家与人民合办。他本人主张："似此，国家与人民通力合作，叶（景葵）氏国有政策，统一全国钢铁，以杜竞争，而保持大利，仍可照行。惟国与民合办一事，如大清交通银行，皆因用人之权全在政府，致多失败。似宜仿照外国办法，仍照公司规则，不分何股，悉由股东公举，而仍由政府监督之。日本邮传会社组织机关，似可援引。"在资本募集方面，认为善后之基不外借款。借款为实不得已之策。但若通过国家拨款或商办加股筹得 1000 万债票，则借款

① 夏东元：《盛宣怀传》，上海交通大学出版社 2007 年版，第 292、354 页。
② 陈真：《中国近代工业史资料》第三辑，三联书店 1961 年版，第 471 页。

亦可终止。[①]

北洋政府积极介入公司管理是在1912年7、8月间，当时赣督李烈钧操纵江西议会取消、没收汉冶萍公司，并携巨款准备接收，委任总理、协理，到公司监督开工，欲将该公司转归省办。公司董事会万分恐慌，随即致电袁世凯与工商部请求保护。8月12日，开公司特别股东大会，经投票决定收归国有者为86985权（共92164权），并推举由赵凤昌、叶景葵进京陈请。[②]“于是工商部因公司收归国有之请求，一面派员分赴各处切实调查，一面向财政部借拨公债五百万以维持公司现状。日前调查员回部报告，极为详尽，正在着手筹议国有次第进行之计划。”北洋政府还表示湖北民政长及议会在未收归国有以前，也无权委派督办。[③]

在第一次世界大战爆发前，北洋政府鉴于汉冶萍公司之重要地位，即日本、地方势力（主要为黎元洪与李烈钧）对该公司的控制意图，已积极运作将公司国有化。为维持公司运转，北洋政府财政部拨给公司公债票500万元，汉口、南京交通银行先后垫借公司共计洋银693156两。[④]按照张謇报告，第一次世界大战前财政部（为大清银行旧款）、农商部与交通部均在公司拥有资本，当时官股、官款与公债数目总计在1400万元以上，而商股为1200余万元。交通系控制的交通银行除上述垫款外，交通部预付的轨价银（为前邮传部与川路路局）共计三百多万两。[⑤]北洋政府在公司拥有大量国有资产，对公司发展自然不能坐视，而利益攸关的交通系更是如此。但客观上讲，鉴于北洋政府财政上的困窘以及对日本人的忌惮，汉冶萍国有问题只好采取消极拖延办法。农商部虽在1914年8月呈文主张公司国有化，

---

① 陈真、姚洛：《中国近代工业史资料》第三辑，第478—479页。

② 《公司董事会致北洋政府大总统、工商部电》、《公司董事会呈北洋政府大总统、国务总理、工商部文》，湖北省档案馆编：《汉冶萍公司档案史料选编》（上册），中国社会科学出版社1992年版，第285、297页。

③ 《要闻》，《时报》1912年12月26日。

④ 《汉冶萍公司简明节略》，湖北省档案馆编：《汉冶萍公司档案史料选编》（上册），第306页。

⑤ 《公司董事会详交通部、农商部、财政部文》、《张謇呈大总统文》，湖北省档案馆编：《汉冶萍公司档案史料选编》（上册），第318—319页。

只等袁世凯表态。但袁世凯至年底只是再派员调查，调查员方抵沪，日本对华二十一条要求也适时提出。张謇表示公司所借日款，无论其为赓续前议，或则借新债，自应遵照部令，呈候核准，再行签字，岂可借口历来办法，蔑视公布之令？“该合同内有公司应聘日人为最高顾问工程师及会计顾问等条，与公司权限有重大之关系，所有该董事等已签订之合同，本部不能视为有效，应即暂缓实行。”严令公司一切办法静候其与财政总长周自齐商定办法后另行。①

但是，北洋政府与交通系并非采取完全的观望、拖延的消极态度。据日本正金银行称，1913 年 11 月盛宣怀为向日本举借 1500 万日金进行交涉，“交涉之初，梁士诒代理人杨廷栋，滞留上海，常欲对此加以妨害。现在北京政府所召唤之叶景葵，已于（1913 年 11 月）二十八日前往北京，公司担忧，此为北京政府拟命令中止合同之计划。”而梁士诒此举在于交通银行曾举借海兰、同成铁路借款，为数不菲，固为此计。②

随着第一次世界大战爆发与《二十一条》的提出，交通系及北洋集团其他政治势力针对日本对汉冶萍公司的攫取，针锋相对，表现出空前的强硬。日本外务大臣加藤高明是在 1914 年 12 月 3 日训令驻华公使日置益对中国提出《二十一条》，特别提出第三号关于汉冶萍问题，“为顾及我方对汉冶萍公司之关系，拟为该公司将来讲求最善方案者”。“此际在于取得原则上之协定。”③ 而在 1914 年 11 月，袁世凯即宣布汉冶萍公司为国有。④ 但由于日本的抵制及盛宣怀的影响，国有方案难以推行，1915 年 2 月张謇正式提出官商合办之策，“其一则拟使股本与外债之数相持；其二则拟使官股多于商股”。而欲达到此两种目的，必须由国家急募五百万两，必须由财政部与交通部共任

---

① 谢国兴：《民初汉冶萍公司的所有权归属问题（1912—1915）》，中华民国建国文献编辑委员会编辑：《中华民国建国文献：民初时期文献》（第二辑、史著二），“国史”馆 2001 年版，第 92 页。

② 武汉大学经济系编：《旧中国汉冶萍公司与日本关系史料选辑》，第 482、483、489 页。

③ 《加藤致日置意训令及对中国“二十一条”要求》，湖北省档案馆编：《汉冶萍公司档案史料选编》（上册），第 367 页。

④ 陈真、姚洛：《中国近代工业史资料》第三辑，第 517 页。

其难。[①] 北洋政府以官商合办，由通惠实业公司以金融投资公司身份募集资金，维持汉冶萍公司正是在这样的背景下出现的。

需指出的是，北洋集团各派系为此体现出前所未有的团结与合作，特别是皖粤系的合作极为罕见。为维持汉冶萍，“昨泗州（杨士琦）召集两周（周学熙、周自齐）、梁（梁士诒）切商维持办法，皆见总统。允由通惠公司出面，十月间自发实业官票，每年付公司三百万元，四年共一千二百万元，政府出息六厘，公司贴息二厘。第五年起，分作十年归还本息，九月前，周、梁允由中、交两行股票抵押，每月借给二十五万元，待债票发后扣款还股。”[②] 除粤皖系外，军方段祺瑞也积极配合，与日本交涉汉阳铁厂与大冶煤矿矿权问题，并亲任督办，调查档案与财务，清理股本。[③]

1915 年春夏盛宣怀为达到既不“中日合办”，又可将汉冶萍维持的目的，准梁士诒、孙多森由“通惠实业公司”发行债票。[④] 显示出他思想上的巨大转变，虽然他对梁士诒等能否有实力，通过通惠实业公司募得大量资金和内债表示怀疑，但当日方对其讲“不信通惠有此实力”，对其规劝时，盛宣怀还是很坚定地答道：“若（通惠公司）果有此能力，则汉冶萍必当签字。”[⑤]

公司董事会也致函袁世凯，称：“业经董事会详请农商部转呈，请发行债票一千二百万元，分作四年拨付，每年三百万元，按月匀给，年息八厘，政府贴息六厘，公司贴息二厘，并于未经发行之前，准由中国、交通两很行垫借，自本年阴历五月起，每月二十五万元，半年为期，俟债票收款，即照扣还。至第五年起，即由公司将本息统计，匀作十年如数摊还，不敢短欠等情在案。”[⑥] 1915 年 9 月，交行总经理梁士诒与中国银行总裁陈威、财政总长周学熙、农商总长周自

---

① 武汉大学经济系编：《旧中国汉冶萍公司与日本关系史料选辑》，第 507—508 页。

② 《孙宝琦、王存善致盛宣怀电》，湖北省档案馆编：《汉冶萍公司档案史料选编》（上册），第 372 页。

③ 《汉冶铁矿收归国有计划》，《时报》1915 年 1 月 3 日。

④ 夏东元：《盛宣怀传》，第 357 页。

⑤ 武汉大学经济系编：《旧中国汉冶萍公司与日本关系史料选辑》，第 603 页。

⑥ 《公司董事会呈北洋政府大总统文》，湖北省档案馆编：《汉冶萍公司档案史料选编》（上册），第 378 页。

齐及公司经理赵椿年、通惠实业公司代表在杨士琦处多次会议，“惟（周学熙）辑意仍须以股票抵押，系专防票权归日，并无别意。详言缓不济急之故。言垫款数少，只以股票作抵押品，不必收票归行，并无窒碍。至借款合同，数目较巨，亦必须收票归通惠，但必须议定实行股权，使外人不能借票权。政府以千万元巨款维持公司，使钱去而权仍归日，实属固不平，在事者亦不能担此责任云”。“咸谓为保全垫借款信用并公司利益起见，总经理须有用人办事全权，黜陟无须预告公司，组织及办事章程由经理核定。”①

1915 年 9 月，孙宝琦以审计院长身份南下，经与公司总经理赵椿年详细调查，认为保全汉冶萍，“即乞将发借债票，并先由中、交两行垫款各办法令饬财政、交通、农商各部查照，迅予实行，以资救济”②。10 月汉冶萍公司与通惠实业公司订立借款合同，合同规定由通惠实业公司按九五折扣，分 4 年将 1200 万元龙洋借于汉冶萍，按月分别交纳。利息八厘，每年两次付息，分 14 年还本。汉冶萍公司以全部股票并指明新出货物为第一次抵押，开具册单交存通惠实业公司。汉冶萍公司只有征得通惠实业公司同意方可向他处借款。通惠实业公司为维持汉冶萍公司起见，可随时应募实业债票，其方法应与汉冶萍协商。其附约规定，汉冶萍公司总经理（赵椿年，为皖系推荐）负有全权，若其人选更动，必须经得通惠公司同意。汉冶萍公司为华商自办性质，其性质与股东权益若有变化，应先由通惠公司主持。汉冶萍公司股票转卖，只准通惠公司经售，不得私售于外人。汉冶萍包工、采买材料、转运由通惠公司优先承包。汉冶萍公司在延期六个月后，若不能将利息按期缴纳，应由通惠公司交涉收回管理权，交债权人执行管理。③

汉冶萍公司与通惠实业公司订立合同后，日方马上作出激烈反应。正金银行上海分行经理儿玉致函汉冶萍公司称：“汉冶萍公司与通惠公司借款合同，于精神上显然违反敝处与该公司向来合同之宗旨。且不特扰乱敞（敝）处与该公司两者密切关系，即据其规定，

---

① 《孙宝琦、王存善致盛宣怀电》，湖北省档案馆编：《汉冶萍公司档案史料选编》（上册），第 379—380 页。

② 武汉大学经济系编：《旧中国汉冶萍公司与日本关系史料选辑》，第 584 页。

③ 同上书，第 585—587 页。

作为该借款抵押品，业已悉数提供敝处作为抵押者。又第六款、第九款全然抵触向来之合同条项，故敝处断难承认。”①

通惠借款合同签订后的情况，日本曾有如下记录，合同先由梁士诒、孙多森向袁世凯倡议，而杨士琦、周学熙、孙宝琦也表示同意借款合同草案，由通惠公司向汉冶萍公司开展交涉。“先予以威胁使之签字。一方面指名要具有公司代表身份而且与彼等有相当关系之公司董事王子展（存善）晋京；另一方面将该草案交袁世凯阅后得到承认，在公司代表王子展晋京之际，以已经袁确认为口实，不准窜改一字一句，立即交王持归，迫盛宣怀签字。王子展乃秉承此意，以公司代表身份，未作任何发言，即行返沪，迫盛签字。幸在此时日本出而反对，此种横暴之合同，始获免于签字。而在北京方面，如孙宝琦、杨士琦、周学熙等，认为日本之反对意外强硬，事已至此，深感该案之通过实有困难。此时又考虑不可伤及盛之感情，因而对袁加以劝解。袁亦认为通惠公司之无理，表示同意删除其条件，并对孙发出命令，使盛提出对案，公司至此始获对此作出对案之地步。”② 驻上海领事高木还向外务省提出三项办法，即第一，向盛宣怀表示同情，杨士琦、孙宝琦、周学熙等对梁士诒“之猖狂有所不满”之人“可资为内应”，将通惠公司借款合同作成新条件；第二，以通惠公司缺乏企业实质为由建议汉冶萍公司终止合同，直接仰赖北京政府救济，举借外资；第三，即通过交涉，设法与北京政府商议公司中日合办。日本外务大臣石井菊次郎指示可照方案切实推行，坚决抵制通惠借款。③ 在日本的阻挠、甚至以战争恫吓袁世凯接收《二十一条》背景下，加之盛宣怀在1916年洪宪帝制推行时病逝，汉冶萍公司董事会对通惠公司垄断公司股票转变、收售，总经理为皖系代表且负有行政权责表示不满，终未能使通惠实业公司投资汉冶萍，抵制日本侵占野心的计划成功。

但通过通惠实业公司的组建与借款合同签订，可以看出以下几个问题：第一，通惠实业公司的投资行为，实际上是政府行为，是财政部、

---

① 武汉大学经济系编：《旧中国汉冶萍公司与日本关系史料选辑》，第596页。

② 同上书，第617—618页。

③ 同上书，第620—621、624页。

交通部、农商部以其非政府机构的外衣，抵拒日本推行《二十一条》，抢夺汉冶萍的具体手段，这样做以减轻日本人的非议和阻挠。日方曾指出汉冶萍名义上为通惠公司救济，“然实在公司处于傀儡地位，而北京政府才是主体”①。第二，通惠实业公司投资实际来源为中交二行的垫款，因此中交二行才是通惠实业公司背后的最主要力量，交通系无疑是其主要推手。第三，通惠实业公司反映出在抵拒日本侵略面前，北洋集团统治者出于民族主义而有的团结与协作，特别是皖粤系的协作。第四，是皖系有自己的打算。据朱启钤讲五路大参案后，粤系一度被打压失势，而周学熙、杨士琦、孙多森等乘势大为活跃，即借通惠事业公司吞并汉冶萍等一些重大企业，将公司置于自己控制下。② 交通系控制的交通银行与交通部不过是其借用的力量而已。通惠实业公司投资、借款活动虽未成功，但梁士诒等人维护民族利益、保全民族产业、国家经济命脉的努力是应给予充分肯定和赞扬的。

三　对民族工商业的挹注

1912—1916 年间，交通银行主要业务虽然主要为交通四政款项经理，其与民族工商业业务往来并不为多，但是在第一次世界大战爆发前后的 1914—1915 年，交通银行急缫丝业之难，积极拨补资金，挽救了处于危难中的民族产业。

第一次世界大战对江南地区特别是上海的缫丝业带来极大影响。据统计至 1914 年 10 月 20 日，因国际上丝绸销路受阻，上海有 21 家丝厂停业，占全部丝厂 37.5%，未停者也岌岌可危。③ 上海缫丝工业同业公会因欧战爆发，金融闭塞，本业无力收茧，特向财政部（时周学熙为部长）、税务处（时梁士诒为督办）拟具“银行供给茧商款项条议”，请二处饬中交行贷款与各丝厂与商户。④ 公会向财政部请求

---

① 武汉大学经济系编：《旧中国汉冶萍公司与日本关系史料选辑》，第 620 页。

② 同上书，第 577 页。

③ 上海通志编纂委员会编：《上海通志》第一册，上海社会科学院出版社、上海人民出版社 2005 年版，第 110 页；上海档案馆藏档案：《上海市缫丝工业同业公会关于归还维持借款与财政部、农商部等的来往文书和借还款清册》，卷宗号 S37—1—134。

④ 上海档案馆藏档：《上海市缫丝同业公会为本业受欧洲影响无力收茧向财政部税务处拟具银行供给茧商款项条议请饬中交行贷款往来文书》，卷宗号 S37—1—135。

银行贷款名正言顺，而向税务处督办梁士诒请求贷款，一则希望减免税款、以关余款拨补缫丝业，更希望梁士诒利用个人在交行与金融界威望使贷款一事顺利办成。

财政部接到缫丝工业同业公会禀请后，1915 年 4 月答复如下："禀折均悉。查银行为营业性质，来禀所称各节仰该总理等自向银行协商，所请饬知银行接济茧商，借款之处，干预银行营业，未便照准。"① 由此可见，财政部在贷款一事上实际将具体与同业公会如何协定推给了中交二行，这也实际意味着当时控制中交二行的交通系领袖的态度，决定着贷款是否成立。

反观梁士诒在接到同业公会禀请后，如此答复："查银行为百业挹注之源，茧厂乃华商宏大之业，押款、抵款纯系两方信用问题，非官署之力所能左右。本司职司榷务，纵维持土货，夙具深心。奈酌剂金融，格于权限。上年丝厂借款一案，以其时欧战初起，丝业濒危，借者代筹暂资接济。要知权益济急，在本处亦不辞越俎之劳。惟兹营业自由，愿该商毋复效发棠之请，所陈借款条议实属碍难饬办。中行致丝茧总公司称借款条议已悉，惟此事敝（交）行尚未奉有总行来电饬行商办，俟得电后，当具面告，邀请贵经理沈联芳君商议。"② 梁士诒态度是并不反对贷款，但对于非商业贷款性质、纯系"发棠之请"即赈济性质的贷款，出于银行利益婉言相告难以履行。实际是希望中交二行与同业公会之间本着商业信贷原则，既可以补助丝业，也免使银行因此有负担。而此前，缫丝工业同业公会曾致电财政部与农商部，称因欧战影响，倒闭厂家二十有余，核计全部丝车工费，每月得二十两即可开工不辍，请二部转咨梁士诒拨给关税一百二十万两，于蚕丝出口时每担摊付缴还。但财政部以关税抵付外债，且因欧战关税收入骤然减少，难以挹注，只表示"勉劝"中交二行设法维持。③

此次贷款谈判历时近半年，至 1915 年 5 月，由中交二行与丝厂、

① 上海档案馆藏档：《上海市缫丝同业公会为本业受欧洲影响无力收茧向财政部税务处拟具银行供给茧商款项条议请饬中交行贷款往来文书》，卷宗号 S37—1—135。

② 同上。

③ 上海档案馆藏档：《上海市缫丝工业同业公会关于归还维持借款与财政部、农商部等的来往文书和借还款清册》，卷宗号 S37—1—134。

同业公会代表上海总商会签订正式贷款合同。该借款共计六十万两，双方妥订借、还款及办事章程。合同称："今因丝厂一业，受欧西战事影响，金融不通，本商会叠据丝厂公所（即同业公会）函请维持，深虑牵连之祸，关系全局，即经据情禀。奉财政部电示，内开介绍中国、交通两总行在上海中国、交通本银行，各拨规银叁拾万两，共计陆拾万两，匀分三个月，每月交由本商会规银贰拾万两，借给与各丝厂，为接济工银之需。并由丝厂公所会同丝厂全体七十二厂，盖用图章，联名具禀，赴江海关（上海海关）请愿。愿于厂丝出口时，每担缴还规银叁拾两，以贰万担为额，普通担负，即由海关收税处逐月拨交中国、交通两沪行抵还。此项预借之款适符陆拾万两之数，已蒙税务处督办梁（士诒）知照总税务司，转饬江海关准予代收各在案。本商会奉财政部电示，为丝厂公所代表，与中国、交通两沪行订定条件，开列本合同，内互相遵守，共保工业而维治安。"合同由上海总商会与中交二行各持一份。

合同规定中交二行拨款由上海总商会填出支票交给丝厂，由丝厂向银行直接领款。各丝厂责成公所各董事及公举主任、调查员若干名分赴各厂稽查开工、用款情形，缮具收据，由丝厂、经理人、公所稽查加盖图章或签名后，始得向商会领取支票向银行领款。此项借款专为开工所用，每月核实稽查，不准移作他用，并议定每月每车借给规银拾两。停业之厂须续筹运转资本，或不能于一个月内开工，借给三个月资金。所有当存、待领之款，及余存、预备之款均由商会立凭折，交两银行另行存贮，候公所备具信函，声明缘由，向商会填给支票领银。按每车每月借给十两规银计算，须生产七个月以上，公所会议每厂领款无论有力、无力偿还，或有停工无法履行情况，均应邀请保人具保，免甲借乙还之弊。丝厂向江海关缴纳税款由中行直接截留，免纳手续。若丝厂不缴税款，由商会担负责任，丝厂向商会负责，其税款出自七十二厂自无异议。借款自 1915 年 11 月至次年 1 月底，每月 20 日后放款，年息六厘。还期先定八个月，倘到期未全数出口，应酌量展限。息金无法预算，各丝厂议定将来于两万担之外，每担仍缴 30 两抵偿两银行利息。维持借款未成立前，由上海转咨江海关与两行将丝厂出口凭单随时造册、统计，免使未受借款而令还款，以昭公允。又丝厂保证书声明："厂丝出口，每百斤缴还江海关银叁拾两，如该厂所缫之丝逐月由公所查明不及抵还此项借款，或领款后不发工资等事，愿由保证人负责完全担保。"又规定保证人需有商业信用，应亲自填写保证书并盖用图章，须由丝厂公所认可，但不得为丝厂同事或股东，并不得互为保证。①

当时中交二行还拟扩大贷款530万两，四分之一为保证金，由借款人存银行，其余分发江浙等省茧商。其中江苏发款占六成，浙江四成，又另备30万两拨补安徽茧商。② 贷款与还款中，各方亦能极力合作，解决债务纠葛。至1916年5月底，同业公会报告财政部（时周自齐为财政总长），各厂欠中交二行本息合计二万七千余两，已责令各厂与商户如数清偿。并与财政部商议，由江浙两省所征收蚕捐每百斤加征洋银三角，提解省库，由公所具领后归还银行。财政部表示转咨中交二行是否可行。同时总商会也要求同业公会迅速偿还尾欠，并为减免利息函请中交二行同意。③ 更为重要的是，贷款前出口生丝锐减过半，上海丝厂普遍停工。由于中交二行及时贷款，特别是梁士诒的关键作用，缫丝行业如久旱之后得到干霖，度过了危机。交行同人所言："本行协助复业，劳工十余万人赖以安定。"④ 正可以说明此举的重要意义。

四　发起上海银行公会

有学者提出："上海银行公会是上海工商界最有实力的团体之一，它代表着一群杰出的、年轻有为的银行家的势力，并鼓吹他们的主张。这群年轻人为推动银行业的发展，进行各种财政金融改革进行了不懈的

---

① 上海档案馆藏档：《上海市缫丝工业同业公会关于受欧洲影响中国交通银行借款六十万两维持有关借款还款的说贴办事章程会议录呈江海关文和合同文书》，卷宗号S37—1—133。

② 上海档案馆藏档：《上海市缫丝同业公会为本业受欧洲影响无力收茧向财政部税务处拟具银行供给茧商款项条议请饬中交行贷款往来文书》，卷宗号S37—1—135。

③ 上海档案馆藏档：《上海市缫丝工业同业公会关于归还维持借款与财政部、农商部等的来往文书和借还款清册》，卷宗号S37—1—134。

④ 交通银行总行、中国第二历史档案馆：《交通银行史料（1907—1949）》第一卷上册，第14页。

努力。总的来说，他们是提倡经济体系和政治制度现代化的一群人。”[①]

上海银行公会成立时间，大多认为应从1918年计起。[②] 实际上，公会发起时间应上溯至1915年春。系中国、交通、浙江兴业、浙江实业、上海商业储蓄、盐业、中孚等七行发起。初假上海商业储蓄银行为会所，每日中午集各银行领袖聚餐一次，讨论公栈及押款事项。会长、会董均未推举，会章亦未订，全系精神结合。[③] 白吉尔认为公会发起后，经历了三年时间，完成了从1915年的“午餐俱乐部”向一个有合法地位、严格入会条件、会议规程和选举程序的正规组织转变的过程。之所以如此，与银行公会中中国、交通、盐业三大银行最初受控于北洋政府有很大关系，袁世凯覆灭后，特别是停兑风波发生后，陈光甫、张嘉璈等江浙金融家崛起，使得上海金融为其所控制，而银行公会的组织更为完善、系统化。[④]

银行公会发起在1915年，有多重背景，在银行业内部，张嘉璈标榜银行独立，不受政潮影响，为公会发起最早倡议者，“以为彼此联络、维持之机关”[⑤]。该年7月，七家银行正副经理在上海举行工作午餐，提议业务合作，由中行购置货栈，另外六家银行合租。[⑥] 组建公栈、讨论押款是1918年前七行通过银行公会筹划业务合作的开始，是金融业务发展的要求使然。而北洋政府曾在1915年8月24日因钱庄、银号、银行受财政部、地方官委托办理银行公共事项、支票交还、征信

① ［法］白吉尔：《上海银行公会（1915—1927）——现代化与地方团体的组织制度》，上海市地方志办公室编：《通往世界之桥（上）》（《上海研究论丛》第三辑），上海社会科学院出版社1989年版，第363页。

② 银行公会所办《银行周报》在《上海银行公会会务回顾录》中把该会成立时间定为1918年7月8日，由中国、交通、盐业、浙江兴业、浙江地方实业、中孚、上海商业储蓄、四明、中华、广东、金城十二家银行发起，订立章程，并选举宋汉章、陈光甫等为正副会长。见《银行周报》1926年第6期。

③ 徐寄庼：《最近上海金融史》，商务印书馆1926年版，第145页；张辑颜、杨荫溥：《中国金融论》，上海书店1991年版，第333—334页。

④ ［法］白吉尔：《上海银行公会（1915—1927）——现代化与地方团体的组织制度》，《通往世界之桥（上）》，第364—367页。

⑤ 《上海银行公会开幕志盛》，《银行周报》1918年第41期。

⑥ 徐沧水：《上海银行公会事业史》，沈云龙：《近代中国史料丛刊三编》第24辑，台湾文海出版社1988年版，第39页。

所事项，预防、救济市面恐慌，特颁布《银行公会章程》。[①] 该章程规定，入会者资本需在2万元以上，注册满一年；设正副会长，董事5—7人，董事由会员互选；会长、副会长资本须在50万元以上，需为钱业公会领袖或商会协理总理；董事须10万以上，为银行正副经理，或钱业公会商会董事；会长一任二年，可连任一次，董事四年；破产、诉讼者不得入；入会者有互相维持之责，纳一成资本为本会公积金，入会者遇有营业资金不敷时可举借，利息再定，得有担保，并由会长、董事议定借给；公积金生息仍分给各行；入会者有破产，违规者，经会议可开除。该章程后报财政部议定施行。[②] 该法规的颁布无疑对金融界的同业联合产生很多影响。银行公会发起可以讲与该章程颁布息息相关。交通银行同人讲："四年，发起组织上海银行公会，国内银行业组织公会服务社会始此。"[③] 将此事作为交行1916年前金融上一重要活动。可见梁士诒等交行领袖在以上背景下对成立同业公会，影响金融、服务社会是极为重视的。但客观情况是，由于中交停兑风波与洪宪帝制，交通系在金融业的控制力、影响力受到极大打击，代表民族资本家而非官方势力的江浙资本家借机壮大力量，显示出在金融业中的影响、号召力，特别是在同业联盟中，其所体现的领袖号召力，在以后的金融活动中已将交通系的作用掩盖。

第六节　交通系与民初币制

一　整理滥币

（一）滥币的形成与整理目的

袁世凯统治时期，滥币作为一个重大的财政、金融币制问题引起了各方政治家的高度重视。1912年5月财政总长熊希龄在对记者的一次谈话中，曾讲"余已调查各省官钱局发出之纸币及起义后发

① 《法令·银行公会章程》，《东方杂志》1915年第十二卷第十号。

② 《银行公会章程》，中国第二历史档案馆编：《中华民国史档案资料汇编》（第三辑金融），第57—58页。

③ 交通银行总行、中国第二历史档案馆：《交通银行史料（1907—1949）》第一卷上册，第15页。

出之军用票，其价值已达三万万三千余万，准备毫无，且滥发犹不已。故余拟由国家发行兑换券，将纸币及军用票一概收回，以杜滥发之弊。”① 梁士诒在1913年署理财政部期间，“查阅各省滥币情形，以湖南、湖北、广东为甚，乃日筹收回整理办法”②。1914年时任币制局总裁的梁启超亦曾提到：“今日财政之困横不一端，而纸币价格之堕落，其最可怖也。”其原因正是各省受滥纸币危害。他还特别以广东为例，提出滥币整理的具体办法。③

民初充斥广东、湖北、湖南等省的所谓滥币，主要指始用于清末、沿用至民初由官银钱号发行的银毫、银圆、铜圆的纸币兑换票。辛亥革命后，各省军政府新发行的军用钞票，亦被北京政府列入滥币范畴。按1914年6月广东官银钱局监理处开具的详细清单，当时列入应予清理的滥币有清末官银钱局银毫纸币1030万元，银圆纸币500万元（后改作银毫纸币行使），经军政府加盖戳记行用的为10014042元；军政府新发纸币19000025元（其中用于收回旧钞票42500元，实际发行18957525元）。④ 此外私立商业银行也滥发纸币；其价格之低落，信用之薄弱，至此已极。就此，财政部1913年专门制订《商业银行条例》，限制各省官办、私立商业银行滥发纸币。⑤“惟国家中央银行成立，发行划一纸币尚需时日，前清各省官银钱局号所发钞票迄未收回，商民所恃以接济者尚注意于旧日银号钱庄。”⑥

由此可见，北京政府整理滥币针对的是中交二行所发兑换券之外的，其他各种信用极差、价格低折、发行量超过流通所需、流通范围往

---

① 《在北京蒙古实业公司对记者的谈话》，周秋光：《熊希龄集》（第二册），湖南人民出版社2008年版，第592页。

② 岑学吕：《三水梁燕孙（士诒）先生年谱》（上册），第162页。

③ 《整理滥发纸币与利用公债》，张品兴等编：《梁启超全集》（第五册），北京出版社1999年版，第2664页。

④ 《广东官银钱局监理处开具粤省发行新旧纸币数目清单折》，《中华民国史档案资料汇编第三辑》（金融二），第955—957页。

⑤ 《财政部拟订〈商业银行条例〉》，《中华民国货币史资料（1912—1927）》（第一辑），第130—132页。

⑥ 《议决案：整理钱庄银号案》，赵秉钧编：《工商会议报告录》，1913年（出版地不详），第173页。

往限于一省的纸币。各省区滥币流布情况可见下表说明（表3-8）。[①]

表3-8 民初各省滥币流布情况表

省份	发行机关	发行钞票种类、数量	省份	发行机关	发行钞票种类、数量
奉天	东三省官银号	银两票、大龙元票、小银圆票、东钱票共870余万元	黑龙江	黑龙江官银号	钞票400余万元、银圆票与铜圆票共340余万元
				广信公司	钞票1050余万元
吉林	永衡官银钱号	制钱票840万余元、小银圆票若干	江西	民国银行（前身为江西官银钱号）	银圆票、铜圆票、制钱票共430余万元
湖北	湖北官钱局	银两票、银圆票、钱票共3192余万元	四川	濬川源银行	军用票14100100元
湖南	湖南银行（前身为湖南官钱局）	铜圆票、银圆票、银两票共2300余万元	陕西	富秦官钱局	钱票117万余串
福建	福建银行（前身为福建官钱局）	银圆票40万元、小洋角票4、50万余元	山东	山东银行（前身为山东官银号）	银两票、银圆票、铜圆票共64万余元
直隶	直隶银行（前身为天津官银号）	银两票1200余两、银圆票4800余元、铜圆票23千余文	浙江	浙江银行（前身为浙江官银号）	钞票113万元
江苏	江苏银行（原裕苏官银钱局）	500万余元	广东	广东官银钱局	军用票、银毫纸币、银圆纸币共3200余万元
山西	山西官钱局	大银圆票、小银圆票、银条纸币共100840余元	安徽	中华银行（原裕皖官钱局）	30万元

① 贾士毅：《民国财政史》，第1555—1559页；张家骧：《中华币制史》，民国大学出版部1925年版，第二编，第206、209、218、219—221、225、231页。

1. 滥币成因

民初纸币滥发危及社会经济，构成重大社会问题，其原因主要有二。一是尚缺乏健全的金融机构与金融法规。1912 年 9 月第一次临时工商会议上，工商部特派员即提出整理钞票办法问题，指出发行权不统一，各金融机关发行纸币众多，毫无准备制度，且互不流通。有议员提出："惟此时当极力谋币制之统一，以限制纸币之发行而救纸币之充斥，再从而将银行法从速订定。"①

二是辛亥革命后，各省苦于局势动荡，财源匮乏，以增发纸币作为解决财政开支的办法。如广东独立后，粤督张鸣岐席卷藩库现银而逃。港英当局也敌视革命党，阻挠港商向军政府息借商款。当时军政府"括全城官库，仅得万元"，财政十分困窘。胡汉民、陈炯明无奈只得在经与商会商议后，将库存官钱银局纸币 1200 万加盖军政府财政部印发行，使商会承认通用。② 从 1911 年 10 月至 1912 年 1 月，军政府先后三次从官银钱局提取纸币 2152000 元、500 万元、500 万元。③ 广东军政府亦曾通过发行公债、整顿税收来稳定财政，其收效均不理想。但纸币发行毫无准备，不能保证纸币兑现，造成纸币低折、波动，使广东城乡居民都认为军政府发行的纸币损害了自己的利益，成为辛亥革命遭受挫折的重要原因。④ 再如四川银行成立于 1911 年 11 月，专以代财政司印制军用票，供应军、政各费为急务。由于组织仓促，资本亦未筹措，仅借居于濬川源银行，以银圆 200 元作为开办经费，勉强支持，万分困难。至 1914 年，发行军用票已有 1500 万元多。⑤

---

① 《议决案：整理钱庄银号案》，赵秉钧：《工商会议报告录》，第 159、165 页。

② 中华民国史料中心编：《胡汉民先生遗稿》，中华书局（台北）1978 年版，第 431、435 页。

③ 区季鸾编，黄荫普校：《广东纸币史》（下编），国立中山大学经济调查处 1935 年版，第 9 页。

④ 邱捷：《孙中山领导的革命运动与清末民初的广东》，广东人民出版社 1996 年版，第 295、333—334 页。

⑤ 《财政部关于四川银行原委及现状节略》，中国第二历史档案馆编：《中华民国史档案资料汇编第三辑》（金融二），第 917 页。

各省滥币对工商业发展、人民生活产生恶劣影响。1914 年北京政府为收回纸币，令各省国税厅筹备处会同财政司调查实际发行数量，其中广东为 3200 万元，市价低至六折，湖南为 2600 万元，市价为五成六，江西为 800 万元，市价为六成七，东三省为 3465 万元，市价为六成二，云贵为 400 万元，市价七成。湖北 3000 万元，市价八成，新疆 700 万元，市价八成。① 梁士诒曾讲广东革命后，各种纸币币值一度低至四三折。“是小本经营以及肩挑背负之流，以劳力换得三五元纸币，一宵睡醒，折阅过半，人民痛苦不可胜言”②。广东商民始终饱受纸币忽低忽高之苦。“一般小贩商人，倍形困顿。即大行商业，各项交易因银根短少之故，不无牵障，打铜街、灯笼街各银号，多以生理不前，辄行停闭。”③ 汇丰银行因纸币低折拒其作为盐税抵押款，而士兵发饷也拒用纸币。“因盐饷不收纸币之风说，（纸币）价格大受影响。”④ 广东、湖南等省，滥币成为影响民生与工商业发展的最突出问题。

2. 北京政府整理滥币目标

北京政府提出整理广东等省滥币，有多重目标。第一种目标，滥币整理施行于“二次革命”前后，梁士诒等人与拥护袁世凯的进步党联手，以滥币带来的诸多社会问题，将这盆脏水泼给革命党，使其在政治上陷于不利地位，而同时借整理滥币树立中央政府的威信。⑤ 财政部会办广东财政事宜特派员王璟芳在报告中称：“查粤省币制破坏，虽由于官家之监督不周，实原于乱党之滥发无度。前清末季，官银钱局发行纸币一千万元，限制甚严，余利亦厚，每年约得五六十万金。革命之际，胡、陈窃柄，贷商现款，强迫提用，旧币已变为空纸。加以渠辈贪黩无厌，续发新纸币至二千万元，准备毫无，票纸恶

---

① 《各省发行纸币之详细调查》，季啸风、沈友益：《中华民国史史料外编——前日本末次研究所情报资料》第二册，第 567 页。

② 岑学吕：《三水梁燕孙（士诒）先生年谱》（上册），第 178—179 页。

③ 《羊城市民之悲观》，《民生日报》1912 年 7 月 11 日。

④ 《粤省纸币恐慌之风潮》，《申报》1913 年 11 月 29 日。

⑤ 后为进步党喉舌的《时报》在 1913 年 4 月 20 日、5 月 15—19 日，发表《广东之暴民政治》，连载《民生主义与民死主义》等文，批评广东军政府的财政政策，而纸币滥发尤为重点。

劣，印用陈像，既多伪造之嫌疑，又招人民之厌恶，票价亦觉不支。”[①] 王璟芳将滥币成因更多的归罪于革命党人，为前清统治者开脱，是刻意歪曲事实。

第二种目标，整理滥币与统一币制，特别是推广使用中、交二行兑换券相辅相成。熊希龄曾提出：“处分各省滥发之纸币，则首先从清理省银行及官银钱局下手，由中国银行董治其事。清理既毕，即由中国银行承继其债权、债务，随时以新兑换券易收滥钞，定一期限，收销完结。”[②] 1914 年 3 月，周自齐担任总长后，财政部与币制委员会系统提出整理滥币、统一纸币计划，即拟发行七千万元中央银行钞票收回全国纸币，实现币制统一。收回范围包含各种以银圆、银毫、铜币、制钱为单位之官钞、民钞。收回手续暂准新旧搭用，而逐渐由中央银行钞票取代、统一之。[③] 据莫理循称：“中国现正努力筹集一笔充足的白银准备，以便由中国银行收回贬值的广东滥币。中国银行为此而发出的新钞目前在北京、上海以及长江各地，全都按照平价流通。外国银行家们告诉我中国银行所用办法是稳妥的。”“现在中国将以不少于 10000000 元的现款存入香港麦加利银行作为新发钞票的担保。”[④] 由上可见，整理滥币目的就是为统一全国币制，即纸币统一为中交二行兑换券。而中交二行兑换券推广又为此后《国币条例》颁布，袁头币的推行奠定基础。

此外，北京政府整理滥币也是着眼于便利工商业发展与财政基础巩固。吴鼎昌曾言：“近年来，吾国金融之危险，全在各省纸币之泛滥，据财政部调查，其数约在两万万元。现货驱除，恶币充塞，国家之财政，工商之营业，均陷于不可挽救之境。”[⑤] 他将整理滥币视为发展工商业、巩固财政的重要前提条件。在北京政府颁布的《全国军事政治整理计划书》中，曾详述民初北京政府整理滥币与财政、工商

---

① 《会办广东财政事宜王璟芳呈财政部为遵令整理广东纸币胪陈办法文（附清折）》，财政部钱币司编：《币制汇编》第二册，第 154—155 页。

② 《内外时报——政府大政方针宣言》，《东方杂志》1914 年第十卷第六号。

③ 《币制改良问题种种》，《时报》1914 年 3 月 21 日。

④ ［澳］骆惠敏：《清末民初政情内幕》（下卷），第 333 页。

⑤ 《整理币制意见书》，财政部钱币司编：《币制汇编》第四册，第 189 页。

业发展之关系，称："民国以还，颁布《国币条例》渐有成效。无如连年军事迭兴，中央与地方因预算上之不足，均有滥发钞票之举。恶币驱除良货之结果，致全国无一处为良币行使之区域。媒介物如此紊乱、复杂，国外贸易之不能发达，国家财政之无从整理，固无论矣。即国内农工商事业及全国人民之财产皆时时有意外增损之危险。故民国二年整理币制之计画书有先硬币，后纸币，先银本位，后金本位之说。"① 1914 年以后，袁世凯与北京政府提出为巩固财政基础而进行财政整理，财政总长周自齐在其详列的六项财政整理计划方针中，将收回滥币作为重要内容。② 足见整理滥币对于财政问题之重要性。

（二）滥币整理情况

1. 北京政府整理滥币的主要政策、法规

北洋政府严令清查、整理各省滥币之命令颁布于 1913 年 11 月 7 日。袁世凯以大总统令宣称："本大总统俯念民生，仰为国计，方拟责成财政总长著手改革币制，期将已发之数逐渐收回，岂容再事增发，遗祸无已？各省民政长、财政司上顾国用，尤当下恤民瘼。政费不敷，应崇节省，决不可以准备不充之纸币恃作取求不竭之财源。况方今财政紊乱，莫可爬梳，整理之道，首在涵养税源。若使各省纸币仍旧任意发行，则金融愈滞，产业愈凋，国家岁入又将安仰？本大总统受国民之付托，惠泽未敷，藐躬旷疚，更何忍坐视此不良之纸币祸国殃民耶？各省民政长、财政司具有体国爱民之责，均应体斯意，严饬所属官银钱行号恪守财政部所订监理官章程，各种纸币不得再行增发。除饬财政部速行派员分驻各省官银钱行号监督一切，并将监理官章程饬登公报外，特此通令。其各懔遵毋忽。"③ 该命令由时任国务总理兼财政总长熊希龄呈请，而此前署理财政总长梁士诒早已"筹收回整理之法"，而且该命令据梁士诒年谱记载，也是"从先生之请也"④。整理滥币应该说是同为财政委员会成员的熊希龄、梁士诒、

① 北京政府：《全国军事政治整理计划书》，（出版者、单位不详）1919 年，第 150 页。

② 贾士毅：《民国财政史》，第 214 页。

③ 《大总统令》，《政府公报》1913 年 11 月 8 日第 544 号。

④ 岑学吕：《三水梁燕孙（士诒）先生年谱》（上册），第 162 页。

梁启超、周自齐等进步党与交通系领袖共同提议的，而且利用了“二次革命”被镇压，袁世凯的统治较为稳定这一有利时机。北京政府统治者不仅对整理滥币作用给以高度重视，且制订了各种政策以保证整理的有效推行。

（1）限制各省官商银钱号发行钞票，明定中交二行纸币发行特权

“民国成立，对于纸币之整理统一，认为唯一之急务，故于二年一月，即限制各官商银钱号发行各种钞票。订定则例数项，其最要者为：一、发行总额，不得超过资本金总额之十分之六。二、各银号欲取得纸币发行权者，必须呈缴财政部发行之公债证书于财部，发行额不得超过证书之总额。三、对于发行额，须有四分之一以上之现金准备，准备金须存储于中央银行。”[①]

与此形成对照的是，1913 年 1 月财政部呈袁世凯公布《中国银行兑换券暂行章程》，规定所有官款出纳，完纳地丁钱粮及厘金、税收，商民交易，俸饷发放，均准一律行用中国银行兑换券。并由中国银行多储准备金，以供兑换，多设兑换所以便取携，各处不得拒收及折扣、贴水。[②] 北京政府在 1913 年 4 月颁布《中国银行则例》，“依《中国银行则例》第十二条之规定，中国银行有发行兑换券之特权。”[③] 1913 年 1 月，袁世凯据交通总长朱启钤呈请，令：“纸币条例未经规定以前，所有交通银行发行之纸币兑换券，应按照中国银行兑换券章程一律，以资辅助。”公私款项一律提倡使用兑换券。[④]

（2）订立收回商业银行与官发纸币办法

财政部在 1913 年 1 月首先规定各省商业银行纸币收回办法，其办法为至财政部公布《纸币条例》三个月内，各商业银行需将发行纸币总额呈报财政部，“并需先交纸币发行总额三分之一之政府公债证书，一面向财政部领取同额之纸币”。“银行收纳纸币后，三个月内，须收回旧纸币三分之一，并须呈缴财政部。”其余三分之二旧纸

---

① 侯厚培：《中国货币沿革史》，世界书局 1929 年版，第 149 页。

② 《财政部呈准中国银行兑换券暂行章程》，中国第二历史档案馆编：《中华民国史档案资料汇编》（第三辑金融一），第 78 页。

③ 周葆銮：《中华银行史》商务印书馆 1923 年版，“第一编”第 130 页。

④ 周葆銮：《中华银行史》，“第二编”第 23—24 页。

币须在一年之内全部收回并呈报财政部。[①] 1913 年 2 月财政部颁布《整理各省官发纸币法案》,[②] 1914 年 4 月，财政部确定回收纸币办法五条。[③] 其办法为以下几点：第一，禁止各省官银钱号增发纸币，将票版销毁，债务中央与地方各任其半，分年偿还不付利息。第二，以中行兑换券收回各省滥币，发行准备以大借款一部分，或以民国元年六厘公债、地方公债为担保。第三，广设中行分支机构。

（3）改组各省银行以统一纸币发行权

北京政府在 1913 年 3 月为统一纸币发行，命令就现有之官银钱号，以调和金融，维持市面，整理钞票为宗旨，统一改组为银行。由中央政府酌量补助资本，代理国库，“起手推行纸币，开办金库，事体繁重，一切章程、规则、簿记程式，皆由中央代为筹办”[④]。其实质为以现代银行制度、代理国库形式来约束、规范各省银行发行纸币的作用与目的。

（4）颁布《取缔纸币条例》

该条例颁布于 1915 年 10 月，规定条例施行后，凡新设银钱行号，或现已设立向未发行纸币者，皆不得发行。条例施行前，已设银钱行号，依特别条例规定，准其发行纸币，于营业年限内仍准发行，限满全数收回。无特别条例规定，自本条例施行之日起，以最近三个月平均数目为限，不得增发，并由财政部酌定期限收回。依特别条例发行纸币之银钱行号，至少须有五成现款准备，其余五成准以公债及确实之商业证券作为准备。此类银钱行号应每月制成发行数目报告表、现款及保证准备报告表，详报财政部，财政部随时派员或委托地方机关检查发行数目、准备金现款或保证品，以及有关账册。凡新设银行擅自发行，或有发行权银行未按期收回及违反发行准备规定者处以五百元以上、五千元以下罚金，有发行权者，取消其发行权。每月

① 《财政部拟订收回各省商业银行纸币办法》，中国人民银行总行参事室编：《中华民国货币史资料（1912—1927）》（第一辑），第 130 页。

② 《财政部整理各省官发纸币法案》，中国第二历史档案馆、中国人民银行江苏分行编：《中华民国金融法规选编》（上册），第 69—70 页。

③ 《回收纸币之办法五点》，《盛京时报》1914 年 4 月 28 日。

④ 《财政部秘书处为附送关于改组各省银行推行纸币事宜呈文等件致泉币司付》，中国第二历史档案馆编：《中华民国金融法规档案资料选编》（上册），第 71—72 页。

未按时报告，或拒绝检查者处以一百元以上，一千元以下罚金。[①] 此条例对银钱行号由限制纸币发行进一步变为禁止发行纸币，对有发行权者，其准备制度进一步提高。

（5）颁布《各省官银钱行号监理官章程》

1913 年 11 月财政部呈文称："查各国制度，凡属有发行权之银行，政府常特派专员严行监视，中国银行则例中有监理官之设，其用意亦在乎此。本部现拟仿照此例，特派监理官前往各省分驻官银钱行号，监视一切，以为改革币制，清理财政之预备。"章程规定监理官受财政总长之命监视各省官银钱行号一切事务，得检查簿记、金库、新旧钞票换发、钞票发行数目与准备，保管未发钞票版式等事务。[②] 1914 年 3 月周自齐呈文袁世凯称："兹查该章程之规定仅对于官银钱行号及官商合办者得派员监督，但查各省纸币充斥，其由官银钱行号发行者固属多数，而由商办银行号发行者，亦殊不少。"提出修改章程，规定官商合办银钱行号及发行纸币之商办银钱行号，适用本章程规定。[③]

2. 主要省份的整理情况

（1）湖南的滥币整理

根据财政委员会提议，整理纸币之法先由湖南推行，由袁世凯批准，于 1913 年 11 月派员赴湖南，至 1914 年 4、5 月间将湖南二千余万滥币整理完毕。其整理方法据梁士诒年谱记载，方法如下："（一）湖南滥币计银圆币一百七十万元，银两币八百余万两，铜圆币一千七百余万两，合共二千二百万元。银圆币价格无甚涨落，可无问题。银两币以新钞四百万元，现金五百万元可以了之。铜圆币以现金三百万可以了之。现由中央借拨八百万元，以整理滥币，六年仍可收回拨出之款，而盐款每年增收三百万元，普通收入之可解中央者不与焉。此

---

① 《财政部取缔纸币条例》，中国第二历史档案馆、中国人民银行江苏分行编：《中华民国金融法规档案资料选编》（上册），第 93—94 页。

② 《财政部为报批各省官银钱行号监理官章程致大总统呈稿》，中国第二历史档案馆、中国人民银行江苏分行编：《中华民国金融法规档案资料选编》（上册），第 164—166 页。

③ 《署财政总长周自齐呈大总统拟于各省官银钱行号监理官章程第十二条官商合办之银钱行号句下加入及发行纸币之商办银钱行号一语检同章程请批示施行文并批（附章程）》，《政府公报》1914 年 3 月 6 日第 656 号。

所谓以本救本也。（二）欲救湖南滥币必先救汇价，救汇价必先审出入之货物，而操纵之术，不止一端，最要而最有权者即增减土货厘金是也。此事全在国税厅深知其意，而协同指挥之银行，视货物出入之多寡而定其汇价。汇价日日增长，而滥币即逐渐变为良币。银行所收得汇出之滥币实价若干，即与政府结算，领回现银。银行即以此现银为新钞之准备金。（三）由中央特派清理官清理湖南银行。（四）将湖南银行经理之分金库移于指定之银行经理。（五）备储沪汉现款，借以汇水而吸收滥银两纸币。（六）所有铁路公司暨商钱局所发行之纸币，令其限期收回。”①

为整理湖南滥币，袁世凯还与财政总长周自齐下令将滥发纸币之湖南矿业、实业银行停办，将其债权、债务归湖南银行；又令各商会将其发行市票一律收回，严禁扰乱市场。规定凡由于以上原因不能周转者，许其以不动产为抵押，数额巨大者由湖南银行代为兑换。自火柴厂、电灯公司先办，与有关之公正绅董接洽。“计出票之钱家、钱帮而外，至茶寮、米店、理发铺、水果摊，大小共一百数十余家，总数目计四百五十余万元。汇水已由每千余两跌至三百两，钱价由九钱至六钱四文，米价每石八千余跌至六千零，煤、油、盐等百货莫不跌价，市面极为平静，小民异常欣悦。”②

（2）广东的滥币整理

“二次革命”爆发前，梁士诒已初步提出整理广东滥币办法。1913 年 3 月，梁士诒以为其父祝寿为名南下。梁士诒到省后，与胡汉民商议剿匪、裁兵及维持纸币各事。国务院电告胡汉民，“袁总统甚倚梁士诒治粤，如办有效可代请续假”③。可见梁士诒南下广东，肩负重要使命，整理纸币便是其中一个重要内容。在梁士诒与胡汉民等会晤时，“梁以粤币无限制、无准备，宜设法查明确数，并商港澳两督，协助杜伪币侵入。拟先向交通银行借三百万，港中华银行借二百万，设广东银行补救。目前俟美商借款提回后拨还。胡、廖（仲

---

① 岑学吕：《三水梁燕孙（士诒）先生年谱》（上册），第 162—163 页。

② 《湘省整理财政之成绩》，《时报》1914 年 3 月 22 日。

③ 《广东来电》，《民立报》1913 年 3 月 7 日。

恺）均赞成。”[①] 梁士诒还向媒体透漏：“袁初拟俟大借款成后拨出二千二百万元设立广东银行，归中央银行支制，收旧币换新币以为维持广东纸币政策。今其事已不成，当与胡督另行而商别策。”[②] 不久宋案爆发，梁士诒匆匆返回北京，纸币整理一事因此暂告停顿。

“二次革命”前，曾有人发起组织粤省维持纸币会以集资维持纸币价格，可滥币既多，非有大笔资金，不易应付，拟借外债，又不为外人所信，终于没有办法维持。[③] 广东纸币维持会集资1000万元办理银行，财政司廖仲恺欲借美款500万元救济均不成，借款于汇丰，为港督阻挠。“驻粤英领事欲握厘税权，以代募内债，整理滥币为词，而辱国丧权又为粤人所不愿。”[④]

1914年，梁启超、梁士诒通过财政委员会，首先提议备基金收回湖南、广东的滥币。广东办法为发行公债，先筹基金以为公债保证；次则加新税以备公债偿还，设分行为操纵机关；以旧有公产，如自来水、电灯股票、士敏土（水泥）厂官有房屋地段等为抵押。又将沙田捐、当押税、屠捐、花捐四项改良，年可增收数百万元，为偿还公债本息之用。经财政委员会决议，并由中国银行派员到粤设立分行，是年7月1日开始收换滥币。[⑤] 按梁士诒年谱记载，这些方法，均为梁首先提出，并详定了十条办法。[⑥]

财政总长周自齐也为收回广东滥币积极谋划。他与莫理循协商，莫理循表示如能够切实保证将来不致再受官方干扰，不难从广州和香港商人处筹集一笔不少于300万元的款子，以便立刻收购电灯、自来水、士敏土厂。周自齐还成立华洋联合委员会，监督在日本定制，在广东发行的3200万元纸币，用以收回滥币。当时“日本印刷业者曾用以印刷数量不明的钞票，暗中把他们投入流通。”1914年5月又经

---

① 《香港来电》，《民立报》1913年3月8日。

② 《梁士诒一席话》，《民立报》1913年3月8日。

③ 许金城编：《民国外史》，沈云龙：《近代中国史料丛刊三编》第21辑总第204册，文海出版社1986年版，第16页。

④ 岑学吕：《三水梁燕孙（士诒）先生年谱》（上册），第178页。

⑤ 许金城编：《民国外史》，第16—17页。

⑥ 岑学吕：《三水梁燕孙（士诒）先生年谱》（上册），第179、181—182页。

各国同意，以善后借款一部分收赎滥币。[①]

梁士诒还商与交通银行借款收回粤省纸币，并于预备裁兵款项内筹集五百万元交中国银行，设广东分行，派王璟芳到粤。“不二月间，三千一百余万滥币，一律肃清。”“此次收回粤币，因市面情形而固定价格，用债票、现金折易而收回之，以少量现款收回大宗滥币，而减除人民痛苦，盖经济运用之妙也。”[②]

舆论曾指出，民初广东军政府与商会“呕心图解决，而率无济者，则未曾根本上之解决故也。”所谓根本解决方法有四：除中央币制长远之计外，一为准备基金；二为组织兑换，而现在机构太少；三为由官方或官商合办银行发行公债收兑。[③] 这些问题实际上前广东政府均未能做到，而梁士诒等成功收回滥币则恰恰是总结了以往的经验与教训。

3. 其他各省整理滥币情况

江西为收回滥币，维持金融，曾向周自齐请求准以借款。周自齐因担心银行团条件苛刻而不予支持。后由于旅京江西代表向总统与国务院再三恳请，“痛切言之，始得梁君燕孙（梁士诒）先由交通银行携现银二百万元，纸币四百万元，前往分设”[④]。江西发行各种钞票至1914年夏约有五百余万元，后由江西财政厅禀明财政部与中行总行核准，定发行公债银币四百万元，由中行江西分行经理，以景德镇统税等为担保收回滥币。至1920年江西所剩滥发纸币已不足20万元。[⑤]

至其他各省收回办法，黑龙江以官银号及广信公司盈余分年收回销毁；贵州向中国银行借款150万元陆续收回；四川除新发200万元换回外，余数亦向中国银行借款收回；陕西由变卖公产收回；湖北以矿产余利充用为整理滥币之资。[⑥]

---

① ［澳］骆惠敏：《清末民初政情内幕》（下册），第334、346页。

② 岑学吕：《三水梁燕孙（士诒）先生年谱》（上册），第181—182页。

③ 《论广东纸币（续）》，《时报》1912年11月4日。

④ 《旅京赣人维持本省金融之计划》，《时报》1914年3月22日。

⑤ 张家骧：《中华币制史》，“第二编”第206—207页。

⑥ 同上书，第207页。

（三）整理滥币的实际效果及评价

整理滥币是北洋政府在袁世凯统治时期一个重要的财政、金融政策。交通系的梁士诒、周自齐在整理滥币过程中发挥了重要作用。梁士诒不仅是整理滥币主张的最早提出者，而且对湖南、广东、江西三个重灾区的整理方法都亲自制定。特别是广东滥币的整理不仅效果明显，而且为梁士诒与北京政府赢得较好声誉。“民二粤吏滥行币制，粤人蒙害，金融停滞。（梁士诒）请拨巨款收回陈币。虽是国帑，粤民是惠，粤靖国靖。”[①] 而各省滥币的调查、整理过程主要是在周自齐担任财政总长期间，他也起到了重要作用。如1914年9月，周自齐向袁世凯呈报奉天币制紊乱，流弊最大者，莫如滥发纸币，外人乘机图利，要求兑现，遂致财政愈发困难。现有日商持票向东三省官银号索兑现金一案，叠经严重交涉，其议决结果，仅准每日兑五万元，展缓两月，限满则为无限兑换，并将官银号附设之当铺等业作为担保。“伏思两月之期转瞬即满，所称无限兑换一节，即使勉筹现款，亦只可为应付一时要求之计，万难为永久根本之图。现在时机紧迫，亟应合力统筹，业经本部商同奉天巡按使张元奇，另拟整理纸币暂行办法，大旨则先由中国银行垫款接济，以保目前，其正本清源之策，则仍在限制发行。”“兹拟请暂定奉天官银号纸币发行额，至多不得过七百五十万元，仍随时体察情形酌量收放。兴业银行纸币应饬立即停止续发，其已发出者，勒令每月收回五十万，币流通数，减至二百万，暂定为该行发行额，一面由部饬监理官严行监视，以资整理。”[②] 他在奉天滥币整理牵涉对日外交的复杂局面下，冷静应对，采取限制发行、逐步收回办法，妥善处理了这一问题。

各省滥币整理有利于币制统一，特别是利于中交二行在金融活动中的地位提高，二行兑换券在流通领域范围扩大。由于很多省整理滥币方法或是将原官银钱号改组为中行分行，或是发行公债，由中交行经理，或由二行垫款收回纸币，因此二行借此扩大了业务影响。中行

① 佚名：《三水梁燕孙（士诒）先生哀挽录》，沈云龙：《近代中国史料丛刊续编》总第394册，台北文海出版社1966年版，“祭文”第14页。

② 《财政总长陈报奉天纸币大略情形拟具整理暂行办法致大总统呈稿》，中国第二历史档案馆编：《中华民国史档案资料汇编》（第三辑，金融），第634页。

就明确表示，“中行归部管理除金库事务外，且收回各省滥币，及维持地方金融诸事，凡该行应尽之则，与本部息息相关。”① 经过纸币整理，社会各界普遍认识到：“政府于软币制度，向主统一发行纸币之权，采取少数中央银行之制。今者中国银行与交通银行同具中央银行之性质，发行兑换券之特权自当由两银行共享之。至其他各银钱行号，当逐渐停止或限制其发行。如各省官商银钱行号发行票纸，未发者不准增发；已发者逐渐收回，或由中国、交通两银行承受其发行之权，或由原发行、行号领取中交两行兑换券，代为发行。严定准备，随时抽查，使银钱行号专力于存放、汇兑之正业。”②

各省纸币经过整理，滥发无度情况得到明显改善。直隶流通之银两票1200余两，银圆票4800余元，铜圆票23千余文，至1915年已收回殆尽。东三省在1914年4月经清理存有银两票、大龙元票、小银两票、东钱票等共计870余万元，至1915年底，仅留小银圆一项约合814万余元，其余较少。其中吉林在1913、1914年曾增发钞票36935000吊、24610000吊，但1915年因收帖故未发行，且1914、1915累计收回12000000吊。山东在1913年12月由中行设立分行，发行兑换券，将从前银两票37万余元，银圆票13余万元，铜圆票14余万元监督销毁。1914年后该省主要为流通中行兑换券。山西根据财政部监理官报告，该省各封存纸币在1914年3月后未有变动，流通、柜存两项纸币大银圆由69912元降至1917年的53723元，小银圆则从41797降为9097元。江苏从1912年终500余万元，经1914—1915年间整理，仅有银圆票一万余元。安徽在“二次革命”前由中华银行发行旧钞票30余万元，后由安徽财政厅筹拨现款，交中行安徽分行收兑。福建省1914年规定大银圆票以发行40万元，小银圆票以25万元为度，至1915年底经整理大小银圆票有32万元。浙江1914年由浙江银行总行、分行发行钞票共计113万元，因政府有统一纸币之议，该行收回所发钞票。截止1916年1月底止，未收回数

① 《中国大事记》，《东方杂志》1914年第十卷第十一号。

② 青松：《中国币制概略》，徐沧水：《中国今日之货币问题》，长沙《银行周报》社1921年版，第107—108页。

仅三万七千余元。湖北将前清所发旧钞票1700余万串收回殆尽。陕西秦风银行在整理前发行旧式银两票九十五万四千两，新式银两票三百二十六万九千两，后陆续收回，至1915年5月时，其在外流通之额共计一百七十六万五千余两。四川曾发行军用票1500万元，后由中国银行借拨纸币，设处开收。经1915年整理收回1140万元。[①] 河南、甘肃则因钞票信用较好仍旧沿用，云南、贵州、广西、新疆、热河等地情形特殊，没有整理纸币。应该讲，北京政府整理滥币在一些省份是取得明显效果的，且其效果是具有长期性的。

但是滥币整理也有不少遗留问题和不足。

第一，出现兑收旧币低折现象。如广东本规定以"毫银十枚一五加水，作为国币一元"，"中央来电，亦允负完全责任。今乃以五折收回，有失政府信用。且银行发行新币，则作元加水，而旧币则折作五成，同为国家货币，何以相去若此？又新币悉为大清银行旧币，表里已属不符，既不声明发行总额，又未宣布诸备本金，凡此种种。均令政府失信，人民受害。"中央回电"粤商不谅苦衷，反肆簧鼓，实在嚣张，准财政宽裕后再行取缔"。北京政府还以法国革命后先以七分之一收回滥币，后不足一成兑收为例，称："今以五成折收，厚薄奚啻霄壤？"[②]

第二，在推行过程中，中交二行纸币不能完全符合当地社会经济发展需要，而北洋政府仍强取划一，不准变通，带来许多实际问题。如广东，商业往来或人民生活，习惯用银毫（一元以下单位之银辅币），但整理期间政府禁止各处使用。当时丝业全体商人致函纸币维持会，称禁运银毫下乡，维持纸币未见起色，纸币更为低折，各乡银根既无，恐慌愈甚。丝业营业均在乡间，工人每日佣值皆零碎工资，或一毫或二毫不等。纸币不能分拆零用，又无银毫找赎以为调剂。于是人人厌恶。现与洋商交易停止，若不能照交，必至酿成交涉。[③] 而中行广东分行在致函财政部时则表示："广东全省目下情形，大洋缺

① 张家骧：《中华币制史》第二编，第209、210、214、218、220、220—221、221—222、225、226、231、235页。

② 《中国大事记》，《东方杂志》1914年第十卷第十一号。

③ 《丝业全体商人致纸币维持委员会》，《时报》1914年4月20日。

乏，毫子充斥，俨成辅币世界，商人买卖沿用毫银，已成痼习，颇有积重难返之势。而对于洋商交易，则必须购买港纸，对于外省汇兑，亦必用港纸折合，操纵之权，操诸外人，商家受亏甚巨，而国内无自立之本位，长此以往，金融机关授之外人，而币制亦永无划一之望。目下拟一律行使大洋，使币制得以统一，在商人方面固表同情。"[①]

第三，整理纸币与袁世凯统治的稳定与危机有很多关系。1914、1915两年，在镇压"二次革命"后，袁世凯政府的统治是稳定的，并加强了在财政上的集权统治，故收回滥币与币制统一都能有条不紊的推行与实施。但是随着洪宪帝制的发动，币制改革与整理滥币受到巨大影响半途而废。以广东为例，后来政局迭变，滥币收回于前，又滥发于后，不只低折至无可再折，且有变成废纸的，民初收回广东滥币的措施，成为历史陈迹。[②] 财政部称整理滥币，全数收回者仅广东、浙江两省，其余如吉林、黑龙江、江西等仅收一小部分。统计各省官票，尚有13000余万元。其他私立银行及外国银行所发纸币，为数亦不少。而根本原因则是受政潮影响国库未能统一，无法操纵。"现在我国金库，已归中央银行接管者，计推中央与直、鲁、浙、闽、皖、宁、晋、吉等省，其他省分，或以地方交通不便，金库骤难遍设，或以滥票整理末完，金库碍难接收。"另一因素则是币制受到影响未能划一。银圆本位既未成立，银圆钞票自难划一使用。当时国外银币种类各异，南洋与北洋价格不同，甚至沪宁之间彼此难以通融，川鄂两省汇兑也需贴水。银币不统一，钞票自难流通统一。[③]

第四，还有一些学者指出，即发行兑换券制度时有变易。"若云系采取单一发行制，则法令徒成具文。若云参酌多数发行制，则文告竟似限制。"即先规定只准中行有单一发行制，中间曾允许中交二行同具发行权，但在《取缔纸币条例》中又只准中行一行有发行权。"且政府对于中外合办之银行，既轻率特许其有发行兑换券之特权，

---

① 《中国银行为广东沿用毫洋成习有碍币制前途拟具行使大洋办法意见致财政部详》，中国第二历史档案馆编：《中华民国史档案资料汇编》（第三辑，金融），第960页。

② 许金城：《民国外史》，第17页。

③ 《呈大总统为中国银行兑换券未能迅速推广缕陈原因及进行方法文》，财政部钱币司编：《币制汇编》第二册，第149—150页。

发行制度从而紊乱。”[①] 复杂中央银行制度以及准允中外合办银行有纸币发行权，这都是影响滥币得到根本治理的原因。

滥币在清末民初曾是一个十分严重而又异常复杂的经济问题。但袁世凯统治时期，以交通系、进步党人物为主体，遵照袁世凯推行币制统一，强化中交二行国家银行职能的命令，采用多种手段，在整理各省滥币中取得了一定收效，显示出超强的金融、币制事务管理才能。特别是关于纸币发行、准备制度的规定，对金融机构监理制度的规定，意义极为深远。滥币整理为《国币条例》颁布，迈出币制近代化的重要一步产生了深远影响，也客观上对财政稳定、工商业发展起到促进作用，这一成就是应予高度评价的。但滥币整理是袁世凯在“二次革命”后利用国内有利的政治环境，通过集权政治、财政的高度统一而实现的。随着他推行帝制，滥币重又泛滥。这正如朱宗震先生所讲：“在1914至1915年，尽管袁世凯政府的财力有限，但在整理地方纸币方面毕竟有了进展。然而，袁世凯称帝造成的政治上混乱，使地方币制的整理前功尽弃，滥发纸币的状况再次加剧。”[②] 可见，袁世凯与北京政府的统治能力与在社会大众中的信用度是决定滥币整理与币制改革成败的根本因素。

二　影响币制改革

（一）对本位制的主张

货币本位制最早提出是在1903年，当时与英、美订立商约均有划一币制要求。

中英《马凯商约》提出中国若能改良币制，英国货物入口税愿从值百抽五提高到百分之十二点五，“此为近代我国改革币制之第一动机”[③]。于是清廷成立财政处专门负责币制改革问题，征集各种意见以确定本位制。当时方案计有三种：其一，以驻俄国公使胡惟德与驻英公使汪大燮为代表，主张金本位制。其二，以张之洞为代表，主张

---

① 龚冠华：《中国纸币史》，上海新业印书馆1928年版，第105—106页。

② 朱宗震：《袁世凯政府的币制改革》，《近代史研究》1989年第4期。

③ 陈锦涛：《中国币制问题之经过及展望》，出版地不详，1934年，第1页。

银本位制。其三，以赫德与精琦（美国人，1904 年来华，被清政府聘为财政顾问）为代表，主张金汇兑本位制。最后清政府决定采用银本位制。而关于银圆单位则一直存在一两与七钱二分之争，实际暴露出地方督抚、列强、工商业者之间的利益冲突。1910 年清廷几经反复终于颁布《币制则例》明确了七钱二分的单位制度。但这些币改方案未及施行。

民国建立后，财政部在 1912 年 10 月设币制委员会。称：“币制不定，种种困难，不特国家财政致多紊乱，即国家民生亦大受损害。亟应由本部设立币制委员会，以（财政）次长为会长，并选司员中之精于币制学理者充会员，订期讨论，从速厘定。”① 币制委员会以章宗元为会长，同时财政部设立币制局为币制改革执行机关。最初币制改革以讨论币制顾问荷兰人卫斯林所提出的方案为主。“其说为暂时并用金汇兑本位制及银本位两制为过渡之办法，而以实行金本位为归宿。”②

币制委员会至 1912 年年底开会二十三次。在五种本位制中，由于金银双本位已失败，纸币本位非常危险，实无讨论必要，所以该会注重金本位、金汇兑本位与银本位三种。经讨论会员以为改革币制，与其用银本位或金本位，不如用金汇兑本位。③社会各界主张也主要集中在银本位制与金汇兑本位制上。如有人指出，中国若币制上求一进化，舍金汇兑本位以外，无他制度。但也指出中国有种种制度，足为金汇兑本位妨碍。其一关于国际借贷影响国际汇率，而此为金汇兑本位基础，而中国外债净负数极大，是一大障碍。方法惟有预先储备相当余款于外国；其二为用银之习惯及政府信用确立。此两种情况，使得金汇兑本位虽为必然趋势，“而又不得不待字十年”④。对于金本位制，则大都认为此为工商业发达，法律健全，政府信用极高之发达国

---

① 《财政部部令三则》，《政府公报》1912 年 10 月 20 日第 172 号。

② 青松：《中国币制概略》，银行周报社：《中国今日之货币问题》，（出版地、单位不详），1921 年，第 39—40 页。

③ 《财政部币制委员会关于讨论本位和金汇兑本位问题报告书稿》，中国第二历史档案馆编：《中华民国史档案资料汇编》（第三辑金融），第 104—115 页。

④ 周宏业：《内外时报：论中国币制之本位》，《东方杂志》1912 年第九卷第三号。

家才可运用，不适合中国。并认为："实际上币制与国家银行有密切关系。借款不成改良徒托空谈；借款若成，则国家银行或不免受其干涉。"①

梁启超在币制本位问题上的变化反映了当时人们的一般心理，也可大略看出币制本位确立的客观背景。梁启超讲民初他以借款办理币制有望，因而主张金本位制。此项借款不成，他已不敢复持此说。归于数年前所主张而已。梁启超再三讲："鄙人畴昔固主张行金汇兑本位，而于极端之期内以银本位为过渡者也。"② 1913 年年底，国务总理兼任财政总长熊希龄也表示金本位制虽合世界大势，"将悬为最后之鹄，然目前不宜办到，故暂沿用旧习惯，用银本位以谋统一。但使所铸银币，不太溢乎人民需要之额，觉得将来变进，殊非难事"③。

在币制本位问题上，梁士诒与梁启超意见接近。早在 1912 年 8、9 月间，孙中山北上与袁世凯会晤时，曾与梁士诒，"囊夕府中谈及改革全国经济"，对梁士诒"伟论"表示敬佩。孙中山提出以纸币代硬币，用政治力量推行币改。梁言中国几千年来币制，"由重而轻，由粗而细，皆以硬币为本位，若一旦尽易以纸，终恐形格势禁，未易举行，故必先筹其所以取信于民之法"。必须健全中央银行，有 1500 万两准备金。④ 1913 年 3 月 16 日，袁世凯当选总统不久，即与梁士诒商议币改一事，"自午后八时商量，以至夜间三时，始将《国币条例》立法之要点解决妥当。"当时试铸北洋银圆 600 万元，另收购墨西哥鹰洋 1800 余万元，用来铸造袁像新币。1913 年年底，全国共有银圆 22100 余万元，小洋二万三千余元，袁头币在其中仍属少数。⑤梁士诒年谱记载民初已联合中交两行，"购买生银，并尽量收取流用国内之墨西哥银圆及其他杂色银圆，改铸国币，规定质量，严予监督。当日国内流通之大圆银币，信用卓著，各厂铸造规律严密，皆先

① 《民国财政一席谈》，《时报》1914 年 2 月 1 日。

② 梁启超：《余之币制金融政策》，《大中华杂志》第一卷第三期。

③ 《内外时报——政府大政方针宣言》，《东方杂志》1914 年第十卷第六号。

④ 岑学吕：《三水梁燕孙（士诒）先生年谱》（上册），第 123—124 页。

⑤ 《梁士诒谈民国初期铸造银元的情况》，《银行周报》第 9 卷第八期（1925 年 3 月 10 日）。

生所手定者也。”[①] 1913 年 5 月，梁士诒署理财政总长期间，“对于中国整个财政问题，举凡划分国地收支、各省解款、筹备关税自主、改革税制、币制，调剂金融、兴办内债具有详细计划，载财政书中”[②]。这是他系统考虑币制问题之始。

梁士诒署理财政总长期间，时间虽不长，却是币制改革酝酿、准备期间。梁士诒注重蹈实践行，不仅积极治理滥币为币制改革作准备，还积极与各国商谈币制借款一事。1913 年 4 月善后大借款成立后，并未有将原应有的“币制借款”包含在内，以后袁世凯将币制借款与第二次善后借款一并提出。当时梁士诒向英、法、德三国代表请求贷款二千五百万英镑，其中一千五百万用于偿还内外债与收兑各省钞票，另外一千万则专门用于改革币制，借款以盐税为担保。[③] 梁士诒本人的本位制与币改主张十分鲜明，他曾讲：“至改革币制，理论上当然以金本位为目标，惟我国实际上尚为铜本位，犹未至于银本位，故目前须从统一银币入手。先须化两为元，使全国为同一之货币。”[④] 这说明他在袁世凯统治时期是主张以银本位制为币制改革的近期目标的。

1914 年 1 月，梁士诒主持财政会议，熊希龄、梁启超、古德诺等出席。梁士诒于会上提出《国币条例（实施细则）》及《改革币制理由书》，于 2 月 7 日公布。会上梁与周学熙辩论，周主张应加收铸费以牟利，梁则主张应注意于确定质量，防止私铸，及迅速改铸杂色银圆，万不可计较区区铸费。“双方不协”。梁士诒与梁启超协议，系统提出币制主张。

第一，用银本位。梁士诒认为金银复本位各国屡试皆挫，均不用，毋庸论。金本位，中国金储备不多，购置外国费高，且中国现银极多，难以处置，发行金币不符合国人好储存之习惯。金汇兑多行于

---

① 岑学吕：《三水梁燕孙（士诒）先生年谱》（上册），第 168 页。

② 同上书，第 143 页。

③ 《英、法、德三国银行团代表致代理总长梁士诒函》，中国人民银行总行参事室编：《中华民国货币史资料（1912—1927）》第一辑，第 73—74 页。

④ 《在财政金融学会上演讲国民经济问题》，陈奋：《北洋政府国务总理梁士诒史料集》，第 267 页。

殖民地，“恃母国以为之卵翼，我国情势迥异，讵易效颦。”但不适用。“以今日世界大势论，银本位固非可持久无弊，虽然恶本位，犹胜于无本位。今日中国所大患者，无本位也。”“采一易行之本位，以整齐之，而为之过渡。”第二，以七钱二分为单位。原因为我国沿海及官银钱号多用此单位，若以银两为单位，不仅折色太乱，又单位太重，“人民生活所需随之而侈”。第三，主张发行银、镍、铜三种辅币，“尤赶紧多铸，庶与旧用制钱之习惯不悖，而民间日用零碎之媒介品亦可无缺矣。”减轻各辅币成色，今拟使银辅币名义价值为实际价值十分之七，各辅币之间均以十进位计算。①

1914 年 1 月的财政会议是梁士诒与梁启超合力推行币制改革的体现。“梁士诒主持是次财政会议之决议，成为民国币制统一之起点。”② 有学者评价当时推行银本位制之合理性，言此举：“要在划一国币，先行消减错杂凌乱之各省银币，并定银两对于国币之比价（案今商界倡议改用银元，公定比价即就每圆所含纯银六钱四分八厘酌加铸费，在规元七钱二分左右定为折价，或于事实无碍）。辅币对于主币则用十进之制，一厘、二厘等铜币同时鼓铸，俾免物价抬高之弊。凡诸规定，条目秩然。果能切实奉行，不难收整齐划一之效。”③

（二）《国币条例》颁布后的主要举措

《国币条例》颁布不久，周自齐接任财政总长，至 1915 年 3 月离任，正是国币在全国各地铸造、推广使用时期。1913 年 5 月，吴鼎昌因与财政总长周学熙意见不合，离开中国银行。后由时为总统府秘书长梁士诒推荐，吴鼎昌参加熊希龄组织的“人才内阁”，任财政部次长（部长为梁启超）。“袁世凯迷信面相，有一次吴谒见后，袁对人说：‘此人脑后见腮，说话带啼声，不宜重用。’碍于梁士诒的面子，1914 年 1 月改派吴为天津造币厂总办。吴对这个差事很看重，是一任到底的。”④ 这一时期，梁士诒、周自齐、吴鼎昌等为努力维持“袁头币”的发行、流通而采取了许多措施。

---

① 岑学吕：《三水梁燕孙（士诒）先生年谱》（上册），第 168—170 页。
② 毛知砺：《梁士诒与民初财政》，《梁士诒传记资料》（三），第 109 页。
③ 诸青来：《币制本位问题之商榷》，银行周报社：《中国今日之货币问题》，第 3 页。
④ 王鹏：《吴鼎昌其人其事》，《中国档案报》2005 年 3 月 18 日。

1. 接收币制局与改组币制委员会

1914年2月，梁启超被任命为币制局长。“当时中外属望，以此事非任公莫能办，任公亦自以研究有素，任之不辞。不料欧战以来，币制借款之事暂时既无可谈判之余地，任公所研究之政策及其设施之次第，又为时势所迫，不能实行，于是此局遂同虚设。任公不欲虚应故事，故数日以来数辞总裁一缺。奈经总统再三慰留，不允所请。任（公）则再三恳请，先裁去总裁一缺，次并币制局于财政部之泉币司，以节冗费，闻总统国务卿仍不允所请，大约该局之存在期间，当视任公在职之时期以为准矣。”① 梁启超辞职除去币制借款无法履行外，其实与进步党人受到袁世凯的排挤有很大关系。梁启超自述：“去岁在政府曾屡有所建设，然大难甫戡，百事未遑，重以笾豆司存，庖俎难代，故仅参末议，以成所谓《国币条例》及《国币条例施行细则》，冀为设施之依据云尔。末几承乏币局，颇奋然思有所以自效。其间与各地方事实相接既多，每有触发以增其所信。窃自谓所孜孜规画，尚不谬于学理，不远于情实。虽然吾竟一无所设施，以至自劾而去，而局亦随之而撤，吾之政策适成为纸上政策而已。”② 这里边实际含有对袁世凯排挤熊希龄、梁启超等进步党人，将财政、金融大权委诸梁士诒、周自齐等交通系人物的怨恨情绪。同时大借款不能履行，也使他对币改前途抱有担心，而梁士诒、周自齐却得到袁世凯的支持积极与各国协商币制借款一事，这都是触发梁启超辞职原因。梁启超的辞职标志着进步党人与北洋派的彻底分裂，也实际决定此后金融与财政为交通系掌控。

1915年1月，周自齐奉袁世凯命令，将币制局裁撤，归并财政部办理，派员将该局关防、档案、账目、器具点收完毕。又报告币制委员会改组，币制局副总裁章宗元为会长，其成员有泉币司长，审计院副院长，中行正副总裁，交行总理、协理（梁士诒与任凤苞）及造币厂总监，前厂人员，学研者。财政部制定之《币制委员会规则》

---

① 《梁任公之近况》，《申报》1914年10月30日。

② 梁启超：《余之币制金融政策》，财政部钱币司编：《币制汇编》第四册，第148—149页。

规定总、次长得列席重要问题会议；各种币制问题除由总长核定办法毋庸讨论外，其余均由泉币司移付该会讨论；“本会议决案，由总长核准后，交泉币司施行。总长未以为然者，得交覆议”①。比较从前，新设的币制委员会中梁士诒、任凤苞得以交行领袖加入，周自齐以总长身份对委员会决议由决定权。这都标志着交通系在1914—1915年间对金融、币制改革有着完全的控制、影响力。

2. 币制借款谈判

币制借款在清末已与四国银行团定有契约，后因辛亥革命而停止。1912年、1913年两年中每到契约有效期满，北洋政府即通知四国将时间继续展延，所以合同继续有效。但当时已成立的善后借款中未列入该内容。熊希龄任总理后，“现当财政紊乱，亟须整顿之际，自当从改革币制入手。故熊总理扩充、复活此借款”。并就此与汇丰、汇理、德华银行代表协商（美国退出）。② 前已提到，1913年梁士诒署理财政总长期间，也与银行团接洽币制借款一事，而其动机与熊希龄所提接近，即主要为整理各省纸币与内外债，总数均为2500万镑。而梁士诒所提借款中专门提到了1000万元的币制借款。

此后，英、法、德、美、日五国银行团提出如担保品与契约条件适当，自必踊跃投资。但五国银行团提出中国政府目前唯有以地租为担保，国民必起而反对，若无抵押而要借款，五国资本团为维持信用，确保债权起见，不能不要求监督财政，民国政府必不肯承认。银行团同意以币制借款一部分为资金，设立中央银行，发行兑换券，以统一纸币。其余部分改铸货币，以达改革目的。但必须物色外人于经济上有大经验，且为各国所信用，聘为该银行监督或顾问。则虽无担保物，亦可商借外，不致要求监督财政。③ 但币制借款谈判中矛盾重重，“盖三国（英、法、德）之意识，谓关于币制，若以银行当其

① 《财政部呈大总统文》，中国人民银行总行参事室编：《中华民国货币史资料（1912—1927）》第一辑，第102—104页。

② 《借款事已开始交涉》，季啸风、沈友益：《中华民国史史料外编——前日本末次研究所情报资料》第二册，第510—511页。

③ 《银行团对于币制借款之意见》，季啸风、沈友益：《中华民国史史料外编——前日本末次研究所情报资料》第二册，第512页。

任，则于监督事情颇难预期。其结果必致中国与三国资本团常有意见上之冲突。且于三国以外（主要为日、美）之各国亦难免不无相左之点。"① 特别是日本，由于它在第一次世界大战爆发前后对扩大在中国的侵略利益怀有不可告人之目的，坚决抵制以东三省烟酒、生产、消费税为抵押主张，并唆使法国对广州湾提出特别要求。② 除了各种矛盾交织外，熊希龄内阁的倒台也使得谈判没有进展。至1914年初周自齐任财政总长前，币制借款基本停顿。

周自齐任财政总长后，在1914年4月，先是告知五国银行团将借款数目减少为1500万镑（其中800万系币制改革用款，700万用为短期借款偿还）。6月份则提出币制借款暂不进行，只借八百万镑用以偿还短期债款。各国表示此举，"亦不得已之事，准备通过某种方法，确保将来币制借款的权利，作为条件"。至7月份，五国代表团告知周自齐不准备单独借给八百万镑，"银团只能同意为善后大借款合同所期望的一般改革计划内的偿还短期债款和币制改革提供资金"。而中方则表示只能把币制借款的优先权作为贷款八百万的交换条件。③ 双方谈判陷入僵局，最后五国银行团只答应垫款三百万英镑。媒体评价周自齐与五国银行团谈判破裂原因，认为一是欧战即将爆发，各国在财力上难以顾及；二是各国担心八百万镑借款若成，中国将内外债整理完毕，财政得以好转，将另行与别国商谈币制借款，"而流用于改革币制之途，则币制借款之议，或将就此消灭，而五国团乃失去其大宗营业"。三是各国希冀的币制借款成立，可以加重盐务监督，握我金融枢纽。而现在，"奔走一年，所得仅此，未免心怀不足"。④

由上述资料可看出，北洋政府进行币制借款，最初是将币制改革与解决财政问题（偿还短期债款）结合在一起，数目巨大，因此客

---

① 《币制借款变迁之真相》，季啸风、沈友益：《中华民国史史料外编——前日本末次研究所情报资料》第二册，第516页。

② 《财政概观》，《时事汇报》第一号（1913年12月）。

③ 《袁世凯筹划"币制借款"的经过》，中国人民银行总行参事室编：《中华民国货币史资料（1912—1927）》第一辑，第82—83页。

④ 《币制借款的始末》，中国人民银行总行参事室编：《中华民国货币史资料（1912—1927）》第一辑，第84—85页。

观上增加了借款难度，也诱发列强借此进一步控制中国财政、金融权的野心。“但1914年进行的币制借款谈判很不顺利，中国政府难以接受五国银行团的苛刻条件。”[①] 而日本人主要倾向于为自己谋取币制改革顾问职位，希望看到给中国政府施加压力，使其接受新借款中包括币制改革的条款。[②] 由于不愿意列强——尤其是日本人——借此取得对银行、币制改革的监督权，对盐政的进一步控制。周自齐等人才决定在没有外资资助情况下，继续推行币制改革。

3. 对国币铸造、流通发行的管理

第一，国币的铸造。按照《国币施行细则规定》，新币与旧币是同时混用的。根据天津造币厂对财政部的报告，各局原已铸造之银圆，成色纷杂，合法定者十分之一二，造成这一局面原因是各省贪图造币余利。[③] 但另一方面，市面通行主要银圆市价约合行化银六钱九分二厘，而国币定为库平银六钱四分八厘，合行化银六钱八分四厘，与市价相差八厘。《国币条例》颁布后，一面赶铸新币，一面仍借旧币以资流通，然后陆续抽换改铸，这需要有一过渡阶段。北京政府因此暂认旧银圆与国币有同一之效力，需设法平其市价，若加铸费六厘，则距离甚微，较易。若不加铸费，则每日铸币50万元，国家赔累四千两左右，每月累计12万两。因此政府几经审度，而认铸费六厘为最适，约当9%。“较前清《币制则例》千分之十三，已减去千分之四矣”。约略计算，国币若全国通用，至少应铸四万万元。而每日铸造只能以五十万元计，“况新制祖模，建造厂基，添置机器，尚须时日”，铸造新币一万万元，当需两年左右。因此，一面令各厂分工制造，或专铸主币，或专铸辅币；一面流通旧币，随时抽换。[④]

除加铸费外，按照计划，财政部在1914年8月令，因铸币款未能筹足，国币祖模未有制成，以原北洋造银圆为本位。财政部首先饬

---

① 朱宗震：《民三内国公债的发行》，杨天石：《民国掌故》，中国青年出版社1993年版，第56页。

② 格雷致朱尔典电（1914年7月27日），［英］彼德·洛：《英国和日本（1911—1915）》（英文）第142页。转引自朱宗震《袁世凯政府的币制改革》，《近代史研究》1989年第2期。

③ 张家骧：《中华币制史》，第二编，第6页。

④ 《附国币条例及施行细则》，财政部钱币司编：《币制汇编》第一册，第16—17页。

令湖北、奉天、四川、广东、云南各造币分厂："嗣后各厂铸造大银元，均应暂时改用北洋造钢模，以归一律。"当时流通的北洋银圆为1908年所铸，重量为七钱二分，准许公差万分之三，成色则为八九，平均公差准许千分之三。[①] 值得注意的是，《国币条例》规定一元重量与北洋银圆相同，但成色为银九铜一，即九零成色，而今暂以八九成色为准，是一大变化。随后，周自齐又令南京造币厂以北洋银圆钢模暂铸国币，所有南洋旧模，应概行停用。1914年年底，周自齐令各处造币厂，"查新币祖模早经该厂（天津厂）造就，亟应开始鼓铸，以便发行。兹特定此项新币重量为库平七钱二分，成色八九，公差均不得逾千分之三。合行饬知，仰即遵照即日开铸，将开铸日期详部备案，并仰遵照化验新币暂行章程，抽取新币，分批送部，以凭化验"[②]。这表明《国币条例》所规定的成色实际在铸造过程中变为了八九。这一规定在1915年8月《修订国币条例草案》中做了改正。在解释原因时，币制委员会称1914年冬，议铸一元银币，以条例所定成色与北洋通用银圆不同，故中国、交通银行均以为旧币与新币势难同一价格，价格不同，推行不易。财政部遂决议改从北洋成色，发行一元新币。但此项新币所含纯银，与《国币条例》第二条不相符，故此条例应行修正，于是改用八九成色，随铸随发。[③] 这是铸币方面的一大变化。

1915年2月，财政部通饬发行新铸袁头币模式，阳面为大总统五分侧面像，上列"中华民国三年"六字，阴面嘉禾，左右交互，下萦结带，中镌"一圆"二字，由各造币厂次第开铸，酌量发行。此项新币与旧官铸银圆一律通用，不折不扣。[④] 财政部与造币厂详细调查，确定旧币改铸数目共计银圆二亿零二万八千一百五十二枚，五角

① 《财政部饬湖北、奉天、四川、广东、云南各造币分厂令》，中国人民银行总行参事室编：《中华民国货币史资料（1912—1927）》，第一辑，第111页。

② 《财政总长为宁厂改用北洋造钢模铸造大银元仰遵标准办理并停用南洋旧模密饬》、《财政部为迅即开铸新国币特定重量成色并仰遵化验章程密饬稿》，中国第二历史档案馆编：《中华民国史档案资料汇编》（第三辑金融一），第233、234—235页。

③ 章宗元：《中国泉币沿革史》，北京经济学会1915年版，第24页。

④ 《财政部泉币司为付知新铸银币模式付》，中国第二历史档案馆、中国人民银行江苏分行编：《中华民国金融法规选编》上册，第90页。

三千二百二十七万九千四百二十一枚，二角十二亿三千二百八十六万零四百四十二枚，一角二亿三千五百万零四千二百十二枚；当二十铜圆二亿七千四百七十八万六千四百二十八枚，当十二百八十五亿八千三百一十九万五千八百五十六枚，当五三千七百九十四万二千九百五十二枚；一文一亿八千五百九十三万七千六百六十枚。约计经费二千数百万，期限六七年之久可收铸完毕。①

为确保国币顺利铸造与发行，吴鼎昌向周自齐提出铸造前应有以下准备：令各厂停铸旧银圆，不在国币标准以上者不得铸造；令仿照山东、浙江成例，将正杂各税折合银圆，以广用途；由中行购运银圆于各地，以剂盈虚；通令各机关，不分省界一律照收银圆；责成中交二行与南京、武昌、天津三厂在汉口、天津、上海关键处斟酌情形，随时挹注。② 这些建议后来均为周自齐所采纳。吴鼎昌还提出新币铸造当分三期办理，第一期统一主币，第二期统一辅币，第三期过渡到金本位。第一期分为两步，第一步统一南北洋各色银圆市价；第二步发行新主币与改铸旧银圆，销毁各国在华银圆，第二期则从新旧辅币并行到旧辅币被替代。吴鼎昌亲赴湖北、江西各省，与商会及中、交两银行接洽，始定以北洋通用银圆为标准，即请财政部通咨各省实行，将京、津、沪、汉南北洋及杂色银圆市价，先后取消，银圆市价始归统一。此种计划，至 1914 年年底已完全告成。此后吴鼎昌呈请财政部铸发新币，从 1914 年至 1916 年年底，计总、分各厂，铸发新主币约一亿六千零二十万五千五百余元。总、分各厂收回、改铸旧银圆，约两千万元。厘定币制功效已可概见。北方市面，各外国通用银圆开始逐渐收毁。唯南方各省因总厂监督对各分厂无统一管理权，因而数省鹰洋与外国杂洋未能收回，步伐不齐，但第二步计划已十有七八。第二期计划虽在 1916 五年施行，且未及十分之一二，但按照计划，先银后铜，已发行中圆、二角、一角、一分、五厘等各种辅币约二十余万元，在天津试行。“铸发以来，商民称便，法价无差，各处

① 《开铸新币和改铸旧币计划》，中国人民银行总行参事室编：《中华民国货币史资料（1912—1927）》，第一辑，第 115—116 页。

② 《造币厂总监吴鼎昌呈财政部文》，中国人民银行总行参事室编：《中华民国货币史资料（1912—1927）》，第一辑，第 100—101 页。

商会迭次来函请领。”①

造币厂为铸造国币最重要机关，1914 年 1 月袁世凯颁布造币厂官制，任命吴鼎昌为监督。随后《造币厂章程》《国币条例》及《施行细则》同时颁布，规定：“分科治事，别为三科，曰总务、曰铸造、曰化验。”即由陈锦涛由欧洲购置新机器，并铸造一圆、中圆祖模。②《造币厂章程》严格规定各总分厂科长、技师、科员因职责重大，其委任、选聘由总长与财部核准；除详细规定各科职责外，又规定进退、赏罚制度。对各厂款用规定：除发给工食及必要出纳外，其余资金一律存储财部指定银行，与银行往来账目只得有两种，第一种“专登购买收入铸本及铸存、贩卖各币之账”；第二种“专登厂费收支之账”。两项分别存放，不得混淆。厂费未定前，照预算款每月由第一种账过拨第二种账支用。第一种账目非经部核准不得动用。由部核准各厂铸币与各厂所在地银行买卖一事；各厂采买在一千元以上照审计规则办理，一千元以下由总务科照市价定之；千元以上不能投标，说明理由，由部局核办。每年八月、十月分别制作决算、预算表册报部。各厂簿记、表册格式按部核定方法办理。③ 这些规定都严格保障了各厂铸造国币无偷漏、挪用、舞弊等情形的发生。

还要说明的是，吴鼎昌曾指出：“改铸旧币，收毁外元，火耗、人工自应亏折，各厂或尚狃于旧习，以盈绌为考成，即非督促有人，不免畏难观望。”④ 新币铸造需要一定的成本，“在民国四年，物价较廉，毁旧铸新，当时铸费已在九厘二毫以上。欧战开后，一切物料价值倍蓰，铸费所增亦且过半，必责令每日改铸二十万元，且必随到随

① 《造币总厂监督吴鼎昌呈财政部沥陈新币推行经过并分筹统一进行办法文》，财政部钱币司编：《币制汇编》第二册，第 89—93 页。

② 《造币厂沿革史》，财政部钱币司编：《币制汇编》第二册，第 215—216 页。

③ 《财政部关于公布造币厂章程饬》，中国第二历史档案馆、中国人民银行江苏分行编：《中华民国金融法规选编》上册，第 79—87 页。

④ 《造币总厂监督吴鼎昌呈财政部沥陈新币推行经过并分筹统一进行办法文》，财政部钱币司编：《币制汇编》第二册，第 94 页。

铸，将竭宁厂南京造币分厂之力，不足以支三月”[1]。这表明北洋政府推行币制改革，不惜亏本铸造新币。各厂铸造情形为，自 1914 年底，天津造币总厂开始铸造，南京、广东、武昌分别于 1915 年 2 月、8 月、11 月开始铸造。[2]

第二，流通、发行管理。为促进国币流通、发行，周自齐、吴鼎昌等主要采取了如下方法：其一是以新币铸造、发行需要一过渡时期，故暂准在一定期限内各官局前发旧币与一圆国币同时流通，而后陆续替换。同时为稳定金融，财政部暂准外国银圆以市价通用。[3] 财政部在推行新币上采取稳妥、缓进的方法。

其二，分地区推行国币。即先于各交通便利、经济发达之通商口岸实力施行，使汇兑无阻，脉络通灵，然后次第推行于腹地，期以二年遍及全国。这样做的原因，主要有三：第一，我国幅员辽阔，各地习惯不同，金融状况不同，通商口岸最感币制不一之苦，而交通愈不便地方感觉愈微。第二，袁头币的铸造，由于国家造币厂造力有限，即便日夜兼程，不能满足全国需求，故不如节节推行，易于支应。第三，各地滥钞，为袁头币施行阻碍，收回整理不能一蹴而就，不同地区“应用特别方法，施行稍分次第，伸缩乃可裕如”[4]。

其三，出台政策，严禁损坏国币，扰乱金融。周自齐在 1915 年 2 月命令：“查货币行使，以保持重量为要务，近有不肖商民，损坏银元，窃取银屑或锉去外边，或用镪水侵蚀，以至重量减轻，价格低落。复有伪造成色恶劣银元，及熔化银元制为极劣生银等弊，均足妨害币制，扰乱金融。现在壹圆新币业已发行，亟应防患未然，以为信用……遇有奸商匪徒妨害币制，务予按照现行新刑律，严行究办，以

---

① 《南京造币分厂呈币制局文——陈复代上海中、交两行改铸旧币情形并拟办法三端》，中国人民银行总行参事室编：《中华民国货币史资料（1912—1927）》，第一辑，第 124—125 页。

② ［日］吉田虎雄：《中国货币史纲》，周伯棣译，中华书局 1934 年版，第 105 页。

③ 《交通银行总管理处录寄国币法及施行条例理由书致各行函稿》，《中华民国史档案资料汇编》（第三辑金融一），第 90—91 页。

④ 《国币条例及施行细则理由书》，财政部钱币司编：《币制汇编》第 1 册，第 21—22 页。

儆效尤。”[①] 其四，推广使用国币。周自齐在 1915 年初通饬中国、交通银行，遇有新旧各种银币，一律收用，不得借口习惯，肆意挑剔。[②]《国币条例施行细则》中规定，凡公款出入必须用国币。凡向例各项赋税、公款来往以及民间债务来往以银两计算的，一律按库平纯银 6 钱 5 分 4 厘折合 1 圆计算；中国境内无论何种款项，都不得拒绝收受。[③] 这一规定实际使得清末以来财政税收中各种货币混用，折算标准混乱情况得到缓解。

在财政部的努力推广下，“袁像币，为吾国现时流通银币中之唯一主币。无论何种授受，大小交易，均以此币通用。流通极广，虽僻处边陬，亦有其踪迹。自袁像币通行以后，不仅国内旧用成色不一之龙洋，日被淘汰；即占有伟大势力之墨西哥鹰洋等，亦渐归消减。可称为吾国银元之统一者”[④]。

第三，平市官钱局的成立。“三年春间颁定《国币条例》时，原拟筹办币制借款，克期进行，故条例所定各项辅币与旧币，价值各异，而名目相同。盖以为筹有巨款，旧币可以克期换新也。今情势不同，巨款难筹，不得不作分期、分区陆续进行之计。为期既长，则新辅币不得不与旧辅币显有区别，以期新者不为旧者所阻碍，而全套辅币，得以逐渐推行。”[⑤] 事实上，各新辅币的推行难度要远大于一圆国币的推行，这和人民生活多用小额现金有很大关系，反映了一种经济生活中的习惯力量。如西北各省商民贸易，仍沿旧时习惯，通用制钱，并因笨重而不便携带，多用钱票。[⑥] 而在第一次世界大战爆发后，

① 《财政总长为新币发行严防商民损坏银元图利等弊密咨稿》，中国第二历史档案馆、中国人民银行江苏分行编：《中华民国史档案资料选编》（第三辑金融一），第 237 页。

② 《财政部通饬中国、交通两银行文》，中国人民银行总行参事室编：《中华民国货币史资料（1912—1927）》，第一辑，第 118—119 页。

③ 《国币条例施行细则》，中国第二历史档案馆、中国人民银行江苏分行编：《中华民国金融法规选编》，第 76—77 页。

④ 章宗元：《中国泉币沿革史》，第 69—70 页。

⑤ 《币制委员会呈财政部说贴》，中国人民银行总行参事室编：《中华民国货币史资料（1912—1927）》，第一辑，第 106 页。

⑥ 《财政部告示——设立平市官钱局》，中国人民银行总行参事室编：《中华民国货币史资料（1912—1927）》，第一辑，第 254 页。

日本在中国内地收买制钱，由青岛、烟台、营口等地出口，每日数量在三百吨上下。同时将劣质铜圆进口中国，上海在1914年11月即查获日本进口铜圆数千箱，每箱有五千枚之多。[①] 因此设立有关机构对辅助工商业，抵制日本侵略都有着一定意义。

《国币条例》既规定发行二分、一分、五厘、二厘与一厘辅币，但民间主要流通货币仍以铜币为多，因此，要推行新辅币国币，必须对旧有铜圆加以整顿。为此，周自齐令在1914年8月设立平市官钱局，公布《平市官钱局简章》。该简章规定，备基金一百万两，向铜圆壅滞之处购运铜圆。在保定设立总局，并在济南、太原、西安、开封、洛阳、徐州、张家口、热河等地设立分局。拟发行一百枚、五十枚、三十枚、二十枚铜圆纸币。对纸币印刷严格规制，力求防伪。此项纸币公私款用一律通用，兑换银圆与通用银圆无异。中交两行与各官银钱号遇有该纸票，一律兑换，集有成数可到该局兑换现银。铜圆票发行全为维持市面起见，俟币制实行，即当全数收回。总局派员总理，各局由总局选派经理。[②]

“平市官钱局所发行之铜元票，市面畅行。昨有人前往前门大街隆茂行兑换此项铜元票，竟已告罄亦。”[③] 可见开业之处，平市官钱局的铜圆票信用、流通情况良好，而且由于能做到随时兑现才出现了争抢一光的情况。平市官钱局铜圆票全面发行始于1915年5月以后，至12月移交中国银行办理。应看到，其设立初衷是好的，“原为补助辅币，便利民生起见，用意至善，市面一律通行”。但是，经洪宪帝制与张勋复辟，该局任意增发，市面铜元缺乏，以致停止兑现，市价低落，于一般市民生活影响甚大。以至于后来北洋政府不得已拨专款进行整理。[④]

还需一提的是，在设立平市官钱局同时，财政部还在1915年初

① 《上海有关方面商请严查外人私运铜元进口》、《北京财政部电奉天财政厅文》，中国人民银行总行参事室编：《中华民国货币史资料（1912—1927）》，第一辑，第1181—1182、1203页。

② 《平市官钱局简章》，中国人民银行总行参事室编：《中华民国货币史资料（1912—1927）》，第一辑，第253—254页。

③ 《民国今后之财政状况》，《时报》1915年2月24日。

④ 中国银行北京分行、北京档案馆编：《北京的中国银行（1914—1949）》，第61页。

严令："嗣后各该省铸造铜币之数，每月至多不得逾三百万枚。盖该部以现在铜币充斥，百物腾贵，因维市面而有此项限制也。"①

经过如上努力，国币推行与币制改革取得明显实效。终袁世凯统治结束，《国币条例》及其《施行细则》虽尚未完全实施，十进位制因银辅币滥发原因，未能施行，但一圆银币已于1914年底发行，中圆二角、一角的银辅币亦发行于中国北部。新铜币自1917年2月发行于天津地方。随着上述新货币的发行，中国政府努力于十进位的维持，且以新银圆收回旧银圆，渐次销毁而改铸为新币。自1915年起，命天津、南京、武昌的各造币厂实行。"并且此项新银元在民间很有信用，到处流通无阻，故自发行以来，外国银元逐年失去势力，旧存重量、成色低劣的龙洋亦渐被淘汰，差不多已绝迹了。"②

特别是其对中国货币制度的近代化意义尤为深远，有学者指出《国币条例》的制定，使银本位制得以确立，并以铸造、流通袁头币为标志，"此为废两改元之第一步"。"当时币制局之政策在使中交两行对于该币皆按法价出入，已达废两改元之目的，但因银两势力伟大，一时甚难立奏全功。但废两改元之呼声则甚嚣尘上。"③ 其对南京国民政府时期的币制改革无疑起到直接影响。

① 《限制各省铸造铜币之通电》，《盛京时报》1915年1月17日。

② ［日］吉田虎雄：《中国货币史纲》，周伯棣译，第192—193页。

③ 张辑颜、杨荫溥：《中国金融论》，第140页。

第四章

交通系与民初财税政策

有学者将民初财政分为三个时期，即破坏、整理、紊乱时期。破坏时期为民国元年至民国二年；整理时期为民国三至四年。自民国五年以后，财政完全陷入紊乱状态。“第一时期之破坏，固由于辛亥革命，然因前清时代财政基础之不稳，故破坏后中央财政之危险尤大。第二时期整理，亦非由财政的本身能力，乃由政治上的他动力量相助而成。质言之，就是极端的中央集权，以暂时威力，集权中央而已。”① 也有学者提出：“民国成立，项城当权，集全国财政于中央，故三、四、五数年财政颇有起色。”② 也就是说很多学者均持有这样一个共同观点：在民国三、四年（甚至可以推延到民国五年），由于袁世凯的集权统治达到了极为稳定的状态，其政令可以有效地推行到全国各地，这使得民国财政方面出现了自建立以来前所未有的好转趋势。这其中尤其以杨汝梅的论述最具代表性，他讲：“民国三四年，中央威信，渐足以控驭各省，三年核定各省岁出入概算，将各省出入相抵，所有盈余之数，责令解部，恢复前清解款制度，是为中央旧有财源之一种。四年又将验契税、印花税、烟酒税、烟酒牌照税、牙税五项，定为中央收入，名为五项专款。五年扩张范围，加入屠宰税、牲畜税、田赋附税、厘金增加等项，改名中央专款。”③ 杨荫溥在

---

① 杨汝梅：《民国财政论》，第 10 页。

② 尹文敬：《整理中央财政商榷书》，中国科学院历史研究所第三所南京史料整理处：《中国现代政治史资料汇编》第八册，转引自《北洋军阀时期的交通系》第 98 页。

③ 杨汝梅：《民国财政论》，第 26 页。

《民国财政史》中对北洋政府统治时期的财政状况多有批评之词，但也以数据证明民国三年（1914）是北洋政府统治时期少有的财政情况较好的年份，在这一年，出现了北洋政府统治期间极为罕见的财政盈余情况。详情可见表4-1说明。

表4-1　　1914年与其他年份北洋政府收支情况比较表[①]

（单位：百万元）

年度	岁出总额		公债及借款除外的岁入总额	预算盈（+）亏（—）	
	数额	指数		数额	占岁出总额的百分数
1913	642.2	179	333.9	-308.3	48%
1914	357.0	100	357.4	+0.4	0.1%
1916	472.8	132	432.3	-40.5	9%
1919	495.8	138	439.5	-56.3	11%
1925	634.4	178	461.6	-172.8	27%

由表4-1可以看出1914—1916年与1914年前、1916年后其他年份相比，其财政情况都是较好的。这显然可以说明，1914—1916年的北洋政府财政状况可以完全与其他年份区别开来，列为北洋政府财政史上的整理、运行较好时期，这与1916年后的所谓“破落户财政”是不可同日而语，等量观之的。

既然肯定了北洋政府经过1914—1915年的整理，财政状况有好转趋势，就必须分析财政状况好转原因是什么，交通系人物在其中起到怎样的作用。财政整理时期，交通系人物出任财政机构首长的大有人在，周自齐在1914年2月至1915年3月任财政总长。梁士诒任1914年5月2日出任税务处督办，并担任8月10日成立的内国公债局经理。[②] 张弧至1913年9月出任财政次长后，直到1915年6月被参免。他还与周自齐在1914年5月24日，分任盐务署总办与署长。[③] 同一时期，中国银行、交通银行、币制局等与财政相关的机构，其领

① 杨荫溥：《民国财政史》，中国财政经济出版社1984年版，第3页表1—1。

② 《中国大事记》，《东方杂志》1915年第十一卷第二号。

③ 《中国大事记》，《东方杂志》1915年第十一卷第一号。

导人也被萨福懋、陈威、梁士诒、任凤苞、吴鼎昌等人所控制。这就使得交通系能通过对各机关的控制，使彼此间互相协作，在整理财政中保持一致的步调。1914 年财政部各司司长也多为交通系人物把持，如李景铭任赋税司长，陈威任泉币司司长，卢学溥任公债司司长，周作民任库藏司司长。[①]

莫理循对交通系人物在财政方面的杰出才能给以极高评价，他讲："财政部在周自齐领导下部务办得有了显著改进"，而周学熙与其相比不过是一个"恢复使用中国官场的老办法"的老头。他还对皖系借三次长大参案，将张弧等交通系人物排挤出财政部门表示不满。认为此举是把在前总长手下有知识、有经验的人逐个解职，而代之以周学熙的班底和乡亲。"拿三件我不能不谴责的事为例，他把盐务部门有能力的首长张弧调换了。他还调换了中国银行总经理萨福懋，而萨为该行明显地提高工作效率。中国各省中最好的财政厅长张煜全也给他调换了。张曾在芜湖为中央政府勇敢克服各方的反对。"[②]

当时舆论也对周自齐在财政总长任上的业绩有较高评价，称："周总长之掌财政部也，无毁无誉，运筹谋划尽仰承大总统之指挥，勾稽考核胥惟两次长（张弧、张寿龄）是赖。""数月以来，财政大有起色，周君介于上下之间，以总长之荣名博干能之美誉"[③] 美国驻华公使芮恩施与周自齐交往密切，称周自齐在所有阁员中，"对美国事务最为熟悉，他曾以官员的身份在华盛顿和纽约两地住过几年。他的英语讲得非常流利，并且赞成美国的各种办法"[④]。民国三、四年财政好转，其中最重要阶段，恰是周自齐出任财政总长时期，许多财政政策制定于其任上。因此分析民初袁世凯执政时期财政的稳定与好转，必须首先注意到周自齐与财政部的重要作用。交通系的其他人物梁士诒、吴鼎昌、陈威、萨福懋等的作用也要肯定。本章的着重点即以梁士诒、周自齐、张弧等人在各财政机关首长任上对民初财政政策

① 中国会计学会会计史料编写组、中国第二历史档案馆编：《中国会计史料选编（中华民国时期）》（Ⅳ），第 2853 页。

② ［澳］骆惠敏：《清末民初政情内幕》（下册），第 758—759 页。

③ 《周总长请假之研究》，《时报》1914 年 7 月 21 日。

④ ［美］保罗·S. 芮恩施：《一个美国外交官使华记》，第 81 页。

的影响的考察为主，尤其以对民国三、四年财政整理的影响为着重点，以求客观、全面的评价交通系人物对民初财政的总体影响。

第一节　交通系人物的财政思想与政策

一　梁士诒的财政思想与政策

1913 年 5 月，梁士诒以次长代理财政部部务，在财政会议上提出救济财政办法，并发表《告国人书》。在该书中梁士诒首先列举出目前财政上的六大困难。二年预算岁入、岁出均为 64635 万元，实际不敷数 15376 万元，以新税公债弥缝，恰合不敷之数。表面上收入适合，但将来未必。内债冀望各省推行，共 12000 万元，实万难筹集。其困难一；至预算，内外债共 32880 万元，占收入 51% 弱。支出各外债、内债合计 29905 万元，占 44% 多。一国财政，岁入岁出总额，公债均居半数，危险何可言喻。内债没有民信，外债限制极多，危及国权。此其难二；各省协济，十有九虚。各省告急，反过来转求中央。此其难三；中央派员调查整顿，改良税法，各省疑惧、抵制、掣肘。此其难四；“官制未定，考绩未明之前，政府用何办法以为监督，中央求一收入明细书不可得，更何从言财政统一之效。”此其难五；无法整理金融，兴办实业，此其难六。①

梁士诒针对如上困难，提出：“而统一主义之实行，尤以财政为唯一之根本。财政不统一，则其他大政未有能统一者。”提出治标者四。（1）厉行节饷主义。将陆军费由 20000 万元减至 16169 万元。（2）厉行减政主义 。“去不急之政务，并骈枝衙署以清其源；裁冗滥之官吏，节浮糜之俸给，以核其实。”（3）新开印花税。“而治标之法，尤以实行验契及契税两事收效最速。增加烟酒税，尤于严禁奢侈之中，可得增加收入之效。”并试办牙税。（4）整顿旧税 盐税官府专卖，就场征税。整顿田赋、厘金。②

1913 年 9 月即梁士诒以会长资格在财政会议上发表演说，称总理

① 岑学吕：《三水梁燕孙（士诒）先生年谱》（上册），第 138—140 页。

② 同上书，第 140—142 页。

熊希龄对其署理财政部期间的理财措施予以肯定，并进一步提出理财四政策。一节饷，二减政，三整理旧税，四增加新税。三、四两事又有治标、治本两法。系标本兼治，实力推行。其中提出讨论议案分三类：第一类，田赋案，内含呈报办法案、登记办法案、征收办法案、清理办法案、土地新税法案；第二类，各税案，内含盐税案（奉直潞东均税案）、酒税案（酒税法草案、改良酒税法议）、烟税案、举办承袭税案、牙税法案；第三类，其他各案，内含办理地方税案、善后借款保息分配案、酌拟整顿各关案、画定征收区域案、出纳官吏保证金案。该法案实际以外债本息如何筹还，1913 年政费如何筹办为治标目的，以如何决定大政方针，求收支适合为治本之法。当时梁士诒主持各项议案，已经初步研究议定，税法分为两种，一为直接税，以田赋为主，整理办法分为三段。二为间接税，今日最宜注意者为厘金，免厘后如何抵补应预先筹及。拟就通过税，将烟酒、药材等定为特种税法，提出议案。就地方税而言，一为续办现有田赋附加税、地捐、商税、牲畜税、粮米捐、土膏捐、油捐、酱油捐、船捐、杂货捐、店捐、房捐、戏捐、车捐、乐户捐、茶馆捐、饭馆捐、肉捐、鱼捐、屠捐、夫行捐、其他杂税捐共 22 种。二为将来应办税种，含房屋税、国家不课之营业税与消费税、入市税、使用物税、使用人税共 6 种。另有营业、所得附加税两项。此法案经得各省都督、民政长商议，“均得同意，认为暂行两税案，即应认为确定地方税”①。

梁士诒的财政计划主张，在增加新税方面，印花税法案虽经公布，推行未广，正需普及。至所得税力争普及，可增加巨额收入，并求贫富分配公正。实行验契及契税两事，收效最速。增加烟酒税，于严禁奢侈之中可得增加收入之效。牙税效法日本。亦应试办以增税源。整理旧税方面，盐税一事，各省盐价，“均不可不设法以剂其平。现在拟从盐税均税入手，以平全国人民之负担，而为将来改革之准备。至田赋、关税、厘金，亦当逐一研究整顿之策，值此破坏之后，尤当力期恢复旧额，以固财政之基础”②。

---

① 《记财政会议》，黄远庸：《黄远生遗著》，第二卷，第 158—161 页。

② 魏颂唐：《财政学撮要》，第 29—30 页。

梁士诒的财政计划，头两项为节流，后两项为开源。梁士诒最为期望的是内外财政的统一，他讲若财政不统一，“中央既不能和各省收到指臂相连的效果，省和县市也就成为分裂的形势，慢慢的陷进了破产的危机了”。所以他要求：“各省协济中央，就是照前清的解部办法，本部编有各省解缴协款的盈亏表，可以向主管司取阅，就可以查出各省应解和欠缴的数目了。现在本部所新设税法委员会，深望各位随时把你们的所见所闻告诉我参考和讨论。”① 梁士诒竭力主张各省恢复解款制度，恰好是在袁世凯镇压“二次革命”之时，是利用当时北洋政府政治、军事取得优势，推行全国财政统一之举。

梁士诒整理财政的措施除上述外，还有成立预算等主张与措施，以下将有详细论述。而通过以上论述可以说明，民国三、四年的财政整理计划，实际已在民国二年酝酿，其中以梁士诒为会长主持财政委员会会议时所提各项方案最为关键。尽管以后，梁士诒并非是财政部总长，但其对此后的财政整理所提基本方案、主张影响是非常大的。

二 周自齐的财政思想与政策

1914 年 2 月 6 日，袁世凯为整理财政，解决财政困绌问题特电令各省都督、民政长、巡阅使、护军使、镇守使、国税厅，称民国将来存亡问题，首推财政。镇压“二次革命”后，元气再伤，无财是以无政。开国之初，宜与民休息。无奈债积如山，不得不权其利害轻重，与其受制于人，何如忍痛须臾，但能过此厄运，转危为安，自有利国福民之一日。与朝鲜、埃及同一命运。希望各省长官体谅国家苦衷，晓谕人民，勿生猜疑。对财政部新颁各项税则，如印花税法、验契条例，贩卖烟酒特许牌照税条例，所得税条例，应知道向百姓征收极轻，而聚积财政收入甚巨，各省应实力奉行。不可沽名钓誉，亦不可畏难苟安。“望各官吏将旧税迅速恢复，新税一一进行，以顾中央根本。根本能固，枝干从之。各省地方情形不同，苟可自行筹划，为

① 贾士毅：《民国初年的几任财政总长》，传记文学出版社 1967 年版，第 37—38 页。

部令所不及者，但使不至病民，均可呈请核办。”[①] 袁世凯这一命令揭开了北洋政府整顿财政的序幕，标志着北洋政府从此前以外债举借、内债发行为主转向通过财税改革，扩大财政来源。而此命令颁布后的第三天，即1914年的2月9日，周自齐被袁世凯任命为财政总长（初为署理，5月1日被袁世凯特任为财政总长），因此整理财政这一重担实际就担负在了周自齐的肩膀上。

周自齐到任后，即对全国财政状况有了极为清醒、全面的认识，初步提出整理财政的办法。他讲目前影响财政者，一为各省以种种理由不认解款，即认定专款也积欠经年，将向归中央直接收入之款任意截留。二为财政部收入仅以盐余、关余两项为周转，每月总计可得三百余万元。但盐、关余款又须支付内债，入不敷出。三为将内外债有价证券贱卖以济穷，不仅关、盐余款为之挹注，各项杂税收入也填塞不尽，究非长久之计。周自齐认为，现今大局未定，人民荡析，节流应重于开源。由此财政整理第一要义，“惟有节流以治标，尚属补牢之急策，能省一分支出，即少一分亏损，譬诸治疾，节余食，寡嗜欲，乃可以言培元气”。为此他恳请国务院及各部处，各省酌情筹议裁减各种政费。[②] 按1914年预算中央政费临时、经常岁出为357024039元，1916年为471519436元。而1913年为642236876元。[③] 1914年以后中央政费在预算中的大额减少，实际说明北洋政府在节流、裁减政费方面是坚决的，有成效的。

周自齐整理财政计划，虽没有像周学熙、陈锦涛、梁士诒、熊希龄等正式宣布过其系统的政见、主张，但散见于官方文书，大约有以下数端。“一、整理杂税。在部设杂税整理处，调查各项杂税，分定章制，以期统一。二、整理田赋，通饬各省实行编审之制，以旺岁收。三、改良厘金，凡厘税内所征货物，令择要改办出产税，为裁厘

---

① 《通令各省都督民政长国税厅规复旧税》，章伯锋、李宗一编：《北洋军阀（1912—1928）》（第一卷），武汉出版社1990年版，第548页。

② 《周自齐沥陈财政困难拟筹挽救办法呈》，中国第二历史档案馆编：《中华民国档案资料汇编》（第三辑财政），第100—102页。

③ 分别见贾士毅：《民国财政史》第1629（民国三年）、1648（民国五年）、1615页（民国二年）。

后之抵补。四、收回滥币……五、创办内债（即三年内国公债与新华储蓄票）……六、办理官产。凡官产较多之省，先后设立专处，从事变价，以增入款。”[①] 1915 年，周自齐为清理财政，提出应办要件三项，即（一）外交方面，为裁厘加税，外债偿付筹备，光复时各国损失赔偿；（二）库款事项，为出纳总数调查，各处要款欠发补数，各机关用途筹划；（三）预算事项，为亏欠额弥补，各种新税制维持，收支适合标准规定。[②] 一些学者还肯定了周自齐通过整理币制对财政情况好转的影响，在其努力下，各省铜元局与银圆局均下令裁撤，其保留者内地仅有七处（另有新疆迪化、喀什噶尔两个情形特别地方），也下令一律限铸。此外，力主发行内债，“扩充公债用途，以增长人民对于国债之信用，一面限制各省自由举借内外债，并将其旧债责令核定切实偿还办法，以期统一”[③]。

第二节　对财政管理制度的改革

一　财政部官制修订

财政部官制在民初几经变易。按 1912 年 11 月颁布的《财政部官制》，财政总长总辖国家财务，管理会计，出纳，租税，公债、货币、政府专卖，储金保管及银行事务，监督所辖各官署及公共团体财务。财政部下辖赋税、会计、泉币、公债、库藏五司。[④] 1913 年 1 月，袁世凯为加强对财政权的控制，颁布《修正财政部官制》，规定：将财政部直隶于大总统，财政总长对于各省巡按使及各地方最高行政长官执行财政部主管的事务，有“监察指示之责”。同日袁世凯颁布《国税厅筹备处暂行章程》，任命直隶等 22 省国税厅筹备处处长，拟在各省筹设国税厅筹备处。[⑤] 袁世凯此举遭到地方的抵制，于是 1913 年 12 月不得不再次颁布《修正财政部官制》命令，将财政部直隶于大

---

① 贾士毅：《民国财政史》，第 214 页。
② 《清理财政提出之要件》，《盛京时报》1915 年 1 月 26 日。
③ 魏颂唐：《财政学撮要》，第 35—36 页。
④ 《法律：财政部官制》，《政府公报》1912 年 11 月 3 日第 186 号。
⑤ 程悠：《中华民国工商税收大事记》，中国财政经济出版社 1994 年版，第 10 页。

总统规定取消，而财政部职权与1912年11月公布的《财政部官制》近似。另值得注意的是，财政部撤销原有的泉币、公债、库藏三司，合并为制用局。[①] 而次日袁世凯发布实力整顿财政令，要求各省对赋税征收官吏中所存在的“诿延不交”“督催不力，任其短绌”“征报不实，肆意侦渔”“勾考无方，徒滋弊混”“互通囊橐，干没巨款”等恶行，实力整顿。[②] 这反映出袁世凯虽有雄心抱负，要加强财政统一，但地方有意“诿延”，使其通过国地税改革，以赋税作为主要财政收入来补足中央财政计划难以推行。因此他只有退而就其次，设立制用局，实际目的仍是让中交二行通过币制改革及发行公债来渡过难关。

1913年年底至1914年年初是袁世凯酝酿直接控制财政，进行彻底改革之时，他在熊希龄因整理财政毫无成效而辞职后，表示：“中国财政困难，君等皆不愿担任，说不了自今以后，我竟不能不分一部分之精神，照料财政。”[③] 熊希龄辞职后，“由孙总长（孙宝琦）、周总长（周自齐）继其后。闻近日政务无论巨细悉决之于总统，而尤以财政事务为最困难。总统虽能担当一切，然关于积极进行之财政问题甚多，不能不有智囊之机关，政府拟于月内外在总统府中设立财政会议。其组织之方法，除由总统府、国务院各部各派员与会外，并电饬各省长官选派熟悉财政人员来京参加会议，讨论整顿盐务、改良币制、修改税制、垫借款项之一切问题，以便次序实行”[④]。

袁世凯在财政上只有依赖皖系与粤系。照当时舆论推测，梁士诒本有望任财政总长，周自齐有望出任交通总长。但结果是梁士诒的愿望落空。出现这一结果主要原因有两个，一是粤系与皖系之间的斗争（详见第二章）。而梁士诒此后向袁世凯请辞，“谓外间攻击太甚，自己亦实在才力不足”。不仅就任财政总长一事落空，秘书长一位也被迫辞去。二是梁士诒先不赞成改内阁制为总统制，后不主张不设国务卿。使急欲扩大集权的袁世凯十分不满，不过借此对梁施行打击、震

① 《大总统令》，《政府公报》1913年12月23日第589号。

② 《大总统令》，《政府公报》1913年12月24日第590号。

③ 《熊总理辞职后之财政进行观》，《申报》1914年2月18日。

④ 《总统府组织新财政会议》，《申报》1914年2月20日。

慑。同时袁世凯利用粤皖系矛盾平衡权利分配，使自己更便于支配各方，控制政局。周自齐任财政总长后，袁世凯同时让周学熙办理大借款一事，在1914年5月周自齐被特任总长前，“周自齐氏近日颇落落寡合，似不能久于其任也”①。因此，民初整理财政的形势与当时政坛斗争，都使得袁世凯在财政上进一步集权成为必然。

1914年7月，袁世凯公布《修正财政部官制令》，重申财政部直隶于大总统，管辖会计、出纳、租税、公债、泉币、政府专卖、储金、银行及其他财政，并监督地方、公共团体财政。财政部下置总务厅及赋税、会计、泉币、公债、库藏五司。财政总长承大总统之命，掌理本部事务，监督所属职员并所辖各官署。尤其值得注意的再次规定：财政总长对于各省长官执行本部主管事务，有监察、指示之责。财政总长于主管事务，对于巡按使及各地方最高级行政长官之命，或处分，认为违背法令，或逾越权限者，可呈请大总统核夺。② 一些规定为此前三次财政部官制所未有。

财政部官制修订核心是周自齐奉袁世凯意见，对地方财权的控制、影响作用的扩大。1914年6月官制未修订前，周自齐在呈文中，便向袁世凯提出财政厅应系中央财政机关，与民政官有别。巡按使监督财政厅，应以是否受中央特别委任为断。拟请嗣后简任各省巡按使时，如未奉有特别委任明文，拟由财政部于任命后呈请裁夺，以昭郑重。该巡按使如有监督财政之任命，与本部有联属关系，一切当受成于本部，不得轻易更张。而袁世凯批令：“准如所拟办理，即由该部随时呈请裁夺。”③ 这表明袁世凯与周自齐已积极施展手段向各省民政长与巡按使收归财政事权于中央。此举随即引发财政部与各省之间争夺财权的矛盾，安徽巡按使韩国钧曾向国务卿徐世昌表示巡按使负一省完全责任，而事事受中央牵掣，非国家之福。并条陈袁世凯称：“使司法、财政一一统归部辖，焉用此备员充数之巡按使为?”财政部则申辩地方财政当由财政部直辖。提出欲求中国之富强，当谋行政

① 《近日之系》，《黄远生遗著》第二卷，第221—224页。

② 《大总统申令》，《政府公报》1914年7月11日第783号。

③ 《财政总长周自齐呈各省巡按使应否监督财政拟随时呈请亲裁以重特权请核示文并批令》，《政府公报》1914年6月10日第752号。

之统一，而一切行政恃财政为之贯通。若对于地方财政无直辖之权，安能从中稽核，谋政务进行？若不能直辖各省财政，是破坏政治统一。后虽经袁世凯下令政治会议讨论，财政部就《财政厅办事权限》第七条加以修改，缩小范围。但财政部称："其异点所在，一则由巡按使咨陈，一则详报巡按使弹劾之后由该厅径详本部，而仍未逾越巡按使职权范围。"并讲："至办理厘税人员，系以征收为专职，与县知事之兼理民事者不同，其委用撤换自系财政厅完全特权。拟请仍照本部呈准变通原案办理。"韩国钧提出的财政厅办事权限只宜比照前清藩司，不必事事与部直接，财政部认为："既经政治讨论会议议复现时遽难办到，本部意见相同，应请毋庸置疑。"[①]

此间还发生一事件，总统府财政会议议定县知事与国税厅须照从前三司会详办法考核任免。财政部随后即通电各省，此后任免知事须由民政长会同财政厅长办理。各省纷电反对。谓如此要民政长何用？袁世凯为此批令财政部："宜慎重，勿操切。"并声明知事与国税厅长任免由大总统决断，财政部不得擅许此事。对于此事周自齐与内务总长朱启钤均推说不知原委，最后只是将赋税司司长李景铭撤职了事。[②] 这一事件欲盖弥彰，实际反映出袁世凯与周自齐在各省扩大财政干预过程中与地方民政长、巡按使的激烈冲突。财政部官制的颁布，明定财政部以中央名义对各省财政事务有监察、指示，呈请处分、人事考绩职责，显示出袁世凯与周自齐在加强中央集权上的强势与决心。

二　考成条例与征收官交代条例的颁行及地方财政管理制度规定

周自齐任财政总长后，不仅协助袁世凯加强财政集权，对地方财政收支管理制度也出台诸多政策加以变革。其原则为，地方财政机关组织，须视中央集权、地方分权为断。各省财政厅照 1914 年 9 月所颁官制，直隶于财政部，置厅长一人，管理全省财政，监督所属职

---

① 江苏省中华民国工商税收史编写组、中国第二历史档案馆编：《中华民国工商税收史料选编》（第一辑上册，综合类），南京大学出版社 1996 年版，第 1541—1543 页。

② 《财政丛话》，黄远庸：《黄远生遗著》第二卷，第 217 页。

员，兼管征收之各县知事。置总务、征榷、制用三科。其办事权限条例于1914年6月以申令公布。财政厅权限如下：凡支配款项及一切财政事务，均受财政部指挥。遇有重要事件，得迳呈大总统；财政厅凡收纳赋税，支付本省经费及一切收入、支出各款，均按月造具表册，详明省长并报告财政部；财政厅所收赋税，应悉数交付金库，凡奉大总统命令拨解及财政部核夺之款，得随时支放。财政厅长权限规定：受大总统之命，管辖全省财政征收官吏，考核兼管征收之县知事。综理赋税、出纳，执行各种税法，筹提各属款项，筹济中央要需，支配全省经费，办理预算及其他关于财政事务；奉特别命令受省长监督，凡关于筹办财政事务，除奉大总统特令暨部饬外，均秉承省长办理，并受其考查。所有本省经费支配，凡在主管部核定范围以内及地方自行筹集之款，得受省长指挥；对所管官吏及知事认为有违背法令、侵害公益，越权等事得令停止、撤销并报告省长、财部予以处分；编制征收官考绩报告，由省长转咨财政部；对征收官及知事有委用、奖惩权力，呈请省长核办并转咨财政部。[①]

在1914年6月11日由财政部制定，袁世凯颁布的《财政厅办事权限》规定，在地方上财政厅依照大总统指令，直辖于财政部，“遇有重要事件得迳呈大总统”。“财政厅所收赋税应悉数交存国库。”[②]在法令中，财政厅名义上受中央与地方的双重领导，但实际上袁世凯统治时期，财政厅受命于中央要大于听命于地方。县级财政征收管理主要为县知事直接办理，县设财政局（科），后普遍设立征收局或经征局，而以征收局设立者为多。

此外，周自齐在1914年9月同时制定了《征收厘税考成条例》《征收官交代条例》《征收田赋考成条例》颁发各省执行。

9月12日，周自齐呈文袁世凯批准《征收厘税考成条例》。其呈文称辛亥革命后各省厘税征收，机关、主事者往往改易名称，变更税率，废弃旧章，各省自为规制，商民被累，收入锐减。厘税征收官吏未规定考察专条，各省沿用单行法，章则未划一，综核难持平。“本

---

① 魏颂唐：《财政学撮要》，第228—230页。

② 《大总统申令》，《政府公报》1914年6月12日第754号。

部悉心讨论大要，以比较为体，以奖惩为用，汇考各省单行法，分别审正，举其概略，厥有数端。从前厘局委员，皆以（征）收官吏（非）确有成绩者，不得率行委任。周自齐为郑重榷政起见，是否有当，理和附陈。”该条例规定各省统捐、货物税及与厘金性质相同各项税捐，均依本条例考成。该条例规定征收额分别按月、按年比较，凡有新增与免除之项，应于比较内声明，不准含糊隐匿。考核按每届三月，采取连续并计办法，并详细将每月盈绌情况列表报告财政厅、巡按使查核。每三月对征收官比较考核，短收不及一成、一成以上、二成以上者分别记过、撤退、革职处分。增收者酌情给以劳绩金。各厘税局逾期不能清解者以五日至一月计算，分别给予记过及撤退处分，短征一至三成则分别处以减俸、降等、褫职处分。财政厅考成标准同样适用该项。此外财政厅与征收官有侵吞徇私、浮收病商情况，或未经察觉、查处者，均褫职并依法追缴。各局人员均须造具履历并依据从前业绩保荐优秀者。①

同日，周自齐又呈文袁世凯批准通过《征收官交代条例》。周自齐称应仿效前清旧制，杜绝各官在去职后卷款潜逃、挪移公款、亏蚀库储现象，尤当以严核交代为急务。该条例适用于各省财政厅长、海关与常关监督、征收局长（为当时在各县所设立的征收赋税官员）、县知事等正（在）任、署理、代理各种情形下前后任交代时。财政部直辖各局由部派员监盘，财政厅长、各关监督，由部派员会同巡按使监盘。县知事由财政厅派员并咨请道尹，“督同会算，加结咨转”。各征收局长由财政厅派员监盘。以上各员卸任时应将各项收入、已解

---

① 《周自齐关于拟定征收厘税考成条例呈暨大总统批令》，《中国第二历史档案馆编：中华民国史档案资料汇编》第三辑（财政），第33—37页。另据其他史料记载，周自齐在呈文中提出宜审正征收厘税考成条例者四点，即：“苟无亏短即可久于其事，破除向来年满更代之例。庶能者，常存日起有功之意；不能者，不敢有视为传舍之心。此宜审正者一也。”“今特援征收官额外加增之例，准予按成领奖，使知取之于私，而未免腥膻，曷若取之于公，而兼得荣誉。此宜审正者二也。”“今仿常关办法，三月为分比，一年为总比，予以定期薄书，期限既可整齐，会计年度不至割裂。此宜审正者三也。”“至监督财政之巡按使，合全省收入以为殿最，厘金自在其中，不必另议奖罚。此宜审正者四也。”见《征收厘税考成条例》，江苏省中华民国工商税收史编写组、中国第二历史档案馆编：《中华民国工商税收史料选编》（第三辑上册，货物税），第5—6页。

与未解各款、经费实际领取与余存、已用与未用票照存根、政府委托发行印花税票、官有财政及物品、各种文册簿记卷宗等会同监盘员移交接任者，卸任者办理交接以十日至一个月不等。各员于已征未解之款均应悉数移交接任者，已支未报或已领未支各款，一律照预算款目将实数造册移交。每月概算、预算应造册移交，各种表册分别限定十日至一个月核明。各收款交代以票根印薄为凭，解款以收款官厅凭证或银行收据为凭，指拨款以该管长官文电及受领收据为凭，已领抵解之款以该管长官核准文电为凭，支款以单据为凭。接任者与监盘员将各表册、款项出具交代清楚后，“切结交卸人员，并详报财政部，或报由该管长官转陈财政部”。接任者需在接任前十日内报解已征未解之款。卸任人员有虚捏舞弊及逾期不能交代，交代不清者，酌情革职、记过、查没私产。若系调任而不能交代清楚取消其调任。接任者有欺瞒不报，或挪用移交款，或出具交代而侵吞、实查有亏欠情形者予以记过、减俸处分。共同舞弊者一律褫职，并将亏欠侵吞数责令赔给。凡官长勒令交代或分任摊赔者，将长官革职，附和者减一等处分。应行处分者呈请大总统报告文官高等惩戒委员会议决，应缉拿者由大总统通令行之。各关、分卡及分局交代规则由各该主管长官斟酌情形制定。[①] 周自齐实际上在该条例颁布前，便严格督促各处征收官。1914 年 2 月，周自齐报告称有些地方，“或解款延欠、册报稽迟，或附加杂费、私用小票，均属有干法纪，大负委任”，抄发大总统袁世凯批令至各省民政长、国税厅，将南川县征收课长王某、庆符县征收课长谢某、江北县征收课长罗某、黔江县征收课长查某、简阳糖税局长彭某、嘉定统捐局长谢某分别查办。[②]

该日，周自齐又拟定《征收田赋考成条例》呈请袁世凯批准。民国建立后因奏销制度废止，考核制度缺失，各地应缴田赋数额没有明确规定。是故，周自齐令拟定该条例，将地丁、漕粮、租课及随征各

---

① 《周自齐为拟定征收官交代条例呈暨大总统批令》，中国第二历史档案馆编：《中华民国史档案资料汇编》第三辑（财政），第 37—42 页。

② 《财政部抄发大总统关于查办不法征收官吏令》，江苏省中华民国工商税收史编写组、中国第二历史档案馆编：《中华民国工商税收史料选编》（第一辑下册，综合类），第 2174 页。

款作为考成范围，将县知事、道尹、巡按使与财政厅长作为考核对象。按上忙、下忙分别规定额征分数，并与实征数、三年实际分数比对，决定奖惩。凡县知事、财政厅、道尹超额在一千元至十万元以上，分别记功、传令嘉奖、晋级，并对监督之巡按使呈请大总统嘉奖。比较三年收数，凡未完成一分至五分以上者，分别处以减俸十分之二、降等、褫职等处分。巡按使与道尹未完一分及六分以上者分别处以减俸十分之一、减一等、降等处分。带征奖惩条件同上。责令留任催收以三月为限；降等、减俸处分限一年催征，仍未完者，除革职外归入积年旧欠催征。县知事及财政厅催征民欠在八分以上者免于惩处，未完、不及一分以上者，分别减俸十分之三、十分之二，巡按使与道尹减俸十分之一。县知事与财政厅有捏造、侵挪、徇私、“或令书役裁券垫款”，逾期不报者处以减俸十分之二、降等、褫职处分。[①]

此外，在1914年夏，周自齐又因各省常关榷务废弛，税收短少，令制定《常关征收考成条例》，“以严核征收为主旨，比较有定额，则功过划然分明。考核有专条，则赏罚庶有依据，亦治标之一道也”。条例规定原系常关，现改为征收局者适用于本条例。考成以比较足额与否定之，采取按结考核，一年为期。采取按结比较与按年比较办法，其中按年比较以近年收数最高酌加成数为标准。按年比较额与按结比较额由财政部与各关分别确定，每三年修订一次。增收者分别给予记功、发给劳绩金奖励，减收三次以上或全年减收一成至四成以上者给以处分、休职、罚俸、褫职处分。侵吞、隐匿者除照章处罚外，将亏款监督追回。[②]

各考成条例及征收官制度的制定，主旨是强化征收管理，杜绝征收中的亏欠、侵蚀、推诿等现象发生，以保障财政收入的及时到位。这是周自齐在财政总长任上为协助袁世凯加强财政集权，促使财政状况好转所采取的重要手段。

---

① 《周自齐为拟定征收田赋考成条例呈暨大总统批令》，中国第二历史档案馆编：《中华民国史档案资料汇编》第三辑（财政），第42—49页。

② 贾士毅：《民国财政史》，第509—513页。

三 预算制度的举办

南京临时政府时期曾由财政部编制各月临时预算，继而编订次年上半年预算，并先后提交参议院议决。但当时预算内容，仅仅限于在京内各衙门。1912 年年底财政部通电各省于财政司内设立预算决算处，赶编二年度（1913 年 7 月 1 日至 1914 年 6 月 30 日）预算书，并在 1913 年 2 月报送财政部。因官制变更，各省预算书展延至 5、6 月间梁士诒署理财政部期间，“始陆续送出，财政部汇总核编，至七月下旬蒇事”①。另有记载，“梁士诒代理财政部务期间，屡见财政部通告各省，催缴收支预算，俾便作成全国预算”②。1913 年 8 月 27 日，梁士诒主持全国财政会议，令各省派代表到京会议编制民二年预算办法。③

民二预算案为民国后初次编成。财政部在咨参议院文中详述了该预算案编制中的三大困难，一是我国宪法尚在筹议，《会计法》虽有草案但亦未议决，因此预算案无相当法律可适用；二是民国成立以来办理全国预算，此为嚆矢。但既无前例可援，又无法律可据，又为当办之政，故去年 12 月通电各省办理全国预算，定于两月内送部。但经历省官制改革，加之各省长官不断迁延，送部后又因内容庞杂，反复磋商，因之原定公布时间已过期。三是我国财政不同于各国，其岁出、岁入受政治变化影响，不合现状。故每省报告不敷在二三百万以上。为此，梁士诒与财政部提出四个解决办法，即（1）将预算会计年份定为每年 7 月 1 日至来年 6 月 30 日，这样与先前所办六个月临时预算衔接。（2）认为入不敷出为既成事实，而收支适合为今后理想，若处处顾全事实，相差悬殊，政府将负敷衍之名。若处处适合理想，则形式合而执行难，政府将受武断之批评。提出先由国务院负责协议分配，各主管机关照协议之数详细确定分配办法，酌量核减，实际不可减少者，以增加新税与发行公债弥补。（3）拟确定国税范围，

---

① 贾士毅：《民国财政史》，第 1227 页。

② 毛知砺：《梁士诒与民初政局》，朱传誉：《梁士诒传记资料》（第三册），第 108 页。

③ 《财政部通告》，《政府公报》1913 年 8 月 28 日第 472 号。

筹设国税厅。由于财政部对各省盈虚无从洞悉，只能比照宣统四年预算岁入确定各省短少而应补足之数。（4）筹备600万元（为日本两倍）的预备金，以备不时之需。民国二年预算后来因内阁更迭，加上“二次革命”，国务院将二年度预算书撤回修正。[①] 而国会解散使民二预算最终未能在立法机关公布施行。但在梁士诒任内，“编制了中国第一个财政预算，是中国财政预算之滥觞”[②]。

梁士诒在预算编制上以“量出为入”为基本原则的，反对“量入为出，则财恒足”的观点，认为举一国财政而言，后者主张不合实际。[③] 梁士诒的预算主张非常典型地反映了北洋政府统治者对财政收支的基本主张，即一为国家建设计，二为财政支绌情况计，应量出为入，扩大税收方式及增加财源募集渠道，最大限度满足财政支出要求，实现财政收支平衡。因此理财，募集财政收入成为其主要考虑的问题。

周自齐任财政总长期间，预算制度发生重大变化。首先是对1912年、1913年财政收支进行决算。1914年10月，周自齐令财政部拟定决算办法如下：（1）至1913年6月京内外岁入、岁出各款开具清单；（2）1913年度岁入岁出款依据修正预算，开单由财政部决算，审计处审定；（3）岁入按实收，并详报有无尾欠、欠入；（4）业经注销款仍应编入决算注明；（5）超出修正预算款，虽报部说明仍应注明；（6）编造决算表册至项为止，先列决算数，后列修正预算数，而后为增减数目；（7）1912年、1913年分别于本年11月、12月报送。[④] 对1912年、1913年财政收支进行决算，不仅可以清理财政，而且为编制民国三年财政预算奠定一个良好基础。

早在1913年11月，财政部拟定《修正预算标准》八条，起因为1913年预算原案收支不抵达8520余万。各省因“二次革命”被镇压后需要抚恤各款，以及全国编制五十个陆军师，需费不少，纷纷提出对原案进行修正。各省与财政部、国务院就修正案屡议不止，后因两

---

① 贾士毅：《民国财政史》，第1228—1230页。

② 董长芝、马玉东：《民国财政经济史》，辽宁师范大学出版社1997年版，第85页。

③ 岑学吕：《三水梁燕孙（士诒）先生年谱》（下册），第392—393页。

④ 《中国大事记》，《东方杂志》1915年第十一卷六号。

院停会，未能议决。周自齐任财政总长后，通知京内外各衙署，分送二年度修正预算册，因不敷之数甚巨，规定维持预算暂行办法五种。“一、修正预算额小于上半年实支额者，则照修正预算额支给；二、修正预算额大于上半年实支额者，仍照实支额支给；三、已办之事，为此次修正预算所删除者，即日停办；四、新创之事，虽列入修正预算，而尚未兴办者，暂行缓办；五、凡临时紧要事项，而为修正预算所无者，在京则由国务会议议决开支，在外则由各该都督、民政长或办事长官，电国务总理请示开支，经由国务会议议决施行。”① 至此，1913 年预算办理告一段落。

民国三年度预算在 1913 年 9 月已拟定简章共三十九条，并提出改良办法四项。即在各省与各部编订岁入、岁出概算书基础上，再由财政部汇总、核编概算书，最后由国务院会议确定分配数，由财部制定岁入、岁出总预算书。周自齐任总长后，令以元年度国家预算报告书作为三年预算制度参考，令各省、各机关遵照前项办法制定。“三年夏，财政部特开财政会议，各省选派熟悉财政人员来京，讨论财政，于岁入切实整顿，于岁出则力戒浮糜，由部分省核定。三年度预算，除省县地方款剔出另计外，岁入计三万八千二百五十万零一千一百八十八元，岁出计三万五千七百零二万四千零三十元，出入相抵，尚有盈余。经由财政部呈准通行，此办理三年度预算之情形也。”周自齐在 1915 年 1 月，还令财政部制定民国四年度预算办法八条，规定照三年度格式分临时、经常门，各款项分列四年度收数及与三年度增减比较数，下半年无须开列国税、地税名目。并规定：“各项岁入，上年迭奉大总统令饬切实整顿，自已日有起色。应即按照筹增之数，列入预算，即以三年度岁入预算为比较数。惟四年度岁入预算，应以前清宣三预算为标准，不得再有短绌。其因事实变更，致成无著之款，并应另筹抵补，一并列入预算，以觇实效。”岁出款以三年概算为比较或由财政部另行核准支配，但是无论如何，所有军费、政费不得超过上年核定总数。过去属于地方岁出各款，不得逾于旧有地方岁入总数。务必核实开列，不得逾越范围，并不得预留、削减。验契、

① 贾士毅：《民国财政史》，第 1233 页。

印花、烟酒、牌照、特种营业等中央专款另编专册报部。司法收入在上半年所报岁入外，有整顿新增者，准拨补司法经费，将出入确数报部。各省1913年以前旧欠需在本年度清偿者应将细数、原有旧存、日期造册详报财政部。[①]

周自齐任总长期间，预算制度的制定、完善还体现在1914年3月袁世凯以大总统令公布的《会计法》。其关于预算制度规定：预算年度采取跨年度制，每年度出纳整理年限不得逾次年年底；岁出定额不得充作其他年度经费，岁计剩余款转入次年岁入，出纳完结收入及缴还款、预算外收入编入现年度岁入；总预算案应在上半年提交立法院，非因不可免或依据法律、契约所生成经费，不得提出追加预算；预算分临时、经常两门，分别款项编制，并附送各官署本年预计书及前年现计书报立法院；设第一、第二预备金备不时之需；总决算由审计院审定后，由大总统提交国会，详列岁入预算额、查定预算额、已收讫岁入额、岁入短欠额、未讫收入额、岁出预算额、预算决定后增加岁出额、交付饬书已发之岁出额、转入次年度岁出额、岁出剩余额；总决算由大总统提交国会时需附送各官署岁入与岁出及特别会计决算报告书。[②] 此外，当时各省多有借口财政困难，纷纷呈请追加预算，周自齐以为此举，“动淆财政基础，亦于预算本旨相悖”。于是制订限制各省追加预算办法。规定各省需详细说明追加理由，追加预算不得超出原额三分之一，预算编成三个月内不得追加，追加预算未经政府核准不得支出，支出预算中已经列有之款，非发生意外不得追加。[③]

以上事实说明袁世凯统治时期，梁士诒与周自齐对预算制度的建立是付出了一定努力的，但近代经济史研究方面，特别是财政史研究方面，对此都没有给予重视或评价极低。其原因正如一些学者所指出的：“然则吾国财政之于预算，始终为试办性质，以言正式预算制度，

---

① 贾士毅：《民国财政史》，第1236—1237页。

② 《大总统公布会计条例令》，《中华民国史档案资料汇编》第三辑（财政），第27—33页。

③ 《财政部限制各省追加预算办法》，《盛京时报》1915年3月3日。

尚相差远甚。"[①] 之所以这样评价，在于民国以来内阁施政方针，大都表现于预算中，而国会监督政府以审查预算为最重要。民国成立后仅有二年、三年、五年、八年度四次预算。"而每逢国会，亦不甚以预算案为最要，政府及国会之不良，可以此现象为特征。"[②] 民国以来，国会忽而解散，忽而召集，多数议员专从事于政争猎官，几乎忘却其本来责任。民国三、四、六、七年度预算均未正式颁行，仅有五年度预算经参议院代行立法院议决。[③] 民初国会与大总统袁世凯之间因打击国民党的原因始终处于对立状态，这使得国会的主要注意力不能集中在预算制度上，同时国会的瘫痪与运行不良使得其作为立法机构，不能将历年预算案以合法程序通过。因此民初的预算实际是以这样一种程序运作，即财政部将预算案先交议于各省与各机关，而后整理成预算全案，提交国务院及大总统批准，经过立法机构的情况很少。而决算方面实际是由审计院配合财政部施行，立法机关的作用停留在纸面上。这是一种以行政为主的财政预算运行制度，缺少立法、审计、行政等机构综合作用。

其次，1914 年下半年，因各省对停办自治后地方社会事业经费问题存有异议，同时对国地税原则标准表示不满，使得预算制度在地方上遇有极大阻力。而自前清以来，形成的地方对中央财税负担，基于历史惯性，是难以以新的预算制度将其作彻底变更的。黄远庸曾指出由于财政支绌，各省解款不符合预计之故，于是中央与各省均归咎于新制度之不善（指国地税划分）。并由此推定，欲整理中国财政，必须规复原有税额，欲规复原有税额，必规复前清原有制度，即以前清有经验之官员来经理税务机关。并由此进一步推定财政制度上"渐生一大变迁"（即规复解款制度）。并认为启用旧人办理税收，废预除算制度而采取有限制的包办主义，放弃理想主义而归于现实主义，必是大势所趋。"新制度自前清以来完全失败。故一般新学与财政有关系者，亦不敢主张其是。即如财政部新国税司长陈威氏，亦一日本

① 杨汝梅：《民国财政论》，第 144 页。
② 叶景莘：《整理财政计划》，杭县（出版单位不详）1923 年版，第九章第 10 页。
③ 罗介夫：《中国财政问题》，第 57 页。

留学生，赋有新思想者。然至最近，颇极力主张限制的包办主义，亦可见潮流之趋势矣。”①

尽管袁世凯统治时期，预算制度在立法程序上，实际执行上还有许多不尽如人意之处，表明这一时期仅是预算制度的草创、试办时期，但决不能讲北洋政府是无视乃至有意破坏预算制度的。周自齐与财政部在1914年拟定《会计法》中称：“洎乎近年筹备立宪，将全国财政彻底厘清，试办预算，从其外形观之，固已条缕分析，规订详明，以视前此之泯棼，确有进步。”“中央财政，乌可不有根本法律以为实行之依据乎？顾财政之施行，必以整理为前提，预算为中权，监督为后劲。自整理以达预算监督，有必经之手续，即应有一定之法规。”② 这表明，北洋政府试办预算，对财政制度的规范化、对管理制度的统一化是起到一定作用的，而且财政部是有志于为预算制度完善的。

有的学者提出预算制度的举办可分为三部分，即编制、议决与执行。就预算编制程序而言，我国自民初以来采取如下四步，即各省官署造具岁入、岁出概书分呈主管部，再由各部制定岁出概算书提交财政部；财政部就全国岁入及各部提交之全国岁出情况，汇总编订总概算书，提交国务会议；国务总理与各部部长公共决策，核定收支数目；各部遵照国务会议编制预算书，再统由财政部汇总编制总岁出入预算书。预算议决则必须经由立法机关即国会议决，而民国以来实际只有民国八年预算一次。至于预算执行主要有二：第一统一国库（金库），我国为委托中交二行代理之制，采用存款办法办理，已实际实行。第二制定审计、会计法规，明定预算出纳、支付执行制度。又预算执行须有预算追加制度，分为临时、经常门的“流用”问题也需有专门规定。③ 若就此观之，则民初预算制度除去立法议决程序未能完全施行外（实际上民二年度预算与决算及民国三年预算都曾提交国

---

① 《财政丛话》，黄远庸：《黄远生遗著》，第215—216页。

② 《财政部拟定会计法草案请议决呈》，中国会计学会会计史料编写组、中国第二历史档案馆编：《中国会计史料选编（中华民国时期）》第一册，第3页。

③ 《二十年来国家财政观》，诸青来：《求是斋经济论集》，中国图书服务社1938年版，第104—107页。

会，但未能议决)，在编制、执行程序方面财政部则是切实遵行预算制度举办原则。特别是周自齐、梁士诒任总长后，为预算制度的推行是做出切实有效的努力的。尤其是民国三年度预算的编制，“迨至三年，财政整理稍见就绪，由中央特开财政会议，各省选派熟悉财政人员来京将各该省出入款项，详细讨论，粗具端倪。岁入则切实整顿，岁出则力戒浮糜，由部分省核定，总计三年度全国岁入、岁出除省县地方款项剔除另计外，国家预算共计岁入三万七千六百万零六百四十八元，岁出三万五千七百零二万四千零三十元，出入相抵，尚有盈余。所有款项，均属核实，收入较多，支出较少，比诸二年已有进步”[①]。因此，对梁士诒、周自齐在举办预算制度方面的努力与成就必须予以客观的肯定。

四　国地税名目取消与规复解款

民国成立后，地方上延续前清旧制，继续举办地方自治，继续推行国家、地方税的划分。当时国地税划分之议再起，但争议颇多。1912 年冬财政部设调查委员会，为厘定国家政费、地方政费，国家税、地方税各项章程，派员赴各省磋商，而各省疆吏见解不一，故一时未实施。1913 年春，财政部改设国税厅总筹备处，订立章程，简放各省国税厅筹备处长，专管国家政费及税收事项。各省财政司则专管地方政费及税收事宜。初行之时就因事权不清而多有争议。是年冬与 1914 年初被迫稍事修正。[②] 按照 1913 年 11 月制定之《划分国家税与地方税法（草案)》规定，国家因中央及地方行政诸经费所征收之租税，为国家税。地方自治团体因处理自治事务诸经费所征收之租税，为地方税。国家税 19 类，计有田赋、盐课、关税、印花税、常关税、统捐、厘金、矿税、契税、牙税、当税、牙捐、当捐、烟税、酒税、茶税、糖税、渔业税、其他杂税杂捐。地方税 20 类，计有田赋附加税、地捐、商捐、牲畜捐、粮米捐、油捐及酱油捐、船捐、杂

---

① 《财政部统计科编：〈民国财政纪要〉》，中国第二历史档案馆编：《中华民国史档案资料汇编》第三辑（财政），第 139 页。

② 中国台湾教育部主编：《中华民国建国史（第二篇：民初时期）》（第 3 册），（台北）“国立”编译馆 1987 年版，第 1085 页。

货捐、店捐、房捐、戏捐、车捐、乐户捐、茶馆捐、饭馆捐、鱼捐、屠捐、肉捐、夫行捐、其他之杂税杂捐。将来应设国家税有7类，计登录税、通行税、遗产税、营业税、所得税、出产税、纸币发行税。应设地方税5种，计房屋税、国家不课之营业税、国家不课之消费税（以上三种为地方特别税）、营业附加税、所得附加税。财政总长得禁止征收不当或妨碍国家税之地方特别税，并不准征收田赋、营业、所得附加税分别超过30%、20%、15%之比例。“各省编制预算，凡地方（经）费纯以地方税支办有不足时，得呈请内务部核定，由中央补助之。”① 1914年，财政部对国税、地方税种类进行修正，国家税中取消了其他杂税杂捐与印花税，其中印花税列入将来新设税种。地方税种将入市税、使用物税、使用人税列入。并规定：“地方税之分配，由地方团体自定之，仍由该管地方官吏报国税厅查核。”②

同时，对中央、地方政费支出北京政府也加以厘定。依据1912年冬划定标准，国家费含14类，地方费含10类。“上列各款，均系财政部厘订国地政费之标准。至地方费内何者属于省，何者属于县及市乡，统由各级地方自治团体自行规定。二三两年度预算案均照此分编。”③ 但是北京政府划分国地税及中央、地方政费标准的政策虽有制定，却很快在1914年相继取消，其原因主要为以下两种。

其一，中央与地方为争夺税源矛盾尖锐，这是主要原因。周自齐与财政部指出上年（1913）财政部划分国税地方税，“原取分配出入，期于交济，乃行之一年，未收实效”。“查各省所划地方税，有将田赋正项拨入者，如因附加税不得过百分之三十分，竟将地丁、正耗及平余等合计作百三十分，而以三十分划入地方。有将向列奏销之数拨入者，如畜税等，前清会典皆列有收数，每年均办奏销，现乃划归地方之类是也。有将向供赔款之类拨入者，如陕西之加复差役，四川之肉厘等类是也。当国用日增之际，而向供军国之用者，反少于

---

① 《划分国家税地方税法（草案）》，江苏省中华民国工商税收史编写组、中国第二历史档案馆编：《中华民国工商税收史料选编》（第一辑上册，综合类），第743—746页。

② 贾士毅：《民国财政史》，第107—113页。

③ 财政部财政年鉴编纂处编：《财政年鉴》（上册），商务印书馆1935年版，第2—3页。

前，无惑乎财政困难。日甚一日。而地方税划分之后，所办自治、学堂、实业等，亦徒有其名，多归中饱。”故请取消划分地方、国税名目。凡现在此两类收入，均应解交各省主管财政官署，审度缓急，酌量支配。[①] 周自齐还称取消国地税名目，“总以财政可裕，国基可固为主”。除非将全国财政通盘筹划，另定支配，则财政无挽救之方，国家有破产危险。袁世凯批令准如所拟办理，由该部通行遵照。[②]

其二，袁世凯为加强中央集权，于 1914 年 2 月下令取消地方自治，是另一主要原因。“嗣以地方税划分之后，办理地方自治、教育、实业诸政徒具虚名，鲜有成绩，而国用日增，财政愈困，于是取消国地两税名目，改由主管财政官署统筹支配，所有各种税款，复行统一收支。”[③] 袁世凯下令取消地方自治后，全国商会联合会致函财政部与内务部，称商会自去年“赣乱”发生后，拥护中央统一之举，企盼中央在各省设立国税厅后，将各省苛细杂捐早为规定，杜绝自为风气，扰累商民。但现在中央既令停办自治，而地方政府仍未将各种自治经费停征，吉林、奉天、浙江、湖南等省，自货物厘金改归国税之后，竟将自治经费改变名称，纳入省公署为裨补行政之用。浙江将自治特别捐照旧征收。而财政部在 3 月答复浙江省竟然称地方自治停办，所收附加税应另款存储，以弥补国税不足，待将来地方制度厘定后，再行拨归地方备有。商会联合会提出自治既已停办，断无存在经费理由，尤难改为国家税。提出将厘金、自治特别捐中除去房捐、警捐二项外，其余杂捐一律取消。但财政部在 5 月答复称：“值兹国家政费与地方政费均形竭蹶之际，谅均乐输捐款，顾全公益。其已经报部及未经报部之各项杂税杂捐，悉为维持政费必要之收入，万难遽行停止。至各项苛细陋规，现值整理税务之际，自应通饬各征收机关严行革除，以纾民困。该商会所请通电各省停止各项杂捐之处，碍难照准等因。”[④] 这表明袁世凯停办地方自治，对

① 《中国大事记：财政部取消国税、地方税名目》，《东方杂志》1914 年第十一卷第一号。

② 《财政部奉准取消国地税名目咨》，中国第二历史档案馆编：《中华民国史档案资料汇编》第三辑（财政），第 1235—1236 页。

③ 财政部财政年鉴编纂处编：《财政年鉴》（上册），第 2、6 页。

④ 《全国商会联合会为各省请停征杂捐案与农商部往来文件》，中国第二历史档案馆编：《中华民国史档案资料汇编》第三辑（财政），第 1663—1665、1666 页。

国税、地税划分有着直接影响。这意味着地方以办理自治事业名义通过地方税名目筹集款用的途径被堵塞，但这笔税费并未停征，周自齐与财政部的目的仍是将其继续保留，而转移为挹注中央政费所需，体现了财权收束中央的趋势。

国、地税名目取消之前，周自齐在1914年3月举行的全国财政会议上，已明确："议题即为大总统提交之规复各省认解洋、赔各款问题。"周自齐在接见各省财政司长、国税厅长或各省代表时，特提出三大问题，即预算能否照概算办理；各省军事财政预算按年递减能否办到；各省赔款项下，除去应解中央归还各国外，能否多解。"各省财政界按照本省情形，各抒己见以待将来会议。闻俟接见各省财政司等后，即在财政部开会议。有头绪后，在总统府开大会一次取决云。"①

"财政部此次会议之事项虽有推行新税、整顿旧税之各种，而其目的则在须照宣统二年各省解款之数接济中央。"② 会议结果，拟令各省目前收入之数与前清时收入之数比较，超过则最妙，否则亦不可过于短少。至于支出，应照收入办理，详细比较，以减少为妙。收入、支出两种比较就绪后，然后再将各省军政费限定数目照数减少。如清理得法，贫瘠地区可以自给，富饶之区必有盈余，所余之数解归中央以备应用。各省军政两费当斟酌得益，或多或少，以各省情形为断。"闻以上所议办法不久将通告各处长官遵办矣。"③

该年5月举行的财政会议上，袁世凯对各省代表训词，称："夫中央为国家根本，中央不能巩固，则大局阽危，各省安能独完?！故各省当以拥护国家者拥护中央，万不可狃于偏见但知自顾，必须与中央联合一气，如手足之捍头目，庶几群策群力，国赖以存。""诸君于财政讲求有素，尚其依据中央政府所定计划设法进行，以匡危局。此则本大总统所日夕企盼者也。"④ 周自齐随后致辞，称上年梁士诒代理部务，已将开源节流办法及中央办理财政困苦情形，向各省痛切说明。此次奉大总统令召集财政会议，以为民国生死存亡关键所系，

① 《中央各省间之财政观》，《申报》1914年3月15日。
② 《财政会议未来争点》，《申报》1914年3月18日。
③ 《政府理财记》，《申报》1914年3月23日。
④ 《总统致财政会议委员训词》，《申报》1914年5月14日。

期望与各省相见以诚，挽此危局。对于理财办法，周自齐首提解款制度，称前清协解旧额，各省至今多难照顾，偶有一二协助省份，款项无多，杯水车薪。中央不得已而仰需外债，饮鸩止渴，无可奈何。经本部通令各省，将认解数目切实筹解，以舒国用，而认解者只有江苏、浙江、奉天等数省。本部之前考虑与地方情形稍有隔阂，未便强令筹款。此次财政会议，各省与议人员均能力顾大局，已有直隶等十二省愿意认解。“尚有数省正在计划，未据答复。合计节省增收之数约在七千万元以上。各省果能于节省增收之中腾出认解之款接济中央，则在各省平均计算不过按月紧凑三四十万元，筹措终易为力，而中央得此已可不借外债，岁计虽尚不敷，要不致亏短过巨。若再设法开辟财源，计亦可支持危局，决无永久不能自立之理。此深望各省承认解款之大概也。”[①]

周自齐与财政部还比照 1910 年，规定各省解款数目，其中云、贵、桂、甘、新五省为受协省份，免其认解。江苏、湖北各认解 900 万两，四川 800 万两，广东 1000 万两，浙江 600 万两，湖南、河南各 475 万两，安徽、福建各 260 万两，直隶 200 万两，东三省共计 240 万两。[②] 有学者评价财政部规复解款意义，认为适逢欧战爆发，唯赖外债以支持财政的中央政府颇感困难。不得已一方面削减各部冗费，另一方面严厉催促各省解款，贫瘠省份如新疆等概行免除，其他各省定额分为五等，合计有 3640 万元。而后又将烟酒税（含烟酒牌照、烟酒增收两项）、印花税、契税（含验契、契税增收两项）五项新设税种列为五项中央专款，加之此后政局稍定，经费有定额，且各地方畏袁氏威势，对于中央解款不敢截留，故经常费出入尚能相抵。[③]

解款规复对于改善北洋政府财政状况起到极大影响，可以通过比照 1914 年与 1915 年情况加以说明。1914 年各省实际解款数目至该年 6 月统计，直隶已解 15 万元，黑龙江 8000 元，江西、福建、吉林各

---

① 《周自齐致词》，江苏省中华民国工商税收史编写组、中国第二历史档案馆编：《中华民国工商税收史料选编》（第一辑上册，综合类），第 961—962 页。

② 《各省解款中央数目之分配》，《时报》1914 年 4 月 6 日。

③ 罗介夫：《中国财政问题》，第 75 页。

10万元，奉天9400元，安徽20万元，河南394000元，湖北40万元，山西464416元，湖南55万元，浙江60万元，四川612754元，江苏164万元，山东177万元。江苏、山东独多，该两省国税厅长特奖给二等嘉禾勋章。[①] 此时为解款规复初期，解款系按各省预算盈余之数为额，专款系以印花、烟酒牌照、验契、契税增收、烟酒增收五项预算所列之数为额。"迨至民四，复离预算而另与各省商定，呈请施行。维时政权统一，日臻巩固，各省于解款专款均能按期照解。积威之下，固不免立法过严，致启商民之訾议。然中央赖有大宗之收入，财政已呈健全之象。查四年份国库实收表，各省所解中央专款，其实收数已达一千八百七十四万七千五百余元，各省所解中央款项亦达一千七百九十五万六千九百余元，两共计银三千六百余万元，实为中央收入之大宗。在元二各年，中央因各省解款不足恃，先后举债至四万万元之多，所有政费无一不专恃外债为来源，中央收款机关亦几以外资为收入之大宗，识者病之。洎于四年，中央稍形发展，解款与专款两项既达三千六百余万元之多，再加其他各项收入归纳并计，收支亦差可适合。"各省1915年解款情况下附表说明（表4－2）。[②]

表4－2　**各省1915年借款情况表**

省别	解款额（单位：万元）	五项专款额（单位：万元）
直隶	20	20
湖北	100	87.53
江西	216	203.92
陕西	60	60
山西	100	100
山东	120	90
江苏	300	312.16
湖南	120	113.02
福建	116	103.64

① 《本年各省解款之详数》，《时报》1914年6月18日。
② 财政部财政年鉴编纂处编：《财政年鉴》（上册），第3页。

续表

省别	解款额（单位：万元）	五项专款额（单位：万元）
浙江	306	308.83
广东	420	232
四川	300	267.86
合计	2178	1898.96

通过比较，可以看到在1914年解款规复初期，各省认解数额与1915年相比有极大差距，这是由于袁世凯的“威势”和周自齐与财政部的督促与努力，使得各省解款数目有了剧增。解款对于中央财政的作用，从以前的“不足恃”变为了“大宗之收入”，彻底改变了中央财政收入结构，而财政收支状况也从过去赤字财政，仰赖外债转变为收支基本平衡了。1914年在财政整理之前，很多人对于北洋政府通过恢复解款改变财政收入现状多不抱乐观态度。如黄远庸就称加赋与加税为以后政府主要财政手段，而“地方解款在今日其绝不能如预计也可知”①。而事实是解款制度不仅得到有效规复，而且对中央财政状况好转起到了积极的、重要的作用。这不能不讲周自齐与财政部在其间起到了重要作用。但就近代财税制度变革而言，清末以来一直在朝向中央、地方两级财政与税收制度这一方向发展，民初财税制度也一直在沿着这一轨道继续变革，1914年以后北京政府规复解款制度不啻是重又倒退至高度集权的中央财政体制。

五　会计与审计制度

（一）会计制度

官厅会计制度主要包含机构设置，预算、决算、金库保管、特别会计、公款出纳等管理制度。其中预算、特别会计制度前已有介绍，这里不再重复。

依照1914年7月颁布的财政部官制，财政部设总务厅，管理本部经费，并各项收入之预算、决算及会计；稽核直辖各官署之会计。

① 《时局》，黄远庸：《黄远生遗著》，第287页。

会计司职掌如下事项：总预算、决算事项；特别会计预算、决算事项；主计簿登记及各种计算书检查事项；编制岁入岁出现计书事项；支付预算事项；预备金支出事项；金钱及物品会计事项；公共团体岁计事项；其他会计事物。[①]

按照1914年10月公布的《会计法》，财政部与财政总长得有以下职责，即预算定额之使用，由财政部对于国库法支付饬书。财政部依法令规定，得委任官署发支付饬书。财政部及其所委任之官署，如非对于国家正当债权人或其代理人，不得发支付饬书。由财政部委任主务官署及政府指定之银行发给现款时，得发预付之饬书，含以下款：国债本利、各省自办工程、军队及军舰、在外公署经费、交通不便及未设国库地方支付经费、各官署常用经费不足5000元者、不确定办公处所经费、各官署直接自办工程其主务官支付不超过一万元者。[②]《会计法》与财政部官制在会计制度方面规定了周自齐与财政部在预算编制，现金支付、出纳等方面的职责与权限。"民国三年颁布《会计条例》，旋经参政院议决，改称《会计法》。而国家出纳之规章殆包括靡遗。"《会计法》颁布于财政、会计制度方面得有四种效用，即：第一，"于年度及整理期间，均系概括规定，而一切收支得资为整理之据"；第二，于预算"刊有专章，编制有格式，递送有定期，可免混淆之弊，得收明确之功"；第三，"今《会计法》于收入，以法令所定为准，此外不得浮收。于支出，只可就预算定额支配。其工程、买卖、贷借三项，复须公共招人投标，而旧时浮滥之病，藉以杜绝"；第四，"于审核决算，规定綦详，藉预算以资比较，考事实以辨真伪，群情毕露，事归实在"[③]。有学者评价北京政府在1914年曾颁布《中华民国约法》，专设会计一章，"这是中国第一次把会计列入根本大法"[④]。这与《会计法》的颁布均体现了袁世凯、周自齐等北洋政府统治者对会计问题的高度重视。

---

① 《大总统申令》，《政府公报》1914年7月11日第783号。

② 《大总统公布会计法令》，中国会计学会会计史料编写组、中国第二历史档案馆编：《中国会计史料选编（中华民国时期）》第一册，第32—33页。

③ 贾士毅：《民国财政史》，第1217—1219页。

④ 赵友良：《中国近代会计审计史》，上海财经大学出版社1996年版，第9页。

周自齐在财政总长任上对会计制度完善还有以下几点。首先是规定岁入、岁出会计年度规则。1914 年 3 月财政部规定，岁入所属年度，凡定期收入，属于该期末日之年度，公债、契约为付本、计息之日；征收地丁暂以当年下忙（农历八月至十一月）及翌年上忙（农历二月至五月）合为一会计年度。岁出方面，公债本利、赏恤款为发款日之年度；官俸、薪水、旅费、津贴属发款事实上年度；官署建筑费、杂费及购买物品属契约订立或定期付款之年度；交还及追缴款属决定交还或追缴年度；各年度所属岁入、岁出及金库出纳日期，以翌年 8 月 31 日为限。依《会计条例》规定，欲将经费定额或剩余经费转入次年使用者，须在翌年 7 月 31 日前报经财政总长批准。①

至各省金库管理，财政部在 1914 年 3 月、6 月两次通令各省巡按使与财政厅报告办理金库情形，至 11 月除八省办理分金库外，委托中交二行陆续接收。周自齐与财政部强调："尤有进者，统一财政固以推设金库为急务，而征集各省收支报告尤为入手之要图。现拟由部通饬已成立之分金库暨代办金库机关与附设金库之官署，将各该省库款收支数目按日填表送部，即由本部另设专簿登记，借以察核全国库帑之盈虚，而定整理财政之方针。"② 财政部还与中交二行订立代行金库暂行章程，其中关于会计制度特别规定，金库应设账簿种类、出纳细则及金库检查规章依照财政部令明定。此外财政部与交通部还会定四政特别会计出纳制度。并明确中交二行其金库保管款与营业资本必须分别存储、登记，在财务上不得混用。③1914 年年底，周自齐与财政部又通饬各知事，称各处解款，"往往不将金库收据照章缴纳，以致款目、金额动辄与金库报告不符，转展行查，徒费时日"，要求各处必须将金库收据与税款同时缴纳，

① 《财政部制定划分岁入岁出所属会计年度暂行规则》，中国第二历史档案馆编：《中华民国史档案资料汇编》第三辑（财政），第 25—26 页。

② 《中国大事记》，《东方杂志》1915 年第十一卷第六号。

③ 贾士毅：《民国财政史》，第 1285—1287 页。

“以昭划一，而免歧误”①。

1914 年 10 月，周自齐呈准大总统袁世凯批准，颁布《掌司公款人员征缴保证金施行细则》。条例规定保证金缴纳标准：掌司公款征收人员，每年金额在 10 万元以上者须缴纳年薪（下同）十二分之三；每年金额在 5 万元以上者，须十二分之二；每年金额在 5 万元以下者，须十二分之一。掌司官款保管人员，金额在 10 万元以上者，须十二分之三；金额在 5 万元以上者，须十二分之二；金额在 5 万元以下者，须十二分之一。掌司官款支应人员，每年金额在 15 万元以上者，须十二分之二；每年金额在 15 万元以下者，须十二分之一。并规定各官署，“应缴纳保证金者，其金额由各该主管部规定后，咨送财政部查核”。保证金可以现金或公债票缴纳。此为保证金缴纳至规定。又规定对于已缴之保证现金，应给予相当利息，其利率为 3 厘。保证金利息发放为每年的 6 月 30 日。保证金由主管长官发给凭证送交掌理国库之银行保管。“各该主管长官对于主管保证金额及缴纳人员数，每年度分为四期，每期应照第八号书式填写某期现存款项表，于次期十五日内报告财政部。”② 此为保证金管理之规定。

在出纳制度方面，为根除当时各机关因现金往来币制不一而造成的混乱，周自齐在 1914 年 11 月特咨文各机关，称：“应请嗣后领款，除关于订有契约以银两计者，应概用银元计算，以符定议，而期划一。”③

（二）审计制度

《审计法》于 1914 年 10 月由袁世凯以大总统令形式公布，同年 12 月公布的《审计法施行规则》规定：各官署应于每月 5 日以前，依议决预算定额之范围，编造次月支付预算书，送由财政部查核发款

---

① 《财政部关于报解税款应随缴金库收据致各省财政厅饬》，《税务月刊》第 2 卷（1915 年）第 14 号。

② 《大总统为准财政部拟订掌司公款人员征缴保证金施行细则批令》，中国会计学会会计史料编写组、中国第二历史档案馆编：《中国会计史料选编（中华民国时期）》第四册，第 2964—2968 页。

③ 《财政部关于请领款项除订有契约外一律用银元计算咨》，中国会计学会会计史料编写组、中国第二历史档案馆编：《中国会计史料选编（中华民国时期）》第一册，第 35—36 页。

后转送审计院备查；其在各地方之官署，应依前项规定，将次月支付预算书，送由财政厅查核发款后，详由财政部转送审计院备查。金库应于每月开始后十五日以内，编成金库收支月计表，连同证据，送由财政部或财政厅核定后，转送审计院审查；财政厅为前项之核定，详送审计院时，应即详报财政部。财政部应与年度开始后八个月以内编成岁入、岁出决算报告书，送主管部查核（国外各官署同）。各省各特别区域及蒙藏等处各官署，应于年度开始后三个月以内，编成岁入岁出决算报告书，送财政厅或财政分厅汇核，于年度开始后六个月以内，编成全省或全区域岁入、岁出决算报告书、送财政部全汾，并分送主管部查核；未设财政厅或财政分厅之处，由行政长官查核编送。各部应于年度开始后八个月以内，编成所管岁入决算报告书、主管岁出决算报告书及特别会计决算报告书，送财政部查核。但云、贵、甘、新、川、桂六省之决算，得展限一个月，蒙藏等处之决算，得依特定期限，另案编送。财政部应于年度开始后十个月以内，汇核各部及本部决算报告书，并国债计算书，编成总决算，连同附属书类，送审计院审查。但关于蒙藏等处之决算，得另案编送。①

1915年2月，周自齐呈文大总统，称《审计法施行细则》系概括规定，现审计院请各官署分别解释，查照执行。经审计院与财政部往返协商，规定如下：各官署编造收入、支出月计算书时间不包含递送时间。各机关与地方应在计算书编订后，由主管或上级官署审核并递送审计院。编造财政计算书，应以独立征收局、所为单位，其附属各分局、卡，应归并于其所隶属机关。计算书无论收入、支出需按照性质分别编造，应将本机关经费列为第一项，将各项所属之薪俸、办公、杂支等类，均列作目，仍至节为止。②

审计制度确立后，财政部严格遵行审计法规，遇有财政上重大事务，均积极与审计院沟通协商。如1914年7月，财政部为以漕米接济京师一带，与通济运米公司订立合同，运购50万石大米，为方便

---

① 《大总统申令》，《政府公报》1914年12月8日第932号。

② 《财政部印送审计院关于解释审计法施行规则之送递期限及核转程序咨呈》，中国会计学会会计史料编写组、中国第二历史档案馆编：《中国会计史料选编（中华民国时期）》第一册，第449—451页。

这宗粮食运输，财政部特别给予护照，减收厘金及火车运费，可借铁路等部门仓库囤积。因此该商在投标之时，自行承认报效不得少于2.5%。由于数目极大，且运费只收七五折，厘金减少十分之三，对于米质有较高要求，因此财政部除与顺天府、内务部、交通部、农商部接洽外，并与审计院随时斟酌修改施行办法。[①] 再如，财政部举借民国三、四年内债，“为整理金融补助国库，所收债款十之八九用以还前清及民国长短期内外债，均有专册可稽，并经审计院逐项审核”[②]。民国三年内国公债，每届还本付息日以前，由财政部、交通部会同呈请大总统特派肃政史二员，审计院审计官二员前往公债局及中国、交通两行稽查此项债款账目，并检查还本付息之款。[③] 1915年初周自齐与审计处总办章宗元向平政院控告江苏承领八厘公债，报销不实。都督程德全与民政长应德宏将债券余款361万抵押银行，收买日晖呢厂，收购前未报部，收购后又以生产军用品请发给利息，伪造报销，有侵吞意向。应将应德宏严拿，程德全以失察论处。[④] 这都表明周自齐严格执行审计制度。

第三节　外债的举借[⑤]

一　梁士诒与外债举借

（一）财政部借款

在1913年5至9月，梁士诒署理财政总长期间，由其负责举借的外债主要有三笔，详情可见表4－3说明。[⑥]

---

① 《农商总长张謇、内务总长朱启钤、财政总长周自齐、交通总长梁敦彦呈遵议招商投标承运米石办法请训示施行文并批令（附单）》，《政府公报》1914年7月4日第776号。

② 《国务院为有关外债之质问复众议院咨文稿》，财政科学研究所、中国第二历史档案馆编：《民国外债档案史料》第一册，第87页。

③ 中国银行总司库：《内国公债汇览》，京华印书局，第13页。

④ 《中国大事记》，《东方杂志》1916年第十二卷第三号。

⑤ 本节所讨论的外债主要为梁士诒与周自齐在财政部期间举借的财政与币制借款。交通外债在第二章已有介绍，兹不再涉及。

⑥ 毛知砺：《梁士诒与民初财政》，朱传誉：《梁士诒传记资料》第三册，第112页。

表 4-3　　1913 年 5—9 月梁士诒举借的外债

借款名称	债权国	原定债额	借款用途
瑞记第三款	奥地利	三十万英镑	订购钢材借款
奥国第一款	奥地利	一百二十万英镑	订购军船借款
奥国第二款	奥地利	二百万英镑	订购军船借款

以上三笔借款成立于二次革命前后，三笔借款一半订购军械，另一半充作军费。[①] 这三笔借款，“故可断定与赣宁之役（二次革命）有直接的关系；其二，借款在善后大借款之后，奥国为债权国，奥不属于善后大借款的五国银行团，或藉以避免民怨再生。然而奥国借款未经国会同意，于法理不合，故引起国会议员的咨议”[②]。

在三笔借款发生期间，还有一件颇为引人注意的事件。1913 年 6 月梁士诒致函外交部，称接国务院抄送民主党湖南支部来电，江西独立后，湖南政府急与日本旭公司借款 1000 万元，将贿买省会通过，请外交部速向日本公使探明虚实并力阻之。此后外交部来函称法国驻华公使康悌认为各省纷纷向外人借款，倘任各省自借，以矿产等为抵押，于将来中央政府信用实在大有不利。对此，梁士诒表示，当严格遵照 1912 年 11 月大总统命令，嗣后关于借款事宜，应由财政总长一手经理，以专责成而杜纷歧。并由本部转达各国公使查照。嗣后，无论京外各处，何项借款，非由财政总长签字不能生效。[③]

1913 年 8 月梁士诒就外债问题答复国会议员质询，称辛亥以来旧债难以照付，新债又繁多。而且新债无不息重期短，从前各省所借因辛亥以后未能筹付，请求中央代还债款达数千万。于是中央近年所付债额较前骤增数倍。1913 年起至 1914 年 6 月，需付外债 13000—14000 万元，内债 2600 余万元，过期未付债款 1100 余万元，而善后借款应还之债尚不在内。至于海关税款，1911 年秋至 1912 年底所有收入，只能勉强应付前清欠款，余款仅敷庚子赔款六个月之用。1912

---

① 财政部财政年鉴编纂处编：《财政年鉴》上册，第 7 页。

② 毛知砺：《梁士诒与民初财政》，朱传誉：《梁士诒传记资料》第三册，第 112 页。

③ 《财政部为查询有无未经允准自借外债致各省电》，财政科学研究所、中国第二历史档案馆编：《民国外债档案史料》第一册，第 76 页。

年5月起应付赔款，仍须另在善后借款项下扣付。另以外债收回南京政府所发军用钞票4498000元以上，未收者不过1000余元。并将1914年6月以前应付各种长、短期债款，编有预算草册一本，短期债款报告册一本。举凡外债数目、内债数目及名称、债额及起债时期、利息抵押，均详细载明。①

纵观梁士诒以总长身份举借外债，主要目的为扑灭国民党在南方各省军事力量，借款性质与作用为军费借款，是完全服务于袁世凯的集权统治的。同时在二次革命前后这一特殊时期，由于中央军政费用需要优先保证，同时政府偿还内外债压力极大，财政形势严峻，故而对各省自借外债严加限制，其中对于湖南、江西、安徽等与中央对立省外债举借尤其反对。政府的还债压力使得梁士诒将整理财政、积极扩大财源作为了应思考、解决的主要问题，由此带动了民国三、四年的财政整理之举。

（二）批准各省与各官署借款

梁士诒署理财政部期间，还批准了各省及中央各部多项借款。主要有以下几笔借款：其一，奉天省向日本满铁借款一事。1913年3月，奉天都督张锡銮以该省财政枯竭，军费、政费无着，向满铁借日款60万元，折扣九六，年利息六厘，以省城电灯厂、电话局、开埠局房地为抵押，期限一年。梁士诒接奉天来电后，答复称奉省需款孔急，向满铁借款系不得已办法。且此系省债，有省会议决，即可照办。中央因五国借款合同关系，不便正式核准，希查照合同，不相牵连为盼。②

其二，奉天格林生银公司借款。1913年6月奉天因军饷不敷，向格林生银公司息借大洋200万元。九五折扣，周息七厘，期限一年，以全省丈放伍田田价为担保品，准允该公司派员稽查田价征收。如若奉天省不能按期偿还借款，则另订新合同由公司派员代为征收。该合同除由张锡銮与格林生银公司代表签字外，由任凤苞代

① 《财政部关于筹付外债情形答众议员质问稿》，财政科学研究所、中国第二历史档案馆编：《民国外债档案史料》第一册，第76—77页。

② 《财政部为满铁借款系省债可由省议会议决复盛京都督电》，财政科学研究所、中国第二历史档案馆编：《民国外债档案史料》第四册，第517页。

表交通银行作为见证人签字，而梁士诒以财政总长身份认可签字。[①]该项借款在1914年6月一年期满后，另订借款展期合同，依据前合同规定格林生银公司得派员征收田价。该合同除张锡銮与该公司代表签字外，梁士诒与周自齐分别以交行经理、财政总长身份见证与认可签字。[②]

其三，清华学校美国卡利基借款。1913年6月，清华学校因办学经费及留学学务经费无着，由驻美监督黄鼎向资本家卡利基商借20万美元（实际收到6万美元）。该借款为“私际交涉”，无利息，无合同，不发债票，专助学务。该借款由外务部转呈财政部“查照酌夺”，财政部批准借款。[③]

其四，海军部1913年日本川崎船厂订购炮弹欠款。该项借款为海军部发起，“近因江西事变（二次革命），军火尤为急需。兹与日本川崎厂代表冈田晋太郎订购弹合同，共计实价日金三十三万四千三百百八十一元十九仙，分三批交付，其第一批三分之一计日金十一万一千四百六十元三十九仙，应于合同签字之日付给现款，作为定银”。其余两批则分别以六十、七十天为期发给期票偿还。梁士诒在1913年7月致函海军部称：海军部因江西事变（二次革命）拟添购军火，本部曾函达贵部，请向奥地利订购，便于在已举借的奥款购船购炮项下支出，可免另筹巨款。现贵部既已先向日本川崎厂订购炮弹，并立有合同草稿。事关军用，本部应即赞同办理，以应急需。并准于1913年9月6日，由财政部照合同所载金额照付现金。第二批、第三批欠款分别在1914年2月、4月由周自齐下令偿还一清。[④]

---

① 《奉天格林生银公司借款合同》，财政科学研究所、中国第二历史档案馆编：《民国外债档案史料》第四册，第524—525页。

② 《奉天格林生公司借款展期合同》，财政科学研究所、中国第二历史档案馆编：《民国外债档案史料》第四册，第525—527页。

③ 《清华学校向美资本家卡利基借款事致外交部函》《外交部关于卡利基及罗克福乐借款事致财政部公函》，财政科学研究所、中国第二历史档案馆编：《民国外债档案史料》第四册，第535—536、524—525页。

④ 《海军部抄送川崎船厂购弹合同并请迅定交款日期致财政部公函》《财政部赞同向川崎厂订购炮弹复海军部函》《财政部发给川崎厂第一批炮弹价款期票票式》，财政科学研究所、中国第二历史档案馆编：《民国外债档案史料》第四册，第576—579页。

其五，批准山东德华银行借款。1913 年 8 月，因山东军需紧急，山东民政长周自齐向德华银行商借规银 65 万两，周息六厘，九七五折扣，以津浦路股票及胶济路股票、红利为担保。梁士诒复函周自齐称："查该省现向德华银行抵借短期款项六十五万两，系暂时救急之举，尚可照准。惟前项抵押品之各种股票、红票，本从五国借款项下由中央政府代为划还应行收回之件，所有抵押品当然属之中央，此次暂移作抵押之用，自可照行。"借款交付时，因国内发生战争，财政部需款甚急，将所借之款全部用完。1914 年 9 月借款到期时，由于未能拨还，经山东巡按使与德华银行商议展期，银行提出：还清本年利息，改周息六厘为月息七厘及增加抵押品等条件，均转经财政部同意，并由部将民国元年六厘公债票 35 万元作为续交押品。嗣后银行持票要求兑息，财政部未予同意。①

以上几项借款，除去清华学校借款之外，其余借款从其用途上看主要为军费与政费借款，其中川崎船厂借款与镇压二次革命直接相关。奉天省的两笔借款为地方借款，按照梁士诒与外交部的命令，各省借款必须经过财政部批准方可成立，但梁士诒反对湖南军事借款的同时，却批准了奉天省军政借款，概因奉天为北洋集团所控制。

二 周自齐与外债举借

（一）以总长身份举借外债

周自齐在两任财政总长期间，由其作为借款者或经手人举借外债（不含交通外债）主要有以下 11 笔，详情见表 4－4 说明。②

---

① 《财政部济南德华银行借款》，财政科学研究所、中国第二历史档案馆编：《民国外债档案史料》第四册，第 559—560 页。

② 徐义生：《中国近代外债史统计资料（1853—1927）》，中华书局 1962 年版，第 124—125、130—133 页。《财政部北京道胜银行透支款》《奥国第三次借款》《广东整顿纸币五国银行团垫款》《狄思银行借款》《财政部德华银行垫款》《财政部华比银行借款》《财政部东方汇理银行借款》《奥国展期借款合同》，财政科学研究所、中国第二历史档案馆编：《民国外债档案史料》第五册，第 73、103—110、135—142、148—157、183—188、191—193、213—214、446—452 页。

表 4－4　周自齐经手的 11 笔外债

时间	借款名称	贷方	借款额	利率	期限	担保	条件	用途	备考
1914. 8. 7	财政部比证券银行借款	比证券银行	40 万英镑	年息 5%	四年	田赋及关税余款		政费	以内国公债票在比利时证券市场销售垫款
1914. 2. 14	美孚石油公司借款	美孚石油公司	3500 万美金（拟借）		—	陕西延长石油及热河建昌油矿	由中美各出资一半共一亿元，组织中美实业公司	开采延长石油及建昌油矿	未成立
1914. 5	第二次币制改革借款	五国银行团	1500 万英镑		—	盐税及关税余额		币制改革及兑付钞票，偿还短期借款及充作政费	6 月谈判减为 750 万英镑，未成立
1914. 3. 21	北京道胜银行透支借款	道胜银行	公砝银 75 万两	周息 7%	一年	以五厘周息国库券换交该行	财政部将该行北京、天津、汉口、等行损失十七万四千五百四十八两悉数担任	政费与偿还道胜银行损失	该行透支借款于财政部，一切契据及担保品移交财政部，该行在辛亥革命后一切损失取消
1914. 4. 27	奥国第三次借款	奥国银行团	50 万英镑	年息 6%（九二折扣）	五年	契税	预扣 267864 镑购置史高德厂军械	购置军械	

续表

时间	借款名称	贷方	借款额	利率	期限	担保	条件	用途	备考
1914.7.17	广东收回纸币五国银行团垫款	五国银行团	300万元（拟借，实收250万元）	—	一年	盐税余款		收回广东纸币	
1914.8.7	狄思银行借款	狄思银行	40万英镑	年息5%	四年	田赋及加征关税	半年支付一次利息一万镑及经手费275镑	收回临时南京政府八厘债票及弥补狄思银行损失	双方同意以五厘债票收回南京八厘债票并付赔款一宗，以偿还银行损失
1914.12.29	德华银行垫款	德华银行	公砝银1707700两	年息九厘五	六个月	以善后借款存于柏林之556万马克为担保	加手续费5%	行政费	
1915.1.1	华比银行借款	华比银行	规元175万元	年息七厘	七个月	财政部发行25万英镑国库券为抵押	每六个月结算一次	筹还到期外债	由财政部委托交通银行总理梁士诒办理
1915.2.6	东方汇理银行借款	东方汇理银行	50万两	年息五厘	三个月	交行沪行担保		不详	由交通银行上海分行代办
1916.6.9	奥国借款展期借款	奥银行团代笔瑞记洋行	1233000英镑	年息八厘（九二折扣）	五年	契税	各国可免除中方订购军需品迟付之罚金	归还奥国三次借款、向瑞记洋行及史高德厂订购军用品款需	

周自齐以财政部名义举借的 11 项借款中，主要为政费、军费用途，用于归还旧债、外国人损失的也占到近半数，但用于实业发展及币制改革的也有 3 项。

（二）批准各官署外债

1. 海军部正金银行库券抵押借款。1911 年 7 月，清政府海军部向汉口扬子公司定制炮舰，欠付第 2 批及预付第 3、4 批船费，共合洋例银 116733.3 两。1913 年 2 月，海军部与扬子公司订立合同，以国库券抵偿船费，经国务会议议决照办，并由财政部发给库券。1914 年 1 月，扬子公司因购配材料等物，需款甚急，拟以库券向正金银行汉口支店押款。该行提出验收炮舰时，须由财政部照券面拨给现款，方可允借。财政部则以库券到期时能否全数照付，殊难预定，并经银行同意，如到期不能照付，准在到期日起 3 个月内凭券照付。公司乃于同年 2 月 16 日向该行押借洋例银 8 万两，1 年为期，年息 6 厘。后商展 3 个月。此项库券本息款汉平银 108731.23 两及展期利息 679.19 两。

1914 年 2 月与 5 月，财政部两次致函正金银行，称该项借款不能按时归还，请展期支付。拟在五国银行团第二次善后借款成立后，将本金及展期利息共计十二万三千七百三十七两二钱九分八厘一并归还。[①] 此项借款 1915 年还清。

2. 热河瑞记洋行借款。1914 年 5 月，周自齐奉大总统袁世凯命令，照热河都统姜桂题恳请，将前任都统熊希龄所订瑞记洋行第一批毛瑟枪弹应付银两，批准照解款合同如数拨付，按凭单共四批合计 11180 余两。[②]

3. 陆军部布来德公司订购造枪机器借款。1914 年 4 月，陆军总长段祺瑞致函周自齐，称与美国布来德公司订立合同，购置造枪机器，共计美金 1129500 元，合同成立后需付 10 万元。除呈明大总统鉴核外，请查照付款期限如期措备，并请密复。此事经函财政部后，

① 《财政部为偿付库券款问题与正金银行往来函》，财政科学研究所、中国第二历史档案馆编：《民国外债档案史料》第五册，第 69—70 页。

② 《陆军部抄送交款凭单致财政总长公函》，财政科学研究所、中国第二历史档案馆编：《民国外债档案史料》第四册，第 589—591 页。

“按照合同分月付款，历经汇付各在案”①。

4. 教育部北京大学华比银行借款。1914 年 5 月，教育部因需款急切，以北京大学房屋、图书、器材为抵押向华比银行续借公砝银 10 万两。合同明定此项合同须经财政部认可并须由外交部照会比国公使。教育部随即将合同送达财政部查照签字盖印，后报告财政部该部另造三年度预算书及追加十一月份支付预算书，现已送达财政部并请该部将六个月应还利息归还华比银行。②

5. 陆军部捷成洋行借款。1914 年 6 月陆军部向捷成洋行订购各种炮弹。财政部奉袁世凯之命，该项费用由部发给洋行。财政部致函陆军部称：“查前项炮弹价及补给保险费银八十二万一千八百四十五马克八十八分，目前库款奇艰，无现可拨，只可分期发给期票，以全信用。”财政部随后致函捷成洋行，拟在 8 月、9 月、11 月分三次将该款以期票形式支付。③

6. 呼兰糖厂德华银行垫款。1914 年 7 月 7 日，哈尔滨呼兰糖厂与北京德华银行订立垫款俄币 10 万卢布合同，年息 8 厘，并给经手费半厘。合同订明此项借款本息、佣金应于 1914 年 11 月 30 日归还，并经民国政府财政总长证明担保，并附有保单签字盖印作为本合同一部分。④

7. 发达汉口商场借款。1914 年 9 月汉口建筑商场督办公署与伦敦三妙尔公司（由怡大洋行代表）签订发达汉口商场借款合同。债额英金 1000 万镑，年息 5 厘，期限 45 年，前 10 年仅付利不还本，次 5 年每年还本 2%，以后 30 年每年还本 3%，94 折扣，以所举办工

---

① 《陆军部布来德公司机器欠款》，财政科学研究所、中国第二历史档案馆编：《民国外债档案史料》第五册，第 99—100 页。

② 《教育部为续借华比银行款项事致财政总长公函》、《教育部催拨半年利息致财政总长咨》，财政科学研究所、中国第二历史档案馆编：《民国外债档案史料》第五册，第 113—114 页。

③ 《财政部关于捷成洋行炮弹价等款分期发给期票事复陆军部咨》、《财政部发给捷成洋行期票》，财政科学研究所、中国第二历史档案馆编：《民国外债档案史料》第五册，第 120—121 页。

④ 《德华银行垫款合同大要》，财政科学研究所、中国第二历史档案馆编：《民国外债档案史料》第五册，第 133 页。

程、所置产业及工程计划内各项收入为担保。合同规定，签字后可请公司垫款，数目不少于100万镑，年息6厘。若三妙尔公司不交付借款，合同即行作废。又规定合同签字后一年，三妙尔公司如不能实行，签字期满一年后，商场有随时废止合同之权。因欧战影响三妙尔公司未能发行债票。至1916年2月6日，始将英金3万镑合公砝银21.3万两垫交。并允欧战和平后二年继续垫款，但并未续付。该合同中方代表有汉口建筑商场督办杨度、内务总长朱启钤及财政总长周自齐。①

8. 留日旧生借款。1915年2月周自齐致函教育部，称留日五校旧生补助费，据驻日公使电称，又上年10月据驻日公使及日本留学经理详称，当年10月应交第一次补助费3万元，由该公使在三菱银行息借，限三个月归还。又明年正月应交第二次补助费14000元。交付之期转瞬即至，请速拨该款，以便如期清还，维持国家信用。周自齐接报后即令财政部先筹拨银3万元，俾资挹注。此项留学费除由财政部自1914年7起已支付银13800元，又英金2870镑13先令，合国币37318元4角5分，实共51118元4角5分。②

9. 审计院德华银行垫款。1916年5月，因审计院薪俸、经费无着，周自齐以财政总长身份与审计院代表向德华银行借款25000元。以盐税为担保，三个月还清，多还利息625元。③

以上周自齐以财政总长身份批准的九项各机关借款中，属于政费、军费的5项，实业借款2项，教育借款2项。

三 对交通系举债的评价

（一）主观态度与客观条件

梁士诒与周自齐在主观上均不积极主张举借外债，认为举借外

① 《发达汉口商场借款合同》，财政科学研究所、中国第二历史档案馆编：《民国外债档案史料》第五册，第161—166页。

② 《财政部关于旧生补助费复教育部咨》，财政科学研究所、中国第二历史档案馆编：《民国外债档案史料》第五册，第209—210页。

③ 《审计院德华银行薪俸垫款合同》，财政科学研究所、中国第二历史档案馆编：《民国外债档案史料》第五册，第437页。

债实为万不得已的办法。梁士诒早在1913年即表示不支持善后大借款，梁士诒“不以受束缚，举外债为然，时与财政委员会议中力陈内债之计。”署理财政部后，他又表示：“政府亦知岁入以租税为大宗，外债绝非经常之收入。至以外债充行政之需，尤为财政原则所大忌。”认为善后大借款丧失盐税主权，今授权外人，增重多数国民负担，其损失不可以数字计算。“专恃外债为生活之中央财政决难持久，加以当时欧战发生，外债之来源渐绝，苟非自行整理，财政必至束手待毙。”[①] 周自齐对于民初财政全赖举借外债深表忧惧，他讲：“民国肇造，元、二两年适丁大局震撼之际，各省既自顾不遑，中央遂无此（各省协款）挹注。内外政费同仰外资，往事追怀实用惶悚！自齐受事伊始，正值善后借款告罄之时，午夜彷徨，焦灼万状。”[②] 周自齐还指出：“曩者，犹谓可以商借外资，俾得周转目前，徐图补救。今则新银团成立，条件严苛，万难忍受，是外债断然无望也。”[③] 周自齐像梁士诒一样反对举借外债，主要因为外债举借损害国权。1914年五国银行团善后借款合同附件（F）条款，规定为整顿盐务，准备拨给500万元作为按照与银行团商定的办法设立一家银行的资本。然而提用这笔钱的权利，周自齐在5月14日致各外国银行的信件中声明撤销。他在信中说这项开支是不必要和不可取的。“目前，盐税是交给中国银行，再由该行按照五国借款合同所订条件交存外国银行的。”当时莫理循还提出，因为中国无钱支付国库券，建议成立一个外国人的债权委员会来接管中国的财政，周自齐对此没有答应。[④]

但由于1914年以前财政没有得到整顿，财源狭少，而“在最初三年中，先后举债至四亿元以上。各项政务，无一不与外债为缘；中

---

① 岑学吕：《三水梁燕孙（士诒）先生年谱》（上册），第132、139页；下册412—413页。

② 《周自齐关于整顿财政呈》，江苏省中华民国工商税收史编写组、中国第二历史档案馆编：《中华民国工商税收史料选编》（第一辑上册，综合类），第592页。

③ 《周自齐沥陈财政困难拟筹挽救办法呈》，中国第二历史档案馆编：《中华民国史档案资料汇编》（第三辑财政），第101页。

④ ［澳］骆惠敏：《清末民初政情内幕》（下册），第384、388页。

央收入，几恃此为最主要来源”[1]。借债为迫不得已之举。但1914年以后，一方面梁士诒与周自齐对外债举借并不积极，另一方面受客观条件限制，外债对于北洋政府财政的作用已较之从前大有变化。客观原因首先是欧战爆发，北洋政府在国际金融市场上募集外债极为困难。因此，财政收入来源转向。[2] 第二个原因在于孙中山的革命党在海外积极游说，阻挠各国政府及资本家向北洋政府借款。1914年8月孙中山致函美国大西洋—太平洋铁路公司副总经理戴德律，请其尽最大努力阻止袁世凯在美国获得任何贷款。抵制周自齐赴美（指周自齐与美国钢铁巨头盖斯特商议借款一事，详情见第三章第一节）。拒不承认袁世凯有可能作出的任何权利出让。[3]

以上所述两种客观原因都使得1914年后至1916年间，北洋政府的外债举借十分困难，外债对于财政的作用相应而减弱。

周自齐在1915年3月报告整顿财政办法时，称1914年内外情形复杂，天时人事相逼。其整顿方法为增收田赋、厘金，官产变价，发行储蓄票与公债，增发验契等新税，催提常关款及各省解款，以及各省节流，并未提及外债。[4] 1913年临时、经常岁入共计557031236元，其中外债收入为208370000元，占到三分之一强。而1914年预算未将外债收入列入，只是在岁出临时们列入偿还外债费79799203元，该年度岁出总计为357024030元。[5]

再比照北洋政府在1914年前后借款（不含铁路借款），1914年前借款中，1912年达成的有：两次瑞记借款为30万余、75万英镑，第一次华比借款为100万英镑，克里斯普借款为500万英镑，江苏三井洋行借款28万两规平银，游学经费借款55万多法郎及75000英镑。1913年达成的有外交部摩根借款20万美元，陆军部捷成借款20万两多公砝银，直隶金货借款50万英镑，奥国两次借

---

① 杨荫溥：《民国财政史》，第2页。

② 徐义生：《中国近代外债史统计资料（1853—1927）》，第113页。

③ 《致戴德律函》，中国社会科学院近代史研究所中华民国史研究室编：《孙中山全集》（第三卷），第107—108页。

④ 《周自齐关于整顿财政呈》，江苏省中华民国工商税收史编写组、中国第二历史档案馆编：《中华民国工商税收史料选编》（第一辑上册，综合类），第595页。

⑤ 贾士毅：《民国财政史》，第1606、1628—1629页。

款共计320万英镑，善后借款2500万英镑，福建台湾银行借款100万日元，中法实业借款1亿法郎，安徽汇丰借款30万两规平银，比利时证券银行借款625000英镑。[①] 而在1914年以后，周自齐任财政总长期间，由其举借或批准成立的借款，数额较大者为比利时证券银行借款（40万英镑）、道胜银行借款（75万两公砝银）、奥国第三次借款（50万英镑）、广东收回纸币借款（实收250万元）、狄思银行借款（40万英镑）、德华银行垫款（1707700两公砝银）、德华银行借款（175万规元）、东方汇理银行借款（50万两）、陆军部捷成银行借款（80多万马克）、发达汉口商场借款（1000万英镑，实际在1916年支付21万多两）。值得注意的是以上几笔借款中由周自齐以总长身份举借的，比利时证券银行借款、奥国第三次借款及狄思银行借款年限最长，分别为四年、五年、四年。其余为短期借款，时间为一个月至一年半不等。其借款总数较之1912、1913年明显减少。

还需一提的是除了在收入方面，外债已渐减少外，在支出方面外债偿还仍为沉重负担。为偿还外债，财政部拟将各省在国税项下各种附加税一并提归中央。各省因举办铁路，办田赋特别捐款，将此项加征一次。袁世凯与徐世昌批准并饬知各省巡按使。舆论认为此举“或影响税务之前途”[②]。除设法筹款偿还外债外，周自齐在1914年8月咨行各省及各机关，称中央欠付各项短期外债为数巨大，款目繁杂，本利到期，苦于无从筹付。当时续议借款既未告成，而欧洲各国战事又起，交通阻滞，汇兑不通，金融机关停止，中国各埠大受影响，恐慌日甚一日。“应请贵部即将中国现因欧洲战事，金融阻滞情形及不能照付各项短期债款万不得已缘由，切实通告各公使，请其分别转知各银行、洋行、公司、船厂，凡与中国政府有债务关系者，所有欠付债款，均暂从缓。一俟欧洲大局渐定，金融敏活，自必设法筹还，以全信用。”随即由外交部告知各国公使。[③]

① 徐义生：《中国近代外债史统计资料（1853—1927）》，第114—123页。

② 《民国四年之财政观》，《时报》1915年1月21日。

③ 《财政部致外交部咨》，中华人民共和国财政部、中国人民银行总行编：《民国外债档案史料》第一册，第83页。

（二）外债用途与偿还

袁世凯统治时期所举外债按照用途分为以下几种：购货借款，国库券及期票款（即以国库券或期票发行认利分期偿还），赔偿损失款，学务借款，外国政府代垫费及积欠机关费，付息垫款（即外国代垫到期无法支付利息）等。而其中最主要者为政费、军费、铁路交通及实业借款等。按偿还方式可分为发行债票与未发行债票两种，或分为关税担保、盐税担保、其他担保及无担保几种。“因此关盐两税以外各种担保品之规定，有自始即等于虚设，或则因事实上之变迁，始有效而终无着，本息偿还常常因之愆期。又以各款未能如期照付之故，每将利作本，另成新债，驯至新旧相加，负累日重。至其用途，更与原规定之条件不相符，流入行政上之挪用者实居多数。”①

除去交通借款外，梁士诒与周自齐所举借外债，主要以政军费用、偿还外债、币制改革经费三者为重心，实则与财政收支平衡，稳定、扭转财政状况密切相关。梁士诒签署举借之瑞记第三次、奥国第一二次借款实际由前任总长周学熙举借，因政府担心借款消息为五国银行团得悉而遭破坏，故秘而不宣，后由梁士诒在 1913 年 6 月向国会提出追认。其中瑞记洋行第三次借款年息为六厘，折扣九二，以常年契税为抵押。该项借款规定至 1915 年 1 月 1 日起以五年为期偿还，至 1915 年 12 月底还清 10 万英镑，1916 年底再偿还 10 万英镑，而 1913、1914 年不必偿还。此项外债发行债票，每年偿付一次共一百号（10 万英镑）。②

奥国第一次借款折扣九二，年息六厘，期限五年，以契税为抵押，分别在 1913 年 9 月、11 月、12 月三次签字。其间在 8 月由海军部咨财政部将与瑞记洋行订购之货改为铁甲巡洋舰三艘，共计 901500 英镑，预付定金 225375 英镑，因欧战关系，所订军舰未能交货。借款合同规定，自 1913 年 1 月 1 日起，以五年为偿还期，头两年不用偿还，1915 年、1916 年、1917 年分别偿还 40 万英镑。该债

① 刘秉麟：《近代中国外债史稿》，三联书店 1962 年版，第 178—183 页。

② 《瑞记洋行第三次借款》，中华人民共和国财政部、中国人民银行总行编：《民国外债档案史料》第四册，第 342—347 页。

款发行债票，分年支付。[1] 奥国二次借款折扣为九二，年息六厘，期限五年，同样以契税为担保。该项借款分两期拨付，即借款发生后45日内支付150万英镑，1914年4月底以前再付剩余50万英镑。该项借款偿还办法同第一期类似。[2]

周自齐任总长间所举外债均为有抵押担保借款。其中道胜银行透支借款原定还款时间为1914年年底，后未能按期归还，又于1915年4月另订偿还办法，归还了20万两。其余55万两在袁世凯统治期间未能付清，到1917年外债整理期间财政部核准分期归还办法，于1919年付清。[3] 奥国第三次借款规定自1914年1月1日以后偿还50万英镑，1915年不须偿还，1916年、1917年、1918年须偿还166500英镑，此外须发行债票分三期支付。[4] 广东收回纸币五国银团垫款，根据周自齐与五国银行团代表会谈记录，拟在1914年8至12月间用五个月还清，后来只在1915年3月，由周自齐准由盐余存款中提取25万两规银偿还，其余部分归还情况不详。[5] 狄思银行借款依照合同1914年8月1日起息，此前所发临时证券停止付息，该项英金债票名为“1914年更换债票”，计发4万张，除将原发临时证券3万余张全数收回外，其余由狄思银行自订价格出售，但不能当众发行。债票每张票面虚数为10英镑或25.25法郎，并附以每半年付息之息票，每年2月1日及8月1日发息，由政府交付驻中国之银行代表华比银行汇往各代理处兑付。并定自1915年至1918年2月1日按年分4次，每次还本金10万英镑。债票交付之后，1913年12月所订

① 《奥国第一次借款》，中华人民共和国财政部、中国人民银行总行编：《民国外债档案史料》第四册，第366—374页。

② 《奥国第二次借款》，中华人民共和国财政部、中国人民银行总行编：《民国外债档案史料》第四册，第376—387页。

③ 《财政部北京道胜银行透支款》，中华人民共和国财政部、中国人民银行总行编：《民国外债档案史料》第五册，第72—75页。

④ 《奥国第三次借款合同》，中华人民共和国财政部、中国人民银行总行编：《民国外债档案史料》第五册，第105—107页。

⑤ 《周自齐等与五国银行团代表会议录稿》《汇丰银行关于提用盐款抵还部分垫款复财政总长函》，中华人民共和国财政部、中国人民银行总行编：《民国外债档案史料》第五册，第139—142页。

旧合同失效。本借款1915年、1916年均按期偿还。[①] 德华银行垫款规定偿还期限为1915年6月底，后修改还款条款，改为自1915年4至9月分期归还，共计还公砝银1896892.52两。截至1915年6月，仍欠公砝银1266892.52两，财政部允分期偿还。此后归还情况不详。[②] 华比银行借款根据合同以财政部国库券25万英镑为特别抵押品。借款自1915年1月起至1916年7月底止，分19期归还。倘不能按期偿还全部或一部分本息，华比银行得扣留其特别抵押品。截至1916年1月1日，财政部经由交通银行共还本金规银110万两，尚欠65万两，利息在外不计。因此时交通银行奉停兑命令，金融困难，故请财政部将借款余欠迳付华比银行，以了结此案。1917年2月间，财政部与华比银行商妥将余欠本息规银696425.25两自1917年2月至12月分11个月偿还，换发新库券。但欠款并未如期照付。截至1918年8月止，共还付6期共规银30万两，尚结欠规元39万余两。财政部拟俟财力稍裕，再行酌还。以后情况不详。[③] 东方汇理银行借款为三个月短期借款，至1915年6月底，将本息规银506095.89两还清。[④] 比利时证券银行借款与德华银行借款还款情况不详。

由上可见，周自齐与梁士诒所举借外债，在用途上呈多元化趋势，虽然以政军经费借款为多，但也包含币制、实业、教育借款等内容。从借款总额上看较之1912、1913年前期已有明显减少趋势，这在周自齐任总长期间尤为明显。从还款情况看，由于借款多为短期借款或在借款中声明头两年不须偿还，因此在1914—1915年，外债支付压力较少。

---

① 《狄思银行借款》，中华人民共和国财政部、中国人民银行总行编：《民国外债档案史料》第五册，第148—149页。

② 《财政部德华银行垫款》，中华人民共和国财政部、中国人民银行总行编：《民国外债档案史料》第五册，第184—190页。

③ 《财政部华比银行借款》，中华人民共和国财政部、中国人民银行总行编：《民国外债档案史料》第五册，第191—193页。

④ 《财政部东方汇理银行借款》，中华人民共和国财政部、中国人民银行总行编：《民国外债档案史料》第五册，第213—216页。

第四节　官产、官业政策

一　官产、官业问题的形成及北洋政府的最初政策

（一）清末民初官产、官业概况

官产指一国土地，除人民私有外，其余公有的土地。各国对官产管理，大多设有专局，如英国有山林及官有地管理局，法国有官有土地局等。我国地大物博，官产处处皆有，但管理疏漏，民间占有未垦之地，常因契约不完备纠纷时起。民国成立后，财政部于1913年筹备清理全国官产事务。次年派员赴各省实行清理，“凡主权不属土地，与废置衙署，及没收折抵入官之产，悉招人标领。行之数年，略有成效”。官业即官营事业简称。我国官营事业，除各省市之官硝局、官纸局、官窑局、垦务局、工艺局、桑蚕局、林业局及官银行等普通官业外，由中央政府经营之铁道、邮政、电政、航政最为显著，中央银行、造币厂、印刷局等次之。[①]

官办工商业大都由各省自为经营，清末以来数十年来，旋起旋灭，与国外难以并论。普通官业，京兆、绥远以及各省均在民国以前有所举办。前清官业，收益较为丰厚者首推铜元局。其他如印刷局、官纸局、工艺局、劝工厂以及纺纱、织布、造纸等各项杂业，盈亏不一。清末民初政局多变，财政困绌，官办工商业或因资本不继而停止，或以办理不善而损失，故历年收数逐年减少。各处均希望因势利导，扩张并振兴官办企业。普通官业1912年预算总计收入为20916046元。特别官业收入除路电邮航四政外，其余收入较大者为财政部下属之印刷局、造币厂。1912年四政收入51235930元，支出61505401元，已属收不抵支。印刷局按1913年修正预算，北京分厂收支相抵盈余360156元；造币厂总计天津、奉天、武昌、江南、广东、云南、成都、江南东厂八处收支相抵，盈余3030870元；铜元局河南局收支相抵盈余328747元。“计印刷局、造币厂、铜元局三项共

① 财政部财政年鉴编纂处编：《财政年鉴》（上册），第1206、1185页。

赢三百七十一万九千七百七十三元。"[①]

官产事项，以屯田、沙田、旗地、营地、废署、官房为大宗。"至垦务一端，首推热、黑、察、绥等处。盖我国西北一带，阔野未辟，尤提倡垦牧，以辟富源。从前黑、察等处向由省设局丈放，颇滋物议。现财政部派员督率办理，以整兴垦务为主，酌收地价为辅，经理得宜，数年后当有成效可觇也。"[②]

（二）民初处理官产、官业政策的形成

南京临时政府时期，孙中山以临时大总统身份多次颁布政令，将前清官业、官产处理。孙中山先是饬令："前为清政府官产，现入民国势力范围者，应归民国政府享有。"[③] 1912 年 2 月，孙中山令造币权操自中央，反对将江南造币厂归宁省管理，而转归中央直辖。[④] 临时政府不仅将造币厂接收，还规定苏省藩库、南洋印刷厂、八卦洲等处地租均应作为敌产由政府没收。[⑤] 由于临时政府与苏省之间为官产归属问题屡有争议，财政部特别制定《划分中央地方财政范围意见书》。其中明确规定中央官业收入为财政部主要收入来源，应包含造币、印刷二局，此外邮电、铁路、轮船、硝磺火药等有独占性质者亦应列入。凡定为国有政策之官业，应为中央岁入。其实施办法为：（1）厘订各种特别律令；（2）养成专门技师人员；（3）严核各项收支报告；（4）确定官业收入之界限。[⑥]

北京政府成立后，因收支悬殊，财政部为求收支适合之法，将增加租税、募集公债与变卖官产作为根本办法。[⑦] "自民国二年，财政

---

① 贾士毅：《民国财政史》，第 759—765、766、770、771—772 页。

② 同上书，第 809、811 页。

③ 《内务部通饬保护人民财产令》，中国科学院近代史研究所史料编译组编：《辛亥革命资料》，中华书局 1961 年版，第 42 页。

④ 《大总统令财政部为江苏都督呈请将江南造币厂仍暂归宁省办理由》，《临时政府公报》第 19 号（1912 年 2 月 22 日）。

⑤ 李荣昌：《南京临时政府财政问题探析》，《辛亥革命史丛刊》编辑组：《辛亥革命史丛刊》第五辑，中华书局 1983 年版，第 59—60 页。

⑥ 沈式荀主编：《中华民国第一期临时政府财政部事类辑要》，学海出版社 1990 年，第 50—70 页。

⑦ 《整理财政总计划书》，中国第二历史档案馆编：《中华民国史档案资料汇编》第三辑（财政），第 59 页。

部以变卖官产可得巨款，部内遂设清查官产处，同时颁布清查官有财产章程。三年二月，财政部呈准清查官产处章程，以调查、处分为主旨。”①

在官业政策方面，周学熙提出实行国家社会主义，使各种产业勃兴，大开利源，其拟办事业如下：（甲）云南铜矿、（乙）延长石油、（丙）利国铁矿、（丁）漠河金矿、（戊）秦皇岛商埠海塘船坞、（己）口北铁路、（庚）各省铁路、（辛）沿江一带荒山实行森林法官办林业、（壬）纺织工厂、（癸）其他实业。民国二年预算（1913）官业收入列为重要项，各省合计收入约12549627元，较上年预算减去十分之四。周学熙的国家社会主义思想，要点在于，“举个人所难办、公司所难成立之事业，均由国家直接经营之。富国之基在此，强国之基亦在此”②。周学熙在民初积极主张变卖官产，所得款项除了挹注财政之外，“一个重要目的是为了维持和扩大官业经营，并以此垄断原料和产品市场，获取官产所不能产出的高额利润。”因此北洋政府收归官业的范围不仅仅限于清末的“机、船、路、矿、行”，还进一步扩大，商办汉冶萍公司、南洋兄弟烟草公司、永利碱厂等重头企业均列入其中。地方上官夺民业情况也受中央影响屡见不鲜。③

与周学熙不同，熊希龄与张謇均主张将前清官业招商承办。熊希龄提出：“官营事业惟择其性质最宜者乃开办，其他皆委诸民，不垄断以与争利，但尽其指导、奖励之责而已。”④ 张謇则明确主张：“吾国有史以来，除盐铁、均输、铸币、屯田外，向无官业，且均为财政或边防之关系，无导民兴业之心。及清季国立日孱，士夫竞言生利，而各省官营业，始纷纷出现，然排调恢张，员司充斥，视为大众分利之薮，全无专勤负责之人，卒之靡费不赀，考成不及，于财政上有徒然增豫计溢出之嫌，于实业上不能收商贾同等之利，名为提倡，实则

① 阮湘编：《第一回中国年鉴（1924）》，商务印书馆1924年版，第586页。

② 《整理财政总计划书》，中国第二历史档案馆编：《中华民国史档案资料汇编》第三辑（财政），第86、90页。

③ 刘克祥、陈争平：《中国近代经济史简编》，浙江人民出版社1999年版，第320—321页。

④ 《政府大政方针宣言》，林增平、周积先编：《熊希龄集》，湖南人民出版社1985年版，第556页。

沮之。謇意自今为始，凡隶属本部（农商部）之官业，概行停罢，或予招商顶办。惟择一二大宗实业，如丝茶改良制造之类，为私人或一公司所不能举办，而又确有关于社会农商业之进退者，酌量财力，规画经营，以引起人民之兴趣，余悉听之民办，此謇对于官业之主张。"[①]

与周学熙相似，国民党在1912年8月13日发表的宣言书中，曾提出五条政纲，提出民生政策，施行国家社会主义，培育国民生计，以国家权力，谋经济之均衡而迅速发展。[②] 这是孙中山民生主义的体现。除周学熙与国民党外，中间派的人物，如吴贯因也有类似主张。他曾讲："举一国能独占利益之产业，收归官营，一面以充实国家之财用，一面又以杀减资本家大地主之利益。故政府之财务行政，不徒有财政上之目的而并有经济上之目的焉。"[③] 朱宗震先生曾评价当时各政治派别对于大企业国有化政策，表面上差距不大。造成这一局面的原因有四：第一，中国作为后发的落后国家，从洋务运动开始为发展新式工业，维持半独立国家地位，不能不走上半资本主义道路，并且一开局就不能不走上国家资本主义的道路；第二，一些产业如铁路、钢铁技术及资本标准极高，私人资本很难投资且已有失败经验，民初不得不接受国有化方案；第三，中国不能如欧美、日本以殖民掠夺进行资本积累，只能依靠国家力量，从国内筹措发展资金；第四，接受资产阶级改良理论，避免欧美等国的阶级矛盾与社会危机。[④]

综上所述，民初官业、官产政策形成实际有三大背景。其一，辛亥以后将前清的官产、官业重新制定政策加以处理。其二，民国建立后，无论地方还是中央均因财政支绌，将处理前清官产、官业作为挹注财政的暂时办法。并形成了招标拍卖官产、承垦官地、变卖不良官

---

① 沈家五：《张謇农商总长期经济资料选编》，南京大学出版社1987年版，第8—9页。

② 中国国民党中央委员会党史委员会编：《中国国民党八十年大事年表》，（出版地不详）1974年版，第77页。

③ 吴贯因：《经济上政府之职掌》，上海经世文社编辑：《民国经世文编（财政一）》，经世文社1914年版，第1页。

④ 《孙中山民元开国的财政政策》，朱宗震：《孤独集——朱宗震史学论文自选集》，上海书店2001年版，第104页。

业的具体办法。但这并非是积极的以国家资本主义形式发达产业，而是一种保守的财政维持办法。其三，在对前清遗留的机、船、路、矿、行以及具有垄断性、关系国计民生的重头企业归属问题上，民初形成了张謇、周学熙为代表，尖锐对立的两种主张。前者力主招商承办，后者提出“国家社会主义”思想，其措施到1918年前基本成为主导。“张、周两人在官业处置问题上的歧义，并非两人分处生产或理财部门各在其位各谋其政的差别，而是反映着对于资本主义发展的不同思路和政策主张，即在官产官业与国家资本主义问题上的首要及根本性的分歧。”①

二　交通系与官产、官业处理

（一）官产处理

1. 成立清查官产处

梁士诒署理财政总长期间，在1913年7月设立清查官产处。同时颁布《清查官有财产章程》，以调查官有建筑物及土地为入手之始。② 清查官产处附设于财政部参政室，下设四股，专管清查官产一切事宜。③ 清查官产处初设时由财政部委派该部参事公同管理。并派赋税司长李景铭（交通系人物），会计司司长贾士毅，编纂周宏业、陈同纪、伍宗珏、总务佥事刘保慈、冯阅模，赋税司代理佥事彭继昌，会计司佥事苏世樟会同办理。编纂处主事暨办事员俱拨归该处办事，其各厅、司主事暨办事员亦可酌量调用。④ 清产官产处成立后，“近据详报到部之十余省中，所列官产数目，多者可值千余万元，少亦不下数百万元。从此整顿经营，不独为临时收入之大宗，抑且为田

---

① 徐建生、徐卫国：《清末民初经济政策研究》，第168页。

② 贾士毅：《民国财政史》，第811页。

③ 设立清查官产处呈文为国务总理段祺瑞与处于请假期间的周学熙所上。见《国务总理段祺瑞、财政总长周学熙呈大总统报明本部设置清查官产处各缘由并缮章程清单请签核备案文》，《政府公报》1913年7月17日第430号。呈文称：“今者财政困难达于极点，官产零乱散诸各方，遗利弃才实为可惜，处理收益实无可缓颊。”而建筑、土地各案卷无法详考，应以清查为入手办法，“此本部清查官产之缘起也”。拟于参事室附设清查官产处，以专责成，并监督、指挥所委托地方机关。

④ 《财政部部令第一百二十四号》，《政府公报》1913年7月7日第420号。

赋清厘之张本。”①

1914年3月，财政总长周自齐呈请袁世凯修正《清查官产处章程》。呈文称国家岁入，除租税外，官产为一大宗。当财政困难之时，应设法清查。去年本部呈请设立清查官产处。唯机关系附设，办事员多属兼差。现因事务日繁，亟应改组，特派参事李士熙总办其事。查中国官有土地及其他各种收益，散处各省，不知凡几，若清查有确数，随时估价出售，人民既得恒产，国家亦可增收入，两受其利。收入多寡，全视各处办理为转移。大总统公布奖励条例，应适用于清查官产事宜，故新章程第十三条规定，收入数目得比照奖励条例，以策进行。袁世凯批令准如拟办理。按照修订章程，清查官产处改为直隶于财政部，由财政总长管辖清查官产一切事宜。该处下设总办一员，评议员、办事员与书记员若干。其职权有五项：调查、处理各处官有土地及其他官有财产收益及其用途；全国官有财产编制；其他官有财产等事项。一切重要事宜由总长或委托总办会议办理。本处办事员应将经办各事每月汇成报告，由总办呈财政总长查核后转呈大总统鉴核。②

1914年3月，周自齐又专门制定清查官产处议事制度。规定清查官产处由总长或次长召集全体会议或部分会议，议决事关重要，总办认为应开会讨论事项。全体会议应有关系主管各司人员与本处总办及各股主任列席会议。以财政总长为议长，总长因事不能到会，得委托总办代理。开部分会议时，由本处各股人员组成，以总办为议长。但得函约有关系的主管各局司人员。开会人数必须达到应到者半数人员以上，其表决以多数为原则，若反对、赞成相等，由议长决定。会议时间可得延长并有记录，其表决结果由总、次长核定后交由本处办理。③

袁世凯对清查官产高度重视。1914年4月他专门发布大总统令，称国家岁入，租税而外，官产属大宗。值此财政支绌之时，亟宜由各

---

① 沈云龙：《近代中国国内外大事记》，近代中国史料丛刊续编总第664—670册，文海出版社1979年版，第3184页。

② 《财政部为修正清查官产处章程呈暨大总统批》，中国第二历史档案馆编：《中华民国史档案资料汇编》第三辑（财政），第1607页。

③ 《财政部部令第一百三十号》，《政府公报》1914年4月11日第692号。

主管部分类清厘。管理官产规则业经国务会议议决公布，管理及处分方法均各按性质，析其种类，分隶各部门。内外各官吏自应切实筹办，不可相互争持，彼此推诿，收整肃划一之效。[①]

民初清查官产一事，依照《管理官产规则》，主要为变价、租佃事项，统归财政部主持。垦荒一项，系财政部会同内务、农商两部办理，“是为各部分办改由财政部主任其事之明证”[②]。该处维持到1917年1月被撤销。

2. 清查官产的各项法规制定

（1）《清查官有财产章程》

该章程于1913年7月在梁士诒署理财政部期间颁布。章程规定凡非私有之公有财产均属官有财产，分建筑物与土地两种。清查官有财产由财政部颁定表式或特派调查员，委托各行政机关及地方自治机关限日分别填报办理，公有财产亦应按表一律填报。特派员与调查机关于调查办法应共同酌定，地方行政或自治机关担任调查，应受各省国税厅筹备处长及其他中央委员指挥、监督。调查报告由国税厅筹备处长或中央委员汇总报告财政部。财政部得委托上级官厅、机关或特派员复勘报告，官产清查处专门处理该项事宜。[③] 该章程确定了官产调查的范围和行政权限归属问题。

（2）《官产处分条例》

该条例颁布于1914年8月1日。财政总长周自齐在呈文中称自清查官产处成立后，已按调查、处分两种办法逐渐展开。先就官产较多之热河、江苏、广东等省，由部特派专员会同清查。其余各省责成行政长官依限填报，并饬拟具办法送部，或由部派员办理，或归本省经理。条例规定官产处分由财政部清查官产处执行，处分方法分三种：变卖、租佃、垦荒（除台营各地外，会同内务部、农商部办理）。以上处分由财政部颁发执照，领取执照需缴纳照费与注册费，其全部情况由财政部详细注册。所得款项另款存储，听候财政部指

---

① 《大总统令》，《政府公报》1914年4月4日第685号。

② 贾德怀：《民国财政简史》（上册），商务印书馆1941年版，第202页。

③ 《清查官有财产章程》，浙江民政厅：《土地法规》，第493—494页。

拨。变卖官产应依照附近土地与建筑价格，确定等级、价值，报明财政部核准，以投标法行之，动产照时价估计；各省滩荡等地招领，若原定地价过低，应审查地质，照时价酌定办理；变卖官地，原佃户可优先承买并酌给垦费。凡租佃民国前官产，应领新照并缴纳照费与注册费，有民国后部或省发给印照者，应换发新照且只需缴纳注册费；执照不得转手顶替，如不愿承租应将执照缴销；承租人需缴纳保证金，有特别情形可减免；承租期不得过十年，期满可续租。官荒土地，其荒价及升科年限应分别酌定，由财政、内务、农商三部核定；私垦官荒自条例施行后，应补缴荒价并照章升科。条例施行细则由各省主管官署酌情拟订，由财政部审核。①

该条例分别规定了变卖、租佃、垦荒三种官产处理办法及其程序、注意事项。

（3）《国有荒地承垦条例》

该条例由总理孙宝琦、农商总长张謇与内务总长朱启钤于1914年3月3日呈请袁世凯颁布。该条例规定国有荒地包括江海、山林，价格新涨及旧废无主、未经开垦土地，除特别使用目的外，准许个人、法人（非中华民国国籍不准）承垦。承垦个人或法人应详细填报呈请书，承垦地形、界图、土地种类、地势、地质情况、水利沟渠、经营种类、开垦经费、拟建工程与时间等。承垦者需缴纳保证金（每亩一角，可以公债票、国库券缴纳）后，发给承垦证书；承垦地除堤渠、疆界等工程外，按地亩多寡与性质规定竣垦年限，其中草原地按未满一千亩至一万亩以上，规定承租年限分别为一至八年不等；树林地则分别规定承租时间为二至九年（不含承租八年），斥卤地分别为四至十一年（不含承租十年）；承垦者须在一个月内设立界标，并在每年一月，报告开垦成绩，若已满一年未开垦或未从事堤渠疆界工程，撤销开垦权（遇有不可抗因素除外）；年限已满而未全部垦熟，除已垦地外，撤销其余土地垦权，遇有不可抗力可酌量展期；凡全部撤销垦权者应追缴证书但不返还保证金，部分撤销者更换证书但亦不返还保证金，承垦人可就此提起行政诉讼；遇有承垦权继承、转

---

① 《官产处分条例》，浙江民政厅：《土地法规》，第496—498页。

移事项须呈请有关官署核准。承垦地价按肥瘠情况分为五等，每亩三角至一元五角不等，各官署按承垦者缴纳亩数，给予所有权证书；地价按每年竣垦数目缴纳，可以保证金抵算；提前一至六年竣垦者，可以酌减地价5%—30%；承垦地于竣垦一年后，应照亩数按税则升科。该条例施行后，未经官署核准私垦荒地者，除收回垦地外，每亩处以三元罚金；未按期开垦、报告业绩、举行工程者处以50元以上、100元以下罚金；匿报应升科亩数，按每亩处以三元论。该条例适用于边荒条例规定区域以外，此前私垦未有缴纳地价者，规定应于六个月内按每亩一元五角补缴。①

该条例专门规定了国有荒地承垦办法，其中详细规定了申报承垦程序、承垦要求（竣垦标准、开垦中要求、承垦时间、地价制定标准、奖惩依据等）。由于民初东北、西北及其他地区大量官荒被承垦，该条例颁布具有很大的针对性。

（4）《财政部清查滩荡地议定租率酌增放垦升科办法通令》

该通令由财政总长周自齐于1914年4月颁布。通令称各省沿海地方及江河流域，内地湖荡、淀泊潴水之区，“或官为经划招佃领垦承租，或民间先已占耕后乃从而征税”，征收芦课、苇租、河租、滩粮，“名色不一，等则迥殊。语其大要，则征少数之租，以广招徕，悬升科之议，以待成熟，固无不同也”。财政部现清理此项地亩，按承垦成熟情况，将该项土地分成四类，分别规定升科年限和应交地价额。规定江河湖泊水利要害处不得占为耕地。明确提出：“本部为清厘土地，辅助正赋起见，令在必行。”② 该办法针对沿江、沿海滩荡地亩，明确了此类地亩属于国家公产范围，对此类地亩水利建设与农业生产间的关系给予了一定注意，并在清查、招垦、升科纳税三个方面做了详细规定。

（5）《陆军营产清查规则》

先是1914年7月由财政总长周自齐会同陆军总长段祺瑞呈大总

① 《教令第三十一号》，《政府公报》1914年3月4日第654号。

② 《财政部清查滩荡地议定租率酌增放垦升科办法通令》，中国第二历史档案馆编：《中华民国史档案资料汇编》第三辑（财政），第1615—1616页。

统袁世凯，称欲拟定《清查营产规则》，由两部通咨各省遵照执行。[1]后两部会呈，称陆军营产种类繁多，大半属普通官产。此项营产向由各省长官或陆营长官自行经理，究竟于将来军事计划有无关系，国家税外收入有无利益，部中案卷无从稽考，莫可究诘，与整理军政、财政之道甚为不合。前清陆军部曾通咨各省清查，但未就绪。清查官产处顾虑营产与普通官产不同，各省致启纷争，非由陆军、财政两部合力进行不能奏效。两部体察现状，会拟规则，详定表式，呈请鉴核。如蒙俯允，即通咨各省一律遵行，限期报部。有未办之处，再由两部会商办理。[2] 该规则规定陆军营产分建筑物与土地两种，无论已用、未用均应报告财政、陆军两部。各处营产由各军事长官与财政厅长担任调查，调查内容须按照表式限三个月内报告两部，该表式分为四份，分存两部与经手调查机关及该省、将军府。应随时报两部查核营产与普通官产及私产混淆者。营产含有经营性质除发给营业经费外，“一概缴归该省财政厅”。经管该项收入者应编造决算书报告两部。营产收入支出，应由经管者，“每年编造收入支出预算，依一般预算之手续提出之”[3]。

该规则是财政部与其他官署就特别官产处理问题所做的规定，是关于军事部门国有资产处理的较早法规。此后财政部还与教育部就各学校资产管理、处理问题在1915年10月专门制定有相关法规。

（6）《财政部呈各省查追官产拟归该管地方行政官厅办理毋庸交由法庭审判文并批令》

1915年2月，财政总长周自齐呈文袁世凯，转湖南财政厅长陶思澄禀称官产一项，现查有侵占、冒认两项属刑事范围，欠租霸庄属民事诉讼。若此类案件移交法院，必依法院诉讼手续，官厅立于私人地位，而法院又当按照诉讼程序调集证据，非一时所能判决。设当事人借故拖延，历数级上诉，手续之繁，讼费之巨勿论，而时间耽搁，于

① 《大总统批令》，《政府公报》1914年7月28日第800号。

② 赵生瑞主编：《中国清代营房史料选辑》，军事科学出版社2006年版，第359—360页。

③ 《陆军营产清查规则》，蔡鸿源主编：《民国法规集成》第22册，黄山书社1999年版，第172页。

清查前途尤多障碍。拟恳规定临时专条，凡关于官产侵占、冒认以及霸庄欠租等事，其情节较轻者，由该地方行政官厅审判，处以相当之惩罚；其案情较重者，仍由法院审判。周自齐表示赞同，但认为原呈文以情节轻重为行政、司法处分之分，无一定标准，权限仍未明晰。认为清查之时，官产应留为国有，或应分别租卖并未确定，不得谓有私法上行动，故官厅不应立于私人地位。况按三权分立之制，司法机关无审查行政官厅是否违法之权，行政官厅对于人民侵占、冒认官产，以官厅权力或秉承上级官厅命令收归国有，纯系行政处分行为。人民纵有不服，只能依照行政诉讼法办理，不能向法庭请求。“此侵占、冒认无庸属之司法者也。”至官产出租，虽近于私法行为，然收入系公款。若对于霸庄欠租不能施行政权，恐人民有恃无恐，国课将不堪设想。且国家对于民田应征之粮得施以行政权，于官田变卖后应征之粮亦可施行政权。若出租官田应征之租反立于私人地位，法理似欠圆满。应比照钱粮，概归行政处分较为一律。提出：“由部通行各省一体遵照，所有查追官产拟归行政官厅办理。”袁世凯批令准如所拟办理，由该部通行遵照。[①]

该法令是关于官产清查、处理中涉及司法问题的相关政策规定。明确了民初涉及官产问题按照行政执法程序处理，而不按照刑事、民事诉讼程序执行。这也反映出民初官产处分过程中此类问题的复杂性、特殊性，也说明政府对涉及国有资产问题处理的高度重视，以出台专门政策来做特别规定。

（7）《森林法施行细则》

该法令颁布于 1915 年 5 月。国有森林依森林法第三条、第四条规定，由农商部查勘后，采取属地管理原则，各地官署受农商部委托为责任人。该管县知事须于每年一月以内，将其上年管理成绩，详由道尹转详地方行政长官咨陈农商部查核。遇有特别情事发生时，应随时详报。农商部查核前项报告，对于其管理方法认为不当时，得指示变更之。凡属国有林，该管县知事须负保护之责，于新旧交接时，须

① 《财政部呈各省查追官产拟归该管地方行政官厅办理毋庸交由法庭审判文并批令》，《司法公报》1915 年第 30 期。

将国有林情形，详由道尹转详地方行政长官咨农商部查核。依森林法第五条规定，公有或私有森林收归国有时，其补偿价值以收用当时土地及林木市价为准。依前条规定，森林业主于土地林木外尚有他项损害者，可叙明理由，请该管县知事详由道尹转详地方行政长官，咨陈农商部查核补偿。公有或私有森林一部分收归国有时，其剩余森林如有必须归并情形，可由业主叙明理由，请该管县知事详由道尹转详地方行政长官，咨陈农商部合并。森林收归国有，除通知业主外，应以适当方法公告。自公告之日起，原业主丧失其所有权。收归国有之森林，如有其他纠葛，应责成原业主限期清理。原业主逾限未清理，可由该管县知事代为清理。其清理费，由补偿金内扣除。①

该细则赋予农商总长周自齐与农商部就国有森林清查、保护、管理等方面权限。是继 1914 年《森林法》之后关于国有林业管理方面的又一重要文件。

3. 官产清查、处分情况

（1）清查

清查官产事宜分为以下几个主要内容。首先，委派评议员到各省与各官署清查，督饬各省严格清查官产。北京政府大规模推行官产清查是在清查官产处成立以后。而周自齐担任总长期间即 1914 年到 1915 年间是推行最为全面、深化时期。

为保障各地、各官署清查官产有效落实，财政部先是派员到各处督查。如 1914 年 3 月派清查官产处评议员廖廉能办理南汇沙洲清丈事宜，并派徐绍庆会同办理。② 其次对各省、各官署进行督察。如江苏省，在财政部督饬下进行官产清理，“本省处分官产，向系根据民国三年财政部颁布《官产处分条例》办理……苏省官产，自民国四年由财政部设处清理以来，其间与沙田局或分或合……”苏省官产清理中，“人民希图隐占，及前官产局以经费提成关系，轻率放领”。财政部对由此引发的各种纠纷详细清查、处理。该省官产自 1915 年

① 《大总统公布森林法施行细则稿令》，中国第二历史档案馆编：《中华民国史档案资料汇编》第三辑（农商），江苏古籍出版社 1991 年版，第 427—430 页。

② 《财政部部令第九十七号》，《政府公报》1914 年 3 月 21 日第 671 号。

后多数已放领，其中滩地、湖田、屯田分别移交其他机关接办，一面饬令各县查造官荒清册，一面将已放领官产从事清理，“俾裕库收”①。苏省各属如无锡县在1915年3月奉令在本年内清查水陆、营产中的官产情况，同时派员到无锡专门督饬清理官产。②

其次为清查隐匿、漏报以及查没归公。如1914年10月，龙济光报告广东陆丰县鹰嘴山一带，“素为匪类逋逃之薮，山居村落田不纳粮，形同化外，久已为害地方。复被逆党运动，勾连永长土匪肆劫商民，希图肇乱”。后经知事林际泰“剿办”并将有关“匪田”清查。统计田地共有300多亩，地价共值13360余元。“现经知事分别宣告召佃召买。”财政总长周自齐会同内务总长朱启钤批复如下：“其查出匪田园地一节，财政部查该知事会剿宣勤，将鹰嘴山素不纳粮之田亩园地收归国有，殊堪嘉尚。惟没收匪田园地如何给奖之处，本部并无明文规定，现既据称，该知事将所有匪田园地正拟分别佃卖，俟得领后再行按其实收之数，比照清查官产处章程，呈请大总统给奖，以昭核实。”③

再如各省屯田情况，早在清末就有改屯为民的议论，但未能统一施行。而各省或缴价给照，或未缴价给照，参差不一，人民负担极不平允。而胥吏从中作弊，更不可思议。财政部虽在1913年准照贵州国税厅长建议颁发新照以昭划一，但没有效果。当时屯田最多的几个省份，直隶为278公顷，山东为2544公顷，江苏为338公顷，江西为6043余公顷，浙江为700多公顷，湖北为5546公顷，湖南为11165公顷，安徽为39732公顷。“这种数量不为不大了。而各省有些田亩乃属于官产的，其数颇难清算。政府宜设法清理，随时依市价出售，国家与人民均蒙其利。财政部设有清查官产处，曾派员分赴各省调查，及发出表式责成各省当局填报，或由各省自行经理，拟具整

---

① 杨廷尉、袁中丕、朱俊主编，江苏省财政志编辑办公室编：《江苏财政史料丛书》第二辑第二分册，方志出版社1999年版，第424—426页。

② 彭焕明、王全度：《无锡县土地志》，江苏人民出版社1998年版，第16页。

③《内务、财政部会呈转据振武上将军督理广东军务龙济光咨陈陆丰县知事林际泰剿灭办山匪清查匪田拟请奖给勋章以昭激劝文并批》，《政府公报》1914年11月3日第897号。

理办法呈部核办，颇有成绩可观。热河荒价已陆续招变，约得数百万元，粤省约值千余万元。其他各省多则千余万元，少则数百万元不等。”①

又如各省沙田，以江苏、浙江、广东为巨。“从前隐匿侵占，流弊滋深。清理以来，颇有进步：计江苏处分者十之六七，浙江著手稍迟，未详成数，广东则处分之成数，几于江苏相埒，而收数则远过之。”②

最后是统计全国官产清查总情况。周自齐在1914年8月报告称派员清查热河荒价约可得数百万元，已陆续变卖。广东现在所查约有一千余万，售出之数已达百万元有奇，现由清查专员设局举办。上海、崇明等县清理沙田等可得数百万元。此外奉天王产、旗地等项可筹二千余万元。湖北、广东、江苏等处沙田，为数在千余万，或数百万以上。③

（2）变卖与租佃

至变卖官田情况，广东、上海、热河、江西为多，其他各省也有零星收入，总计500万元以上。④ 当时各省纷纷成立清查官产处，对官产清查变卖。变卖情况主要为废署建筑、屯田滩淤等官有地。如河南滑县，城内都察院官署等处，1915年由县知事李盛谟会同河南官产清理处委员变价标卖，提款解缴省库。⑤

在新疆，北路牧场多为官办，近年租与牧民，酌收租金，列入报告财政部收入计算书中，收入不断增加。此外各县官产，如官地租、乡约养廉地、叛产充公地及附城可耕地等，多经各县知事随时呈报财政厅批准变卖。建筑一类，据各县册报，除学校房舍可留存备用外，其余驿站、官店、公所等，凡构造既非坚固，日后又多失修，随时呈

---

① 何勇仁：《从政府的田赋政策论到田赋之整理》，汗血月刊社编辑：《田赋问题研究》（上册），上海汗血书店1936年版，第108页。

② 贾德怀：《民国财政简史》（上册），第203页。

③ 《财政部拟定官产处分条例呈暨大总统批令》，中国第二历史档案馆编：《中华民国史档案资料汇编》第三辑（财政），第1612页。

④ 贾士毅：《民国财政史》，第217页。

⑤ 河南省滑县地方志编纂委员会标注：《重修滑县志（标注本）》（上册），1986年（出版地不详），第339页。

报财部，核准标卖。统计土地、建筑两类官产截至1917年4月底止，共变价湘平银114989两3分3厘（内有补给照费银三千两），折合银圆共计265930余元。1915年至1917年认解中央达到25万元。[①] 再如江苏省“近自奉部颁清理官产处分田地等条例以来，通饬遵照办理”。将苏省国有荒地，分繁盛、偏僻地段各分上、中、下三等分别定每亩地价召买。[②]

至于租佃官田以江浙沿海滩地、沙地，前清的旗田、王田为主。如江苏省将无主官田统由国税局接管招佃，每亩收地租100至470文不等，列为民国三年预算收入。原有之国有地在《官产处分条例》颁布后，派员清查，规定限期，期内凡有主者，呈验契照相符，原地给领。限外与无主者，一律标卖缴价，由局给照，承领执业。“案无主官荒地亩，乱（二次革命）后均由县署主管丈查。如有报领，即比照邻近地亩价格为标准酌量订定，丈明缴价，给照执业。自清理官产处成立后，即由县详厅，由厅发交该处委员勘估查丈。明确核定价格，详请巡按使核准，由县暂给印单，汇案报部给照执业。”[③] 按民国三年度江苏省国家岁入表统计，湖河滩租收入为41247元，另外仪征、丹徒、靖江县、江阴县、南汇县等解交滩地租价或地价等，少者5000余元，多者15000余元。[④]

民初处理前清旗产、王府田产也是一个极为重要而复杂的问题。1915年底奉天巡按使段芝贵报告奉命复查奉天各县田地，前清时有百姓自垦官荒，报王府纳租承种，名为带地投充。近闻肃亲王府委员拟将此项田地偷卖，恐民间失业，激成事变。并称财政部前令王府所有田产应由官厅持平处理，不能听该王府自由处分。故奉令饬县，将该王府所有圈租地亩坐落数目，一律清查，并传知该地经理庄头及该府所派管事人，切实询明，妥订办法。据此，奉天制定《清查各王公

① 谢彬：《国防与外交》，中华书局1938年版，第46页。

② 杨廷尉、袁中丕、朱俊主编，江苏省财政志编辑办公室编：《江苏财政史料丛书》第二辑第一分册，第135页。

③ 同上书，第114—116、134—135页。

④ 财政部财政调查处编：《各省区历年财政汇览》（第一分册民国十六年江苏省），沈云龙：近代中国史料丛刊三编第52辑第511册，台湾文海出版社1989年版，第37—38页。

府带地投充地亩章程》，规定带地投充之地，收租权仍应照旧，只许售租，不许售地；带地投充之地，由清丈局清丈后，原额免价，归庄佃承领。每亩照章收册照费，浮多地亩先尽庄佃报领，按则例收价归公，价格照丈放王公庄地章程办理。如庄佃无力承领，准禀报后撤地另放。如有换段隐匿情弊，一经查出，撤地另放，并从重惩办；各府售租应先尽原庄佃承受，如原庄佃无力留买，准予别售。仍归原庄佃承种地，买主只准按原额收租，国课由原庄佃自行赴官厅交纳；售租契纸四联。正契一联交买主，存根一联留局备案，一联送财政厅，一联交该管县。契纸款式由局预拟，送财政厅详部核定；此项地租无论原庄佃或他人承领，均领用官契，按照民地买契税率办理。1916 年 2 月，内务总长朱启钤与财政总长周学熙会呈袁世凯，称："遵查前清各王公府带地投充地亩，坐落奉天各属，所在多有。其间纠葛情形，较之普通王公地产，清查尤为困难。该省前订清丈王公庄地章程，有未能一律适用之处，自应另行增订章程，以凭办理。复查原订章程各条，大致尚属妥协。惟第三条第三项规定售租价则内称：租额轻重，按之地质肥瘠未能适合，或有特别之地不适用上、中、下三等定价者，均由各绳员于查勘时，参酌当地情形酌中定拟等语。似属毫无限制，拟于该项下增加，详清巡按使核准，咨部备案一语，以资考核。至带地投充地亩不独奉天一省有之，其散在京兆、直隶、热河等处地方者，亦复不少。此项章程规定如蒙批准，拟即由部分行京兆等处遵照参酌办理，俾归一致。"①

1916 年以前，各处官产租佃、变卖主要情况还有以下几种。沙田方面，江苏崇明岛 160 万亩，"邻户私占，豪强兼并，积弊甚深，业经饬令分等缴价给照管产"。广东沙田由该省制定清佃清理章程报部办理。屯田方面，江西效果最为明显，其 5824 公顷改屯为民，拟定缴价给照章程。营荡地如江苏共 900 万亩，定缴价办法，设局开办。驿站，如吉林、奉天两省饬令变价出卖，"随缺、晒网、贡山等

① 《段芝贵等关于奉天省增订清查各王公带地投充地亩章程案文件》，中国第二历史档案馆编：《中华民国史档案资料汇编》第三辑（财政），第 1624—1628 页。

地，据报约值在二千万元以上”[①]。

（3）垦荒

垦荒以热河、黑龙江、察哈尔、绥远四省为主要地区。西北地区北洋政府认为亟应提倡垦牧，以辟富源。“黑、察等处，向由该省设局丈放，流弊滋甚。现由部派员督率办理，整顿之余，稍有起色。此外，如京兆之主熟荒地，浙江之旗营地，湖北之马湖青山，广东之大河堤岸，均已陆续推行，妥为清理。”[②]

民初垦荒政策在东三省推行最为深入，黑龙江、吉林两省在1914年已成立垦务局招垦官荒。东三省各地招募开垦者，有下列的三种方法：（1）自备资本，购入既垦地，从事耕作，或购买耕地，雇移住民开垦。（2）由官厅领受官地，每人十晌到三十晌不等，官厅按晌贷给四元乃至十二元补助费，给以房屋，农具和其他必要品，三年后，使纳租税并偿还所贷费用。（3）从个人或公司贷受荒地，并贷借必需品和粮食。有开垦完成后，再行耕地分配，采取四六法的；也有一切费用，由开垦者自备，开垦后，将土地分地主三分，佃户自得七分的。以上三种方法里，个人地主或公司开垦约占半数，自己备资开垦的极少，多数荒地还属官有。[③] 垦荒政策的制定，吸引了山东、河北等地农民闯关东，使东三省移民人数迅增。1914、1915 年两省移民人数即分别达到 1 万人、1 万 5 千人左右。[④]

在沿江、沿海等地，财政部也积极鼓励开垦荒地。1914 年 4 月，财政总长周自齐呈称：“两淮运司所辖通泰荡地，间有私垦，敝窦丛滋，拟请变通办法，详加清查，酌收地价，分别放垦等情，应准特设淮南垦务局，以资整理，并派韩国钧为该局督办，姚煜为帮督办，吕道象为总办。所有一切设局调查，放垦事宜，暨应需经费等项，均责成该局总办，随时商同该督办等，妥为筹办，以裕国课。”袁世凯批

---

① 《内外时报：民国行政统计汇报（续）》，《东方杂志》1917 年第十四卷第三号。

② 《财政部统计科编：（民国财政纪要）》，中国第二历史档案馆编：《中华民国史档案资料汇编》第三辑（财政），第 171 页。

③ ［日］长野郎：《中国土地制度的研究》，强我译，神州国光社 1932 年版，第 142—143 页。

④ ［日］近藤康男：《满洲经济的封建性研究》，范苑声译，《中国经济》第 2 卷第 11 期（1934 年 11 月）。

令准如所拟办理。[1]

4. 官产处理评价

1914年至1915年间官产处理的作用及影响可从以下几个方面进行评价。

其一，官产处理主要目的与作用是增加财政收入。“吾国公产之收入，在前清时，或归入田赋，或并于杂收入之类，故预算中，无官产收入之项目。民国二三两年，亦未分定，迨至四年前后，共解八百余万元。五年、八年预算，均以官产收入为中央直接收入，五年预算中所载官产收入，计17051808元，占收入预算总数3.6%。”[2] 但就弥补财政此意义而言，并不能讲其作用是积极的。

其二，清理、处分官产对民初财政、经济也有积极之影响。首先，变卖的官产多为废旧署衙建筑或未垦熟荒地，对前者的标卖，使得不良国有资产得到处分、清理，国家财政借此增加；对后者召领，也使得国家在这类土地升科后扩大了征收地价、田赋的来源。其次，清查地产使得大量隐匿、漏报官产得到登记、编册管理，同时借清查官产之际使得辛亥革命以来，官产管理无序，特别是管理机构瘫痪、缺乏建制的局面得到改善。各省成立的清查处、沙田局、垦荒局成为新的官产管理机关，强化了对国有资产的管理，各项法规的相应出台加强了民初国有资产管理制度的进一步完善。再者，民初官产的清理、处分过程中，出现了产权流转现象，如屯田转为民田，荒地变卖为民有。在垦荒过程中，又出现了私人或地主大面积承垦土地的现象，这都有助于农业中的资本主义生产关系的产生与发展。如在东三省首先试办的，是身份世袭制土地的整理，皇产一部分充作官地。内务府官庄，庄头管理地由庄头承领，丁佃分耕地由丁佃分领，典押地由典押主承管。在法律上解除庄头、庄丁等农奴身份，使之立于所谓四民平等的法律之下。1915年4月，“颁布奉天全省官地清丈局章程，使这大土地所有形态解体，把它丈放给一般人民，作为纯粹私有地”。“这样，前清诸官庄，便在法律上失掉一切封建性，现出近代

① 《大总统令》，《政府公报》1914年4月28日第709号。

② 何廉、李锐：《财政学》，国立编译馆1935年版，第100页。

的面貌。”[①]

其三，在办理官产清理、处分过程中，屡有侵害人民利益的事情发生。加之1915年底后袁世凯推行帝制，在政治上造成国内不稳定因素，使得官产清理、处分遇到极大阻力。1916年5月，袁世凯申令清理官产分别缓办，命令称：“惟当此时局未宁，深恐承办人员只顾考效，操切徒事，则人民易滋误会，乱徒藉口造谣，是立国之举，适为病国之媒，关系良非浅尠。自应分别办理，以示体恤。现在近畿清理官产，应以实在未垦官荒为限。其民间业经垦熟之田，或漏未升科，或始系私垦，往往辗转售卖，承业之主，屡易其人，耕开之费，什百原数。绳以法例，则受罚者非原来冒垦、违法之徒。相似者共存夺旧予新之虑。奉行不善，惊扰实多。他如近畿王公府地旗地等租佃易淆，交葛难理。宪其本末，实均地有所受，弊有所因，非无可原之理。凡如此类，均宜归入将来经界事宜办理。不在此次清理官产范围之内。其原定官产处分条例内变卖租佃及垦荒内补交荒价一条，暂从缓办理。此外各省区官产，有无似此情形。应否分别办理之处，即由财政部咨商各省呈明核办。用中央子惠元元之意。”袁世凯命令财政总长周自齐遵照办理。[②]

该命令颁布后不久袁世凯即因洪宪帝制失败而死去，清理、处分官产随之暂告一段落，至1917年后，才由北京政府继续推行。

（二）官业处理

民初北京政府对同是国有产业的官产与官业，采取了截然不同的处置方法。

对官业抱残守缺，实在难以为继时招商承租并由官府监督，但吝于放弃控制并移交民营。官产、官业处置方式之所以不同，首先在于两者性质的差异。官产中的屯田、学田、营地等多属于封建性质或应视为逆产予以接收，在民初已经陈旧不合时宜。沙田、荡地、盐场等，年有涨落变更，中央政府不易掌握，不如借全面清查一并售卖。

---

① 章有义：《中国近代农业史资料》第二辑（1911—1927），三联书店1957年版，第52页。

② 《中国大事记：申令清理官产分别缓办》，《东方杂志》1916年第十三卷第七号。

其次通过租佃、变卖来解决财政的急需。但官业中则包括了大量近代产业性质的新式企业。新的生产方式显示出的巨大效益和潜力。“而北洋集团参与清末的官业，实际上即是继续了洋务派对官办、官督商办各重要近代工业的控制，并以此初步垄断原料及市场，获取官产所不能产出的高额利润，构成北洋集团坐大并成为民初统治者的部分经济基础。在民初，不仅有军阀官僚纷纷以私人身份投资资本主义工商矿、金融业的趋利现象，也有周学熙等已完成‘赋出于工商’观念转变的人参政理财。”① 民初，作为北洋集团内部财政经济政策的主要制定者，无论是皖系的周学熙、杨士琦、孙多森等人，还是交通系的周自齐、朱启钤、梁士诒等人，对官业的保存、壮大都采取了较为积极的措施。就交通系领袖而言，周自齐在财政总长与农商总长任上、朱启钤在交通总长与内务总长任上对民初官业政策的实施影响尤其突出。

民初官业形成以下种类：官办农业、官办工业、官办商业、官办矿业、官办造币业、官办交通业。交通业在第二章已专门论述，其他部分分述如下。

1. 官办农业

周自齐对官办农业发展贡献主要有二。其一，是大力提倡举办农业试验场。学者言民国以来，政府以棉茶等物品为我国土产大宗，酌设规范种棉试验场，模范种茶场以资观摩、推广。又以牧畜业首重配种，设种畜试验场为传种改良之备，“此项官业本为改进之谋，并非沾沾于殖利计也”②。1916 年前，官办农业中，新式农垦公司相对较少，主要为官办各种试验场为主。

1915 年 7 月农商总长周自齐颁布部令称，已于京外各处因地制宜，农事、林业、棉业、种畜等试验场均已经营就绪。为便于随时考查，特制定直辖各试验场查察规则九条，派王树善为各试验场查察员。该规则详定各试验场就职员服务、事务进行、实验方法及结果、物产数量及价格进行考察，并规定考察程序、事项。依该规则各省试

① 徐建生、徐卫国：《清末民初经济政策研究》，第 167 页。

② 魏颂唐：《财政学撮要》，第 175 页。

验场均如实详报其举行成绩。如山东实业厅农事试验场奉令，详细报告棉种、亚麻种、甜菜种试种效用、目的、分区实验、用地、施肥等情况。①

据周自齐报告，其就任五个月以来，举办试验场成绩如下：棉业试验场三处，分设直隶正定、江苏南通、湖北孝感，合计接收或购买民地二公顷六百七十六亩，经整饬，现已犁耕、播种；糖业试验场拟在江西开设，因地点未定加之甘蔗种植期将过而暂未举行；林业试验场在山东长清县五峰山开办，已拨给京师林场洋槐二十万株，分区设立苗圃，选派技师、场长，此外已有京师举办过林艺试验场；种畜试验场分设京师西山及安徽凤阳县石门山，征地五百余亩，饲养美利诺羊五百只，种牛十只，中国绵羊若干，已建成饲舍并招工垦种林场。另有张家口模范牧场，饲养美利诺羊一百只、蒙古羊二百只。为利于进行、保护，周自齐又专门制定《棉业、林业、种畜试验场暂行规则》，详细规定各试验场设置、职员委任、场长与技师及事务员职责、试验场职责等。②

1916 年 3 月，周自齐咨各都统、巡按使、京兆尹称棉花为日用商品，关系甚巨，有天津工商研究所提议官府购买美国、埃及、印度等国所产优质棉种，发给农户种植而由官府收购产棉，旧有棉籽归榨油所用。农商部认为该建议自属要图，拟以部属三个棉种试验场比较试验，待有成效，即分给农民推广。此外，“应由各省农事试验场，就美、印、埃等处棉种，采购、试验，分别传布，以图普及”③。

其二，周自齐在农商总长任上，还大力发展官办林业。1915 年 7 月周自齐奉袁世凯命令就兴办森林事宜，报告举办情形。周自齐称：“查我国林政失修，童山满目，亟应通盘筹划，普及造林。一以备社会材木之需；一以为国土保安之计。惟森林施业，宜重试验，育苗植

① 《农商部关于拟订本部直辖各试验场查察规则饬》、《山东实业厅撰山东农事试验场成绩报告稿》，中国第二历史档案馆编：《中华民国史档案资料汇编》第三辑（农商），第 521—527 页。

② 《农商部呈遵批提前开办棉糖林牧等试验场缕陈办理情形并将拟订规则各场地图请备立案文并批令》，《政府公报》1915 年 8 月 25 日第 1185 号。

③ 《政事》，《农商公报》第 21 期（1916 年 4 月）。

树，以示模范，而利推行。”据周自齐称农商部创设林业试验场共三处，分设于黄河流域、长江流域、珠江流域。已在山东长清县开办一处，除平治苗圃，播种育苗外，预备沿津浦路及泰山一带次第造林。先由北京试验场运往苗木二十万株，在五峰山先行栽植。其余两处，现正选择地点，次第筹设。农商部饬由林业试验场在北京附近采集优良品种，东三省林务局就长白山一带采集优良品种，汇送农商部酌量分配各省，广为劝种，普及种植成效可期。周自齐还报告拟咨商江苏巡按使拨给官荒补助费，由部专派技师在南京紫金山创办国有林业。周自齐还呈请将清明节定为植树节；又专设林务处，委派次长金邦平负责全国林业，国有林地调查、举办苗圃与林场、生产等事归其负责。①

再如，1915 年在农商部主持下，在汉口、上海、福州组织茶叶调查局，在安徽祁门等地立茶叶试验场，对遵照农商部规定栽培方法的茶农进行补贴。②

2. 官办工业、矿业

民初官办工业主要为兵工厂、钢药厂、硝磺厂、造船厂、呢革厂、印刷局等，于军事上有特别关系。又有化炼厂、造纸厂、各种工艺厂，均为国内发展尚属幼稚的产业，为提倡工艺而设。至于官办矿业，“我国矿业条例规定，普通矿质本许一体探采，惟食盐及煤油须国家专办具有深意，续经议定铁矿亦属于国有，势已不能尽收。及农商部订定《勘选官矿区域暂行简章》，凡适于炼焦之煤与锰、金、银、铜、铅、镍、锌、锡、金刚石及各项宝石均应暂行划定区域，作为官矿。于是官矿之范围，愈演愈广”③。交通系领袖对官办工矿业发展影响分述如下。

（1）军事工业

按陆军部所编《陆军行政纪要》记录称，除巩县兵工厂为 1916

① 《民国四年政府之提倡造林》《申令宣示清明为植树节》《民国五年之筹设林务处》《各省林务专员及大林区署》，陈嵘：《中国森林史料》，中国林业出版社 1983 年版，第 77—84 页。

② 《改良茶产》，章有义：《中国近代农业史资料》（第二辑 1912—1927），第 175 页。

③ 魏颂唐：《财政学撮要》，第 176、178 页。

年新设外，原有兵工厂主要有七所，即上海制造局、汉阳兵工厂、钢药厂、德县兵工厂、四川兵工厂、广东兵工厂、金陵机器局等。以上兵工厂经费来源要么由各省协拨，要么由陆军部拨给，大都无法保证，各厂经营、效益均不太好。情况稍好者只有湖北、上海两局，这与财政部在周自齐任总长期间对两厂接济有很大关系，其中对汉阳兵工厂的接济尤为出力。

1914 年年初，湖北巡按使段芝贵报告湖北省财力殚竭，汉阳兵工厂与钢药厂（原统一为湖北枪炮厂，后分为两厂）按照本年预算，统共应支出 1190 余万元，收不抵支达 370 余万元，恳请袁世凯饬陆军、财政部筹议，将两厂经费分派各省均摊。① 汉阳兵工厂在辛亥革命后，因盐厘停解，一度由湖北省酌量接济，1914 年 8 月后，经财政部饬令由湖北财政厅每月拨接八万元经费。主要生产马枪及子弹、陆炮及炮弹。而上海制造局自辛亥革命后，因关税、常关税等费均停，由陆军部酌量接济，1913 年因二次革命停工。“民国三年七月起每月规定经费五万元，由财政部指拨，即以此款支配。”主要生产山炮及炮弹、胚件、毛钢。②

（2）福州船政局与江南造船厂

辛亥革命后，福州船政局与江南造船厂改归海军部管辖。海军部与财政部就二局经费筹拨问题屡次磋商。

梁士诒署理财政总长期间，海军部曾呈文袁世凯称船政经费积欠累累，福建都督自称无款可拨，该局局长不能到任，局务瘫痪。海军部呈请袁世凯饬令财政部将 1913 年上半年经费及添修费共 38 万元拨交该部，称该局为军舰现时仅有之根据地，极为重要。袁世凯批令财政部查核办理。财政部此后答复部款奇绌，无法筹拨。请转电闽督，该省本有应协中央款项，暂仍照旧如数借垫，以通融之策为维持之

---

① 《湖北巡按使段书云为鄂省财力殚竭汉阳兵工钢药两厂经费由各省摊派致大总统呈》，《中国近代兵器工业档案史料》编委会：《中国近代兵器工业档案史料（二）》，兵器工业出版社 1993 年版，第 191—193 页。

② 《陆军行政纪要（节录）》（1、兵工厂），章伯锋、李宗一编：《北洋军阀（1912—1928）》第一卷，第 113—114 页。

法，舍此别无他法。[①] 虽然财政部作了极大努力，但因当时财政困难，福州局在民初始终因经费困难而在经营上陷入停滞不前的状况。

与福州局不同，江南造船厂在民国以后改设为江南造船所，呈现出快速发展的良好势头。这种情况学者一般认为是将该厂划归海军部直辖以及洋人毛根提出的“商务化”经营方针所致。但也要看到财政部在经费上对该厂支持也有极大关系。第一次世界大战爆发后，列强鉴于该厂经营较好，且可利用该厂为各国制造军舰，于是有借用外资名义欲将该厂兼并的企图。1914 年 7 月威克斯厂洋商谭诺森提出整顿江南船坞，以修造战舰及商船所需为目的，并设法筹集巨款建立军港。该洋商提出整顿时所需外资，可向相助之船厂筹商借款。[②] 各国除采取共同行动谋取该所外，还对海军部取消租借船坞费极力阻挠。虽然，“当局者设词拒绝，其议始寝”。但当时该所轮机厂范围狭小，制造力有限，而经费尤其困难。[③]

财政部给予江南厂极大扶助。拨给海军部经费由 1914 年预算 4812560 元增加为 1916 年预算 17204537 元。其中江南制造所拨给直接经费有四项，分别为附设海军制造专门学校经费、扩充上海造船所经费、扩充上海黄浦厂坞经费、附设艺徒学校经费，合计超过 36 万元。[④] 而按照 1912 年该所所长陈兆锵所拟办法，专修军舰养厂费为、附设练习处开办于经常经费、船机学校开办及经常经费、艺徒学校开办及经常经费，合计不到 30 万元。[⑤] 可以设想，如果没有财部在经费上的支持，江南厂很难在民初尤其是第一次世界大战爆发后实现业务上的大发展与大繁荣。

（3）汉冶萍公司

交通系对汉冶萍公司的扶持除了在第三章所述组织通惠实业公司，积极融资予以挹注外，还表现在以下几个方面。

---

① 《海军部等为筹拨福州船政局经费往来文电》，杨志本：《中华民国海军史料》，海洋出版社 1987 年版，第 181—184 页。

② 《统率办事处关于威克斯厂谭诺森整顿上海制造局办法致萨督办函》，《中国近代兵器工业档案史料》编委会：《中国近代兵器工业档案史料（二）》，第 86 页。

③ 包遵彭著：《中国海军史》，中华丛书编审委员会 1970 年版，第 580 页。

④ 贾士毅：《民国财政史》，第 957—959 页。

⑤ 交通部、铁道部交通史编纂委员会：《交通史航政编》，第 2263—2264 页。

其一，坚决主张官办国有，反对商办及中日合办主张，抵制出卖国权。1914 年 12 月财政总长周自齐奉袁世凯命令与农商总长章宗祥、交通总长梁敦彦清查汉冶萍公司款项。周自齐在呈文中称："窃查汉冶萍公司为我国唯一实业，开办多年，只以主持无人，计划不定，因之支持全赖外债，办理迄少成绩。近年以来，有议改归国有者，有主官商合办者，众论喧腾，迄未解决。嗣经财部与交通部会商，以该公司无论如何办法，理应国家维持。但该公司前此经营各事及出入款目不无弊混，应先遴员将该公司历年账目暨办事情形彻底查明，然后再议办法等情。"并报告已派江海关监督施秉燮等前往上海清查总公司账目，待清查完毕后，详报国家应确定之具体政策。①

再如 1913 年 8 月，梁士诒与财政部致函汉冶萍公司，称公司于上年借财政部八厘军债票五百万元，抵押于正金银行，现正金银行一再向中国银行上海分行催要利息。财政部称，"查此案当时订明债票只准抵押，不准出售，利息由公司担认。此项押息，按照原议办法，应由贵公司直接负责。今正金忽向沪行索取票息，殊与原议不符，实深诧异。除将原委告由中国银行迳电沪行止付外，应请贵公司确守原议，直接负责，免使正金再向沪行索息"②。

其二，在业务上支持汉冶萍公司。1912 年 12 月交通总长朱启钤致函日本正金银行，同意汉冶萍公司呈请，将交通部为粤汉、川路所订购公司铁轨轨价交付给正金银行。其中川路铁轨轨价 100 万两为预支款。③ 虽然北洋政府坚决反对公司中日合办，但为维持公司财务及业务运转，交通部在交付轨价问题上仍采取灵活变通的方法。再如，1915 年 5 月农商总长周自齐致函汉冶萍公司称，据该公司称，京奉铁路定购外洋轨件为数甚多，恐各路仿造，公司前途异常危险，请通饬各路仍向公司订购，以保利权。农商部据情转咨交通部。交通部表

---

① 《财政部等会同遴员清查汉冶萍公司款目及历年办法情形呈》，中国第二历史档案馆编：《中华民国史档案资料汇编》（第三辑工矿业），江苏古籍出版社 1991 年版，第 116 页。

② 《财政部为正金银行索取军需公债票息事致汉冶萍公司代电稿》，财政科学研究所、中国第二历史档案馆编：《民国外债档案史料》第四册，第 288 页。

③ 《朱启钤致上海正金银行分行电》，湖北省档案馆编：《汉冶萍公司档案史料选编》（上册），第 303 页。

示该公司经营二十余载，出品优质，成绩卓著，自当尽力维持，以符提倡国货之旨。据各路详报，近两年间，在该公司定购轨件不下十余万吨，可见本部出于公心，毫无歧视。此次京奉路向外洋购轨，实因借款已有成议，未便中途变更。嗣后各路需用轨件，该公司如能承办，自应饬令酌购，以维国货而保利权。①

其三，财政上的挹注。如1913年为抵制盛宣怀暗中向日本正金银行举借巨款，梁士诒在7月与日本三井物产株式会社签订偿还1912年公司借款日金200万元本利合同。合同声明财政部之后无论何种借款成立，须将本借款列入第一顺位偿还本利。自本合同签订之日起，至9月底，将合同所载196000元利息及时偿还。本金则在10月底、12月底根据还款情况详细订明延长办法。②

（4）官办矿业

在举办官办矿业方面，周自齐在财政总长、农商总长任上主要有以下几个举措。其一，1915年12月，农商部制订《修正特准探采铁矿暂行办法》，该办法规定：中国商人禀请探采铁矿应由农商部审查资格，体察情形准驳。但农商部认为重要者，由国务会议公决，由农商部特准后，酌定为官督商办或官商合办，不适用《矿业条例》及其他法律内关于优先权之规定。各铁矿定为官督商办或官商合办时，农商部派员监督。前项探采铁矿公司需用完全中国资本，不适用《矿业条例》及其他相关法律中关于中外合办矿业之规定。③ 需说明的是，前任农商总长张謇，“以铁、铅、金、银、铜、镍六种，宜济以官办或择一、二矿产富饶之区，作为官营矿业”。但此后张謇以各国多有反对，《矿场条例》虚悬无法落实，而商民也反对，认为政府既不能将全国铁矿全收为国营，不如举三、五质量最好铁矿认为国有，

① 《北洋政府农商部饬（第505号）》，湖北省档案馆编：《汉冶萍公司档案史料选编》（上册），第552页。

② 《中华民国政府财政部致北京正金银行函》《（附件）中华民国政府向日本三井物产株式会社借款日金二百万元合同》，陈旭麓、顾廷龙、汪熙主编：《汉冶萍公司》（3），上海人民出版社2004年版，第570—571页。

③ 《修正特准探采铁矿暂行办法》，傅英主编：《中国矿业法制史》，中国大地出版社2001年版，第223页。

其余有案及不归国有小矿，仍听商民集资开采。[①] 周自齐的这一办法实际是对张謇前有政策的变通与继承，即坚持国有化方向，在具体举办方法上除国有外，以官督商办和官商合办为补充。

1916 年 4 月，有华宁铁矿股份有限公司，其所产铁虽不如汉冶萍多，但矿区交通便利且新发现两处蕴藏丰富铁矿。"正在划区绘图预备禀办，适闻铁矿收为国有，不得不循分（份）罢议。现大部新定特准探采铁矿办法，于限制之中仍寓推行之意。拟即遵照前项办法，禀领江宁县属之凤凰山、小张山、牛山及扁担山等处铁矿，计十四方里一九，请组织官督商办华宁铁矿股份有限公司。"周自齐对公司代表施肇曾呈请批复同意，并制订公司简章规定由部派督办一员，指令所收股款存放中国银行，其营业等规定须完全按照前项《暂行办法》办理。依据暂行办法，农商部严定该公司产铁销售情况，并据此在 1916 年 6 月，致函公司称华宁公司未照《暂行办法》第三条规定，与洋商签订合同必须报部批准。故公司与日本大仓会社订立合同私销铁砂，应属无效。[②]

另据周自齐报告，近年来已分别就官营铁矿选矿、建厂作详细筹划。其中可选之矿在五百万吨以上，煤质极佳且用新法开采的有直隶龙门、江苏利国驿及秣陵关、安徽的铜陵及当涂、湖北的银山头与象鼻山、福建的潘田。建厂原则，矿产、交通、国防各方面兼筹并顾。其中心，在南方拟在南京、浦口间，在北方，认为北京、龙口较合适。周自齐还详细报告了北京、南京及江西铁矿中心附近煤田情况。[③] 周自齐的报告堪称是民初中国煤钢一体重工业的第一个发展规划，其中不少发展、建设计划在此后得到了历届政府的推行。

其二，1915 年 5 月，周自齐接财政部咨函称各省造币铜斤，多采

---

① 《农商总长张謇关于官办商办铁矿办法并抄送已准未准铁矿统计表致大总统密呈稿》，中国第二历史档案馆编：《中华民国史档案资料汇编》（第三辑工矿业），第 505—507 页。

② 《农商部为华宁公司办铁矿拟定为官督商办致大总统呈稿》《农商部声明华宁铁矿公司与日商签订售砂合同无效饬》，中国第二历史档案馆编：《中华民国史档案资料汇编》（第三辑工矿业），第 547—551 页。

③ 《中国铁煤矿纪要稿》，中国第二历史档案馆编：《中华民国史档案资料汇编》（第三辑工矿业），第 512—520 页。

自外洋，利权外溢，殊为可惜。请农商部考察本国铜矿情形，饬令各铜矿公司将铜样送交造币厂试验选购。周自齐复函称分别饬云南、四川、吉林财政厅、实业司及各大公司将铜样送交就近各造币厂试验。并称："既以提倡国货、抵塞漏卮为前提，自可及时竭力筹划，将采买洋铜款项移作购运滇铜，或建设炼厂之用。"① 这表明周自齐在铜矿生产问题上政策主要有二，第一，各矿无论官私，所产铜斤优先保证造币厂所需，并抵制铜斤大量被日商收购；第二，防止购买洋铜，利权外溢，大力提倡发展国有矿业，将节约款项用于建立国有炼化厂。

其三，1914 年年底财政总长周自齐与国务总理熊希龄（后任全国煤油事务督办）、交通总长朱启钤、农商总长张謇与美孚石油公司代表签订创办中美石油公司合同。合同原文规定中国政府应允美孚公司，将陕西延长县，直隶承德府及其附炼油场所，全部交与中美合资公司开采、制炼及销售。各占股份为 45% 与 55%，中国股份所占 45% 内有 37.5% 系由美方赠予，作为中国政府所给特权之回报，其余 7.5% 中国政府于公司成立两年内照原价购买，如过期不买，仍作为美孚股本。合同为六十年。产油 1.5% 归中国政府。② 由于原合同有不尽善之处，周自齐与熊希龄提出补充，规定由中国派督办大员；公司资本金必须为确定数目，中国得该公司赠款应为实款；勘矿费由中交两行垫付，此后公司在华出入款应提交两行存储；销售应由中方组织公司承销；该公司需遵守警察、税则、土地、保险等相关法律；公司购买机器、材料，若中国所产价格低廉，应优先选择等。袁世凯对以上补充均批阅"是"③。周自齐与熊希龄还特别指出合同第四条，中国政府应允美孚将延长县、承德府及其附炼油场所，全部交与中美合资公司，是专指销售方面，全属中美公司。美孚代表白来克之意，

---

① 《农商部为抄送全国铜矿产额表册致财政部咨稿》，中国第二历史档案馆编：《中华民国史档案资料汇编》（第三辑工矿业），第 495—496 页。

② 《中美合资创办石油公司合同》，林增平、周秋光编：《熊希龄集》（上册），第 736—738 页。

③ 《拟中美公司章程应加入各条与周自齐呈袁世凯文》，周秋光编：《熊希龄集》（第五册），湖南人民出版社 2008 年版，第 198—199 页。

要把中美公司所产之油全归美孚包销，而华商与中美公司不能直接承销。这种策略不符合中美合办、双方利益平均宗旨，有违前订合同大纲。有朱启钤、周自齐、梁士诒等参加的财政讨论会提出石油为现在最大利源，应参考各国办法与其收入数目及课税种类，作为将来制定新税依据。改订条约、合同应有详细规划。修正大纲主张油矿虽归国有，而临江沿海各省仍特许本国商民开采，是普及人民利益之策。"吾国矿产极富，政府不能同时并采，与其弃利于地，不如准人民开采，略加限制，仍与国有主义不相背驰。惟所拟编煤油法案，以边远各省油矿归国家专办及与外商合办之处，查国家专办事业，本不必令由政府出资，但以人民母财短绌及企业心之薄弱，故不得不借助外资，以兴目前之利。此次油矿中美合办，由于事实使然，并非为法律所限。"①

3. 官办商业与特别官业

（1）官办商业

官办商业主要为特许专卖事业，"专卖是国家将若干大宗消费物品，不用课税方式，而归政府独占经营，以营利充国用，并满足财政上的需要为主要目的"。专卖制度可分为两种，一是自原料、制造、运输以及销售，整个过程均由国家经营，即官运官销的全部专卖制；一为国家并不将产运销全部收归国营，而是允许若干部分由私人经营，国家或独占原料专卖、收购专卖、输入专卖、制造专卖、销售专卖，此为局部专卖。② 民初专卖事业举办范围主要为盐、鸦片以及烟酒等。其中盐专卖在下节详述，这里只介绍交通系对民初烟酒专卖制度的影响。

烟酒专卖，早在1913年3月就有国会议员杨巨川等三人提出。③ 1914年2月国务总理兼财政总长熊希龄提出设立烟酒专卖筹备处以

---

① 《周自齐熊希龄为附还修正中美公司章程各件函》，中国第二历史档案馆编：《中华民国史档案资料汇编》（第三辑工矿业），第890—892页。

② 王延超：《财政学概要》，立信会计图书用品社1947年版，第106—108页。

③ 《纸烟专卖原案提交理由书》，赵秉钧：《工商会议报告书》，第816页。

维国货而裕国课。[①] 虽然到 1915 年 5 月，才由周学熙呈请颁布了《全国烟酒公卖局暂行章程》，专卖制度得以正式确立。但此间，周自齐任财政总长不久，就再次提出烟酒专卖计划。“财政部决定将烟酒归政府专卖，并对于脱漏该税者严密处罚，现正在制定章程中。”[②] 周自齐任总长期间，烟酒专卖制度已在部分地区施行。如 1914 年 11 月，四川制定《川边贩卖烟酒牌照税推广条例施行附则》，财政部批示条例履行细则已由部饬发，尚属妥恰。当年度烟酒二税税项准以本年 12 月份为征收期限，自应照准，俟年终即将征收税款分期报解。[③]

再如江西省国税厅筹备处在 1914 年 6 月报告，财政部前令赣省筹办烟酒牙行登录税、营业税即从前之牙行捐、输牙帖税捐，一向由省库拨用，与此次新增之牌照税专款，提解中央，性质、用途均不相同。按照条例第十四条仍有效，应照旧征收，毋庸列入抵补停征之款，将来以旧有之款留归省用，以新增之税拨解中央，可两全其美。因担心新税未能畅行，而旧税反因之减收。再三思考主张将从前征收之登录、营业税与此次举办烟酒特许牌照税仍划清界限，各归各案办理，仍由处长督率各员将新定之牌照税竭力推行，以收实效。新旧两税并行不悖，国计民生两有裨益。周自齐对此批示称该前处长请各归各案办理，系为划清界限、力策进行起见，应照准。至更换牌照，江西应与各省一致，以归划一。再所拟修正办事细则，大致妥协，唯第六条零卖营业应改照甲种纳税（全年应缴十六元），第七条兼卖营业应改照乙种纳税（零售全年纳税八元），以符条例而重国课。[④]

直隶国税厅筹备处在 1914 年 4 月已向财政部报告天津、昌平、通县、文安、易县、清苑、万全、滦县、丰润、河间、衡水、深县、

---

① 《熊希龄请设烟草专卖筹备处以维国货而裕税收呈暨大总统批》，杨国安编：《中国烟业史汇典》，光明日报出版社 2002 年版，第 290—291 页。

② 《北京专电：烟酒专卖计划》，《盛京时报》1914 年 2 月 22 日。

③ 《川边贩卖烟酒牌照税推广条例施行附则》，《烟酒杂志》第一卷（1918 年）第二期。

④ 《江西财政厅详赣省烟酒牌照税收过细数分期列表造册请察核文》，《烟酒杂志》第一卷（1918 年）第五期。

正定、邢台、大名等十五县为烟酒税局驻在地点，应即责成各局员兼理，仍令各知事辅助进行。除京城由财政部委托办理外，余均由该处委令各县知事办理。①

1914 年 7 月财政部还颁布《贩卖烟酒特许牌照条例施行细则》。这一细则是 1914 年 1 月颁布《贩卖烟酒牌照条例》的具体实施规定。细则规定贩卖烟酒类特许营业牌照为财政部颁发，由营业者向各省经征局署领取。营业者有继承、变更营业情况（地址、范围等）需禀报，特许牌照须载明营业者情况并不得转让、贷用。贩卖烟酒特许牌照由各省财政厅照式印刷编号，加盖关防转发各地方经征局署，该局署发给牌照时应于牌照下方加盖某县税局或县知事署发给等字样、戳记。各地方经征局署由财政厅原有税局分配，每县指定一处，无特设税局者，委托县知事署代办，京师地方由本部委托直辖征收官署办理。各地经征局署由财政厅指定或委托后报明财政部查核。经征官署应备置贩卖烟酒特许牌照税账簿并整理出纳。各地经征局署每期经征税银应于次月解交财政厅汇解财政部核收。各地方经征局署报解税银时应造具营业名册，连同牌照存根解交财政厅汇总呈报财政部。财政部还详细规定烟酒特许牌照税纳税收据格式、填单内容等。②

周自齐还专门致函外交部，称俄国公使前来函咨询烟酒特许牌照一事，周自齐认为："至所称中国政府当先与缔约各国商订后俄国方能照办一节，查各国商人在东三省营业者为数有限，惟日俄商人居其多数，以黑龙江言之，俄商更较日商为多，自应先得俄政府之赞成而后各国自能照办。此事关系我国税务颇大，相应咨请贵部详细研究，列举理由，再向俄使力争，一面电达驻俄公使径向该国政府磋议，以重税务，并希见复，以凭饬遵可也。"③

① 《直隶国税厅筹备处呈报开办贩卖烟酒特许牌照税情形并呈办事附则文》，《烟酒杂志》第一卷（1918 年）第三期。

② 《贩卖烟酒特许牌照条例施行细则》《财政部通饬各省财政厅颁发烟酒牌照税纳税收据格式》，《烟酒杂志》第一卷（1918 年）第二期。

③ 《财政部咨外交部东三省牌照税仍请向俄使力争并电达驻俄公使向该国政府磋议文》，《烟酒杂志》第一卷（1918 年）第二期。

1916年年初，各省商会对烟酒专卖专门开会提出各种意见，并汇总禀请农商部采择施行。农商总长周自齐就全国商会联合会总事务所禀意见书等五种，答复如下："查该商会等所陈驳议意见书五种，均经本署详细核阅驳议各条，其主旨不外取消旧税名目，制订划一税则，实行专卖。其余均系关于征收手续之争论，或于立法意旨尚未明了，均无关紧要。查烟酒两项本属奢侈之品，各国税率之重，多有超过于原价以上者。我国幅员之广，人口之众，而烟酒两税之收入，每年仅数百万，税率之轻，尚有不及十与一之比例，与一般必需品之负担比较，实属有悖租税公平之原则。是以政府持设公卖办法，务期实行官督商销，查产销之确数，以谋整理旧有税捐。本拟一律归并，由产地一次征收，而各地方商民又纷纷藉口成本过重，货物不能销行，势不能不暂行分别征收，其负担匀配于产销各地，以便商情。归并税捐，统一税率，本属本署计划范围以内之事项，特为维持商情起见，进行不能不有次第耳。至关于征收手续，本署自应严饬各省公卖局督饬所属，无稍苛扰。法规如确有不适商情之处，亦当随时变通办理，咨请转饬遵照。"①

此外，还有学者将中交二行经营的部分商业银行业务归入官办商业内容，这里不再作专门论述。

（2）特别官业

特别官业主要为交通四政与印刷、造币等局厂。这里主要介绍一下印刷局与造币厂的情况。

造币厂在清末共有六所。1912年3月间造币总厂被毁，于是就从前北洋银圆局旧址改建新厂，"其他各省已裁之各局厂以余利所在，相率垂涎，自是又纷纷开铸，于是裁并之议又起"②。周自齐任财政总长后，令造币厂监督吴鼎昌调查各厂情形，预为裁并各厂准备，目的是为统一币制，发行国币作准备。吴鼎昌于1914年7月间先后调查宁、苏、鄂三厂，称现在苏省一带官商规定银圆流通，二成为北洋

① 《全国商会上海事务所转发农商部关于实行烟酒公卖税理由函》，天津市档案馆、天津社会科学院历史研究所、天津市工商业联合会编：《天津商会档案汇编（1912—1928）》（第4分册），天津人民出版社1992年版，第3942—3943页。

② 张家骧：《中华币制史》第四编，第5页。

造、八成为南洋造，“南北之疆界益严”。以军队上关系，北洋银圆虽源源不断侵入南洋造范围，但北洋造市价仍低于南洋，每枚在三厘至五、六厘之间，中交二行钞票不能注明代表何种银圆。苏省发行钞票万元，若先以北洋造收，后以南洋造兑则损失不下五十两。吴鼎昌称：“昌再四筹维，窃以为欲平南、北洋造市价，非速发新币，俾南、北洋造一律兑换不可。其铸本拟于十一月、十二月两月借用中国、交通国库钞票及存款各项准备之旧货改铸新币，即于明年一月南、北洋一律实现兑换。”① 至于鄂厂，吴鼎昌称辛亥以后，该厂为军政府管辖，厂务废弛，用人浮滥，工作粗恶，员司把持，弊窦丛生。吴鼎昌特别提出：“币制统一，必先求造币机关之统一。”经财政部派员督察，现已与湖北官钱局脱离关系。并由其会商湖北巡按使，饬令该厂长，嗣后应完全归为部辖，行政公署提款，非奉部示，不得擅自通融，一切均听部及总厂指挥。②

财政部大刀阔斧对各局厂整顿、裁并，1914 年 9 月根据湖南银行监理官报告湖南造币厂前归并鄂厂，现该省纸币充斥，全靠铜圆接济，一停铸则“银行立见阻碍”，恳准该厂缩小范围开铸并脱离中央监管自办。但财政部加以拒绝，此后核准将湖南造币厂裁并。③

早在 1913 年，梁士诒署理财政总长期间，已会同币制局会呈裁撤铜元局及限制铜圆办法。“现时筹备施行，莫要于统一铸造，以防成色之有纷歧，节制铸数，以免主辅之不相符。而铸造之统一，应以裁撤各省铜元局为先著，铸数之节制，则以限制铜元铸数为尤要。”当时除天津、奉天、武昌、南京、广州、成都、云南七处造币厂外，新疆情形特殊，为财部许可开铸局厂。但是，民国以来河南、湖南、安庆、重庆铜元局及苏州银圆局相继开工，而吉林、清江浦、浙江、江西“相率垂涎”。梁士诒派员会同地方财政厅裁撤各局，清点资产物品、房屋改为他用或合并于其他各厂。除湖南因

① 《吴鼎昌报送关于江苏银元流通暨宁苏两厂情形调查清折致财政总长详》，中国第二历史档案馆编：《中华民国史档案资料汇编》（第三辑金融），第 301—304 页。

② 《吴鼎昌报送调查鄂厂情形暨整理办法说帖致币制局详》，中国第二历史档案馆编：《中华民国史档案资料汇编》（第三辑金融），第 304—308 页。

③ 《中国大事记》，《东方杂志》1915 年第十二卷十号。

钱票横行，苏州已开半年，应予年内停开外，其余各处一两个月内停办，新疆喀什噶尔与迪化仍准办理。[①] 财政部此后经调查呈准只保留津、宁、鄂、粤四厂，暂留奉天、成都、云南三处。此外酌情保留重庆、长沙铜圆局与江苏银圆局。其中宁厂与苏厂 1914 年 2 月归并，规定限铸并饬通用北洋模铸，9 月后改用财政部江南造币厂关防，11 月停铸铜元。1915 年 2 月收回旧币改铸新币。广东厂在 1914 年 5 月后改称财政部广东造币厂，归部直辖，厂设总务、工务、化验三科，“办事公文直接达部”。财政部还与广东省交涉收回胡汉民接收之 83 万多两铸本。1915 年 2 月粤厂开铸新币。云南厂自 1914 年 3 月后由财政部挪借铸本 10 万多两，又经过缩小铸额范围，裁减员司杂役，将各种生银升格，使得原料充足，“较搭铸铜圆获利稍优，渐将借款陆续归还”[②]。

造币厂各厂依照民国二年度修正预算，天津、奉天、武昌、江南、广东、云南、成都、江南东厂等八厂共计岁入 119111428 元，岁出 116080558 元，盈余 3030870 元。民国三年度预算天津、奉天、武昌、江南、云南、成都六厂共盈余 340 余万元。民国五年度预算以上六厂除天津、武昌两厂收支大致一致外，其余各厂均为盈余，共计 698392 元。[③]

财政部印刷局主要负责印刷纸币、公债票、税票及各种有价证券票。周自齐任财政总长期间曾与美国钞票公司拟定合办印刷局合同。规定先试办两年，印刷局积欠建筑费 20 万两，由钞票公司借垫，时间三年，年息六厘。试验期内，美公司派来技师、工匠与机器，费用由美公司担任。“试验期内，政府须预订印件，俾局足工。而印件照局费计价，每月一清。”试验期与合办期内所有技术、会计事务，皆由美方公司派人为主任，全权办理技术、会计事务。唯所派人员须经财政部同意。局长由财政部派充，副局长由美方公司会同财政部派充。合办期内纯利，政府与公司各半。合办期以 30 年为限。合办期

① 《中国大事记》，《东方杂志》1914 年第十一卷第三号。

② 张家骧：《中华币制史》第四编，第 5、25、35、45—46 页。

③ 贾士毅：《民国财政史》，第 771—773 页。

开始后，印钞价照现时价目，而后每十年改订一次，以工、物价格起落比例为准。合办时所有印刷局地基、房屋、机器及一切产业权利，皆由财政部交印刷局，不另索取费用。其他一切费用，概由美公司担任。试验期内，美公司查悉印刷局内情形后，不论何时告知政府开始合办，合办期即自此起。若不打算合办，亦可自此解散。合办期满时，各将所出器物收回。此外尚有三条为培养人才、修房屋机器等事。[①]

民国二年度修正预算，该局岁入为 1626820 元，支出为 1266664 元，余利 360156 元。民国三年度预算岁入为 815939 元，岁出为 865002 元，不敷 5 万元左右。民国五年度预算收支相抵盈余 244018 元。[②]

4. 交通系官业政策的评价

交通系官业政策的作用可从两方面予以评价。

其一，对民初财政的影响。辛亥革命后，北京政府一直将官业收入列为国家一般预算收入，周学熙在 1912 年底所作《财政方针说明书》中曾讲 1913 年官业预算概数为 12549627 元，“查此项官业，系各省官办之局所，今因经费支绌，大半停止归并，约较壬子（民国元年）预算二千九十一万六千四十六元，减去十分之四，共得此数”[③]。经 1914 年、1915 年财政整理，普通官业收入与此前相比，民国三年年度预算，临时、经常岁入总计为 4427504 元，民国五年年度临时、经常岁入为 2637946 元，与民二年度临时、经常岁入 8483741 元相比，有大幅度下降的趋势。具有垄断性的特别官业收入，如交通四政、印刷、造币厂收入为特别会计制度规定的官业收入，情况也并不好。其中交通四政 1913 年收支相抵盈余 10400824 元，但岁入内资金收入项中有借款 14582968 元，“是名为有余，实已不敷”。民国三年年度表面收支相符，但扣除 3000 多万元借款，也实际不敷。民国五年年度表面收支相符，实际扣除借

---

① 《录呈美国钞票公司提议合办印刷局条件大旨》，周秋光编：《熊希龄集》（中册），第 939—940 页。

② 贾士毅：《民国财政史》，第 771—773 页。

③ 《财政方针说明书》，虞和平、夏良才编：《周学熙集》，华中师范大学出版社 1999 年版，第 398 页。

款及部内经收经支项下支出，实际应收数仅及出款的1/15，又支付民元以来旧债，军需用款及内国公债本息，压力巨大。“从前朝野人士均以交通部四政年可收获巨款，以供政府之用，近细核近年收支情形，入寡出巨，纯恃债项以资挹注，是所望于当轴预为整顿以植其基耳。”特别预算中只有印刷局、造币厂盈余可以挹注财政，但数目也不多。民国三年年度预算两处盈余340多万元，民国五年年度二处合计盈余不过84万多元。[①] 因此可以得出结论，1914年以后，官业收入对财政挹注情况与此前相比，作用大大降低。普通官业中官办工业大多萎缩或艰难维持，官办农业为非营利性质，官办商业与矿业因政策刚刚出台，普遍收入不多，规模有限。特别官业中交通四政就其整体经营状况来讲只有铁路、电信情况较好，但在自身发展与挹注财政之间受外部因素影响而艰难维持；至于造币厂，由于民初制定币制、金融政策，推行国币统一，反对滥发银圆、铜圆，一改清末地方督抚借造币厂牟利抵补财政的做法，其性质已全变为特种性质的产业部门，而非财政生利机关对财政挹注作用也大大下降。印刷厂受其性质限制，则始终对财政挹注作用有限。

其二，民初官业政策的出台本来有三种动机，第一种动机即政体鼎新处理敌产、逆产原因，这只是一时的动机；第二为解决财政危机，但这一动机在1914年以后大大减弱了；而第三种动机即确立官业在国家垄断行业及关系国计民生的行业部门中的地位与作用。民初孙中山、周学熙、交通系及中间派一些政治领袖均积极主张发展、举办国有企业。虽然，“有一部分学者以扩张公营事业，有蚕食私人经济的活动范围，与国家本质不相容，高唱反对之论。不知公共团体依于国有企业收入，一方面可以减少租税的负担，另一方面可调整国民的财产分配，使其渐次平均，并以改善一般劳动者的地位”。民初一般学者，政治家都认识到：“且公有财产为国家信用的基础，扩张公营事业就是扩张国家的威信。如我国国民经济尚属幼稚，资本极端缺乏，一般企业萎靡不振，租税观念亦不发达，扩张官业收入，极为相

① 贾士毅：《民国财政史》，第765、770—773页。

宜。”[1] 还有学者在民初就已提出：就交通事业必须官营，国家有必不可少之特权。如铁路禁止私立公司竞争，邮政事务，禁止民信局经营邮件递送。其禁止方法，或以法律处分，或以行政处分。而在财政史上，官方的交通特权早有萌芽。[2]

总体上看，在1916年之前，北洋政府提倡举办官业，但普通官业中官办工业还未在一些行业形成垄断；矿业方面出台条例与商业方面出台专卖、特许政策，也只是揭开这两个领域垄断经营的序幕。传统的机、船、路、矿、行五大垄断部门，实际上机器、轮船、矿山较之前清，北洋政府的垄断控制力及企业的经营状况都在下滑。这一时期只有铁路、电政、邮政与中交二行代表的银行业因为交通系人物的作用，还处于北洋政府的垄断控制之下。

第五节　整理旧税与施行新税[3]

民初税制整理计划最早是在1912年12月，财政部提出的《整理财政计划书》中体现出来。其第四目“关于税制之更新”中讲我国现有税目，如田赋、契税、牙税、当税、关税、厘金等，以生产者（机构）、消费物品为课税对象，与欧洲19世纪上半期经济思想接近。欲更新税制，应采用最新思想与学说。故应于固有旧税以外求新税来源，避免重复而不失公平。最宜注意者在印花、遗产、所得三种新税，既不重复，又注重财富分配均匀，合乎最新经济思想。[4]

1912—1916年间，北洋政府税制整理经历了两大阶段。第一阶段，1912年11月至1914年6月，确定国税、地税划分原则及厘定当时及未来国、地税种类。由于地方割据，上述整理方案除清末原征收税种继续沿用，并于1912年开征印花税外，其余均未付诸实施。[5] 第

---

① 罗介夫：《中国财政问题》，第70页。

② 张家骧：《最新财政学》，商务印书馆1918年版，第248、249页。

③ 本节内容不含盐税与关税整理，这一内容在下节详细论述。

④ 《整理财政总计划书》，中国第二历史档案馆编：《中华民国史档案资料汇编》（第三辑财政），第68页。

⑤ 马金华：《民国财政研究——中国财政现代化的雏形》，第63页。

二阶段取消国地税后，规复解款，并在1915年规定印花税、烟酒牌照税、烟酒税（附加税）、验契税、契税（附加税）五项为专款。然五项专款中，除印花税、烟酒牌照税以外，其他三项为数有限，故于1916年加上屠宰税、牲畜税、田赋附加税、厘金，改名为中央专款。北京政府时期其总体上推行税制体系可如表4－5说明。[①]

表4－5 北京政府国家、地方税划分体系

税目	直接税	间接税	行为税
国家税	营业税（当税、牙税、烟酒牌照税）、矿税、所得税（将来征收）	关税、盐税、烟酒税、丝蚕税、茶税、糖税、出厂税、销场税	印花税、登录税（将来）、承继税（将来）、运输税（将来）
省地方税	田赋、房屋税、牲畜税、宅地税（将来）	屠宰税、谷米税、杂谷税	契税

北洋政府对税制改革推行基本延续了统一的思路，“周学熙以后，熊希龄、陈锦涛、周自齐、李思浩等历任财政总长都提出过自己的税制改革方案，内容与周的方案大同小异，无非是整顿旧税、推行新税、划分国地两税等”[②]。此外，不能忽略梁士诒的税制改革主张，如前所述，他在1913年9月财政会议上关于税制改革的提议影响重大。周自齐在1915年年初也详细阐述其税改政策，其中应增加者为盐税、海关税、常关税、奢侈品税；拟推广施行者为宅地税、营业税、交通税、验契税、印花税等；维持向来国内征收之税，如丁正、赋籍、田税、秋粮正赋、百货税、烟酒税、契税、窖税、牙税、官业收入等；应裁撤者为厘金、落地税；应免者为公产，慈善事业用地等；新提出各税，如征富税、玩物税、意外利益税、独占产业税、警惰税、去毒税、戒奢税、调剂负担税、恩及禽兽税、维持人道税等。[③]

① 吴兆莘：《中国税制史》，商务印书馆1937年版，第125—128页。

② 夏国祥：《近代中国税制改革思想研究》，第43页。

③ 《财政部拟定税项表》，《盛京时报》1915年1月31日。

民初税制改革有多重背景。西方财税理论的传播、影响是第一个原因，其中德国经济学家瓦格纳提出的赋税原则影响深远。瓦格纳主张财政上应以收入充分与收入弹性为根本；国民经济突出税源与税制选择；社会公正上强调普遍、平等；税务行政上突出确实、便利、征收费用最少。其税收平等原则强调按能力大小纳税，不是按比例而是施行累进税制。北洋政府的财政紊乱与极度困难是第二个原因，政府希望以税制改革增加收入。同时税制改革，要与国民经济收入结构变化、民族资本主义经济发展相协调，这是第三个原因。[①] 民初的税制改革既是财政、税收制度近代化的具体体现，同时也深层次对民族资本主义发展起到影响。以下就交通系领袖在这方面的影响做详细论述。

一　整理旧税

所谓旧税指北洋政府延续前清原有税种，且相对于其所创议的新税而言。梁士诒在1913年5月署理财政部不久提出整理旧税，主要为田赋、厘金、盐税、关税四种。[②] 财政部正式提出整理旧税并且成立机构推行，是在周自齐任财政总长后，即1914年2月24日。[③] 同日，周自齐呈请现当改革之初，拟于本部附设整顿旧税及筹办新税所，选富于经验、兼通学理之员经办。整顿旧税所直辖于部，设坐办一员、办事员与书记员若干。其职责主要有三：调查现在税目、税章、税则及征收办法，沿袭情形暨盈亏、弊端；厘定税目、税章税则及征收官吏办事办法，规定各种簿记收据，筹划稽征和扩充方法；与各省长官协定税章税则实施办法，解决临时征收困难，调查各省督征、经征、分征情况及官员考成。本所员司分6个月由总长甄别考察一次，分别奖惩。[④] 该所成立后，提出将1913年田赋征数比照1910年拟定田赋考成条例，此外拟订征收厘金考成条例、征收官吏交代条

① 夏国祥：《近代中国税制改革思想研究》，第35—45页。

② 岑学吕：《三水梁燕孙（士诒）先生年谱》（上册），第142页。

③ 《中国大事记》，《东方杂志》1914年第十卷十号。

④ 《财政部拟订整理旧税及筹办新税所章程呈暨大总统批》，《政府公报》1914年2月26日第648号。

例、各关考成条例（常关比照按半抽收），此为普通办法。又定特殊办法，“至各省契税、烟酒糖税、矿税等项则就其税入概算之多寡，考其征收方法之异同，拟于册列小数之省，责令切实整理”。地价税、城镇地税及所得税等草拟议案，目前尚未实行。对于当时新税、旧税酌量裁并一事，周自齐力主归并，反对裁并。[①] 其整理各旧税情况如下详细说明。

（一）田赋整理

民初田赋整理主要有以下几点。其一，厘定《征收田赋考成条例》（详见本章第一节）。前清有奏销考成例规。开征截数有定期，奖叙议处有定例，施行以来颇有成效。民国后奏销名义无形取消，考成随同废止。而各省自定考成办法，结果较清末收数短少。1914 年财政部参酌清制，重订考成条例，通饬各省将自定章程，除福建有特殊情形外，一律废止。“自此以后各省造报，虽未必确与实际情形相符，而有此办法后，亦足资遵循，不致漫无头绪矣。”[②]

其二，规复前清田赋旧额。1914 年 4 月，周自齐与财政部令各县查照前清旧额及向来完征成数，切实考核。向完十成，而现征不足额者，责令该处迅速规复旧额。完征不及十成，责令该县于本年内照旧收成数之外，多收一二成，以能设法征至足额为止。又要求各县列表比较，限一个月报部，并按日匀摊给征收官，“使官吏在任一日，即有一日之考成”[③]。

其三，“田赋用银之更进而用元也”。民初地丁仍多以两钱分厘计算，漕粮以石斗升合计算，折取制钱或银圆，于是百弊丛生。就地丁而言，折合银圆，各省乃至各县办法均不同。征收官吏勾结为奸，“勒价贴平，折零为正，辗转增加”。就漕粮而言，有折改银钱者，有征收本色者，粮价各地不同，粮色各方互异。加收斛面、席垫名目，索取兑费、运规，较之正税更为繁苛。1914 年周自齐与财政部

---

① 《财政部整理赋税所开幕后详志》，《时报》1914 年 7 月 21 日。

② 钱承绪编：《中国之田赋制度》，中国经济研究会、民益书局（上海）1942 年版，第 47 页。

③ 《财政部规复田赋旧额令》，中国第二历史档案馆编：《中华民国史档案资料汇编》（第三辑财政），第 1244 页。

命令各省完纳钱粮，概以银圆计算，在币制改革前，折合办法由部酌定施行。自此以后各省征收多以银圆折算。“苏浙皖赣闽粤湘滇川鲁晋冀皆奉令改征。”“废仅有其名之两，用实有其物之元，此亦进步之制也。”① 这一制度规定后，大大方便各省地丁钱粮征收，如京兆、直隶地丁、旗产、屯粮一概按照正额每两改折二元三角征收，八项旗租、各项杂租、河淤租正额每两改折为二元。吉林改为每晌大租征收五角，山东上忙地丁一律每两改折为二元二角，江苏地丁每两折收一元八角，漕米每石为五元。②

其四，筹划清丈。清丈土地起因是京畿附近大片旗地私相贩卖，“册在地无，令甲虚悬，名禁实垦”。“更有契典隐诡，过割不清，或种无粮之地，或纳无地之粮。”袁世凯命令财政总长周自齐会同内务总长朱启钤“设局编制”，妥为办理。③ 年底，京兆地区开始推行清丈，至1915年2月财政、内务部在良乡、涿县设局举办。“虽云毫无获然，当时亦颇有条理。”此后清丈一事由财政、内务两部移交给蔡锷主持的经界局专门办理。清丈田亩，“就田问税，其事至重。而民三之些小作为，固亦大有意义云”④。但是由于各地民众对清丈一事加以抵触，袁世凯在1916年5月不得不申令，清丈一事，“原不欲以利民之政转为厉民，嗣据河南官绅呈称，办理诸多弊窦，曾饬令缓办。其他各省举办清赋，地方间有因从事丈量滋生事端。亦交令转行诸省，体察情形，酌量缓办”。袁世凯令内务、财政（朱启钤、周自齐为总长）两部，即将近畿清丈及清查田亩各事宜，暂行停止。各省有奉前令举办清丈清厘田赋者，令一律从缓办理。⑤

其五，归并科目，限制加收，减轻偏重赋额。前清田赋税目繁杂，人民负担极重。以江苏为例，地丁方面有羡耗、清赋、仓项、漕

① 陈登原：《中国田赋史》，商务印书馆1936年版，第232—233页。财政部规定完纳钱粮以银圆结算在1914年11月，参见本章第二节。

② 晏才杰：《中国财政问题第二编：租税论》，新华学社1922年版，第110—111页。

③ 《大总统申令》，《政府公报》1914年12月12日第396号。

④ 陈登原：《中国田赋史》，第235页。

⑤ 《中国大事记》，《东方杂志》1916年第十三卷第七号。

项、驿站、扛脚等名目；漕粮方面有恤米、米价、局粮、南米、折漕、恤米剩余、黑豆折价、煮赈米价、籍谷价等；卫赋方面则有屯折、贡舫、漕项、加津、屯抚米等名目。[①] 各项陋规在辛亥以后，“稍稍革除，然办法既极参差，而猾吏蠹书又复别图弥补，是旧废既归正赋，新费又有增加，限制毫无，民苦更甚”。为此，1914年财政部通令各省区，明定征收地丁钱粮准于正额之外附加10%以内。“嗣据先后电覆，遵照办理者固多，而窒碍难行者亦复不少。然各省之规费、名目，较之有清之世则大为简单矣。”[②] 财政部又规定税目性质相似者，归并为一。“且当银米改折之际，所有耗羡、平余等赋税名目，均一并归入正课。”经过整理，到民国五年预算编制时，田赋性质备列九种，即地丁、漕粮、租课、差役、垦务、杂赋、地方赋税、专款赋税、均赋收入。其中均赋收入未施行，除地丁、漕粮外其他六种，“均偏于一域，或数量有限。事实上，惟地丁、漕粮为主要。然经此归并以后，税制乃简单化矣”[③]。财政部整理田赋陋规成效显著，如江苏省田赋地丁每两收正附税一元八角，“据称从前公费、脚费、串票，一切陋规裁革净尽”。“其随粮带征清乡、警察、堤工、塘工、清丈、缉捕、学堂、积谷及一切公益善举特税，皆系事前详准，于串票内加盖戳记，并出示晓谕，以杜浮滥，此外实无私收陋规，盈余勘以提入正项等语。”[④]

其六，规定勘报灾欠制度。“民国以来，地方官吏多为本籍，徇情捏报，情弊更多。财政部乃体察现情，根据旧制，呈准颁布勘报条例。其中如限日（十日以内）履勘，按灾蠲缓，严防延办、例缓之恶习，明定隐匿、虚报之处分，条举目张，大体初具。虽取裁旧制，不无挂一漏万之识，而轸念农功，亦系勤政爱民之旨。”[⑤] 1914年秋湖北潜江等地，水旱成灾，秋粮歉收严重。湖北巡按使请分别蠲缓银

---

① 钱承绪编：《中国之田赋制度》，第46页。

② 晏才杰：《中国财政问题第二编：租税论》，第127—128页。

③ 钱承绪编：《中国之田赋制度》，第46页。

④ 《财政部整理赋税所为咨行江苏省核复协商财政办法致币泉司付（附原稿钞件）》，中国第二历史档案馆编：《北洋政府档案》第63册，第313—314页。

⑤ 晏才杰：《中国财政问题第二编：租税论》，第123—124页。

米各数并缮具单册，袁世凯令财政总长周自齐会同内务总长朱启钤查照《勘报灾欠条例》，对潜江各属村庄应征地丁、漕米、屯饷、租课等项按照分数分别蠲免、缓征、带征，以纾民困。[①]

（二）厘金裁撤问题

创设于清代的厘金，一直被视为“恶税”，早在清末就有废厘改统或另设产销税的主张，但均未能推行。民初沿袭日久，形成以下主要弊端：“（1）为百货厘金。物物课税，不问商品之为必需品或奢侈品，同率征课，不平殊甚。（2）征收不经济。品数过多，征收费少，行政费大，而有几种商品之税收，实寥寥无几，而中饱则特多也。（3）挫抑国民经济。因一物数征，重复课税，达于极点，故商旅裹足，商品滞积，而国民经济之发达，受其桎梏。（4）稽延时日。因管卡林立，征收稽查，留难百出，货物流转，大受稽延。”有学者认为民初厘金应视其性质，除坐厘、牙厘、产地税、销场税及就店征收的货捐应分别改征为营业税或特种物品税外，其余如行厘、统捐、货物税、过境销场税、落地税、铁路货捐及其他有通过性质厘金应一概废止。[②]

北洋政府以厘金病商，“久议裁撤”。但北洋政府出于以下两种考虑，一是与各国正在协商增加进口税问题，“现若不待商约告成，现行自免厘金，则洋商无所求于我，加税更无希望”。二是国家失去大宗收入，无法弥补，洋货以进口税较轻更可挤压土货。因此财政部在1912年8月致电各省改良征收章程，厘剔中饱，“仍暂行照旧征收，藉维财政现状”[③]。厘金裁撤既要考虑缓解商民压力，促进实业发展，同时又要考虑弥补财政收入及交涉加增关税事宜，这就导致了裁撤厘金的复杂性与矛盾性，造成袁世凯与北洋政府在裁厘问题上的反复。而交通系，在裁厘问题上同样为上述问题所困，并与袁世凯、皖系及各省之间既有矛盾、分歧，又被迫进行妥协。

---

① 《大总统申令》，《政府公报》1915年2月22日第1002号。

② 周伯棣：《财政学（第二分册）：租税论》，文化供应社（武昌）1948年版，第303—305页。

③ 《财政部关于厘金仍照旧征收致各省都督电》，中国第二历史档案馆编：《中华民国工商税收史料选编（第三辑）：货物税》（上册），第1页。

1. 厘金的照旧征收及酌情改良

早在清末，梁士诒就提出铁路货捐成为铁路及货商一大障碍。"先生洞明斯理，故始终以为大敌，期必排除，第以京外各级官吏盘踞勾结，出死力以相抗，明争暗斗，垂十余载。"梁士诒署理财政部后，提出旧税如厘金、盐税、田赋等，"无一税无弊，即无一税不待整理"。详求整顿之策。但面对民初财政、金融混乱情形，梁士诒虽怀抱整顿厘金愿望，仍不得不妥协于现实要求。当时湖南滥币成灾，为稳定银圆、铜圆汇价，梁士诒认为还需保留土货厘金，对其增减才能操纵汇价。①

1914 年 3 月，袁世凯组织有梁士诒、周自齐、朱启钤等列席的总统府财政会议。财政会议讨论修改关税问题，虽提出："裁厘加税为修改关税之要点"，并讨论裁厘手续，但财政部与税务处、外交部、农商部提出厘金抵押借款现有湘鄂境内粤汉路借款、直鲁皖苏宁抵押津浦借款、苏税附厘抵押瑞记借款、湘鄂皖赣八成盐厘及两淮海分司五成盐厘抵押上海维持市面借款、鄂岸盐厘抵押英法续借款、苏淞沪浙货厘抵押英法借款、盐道厘抵押湘鄂借款、湘鄂百货厘金及山西全省厘金均抵押外债等，无法立即裁撤。② 梁士诒在裁厘问题上先是积极主张裁撤，再到后来迫于现实被迫变通。1913 年 9 月他在财政会议上提出改良间接税以厘金为首重，应预先筹划裁厘后抵补办法，拟以通过税中烟酒、药材特种税抵补。应该讲才这才是他的最根本主张。(详见本章第一节)

而周自齐在财政总长任上对照旧征收厘金则竭力主张。1914 年 9 月，周自齐呈请大总统袁世凯颁布了《征收厘税考成条例》(详见本章第二节)。"外人至评此种考成条例，为一种奖励诛求之峻法，民穷财尽，固有由也。夫货物出入依内外经济界种种之原因，其状况不同，随而厘金之收入依年而有增减无可疑者。今以不能信任征收官之故，特以过去收入额为标准，任意设定。有不足时加以严重制裁，是

① 岑学吕：《三水梁燕孙（士诒）先生年谱》(上册)，第 64、142、162—163 页。

② 《修改关税之前提种种》，《时报》1914 年 4 月 4 日。

驱之贼民以自卫耳。至于实究、虚坐之规定，皆具文也。”[①] 不少学者认为，这一条例影响深远，是公然鼓励厘卡官吏加紧搜刮，严重损害了资产阶级利益，使他们对袁世凯政权越来越不满。这一条例的出台也是资产阶级由拥袁走向反袁的标志性事件。[②]

但另外，1914 年 7 月财政总长周自齐酌拟整顿旧税，施行新税办法，“胪陈厘金积弊八款，提交财政讨论会会同讨论之。结果以厘金莫如改为统捐有益于国家，无损于商人，拟具理由书呈请大总统察核施行”[③]。1915 年 2 月周自齐训令各省提倡施行统税。此外，延续前清之创议，“民国三年，中央政府因通饬各省改厘金为产销税，为裁厘加税的准备”[④]。周自齐在裁厘改税方面也是有积极作为的。1915 年 4 月袁世凯召集财政总长周学熙、税务处督办梁士诒、农商总长周自齐等举行裁厘加税特别会议。周自齐称：“此举不唯直接可助商务之发达，并间接可使税款之增益。于外商并大有利，于华商、于中国商工业前途有密切关系，欲振兴商工业，实为不可缓之要图云。”[⑤] 周自齐在裁厘改税方面也是有积极作为的。这表明，周自齐与梁士诒并不反对裁厘，他们有改革不合理的财税制度，振兴民族工商业的积极动机。

周自齐与梁士诒作为财政政策的制定者、决策者，自觉摒弃预期目标，而是从当时财政情况、与各国关税谈判，工商税收实际情况等角度出发，主张厘金暂照旧制举办，逐步改良取消，应该讲并非不合理。袁世凯统治时期，厘金虽“仍暂行照旧征收”。但一方面意图通过关税谈判，加税以裁厘；再者裁厘改税，施行新税，革除厘金弊端为裁厘作准备。这一矛盾状态决定了北京政府裁厘改税、整顿厘金弊端不能深入、彻底，但也必然有一定的改革动机与措施。对后者不能视而不见。对北京政府和梁士诒、周自齐等一边继续征收厘金，一边

① 王振先：《中国厘金问题》，商务印书馆 1927 年版，第 19 页。

② 徐宗勉：《关于资产阶级从拥袁走向反袁的历史考察》，《社会科学研究（成都）》，1986 年第 5 期；朱英：《中国早期资产阶级概论》，河南大学出版社 1992 年版，第 314 页。

③ 《厘金改为统捐之呈请》，《盛京时报》1914 年 7 月 29 日。

④ 罗介夫：《中国财政问题》，第 219—220 页。

⑤ 《裁厘加税特别会议之内容》，《盛京时报》1915 年 4 月 25 日。

推行裁厘的做法，应抱以肯定，亦有批评的态度才是符合历史研究精神的。

由于各省厘金名目不一，周自齐、梁士诒与财政部难以制定划一办法，所以各省厘金照旧征收仍是各自为营。以江苏省为例，财政部在1914年5月命令江苏国税厅将苏省货税“一律改为产销并征”，并拟7月1日起实行。“至酌加税率一节，除丝茧外准从缓办，将来施行产销并征时，商界有所要求，本部自当力予主持。”[①] 按照《江苏各税所征收货物税产销进出并征章程》规定，该省进出口货物税分别由本省产地第一机关与进省第一机关征收全税，只收一次，通行各税所，不再重征。“向办总税之杭宁绸缎、纱绉、油蜡、白麻、锡箔、皮货、毡帽、靛青、南北腿、硝磺、木植、顾绣、丝线、药材等项，以及镖运货物，暂仍循旧办理。”收税标准仍依现行货物税率征收，未经定价货物，仍由征收机关按照时价估本抽收，随时列明货物品类、价目候核定增入。[②] 依据江苏省1915年编制财政说明书，1914年以前江苏厘金征收机关繁杂，忽生忽灭，有漕捐、徐捐、认捐、统捐、金扬二捐、清淮四成等名目。“入三年以来，以整顿税收起见，遵照部饬渐次取消各局认捐，改归散收。于方法上不少改良；于机关上，无甚增损。”合计宁属水旱各厘卡共计二百六十四处，分别隶属于四十局。整顿以前，“大宗货物，由商认者仍居多数，以致税收锐减。经张财政次长在国税厅内，揆度地势，择要划分，如五库、关行、震泽、同里等所，回复前制，机关渐备，漏卮渐去。惟初因商力不逮，产销未能并征，商家取巧，远指近销。厅长察知其弊，故于三年七月，实行产销并征。其时各处商会群起反对，电部、电厅络绎不绝。幸赖大部坚持，各所预授机宜，行之无碍。并将各处认捐查核情事。如有暂难遽撤，一经散收更无把握者，复饬大加认数，循旧办理。其余多数撤归散收，冀于严切整理之中，兼收通变维持之效，俾国家岁入，

① 财政部电（5月29日），江苏省中华民国工商税收史编写组、中国第二历史档案馆编：《中华民国工商税收史料选编（第三辑）：货物税》（上册），第142页。

② 《江苏各税所征收货物税产销进出并征章程》，《申报》1914年6月21日。

不致以改革而遽受无形损失”[①]。

浙江省根据财政部所颁税法草案，将货物统捐附捐规定统一章程，定名为货物附加税，由各统捐局陋纪。原有各项自治附捐，一律取消。各学校、警察、慈善公益，原取资于附捐者仍照案拨给。地方应振兴之实业，酌量以此项附税拨助，详定章程呈部核准，于1914年4月1日实行。其抽收方法：百货捐及烟、酒、茶、糖、厂纱捐，均按正捐附加20%。丝、茧两项，因输出品居多，除沪捐不计外，均按正捐附加10%。但宁、温两处洋广货，因运销内地，仍须另完统捐，故两局免收附税。绍洋广货只完一捐，仍带收附税。宁镇船货捐、宁波闽货捐，属地方税性质，一律不再加征。此项附加税约可征1505189元。[②] 财政部在该年5月致电浙江国税厅，称：“该省厘金改办统捐，较前清预算约短一百余万元。现在统捐各项章程均经报部核准施行，究竟该省统捐抵补厘金旧额能否不致亏短，现在认捐有无规定办法？仰将详细情形报部查核为要。”浙省国税厅筹备处报告若比照1911年预算439万余元，收数确实短少，系认捐浙省没有专章，统捐又为初办，收数没有把握所致。但浙省1912年、1913年收数分别为2365300余元、3164000余元，始终为增加。该省始终以切实整顿、恢复旧额为主旨。[③]

安徽省在柏文蔚任都督时，曾下令变更茶厘征收办法，将南茶每引由过去的120斤改为100斤，徽州等地征银加洋二角五分。北茶虽照旧征收制钱，但每两由从前合制钱1700文改为1500文。为此安徽省茶商、茶农纷纷抗议。梁士诒时署理财政部，财政部三次电咨柏文蔚与安徽省议会称：“变更国家税则，非省议会范围内事，所有贵省皖南茶厘，应暂照与赣省商定之结果办理。皖北茶厘，与冯藩司任内

---

① 《民初江苏全省苏宁两属税厘概况》，江苏省中华民国工商税收史编写组、中国第二历史档案馆编：《中华民国工商税收史料选编（第三辑）：货物税》（上册），第147—148、174页。

② 《浙江省货物附加税章程施行细则》，江苏省中华民国工商税收史编写组、中国第二历史档案馆编：《中华民国工商税收史料选编（第三辑）：货物税》（上册），第492页。

③ 《财政部饬将浙省统捐收数及认捐办法报部与浙江国税厅筹备处来往文电》，江苏省中华民国工商税收史编写组、中国第二历史档案馆编：《中华民国工商税收史料选编（第三辑）：货物税》（上册），第512—513页。

既已改定征银，诚如尊论商民既便于当时，未必不便于今日，亦应仍照旧章征收，以维财政，并希转知省议会为荷。”议会呈称茶厘改章并未准都督咨请到部，此情是否属实，应如何办理以恤商艰之处，请柏文蔚查核见复，以凭办理。并称省议会请将皖北茶厘改为1700文合银一两，应准照办。[①] 1914年5月，周自齐任总长后，财政部致电安徽国税厅，令该省详报厘金收数及整顿办法、税则、增加收数情形等。该省报告：“节经核定钱价改为银元，酌加薪资，杜绝中饱。虽不敢谓厘剔殆尽，而雷厉风行，收数已渐有起色。”[②] 该省专门制定有《新订安徽厘金税则》（附统捐税则）与《安徽财政厅征收落地厘金暂行章程》。

湖北省国税厅在1914年6月奉财政部5月中旬要求报告整理厘金一电，复电称湖北就原有局所酌量归并，改办过境、销场税，但未施行。以上两方法值百抽二，“系在第一局卡一征之后，不再重征。名为过境，实则无异统捐。凡前清过卡抽厘及照票、灰印、船头等名，需索留难之弊，悉铲除净尽，不可谓非改良之进步。不过落地并未征收，缘抽二之税，已较统捐为增加担负也”。而收数与拟办之统捐相等。现在专局不到二十，每年经费为465万余元，较统捐节省。可不必规复前清统捐旧制办理。财政部批复称：“该省现办过境、销场税收数既无短绌，自无庸规复统捐。”[③]

四川省国税厅在1914年4月报告设立厘金征收机关一事。财政部复电称：“所请将资中统捐暂令归并征收局试办，其余各局有应裁改者，拟随时酌量情形逐渐分并。嗣后征收各局凡兼管糖税、统税事务者，均照原定俸薪减成开支各节，原为整理税收，节省经费起见，

① 《安徽省国税厅筹备处等关于茶厘征收问题与财政部来往文电》，江苏省中华民国工商税收史编写组、中国第二历史档案馆编：《中华民国工商税收史料选编（第三辑）：货物税》（上册），第586—587页。

② 《财政部饬将皖省厘捐情形报部与安徽国税厅筹备处来往文电》，江苏省中华民国工商税收史编写组、中国第二历史档案馆编：《中华民国工商税收史料选编（第三辑）：货物税》（上册），第588页。

③ 《财政部饬将鄂省过境销场两税详情报部与湖北国税厅筹备处来往文电》，江苏省中华民国工商税收史编写组、中国第二历史档案馆编：《中华民国工商税收史料选编（第三辑）：货物税》（上册），第786—788页。

应准照办。惟将来征收机关尚有可以裁撤归并者，仍应通盘筹划，从速进行。”①

1914 年 4 月财政部又命令贵州省国税厅，该省厘金从前收数应实际高于去年预算 30 万元，“只以货价日增，估价照旧，暗中亏损不少。所称名为值百抽五，实尚不及百分之一二，自系实情”。令该省迅速调查，不应再由商会将物品产销两价填注报告，以本年 4 至 6 月为试办期，本会计年度一律实行。原贵州烟酒税附加百货厘金应照烟酒牌照税实行后统一办法办理，无须另抽烟酒贩卖税。②

1914 年 4 月，财政部令陕西国税厅筹备处，陕西厘金改为统捐，民国二年度预算因税率减轻，减为半数。今准照该省所请自本年起，按照原章十成征收。并饬令该省应将酒税在统捐一项中列为专门详报，征收方法是否照统捐章程十成抽收，每一千斤在抽税四两五钱以外，再行抽收？其收入可否增加一倍？征收机关是否设立专局为宜？应酌情办理并报部查核。③

1914 年 6 月，财政部饬令奉天国税厅筹备处：“查所称出产、销场各税，只可暂循旧章办理，未便轻议更张各节，尚系实情。惟奉省自实行统税以来，税务未经破坏，与他省情形不同。原定从价税率，系以从前市价为准，现在物价腾贵，税率自应随时核定。苟能加意整顿，收数当可增加。应由该厅长勉体时艰，仍遵前电妥筹办法，并将前订各项税则，遵照现在市价另为厘定，呈部核夺。至虑加税以后，商民取巧，领取海关专照，不啻为丛驱爵。此层苟稽查得宜，亦可预防。木税一项，据称正筹统一办法，应即赶订章程，一并报部查核。总之，奉省预算不敷甚巨，苟有可增财源，亟应统筹办法。况统税一项，尤为该省大宗收入，应如何增加收数，严定比较，该厅长情形熟悉，应能设法整顿，以副期望。”④

---

① 《财政部电》，江苏省中华民国工商税收史编写组、中国第二历史档案馆编：《中华民国工商税收史料选编（第三辑）：货物税》（上册），第 1011—1012 页。

② 《财政部令》，江苏省中华民国工商税收史编写组、中国第二历史档案馆编：《中华民国工商税收史料选编（第三辑）：货物税》（上册），第 1082—1083 页。

③ 同上书，第 1215—1216 页。

④ 《财政部致奉天国税厅筹备处饬》，江苏省中华民国工商税收史编写组、中国第二历史档案馆编：《中华民国工商税收史料选编（第三辑）：货物税》（上册），第 1284 页。

1914年5月财政部饬令热河国税厅筹备处，准该省将奢侈品与嗜好品（主要为烟酒两项）酌量情形加税百分之二到百分之五不等。“至称热河规费过于正税，现已饬令一律改为正税，取消各局小票（各局为解决经费，以各种名目所发凭据，著者加），填用大票一节，原为祛除积弊起见，办法甚妥，应即照准。”①

通过对以上财政部监督、饬令各省征收厘金情况考察，我们可以得出以下几点结论。其一，梁士诒与周自齐整理厘金首要目的在增加财政收入，确保税额不减少。如周自齐严令贵州国税厅筹备处详细调查物价，确定物品产销情况即是一例。此外督饬奉天、陕西严格遵照规定税额征收、改良办法，其初衷也是如此。最为突出一例是江苏加增产销税一事，为确保厘金收入不短少，他极力支持江苏财政厅，不顾商民反对。

其二，梁士诒与周自齐在厘金整理过程中也有保护商民利益，改良税法，避免苛扰商民之处。如安徽茶厘征收问题，梁士诒三次致电安徽都督柏文蔚与安徽议会，要求该省茶厘遵从民意，按照旧制办理最有代表性。再如取消热河省的小票制度，也是保护商民利益的体现。至于严令四川归并局卡，减少经费，要求湖北按照旧制续办过境、销场二税，不主张推行统捐，都说明他们在办理厘金过程中力求税法合于该省实际，方便易行，避免政令、制度遽然变化，影响工商业发展，社会稳定，同时加重人民负担，增加社会管理成本。

梁士诒与周自齐都主张厘金暂照旧制举办，逐步改良取消。应该讲这一认识是理性的，合乎实际。因此通过对交通系人物对厘金举办的态度考察，我们对北洋政府继续征收厘金，不应完全否定，不能将征收厘金看作是袁世凯与北洋政府由取得商民支持到受商民反对，具有标志性的却是非常反动的政策。

2. 力主裁撤铁路货捐

（1）裁撤

铁路货捐即铁路厘金，其创始者为袁世凯与张之洞等地方督抚。

---

① 《财政部令》，江苏省中华民国工商税收史编写组、中国第二历史档案馆编：《中华民国工商税收史料选编（第三辑）：货物税》（上册），第1379页。

1904 年 6 月袁世凯奏报芦汉铁路已修通至河南安阳境内。拟在安阳设立河南货捐局，由河南、直隶两省合办。在沿途各货栈装运时，按进出口货物货捐办法，统一按值百抽二五征收，两省五五平分。[①] 此前，张之洞已在 1902 年 5 月奏请设立鄂豫火车货捐局。分设湖北、河南两省，其办法与前者相同。此后各省督抚纷纷效法，京汉铁路货捐作为成案，“成为在各省开设铁路厘金的范例”[②]。

邮传部成立后，铁路总局局长梁士诒对铁路厘金制度十分反对，并给予切实整顿（详见第一章第三节）。1908 年，梁士诒为京奉路与南满铁路竞争考虑，经与奉天巡抚及锦新营口道商定，将奉天、营口之间铁路货捐概行免征，并裁撤沟帮子税局，由京奉路每年包缴五千两抵充。该年 10 月，又与直隶总督端方商定，裁撤丰台、张家口火车货捐局，令改设为京张铁路局火车商货局。同时停征货捐，限设厘卡。[③] 由于地方督抚的抵制，邮传部与铁路局虽然付出极大努力，但铁路厘金至清朝覆灭前并未完全废除。

交通系人物中，最早在民国年间提出裁撤铁路厘金者为叶恭绰。1912 年 2 月，时任铁路总局局长的叶恭绰以铁路厘金“实为蠹路病商之恶税”，向临时政府筹备处呈交说贴，提议裁厘三项办法：“（一）实行免厘加税；（二）暂免铁路货捐；（三）寓征于运当（铁路）局。”叶恭绰还先后筹议裁撤京汉路直鄂豫火车货捐，京奉、京汉、京绥路丰台、崇文门站货税，京奉路沟帮子站货税与沪宁路全路货税，“与各省、部往返争驳，积稿盈尺，阻力横生”。但沪宁铁路厘金仍在叶力主下被裁撤。[④] 除叶恭绰外，交通系其他人物也积极主张裁撤铁路厘金。1912 年 3 月时任邮传部与度支部正首领的周自齐商议裁撤丰台税局。周自齐称现在京汉全路南北通车，大宗出口货物亟待设法疏通，以挽回已失之利权，而发达商务莫若运输出口茶叶一事。“现拟按照本部前与茶商订定运输西茶专章，定期开办，听茶商

---

① 朱寿朋：《光绪朝东华录》，总第 5192 页。

② ［日］林原文子：《津浦铁路厘金局的废除和恢复——袁世凯政权经济政策的主要特征》，刘庆旻译，《北京档案史料》1997 年第 4 期。

③ 关赓麟：《交通史（路政编）》第四册，第 2532—2533、2577—2578 页。

④ 俞诚之：《遐庵汇稿（年谱）》，第 17 页。

之便，此项西茶，由京汉铁路转京张铁路，直放张家口，沿途不得留滞，俾求迅速而保质味。每年报运时，由经管财政衙门特派专员在汉口分别种类、货色、数量，确实详细登记，按季咨由本部核对数目，由本部即在运价包费之内，按海关税则应完税数核算银两，迳解该衙门为抵补大赔款之需。此外，沿途一切关卡、局所应征厘税、杂捐概不重征。”[①]1912年6月，交通部令调查各路厘捐详情，总长朱启钤令叶恭绰、郑洪年、卢学孟、郑洪谋、关冕钧、关赓麟、胡希林、唐士清、权量、金恭寿等共同商议路政司所提“寓征于运”办法。[②]

民初铁路厘金裁撤焦点为津浦铁路。1912年5月财政部咨交通部，称江苏都督程德全因津浦路通车在即，提议于南段浦口等处设立局卡，征收货税。[③] 此举使铁路厘金裁撤问题引发社会关注，也使得交通系与反对裁厘各势力关系更为紧张。

津浦路设铁路厘捐局后不久，就因“苛索商人太甚”而激怒商民。商民将浦口金汤门厘局及临淮、蚌埠各局捣毁。[④] 1912年8—9月，朱启钤派路政司长叶恭绰与直隶、江苏、山东、安徽四省代表商议津浦路裁撤铁路厘金问题。朱启钤与交通部坚持寓征于运之议，同情商民，归咎于货捐局办事章程未能完善，任意抑勒。[⑤] 交通部在咨财政部公函中称免厘一事，南京临时政府已宣布过，现改厘为税，将来商民能否认捐，尚无把握。且中央、地方税则未定，既名为税，似不应援照京汉厘捐办法。此事本系财政部权限，交通部难以反对。但因津浦路通车不久，工程、车务迭遭损坏，旧债无法弥补，新债日有增加。若再设货捐，不啻摧毁之余复加蹂躏。“况京汉货捐办法病商害路，公家亦无大益，徒为官吏调剂之具，似未便再予仿行，致将来复生恶果。况津浦路甫经开车，货税必不畅旺。在本部意见不如将设局稽征之议取消，即于铁路运费酌增若干，作为寓征于运，由路局包收包缴，摊归四省，似比特别设局征收较为妥善。一切留难需索之弊

① 关赓麟:《交通史（路政编）》第四册，第2507—2509页。

② 同上书，第2509页。

③ 同上书，第2552页。

④ 《津浦铁路货捐局风潮详记》，《时报》1912年11月29日。

⑤ 《津浦货捐风潮始末记》，《时报》1912年12月2日。

一扫而空，商情必能欣悦，即收入可期日旺。”①

为保障厘金顺利裁撤，交通系领袖还提出了解决这一问题的关键——抵补厘金旧额办法。1912 年 8 月朱启钤与路政司长叶恭绰召集路政司各科科长、京汉路局总办、车务总管、会计总管会商寓征于运问题，议决运价内加 7% 抵补厘金。征收后予以凭单，厘局不得重征。“交通部乃拟先从津浦路著手创办，寓征于运，经屡次磋商不得要领，旋因四省商民反对，迭起风潮，四省长官甫经就范，乃实行寓征于运。”② 交通部还将加增运费主张与工商部、财政部协商，当时最早提出以运费加价来弥补裁撤铁路厘金后的亏空为工商总长刘揆一，但对于加增比例工商部并未提出确数。③ 财政部提出由四省各派明白该省厘捐情形委员来京，与财政、交通两部组织特别委员会公同协议，焦点还是税率问题。但各方意见不一，从 8 月至 11 月始终无法谈拢。

该年 11 月交通部特派叶恭绰到江苏、山东与两省都督程德全、周自齐协商。周自齐首先表示无意见，并与直隶都督饬德州驻局委员暂缓启征。并允诺如得苏、皖两省赞成寓征于运，一律照办。交通部于是制订寓征于运详细办法，咨请四省都督施行。该办法规定：寓征于运于民国新税率未颁布，裁厘未实行以前为一种变通办法。运价以货物等级、重量、距离相乘，“即将货捐纳入征收，得税率施行之妙用，实通过税最良办法。与厘捐习惯相符，而去其不平之弊”。该办法目的为便路利商，调剂盈虚，铁路营业，地方经费双方兼顾。津浦路货物分主要、寻常、奢耗、危险、专案抽税、免税六种，分别规定其抽收办法。并规定了验票方法。津浦路货税由各站长代缴，不另支公费薪俸，四省派员驻站稽查，薪费自定。该路税款分配办法由四省协商，每月由路局分别解给，并按旬向中央报告征收情况。中央与四省协商将新设铁路货捐局一律裁撤，原有厘卡不得挪移地点。④

就在 1912 年 11 月底，交通部与各省协商、谈判之际，江苏浦

① 关赓麟：《交通史（路政编）》第四册，第 2552—2553 页。

② 同上书，第 2510 页。

③ 《津浦铁路近事一束》，《时报》1912 年 8 月 26 日。

④ 关赓麟：《交通史（路政编）》第四册，第 2554—2557 页。

口、安徽蚌埠与宿州、江苏的徐州、盱眙等地发生大规模商民骚乱事件，一些地方厘局被捣毁，商民罢市，对当局产生极大压力。同时在工商部主持的全国工商会议上，下关商会提出了撤销厘局和增加运费的主张，赞同交通部的办法，得到了全国大多商会支持。[①] 1913 年 2 月朱启钤在国务会议上提出将铁路运费加增 6% 作为对各省补偿，以此裁撤厘金，并经得袁世凯赞许，财政部也认可了该方案。[②] 四省都督在这样的背景下，只得同意交部在 1913 年 3 月所提方案。该方案规定：所设铁路厘捐或火车货捐或其他局卡，其性质为中央或地方于路旁征收附加货物捐，稽查偷漏税者一律裁撤；"不再征收厘捐，其内地原有厘金关卡亦不得因此增加税率，至下车之货经过各处关局卡亦一概不再重征"；各路抵补之数以每年所运向来收捐之货之运费 6% 为标准；其余各路以近三年沿线路收平均核计。不得超过 6%；联运商货于未上车时指明销地，填写二联单，由站长签字，由局长盖戳放行；各省设稽查员稽查收数，不得巧立名目征收厘捐；增补数目，由各方协商。该办法，袁世凯指令准如所请。[③]

1913 年 3 月，朱启钤呈大总统拟定裁撤丰台税局并由部担任抵补。袁世凯予以批准。[④] 6 月交通部再次呈准袁世凯，将京张、京绥、京奉铁路沿线的崇文门、丰台、张家口等铁路厘金税局裁撤。[⑤] 崇文门及张家口厘局，此项收入由交通部每年拟付库平银 10 万两抵补，政府殊为嘉许。袁世凯还批令称张家口及附设各分局应在本年 7 月 1 日一律实行裁撤，"即由该部将国务会议议决条件行知各机关永远遵守。如有不肖吏役巧饰阻挠，即从严分别惩办。此次各省沿铁路各项

① ［日］林原文子：《津浦铁路厘金局的废除和恢复——袁世凯政权经济政策的主要特征》，刘庆旻译，《北京档案史料》1997 年第 4 期。

② 关赓麟：《交通史（路政编）》第四册，第 2557—2559 页。

③ 《财政部交通部裁撤津浦捐局函电》，《铁路协会会报》第二卷第九期（总第十二期）。

④ 《交通总长朱启钤呈大总统拟定裁撤丰台税局并由部担任抵补情形请钧核文并批》，《政府公报》1913 年 3 月 6 日第 298 号。

⑤ 《国务总理段祺瑞等呈大总统拟将崇文门税局之丰台分局暨马厂、南口、张家口各分局卡并张家口分设之丰台分局、康庄、宣化等局卡按照国务会议一律裁撤等情请鉴核文》，《政府公报》1913 年 6 月 26 日第 493 号。

捐税蠹路病商当不止丰台一处，并由该部查照拟定办法，择其尤为窒碍者先予豁免，另筹抵补以苏商困而厚民生”[①]。这实际上是对朱启钤通过寓征于运，实现裁厘、便商利民、统一营运举措的肯定。而且袁世凯开始是肯定并支持交通部将裁撤铁路厘捐由津浦路向各路推广。

袁世凯支持交通部裁撤厘金有多重原因，他就任临时大总统后不久曾讲：“速与有约之国，商议加税，一面废去厘金，及减少出口税。每年海关、常关所入，可由四千四百万两，增至六千余万两。可抵支前项外债而有余。”[②] 这表明袁世凯裁厘主要目的是为关税谈判着想，希冀裁厘加税以改善财政收入。也不能否认袁世凯支持裁撤厘金也有辅助工商业发展，减轻商民负担的意图，这在命令裁撤张家口税局及其分局一事上可以体现出来。此外，津浦路厘金裁撤正值二次革命之时，皖、苏两省都督柏文蔚与程德全与北洋政府处于对立状态，北洋政府与袁世凯支持裁厘也是借此打击对方政治声望，笼络人心。

大致说来，1913 年年初国务会议声明同意交通部裁厘方案到 1914 年初，铁路厘金的裁撤在有条不紊地推行。如交通部在 1913 年 10 月致函财政部，称吉林国税厅所订吉长征收局稽税章程对于转运货物稽查过严，原章规定无税单不能上车以及派人随车检查与优待客商均有冲突。提议将第三、七、九条修改。财政部在 11 月致电吉林国税厅称交通部所订各条均属可行。[③] 1913 年 9 月交通部致函财政部，呈请变通广九路火车货厘办法，取消加收四分之一，于省河补抽厘则一律。“又按中英公司函称广九路厘征收过重，要求设法减轻，本部以主权所属，未曾置覆。但以路厘不平均，致惹外人诘问亦不可不为之计，应请饬广东国税厅应酌办。”[④] 12 月财政部复函交通部称

---

① 关赓麟：《交通史（路政编）》第四册，第 2514 页。

② 《莅参政院宣言》，陆纯编：《袁大总统书牍汇编》，上海广益书局 1914 年版，第 2 页。

③ 《交通部关于修正吉长征收局稽税章程函及财政部令》，江苏省中华民国工商税收史编写组、中国第二历史档案馆编：《中华民国工商税收史料选编（第三辑）：货物税》（上册），第 1451—1452 页；《吉林国税厅筹备处关于酌定吉长铁路车站稽税章程呈》，中国第二历史档案馆编：《中华民国史档案资料汇编》（第三辑财政），第 1454—1455 页。

④ 关赓麟：《交通史（路政编）》第四册，第 2603 页。

经与广九铁路局共同商议，将香港至省城间由火车运输洋货，其抽厘办法由原来值百抽二五改为照洋关估价，值百抽一。从前有坐厘、台费者，亦由火车货捐局一并抽收。此外，凡不属于由香港至省城运输之土货、洋货照原章规定所裁撤者加收1/4，凡未裁撤者照值百抽二五抽收。①

（2）恢复铁路厘捐

铁路厘捐的恢复有以下几种原因。第一，与各国商议增加关税谈判并无结果，而骤然裁撤厘金不仅使关税谈判失去理由，也使财政失去大宗收入。袁世凯曾讲："前清抽收厘金，本非良税。原议海关加税之后，即实行裁厘。惟因各国商议加税，尚难一致，不得不暂仍旧制，俾济急需。""凡系无关紧要之厘卡，分别裁撤归并，免致阻碍商务，虚糜公款。其经征员司如有舞弊营私情事，著即破除情面，从严究治，毋稍瞻徇。总期俟加税议订之后，裁厘便可实行，用副惠恤商民之意。"② 这就表明袁世凯将整顿征收办法而非彻底裁撤作为政策的主要内容。

第二，铁路厘金的恢复根本上还是为解决中央财政收入问题。1913年年底，熊希龄在发表施政宣言时称关税收入拟增加为一亿元。"此指免厘加税后言之。若不加税，则不免厘，数亦略相抵。"③ 实际上熊希龄在报告维持财政办法时，称将田赋、正杂税及厘金比照宣统四年预算酌加数成来增加财政收入。④ 而在1913年11月公布的《划分国家税地方税法（草案）》中统捐、厘金两项列为现行国家税。⑤周自齐卸任财政总长后，曾就其任期之内整顿财政办法呈文称旧有之

---

① 《财政部为酌减广九货厘致交通部函》，江苏省中华民国工商税收史编写组、中国第二历史档案馆编：《中华民国工商税收史料选编（第三辑）：货物税》（上册），第1453—1455页。

② 《大总统申令》，《政府公报》1915年12月17日第1297号。

③ 《国务总理熊希龄的施政宣言（摘要）》，江苏省中华民国工商税收史编写组、中国第二历史档案馆编：《中华民国工商税收史料选编（第一辑）：综合类》（上册），第144—145页。

④ 《内外时报：财政总长关于维持财政电》，《东方杂志》1914年第十卷第五号。

⑤ 《划分国家税地方税法（草案）》，江苏省中华民国工商税收史编写组、中国第二历史档案馆编：《中华民国工商税收史料选编（第一辑）：综合类》（上册），第743页。

税，向推田赋、厘金、常税三种为大宗。“厘金一项……二年度修正预算为三千二百十七万余元，比较（宣统三年预算）旧额仍短六百八十二万余元。上（1914）年经部通行各省按照宣三原额力图规复，并拟定标本兼治办法通饬各省遵办。又拟定征收厘金考成条例，以资惩劝。现计各省比较总额，除河南、察哈尔、归绥等处迭催尚未具报外，共计三千八百六十五万余元，视宣三预算之数虽短三十四万余元，而宣三预算内应行剔除之津浦路厘、芜湖米捐、江苏船捐等款，共剔出一百六十七万余元另案核计，现定比额较宣三旧额实增一百三十三万余元。就中直、晋、吉、陕、湘、鄂、皖、浙、粤、滇、黔等省均为较宣三预算增收。其余各省虽因特别原因稍有短绌，而较诸民国元二两年亦增加甚巨。”[①] 也就是说周自齐在其任上一直将厘金收入作为重要的中央财政收入来对待。

第三，铁路厘金的恢复也与当时的皖、粤两派斗争有很大关系，而背景则是帝制活动的进行与交通大参案。梁士诒年谱称：“洪宪将届，袁氏私党欲逼先生赞成，财长周学熙犹以津浦铁路厘捐为交通次长叶恭绰之罪，欲令法庭推究斯事，关联之大，可以想见。”[②] 叶恭绰因力主裁撤津浦等路厘金，被财政部弹劾，“谓为串通奸商，阻挠国税”[③]。交通大参案发生后，叶恭绰曾遍致通函于其亲友，“迳启者，恭绰此次因津浦路案牵连，仰蒙大总统矜全，暂行停职，现正静候院传”。舆论称：“其忧潜畏讥之隐衷，见于言表矣。”[④] 舆论报道叶恭绰此前曾登报声明与津浦路局和汇通转运公司暗中勾结，偷漏国税一事毫无关系。“而据平政院停职候传之呈请，则又似乎叶氏确曾与闻其事。惟自前月，财政部在津浦路开办厘局，交通部不肯赞成，两部曾大相争执。当时政界即有交通部反对厘金局全为汇通利益之

---

① 《周自齐关于整顿财政呈》，江苏省中华民国工商税收史编写组、中国第二历史档案馆编：《中华民国工商税收史料选编（第一辑）：综合类》（上册），第593页。

② 岑学吕：《三水梁燕孙（士诒）先生年谱》（上册），第64页。

③ 俞诚之：《遐庵汇稿（附年谱）》，第17页。

④ 《交通之大参案》，季啸风、沈友益：《中华民国史史料外编——前日本末次研究所情报资料》（第二册），第646—647页。

言，观此可见此案之牵连叶氏非偶然也。”①

第四，铁路厘金事涉交通、财政两大部门，双方为征收、稽查权限归属一直存在纠葛。虽然在1913年交通、财政两部因广九、吉长路税厘问题达成协议，划分权限，实际上此后经征过程中，两部之间仍屡有冲突，即便身为交通系一员的周自齐在财政总长任上与交通部之间也避免不了这一矛盾。1914年3月，财政部致函湖北国税厅拟整顿鄂豫货捐，凡转运公司用蓝票应先向征收局报告查验，之后再给以单据装运。如无查验单据，各路局可扣留。但交通部、京汉路局认为此举窒碍难行。4月间，“财政部又函，谓路局并不禁阻捐局之查验货物，似先期报明捐局，给予单证，再行装运办法可以施行。请饬京汉路局通融办理”。但京汉路局与交通部仍以此举不便商民，且不利货运，“是不啻代捐局推波助澜而驱商货于铁路之外”，坚决反对。② 11月，湖北财政厅长胡文藻报告鄂豫火车捐局征收货捐方法，与水厘截然不同。水厘货船抵局随报随验，随验随收，纵有弊端，觉察较易。而火车货捐并非商人直接完纳，概由转运公司代缴，事前不报验，以后又不即时给票。原因在于征收方法向有蓝票记账，红票完现，绿票免税之分。胡文藻提出应废除蓝票。在其所订办法中规定不论红票、蓝票、绿票货物，均分别上车、下车两种填写查票；总局与分局得派员在上下车时守候车站道旁，将车号、货物数量与种类登记在册，并派员监察各种票货物之起卸。财政部对这一空前扩大稽查、征收权限的章程批复称：“尚属可行，应准试办。”③

以上背景实际表明，铁路厘金的裁撤非但不能彻底推行，而且随时潜伏着复活的可能。1915年1至3月间交通部与农商部会商，提出为谋商运发达，推广国货，寓征于运“实为今日唯一救济之要图”，并呈请袁世凯若津浦路试行无障碍，应将其作为成例推广全国。而袁世凯却批复称：“裁厘畅销，国货实行保护政策为稍明时局者所共知。

---

① 《交通要案之近闻》，季啸风、沈友益：《中华民国史史料外编——前日本末次研究所情报资料》（第二册），第649页。

② 关赓麟：《交通史（路政编）》第四册，第2527—2528页。

③ 《胡文藻为整顿鄂豫火车货捐办法与财政部往来文件》，中国第二历史档案馆编：《中华民国史档案资料汇编》（第三辑财政），第1458—1462页。

惟近年商货阻滞，其弊不尽系于厘捐。现在铁路营业尚未发达，遽请将厘局一律裁撤，深恐国库坐失大宗进款无法弥补。所陈寓征于运办法著交财政部核议具复。”[①] 1915 年 3 月，新任财政总长周学熙呈文大总统袁世凯，称津浦铁路自 1913 年 9 月四省与财、交两部协商，由交部寓征于运，将厘局裁撤，由交部每年按运费 6% 拨补 80 万元，但因该路每年亏损 500 余万两，其六厘运费拨补四省实际至 1914 年 9 月只有 79000 余元。“无论运载车票货票有无弊混，而于厘务岁入实属有妨。今四省已受其弊，而据农商、交通两部会呈各节，尚欲以津浦办法推及于各路，势必至于全国货厘不尽归于无著不止。”“该路免厘以后，商人工于趋避，影响所及，已上至于湖北，而下达于浙江。”因此周学熙主张将寓征于运办法即行取消，由本部择定地点派员前往设局征收，作为试办。俟一年期满后，再将应拨各该省数目核计分配，以资济用。袁世凯对此批复称：“准如所拟办理，即由该部转行各该省巡按使遵照，并交交通部查照。”[②]1915 年 6 月财政部复设津浦厘捐局，交通部与商界均通电表示反对。[③]

值得注意的是，在以叶恭绰为首的交通部与周学熙为首的财政部胶着不下之时，交通大参案随即发生。“交通大参案之发生，某公子（袁克定）屡邀先生（叶恭绰）过从，谢不往。乃授意前任津浦北段总办，后任肃政史之孟锡珏及津浦总稽核金恭寿拟定参案草稿，交都肃政史庄蕴宽照参。庄不允，某（杨士琦）言主座意也。某又以政事堂密令派肃政史王瑚、蔡宝善等赴津浦路密查，罗列十大罪状，交都肃政史领参。财长周学熙以先生力争免除铁路货捐，积嫌益深，亦参先生串通奸商，反抗国税。奉批并案查办。翌日，英使朱尔典并对袁总统面递整顿中国铁路节略，是其中亦有国际上之阴谋也。”[④] 而更为深刻的原因是：袁世凯垂涎铁路收入，对决定收支的叶恭绰不听命于自己表示不满，支持皖系恢复铁路厘捐局，制造大参案打击交

---

① 关赓麟：《交通史（路政编）》第四册，第 2515—2519 页。

② 《财政部呈准津浦路厘派员设局专办取消寓征于运案与大总统往来文件》，中国第二历史档案馆编：《中华民国史档案资料汇编》（第三辑财政），第 1471—1473 页。

③ 《译电》，《时报》1915 年 8 月 8 日。

④ 俞诚之：《遐庵汇稿（附年谱）》，第 69 页。

通系。

（三）其他旧税的整理

1. 烟酒税

“元二年间，一切税收，仍前清之旧。民累而入不敷出，财部起而理之。恐笼统加税之普及全民也，于是外采各国良制，内计消费阶级，而烟草公卖之议起，盖惟烟酒为消费品中之奢侈品也。”1914 年财政部公布《贩卖烟酒牌照条例》及《施行细则》（详见本章第四节），“盖国库空虚，专卖限于财力，商民疲敝，加率徒负其名，权衡至计，乃以官督商销为救时善制矣。至既办公卖，仍征旧税，则又绝续之交，所资以调剂国用也”。财政部鉴于各省税率原本不同，公卖费率遂不加规定，仅以 10%—50% 树一大概标准，具体征收率如何由各省自定。[①]

周自齐任总长期间，其对烟酒税整理还有两个主要政策。一为仿照日本税则，制定《贩卖烟酒特许牌照税条例》十五条，规定华洋烟酒一律照章办理，于 1914 年 5 月公布。[②] 另一个主要政策是 1914 年 7 月，周自齐令财政部颁布《修正贩卖烟酒特许牌照税条例施行细则》，具体情况本章第四节已有介绍。

2. 矿产税

1914 年 3 月农商部曾颁布《矿业条例》。“然《矿业条例》颁布以来。所定税率尚未一体遵行。”根本原因在于各省无论煤矿、金属矿矿产税比率不一，黑龙江金矿等官办矿业及保晋、汉冶萍等矿又往往有特例请援照。“因而法定矿税，乃未能推行全国矣。”[③]

1914 年 7 月，周自齐与农商总长张謇呈文袁世凯，称《矿业条例》第六章载明矿税分为两种：一为矿区税，二为矿产税。又矿务监督署官制第十条第四项系关于征收矿税事项。但民国成立以来，各省征收矿税者往往自为风气，既无统一之机关，更无确定之税额。故订立简章十一条，拟请将矿区、矿产两税划分，各监督署及财政厅分别

① 程叔度、秦景阜、姚大中编：《烟酒税史》（上册），财政部烟酒税处、大东书局 1929 年版，第一章，第 3—4 页。

② 程叔度、秦景阜、姚大中编：《烟酒税史》（上册），第三章，第 1 页。

③ 魏颂唐：《财政学撮要》，第 123—124 页。

征收，一便矿署钩稽，一谋财政统一。征收矿区税之权归监督署，既征之后转解财政厅。未设监督署诸省，仍暂由财政厅征收。矿产税为国税之一，黑龙江、直隶等省一直视为收入正供。拟将征收矿产税之权归于财政厅，并令各监督署随时督察报告。①

《征收矿税简章》规定：各省财政厅所定征收矿税机关及其地点，应随时知照监督署，各区监督署遇有新交矿税，应即时将代表人姓名、矿山地点、生产计划随时报告财政厅；财政厅对矿商报税有异议，得咨监督署派员检查；矿产市价由监督署按细则分别呈报农商、财政总长后分别饬知遵办；矿区税由监督署征收后解交财政厅核收，一面册报农商部转咨财政部查核；矿产税由财政厅册报财政部或留备各该省支用外，应将清册移送监督署转详农商总长备案。此外规定监督署与财政厅对于矿商滞纳、违法不交情况可照条例严惩。②

《征收矿税简章》的主旨在于厘定矿税种类，特别是矿税征收、稽查权限划分。条例中财政部与直属部的各省财政厅权限明显加重，显示了中央对清末以来矿税更多为各省控制这一情形的扭转决心。此外，周自齐在总长任上，对于矿商屡次要求变更矿税缴纳方法要求积极采纳。由于《矿业条例》规定矿区税每年每亩缴纳银圆一角五分或三角不等，税率较重。而测勘按亩实征，商力难支。于是在1914年7月与1915年2月两次下令变通。“限令实采与未及实采之亩数，务使简一明确，不致稍虞欺隐。请以凡有领作采矿区者，一律应以二成作为实采区域，按照矿例，每亩分类缴纳三角或一角五分。其余准作未及实采之区域，得暂照采矿例，每亩缴纳五分，嗣后每两年递增一成作为实采区域，至所领区域全部作为采矿之日为止。”③

3. 验契与契税

1912年，财政部制定《划一契纸章程》，规定凡以前不动产旧契，无论已税、未税，均应呈验，无论典、卖，均应注册，给换新契纸，每张酌收纸价一元，注册费一角。不动产价格在三十元以下者，

---

① 《财政部农商部呈会同拟订〈征收矿税简章〉缮折请鉴核文并批令》，《政府公报》1914年7月27日第799号。

② 《征收矿税简章》，《税务月刊》第一卷第9号。

③ 魏颂唐：《财政学撮要》，第124页。

只收注册费。呈验期为六个月，逾期加倍征收纸价。卖、典新契不再收验契纸价。1914 年 1 月颁布的《验契条例》，内容与其基本相同。[①]

周自齐对契税整理主要有以下几点。第一，1914 年 3 月通令各省整顿契税办法五条。即（1）自公布之日，一年内卖契税照 2%，典契税照 1% 征收，期满后复回 9%、6%。（这一规定仅山东、奉天、直隶照办，后改定卖契税、典契税分别以 6%、4% 以下，2%、1% 以上征收）。（2）旧契税未填写确切，准按新契税填写、补交。（3）少报、匿报由国税厅严惩。（4）特别印花未颁行前，准用现银。（5）各省自订细则。又定各省施行新章之日，如补交旧契税在期限内，酌减收数，逾期酌加几分；如有典押买卖新发生者，准三个月内照新章办理，逾期酌加几分。[②] 1915 年 1 月周自齐通令各省，因各地征收契税税率参差不齐，加之匿报短征成风，征收机关又往往惮于多事，姑息不问，以致该税较前清反而萎缩。因此财政部特制订《补订契税条例施行细则》，请各省长官饬令财政厅遵照办理。该细则规定契纸发行，由征税官在各乡镇设立发行所，委托公正绅董或殷实商店管理，契纸分四联，官署留存根，其余三联由发行所代售、代填，每十日由发行所将已售契纸应缴两联及收费“清结缴署”；各征收官收到契税后三日内“应迅速税出给领”，逾期可由请领商民禀请财政厅查办；契纸费可留 20% 为各县征收、发行经费；财政厅每期册报应附各县“经征、收支、解存简明表及该厅督征收支解存结单”，表式由财政部制定。[③] 这是对全国各地契税整理、变通的统一规定。

第二，1914 年 8 月，周自齐呈文袁世凯，称《验契条例》颁布已过半年，凡逾期未报者应照章加倍收费。拟定照各省援请将期限展缓至年底，在此之内仍不加收。自次年 1 月到 3 月为第一期，4 月到 6 月为第二期，7 月到 9 月为第三期，在此时间内补报均分别加收二

---

① 《民国验契概况》，江苏省中华民国工商税收史编写组、中国第二历史档案馆编：《中华民国工商税收史料选编（第五辑）：地方税及其他税捐》（上册），第 225 页。

② 《中国大事记》，《东方杂志》1914 年第十卷第十号。

③ 《北京政府财政部颁发〈补订契税条例施行细则〉致巡按使都统等咨》，江苏省中华民国工商税收史编写组、中国第二历史档案馆编：《中华民国工商税收史料选编（第五辑）：地方税及其他税捐》（上册），第 244—245 页。

元二角、四元四角、八元八角。[①] 1915 年 1 月，财政部又明令各省 30 元以下小契逾期注册，自当年 9 月展限期满后，除加倍收取注册费二角外，再收大洋一元作为罚款。但“不必分期加罚，以示体恤”[②]。这是对关于逾期不交方面的规定。

第三，督促各省推行验契，规定办理验契特殊情况。1914 年底，财政部致电江苏财政厅，称现因欧战爆发，中央财政“艰窘万状”，“目前救急之法，惟有验契一项收入较多，稍足以周转。乃近察各省办理情形，多者不过二三百万元，少者仅有二三十万元，照此摊算，民间隐匿未验之契尚居多数。若因限期将满，遽议收束，将继续应办事件转为搁置，殊于验契前途有碍。嗣后各省除将前此已收各款从速催齐解库外，其验契应办事件仍应督促所属继续进行，俟契纸投验尽净之后，再图结案”[③]。

但是验契期间，往往“地非己有，漫填契纸，赴官投验，预为侵占”的事情不断发生。周自齐为防范此类情况发生，呈文大总统袁世凯称：财部曾通令各省，嗣后验契应将契纸暂存并将契主田房等情况张榜公布，以一个月为限，若无人争执则发回原契。但该方法不便施行，只得变通。“拟以验契所内所存注册底簿，凡属业户，均许随时到所查阅。遇有假冒等弊，准有原主告发，持契证明，如果属实，应由地方官追销假契，作为无效，并按照新刑律规定侵占之罪，处以有期徒刑。似此严定办法，庶弊端可期杜绝，而人民财产得收保护之实益。”[④]

4. 牙税与当税

1914 年 3 月，财政部致电各省称已拟定整顿牙税大纲四端，请各省遵照执行。这四种方法即：“一、典当为大宗营业，典帖收税应特别加重，以裕税源。二、商务繁盛之区可将旧有之牙率化散为整，令

① 《财政部订定逾期验契收费办法呈及大总统批令》，《税务月刊》第一卷第 9 号。

② 《财政部关于逾期陈验三十元以下小契规定收取注册费电》，《税务月刊》第二卷第 14 号。

③ 《验契永难收束》，《申报》1914 年 12 月 10 日。

④ 《财政部为办理验契酌拟保护办法呈暨大总统批令》，《政府公报》1914 年 8 月 9 日第 812 号。

牙行商人组织大货牙帖，另定税率，以期筹集巨款。三、如有依照旧制稍加改良者，亦应酌增税额，定期试办。四、帖照准由国税厅颁发，每年将颁出帖照之数报部一次，各按当地情形妥拟章程并施行细则报部核准施行。”并称此整顿办法，“总期款项多增，无滋纷扰，于国于民两有裨益”[①]。财政部通令整顿后，各省于是有化散为整，另组公司者。有依照旧制，稍加改良者。[②]

同在1914年3月，财政部因典当为大宗营业，当帖税收由来已久。但税率视地方商业盛衰，营业资本多寡，令各省体察本地情形，自订章程，报部核准施行。各省关于典当之单行法规多起草于此时，各省所订年税额，多采用累进税原则，由数十元到数百元不等，帖捐在领帖时一次缴清，有效期一般没有规定。[③] 经整顿后，“所有前清一切规费，名目概行废除，课税标准依于营业收益，故各地方不是一律，收入比较前清大为增加，民国四五年至达七、八十万元以上”[④]。

5. 屠宰税

1915年2月，财政部通令各省财政厅，现在每年屠宰猪牛羊不下数千万，若整顿有方必能大增收入。而实考各省报告牲畜税收入不过300余万元，其中屠宰税一项不及20%。“虽报解容有未尽确实之处，要亦由于向无专章，省自为制，举废不一，轻重失当，此中损失不知凡几。”为此财部特订《屠宰税简章》，饬令各省遵办，并将本年收入预估报部。声明此举，“系就原有捐税量为扩充，意在剔除中饱，并非加重负担。且虽责成宰户完纳，实系间接取之于食户，于宰户亦无丝毫损害，各征税官尤须明白晓谕，俾达此意”[⑤]。该简章颁布以后，屠宰税全国始有统一法规。简章要领如下：屠宰税以猪、牛、羊为限，猪每口征银三角，牛一元，羊二角。但向征之数有超过者，仍各依其旧。前项税额由屠宰者完纳，附收地方公益捐不得超过正项。

① 《文电中之新税与旧税》，《申报》1914年4月4日。

② 魏颂唐：《财政学撮要》，第115页。

③ 宓公干：《典当论》，商务印书馆1936年版，第331页。

④ 罗介夫：《中国财政问题》，第282页。

⑤ 《北京政府财政部颁发〈屠宰税简章〉致各省财政厅饬》，江苏省中华民国工商税收史编写组、中国第二历史档案馆编：《中华民国工商税收史料选编（第五辑）：地方税及其他税捐》（上册），第547—548页。

屠宰者，须先期赴征收所纳税领照。[①]

此需一提的是，1914 年 10 月财政部颁布《杂税整理处章程》，专就牙税、当税、屠宰税成立杂税整理处，负责改定征收办法，征收具体事宜。各省财政厅需附设杂税整理机关，设总办一人，由厅长总司其职。[②]

二　施行新税

民初欲实行之新税有以下几种，属于国税的为登录税、通行税、遗产税、营业税、所得税、出产税、纸币发行税，地方税主要为房屋税。[③] 此外，“我国之印花税创办于民国二年（1913），盖为补禁烟之损失者也”[④]。也应列为民初新实行税制。交通系领袖对实行新税方面的影响主要表现在以下几方面。

（一）印花税

北洋政府第一部《印花税法令》颁布于 1912 年 10 月，至 1914 年 12 月大总统袁世凯申令对法令进行修正，修正内容主要为罚金方面规定，此外 1914 年 8 月袁世凯又申令通过《关于人事证凭贴用印花条例》，1915 年 1 月略作修正。杨汝梅称，“印花税为良税之一种，在人民负担甚轻，在国家收入颇巨。其收税方法简单，容易推行，尤为此税之特色。民国以来，政府筹议推广印花税方法不遗余力，查二年于京师举办印花税，其收入只有五万七千五百六十一元。厥后次第推行于各省，三年收入即增至四十七万余元，四年为财政成绩最佳之时期，其收入增至三百六十四万余元”[⑤]。可见民初北洋政府整顿印花税不遗余力，而终于有理想之结果，梁士诒、周自齐、朱启钤等交通系人物于其间功不可没。

---

① 朱偰：《中国租税问题（中国财政问题第三编）》，商务印书馆 1936 年版，第 197 页。

② 《中华民国工商税收大事记》，第 35 页。

③ 程悠：《划分国家税地方税法（草案）》，江苏省中华民国工商税收史编写组、中国第二历史档案馆编：《中华民国工商税收史料选编（第一辑）：综合类》（上册），第 744—745 页。

④ 周伯棣：《财政学第二分册：租税论》，第 361 页。

⑤ 杨汝梅：《民国财政论》，第 39 页。

1913年印花税刚刚推行之时，交通部电政司专门制定《发行印花专则》，规定：电政司承领印花，第一次由财政部函送交通部转发，以后续领应由电政司酌定每月需用数目，提前一个月呈交通部，函送财政部核发。电政司承领印花后，应将认定的支发行所造具表册，呈交通部函送财政部核发。各支发行所发行以大洋核收，由中国银行代收、汇解。“各电报局发售印花之账目，财政部得随时以部令派员往查，惟须先期知照交通部转饬接洽。关于发售印花一切呈报簿册，由财政部总发行所送交电政司领发各发行之电报局应用。”①

1913年梁士诒署理财政部期间，又特别命令财政部依《印花税法施行细则》，以中国银行总行为印花税票发行所。发售印花税由中行总行酌定种类数目，出具收据，向财政部请领。中行总行及其认定之支、代发行所，发售印花票价每月终应结算一次，并须报告财政部。前项票价结算后，均须汇解国库存储，其汇解费，可于汇解款内扣除，但须报告财政部。又规定，财政部得随时查核印花税票账目。②同时梁士诒令财政部发布开征印花税通告，称印花税贴用方法，凡价值十元以上，贴印花一分或二分，价值不过2‰，较之英法各国1%税率堪称轻而易举。“取之者既如此其轻，而保护之者又如此其周，且至裕国利民，莫此为甚。”京师已经与内务部、步军统领衙门、顺天府出示晓谕，已在阳历三月初一举办，各省待税票到达后亦应一律开办。③为推行印花税，梁士诒与财政部制定《各公署搭发印花税办法》，规定北京及各省国库发款可搭发2‰印花，官俸兵饷及购置物品、建筑工程、一切应发经费，均按照2‰搭发。北京各衙门应按月将已发税额交财政部收存，各省已购买税票价额统交国税厅筹备处收存，听候汇解财政部，京外各机关应须搭放之印花税票，由财政部印花税票总发行所发给备用。搭放所收之票价另款存储，备作六厘公债

---

① 《电政司发行印花专则》，段志清、潘寿民：《中国印花税史稿》（上册），上海古籍出版社2007年版，第187页。

② 《中国银行发行印花税票专则》，段志清、潘寿民：《中国印花税史稿》（上册），第188页。

③ 《财政部开征印花税的通告》，段志清、潘寿民：《中国印花税史稿》（上册），第189页。

利息。又制定《各公署提倡贴用印花办法》，规定各公署与个人、商铺、私立团体、外国人所订契约、簿据均提倡贴用；京师内外公署庶务、会计购买物品、建筑、发款等亦应提倡，有指导商民贴用义务并可为商民代购。①

周自齐任总长后，特制定《稽核印花税办法大纲》于1914年12月公布。大纲规定设总稽核一员，股员六人，将全国与各机关稽核事务分别隶属三股。规定各股与总稽核应设总分出纳、领分销、税款与税票分类簿册簿，并规定各种账簿册报时间、审阅手续即每月汇总要求。每月总出纳表、总领销表各一份，连同各股分表一并送科长签阅后，送总会办呈明财政部长审阅。并根据分股簿编制印花税款差数对照表、印花税票待销对照表，以资考证。其附则又规定总稽核每日收到总金库报告，或本处及库藏司提用税款报告，即分登于收支日记簿、收入分类簿或支出分类簿。总稽核每十日根据收支日记簿汇编收支旬报，送科长签阅，由总会办呈明部长核阅，阅定后即照缮两份，以一份送库藏司备核，一份送会计司照填收支命令，交库藏司转账。②

1915年1月，周自齐咨文内务总长朱启钤，称为保障印花税罚金执行，特制定执行规则，请转饬京师警察厅与各省警察官厅遵照办理。该办法提出每逢6月、12月由警察官厅检查印花税，就印花税法第六、第八条处以罚金，或由审检机关依法处罚。其罚金以二成补助警察、审检机关公费，二成补助巡警。朱启钤在复函中表示对罚金执行规则自应克日执行，以维税法，而尽本职。③

（二）营业税

营业税名称，“系创于民国三年，其时名曰特种营业执照税，订有特种营业执照税条例”④。《特种营业执照税条例》颁布于1914年7

① 《各公署搭发印花税办法》、《各公署提倡贴用印花办法》，段志清、潘寿民：《中国印花税史稿》（上册），第189页。

② 《财政部公布稽核印花税办法大纲令》，中国第二历史档案馆编：《中华民国史档案资料汇编》（第三辑财政），第1502—1505页。

③ 《财政部等呈准印花税法罚金执行规则饬属速办文件》，中国第二历史档案馆编：《中华民国史档案资料汇编》（第三辑财政），第1505—1508页。

④ 《营业税创办之沿革》，江苏省中华民国工商税收史编写组、中国第二历史档案馆编：《中华民国工商税收史料选编（第五辑）：地方税及其他税捐》（上册），第371页。

月，该条例规定皮货、绸缎、洋布、洋杂货、洋房、煤油、金店银楼、珠宝古玩、旅馆、饭庄酒馆、海菜、洋服、皮革制品为特种营业。特种营业开设需将营业者情况、店铺情况（字号、地址、营业种类、资本、营业收支）报告征收官署，以便请领执照。特种营业按营业1000以下至400万以上分为三等十三级，纳税相应分为十三级，由1元至1000元不等，以6月、12月为纳税期。有承领、过户、变更营业应报告换领执照，不纳照费，但迁移地址需注册立案，补办需纳费5角，遇有歇业需销毁执照。官吏征收得随时检查文书、账簿、货物、执照。营业者需将执照及营业种类、登记标记悬挂在易见处，本条例颁布后应及时认领。[①] 财政部就实行特别营业税专门做了说明，称民国以来学习国外实行营业税已为一般人士所注视。但一派主张实行一般营业税，认为我国旧有杂税、杂捐均含有营业税性质，但零乱无统系，亟待改良。施行一般营业税可资整顿，废处恶税，推行良税，一举两得。另一派主张实行特别营业税，认为一般营业税课税方法极其繁难，我国商民无此习惯，勉强仿行，不易收到效果。“鄙意亦以为，我国现时情形施行一般营业税时机尚早，不如先办一种特别营业税，俟迟数年，民力稍纾，其中一部分已养成纳税习惯，再推行一般营业税较有把握。”至于课税办法，主张采取美国的特别税法，且与我国当税、牙税旧制相近。课税目的在于，“产业之发展、小民生计无妨碍者”[②]。

（三）通行税

通行税即交通税，以运输客货为征收对象。1913年冬财政部认为国库空虚，诸税之中，“其可咄嗟立办，藉以济燃眉之急者，如新税中之通行税，乃其一端”。并提出《通行税法草案》提交国务会议。[③] 该草案提出通行税按车船票价分四等征收，由2%—15%不等，由各车船公司带征并于每月送交金库，凡公务用车船均免费。“此种

① 周伯棣：:《中国财政问题第二编：租税论》，第167—173页。

② 《特种营业执照税条例草案说明书》，江苏省中华民国工商税收史编写组、中国第二历史档案馆编：《中华民国工商税收史料选编（第五辑）：地方税及其他税捐》（上册），第377—378页。

③ 吴兆莘：《中国税制史》，第257—259页。

税法经财政部与交通、外交两部商议后，外交部以国内航业尚不发达为理由，不应课通行税；交通部则以为各铁道大概系借款建设，现在所定之票价、运费已高，若另课税，商人必改铁道而取水路。故此税法中止施行。”而代表交通部协商的王景春指出，若施行通行税，“征税之路有如杜门谢客，旅客改行他道，如鱼就渊，则税款所得无多，路款亏损尤巨”①。

到1915年秋，因交通部叶恭绰等提议裁撤津浦路铁路厘金，财政部在国务会议提出应将通行税旧案改为运输税以为弥补厘金旧额办法，并制订《铁道运输法草案》，其中规定客车税率按包车、一等、二等，征收票价5%—20%不等；货物税率则为运费的30%；财政部对铁路局代征得派员或委托机关稽查。“此税法由财政部照会交通部，经大体赞同，惟其税率之轻重，施行之顺序，尚有熟议之必要，旋因时局关系，未有施行。”②

其他新税如登录税、遗产税、出产税、纸币发行税、房屋税或在1915年周自齐卸任财政总长后推行，或只是在1913讨论施行，不再做详细论述。此外1913年9月，梁士诒在财政会议上就提出营业税与所得税为将来拟施行的两种主要新税（详见看本章第一节）。1914年1月，财政部制订了《所得税条例令》，但在周自齐任总长期间，所得税实际并未开征，直到1915年9月，周学熙任总长后呈请自1916年1月正式施行，旋因护国战争爆发而未及推行。

综观交通系整理旧税，施行新税，其意义和作用有以下几点。其一，税制整顿主要目的为扩充财政收入，同时强调中央实际就是财政部在各税征收中的职权。如整理旧税中出台田赋与厘金考成条例，规复田赋与厘金旧额，严格规定各地灾情勘察制度，出台契税罚金制度等便是为增加财政收入的体现；而对矿税严格稽征，出台清丈政策，体现财政部对以往由各省控制的税源加强控制的倾向。

其二，税制整理中不乏便利商民、促进工商业发展的举措。如田赋整理中的归并科目，改折现银。尤其是反对恢复铁路厘金方面，体

---

① 王景春：《铁路通行税之研究》，《庸言》第2卷（1913年）第4号。

② 吴兆莘：《中国税制史》，第259—261页。

现得最为充分。为了保障商民利益和铁路事业的正常发展，交通系乃至深陷于政治倾轧中。

其三，也体现出了适应财政、税收制度现代化的倾向。如大力提倡举办印花税；如推行牙税改革，引导商人进行商业行为改良；特别是举办特别烟酒牌照税与营业税、契税，完全受美国、日本等资本主义国家先进税制的影响。有学者指出民初我国原有税制弊端体现在五个方面，即：(1)“国家税多为对物税非对人税。对物税不以个人负担能力为标准，故平民之负担特重。”关盐等消费税受战争等影响波动极大；(2)国家税多为间接税。间接税占到税收总额94%以上；(3)“租税统系不明，重征复出，所在多有。”地方、国家同时课征，“架床叠屋，民不堪命”。(4)附加过重，这以田赋附加尤为明显。(5)预征，同样以田赋为最重。而我国税收今后趋势主要有四，即(1)随着资本主义逐渐发达，直接税与间接税并重；(2)行政机构必须简化；(3)取缔附加税；(4)整顿并扩充流通税系统。① 此外税制必须实现由单税制即以田赋为主的直接税，向复税制即直接、间接税并有，工矿业、农业、商业税并重的方向转变。从这一角度看交通系领袖梁士诒、周自齐、朱启钤等是有一定贡献的。如要求简化田赋与厘金科目、简化征收程序、裁并机关是简化租税机关与手续的表现；提倡营业税、契税、印花税、整顿牙帖则体现出适应资本主义工商业发展，扩大工商税来源，提高间接税征税比重的倾向。

第六节　盐政改革与海关管理

民初交通系领袖梁士诒、周自齐、张弧对盐税与关税的影响主要有三点。

第一，关税与盐税为北洋政府财政收入大宗，与田赋收入并列为北洋政府的财政三大支柱。民国三年度盐税岁入预算为84879873元，关税岁入预算为78773341元，而岁入经常门总计为351064812元，即关税、盐税收入占到46%强。民国五年预算经常门总计为

① 周伯棣：《财政学第二分册：租税论》，第63—66页。

426237145元，关税预算为71320970元，盐税预算为84771365元，占到36%。[①] 因此，交通系领袖对海关的管理、盐政的改革事关北洋政府的财政收入总体状况，决定着国家财政总体运行。

第二，关税与盐税因借款、外债关系，不仅收入作为抵押，而且管理、征收权为洋人把持。因此，交通系领袖在推行盐政改革与加强海关管理权过程中必然牵涉到了主权交涉问题。

第三，盐政改革与关税管理还影响工商业发展。这体现在交通系对食盐运销、生产与榷征制度改革，体现在交通系对国内工商业品征收出口税的管理方面。

一　盐政改革

民国成立后，张謇及景学钤发起了第一次盐政改革运动。张謇、景学钤二人，“上书改革盐政，其计划大意主本刘晏遗法，就场专卖，并极力提议盐政独立。时周学熙长财部，欲以盐政归司农部，故尼其议。张、景乃退而组织盐政讨论会，并发刊《盐政杂志》，以盐政之秘幕宣揭于世。海内始稍知盐政，而于引商渐深恶痛绝之。民国二年，大借款合同成，风潮突起，谈虎色变，海内嚣然。盐政主权轻送于外人不可追矣。自是厥后，所谓洋经理稽核所乃林立于国中，一切盐税之收纳、发给仰给予外人。匪独国权旁落，且大害于吾国金融界焉”[②]。由上可见民初盐政改革有两大背景，即第一反对两淮盐商利用引岸专商制度垄断食盐产销，改革派先是主张自由贸易，继而主张由官府专卖代替专商垄断。但由于受到周学熙代表的两淮旧盐商的反对，该方案未能推行，第一次盐政改革也由此失败。[③] 另一背景就是善后大借款的成立。根据借款合同规定，北京政府承认要在外人襄助下，对中国盐税征收办法实行整顿改良；在北京设盐务稽核总所，以中国人为总办，外国人为会办，所有发给引票、款项非得洋会办签字不生效力；在产盐各地设立稽核分所，以中国人为经理，外国人为协

① 贾士毅：《民国财政史》，第1615—1616、1619、1629—1630、1636页。

② 田斌：《中国盐税与盐政》，江苏省印刷局1929年版，第一章，第20页。

③ 刘克祥、陈争平：《中国近代经济史简编》，第304页。

理，所有秤放盐斤和盐税征收存储事宜需洋协理同意；征收盐款存入银行团之银行或其认可之存款处，非有洋会办会同签字，不能提用；稽核分所经、协理及总分所其他员司任免，由总会办共同定夺。①1913 年初依据借款合同，成立了盐务稽核造报所，由英国人丁恩任会办。丁恩认为原有稽核造报所章程及办事细则束缚了洋会办手脚，提出稽核所应成为最高盐务管理机构。而北京政府将因善后大借款而预设的盐务筹备处改组为盐务署，作为管理盐政最高行政机关，归财政部直辖且将稽核所置于盐务署领导下。盐务行政最高权力归属成为盐政改革焦点。此外，丁恩意图通过盐政改革使银行团得以有效控制、支配盐税收支，并进一步影响中国财政，由此启动了第二次盐务改革，这就将交通系领袖周自齐、张弧、梁士诒等推到了改革前沿。

（一）盐务行政权集中

盐务行政权集中指北洋政府意图以盐务署为最高权力机构，由财政部与中央牢牢控制盐政管理权，抵制洋人通过稽核所来控制盐政，同时统一全国盐政机关，改变过去骈枝机关林立，杂乱无章的状况。

善后大借款成立后，列强就积极策划控制即将成立的盐务署，此举遭到了北洋政府坚决抵制。据丁恩称："借款协定的本意，在于按照协定所任命的华籍稽核总办及外籍稽核会办作为盐务署的首长。可是中国政府，以财政总长梁士诒为代表，主张稽核总办及会办均仅为会计稽核及督察之官员，与盐务实际行政无关。"丁恩还称，他现在处处受到中国人的掣肘，"在未得到署长或总长批准之前，除非自己花钱，我不能发出一个电报"。丁恩提出："盐务署长和其办公机构必须撤销；华籍稽核总办和外籍稽核会办应视为盐务管理的首长，只受财政总长之领导。"②

1913 年 9 月，盐务筹备处改设为盐务署，丁恩表示按合同规定北京设立盐务署，由财政总长管辖，盐务署内设稽核所，应由中国总办

---

① 南开大学经济研究所经济史研究室编：《中国近代盐务史料选辑》第一辑，第 3 页。

② 《1913 年 8 月 18 日丁恩关于盐务机构现状之报告》，南开大学经济研究所经济史研究室编：《中国近代盐务史资料选辑》（第一辑），第 141—142 页。

一员，洋会办一员主管，并无盐务署署长名称，认为盐务稽核总所、总会办即可与部直接管辖盐务。“嗣经我国政府以财政总长兼盐务署督办，次长兼盐务署长及稽核总所总办，始免反对。故是时张弧以财次兼署长及总办也。”①

1914年1月，财政部曾制定盐务署顾问章程、稽核总分所章程、盐务署官制送交英国驻华公使朱尔典审阅，未能得其同意。同年2月，熊希龄将稽核所章程及盐务署顾问办事章程五条呈请袁世凯公布。张弧奉袁世凯迅速拟定盐务署官制命令，以前拟盐务署官制与稽核总分所权限多有抵触之处，呈请总长周自齐大加修改。但丁恩仍未同意。“而顾问章程关系办事权限，亟应核定公布，遂于二月中旬，由财政总长周自齐呈请先行批准。”之后丁恩仍对盐务署官制表示反对，“其最重要之主张，以为所有业经明白规定，应由稽核所总会办管理各事宜，均不应划入盐务署管辖范围。屡经往返磋商，明白解释，始无异议”②。

对以上章程详细考察，1914年3月颁布的《盐务署稽核总所章程》规定，稽核总所应成为盐务署不可分割一部分。稽核总所内设中国总办一员、洋会办一员，盐务署长兼任稽核总所总办，总所会办兼盐务署顾问。中国总办与洋会办会同办理下列事件：华洋职员任免、提用盐务收入、总所员额、核准动支经费等。财政总长以下事务有最后核夺、管辖权：人事任免、监督分所经理与协理、稽核总所官印发出、总办与洋会办遇有争议之事、账簿与表册样式、增加薪俸与旅费等。而《盐务署稽核分所章程》也基本贯彻了以上精神。③ 这些规定无疑使财政总长兼盐务署总办的周自齐与稽核所总办的张弧对丁恩有极大牵制作用。

周自齐呈请通过的《盐务署顾问办事章程》，虽规定盐务署整顿盐政、盐税暨运销各处盐斛办法，订定合同及发紧要命令时，于未决定以前，署长应与顾问商议；此外，“并各命令之旨意，须由署长与

---

① 蒋静一：《中国盐政问题》，南京正中书局1936年版，第71页。

② 同上书，第71—72、74页。

③ 《财政部奉准公布盐务署稽核总分所章程令》，中国第二历史档案馆编：《中华民国史档案资料汇编》（第三辑财政），第1374—1379页。

顾问面商，或笔谈决定”。但又规定财政总长或盐务署长，可随时训令或嘱托该顾问筹划盐政改良办法。顾问与署长对所商各事，有不同意见，由财政总长核夺。[1] 该章程不仅将周自齐的权威凌驾于盐务署顾问之上，而且对其有训令权。还需一提的是在《盐务稽核总所章程》中已经明确盐务署顾问由洋会办兼任，实际上其权限通过这一章程已加以限制。袁世凯曾训令：“至盐务署顾问章程，亦尚妥协。惟该署办事人员不止顾问一种，仍责该总长将盐务署官制章程迅速拟定呈核后，再行汇同颁布。”张弧在致丁恩函中也称：“细绎大总统之意，必俟盐务署官制议定呈核后，方可将顾问章程汇案颁行。迭经本署长商请同时公布，而大总统持之甚坚，尚无效果。”[2] 这反映出袁世凯与周自齐对丁恩企图以洋顾问身份干预、控制盐政的做法有所警惕与防范，意图通过一系列规章，特别是《盐务署官制》来遏制丁恩的打算。

盐务署官制公布前，北洋政府与列强围绕盐政权的斗争一度十分胶着。“英国公使因事前已获悉丁恩对该官制所持意见，答复张弧谓：应根据最初协议先行公布三项章程，官制案须俟上列三章程公布后，且应征得丁恩意见，五国公使始能讨论。然竟出乎意外，2 月 10 日政府公报仅将盐务稽核总所及分所两章程发表，顾问章程不唯未见发表，且附有大总统指令谓：顾问不过盐务署官吏之一，此外尚有多数官吏存在，俟盐务署官制厘定后再将顾问章程一并公布。英国公使对中国当局此种背信行为，漠视英公使代表五国公使送致中国当局之声明，甚为激愤。乃于 2 月 11 日召开五国公使会议，讨论对上述事件今后应采取何种步骤。”会议决定由五国公使直接与袁世凯交涉。[3]

1914 年 5 月，周自齐呈请袁世凯公布了《盐务署官制章程》，章程规定：盐务署有监督全国盐务之权；督办即财政总长为管理全国盐务最高长官。署长应掌握除稽核总分所章程所规定外的全国一切盐务

① 《财政部奉准公布盐务署顾问章程令》，《政府公报》1914 年 2 月 20 日第 642 号。

② 《1914 年 2 月 11 日盐务稽核所总办张弧致丁恩君电》，南开大学经济研究所经济史研究室编：《中国近代盐务史资料选辑》（第一辑），第 154 页。

③ 《1914 年 2 月 13 日日驻华特命全权公使山座园次郎致日本外相牧野伸显函》，南开大学经济研究所经济史研究室编：《中国近代盐务史资料选辑》（第一辑），第 155 页。

事宜。[①] 盐务署在各场区设有盐运使公署，较大产区并设运副公署，其下又设总务、场产、运销三课，各场设立场知事，场区较大的设场佐协助。各销区将原有督销、官运局改设为榷运局，设立总务、运务、管榷三科，以下再设立分局或分卡。“盐务署可以说是民国成立后建立的第一个全国性盐务和盐税的行政管理机构。”[②] 这样一来，盐务行政，“大别之为行政机关、稽核机关。细别之则行政机关可分为场产机关、运销机关、验缉机关，稽核机关所辖者为收税机关。事权截分，相互牵制，以塞弊窦。苟非客卿代庖，固未始非善法也”。盐务署、稽核所及下属机构系统成立后，全国统一盐务行政机关为十个盐运使、运副四个、榷运局十个、稽核分所十五个、稽核所十个、总场长三个、场知事一百二十七个，大大简化了盐务行政机构的设置。[③] 对于盐务署、稽核所成立意义，有学者还这样评价，自此全国各地发给引票、汇编各项收税、征收与存储税收集中于稽核所总办与会办手中，各项税款没有总办、会办签字无论何人不得提用，“虽盐税主权不免旁落外人，而无形中将全国税收实权得以集中于中央，于是政权分裂的弊害渐次减少”[④]。

（二）盐税的征榷管理

在第二次盐政改革推行前，征榷制度十分混乱。第一，场产盐毫无管理，任灶户、晒户将所产之盐归堆或归坨，场官仅照例按期呈报产量，走私严重，从未堵截防止。第二，盐官与运商勾结，不认真掣收。运商往往于税盐之外任意多运。于是私盐之外，商私一发不可收拾。第三，盐官以加耗可受贿赂，以调剂为名呈请政府加耗，5% 甚至加至 30% 。于是每引有加至四五十斤乃至七十斤情况。第四，税率紊乱，各省互异，一省之内也参差不齐。同一引课有正杂之分，同一加价有新旧案之别。课价之外，又有课厘杂捐等名目。全国税目多

---

① 《财政部拟订盐务署官制请核准公布呈》，中国第二历史档案馆编：《中华民国史档案资料汇编》（第三辑财政），第 1370—1371 页。

② 金鑫主编：《中华民国工商税收史（盐税卷）》，中国财政经济出版社 1999 年版，第 38 页。

③ 田斌：《中国盐税与盐政》，第五章，第 64—65 页。

④ 罗介夫：《中国财政问题》，第 165 页。

至七百余种。第五，盐款收支既无考核又不统一。出入款报部只有十分之二三，均系内销款，其外销款并不报部。故全国税收从未统计，提用盐款听凭各省随意挪移，而盐务机关皆任意滥支，从无一定标准。①

1914 年 2 月，财政部与盐务署制定盐税征收整理办法五点。第一为“先税后盐”，即各盐场均需按照正式准单秤放后才能起运盐斤；第二为“整齐税率”，将各项课税名目一律删改，改征统一税。第三为“划一斤重”，按担收税，废除以引计收税旧制。第四为“废除耗斤”，将从前所准耗盐一概停止，按照各省情况，“于正盐外另加皮重分量，以杜夹运私盐”。第五，“认真掣放”，已发给正式准单，放运盐斤必须切实稽查，照允准数量放出。②

就“先税后盐”“认真掣放”而言，是对前清旧弊的纠正。前清盐商引盐为“先盐后税”。发给盐商引票办法为沿途截角，到销售地后缴残票，给引票时应先缴付税课。但此后缴残之法废弛，引票也不年年发给，仅每二三年调验一次，加盖印信。一纸引票，辗转典借，磨损模糊，比比皆是。运销之时，商人多不遵引数，弊端丛出。1914 年张弧令盐务稽核所颁布《盐运执照规程》，规定执照分三联，其中两联分别由榷运处（又称运署）与稽核分所留存备核，一联由运司填明运数，送分所签字，交给盐商。盐商销售完毕后缴还运司核销。盐商运盐前先向稽核分所报税，领蓝色三联单。一联交分所备查，一联由盐商缴税银行截取备查，一联由银行签字后由盐商持有，到运署发照处挂号，再到稽核分所换取准单。起运前，由秤放局或督配局，“配掣，加发配单（俗称水单）一纸。”盐商再凭准单到分所换取正式收据，连同水单到运署换领三联运盐执照。该执照为缉私主要凭证。并规定盐商在售盐完毕后，将执照与并发的首盐总表及分销单（每包一张）填明到运署注销。至秤放制度，“廒商（即场商，系盐户、盐商之居间人）每届放盘之先一日，备具报条。连同场知事署所填运单、舱单及廒商之保单、证书等项，送呈秤放局，详加核对。始

① 曾仰丰：《中国盐政史》，商务印书馆 1936 年版，第 266—267 页。

② 同上书，第 269 页。

由分局派员会同廒司事及蓬长、船户等前往设仓地点，揭封启仓，装包秤准，捆毕交车夫装船。取具船户收据并于盐堆盖戳。一面将运单、放秤报告呈送总局核对、签字交船户起运”①。

就“整齐税率”而言，1913 年 10 月，盐务署署长张弧与财政总长熊希龄呈请国务院交议《盐税法草案》。称欲根本改革，必先破除引岸。而破除引岸，必须全国税率均一。他们提出将全国分为两大区，奉天、吉林、黑龙江、直隶、河南、山东，山西、陕西，甘肃及皖北等地为第一区；江苏、江西、浙江、福建、湖北、湖南、广东、广西、四川、云南、贵州、皖南等地为第二区。自 1914 年 1 月 1 日始，7 月 1 日以前，第一区暂定每百斤税率为 2 元。而第二区仍照从前税则，以维现状。7 月 1 日以后各地一律。②“自盐税条例颁布以后，虽则因为事实上的困难不能完全实行，税率依旧是参差不齐，但比较以前已经划一多了。”③ 各地税率仍有不齐的主要原因是第一次世界大战爆发后，银根吃紧，盐商损失巨大。张弧在 1914 年 9 月提议，拟从 1915 年 1 月 1 日起，将长芦盐税由每担 2 元增加为 2 元 5 角，因铜圆价低，银圆价高，盐价系按铜圆规定，商人因此损失不少，故拟将直豫两省之盐价定为大洋，以示体恤。④ 周自齐称此前长芦盐政，“举凡更订税则，改用新秤、取消卤耗，划一包斤种种设施，无不于剔除积弊之中，仍为商人留有余之地”，而今商力不支，纷纷吁恳改用银圆，长芦运司也力主此议。部署再三考虑筹维，拟 1914 年 11 月 16 日起芦岸售盐之价准予一律改用银圆。⑤ 可见加价造成的税率出现不尽一致的现象原因还在于恤商。

周自齐还称此届盐税条例全国施行之期，部署体察情形，除长芦直、豫两岸及广东省配之盐，例定税率业已提前实行外，山东各地，两浙纲地均拟将 2 元 5 角税率于明年 1 月 1 日遵照施行。浙东西肩住

① 田斌：《中国盐税与盐政》，第四章，第 37、40 页。

② 《财政部交议盐税法草案致国务院函》，中国第二历史档案馆编：《中华民国史档案资料汇编》（第三辑财政），第 1372—1374 页。

③ 《中国盐税的研究》，《钱业月报》第十一卷第四号，第 27 页。

④ 《1914 年 9 月 24 日起增加长芦引岸盐税》，南开大学经济研究所经济史研究室编：《中国近代盐务史资料选辑》（第一辑），第 315 页。

⑤ 《命令》第 16 页、《公文》第 27—32 页，《税务月刊》1914 年第 12 期。

各地及江苏五属引地，拟加收5角，容察看销路是否畅旺再行递加。淮北盐税加收5角业已另案呈明。淮南税则经厘定已在2元5角之上，拟不再减以增税收。福建系官府专卖，与各省征税制度不同，为求余利增多，税率勿庸改议。河东据盐运使仓永龄电称，潞纲三岸连遭变故，陕、豫又遭匪患，盐商受困已深。四川据盐运使晏安栋称，所定等差税率，每斤5文至17文共12等，若强为一致，每百斤收税2元5角，以现在银价计，或加一倍至数倍，民力未逮。云南据盐运使萧堃呈称，内地现征税率，每百斤自4元7角至2元8角不等，边岸仅征2元有零，若均税，内岸减少岁入930000余元，边岸所增至微。为抵制外私、加之运道艰难，决不能变通办理。部署详加查核，以上均有不得已事实，拟暂如所请。其他各省产销地方凡有特别情形，亦拟暂照现行税率征收，随时酌量加征。[①] 由此可见，税率变更还必须考虑各省原有情况，酌情变动，若强求划一，如云南、四川等省，则反而会出现税收减少，价格偏低商力难以承受的情况。

盐税征榷制度的另一大改良为耗斤的废除。从前运盐过程中有填补卤耗而不加税规定，本为体恤商人之举，但日久生弊。耗斤不划一，盐商以报效多寡而得以自由申请加耗，借此漏税多运，官运局也以此为绝大财源，积习相沿。“于是盐务署于民国三年通令各省废除耗斤，且将包装重量确实规定，依各地习惯，规定一包之净盐若干斤，包皮若干斤，以期杜绝盗斤之弊。”[②] 当时规定于司马秤16两外另加8钱为包皮耗盐的损失数，其余加耗全部裁撤。[③]

此外，财政部与陆军部在1915年初还专门制定缉私办法。“缉私盐营既系仿照陆军章制，应准于缉私营统领本部内附设执法处，置执法官一员，其余一概裁撤，以符营制。至称大伙枭徒，小之为盐务之患，大之为地方之忧，亦系实在情形。应由各该部通饬各缉私营统领，查明枭徒充斥处所，遴派明白朴干之员，带队巡缉。如有大伙枭徒持械拒捕，准其格杀勿论；倘当场拿获著名凶悍枭匪，并准其就地

---

① 《命令》第14页，《公文》第26—28页，《税务月刊》1915年第14期。

② 《盐务：盐政小史》，阮湘编：《第一回中国年鉴（1924）》，第675页。

③ 《中国盐税的研究》，《钱业月报》第十一卷（1937年）第四号，第31页。

惩办。"[①] 1914 年盐务署还公布了运私条例，规定凡未经盐务署特许，制造、贩卖、有意储藏私盐，应由缉私营队检举，将其私盐变价充公。[②]

（三）运销与生产

生产方面，首先是场产整理，财政部设立场产整理处，先就淮北、福建、浙江共计 16 处盐场进行整理。其主要内容为测量、勘察各场地貌、四界、产区分布等。以上各场，"均于民国三年测竣，广东测量，未几亦已蒇事。此种盐场地图均系新式制图法制成，颇属精详"[③]。

另一主要事件是 1914 年 3 月，周自齐与国务总理孙宝琦呈请袁世凯公布《制盐特许条例令》，该条例规定：凡盐制造者，非经政府特许，不得制盐。制盐分为五种，制造者均须向盐务署提交呈请书，领有特许证券后始得制盐。制造者权利有移转、继承，变更时须遵照本条办理。制造者呈请特许，须同时将应行呈验之契约及图式，及所制盐质，附送该管盐务官署查核登记。特许证券由财政部刷印，发交该管盐务官署转给。承领证券人，应缴费 4 角。盐制造者有以下情况，呈请无效：①制造方法不合格；②制盐、采卤地不适用；③制盐地在管理或交通上不便利；④产额超限；⑤所有权不确定；⑥呈请书所列事项不实不明。条例还规定补办执照、查验生产、处分等内容。[④] 特别需要说明的是清末以来，洋盐即精盐大量入口，当时清政府未明文许可，但运输自由，未几洋盐充斥市场，利权外溢，同时国家税款多被侵蚀。北京政府有鉴于此，特颁《制盐特许条例》，"许人民制造精盐以为改革盐政制度及挽回利权之张本"。1914 年已有久大精盐公司于天津创设，遵照制盐特许条例以改良盐质为宗旨，研究杀菌及除粗盐杂质之法，使食盐中含氯化钠达 98% 以上。为我国精盐事业

---

① 《大总统批令财政、陆军部会呈声明缉私办法由》，《政府公报》1915 年 2 月 2 日第 983 号。

② 《盐务：盐政小史》，阮湘编：《第一回中国年鉴（1924）》，第 675 页。

③ 同上书，第 674 页。

④ 《大总统公布制盐特许条例令》，中国第二历史档案馆编：《中华民国史档案资料汇编》（第三辑财政），第 1386—1388 页。

嚆矢。久大公司创设之后，又有53家申请立案，其中21家获得批准。[①]

运销方面改良主要为废除官运。丁恩提出废除引岸制度后，盐商出于特许权被取消的惶恐，坚决反对。全国盐商共同研究，由长芦盐商代表李家桢等，联名公呈直隶民政长转呈财政部，反对此举。李家桢还在商业联合会提出议案，联合会赞成通过。[②] 1914年6月袁世凯在总统府召开财政会议，盐务署署长、总办张弧提出渐进意见，先把长芦盐区的63县（后增为74县）自1914年7月1日起先行开放，规定商贩名额3000名至3500名，由地方官或盐务署审查发放许可证。并特别说明：旧日盐商及其伙计、子侄均可领证并有优先权。此举获得袁世凯赞同。[③]

推行商运改革在局部上得到了推行。“运销方法亦加以改良，因从来官运多弊，长芦盐区之七十四余县，山东盐区之五十余县，山西、两淮、两广、云南等盐区之官运于民国二、三、四年次第停止，改为包运，且设立运销公司，使当运搬之任。彼时尚未改为商办者，仅陕西省渭水以北各县，安徽之滁、来安、全椒三县，云南之龙腾、文山县而已。”改官运为商运，省去国家冗费。而且财政部与盐务署对运销具体情况又体谅运商困难，酌情变通。如淮北盐场以往由大运河积卸地贩运皖北费时又困难，1914年批准先由海运，再由津浦路贩运，时间、经费均获节省。吉兰泰盐销从前改为陆运，不仅费用极多而且使河套下游地区不能得到充分供给，于是在1914年规复旧制采用水运。[④]

改为商运后，又因引地相连，“被邻私所侵蚀而贩路大受打击，诸如此例，不胜枚举”。于是盐务署决定开放引地，冀以杜绝私盐。1914年初将行用淮盐的河南14县，皖北14县开放，准许商人就近购销长芦盐场产盐。同时准许开放、自由营业的还有原来行销山西池盐的河南孟津等8县、山东盐区的11县、山西盐区的4个县。此外山

---

① 蒋静一：《中国盐政问题》，第36页。

② 《全国盐商反对破除引岸之动机》，《申报》1914年5月10日。

③ 金鑫主编：《中华民国工商税收史》（盐税），第42页。

④ 《盐务：盐政小史》，阮湘编：《第一回中国年鉴（1924）》，第674页。

西 9 个县及长芦盐区中官运已归商运的尽行开放，广东 8 个商埠已归商人包运的在 1915 年批准可以自由运销。[①]

为督促各处增加销量，周自齐呈拟《酌拟销盐考成条例》，经袁世凯修订。条例第二条，核销数应设比较额，由盐务署定之，改为由盐务署核定呈报。第八条，“但前项短销系因天时、人事、特别灾变所致者，经盐务署查明事实，得酌减处分或免除之”。应改为“经盐务署查明事实，呈报大总统核夺，得酌减处分或免除之”。余如所拟办理，并由该部署通行遵照。[②] 考成条例还规定以最近十年贩卖额最大之三年平均数为标准年额，按各季度消长再定每个月标准额，通过与实际征数比较来决定惩罚。自施行后，“各省之成绩大抵属于超过，而不足者甚少也”[③]。

（四）盐余问题

盐余与北京政府事实上之关系，“实系处于无上重要之地位”。有学者论述，北洋政府财政上可以依赖者唯有外债与盐余收入。1914 年放还盐余款为 31304818 元，1915 年为 27523066 元。[④] 因此盐余款的保管、支用问题十分重要。

1913 年 8 月，五国银行团曾致函梁士诒，称根据大借款合同，所收盐款应尽数存入指定银行或许可之存款处。但自合同生效以来，并未见有盐款存入银行团中国政府盐款账内。反之，盐斤放行并未将应缴之税全行完清，而所收之款皆存于中国银行，且由此款内动支不经总会办签字。此种办法，与合同相违背。银行团为此向梁士诒提出抗议。梁士诒在复函中虽同意遵照借款合同办理，但又称尚未接到银行团将盐款应指交之银行或存款处，故暂无法办理。[⑤] 之后，梁士诒在致银行团代表锡丽尔函中表示银行团可以考虑将中国银行、交通银行

---

① 《盐务：盐政小史》，阮湘编：《第一回中国年鉴（1924）》，第 675 页。

② 《财政总长兼盐务署总办周自齐呈拟酌拟销盐考成条例并批》，《政府公报》1914 年 11 月 5 日第 899 号。

③ 《盐务：盐政小史》，阮湘编：《第一回中国年鉴（1924）》，第 675 页。

④ 欧宗祐：《中国盐政小史》，商务印书馆 1931 年版，第 65—66 页。

⑤ 《1913 年 8 月 5 日五国银行团致梁总长函》《1913 年 8 月 7 日梁士诒致银行团函》，南开大学经济研究所经济史研究室编：《中国近代盐务史资料选辑》（第一卷），第 169—170 页。

作为收款银行，锡丽尔表示碍难接受。至1913年11月五国银行团拟定《存储及汇寄盐款暂行章程》，规定中国银行在各地的分支行及其代理处，应为盐税收款银行，根据稽核总所命令，中国银行可从盐税中扣除征收费用，并将盐款收入记入“中国政府盐税收入账”下。有银行团指定收款银行的城市，中国银行应将盐税净收入逐日解交，由稽核总所指定作为收款银行。每日解款应由中国银行按照稽核总所对各地征收盐税所规定之货币缴解，应为当地银行团予以接受之货币。货币属当地流行而非以上规定之货币时，收税银行应按市场最有利折合率，折成规定货币。[①] 对于这一章程，“稽核所总办张弧被迫同意，宣布自1914年7月1日起实行”[②]。

但即便如此，以周自齐为首的财政部与盐务署还是与银行团严正交涉。1914年由于当时所收盐款足以支付盐税担保的各项债款，所以北京政府希望将盐余款全数放还。对此丁恩表示中国政府如执行先课后盐政策，并将无关紧要之榷运局裁撤，且对于他提出的禁止人员侵款办法予以赞助，可得此大宗税款，“现应于银行存款中提存805万元备作六个月偿债之用。但本会办现愿将所余之120万元放还”[③]。丁恩还在1914年4月私下告知锡丽尔，周自齐现正力求拨放盐余税款。据他估计，如果不将款项留作偿还其所提的各项垫款，则在备足1915年6月到期的债款后，他便能拨付600万元，以后每月可拨付200万元。如果中国要求，他不能拒绝。面对这一局面，丁恩无可奈何地认为：“我个人并不认为，拨付这些盐款来帮助中国政府重新树立一般信用和给予征收盐款以不断刺激，比把这些款项留作垫款抵押更为失算。”[④]

---

① 《1913年9月6日锡丽尔致代理财政总长梁士诒函》《1913年11月20日银行团所拟之〈存储及汇寄盐款暂行章程〉》，南开大学经济研究所经济史研究室编：《中国近代盐务史资料选辑》（第一卷），第170—171、173—174页。

② 丁长清、唐士粤主编：《中国盐业史（近代当代编）》，人民出版社1997年版，第62页。

③ 《1914年1月28日丁恩对放还盐余款之意见与声明》，南开大学经济研究所经济史研究室编：《中国近代盐务史资料选辑》（第一卷），第183—184页。

④ 《1914年4月22日锡丽尔致爱迪斯电》，南开大学经济研究所经济史研究室编：《中国近代盐务史资料选辑》（第一卷），第185页。

丁恩提出将805万元盐余款作为借款准备金在合同内没有规定，但这一主张得到张弧的同意。而五国银行团遂想以此扣留盐余款，有意拖欠不还。1914年4月按照丁恩、锡丽尔与周自齐的协议，银行团与财政部双方谈判由银行团筹借北洋政府3000万元，银行团要求中方说明请求银行团支付盐余的用途。周自齐回答说用来作偿还短期借款，整理币制以及行政费，首先用来偿还广东纸币。银行团称要作这样的用途，须要有收入确实的款项，因为盐余收入不定，只可用预借的方法来供给。"周说，让他（周）考虑一下再行回答。代表即行退出。其后，周用书面答复说，经过熟虑之后，拒绝预借，要求移交盐税收入剩余。"[①] 对此，丁恩与盐务稽核总所不得不表示拖延或扣留盐余款为违背合同之举，且不利于其工作。稽核所还致函各银行团代表，列举合同条款，细陈银行团扣留盐余对解交盐款的妨碍，开出银行现存盐余巨额数字，指出现存余款大大溢出原定准备金之数，因此要求各银行不得再扣留应交中国政府之盐余。之后虽仍常有刁难、拖延情况，但银行团迫于合同条款，不得不同意将盐余拨还。[②] 依据媒体报道："迭经政府与外人磋商，刻已拟定办法。以去岁（1914）关税亏欠之数为根据，每月鹾政收入额拨抵借之债款外，再拨关税亏欠抵补准备金一百万元，下余者仍照旧按月拨交政府，藉充政费，由本年（1915）一月实行。"计每月盐余拨充中央政费在160万元以上。[③]

据《东方杂志》报道："迨民国三年，设盐务署，以张弧与西人达姆督理其事，于是去年净收入乃至六千九百二十七万八千元。以视上年则为六千万元，过此以往，犹将逐年增进。此则就产地征税实行后所得之良效也。又去年盐税收入除还清各项抵押之值税务外，尚余二千四百三十八万五千元，中有六百五十万元提出供本年正月上半月政府行政经费之用，又提出二百万元供正月下半月之行政经费。计在银行团尚存一千五百八十八万五千元。本年拳乱赔款其大部亦须由盐

① 《1914年4月29日山座公使致东京加藤外务大臣密电》，关税亏欠之数为根据《中国近代盐务史资料选辑》（第一卷），第186页。

② 丁长清、唐士粤主编：《中国盐业史（近代当代编）》，第66页。

③ 《盐税余款拨还办法已商定》，《盛京时报》1915年2月28日。

税解付，故去年存款不尽交付政府。”统计1915年盐税共收86803000元，其中支付庚子赔款23788000元，直隶外债731000元，外债付息2999000元，大借款6932000元，湖北外债149000元，杂项23000元。而政府用款为27523000元，汇兑273000元，年底结存24385000元。[①] 由上可以看到，1915年盐税收入能有27523000元提还为政府经费，甚至超过了支付外债与结存款，说明当时在盐务署、财政部努力下，盐税与盐余款交涉方面是有成效的。

客观讲由于善后借款合同影响，周自齐、梁士诒、张弧等收回盐税权的努力限于极小空间，但其积极意义不容忽略。且由于借款合同影响以及清末盐务积弊，周自齐、梁士诒、张弧等还积极与稽核所会办丁恩合作，在推行盐政改革上作了巨大努力。这其中尤其以统一盐政机关、整齐税率、施行商运、剔除耗斤、先税后盐、制造精盐等举措为意义重大、影响深远者。

袁世凯曾经对在盐政改革中成绩显著的张弧申令嘉奖。嘉奖令称：“盐务署署长张弧自受任以来，整顿鹾纲，厘剔积弊，综核精密，劳怨不辞。本年收数锐增，要需赖以取给，深堪嘉尚。已特授以勋位以奖勤勚，仍望黾勉匪懈，日起有功，和众丰财，聿臻康阜，用副懋赏酬庸之意。”[②] 但5个月后，张弧就因在废除引岸、推行商办改革中触及了周学熙的利益，被周学熙弹劾，“措置乖谬，虐民病国”，“盐务收入较该署长预估之数短绌一千数百万之多”，而被免去盐务署长一职。[③] 张弧被参是粤皖系斗争的序幕，而就其性质来看，这反映了张弧为代表的改革派与周学熙代表的保守派在盐政改革中的尖锐矛盾和斗争。

二　海关管理

（一）海关行政

梁士诒在1914年5月离任总统府秘书长，改任税务处督办。上

---

① 《中国现时之经济》，《东方杂志》1916年第十三卷第六号。

② 《大总统申令》，《政府公报》1915年1月6日第956号。

③ 《大总统申令》，《政府公报》1915年6月21日第1121号。

任后他听取李景铭建议，调李景铭及陈威、徐恩元同兼税务处帮办。当时李景铭为财政部赋税司司长，陈威为库藏司司长，徐恩元为制用局局长。杨士琦向袁世凯密陈财政部人员均兼税务处要差，这是梁把持财政，收揽人心的证据。袁以此诘问周自齐，周曰财政部人员兼职税务处，非梁意，实周自齐之意。只因赔款、关税条约二事，部处息息相关，若不连接，恐有违约之言，遭总税务司顶驳，使中国人无监督指挥之权。周自齐后来对李景铭此事杨士琦有意中伤，多亏其设法替他和梁士诒弥缝。[①] 由此可见，梁士诒、周自齐在税务处内部重要人事安排上，安插亲信，使得该机构行政权被交通系所牢牢控制。

海关行政制度民初基本沿袭前清旧制。1912 年北洋政府以设立税务处，图拥虚名，毫无实际。后制定《税务处官制草案》，拟改归财政总长直辖，税务处人员照中央官制办理。同时因前清各常关、海关监督，大半由监巡各道兼摄，责任不专，事多废弛，因此拟订《税关监督官草案》，拟将各税关监督直接归税务处管辖。其官制悉照中央办理，明定职掌。两草案均由国务院提交参议院表决。[②]《税务处官制草案》除明定督办由总长兼任外，又设会办一人，厅长三人，佥事与主事若干。下设三厅。总税务司及税务司统由税务处督办节制，其职掌照旧。税关监督统由税务处督办荐任。《税关官制草案》规定各关职员由督办荐任或委任，税关监督承督办指挥掌理一切事物，监督所属职员。[③]

民初海关行政统属关系大致如下：在中央机关海关事务外交部、财政部、税务处共同管辖，其下为总税务司署管理海关各项具体业务，总税务司署之下为各地税务司，与其并列者为各地海关监督。“但税务处对于总税务司仅有表面管辖权，于关监督亦仅有表面指挥权，以税务司有独立权，而关监督受财政部节制故也。总税务司为中国官吏，受中国政府俸给，而听政府指挥者也。”[④] 但笔者认为，梁

---

① 李景铭：《一个北洋政府官员的生活实录》，中国社会科学院近代史研究所编：《近代史资料》总第 67 号，中国社会科学出版社 1987 年版，第 89—90 页。

② 《财政部重要法令之说明》，黄远庸：《远生遗著》卷一，第 286 页。

③ 《税务处官制草案》《税关官制草案》，《经济杂志》1912 年第 1 期。

④ 杨德森：《中国海关制度沿革》，商务印书馆 1925 年版，第 51 页。

士诒任税务处督办期间，海关行政制度显然有诸多变化。第一，改变了清末以来督办始终由户部、度支部、财政部首长兼任的历史。第二，各关监督主要受督办梁士诒的垂直领导。第三，总税务司安格联名为中国政府雇佣官吏，实际上是赫德一手培植出来的。“论他的职掌，不过是中国政府财政部门的一个中上级职员，但他是帝国主义的代理人，掌握着中国的财政命脉，凌驾于财政部之上，大家称他为‘太上财政总长’。”正因为安格联飞扬跋扈，对中国政府阳奉阴违，仰各国鼻息，后来才在停付各国债息问题上与北洋政府财政部产生矛盾，被北洋政府解职。[①] 在海关行政管理权问题上他与梁士诒、周自齐为代表的北洋政府之间也必然存在着矛盾与冲突。

有学者称税务处设立之最重要目的，在于征收机关加强集权。若无税务处则中国近年预算编制，将无法成立，遂致外人误会，甚至危及赔款担保。税务处成立后为践行其发起目的，经历许多波折，“于财政行政之改组遂失其一定之步骤。然至今日，已成管理整齐各财政机关之集中点，一九一五年，梁士诒长税务处，尝加以改革及详细组织焉”[②]。在涉及海关行政管理问题上，梁士诒以及身为财政总长的周自齐主要举措有以下几点。

其一，海关分等管理。1914 年 6 月，财政部、税务处将各通商口岸海关统一划分为三等，其中每月缴款 10 万元列为第三等，缴款 12 万元列为第二等，16 万元则列为一等。“分等之故无他，不过为行政上改良与以等次之别耳。同时税务处监督，正与海关讨论将华人帮办升为副税务司一事。盖从前体面华人，往往不愿服务海关，为今之计，惟有增高其位置，优厚其待遇而已。盖税务处设立以来，虽于税关内部行政未能稍有变更（于其他机关亦然），然已显其监督之正当，并使全国各财政机关渐有集中之势，海关不过其中之一耳。”[③]

其二，整理公文往来与报单制度。当时税务处与税务司署、税务司署与各关监督之间，“来往公文系统紊乱，因制定关用公文程式，以重

---

① 徐行恭：《总税务司安格联撤职的前因后果》，全国政协文史资料委员会编：《文史资料存稿选编》（第 21 辑，经济上册），第 186—188 页。

② 江恒源：《中国关税史料》，中华书局 1931 年版，第三编，第 47 页。

③ 江恒源：《中国关税史料》第三编，第 48 页。

监督之权。又报关行商舞弊积习甚深，每捏造价单、报单以及冒人签字等，着设法取缔，严行究办，务绝弊窦。又各常关各项单照向由税务司发给，兹规定五十里内各常关发给各种单照，应有监督加盖关防，以资扼制”[①]。其中公文格式是在1914年6月由税务处拟定，通令各税务司与关监督，称：“查关监督与税务司所处地位虽属相等，但对于本处为直辖上级官署。与总税务司又属相等。”规定各种公文格式如下，税务处对于总税务司之指挥、监督、委任用令；税务司对于税务处、各关税务司对于总税务司陈请、报告均用呈；关监督与税务司来往公文用咨或公函；关监督遇有必须与总税务司商办事情，应咨文税务司转详总税务司办理；总税务司遇有致函关监督公文，应饬该税务司转咨或照关监督一律办理，对于各县知事，则用公函。[②] 此举无疑是梁士诒扼制税务司与安格联，彰显北洋政府海关管理权限的重要举措。

其三，划一海关机构名称、编制。1915年7月，税务处请厘定海关、常关名称，不得用新旧关，钞关、户关等名。各处海关、常关设立由税务处调查，酌情设立或裁撤。经查至上年底，海关共40处，设卡103处，常关2处，设卡645处。该年4月，税务处批准设立万县与重庆海关。随后，税务处将各海关、常关目录汇总报告大总统袁世凯。[③] 又规定各地海关一般设总务、秘书、会计、统计、监察、查验6课；前4课为内班，以洋帮办为课长；后2课为外班，以洋员为课长。内班设税务司、副税务司、洋帮办、供事、文案、司书、录事；外班设监察长（兼司理船厅）、验估、洋钤字手、华钤字手、巡役、称秤手、听差、门役、更夫、水夫、木匠、杂役等。[④]

其四，安置税务学校学生为海关帮办。此举有两个背景，一是第一次世界大战爆发前后，洋员不少回国服役，无法继续工作，特别是德国、奥地利两国洋员更有被辞退、排斥情形。1913年洋员总数为

---

① 岑学吕：《三水梁燕孙（士诒）先生年谱》（上册），第190页。

② 盛俊：《海关税务纪要》，商务印书馆1919年版，第22页。

③ 《中国大事记》，《东方杂志》1915年第十二卷第七号；《海关总税务司署通令第2385号（第二辑）》，海关总署编译委员会编：《旧中国海关总税务司署通令选编（1911—1930）》（第二卷），第124页。

④ 孙修福：《中国近代海关史大事记》，中国海关出版社2005年版，第196页。

1357 人，到 1915 年减少为 1327 人，1917 年则减少至 1259 人。[①] 所以安格联不得不招募华籍员工来补充空额，把一向由洋员把持的帮办职位向华员开放。“自德奥两国人员停职后，海关事务已移归协约国人员接办。华帮办及其供事等，为海关之大组合，且所负职务较昔尤重。其向为洋员所负担者，今兼而任之。”[②] 另一背景是海关重要职位多被洋员把持，而华员多担任较低职位内班职务，大部分为外班低级职位，而薪俸则更低。按照 1916 年 1 月统计，华员无人担任税务司一职，而洋员为 45 人，副税务司洋员为 22 人，华员 1 人，超等帮办至见习及未列等帮办洋员共计 199 人，华员为 102 人。[③] 而根据 1911 年统计，帮办职位，华员人数无论各级别为洋员的七成到八成不等。[④] 招入税务学校学生正可以借此增加华员高级职员比重，并相应提高华员整体待遇。1914 年 6 月税务处饬令总税务司拟派用税务学校毕业生使用办法尚属妥协，应准照办。并发去学校第二年学生毕业名单，饬令总税务司迅速派用。其派用办法为择其优者酌升数人为四等丙班帮办，月薪关平 80 两。其余留为见习员，支关平 60 两，等有缺额时升为帮办或编入三等乙班供事。该年税务学校毕业生，亦拟派往海关见习，月薪关平 50 两。一年期满，凡程度不足擢升帮办或帮办缺满无法升补者，改编为三等丙班供事，月支关平 50 两。嗣后该校毕业生派入海关均拟如此办理。据安格联报告，该年共有 23 名学生派用为见习生，三个月后考核合格予以擢升。[⑤]

第五，严令稽查走私。当时走私主要为烟土与食盐两种。就禁烟而言，梁士诒与唐绍仪早在清末与英国就订立了禁烟条例，极力主张全面禁烟。在税务处督办任上，梁士诒将稽查烟土走私作为了海关主要职责。

1914 年 6 月税务处与总税务司署因烟土走私层出不穷，饬令各关

---

① 陈诗启：《中国近代海关史》（民国部分），人民出版社 1999 年版，第 509 页。

② 陈向元：《中国关税史》，东方印书馆 1929 年版，第 180 页。

③ 盛俊：《海关税务纪要》，第 47 页。

④ 杨德森：《中国海关制度沿革》，第 92 页。

⑤ 《海关总税务司署通令第 2228 号（第二辑）》，海关总署编译委员会编：《旧中国海关总税务司署通令选编（1911—1930）》（第二卷），第 97—99 页。

财政充裕后，除以奖励眼线为主要方法外，若查得轮船水手暨执事华人帮助私贩，确有凭据，且系中国轮船，由税务司将犯人径送地方官惩办。如系外国轮船，请领事官送交地方官惩办。税务处还饬令依照天津条约，各船舱口单如有漏报，船主应负主要责任。① 该命令颁布后，税务处与各关对烟土走私严查不怠，如在该年6月江海关在英商“蓝烟囱”公司轮船上查得鸦片1吨左右，值关平银159126两，系该船的有组织走私，处罚该船公司关平银5000两。②

1915年3月，梁士诒还要求总税务司饬令东三省、直隶、山东、福建等地海关及邮局依据万国公约，对由朝鲜（实际为日本主使）私运的吗啡严加稽查。为保障海关打击烟土、吗啡、海洛因走私得力，梁士诒还令由各省库提取专款，重赏眼线及缉私有功人员。同时因为鸦片流毒逐渐禁绝，对鸦片同类毒害之物均应严禁，梁士诒特令对印度所产洋烟严禁输入。“此实先生（梁士诒）严主禁绝鸦片前后一贯之政策也。”③

在禁烟一事上，尤其值得一提的是梁士诒揭露与抵制蔡乃煌在广东与土药商勾结贩运烟土之事。1915年10月，梁士诒与内务总长朱启钤呈请袁世凯派员赴江苏、江西、广东严查土药私运一事，袁世凯随后委派蔡乃煌为特派员到广东办理禁烟一事。据梁谱称，蔡乃煌与周学熙密议借禁烟为洪宪帝制筹集巨款，因此蔡乃煌到广东后以专卖为名，同意洋药在照约纳税后可继续售运，另外每箱报效银若干，计可筹集2700多万元。蔡乃煌之后勾结土药商，成立行栈，按商四官六分成，准许土药商以收买、包销洋药为名，大肆公开贩运烟土，并且将土药夹带销售，使得烟毒重又泛滥。梁士诒得知后，先是致电周学熙与朱启钤，称：蔡乃煌的专卖办法“于禁烟、筹款均有关系。粤省所拟办法窒碍难行。本处现经拟电驳复”。他又致电蔡乃焯称，其专卖办法“非特出本案权责之外，亦失国家行政大体。”并称已电咨山东、四川等省均表反对，希望蔡乃煌另筹取缔私土办法。之后梁士

① 《海关总税务司署通令第2218号（第二辑）》，海关总署编译委员会编：《旧中国海关总税务司署通令选编（1911—1930）》（第二卷），第96—97页。

② 孙修福：《中国近代海关史大事记》，第193、195页。

③ 岑学吕：《三水梁燕孙（士诒）先生年谱》（上册），第241—242页。

诒还专门致函周学熙称蔡乃煌专卖办法与中英1911年所订禁烟条例多有冲突，“此对于条约、商业均有窒碍”。采取包销办法，国家得利甚少，徒蒙恶名。他又以私人名义公开斥责蔡乃煌专卖办法，“但及洋商、洋药，不及土药、土贩，与包销土药何异？此种办法，实系专卖，招商承办不过托名。将来熬膏必尽是无税之土药，售膏悉归同气之私人。假公济私，害中全粤。粤民何辜，驱入黑籍”[①]！

此外，1915年9月袁世凯令财政部与税务处将福建盐政切实整理，“务期私销净绝，盐价平均，用收裕课便民之实效，并由该省各税关从严查验，以杜外私”[②]。随后税务处奉大总统令，要求福海关（三都澳关）、闽海关和厦门关等从严查禁洋盐走私问题。[③]

第六，收回常关管辖权。早在梁士诒署理财政总长期间，即请简派海关监督，将沿江沿海各五十里外常关归海关兼管。所收税款迳解部库。“由是项常关遂成为中央直辖之机关焉。”此外内地常关如淮安、临清、凤阳、武昌、汉阳、太平、夔、赣等关在1913年秋由原来各省管辖改归中央专派监督管理。浙海关各常关小口由原来归商人包缴改为收回自办。“三年秋设局多伦，规复前清常税之旧。四年夏复将旧隶省辖之潼关及辰州、浔州、成都等关，改简监督。是年秋，又将雅安、宁远两关直隶部辖。而以广元、永宁两关属之成都，打箭炉关属之雅安，并将多伦一局改为税关，以昭一律。至是，税系始益分明，整理乃稍就绪。”[④] 梁士诒等收回常关管辖权意义重大。以浙江例，清末以来浙江一地常关为“胥吏包任”，税款多为其侵吞，当时仅宁波、绍兴、台州三府所设常关局卡即不下20多处。梁士诒称：“若果涓滴归公，每年可得十万余元之谱。”因此他严令浙海关将各小口收回，以维国课而增国帑。[⑤] 除增加财政收入外，收回常关管辖

① 岑学吕：《三水梁燕孙（士诒）先生年谱》（上册），第281—285页。

② 《大总统批令》，《政府公报》1915年9月18日第1209号。

③ 孙修福：《中国近代海关史大事记》，第195页。

④ 贾士毅：《民国财政史》，第718—719、720页；《中国近代海关史大事记》，第184页。

⑤ 《饬浙海关监督常关各小口应收回自办令》，前北京政府财政部编：《关税案牍汇编》，沈云龙主编：《近代中国史料丛刊》第87辑总862册，文海出版社1967年版，第289页。

权还有更为重要的意义。清末以来地方督抚把持部分常关管理权，此外洋人通过开埠口岸海关也控制了一些常关，因此梁士诒统一常关管理是空前加强中央政府对常关的管理主权，有益于财政统一和之后关税自主运动的进行。

第七，严格预算、统计制度。1913 年 5 月 26 日梁士诒以署理财政总长身份令：审计处函称各省海关、盐运司及国税厅筹备处三机关全年预算、决算，统由各该机关呈部汇编，转交该处审查。每月概算、决算即就近由各该机关照章编订，送该省审计分处审查。此项办法经部认可，自应切实施行。除由审计处通函各省审计分处遵办外即刻饬令各省海关一律遵照。财政部令各省海关应编预算、决算、概算等项办法既由审计处会同本部拟定，自应由部将各项表式通饬各关监督遵照定章，分别造送，以凭核办。[①]

1915 年 12 月税务处饬令遵照财政部拟定统计调查表式共 14 种，以及表式通则 6 条，要求各关监督自 1915 年起分别结、年期限报部，并将 1914 年表统一于翌年 1 月报部。此外，“应检同海关及五十里内各常关表式，咨请饬行总税务司转饬各关税务司遵照赶办，以凭汇编”。之后税务处再次饬令总税务司，“查海关四项清折内有另款一项，表列杂收即系另款收入，可由各该关税务司仍照折列各项银数填入。又海关罚款本不以税款看待，然亦关务收入之一种，故统计表内特予分立一栏，应仍以罚款收入全数列计，借资考核。至部颁统计表式原定分月计算一格，据称海常各关清折表册并无分月开具之法，亦未有另列分关收数一节。如果各关难于照办，应准将原表变通，只填年、结税数，免予分月计算，以归便利。应复查照办理”[②]。要求总税务司与各关不避繁难，认真办理。

第八，饬令各关遵照《金库条例》办理。1913 年 5 月 23 日梁士诒以署理财政总长身份令统一财政，以整理出纳机关为前提，而整理出纳机关尤以组织金库为枢纽。财政部以前清库制分属官厅，难以适

① 《饬各关监督遵照审计处拟定预算概算表式造送由》，前北京政府财政部编：《关税案牍汇编》，第 58—59 页。

② 《海关总税务司署通令第 2471 号（第二辑）》，海关总署编译委员会编：《旧中国海关总税务司署通令选编（1911—1930）》（第二卷），第 146、147—148 页。

用于民国，故拟具《金库条例》送交国务会议商酌，订定草案十二条，奉大总统批准试办。除分行各省都督暨民政长查照外，另将《金库条例》草案饬各关监督遵照。[①] 1914 年 5 月财政总长周自齐令：各省所有验契、印花、常关税款及贩卖烟酒特许牌照费、应由该省、厅、关、局按月解交分金库、支金库。即日汇解北京、上海、汉口总库、分库，并随时声明何款、何项，列入总金库保管金账内，为中央特别存储之款，按月由上海、汉口两分库报明北京总库，以便汇账。[②] 梁士诒、周自齐的有关命令，实质就是推进统一国库、统一财政，而突出中国银行代理金库的职能，并强调由中国银行而非外国银行及其他金融机构保管关税收入。

（二）关税征收

"民国成立以来，上下人士，已深知协定关税之弊端，而致力于自主运动，每有机会，即向各国要求。"[③] 梁士诒、周自齐对海关关税征收，特别是涉及关税主权争回影响主要在两个方面，一为裁厘加税，二为修订常关税则。

1. 裁厘加税

民国成立后北洋政府曾与各国协议，依据《辛丑条约》《马凯条约》《中美商约》《中日商约》（条约规定十年期满后可商改关税税则）推行裁厘加税，财政部还酌拟洋货进口、国货出口、外国人在中国制造货课税办法三条。但该方案各国未予一致同意，其原因，"非外人不肯加税，乃我国不肯全裁内地货厘所致"。1913 年秋，以财政部（时由梁士诒署理财政总长）与税务处为主，并由农商、交通部（朱启钤时为总长）派员发起关税改良会讨论，讨论修订关税税则一事。该会于 1914 年春成立后就改良关税提出如下两项办法：一、"声明此次只为举办加税免厘，议定条约。其余通商之事，应俟各该国通商条约已届修改之时再行提议。二、就已签字之英美日三约及批准之

① 《饬各关监督本部所订金库条例草案业经公布试行由》，北京政府财政部编：《关税案牍汇编》，第 57—58 页。

② 《饬各关局国税厅税款存入按月解交分金库列入总金库保管金项下存储由》，北京政府财政部编：《关税案牍汇编》，第 106—107 页。

③ 王孝通：《中国商业史》，商务印书馆 1936 年版，第 240 页。

葡约，择其条件之最普通者，定一约本，与各国磋商，总以不出四约范围为本”①。

1914 年三四月间袁世凯还组织财政会议，“即为各新税之整顿办法，而修改海关税率亦居其一。总统府现在已将此项入手及破除阻碍之种种，拟有端倪”。其中筹备事项由外交部准备，整理与英、日等国所订商约及修改理由书，农商部准备改良度量衡规则与中外商法比较表。重点是由周自齐负责的财政部，负责准备事项有：裁厘手续、增加税收限量、币制法规，是裁厘加税准备环节中最重要的。同时北洋政府提出废止通过税，整理近三年海关税收详细资料，这都是财政部筹备事项。此外由于厘金为多种外债抵押品，总统府得到财政部报告书后，命令财政会议详细讨论将来抵补厘金办法。②

至该年 6 月，经屡次磋商，英、美、奥、德等国，“已允吾国政府之要求，承诺即为修正；其余各国则虽通告同意，然改定之前，尚有附加以若干条件者。至于日本对于我国之要求，亦复力表同情，承认修正，顷闻小幡公使业有覆牒到达于吾国外交部”。各国同意组织讨论会将协商意见电告本国，并初步议定在各国公使避暑度假前在上海召开修改关税会议。③ 除上述交涉外，“税务处现拟准备改物产税章程，调税务学生试办，并拟向外人交涉，收回税关主权”④。

在裁厘加税谈判中，法、日、俄等国以种种借口掣肘、阻碍。法政府表示修改税则，如得相当酬报，可以办理。并训令驻华公使康，只有辛亥革命中损失赔偿完美了解之后，方可续议此事。俄国则提出如下要求：（1）只允修改水路税则，北满陆路仍照旧抽收；（2）凡货物由华境经海参崴运往满洲，或由满洲经海参崴运往华境，应照大连现行之例办理；（3）恰克图会议时，中国不得要求蒙古政府，退让税权等。⑤ 日本公使致电北京政府，称：“日本迄一千九百十六年（中日关税条约于

① 贾士毅：《民国财政史》，第 714 页。

② 《修改关税问题之进行》，《申报》1914 年 4 月 4 日。

③ 《修改关税之进行谈》，《申报》1914 年 6 月 21 日。

④ 《专电》，《时报》1914 年 5 月 28 日。

⑤ 《法康使致外交总长孙照会》《外交部致驻俄刘公使电》，北京政府外交部编：《外交文牍：修改税则案》，沈云龙编：《近代中国史料丛刊》第 87 辑，文海出版社 1972 年版，第 5、8 页。

是年期满），不能应关税改正之交涉。”[①] 此外，日本政府还提出如下条件：“关于现在及将来各种课税上及其他一切特权、特典利益，并豁免事项，不得以比诸在中国制造之机制洋式货物较为不利益之待遇，施于由外国进口同类之货物。”日本政府还要求北京政府速定商标章程，其进出口货物除纳正税及抵代税后，免除各种摊派。发给三联单、子口单、免税单、各项进出口货物现行规则应按照条约修订；对不持有三联单、子口单进出口货物，亦应改良征收厘金及各项内地税捐手续。[②] 即将革除厘金弊端乃至裁厘作为加税的前提。

北京政府与各国裁厘加税谈判主要矛盾有两点。一是税率问题，二是裁厘与加税顺序问题。各国明确提出中国政府需先裁撤厘金，裁厘加税“须向中国质问明白再议谈判”[③]。总税务司安格联提出：“修改税则为一事，裁厘加税又当为一事，二者不可混为一谈。”前者为理所应当之事，但裁厘事关各国利益，同时中国能否抵补厘金足额尚为问题，而切实推行值百抽五为易于成功办法。[④] 各国态度是北京政府应先裁厘，而税率以切实值百抽五为适宜，若税率过高，不仅从利益上难以接受，且中国政府难以做到。这是谈判在第一次世界大战爆发前迟迟不能达成协议的主要原因。第一次世界大战爆发后，北京政府虽继续筹备裁厘加税，但至袁世凯统治结束前，列强无暇顾及，关税谈判终归流产。

应该讲，北洋政府对于裁厘加税开始抱有积极态度，而且梁士诒与周自齐等对裁厘加税做了许多前期准备。但由于北洋政府对裁厘后税制改革以及填补厘税办法没有切实、有力的推行办法和信心，加之欧战随即爆发，谈判被迫中断。但民初裁厘加税主张意义重大，“欧战以后，情势变易，我国乃不仅以裁厘加税为满足，国内人士且注意于‘关税自主’之恢复矣”[⑤]。这为北洋政府后期发起的“关税自主”运动起到了铺垫作用。

---

① 《北京专电——日本公使不愿为关税改正之交涉》，《盛京时报》1914年2月28日。
② 《日本小幡代理公使复外交总长孙照会》，《外交文牍：修改税则案》，第12页。
③ 《修改关税问题之最近趋向》，《时报》1914年4月10日。
④ 《总税务司之修改税则谈》，《申报》1914年5月13日。
⑤ 武堉干：《中国关税问题》，商务印书馆1930年版，第114页。

2. 修订常关税则

裁厘加税主要准备是与各国协商修订常关税则。常关税多为雍正、乾隆年间所定，“历年久远，物价悬殊，而旧物又无值百抽几之确定，因仍沿用，税项既日见短绌，商家负担亦不得见其平”。光绪朝以来虽然天津、上海、山海关、广东等关修改税制，照关税折半征收，但大多“互较上下”，“各关各自为政，未归划一。此外，墨守成法者，更无论矣”①。

1914年6至7月，先由财政部、税务处提议常关征收办法应比较海关折半数征收，并修正常关税则。之后财政部征得税务处赞成后，呈文袁世凯。袁世凯批令，应由财政部会商税务处修改执行。税务处遂令总税务司遵照办理，即酌定各类表式，分饬各关，将沿用旧则与通行海关税则互相比较。凡旧则不及海关折半之数者，应一律比照海关税则折半征收。旧则与海关折半之数相符，或超过海关折半之数者，均仍其旧。税务处之后报告财政部称修改常关税则，据总税务司详复，已通饬兼理各常关税务司与监督商酌修改，分别呈复。并筹及地方厘金经费等项抵补办法。再饬行总税务司遵照，将原定表式从速修订办理。总税司署奉税务处之令，要求各关编制表格，说明各常关目前征税税率，及若实行2.5%从价征收，取消其他额外征收后，可得税款金额。要求常关所收税捐及规费全部扼要呈报，罗列方式便于日后查阅。以上有需进一步说明时，有关税务司可备节略。进口厘金、经费及关税在何处征收为宜，请九龙关及粤海关税务司商定。②

为清除各常关旧弊，划一征收办法，财政部专门饬令各关就应整顿事项详细开列。如江海关应整顿事项为米石、棉纱等未征收货物，现援照海关之例是否切实征收，有无阻碍；代收湖丝、米税是否因丝商改道而切实整顿，可否规复旧额。津海关为严禁小单而应统一改用四联单等六项。粤海关为可否照海关平色一律征收等问题。浙海关为认税办法应遽行停止，设法改良以防包揽。其他各关根据实际情况均

① 《修改常关税制之动机》，《时报》1914年6月19日。

② 《海关总税务司署通令第2240号（第二辑）》，海关总署编译委员会编：《旧中国海关总税务司署通令选编（1911—1930）》（第二卷），第101—103页。

开列应整顿事项。[①] 财政部不久还通令："至剔除陋规一事，各关、局于正税之外，尚有补底、加成、验费、票钱、饭银、火耗种种名目，不列税票，徒饱私囊。际兹庶政维新，岂容积习相沿，致为榷政蠹。况商人丝毫负担均为公家收入，亟应改定办法，或归并正税，或仍其名称，一律填入税票，概行归公。"[②]

1914 年常关税制修订"以划一税率为主旨"，"据当时统计局之行政统计汇报，此种办法除江海、琼海等一二关外，各关已次第推行云"[③]。划一税制在一定程度上缓解了商民税负压力，如浙海常关监督宣布定期实行常关新税则。"货物按照平均价值百抽二五作为新税则。该关将原有随收耗羡，概以加六并入正税统计，旧时折减名目此后一律革除。"决定以 1916 年 1 月 1 日开始实行。[④]

此外税务处为统一常关税征制度，还饬令总税务司与各关发行印花税票，由部规定常关各局卡为支发行所，所有各海关兼管五十里内之常关各局卡，自应按则一体遵办，以资推广而益国课。总税务司署回复称：已饬令主管常关之税务司遵照办理。有关税务司应请海关监督提供印花税票及销售细则，并予公告：奉税务处转财政部命令，该税票在各常关出售。[⑤] 1916 年 3 月梁士诒接津海关报告有英商发行印花税票，梁士诒随即咨外交部照会英国公使饬令，"嗣后各关所发单照，经由领事署转发，不得贴用该国印花税票，并派本部参事项骧与英公使署参赞哈尔定直接交涉"。后朱尔典表示已令天津领事不得再行贴用。梁士诒还令："嗣后所属各局、卡，如发见洋商所持单照，其给领年月系在本（1916）年一月六日以后，仍有贴用外国印花税票情事，应即查照此次定案，声明作为无效等语前来。"[⑥]

---

① 《通令各关监督整顿五十里外常关条举应办各节饬查复侯核办由》，江恒源：《关税案牍汇编》，第 122—129 页。

② 《饬各常关征收局剔除陋规办法由》，江恒源：《关税案牍汇编》，第 129—130 页。

③ 朱偰：《中国租税问题（中国财政问题第三编）》，第 255、256 页。

④ 孙修福：《中国近代海关史大事记》，第 195 页。

⑤ 《海关总税务司署通令第 2396 号（第二辑）》，海关总署编译委员会编：《旧中国海关总税务司署通令选编（1911—1930）》（第二卷），第 125—126 页。

⑥ 《税务处关于外商贴用外国印花税票无效文件》，中国第二历史档案馆编：《中华民国史档案资料汇编》（第三辑财政），第 1510 页。

3. 筹划增加关税税额办法

1913年6月梁士诒致函各兼管常关监督，财政困难达到极点，大借款虽然成立，但仅能支持到9月为止。“即欲提出税款，而国会议决仍需时日，各省盐、关两款迳解中央，势已难支，再事搜括亦近不情。辗转思索，常关既归中央直辖，又可自由整顿，应由该监督各就所属情形，或清厘物价，实行税则，或恢复船料旧额，或附设二、三成经费，总期无加税之名，而可收增加之实。亦知商情疲敝，稍有更改，颇属难行。务望该监督体念国事之艰，财政之竭，极力设法，能得有涓滴之助，亦聊胜于无也。”①

4. 对各机关进出口物品严格征收办法

1914年5月，财政部令各机关订购进口物品如陆军部之军用物资等，“亦应一体征税，盖此等物品苟豁免其税，在购买之机关其利有限，特予外人以便宜而已。且使奸商、巨蠹得巧为假借，以滋漏税之弊甚，非所以慎重国课之道也。故本行委员佥以为官用外洋货物、材料，其进口一律征税，不特统一税权，清除弊端，即实业亦可逐渐发达”②。

（三）对民族工商业的扶助

梁士诒与周自齐在任税务处督办、财政总长期间，对民族工商业的发展在税收上采取保护、扶持政策，这方面的例子比比皆是。1914年周自齐曾饬令各关，略谓云南民政长来电，本国商人为免重税而私挂英国海军旗帜逃避检查，引发朱尔典抗议。周自齐称此举实际因为关卡“留难苛索”所致，“勿怪商人避重就轻，铤而走险”。饬令各关对所属员司严加考察，“此次通令之后，所属各关、局、口、卡如再有抑勒苛扰情事，一经查出，即从严处办，毋得稍事纵容，致干咎戾”③。大致说来，梁士诒、周自齐根据各工商业界的不同情形，对呈请减免关税采取略有差异的处理办法。

---

① 《致兼管常关各监督各就所属情形设法加增税款电》，江恒源：《关税案牍汇编》，第68—69页。

② 《通饬各省征收机关官用外洋货物材料一律抽税由》，江恒源：《关税案牍汇编》，第93—95页。

③ 《通令各关局国税厅严禁所属各关局口卡抑勒苛扰由》，江恒源：《关税案牍汇编》，第112—115页。

1. 对工厂制造品规定

以梁士诒对江苏利生公司请免关税的批示为例。梁士诒批复如下："查工厂制造货品前经本处核准，暂照吉林实习工厂成案分别征免各办法办理，通行遵照在案。兹江苏利生工厂所制布匹、洋袜既经财政部来咨，确系仿照洋式，应准援案办理，所有该工厂仿照洋式之布匹、洋袜如在本地零星售卖，免纳税项；其运销他处者，即在经过第一关完纳，切实值百抽五正税，一道给予运单，沿途各关卡验明单货相符，并无影射及夹带情弊，概免重征。如系华式制品，仍按照土货征收通则办理。"①

2. 矿产品运销

1915年2月税务处与财政部、农商部会呈袁世凯请准广东防城裕钦锰矿公司免税，袁世凯批令该矿准予免税3年以资维护。税务处称该公司锰矿石报运出口，自本年2月21日奉批之日起，暂免出口及矿产、矿区各税。3年免税期内，锰矿经过各新关及税务司兼管常关，由各关职员查验运照，所列名色、重量相符，即免税放行。其运照应由负责机关发给为便，本处已电商广东巡按使妥酌办理，并请酌定后一面电复税务处立案，一面通行各关知照至内地各关卡。该矿应免之矿产、矿区等税，由财政、农商两部分别饬令遵照办理。并转饬各关税务司遵照。②

再如1915年8月，通裕煤矿公司报告，辽宁锦县常关对经过煤斤每吨征收常关税1角8分，与维持土货之初心有悖。呈请农商部援照开滦煤矿豁免常税成案，办理该公司煤斤运销内地纳税一事。周自齐为此致函税务处："查各煤矿公司运销内地之煤，既据声称经贵处通饬，准照开滦成案办理，该公司运销内地煤斤事同一律。应否照准，相应咨行贵处查案核复，以凭饬遵可也。"③

1916年2月，梁士诒因广东连遭水火奇灾，饥民遍地。有港商德

① 《税务处饬》，《政府公报》1914年9月4日第838号。

② 《税务处咨财政部等本处会呈广东防城裕钦锰矿公司援案免税三年奉批照准刷印原呈通行遵照文》，《政府公报》1915年2月27日第1007号。

③ 《农商部为通裕煤矿公司呈请援照开滦豁免常税成案办理致税务处咨稿》，中国第二历史档案馆编：《中华民国史档案资料汇编》（第三辑工矿业），第120页。

利锑矿公司集股办矿，以工代赈，“请援照裕钦锰矿公司，奉准暂免出口及矿产、矿区各税三年成例，俾纾商力，藉维工赈等情”。并称免税3年，公家税收损失有限，而灾民得赈，良益极多。后周自齐与周学熙依照所请，呈文袁世凯批准。[①]

3. 土货出口

1914年10月袁世凯批准梁士诒减免出洋茶税以兴实业的呈请，称：“茶叶为出口商务大宗，亟宜整理。所请减轻税率，系为体恤商艰起见，应即照准。至严禁作伪、改良制造各节，尤为当务之急，并交农商部查照核办。”[②]

1915年3月梁士诒呈请将七种远销国外传统工业品酌减关税，以兴实业。袁世凯批令准予分别减免，交财政、农商两部查照。之后税务处咨称酌定以4月1日为实行日期，其中草帽辫、地席减半征收，通花边、抽通花绸中、抽通花夏布、发织髻网、蜜汁果品五项，无论运销何处，所有出口及复进口各税，一律暂行免征。[③]梁士诒在呈袁世凯文中称：“计上开七项，每年共约减免税银仅八万七千余两，于关税内支付债务、赔款无甚出入，而民间生计殊形活动。”[④]

4. 邮包商品

税务处就此类商品饬令，凡由内地经过通商口岸再转入内地邮包，均应照章征税。于1914年3月24日咨请交通部推行，并饬文行知总税务司。税务处又称：近来邮政日见推广，邮包一年较一年多，由邮局包寄绸货者为数尤多，前年前项邮包即内地互相转寄，应完税款近4万元。税务处以此后该项邮包如寄经第一、第二两口岸，应视同轮船所运货物，照征出口、复进口税各一道，以归划一。若将该项邮包免税，诚如总税务司所言，“以一宗贸易而牵动全局，实于税课前途不无影响。况此项生货材料价值甚微，完税亦属有限，又有特别

① 《财政部等为广东德利锑矿公司援例免税一案会奏》，中国第二历史档案馆编：《中华民国史档案资料汇编》（第三辑工矿业），第129—130页。

② 《大总统批令》，《政府公报》1914年10月16日第879号。

③ 《农商部咨各省巡按使京兆尹各都统税务处呈请将自制工品七宗分别减免关税奉令照准希转饬各工商会遵照文》，《政府公报》1915年3月4日第1012号。

④ 岑学吕：《三水梁燕孙（士诒）先生年谱》（上册），第232页。

准免制成品之正、半两税，成本减轻，足以促其发达。要在该商业乘此时机力求进取，不能专恃免税之一途”①。在邮包商品加价问题上，梁士诒不是一味局限在为绸货一宗贸易网开一面。而是从邮政事业发展大局出发，认为加价更利于整个邮政业的发展，是舍小利求大利，因此这一举措应予肯定。

5. 其他物品与展销品

1915 年，上海书业商会向梁士诒禀称中国书籍一向由通商口岸转运内地，恳请税务处请将图书转口税值百抽二五免去。梁士诒对此批复如下：“此次江海关来函令上海书业商会照完此项半税，系按照他项免税货物一律办理。惟推广教育，端赖图书为媒介，自应减轻成本，以助畅销。嗣后凡中国自印之图书，由通商口岸运来内地，或由内地运往通商口岸者，所有值百抽二五之转口税，概行免征，以资提倡。”②

1914 年 7 月，税务处饬各关监督，因荷属爪哇三宝垄赛会，农商部来函称：开会期近，物品不日出发，请电知天津、上海各关所有此次赛品载明“三宝垄赛会中华民国出品”字样者按照成案，免验、免税放行。税务处令：“查历来赛会成案，除巴拿马赛会声明特别办理外，其余各地赛会皆由经理人员向海关具保开明各项物品件数、价值、清册，遵照博览会出品简章，按箱编号，凭册开验，由监督发给免税单及出品封条，自开会日起，予限一年。运回、售出各品均需完税，此次三宝垄赛会自当照办，以归一律。”③

6. 交通运输

1916 年年初交通部致函税务处，称铁路未能仿照轮运，由此口运往彼口，即凭海关派司报验，沿途概免重征。以致沿途经过局卡，必须完纳厘金。遂使此项土货全被轮运吸收，铁路受亏不少。轮船系属商办，铁路系属国有。似不宜彼此两歧，致有偏重。而此前税务处

---

① 《海关总税务司署通令第 2397 号（第二辑）》，海关总署编译委员会编：《旧中国海关总税务司署通令选编（1911—1930）》（第二卷），第 127—129 页。

② 上海档案馆藏档：《上海书业商会恳请税务处将图书转口税值百之二五免去》，编号 S313—1—218—1。

③ 《税务处饬》，《政府公报》1914 年 7 月 4 日第 776 号。

曾与交通部商准沪宁路由海关发给免重征单，以凭转口。所以请税务处同意，凡京奉、津浦、沪宁、沪杭甬各路所属通商口岸，如有车运转口土货，均准凭派司报验，由海关给免重征单。税务处随后饬令交通部此举，自系为维持路务及利便土货运输起见，与国课收入本无妨碍，应照允各路，凡已完出口正税及复进口半税土货，可在转口海关报验，请领免重征执照。防弊事宜由总税务司仿照各路转口洋货办法，妥拟章程，由本处核定施行。[①]

特别需要一提的是，在税征过程中，抗税拒交现象难免发生。广东雷州曾发生关员任意重抽，激起全商歇业情况。经调查照则加税，各商初无异议，因商会劣董刘桢材煽惑众商抵制，称值百抽二五为值百抽二十五，胁令商民罢市，否则严罚。税务处为处理此事，先即派余硕平等前往查办，将新加税款暂登账存记。待查复再行核定办法。其次又电请广东巡按使，饬县剀切劝谕该口商民照则加税，毋听谣言。梁士诒又致电粤海关监督，称："已电粤使饬县劝谕商民照则加税，并严办煽惑首要之人，以重税务。惟此事发生是否口员办理不善，抑或有重抽抑勒情形，该监督亦应切实详查。嗣后何处加税，务先详请核定并与商会接洽妥协后再办，免致商民藉口酿成抵抗，仍将现在情形电复。"这一事件很快平息，"据关员电禀，市面已照常贸易"[②]。梁士诒在这一事件中既强调严格维护国税征收制度，对为首抗税、煽惑肇事者严加惩处，显示出刚性的一面。但同时他及时派员调查事情缘由与税收情形，与雷州商会密切沟通，向商民说明税征制度，又显示出灵活、柔性的一面。

在梁士诒的整理下，海关税收、贸易等情况有明显起色。1915年，海关收入减少本意料之中，但据海关报告，去年收入较前年短少之数不过2605000两，此诚出乎意外。[③] 之所以这样讲，是因为在梁士诒任督办后，第一次世界大战爆发、日本提出二十一条、袁世凯称

① 《海关总税务司署通令第2470号（第二辑）》，海关总署编译委员会编：《旧中国海关总税务司署通令选编（1911—1930）》（第二卷），第144—145页。

② 《梁士诒关于粤雷州商民抗税罢市咨呈》，中国第二历史档案馆编：《中华民国史档案资料汇编》（第三辑：民众运动），江苏古籍出版社1991年版，第682页。

③ 《中国现时之经济》，《东方杂志》1916年第十三卷第六号。

帝严重影响出口商务，水脚、运价剧涨。但比较三年以前，各关收入实际增加不少，而短少数内应扣除洋药税与船钞，两项合计超过122万两，货税不过少征94万多两。虽然本年进口税与子口税分别少征357万两多、3万两多，但出口税、复进口税则多征239万多两、26万多两。“即以此观，足见本年采办洋货实在不多，总因价贵难到之故。土货日渐振兴，不独出口加增，就是复进口税亦旺。出口税本年共征一千五百四十三万九千七百九两，实自设关以来所仅见者。其方兴未艾之象，不妨以此为证。”① 而1916年各关税征较1915年多征1016605两，“处此干戈扰攘之秋，南边民心不靖，税课尚能有增无减，亦足差强人意。若论进口税项，较之欧战以前，虽是减色，但处此艰难时代，较之上年仍增，足见进口贸易，尚能前进，不肯稍让，振兴之象，可以预卜。出口税虽有船费、吨位之碍，仍为历年之冠。惟出口税之增，增在出洋，至于国内反减，殆因乱事未定，民间不暇顾及。何以见得，即看复进口税、子口税亦减。洋药税厘之少，自因此项贸易将绝”②。

结合1915年、1916年海关贸易与税收情形，对梁士诒、周自齐整理海关事务应特别肯定的有以下几点：第一，在第一次世界大战前后民族工商业发展的黄金时期，以减税、免税等政策鼓励国货特别是土货出口，同时以优惠政策大力扶持民族产业，这才有了海关史上出口税空前增加的现象。第二，在禁绝洋药问题上，立场坚决，始终如一，反对以增加财政收入为由将这一祸国殃民的毒货继续保留并继续征税。第三，加强对常关管理并划一税则，客观上减轻了工商业者的税负压力，适应了当时国内工商业发展的要求。此外，梁士诒与周自齐力主裁厘加税，在海关管理上力争中方的权利，这也都是应予肯定的。

---

① 《中华民国四年通商各口华洋贸易情形总论》，中国第二历史档案馆、中国海关总署办公厅编：《中国旧海关史料（1859—1948）》第68册，京华出版社2001年版，第25页。

② 《中华民国五年通商各口华洋贸易情形总论》，海关总署编译委员会编：《中国旧海关史料（1859—1948）》第72册，第33页。

第五章

交通系与民初农工商政策

袁世凯任正式大总统期间（1913年10月至1916年6月），农商总长主要由张謇与周自齐担任。其中张謇自1913年9月任工商部总长兼农林总长，1913年12月24日任农商总长，直至1915年4月27日。而周自齐则在1915年3月5日，由财政总长一职调署农商总长，4月27日正式接任，直至1916年4月23日。① 因此袁世凯政府时期的农商政策实际主要为张謇与周自齐制订。此外作为内务总长的朱启钤与身为税务处督办的梁士诒因职责所在，对农工商业发展，政策制定也有一定影响。周自齐、朱启钤等交通系领袖对民初的农业、工商业政策之影响，分别如下论述。

第一节　农业政策②及影响

周自齐就任农商总长后，“以农林两业为利源之一大宗，兹值民国财政困难之际，亟宜开辟此利源以纾财困”。其初定办法有四项，即开辟边荒，整顿林业，改良种植，实地调查。③ 其政策具体推行情况如下。

---

① 钱实甫：《北洋政府职官年表》，华东师范大学1991年版，第6、8、10、12页。

② 这里所指的农业政策范围较广，包含农业、林业等方面政策。

③ 《会商农林之进行法》，《盛京时报》1915年3月21日。

一 农业政策

（一）举办农事实验场、推广农业改良

1916年周自齐呈文袁世凯，拟定中央及地方农事试验场联合办法缮单请示折。略谓农事试验场设立，目的为农事改良，包括选种、施肥、占卜时令、观测气候以及耕耘等诸多方面。当时北京西直门外农事试验场办理多年，分科研究，成绩显著，周自齐将其改为中央农事试验场，作为全国农事模范。各省及各县农事试验场，一律改称某省或某县地方农事试验场。还规定：中央农事试验场所得成绩及试验方法须推行于全国者，得直接指示地方农事试验场。地方农事试验场所得成绩及试验方法，应请中央农事试验场查核，并报告其他地方农事试验场推广。地方农事试验场关于试验方法或疑难问题，可请中央农事试验场指示办法。①

为推行农业改良，周自齐还提出非实地讲求、广为传习不足以资提倡，呈请将前设农政专门学校改组为农林传习所。该校当时只招收一班学员，周自齐讲“为政重在实行”，与其继续招生，设专门学科，不如先应急需，直接派员传习经验，易于达到预期效果。因此主张学校改设为传习所，学员改充为传习员，学校经费改拨为所经费。周自齐称：“吾国民智未开，对于农具之改良，苗种之选择，肥料之制造，树木之培植，及兽疫、病虫之防除等项，素未详加研究。兹农林传习所既经成立，则凡属改良农林事项，责成该所实地讲求，由传习员分往各乡，以新理良法，巡回演讲，耕作栽种，广为传习。并于冬期农隙招集农民子弟，授以必要之艺能、学术，以期普及而树风声。”②

周自齐在任期间，在全国设立多处农业试验场，其具体情况详见第四章第四节“官办农业”有关内容。

（二）兴修水利，疏浚运河

发展农业，兴修水利为基础工作。民国以来水利的重点为淮河与

① 《农商部奏拟订中央及地方农事试验场联合办法缮单请示折（附单）》，《政府公报》1916年2月10日第35号。

② 《农商部呈报农政专门学校改组农林传习所情形请鉴核备案文并批令》，《政府公报》1915年8月15日第1175号。

南运河治理。对南运河的治理是民初中国水利建设一重大工程，起重要影响的有潘复、熊希龄、张謇，也有梁士诒与周自齐，1915—1916年在以上人物大力呼吁下，南运河进行了有效治理。根据周自齐的报告，治理前，仅济宁、鱼台报告淹没粮田便有50余万亩，均系多年积水荒地，治水含有规复田亩性质。经潘复、周自齐等与工程人员反复勘测，确定了施工计划。将汶水接入赵王河顺流而入；南阳湖内另开东泗河，将泗水引入；独山湖内以及昭阳湖淤地高过赵王河湮塞之处，应相机浚深，使济宁境内积水疏通至微山湖，作为排泄之路。报告淹没粮田，可望早日干涸。又称附近汶上、嘉祥、邹县、峄县灾情较轻地方，名为常缓、间缓、蠲免田地，约有一百余万亩，有望规复从前。[①]

1920年前后梁士诒、周自齐与潘复等人再次倡议治理，梁士诒在其《防灾计划书草案》中专门提到南运河是五条应重点治理的河道，系统提出将水患治理与疏通河道、施行工赈、移民垦荒与挑挖地亩、水务与河道管理有机结合的办法。[②]

（三）办理垦荒

1. 鼓励成立垦牧公司，推行垦务

如1915年8月，周自齐批准姚锡光等发起成立拓富垦牧公司。姚锡光等先在奉天洮南、归流河一带择购地亩，试办垦牧，并依次发展到塞北等处。“仰即切实筹备，俟招股确有成数，再行遵照公司条例禀请注册，并拟计画书一并禀候核办可也。”[③]

2. 对蒙荒、东三省垦务的有关政策

当时办理放垦情况复杂，尤其是蒙荒，因涉及前清王公领地以及旗地问题而最为复杂。察哈尔都统何宗莲曾呈文袁世凯，提出既要开放蒙荒，优待王公，厚恤旗群，还要严禁私放、盗卖，请示两全办法。袁世凯令农商部、内务部等就此酌拟办法。此外农商部，内务部认为《垦开蒙荒奖励办法》第一条，凡各蒙旗愿将其地亩报垦，或

---

① 《农商部呈筹办山东南运湖河疏浚事宜潘复详报办理情形并请另行简员接办据请转陈文并批令》，《政府公报》1915年7月6日第1135号。

② 岑学吕：《三水梁燕孙（士诒）先生年谱》下册，第105—109页。

③ 《农商部批第1433号》，《政府公报》1915年8月6日第1166号。

自行招垦，及人民领垦蒙荒者均应给予奖励。范围广泛，权限不清，应予修改。就此周自齐会同内务总长朱启钤、财政总长周学熙以及蒙藏院等提出如下办法。①放垦、承垦地为照章划留领照，自行垦种成熟之地；一律由公家代放；②准照何宗莲所请，此后再有王公、总管及以下等职，勾结地痞、土棍私放、盗垦，勒索、舞弊，一经发现或由他人举发，即行咨部转呈褫革；③准照何宗莲所请，开放旗群、台站。放垦王公牧场所收地价除照章提出二成经费外，其余八成，旗群与王公各半。①

周自齐等还就蒙荒地租问题制定专门政策，主要内容为剔除中饱；划分租项用途，蒙旗应得之租不归报效者，仍归蒙旗支用，不得挪移。业、佃两户休戚与共，宜由各该管地方官会同蒙员，传集两造，按照习惯，酌定契约，由官存案，彼此恪守。“惟蒙旗幅员甚广，若普设租局，经费不赀，似未免稍有窒碍。又呈称（为蒙藏院与主计局所上）蒙旗租率轻微，请免提成一节，主计局说帖拟将蒙地除已有报效地租者外，勿论新旧垦出蒙地，国家概不提取租项。为蒙旗计，固属体恤、周至。第于国家收入大有影响，且恐向有报效地租者，不免有所藉口。以上两项是否可行，抑应如何变通办理之处，请饬由巡按使、都统各按就地情形，详加核议，再定办法。其考成究应如何规定，亦由各该省一并拟订报部核夺。”袁世凯批令准如所议办理，由该部分行遵照并交蒙藏院查照。②

东三省为垦荒办理重要地区，其政策如何制定自然有代表性，而且影响也颇为重大。以黑龙江垦荒办理为例。1915 年 8 月底，周自齐与内务总长朱启钤、财政总长周学熙就黑龙江巡按使呈报办理垦务政策批复如下。为防止转售预留地渔利，以及受人贿赂包揽大段地亩，应如下办理：“矫正之法在使丈放人员不能不随时、随地边行丈给。必先丈定区域，编定号码，明定日期，公告垦民。仿用抽签法行

---

① 《蒙藏院内务部财政部农商部等呈为遵批核议察哈尔都统呈拟开放蒙荒优待厚恤及严禁私放盗卖各办法并请修改垦辟蒙荒奖励条文谨合词具呈祈钧鉴文并批令》，《政府公报》1915 年 8 月 24 日第 1184 号。

② 《农商部内务部财政部呈会核蒙藏院呈整理蒙租办法一案谨合词具呈祈鉴文并批令》，《政府公报》1915 年 12 月 7 日第 1287 号。

之，届时并由主管官署派员监理，庶足以昭公允。”对招领者情况及招领地亩必须公示。“务使推行便利。惟资本充实，经部注册之公司得先指定地点，绘具图说，禀请丈放。以期垦务之发达。”①

周自齐在财政总长、农商总长任上对农垦事业，一方面为拓宽利源，另一方面注意裨益民生，因此十分重视，推行有力。其情形详见第四章第四节有关内容。

3. 在察哈尔推行垦、治结合

察哈尔地域辽阔而城镇稀少，人口寥落。商都等地牧民距离县城较远，“苦无保障”，请求在合适地方设立垦务行局并兼设治局。周自齐会同朱启钤、周学熙及司法部会议，认为该提议可行，并赞成在张北县、陶林县一些地方先行举办。“惟此项治局既为设县过渡之制，所有兼理诉讼各项办法亦自应照准县知事兼理司法各项章程办理。其应需开办暨常年经费，应俟垦务局造具各项概算表到部，再行核办。”袁世凯批令：准如所拟办理。②

（四）筹设农业银行

1915 年 8 月由政事堂提议设立农业银行，并钞文农商部与财政部。设立农业银行的起因是经界局举办经界事宜，需款甚多，拟设农业银行，资本 5000 万元，发行三倍之纸币以充经界经费。其 5000 万元资本，拟在本年预算官产收入内拨 1000 万元，由各省募集整理农业公债 4000 万元，以清丈收入作抵押。周自齐与财政部总长周学熙接到钞文后，就银行资本、根本职责条陈二部主张，表达了与政事堂举办农业银行不同的政策、办法。

二部认为农业银行资本暂不能如政事堂办法筹集。官产收入已列入预算指定用途，不能改动。至募集公债，民国四年公债刚刚发行，若再办整理农业公债，民力未逮，且该项公债没有确实抵押。农业银行发行纸币三倍于资本。恐对当时的中央银行即中国银行兑换券信用，对币制改革均产生不利影响。对于农业银行职能，二部认为不应

---

① 《财政部内务部农商部呈核议黑龙江巡按使呈遵谕体察江省垦务情形据实陈请训示一案当否请示文并批令》，《政府公报》1915 年 8 月 31 日第 1191 号。

② 《司法部内务部财政部农商部奏为会核察哈尔马羊群地方拟设垦务局兼设治局一案祈圣鉴训示折》，《政府公报》1916 年 1 月 17 日第 12 号。

以办理经界为限，提出农行应具有商业银行性质。周自齐与周学熙提出："然农业银行系为发达农民生计而设。若照所拟，则与设立之初衷似有未符。"并认为农业银行不容缓设，周学熙与周自齐称："现在正筹议将来，规划定后，另案办理。或先由京兆区内试办，俟有成效再行推及他省。虽程序有前后之不同，而求所以利国便农之意无甚差异。"①

农业银行后来因种种原因最终未能设立，但周自齐与周学熙在条陈中提出农业银行职能，成立的条件、必要性、急迫性等主张，对后来农业专业银行的成立有很深远影响。

（五）保护农产品出口

第一次世界大战爆发，给中国民族资本主义发展带来大好时机。身为农商总长的周自齐当积极采取优惠、鼓励政策，使得农副产品出口大增成为资本主义黄金时期②的主要标志。如1915年8月，驻海参崴领事咨文农商部，称海参崴海关办理执照办法、手续繁杂，颇多不便。倘若未领执照，补领手续时间过长。而此间侨商由国内进口货物鲜货甚多，蔬菜、鲜果等一旦延时，极易败坏。望周自齐电咨驻俄国公使，转商俄国政府，将鲜果、蔬菜、肉蛋及其他无税、易坏之物，确知为中国产品，请免证明、执照。之后周自齐令农商部经与驻俄公使联系，使问题很快解决。③

（六）办理清丈政策

1915年9月，周自齐会同经界局、内务部、财政部呈文，详报进行清丈地亩办法。称参酌福建等省办法，一拟清丈时不清赋；一拟以田面纳赋为原则；一拟以三等九则为标准，视土壤、水利、收获而定高下。④

---

① 《财政农商部呈为遵批核议经界局条陈设立农业银行情形鉴文并批令》，《政府公报》1915年8月8日第1168号。

② 学术界指第一次世界大战期间，中国民族工商业利用帝国主义暂时无暇扩大对中国经济贸易侵略的时机，取得了农工商业各方面的空前发展。

③ 《农商部咨奉天江苏黑龙江福建吉林浙江直隶广东山东湖北巡按使据海参崴领事详报华产鲜货等物免领执照咨请查照文》，《政府公报》1915年9月8日第1199号。

④ 《农商部内务部财政部经界局呈遵议福建清丈田亩重要办法一案乞鉴核文并批令》，《政府公报》1915年10月4日第1224号。

清丈与经界大有关系。1916年2月，周自齐与朱启钤等呈文袁世凯，认为前经界局督办蔡锷所颁各项条例窒碍难行，不予公布。其主要理由为项条例多采各国成文，不合地方民情。现经界事宜只有京兆良乡、涿县先期举办。而据新任经界局督办龚心湛与财政部共同讨论，"均以财政部所派之调查与经界局所办之清丈意本一贯。惟清丈费巨而效迟，调查费省而效速，不过手续有疏密之不同"。现经界局办理良乡、涿县两地清丈第一年方法不过参照财政部呈准之调查田亩大纲八条，第二年不过为求详细、精密而已。因此提出二县清丈应另筹试办章程，此时毋庸颁经界条例，以安大局而定人心。至各省调查田亩，财政部已有办法，毋庸另设经界筹备处，虚设条例。清丈期内民间地亩诉讼，经财政部请示，改归行政官厅审判。袁世凯对此呈文批令：准如所议办理。[1]

北洋政府急令停止清丈与时局有巨大联系。首先袁世凯称帝引发全国人民反对，蔡锷在云南起事加剧了袁世凯统治的危机，这使得清丈难以有一个理想的、稳定的推行环境。其次，财政部举办的田产调查，不涉及田产清理，重新丈放问题，矛盾较小。而经界局办理清丈正相反，不仅田主之间、业佃之间，即使不同地方、单位亦有可能产生纠纷，引发诉讼，进一步加剧社会不稳定因素。这是袁世凯下令取消清丈，停办经界局条例的背景和原因。（详见第四章有关内容）

二　大力发展林业

周自齐对发展林业极为注重。1915年7月，周自齐在呈文中详述了发展林业的意义和主要政策。呈文称："查我国林政失修，童山满目，亟应通盘筹划，普及造休。一以备社会树木之需，一以为国土保安之计。""我国幅员广袤，公私荒山，所在皆是，经营林业，宜思普及之方。"周自齐提出目前亟应办理者有两件事。一是责成各道尹筹办苗圃种植事宜，振兴林业责任责之各省行政长官。二是通饬各省农会为各地方人民依法集合之团体，对地方兴业事项，有劝导提倡之

① 《财政部内务部农商部奏遵核经界局各项条例窒碍难行请毋庸颁定折》，《政府公报》1916年3月1日第55号。

责。拟规定省县农会承领官荒山地，各设苗圃一区。省农会苗圃，须有百亩以上，县农会苗圃须 30 亩以上。选择各地适宜树种，养成苗木，以供植树造林、绿化之需。各农会办有成绩，得依造林奖励条例，予以优厚奖励，以资鼓舞而利推行。[①] 周自齐发展林业的政策还有以下主要几点。

（一）成立林务处、设林务专员专管森林事务

1916 年年初周自齐呈文袁世凯，略谓东西各国对林业均极重视，中国地大物博，林业资源尤为丰富，但因无政令维持，无机关维系，“遂至荒旷委弃，视为固然，坐失利源，事非旦夕……亟赖公家提倡，于分区遴员，设警，调查，测绘，造林，兴圃诸端悉心规划，逐一进行，以为人民先导”。袁世凯批示应如所拟办法，于该部附设林务处，专管全国森林事务。各省分划林区，各设林务专员一人，由部会同巡按使请派。经费及一切举办办法，均照暂行章程切实试办，“以发明林学，保商兴利为宗旨”[②]。

1916 年年初农商部订立《林务专员规则》，规定其职掌为管理公有及国有林地；林务调查及查勘境界；林野测量绘图；森林利用；森林培育、保护及奖励；采集种子及标本；设置苗圃及造林；森林主、副产物利用；设立森林会；林务宣传、劝导等。专员办事处设技术员、事务员、司事等职位，支给薪俸。技术员由部委派，事务员、司事由专员派充。林务专员对各县林务及经费使用有指示、督察职责，每月将办理林务情形报部。各省林务专员采取大林区署制度，以便与林务处通力合作。大林区署次第成立者有河南、山西、湖南、广东、甘肃诸省。山东、安徽、江西、奉天、吉林、黑龙江，则各设森林局。[③]

尽管部分省份由于经费等各种原因，未按农商部命令，设立林务处或森林局等专管林业的国家机关，但大部分省份，均已设立了林业管理机关。北京政府设立林务处等国家管理林业机关意义重大，这是

---

① 《农商部呈筹议森林办法提倡造林情形文并批令》，《政府公报》1915 年 7 月 22 日第 1151 号。

② 《命令》，《政府公报》1916 年 1 月 6 日第 1 号。

③ 《林务专员规则》，陈嵘：《中国森林史料》，第 83—84 页。

近现代中国林政制度发展具有里程碑意义的事件，是国家林政管理制度从无到有，从纷乱到统一的开始。

（二）呈请以清明节为植树节

1915 年 7 月底，周自齐呈请将清明节作为植树节。其呈文称林政一端，用途最广，举凡固堤防，消水旱，除灾疠，皆为林业利益，而于人民生计关系甚重。“惟是造林事项，须酌量寒温之度，适合燥湿之宜，非由政府宣示定期，不足以树风声，而资观感。故欧美各邦，植树有节，推行全国，成效维昭。查普通植树之期，当以每岁仲春之月为最适，本部现为提倡植树起见，拟请申令宣示，以每岁清明为植树节。”京师为首善之区，人民观瞻所系，周自齐恳请袁世凯与各地官员于植树造林率先垂范。①

舆论曾有评价，“农商部对于造林之一事，淬历精进，不遗余力。去年（1915）七月二十九日曾呈请明定清明节为植树节，宣示全国俾资遵守，请谕定地点，种植佳树，用树风声而起观感。现在清明节近，盛典举行即在目前，吾国未有之创举也。将来风声所播，收获正未可量。”农商部还分别制订了《城镇举行植树节办法》与《学校举行植树节办法》分别推广实施。②

（三）设立国有林业实验场与苗圃

“四年六月农商总长周自齐，以国立林艺，林业试验场，名称互异，因改北京林艺试验场，为第一林业试验场；山东长清林业试验场，为第二林业试验场。”③ 周自齐任总长期间，农商部在全国各地成立林业实验场与苗圃。详见第四章第四节“官办农业”部分。

（四）颁布《造林奖励条例》

1915 年 6 月，农商部制订该条例，鼓励人民积极造林。条例规定造林面积达 200 亩、400 亩、700 亩、1000 亩以上，成活满 5 年以上者，分别核给四等至一等奖章。造林面积达 3000 亩以上、成活满 5 年以上者，得由农商部呈请大总统特别给奖。凡经营特种林业，于国

---

① 《农商部呈拟定清明节为植树节请以申令宣示全国俾资遵守文并批令》，《政府公报》1915 年 8 月 3 日第 1163 号。

② 《农商部举行植树大典之筹备谈》，《盛京时报》1916 年 5 月 4 日。

③ 《国营林场》，陈嵘：《中国森林史料》，第 140 页。

际贸易有重大关系者，或可堪造船、筑路等各种大工程之用，农商部认为有补助之必要时，得按其面积、株数，核给奖金。[①]

（五）酌情官商合办林业

为鼓励各界致力林业发展，周自齐力主打破官府垄断。如江西庐山森林局自 1908 年成立后，5 年期间未见成绩。1913 年以来先后支给公款 2 万多元，在 200 余里范围内培育大小苗木 300 多万株，前途大有可望。但庐山地面广阔，江西省每年仅给经费 12000 元，该省财政困难，不能再增款项，于林务进行殊多窒碍。因此庐山森林局恳请农商部，准将该局改为庐山林业股份有限公司，集股 50 万元，官商合办。除庐山、金山外，彭湖近江均在计划推广合办区域。周自齐答复称："业与赣省巡按使协商定议，佥以振兴林业，纯赖官办，难期普及。非得股商合办，不足以收实效而竟全功。"表示完全赞同。袁世凯就合办一事批令："林业关系民生至为切要，应由该部督饬该公司，依照所拟章程认真办理，务收实效。"[②]

第二节　工商业政策及影响

一　设立劝业委员会并拟订章程

1915 年 6 月，周自齐呈文请设立劝业委员会。呈文称实业振兴，贵在政府提倡。而起手程序最要者以研究为基础。自其就任以来详加考察，先后设有辅助机关，但进行不顺利，故拟设立劝业委员会，以工业试验所、工商访问所、商品陈列所分隶其中，冀资指导劝奖，并集思广益。呈文称该员设立还在于商业被外人长期操纵，工业仍处于幼稚时期，富源坐弃，令人叹惜。为避免研究所等徒托空言，遴派专员分掌会务，制定试验考核标准。"调查考核，贵有专司。凡产销之状况，制造之情形，非私家企业所能尽晓。有访问所以应咨询，事实免于隔阂，技术藉可发明。消息既通，销场必旺。工艺精粗与价格高

① 《大总统公布造林奖励条例令稿》，中国第二历史档案馆编：《中华民国史档案资料汇编》（第三辑农商），第 440—442 页。

② 《农商部奏江西庐山森林局拟请改为官商合办林业股份有限公司缮具章程请示折（附章程）》，《政府公报》1916 年 1 月 31 日第 26 号。

下，必须参观互较，方能灼见真知。有陈列所以资观摩，萃方物之品，价示公众，以趋途见闻既广，制造乃精。本部前经设立陈列所，兹复改良扩充，以资应用。以上所陈，皆为世界工商业发达之国所最注意者。今分隶于委员会之中，旨在统筹，事归实践，广集专门之才力，共图企业之进行，期于国计民生，两有裨益。”

《劝业委员会章程》规定劝业委员会除设有上述三所外，另设总务、编译、统计三课负责庶务、文牍、会计、编撰调查记录与报告、统计调查情形。委员除三所所长外，其余或由农商总长指派，或为本国、外国专门学校毕业，或为经营工商业卓有成效者，各课主任可临时加入。凡关于改良、仿造及其他可以发达工商业方法，委员有提请委员会讨论之权；由商民请愿者，亦应付委员会讨论。关于发达工商事业问题，须编纂法令以资保障者，委员会需提议编订，详报农商部采择。委员会除办理日行事务外，每月至少开委员会议一次。委员会得向农商部各司抄阅文件或详询情由。规定工业试验所职责为负责化学工业、窑业等试验、研究、改良；得依照工商业者请求或自行前往指导分析、鉴定、试验等事；收用练习生以培养技术人才，并酌情于各地设立分所。工商访问所职责为四项：调查国内工商状况及海外贸易情形；答复企业家访问，予以事实或技术上扶助；向企业家介绍各种最近商事消息，使商品销路有所联络依据；博采工商业公共利害，以备采择而定兴革。工商访问所应受地方委托或自行调查。商品陈列所职责为征求国内外各项工艺及原料各品，并一切出品事宜。关于商品装置及保护，以及编制簿册事宜。并有随时调查、更换各地呈送展览、陈列品责任，负责每年筹备展览会一次，并酌情奖励优秀者。①

二　对各地商会组织的规范

1915 年 1 至 6 月，各省商会进行改组，同时又有新设商会呈请农商部备案。

经周自齐详细考察，由农商部“核准改组及新设各商会共一百七

① 《农商部呈为设立劝业委员会拟订章程缮折祈鉴文并批令（附清折）》，《政府公报》1915 年 6 月 10 日第 1110 号。

十五处。”① 为规范各地商会举办，1916 年 2 月北洋政府公布了《商会法施行细则》。② 其中明确规定由农商部负责事项者如下。

第一条，总商会与商会不得设立于同一行政区域，但在本法施行前成立有必要并已设情形，经农商部核准，不在此限。第三条，全国商会联合会组织及其权限，得依此前农商部核准之联合会章程办理，章程有变更时，须先经农商部核准。第四条，已设公断处之总商会、商会，除依本法取消或改为分事务所外，依本法改组者仍可附设公断处，但应俟改组后，另将公断处职员详具名册，经地方最高行政长官转请司法部及农商部核准。第六条，会长、副会长及会董等职员选定后，除详具姓名、年岁、籍贯、住址、商业、行号，由地方地方行政长官转报农商部备案外，得立即就职，应于就职后将就职日期转报到部，期满连任或中途补充者亦同。第十三条，总商会、全国商会联合会对于中央各部署及地方最高行政长官行文用禀，对于地方行政长官得用公函；商会对于中央各部署及各地方自道尹以上各行政官署行文用禀，对于县知事行文得用公函；总商会、商会及全国商会联合会自相行文均用公函。第十四条，凡对于中央各部署行文，总商会、全国商会联合会除分报该管地方官署备案外，在商会应经地方行政长官详经地方最高行政长官核转，但有特别紧要情事时不在此限。第十六条，旅外中华总商会、商会成立，应依本法详拟会章，经该管或其附近领事署转中华总商会、商会；所在地附近未设领事，应经农商部核准事项，得禀请公使转行。第十八条，总商会、全国商会联合会关防及商会钤记，均由农商部刊发；其旧有关防图记者，应缴换给领，以归一律；前项规定于旅外之中华总商会、商会一并适用。

周自齐还多次奖励商会有关人员，引导商会将服务社会、振兴工商业作为主要目标。如周自齐呈请嘉奖直隶安平商会会长廉建清，称其：“急公好义，于地方公益事项捐助极多。安平素称瘠陋，自该会长任事以来，热心提倡，市面因而振兴。”又呈请嘉奖爪哇山口洋中华商务总会总理唐文材，称其创建各类水果加工厂 20 多年，“成效大

---

① 《农商部示第十号》，《政府公报》1915 年 11 月 29 日第 1279 号。

② 《教令第 8 号》，《政府公报》1916 年 2 月 2 日第 28 号。

著，每年直接输出贸易，货值总在数十万。该员自充该商会总理后，捐助巨资，倡办中华学校，维持大局，裨益商界者甚大”①。

三　商业政策

（一）推广统一权度

1915 年 6 月，周自齐饬令农商部拟推行权度办法，指定京师为试办区域，已经批准。亟应设立京师推行权度筹备处以利进行，现派技正陈传瑚兼充处长，自本年 7 月 1 日起调查，限定两月完毕。并请京师警察局派员兼充副处长。②

1915 年 8 月农商部制定《权度制造所招商代理分售权度器具规则》，规定于权度制造所设立批发处，京师内外设立分售所六处。所售物品应照定价，不得加价，否则取消代理并将其保证金充公。其可按代售价 15% 得利，每次领取物品在 100 元至 500 元之间，以其总价 1/4 为保证金并具结铺保，定时结算并登记流水账簿以凭稽查。申请商号登记后由所公开宣布选中商家。③ 该年底，周自齐与内务总长朱启钤专门制订北京市权度检查执行规则。规定凡公用及营业各商场、零售商业摊点所有权度均适用该规则。权度检查除非必要或临时进行，一般每年定期检查一次。由权度检定所会同警察局进行，加盖特别图印并錾年限，概不收费。任何铺商不得使用未经检查錾印的权度，违者处 5 元以下罚金，伪造、冒用图印及权度者处以 10 元以上，50 元以下罚金。警察局与权度检定所对疑有增损、不合情况得随时检查，检查情形应汇总报告农商部。④

（二）制定《证券交易所附属规则》

1915 年 5 月，农商部会同财政部制定该法则，对证券交易所经营规则作了进一步完善。其主要内容如下：证券交易所股本需在 10 万

---

① 《农商部奏直隶安平县商会及山口洋中华商会各职员办理会务著有成绩汇案请给奖章折》，《政府公报》1916 年 3 月 13 日第 67 号。

② 《农商部饬第 637 号》，《政府公报》1915 年 7 月 4 日第 1133 号。

③ 《农商部批第 1554 号》，《政府公报》1915 年 8 月 25 日第 1185 号。

④ 《内务农商两部为会拟订定北京市权度检查执行规则呈并批令》，《政府公报》1915 年 12 月 18 日第 1298 号。

元以上，如农商部查核证券交易所情形，视为必要时也可命令增加。证券交易所非缴股至一半以上，并有股银 10 万元以上，不得开业。营业保证金为股本三分之一，并需在开业前，按五分现金、五分公债票，缴存该地或附近经理国库之银行。交易所抽收经手费，不得超过买卖约定价值的 5%，经纪人保证金需 500 元以上并订入公司章程规定，缴存附近经理国库之银行。交易所动用保证金必须禀明农商部。交易所买卖契约，现期买卖限定 7 日以内，定期买卖限定在 2 月以内，公债票经部批可不依月期。定期买卖需“定单位买卖”“竞争买卖”；“约定期限内转买（卖）或卖（买）回，依交易所账簿所记载，彼此抵消”。买卖两方各缴证据金。现期买卖亦必须按照“定单位买卖”“竞争买卖”，使买卖两方各缴证据金。证据金为买卖价十分之一以上，交易所账簿详细记录双方姓名，交易证券种类、数目、价值等，交割时需有交易所职员在场监督。①

不久又公布由农商、财政部制定的《证券交易所法施行细则令》。该命令第一、第三、第十三、第十四条首先明确农商部对证券经营者有如下职责：规定设立区域及该地证券交易沿革情形；核查发起者姓名、籍贯、住所、职业、股本总额、认股数、股本银使用概算、设立理由等；经纪人在核查其志愿书、商事履历书后，方可注册，给其执照。

其次，农商部规定了交易所批准设立程序。即依条例第四条招集般本。农商部根据发起人是否认足股本，按第五、第七条规定核查有关文件。并依据第八条规定调查证券交易所职员履历。条例第十条至十二条规定，证券交易所定开业日期应由地方官转报农商部；批准设立后满一年尚未开业，其设立批准无效；营业期满后申请续办，应于期满前一年内禀请农商部核准。但在期满前三个月内禀请者，不予受理。

再次，在条例第十八、十九、二十、二十三条中，农商部对交易所营业办法做出了详尽规定。即必须报告经纪人所用账簿种类、记载

① 《农商部咨各省巡按使都统京兆尹证券交易所附属规则奉批令通行遵照文附规则》，《政府公报》1915 年 5 月 19 日第 1088 号。

事项及其格式；经纪人保证金以国债票抵充，其作抵价格，须禀报农商部备核；核准交易所银钱及有价证券保管办法；证券交易所应编制每日公定市价表、每日买卖总数表、每月证券市情衰旺报告表。每月15日以前报送。收支概算表须于议定后15日内发送。每届结账时，造具各项簿册连同现有股东及经纪人姓名簿，于结账后20内发送。①

《证券交易所附属规则》《证券交易所法施行细则令》是我国证券交易所较早的行业经营管理法规，对我国证券市场的建立、发展其意义十分深远。

（三）组织国货展览会并筹备参加巴拿马赛会

1915年6月，周自齐呈文称前拟具商品陈列所征品规则，内定每年由各省呈送商品一次，由该所评比，“择优给奖，以为出口者劝”。又称：“现值外货来源不继之日，正国货畅销有望之机。而默察近来社会心理，对于本国制造颇能刻意讲求，亟应乘此时机开设国货展览会于京师，广为倡导，树为风声。庶足以应时势之要求，而劝工商之迈进。所有征品一切仍按照规则，责成各商会就地调查，并由县知事督同劝募，汇详巡按使解交本部。”②

1915年11月周自齐报告奉袁世凯指令筹办国货展览会情形如下。呈文称已于本年6月18日奉大总统批准，分饬京外各官署、商会，一体遵照，并派员分途征集出品，7月间委派本部顾问雍涛、工商司司长陈介，充任该会正副会长，设立事务所，陆续遴员分课筹备。因赛品审查至关重要，非得声望显著之人主持，不足以影响舆论而示慎重，于是特设物产品评会，聘内务总长朱启钤担任会长，督率审查员详细品评。展览会虽核定预算9474元，不敷支配。但表示既不敢故事铺张，也未便安于简陋，贻中外舆论批评。赖京外官商赞助，如京都市政公所（为内务总长朱启钤命令设立）特设出品协会，上海国货维持会则组织征品团，其他各省巡按使，道尹，县知事及商会等，

① 《证券交易所法施行细则》，江苏省商业厅、中国第二历史档案馆编：《中华民国商业档案资料汇编（1912—1928）》第一卷（上册），中国商业出版社1991年版，第335—338页。

② 《农商部呈限期征集商品开设国货展览会请示遵文并批令》，《政府公报》1915年6月21日第1120号。

均能热心劝导，积极赞助。因此虽然全国幅员广袤，交通不便，但两月间赛品如期到会者，计18省又两特别行政区，赛品件数达10万。京师之外以江、浙为多，踊跃情形出乎意料。所有各处出品，经该会随时陈列，并无贻误。会场分两馆，第一馆所陈金银器、景泰蓝、珐琅、丝织品、矿产、化学制造、药品、棉麻织物、手工制造品、雕刻、漆器、绣货、美术、陶瓷器、林产、狩牧、水产、农产、饮食品、铜锡器、毡类、木器等，面积474方丈。第二馆所陈为权度、教育仪器、文具、印刷品及机械等，面积62方丈。因我国物产丰富，数年来工艺渐形发达，赛品种类因此较多，选择较精。著名品牌有南通大生、上海德大棉纱，湖南麓山公司的玻璃，无锡茂新公司的机器面粉，烟台张裕公司葡萄酒，南洋兄弟烟草公司烟草，德成、华丰之香皂，科学仪器馆的化学药品，商务书局的理化、印刷仪器等，以及各种畅销土货。“凡此诸品，或切实用，或具特长，或品质优良，或艺术精美，或足应国内之需要，或足扩国外之销场，倘从此更加讲求推广产额，自不难发展经济，裨益国本。”展览会举行20日，游览人数平均每日不下万人。除各省官署押运赛品委员及出品人代表外，各商会及公私团体多派代表来会参观。上海国货维持会等还组织参观团，逐日到会研究，参观人员或具有工商学识、或富于实际经验，观摩各有所得。赛会成交商品占展出数量三分之一以上。①

此外，周自齐还积极组织各地选送产品参加巴拿马赛会。如1915年9月，周自齐对四川，广东两省选送产品加以复核、筛选。分别等第，发给奖励凭证，以示鼓励。其中四川省评出头等奖10项，二等奖20项，三等奖、四等奖若干；广东省评出头等奖4项，二等奖41项，三等奖、四等奖若干。② 对其他各省选送赛品分别评选并发给奖名册。③

---

① 《农商部呈恭报国货展览会办理情形并附呈会场陈列图片请鉴文并批令》，《政府公报》1915年11月18日第1268号。

② 《农商部咨四川广东云南巡按使赴美赛会出品应得奖凭咨送转发文第1797号（附清单）》，《政府公报》1915年9月10日第1201号。

③ 《农商部咨直隶奉天吉林黑龙江山东河南山西江苏安徽江西福建浙江湖南湖北广西巡按使赴美赛会出品应得奖凭咨送转发文第1798号（附清单）》，《政府公报》1915年9月11日第1202号。

（四）鼓励殖边银行发展信托业务、支持华侨创办劝业银行

1915 年 8 月，周自齐咨各省商会、巡按使、都统、京兆尹，略谓殖边银行兼办信托事业，已在财政部立案，并在本部备案。请各处察知，并妥与该银行办理信托事务。[①]

周自齐在该年 10 月还报告福建漳州、泉州为华侨“桑梓之邦”，华侨资本雄厚。但因地方官吏不加保护，所以不敢投资国内。现福建、广东籍，以及南洋婆罗洲华侨均请出台保护政策，并拟创办劝业银行。为鼓励华侨举办银行，投资国内，周自齐与福建、广东地方政府已定保护华侨回国投资办法外。周自齐又谓：“查核两省所定简章，究其本旨，皆仰体大总统抚辑华侨之德意。”如有所谓“莠民”勾结不法官员、差役，借端欺诈侨商，定应加严惩。[②]

（五）筹备浦口、赤峰开埠事宜

浦口开埠在 1913 年已有筹议，但至 1915 年前，因地产问题而停歇。主要问题为开埠地段牵涉报效地亩计价问题，附近商民企图借开埠之际哄抬地价。这对开埠区域公共用地影响极大。

1915 年 10 月，周自齐、朱启钤等报告筹备浦口开埠事宜。称江苏浦口为南北水陆要冲。前年奉令自开商埠，经前督办庄蕴宽及现任督办刘恩源次第妥慎规划，汇报有案。后因欧战发生，工程迟滞。而开辟地点范围，已非先期择定，故无从着手。现拟依据旧案，按照现在形势将九洑、永生、柳洲划作浦口商埠地点，业已批准。“而此项公产，如刘鹗充公之一股，马得升报效之一股当九洑洲十二股之二，又各业户报效沿江之地亩既由该局陆续清厘，自应查照民国二年国务院会议决议办法，一律作为国有。况开辟商埠，由国家经营为世界之通例，则以此项充公地产作为商埠之用更为不易之事实。该督办（刘恩源）所陈先就上开地亩豫为定界各办法，确系以公济公。既可谋将来埠务发展之初基，且杜此后地产竞争之纠葛，洵为扼要之图。启钤

---

① 《农商部咨各都统各省巡按使京兆尹据殖边银行禀称兼办信托事业请转饬商会知照等情钞录原禀文及简章请查照办理文》（附原禀及简章），《政府公报》1915 年 8 月 26 日第 1186 号。

② 《农商部呈核覆福建请设劝业银行及保护侨商投资实业各办法乞鉴核文并批令》，《政府公报》1915 年 10 月 27 日第 1246 号。

等公同商榷一致，赞同拟请先予核准，俾端基础而定方针。”并饬令刘恩源对刘鹗前充公地亩进行详查。①

在浦口开埠问题上，朱启钤与周自齐将开埠公用地问题作为前提条件。以充公地亩为范围，避免征用商民地产而引起纠葛与矛盾，特别是这样做避免了国家征地投入，也遏制了投机者炒卖、哄抬地价增加政府公共投入成本。这些政策与措施无疑非常明智、可取。

除浦口外，热河都统呈请将赤峰开为商埠。就此，周自齐与外交、财政二总长奉令会议开埠事宜。周自齐在呈文中称已咨热河都统由地方先行派员筹办，认为设立交涉员至关重要。拟请热河都通委派赤峰县知事先行兼理，并酌情设置译员一二人以资佐理。开办经费由热河核定政费拨给，应另设专员，“庶办理较为顺序”。办理金融等待开埠后，由农商、财政部会商筹办。②

（六）对经营交通运输业的规范

民国初年，汽车、摩托车等现代化交通工具逐渐成为城市公共交通的主要角色，要求创办新式公共交通运输公司的请求也越来越多。这一问题不仅关系交通业的发展，也关系民生、市政建设等诸多问题，办理必须全面衡量，妥订政策。当时北京有参政员张振勋等申请创办摩托联运公司。周自齐、朱启钤认为此举应予褒扬，但现今窒碍难行。二人以为新式交通业发展必须如下考虑，即第一大障碍，“旧有各大街亦正次第测量水平，翻砌沟道，尚未一律平坦”。而道路复有尺寸不一，弯路过多情况；第二大障碍在于，用摩托或汽车载运重物更易于伤人；第三，人力车已经不少，而遽难裁撤，现增加新式交通，恐致交通拥挤；第四，人民对于新式交通知识缺乏，不仅不利推广新式交通，且易于发生事故。因此暂不批准设立摩托联运公司。③

---

① 《内务部农商部呈浦口开埠拟定公地以端基础会同据情呈请鉴核训示文并批令》，《政府公报》1915 年 10 月 9 日第 1229 号。

② 《财政部外交部农商部奏核议赤峰开埠事宜会陈请示折》，《政府公报》1916 年 2 月 6 日第 31 号。

③ 《内务部农商部呈遵核参政张振勋拟办摩托卡联车现在实有窒碍文并批令》，《政府公报》1915 年 11 月 15 日第 1265 号。

（七）编制第二次全国农商统计表

北洋政府在1914年8月由农商总长张謇负责编制第一次全国农商统计表，以备政府、社会各界作为政策制定、掌握商情所需。1915年底周自齐报告袁世凯，办理农商统计，应赓续办理。“当经自齐督饬统计人员认真举办，调查宏富。萃二十二省物产之精华，抉择详明，分五十九种名称之繁赜，表列一百二十四项。郁乎有文书，凡五百四十二篇，裒然成帙。犹复各表之前首，详比较期于两年之内，互证盈虚。国家富力之差庶得窥全豹，大政方针之定亦聊备夫探骊。”①

（八）审慎筹办全国性商品流通中心与展览会

1916年年初福建巡按使许世英呈文袁世凯，请准仿照南洋劝业会，举办福建劝业会。袁世凯交农商部核议，农商部就此拟具办法，作为各地拟办商品流通中心的参考。周自齐首先肯定福建省举办劝业会振兴实业的意义，同意该省以自筹方式筹集开办费用，肯定大会结束后将各项建筑物改办为商品陈列所等永久性建筑。但也指出福建举办劝业会的几点不利之处，福州在全国尚非适中之点，交通不便，影响各省出品运输，出品人、观览人赴会难保不因此观望。从前南洋劝业会，尽管江宁水陆便捷，经费充裕，但各馆仅陈列苏、皖两省出品。再者各省专馆，设备不整齐，征集不尽满意。周自齐提出建议如下，“仿照各国地方博览会办法，就该省物产中销行内地、外洋素著声誉者酌选陈列，详加研究，指导改良。其各省物产与前项种类相同者，则设法罗致，或备价购求，务期比较良窳，渐臻进步。似此明定范围，庶几易求实际，品类以专而愈精，费用以轻而易举。且会务既限于本省，则会期亦可以提前”②。

周自齐在福建劝业会举办政策上的调整，其意义在于不盲目以“大动作”，上“大项目”，求全国性商业轰动效益，在短时间内拉动地区经济发展。这一做法吻合当地经济基础状况，符合全国商业和地方经济发展要求。这对于当时乃至今天如何看待投资问题，特别是商

---

① 《农商部呈编制第二次农商统计表汇装成册请钧鉴文并批令》，《政府公报》1915年12月16日第1296号。

② 《农商部奏遵核福建劝业会章程拟具变通办法折》，《政府公报》1916年3月3日第57号。

业投资问题都具有借鉴意义。

四 工矿业政策

（一）调查矿产资源

1916年年初农商部奏请已经称帝的袁世凯："中国物产丰盈，冠绝区宇，农林矿产尤为实业大宗。徒以科学失修，人力未尽，货弃于地，生计奇艰。宝藏之兴，端资提倡调查。地质为创办实业之始基，亟应统筹全局，锐志经营。"袁世凯批令著照所请，就原有设备改设专局，责成该部按照所拟规程，切实筹办，并著该部将矿产条例修正具奏，听候核夺，以利推行而收实效。①

矿产调查除发达产业，增加富源之外，还有维护利权之目的。1915年5月，财政部致函农商部，称各省造币铜斤多采购自外洋，利权外溢，殊为可惜。亟应考查本国铜矿情形，以备选购。请农商部速派人到各省调查铜矿出产、储量、铜质情形。周自齐对财政部请求十分重视，复称："日商之争购吉铜，即备加工改炼，从中取利。尤足证中国铜质，决非无用之品。兹准贵部咨称各节，既以提倡国货，抵塞漏卮为前提，自可及时竭力筹划，将采买洋铜款项移作购运滇铜，或建设炼厂之用。利权既不外溢，矿业藉以维持，此中裨益良非浅鲜。除川、滇铜样，近经本部调查员带回，一俟化验清晰即行咨达，并分饬云南、四川、吉林各财政厅转饬各大公司，将铜样送交就近各厂试验外，相应检同云南矿产原表，并将其余各省铜矿情形，分别造表，咨送贵部查酌办理可也。"② 农商部专门派人详细调查全国各种矿藏诸备情况，并就煤矿、铁矿情况令翁文灏等详细编订分析书呈报。③

周自齐令设农商部地质调查局是我国地质物探事业重要的标志性事件。据周自齐报告，调查局委派张轶欧为局长，丁文江为计正，农

---

① 《命令》，《政府公报》1916年1月6日第1号。

② 《农商部为抄送全国矿产额表册致财政部咨稿》，中国第二历史档案馆编：《中华民国史档案资料汇编》（第三辑工矿业），第495—496页。

③ 见《中国重要铁矿分析摘要》《中国铁煤矿纪要稿》，中国第二历史档案馆编：《中华民国史档案资料汇编》（第三辑工矿业），第510—520页。

商部顾问安特生为会办。工作人员以农商部现有人员及国外地质矿科毕业学生分别选充。嗣后全国地质、矿产调查事宜，责成该局切实进行，务期助商利国。[①] 调查局成立后，收费进行矿石检验。由于矿商送检矿石往往数量、材质上达不到要求，办理检验发生矛盾、误会不断。为进一步便利矿商，周自齐与地质调查局矿产股商定，除工程师当场取材可代表全矿者，仍由工业试验所化验外，"其余矿质概由地质调查局鉴定，暂不收费"[②]。也就是说，很多矿商送检矿石，调查局免费检验。该局设立对我国地质人才储备（如丁文江、翁文灏），对地质物探事业的发展定位也有着深远影响。

（二）严格审查矿商资格及官办企业招股情形

1915 年 5 月，周自齐在呈文中称矿业条例施行以来，各省矿务日形发展，殷实商民热心办矿者固不乏人，而来历不明，资本无著，只凭一纸空文取得矿权，借端转售、影射招摇者也在所不免。加上迁户、流动等因，影响甚大。现在各省矿务既已设立专科管理，商民称便，禀请开设必然增多，因此审核方法亦更严密。但矿业条例尚未规定矿商资格，故矿务各署对禀请办矿之案，大抵只是就其程序加以审查，其人资产是否殷实，来历是否可靠，因无考核明文，未能深察，矿案纠葛多由于此，故急需厘订办法以便遵循。现拟订审查矿商资格规则共七条，事实求其详明，条理归于简易，期与现行矿业条例并行不悖。袁世凯批令："所拟规则意在规定矿商资格，以示限制，而杜胶葛，应准照办。即由该部通行遵照。"《审查矿商资格规则》规定：各省财政厅受请办理矿业，除依照《矿业条例》外，必须查明所请矿地是否合理，有无纠葛，切实查明矿商籍贯、来历、资本，并详报农商部。其法人代表必须开具详细履历，取具切实保结各两份，随文呈送。需有亲笔盖章或签名。保证人需有严格资格规定，为商会正副会长或资本 3 万元以上，或为在农商部已注册之公司或商店法人代表。其履历书与保结由财政厅审查，并指定审查员签名、盖章，附送

---

① 《农商部奏报地质调查局成立日期及筹办情形折》，《政府公报》1916 年 2 月 11 日第 36 号。

② 《农商部工业试验所地质调查局通告》，《政府公报》1916 年 4 月 10 日第 95 号。

一份至农商部。[①]

此外，农商部还在1915年7月对小矿业矿商（指矿区面积不满270亩的煤矿，矿区面积不满50亩的其他各矿）申请资格作了严格规定。规定小矿矿照以三年为期，期满必须申请换发，注册费为20元至80元不等。小矿严禁借用外国资本，小矿商资格虽然不适用《审查矿商资格》之规定，但必须由县知事查明，需为品行端正、合格者。[②]

周自齐与农商部对官办企业经营特别是招股、股份重组情况审查极为严格。如1915年5月，四川巡按使陈廷杰报告农商、财政两部前四川总督赵尔巽任内曾设立精糖公司，筹集股银156000余元，因辛亥革命停歇。1914年8月筹议续办，因工厂每日产糖5万斤，资本非有百万元以上"不足以资设备"。财政厅拟在上年预算之外借款20万元，以一年为期，利息三厘。农商部就此呈文袁世凯称借款一事虽可行，但其筹办处经费既为另筹，应由核定该省公署经费内撙节挪拨，以重预算。农商部查核原拟招股章程虽属妥当，工厂一切事宜查照整顿糖业办法办理也属可行。但预算表内固定资本第一项共列20万元，未将应需细额及保险、运单等项分别说明，无从查核。支出款第一项糖精，仅计价格，未及运费以及工匠薪资，消耗物品等项原表均未列入，稍欠周密。又建厂地点，原表说明设在交通便利口岸，或设在粗糖厂产地，并未指定原料采收区域。"总之，兴办实业，先由公家发起，固为提倡振兴之要著，然必经理得人，精心擘画，力求发展合乎经营商业之常轨，毋染近代官办之积习，则成效可期。该公司一俟组织成立，所有营业事项应即妥慎办理，免滋流弊而促进行。"周自齐呈请袁世凯批准并称咨行四川巡按使将精糖厂预算表、设计书图表送部查核。[③]

---

① 《农商部为请核审查矿商资格规则呈暨大总统批令》，中国第二历史档案馆编：《中华民国史档案资料汇编》（第三辑工矿业），第86—88页。

② 《北洋政府农商部颁布小矿业暂行条例》，中国第二历史档案馆编：《中华民国史档案资料汇编》（第三辑工矿业），第89—90页。

③ 《财政农商部呈遵核川省组织精糖公司招股拨款办法请训示文并批令》，《政府公报》1915年5月11日第1080号。

详查企业招股情形不仅对企业经营有重要意义，对于保护企业利益也可产生积极影响。如商务印书馆创业之初曾兼收外国股本，民国后因事业发达，至1913年1月已全部收回外人股本，为完全华商股份公司。但当时有人有意散布谣言，称该公司仍有外人股份，意图破坏营业。农商部接到商务印书馆禀请后立即通告各省该公司确为“完全华股”，本部注册有案。咨行各省知道，俾免轻信谣言，“以安商业而遏奸谋”[①]。

（三）切实维护矿权

1915年4月，国务卿徐世昌报告袁世凯，称福建泉州安溪铁矿矿质极佳，矿苗丰富，与大冶不相上下，时为福建人吴瑞清（一名吴资深，日本视福建为其势力范围）所得。吴因汉冶萍与日人订有合同，恐受牵掣，曾与汉冶萍订立合办草合同。最近汉冶萍公司与日本人先后派矿师前来勘测。“总之，此项矿山既为日人觊觎，复与厦门相离咫尺，若为日人所得，比较汉冶萍合办，为害尤甚，亟宜设法保全。”令农商部派妥员驰往安溪县，查明吴瑞清是否已经购得该处矿山，在安溪县税契共有若干地亩，是否领照，详细具复，以凭核办。并由该部转行福建巡按使密饬该县，非奉部文不得擅卖。[②] 福建巡按使许世英担心汉冶萍方面认为奇货可居，转为日本所得。同时根据农商部1914年12月命令：“铁矿为国家专营，此后本署凡遇禀请探采铁矿者，均已批驳。”因此农商部斟酌再三，暂以笼络为主，善告该商静候部、省徐筹办法，以免该商疑虑，别生枝节。[③]

而盛宣怀在其后致周自齐函中，也一针见血地提出：“日本独以汉冶萍列入条件（指二十一条），要议明系重视矿石原料与制铁，所有相依为命之势，非此不足以锻炼也。迨将次解决时，历观报载各情，其于汉冶萍问题，仅请政府劝告股东，遇相当时准令合办，仅请

① 《农商部咨各省巡按使各都统京兆尹上海商务印书馆声明系完全华商自办一节请查照办理文》，《政府公报》1915年8月6日第1166号。

② 《政事堂为维护福建安溪铁矿矿权交片》，中国第二历史档案馆编：《中华民国史档案资料汇编》（第三辑工矿业），第601页。

③ 《许世英关于开采安溪等地铁矿矿权一案处理办法密电》，中国第二历史档案馆编：《中华民国史档案资料汇编》（第三辑工矿业），第599—601页。

不作国有，不借他国之债以还日债，其与附近矿权不再纠缠，颇疑其语气骤松。而闽侨吴瑞清，适于四年三月递禀巡按，请咨部开办安溪铁矿，所称集资五百万元，明明系华宝公司（该公司为吴瑞清以日商名义开办）于二年四月内与汉冶萍订约合办之数。禀中不仅置汉冶萍三字不提，即华宝二字亦一概抹杀。日本矿师，并曾至彼勘测，两面对勘。是日本明知汉冶萍上有政府扶持，下有股东抵抗，中有他国牵阻，幡然改计，在福建势力范围中自寻佳矿，自运原料。他时治（冶）矿能售原数，彼藉词减运，索我债息，冶矿顾全自己炉座，售数稍或减短，彼以债权名义，逼勒股东，甚至扰及政府，后患更甚于合办，思之心怵。日本预付铁价，非有爱于汉冶萍也。彼为制铁计，非冶铁石不能成，若已自有铁石，岂肯为我再留余地。故为保全公司计，必将吴瑞清含混请开安溪之说打消。将据贵部呈请铁矿国家专管之案，从前曾经请领照之矿，可将其矿权设法收回。惟汉冶萍公司系属特准商办之公司，官商资本数千万，缔造经营垂三十年，与寻常矿厂迥不相同。且公司内供官商之需用，外顾日人之运售，仅恃大冶一带矿产实不足为久远之计。故现拟请将福建安溪等处铁矿，归并汉冶萍公司开办，以便扩充。顷密函杨杏老（指杨士琦），恳其回明极峰，俟贵部呈请批示时俯赐主持，能由大部于文后切实加勘，再行上呈，尤为感祷。"[①]

此后许世英与农商部协商认为吴瑞清办理该矿多年，若办理过于操切，恐其铤而走险，别生枝节。故令永德安公司（为部、省准开官督商办铁矿公司）发起人与之协商买收矿地之事，以资羁縻。[②] 之后农商部一面派佥事、技正二员会同吴瑞清"设计勘验进行"，一面与许世英向吴瑞清说明"刻因保护国权及资深固有利益起见"，令吴瑞清等借用他人名义办理，实行合办。并派人安慰吴瑞清，固有权利确无损害，告之借用刘崇伟等名义，系外交上抵制，让其切勿误会，并

① 《盛宣怀陈明汉冶萍公司与日商华宝公司合办安溪潘田铁矿经过并附送草合同致农商部函》，中国第二历史档案馆编：《中华民国史档案资料汇编》（第三辑 · 工矿业），第602—603页。

② 《许世英关于福建永安铁矿公司归并永德安公司办理情形密电》，中国第二历史档案馆编：《中华民国史档案资料汇编》（第三辑 · 工矿业），第605页。

嘱秘密不可漏泄。1915 年底，在农商部与福建省运作下，成立官督商办永德安煤铁股份公司，吴瑞清以新股东身份加入，同时列为股东者还有萨福懋等。章程明定公司系官督商办，除督办办事权限由农商部订定交公司遵守外，其他一切行为悉遵矿业条例及施行细则办理。公司系完全华商自办，专招华人股份，不招洋股，所有股票不得转让或典押于外国人，违者本公司概不承认。[1]

在办理安溪铁矿矿权一事上，周自齐与盛宣怀、福建巡按使许世英合作密切，沟通及时，较好地处理了铁矿经营方式问题。采取官督商办不仅可以抵制日本利用与汉冶萍矿所定合同、条约借机谋取利益，图谋攫夺；同时尊重商人先期投资、开办情形，对其利益多有体谅，而没有采取简单、粗暴的撤销办法。再者依照农商部铁矿必须收归国有的新政策，在前期已允准矿商开矿、经办情形下，晓以大义，婉转规劝，避免冲突，以官督商办，新旧股东合办方式较好地处理了这一问题，体现了周自齐等较高的处理社会问题的能力。

（四）鼓励各省就本省特点振兴实业

1915 年 5 月周自齐致电各省，略谓浙江巡按使称，在欧战爆发后，结合本省情况，就蚕丝、绸缎、茶叶、棉制、水产、靛青等产品，详细考察，为实行改良预备，现均查有端绪，已办各项实业成效亦已彰显。该省还积极筹备成立农事试验场、蚕种制造场、商品陈列所等，以上均值得各省借鉴、推广。周自齐劝谕各省，“查中国大宗物产，如丝、茶、棉、糖、烟、药、水产、五金等项，各省产额颇多。现浙省乘此时机，就本省特产改良、振兴，洵属知所先务。所具说明计划书办理尚属协宜。各省（区）倘能就本地特有物产，参酌情形，切实筹办，则于实业前途裨益当非浅鲜。除将浙省推广办理各项实业说明计划书陆续刊登农商公报，借资仿办外，相应咨行贵巡按使（京兆尹）查照办理”[2]。

---

① 《华侨吴资深陈述矿权被夺恳请维护致农商部禀》、《永德安煤铁股份有限公司代表林长民等陈述增减禀请人并附送修订公司章程等件致农商部禀》，中国第二历史档案馆编：《中华民国史档案资料汇编》（第三辑・工矿业），第 605—608、609—615 页。

② 《农商部咨直鲁豫晋陕甘新奉吉黑苏皖赣闽湘鄂粤桂川滇黔巡按使京兆尹请就地筹款将本省特有物产实力振兴文》，《政府公报》1915 年 5 月 30 日第 1099 号。

（五）劝奖发展土货加工业、保护并发展传统工业

欧战爆发后，为民族产业特别是土货出口、土货加工业的发展提供了大好时机。周自齐任农商总长期间亦多次对土货制造加工、销售者加以劝奖。

如1915年6月，山东巡按使报告有琅琊草帽公司发明用黄草制造草帽，请示可否允许专卖。农商部批复称："查该公司以黄草为原料，所制草帽经本部审查专员考验，确为创制之品，尚属适用。应按劝奖工艺品暂行章程，准予专卖五年，以示鼓励。兹填发奖励执照一纸，请给具领。"① 再如，有安徽祁门茶商胡元龙，于前清咸丰年间即开垦贵溪一带荒山5000余亩，种植茶树。光绪年间又以绿茶畅销不旺，发起成立日顺茶场，亲自到各乡劝导、传授研制红茶办法，孜孜以求。农商部按照安徽巡按使所请，特颁发一等勋章，以示鼓励。②

周自齐还对出口土货减轻税负，以提倡国货。如天津商务总会禀称天津每年运往南洋及欧美烧酒为数甚巨，收捐亦不少，请将公卖局立即取消，以杜公卖加价之累。周自齐对商会呈请虽然反对，但表示："为维持国货，体恤商艰起见，并饬直隶烟酒公买筹备处，凡直省出口之酒类，嗣后应由公卖局查验，确系运往外洋者，公卖费应酌予减轻。如在本国销售，仍应一律加重征取，以示区别。"③

周自齐还对我国传统工业中的瑰宝景德镇陶瓷业发展予以极大关注和支持。他专门拟定发展景德镇陶瓷业办法。首先，周自齐指出景德镇陶瓷业民国以来衰败原因，一是以前官窑督率未得人，办理不尽合法，故步自封；二是专重贡品，不注意于普通器具。其整顿办法为，"原有基地、房屋，收回重加组织，立全国窑厂之模范"。"仍以官窑名义，就窑厂组织之。"认为："一以仿古制造之精进，一以求普通用品之改良等语，诚为整顿陶务之上策。"④

---

① 《农商部咨山东巡按使琅琊草帽公司所制草帽准予专卖五年文》，《政府公报》1915年6月23日第1122号。

② 《农商部奏安徽茶商胡元龙改制红茶成绩卓著请给予本部奖章折》，《政府公报》1916年2月29日第54号。

③ 《农商部批第1448号》，《政府公报》1915年7月31日第1160号。

④ 《农商部呈拟议维持景德镇陶务办法请示文并批令》，《政府公报》1915年10月31日第1250号。

（六）支持矿业官办与加强矿业监督[①]

在发展关系国家资源储备、经济发展命脉的矿产业方面，周自齐无论是在任财政总长期间与农商总长期间，都依照《矿业条例》《矿场条例》，持国有化为主的政策。（详见第四章第四节）其突出事例反映在将云南东川铜矿规复为官办一事上。

东川铜矿开办于咸丰年间，一直为官办，每年所产净铜解京约200万斤内外，主要用于铸币。虽然矿质极佳，产量丰富，但民国以后，官场废弛，遂归东川矿业公司接办。最初集股本30万元，官商各半。嗣后官股又收回5万元，只余10万之数。资本既不丰足，成效亦不明显，且熔化工艺仍墨守土法，未能练成足色紫铜，用途难以推广。但民初各省局厂所铸铜元需用铜斤甚多，因东川铜产成色、价值均未合宜，相率购用洋铜，漏卮甚巨。东川矿亟应设法改良、化验，使之合铸币之用。扩充开采，并务求成本减轻，维持官办意义巨大。

为此，农商部先是派技正丁文江调查，“缮具改良东川矿政意见书”，之后又与财政部采金局协商改良办法。认为云南铜政整理之道唯有规复从前官厂，收归部办。至所需资本，拟将各省局厂应购洋铜款项设法挪用。农商部禀请批准规复官办，请简派大员督办，迅速驰往，先行接收，并精密勘查，计算应需资本实在数目，以便由财政部拨备款项，筹划进行，早收成效。至公司商本，或如数发还或准其附股，待将从前用款核明，再行体察情形，妥商办理。农商部还称：“再查东川铅锌等矿向来均由官厂收为辅助铸币之用，拟请一并规复旧制，收归官办，以一事权。”袁世凯对农商部呈请批复：“准如所拟办理。”[②]

另一突出事例是1915年9月，周自齐会同财政总长周学熙，呈

① 时人报道周自齐就任之初，“对于前张总长所主张之矿务国有政策大不谓然。以中国目前经济困难，经营各种实业，全恃人民投资开办，政府惟有尽维持，监督之任”。见《周总长对于矿务国有之意见》，《盛京时报》1915年3月21日。但本文认为在其此后矿务政策推行过程中，仍以官办矿业为主导。

② 《财政部农商部呈拟将云南东川铜矿规复官办扩充开采改良化炼并请简派大员督办以资铸币而杜漏卮文并批令》，《政府公报》1915年9月1日第1192号。

称湖南全省矿山极多，矿质优良，出产畅旺，居全国之冠，久为地质家所称道。其金、铅、锑、钨等矿均蕴藏丰富，而且湖南官矿尤为重要，如水口山铅矿盈利极多，每年出铅砂在十万吨以上。以现在时值计之，除开支外，每年约余银三四百万。此外官矿另有平江金矿、会同金矿、新化锑矿、宝庆锑矿、江华锡矿、常宁链厂、长沙堆栈等。另有以前停办之益阳、安化、芷江、沅陵、泸溪、辰溪等锑矿八处未及勘采。其余未经开办之官矿计有五百余处。“水口山铅矿盈利既巨，官矿所有权之矿地又多至数百处，亟宜特别注意办理，以扩利源。”现在湘省军政各费欠湖南银行已达2000万元，现金无可流通，仅恃官矿余利偿还亏款。收回纸币亦赖官矿余利。因此，应简派大员整顿湖南官矿，“所有一切事务由农商部、财政部会同随时督察进行，庶几上以辅助国家财政之艰，下以减轻地方人民之累”①。

当时广东巡按使张鸣岐曾致函农商部，称铁矿国有，将使人民无法锻炼、产销日用铁制品以及生产用品，恐将购自外洋。为此农商部批复称可参照甘肃小本土采铁矿处理办法办理。“皆以限于农用、日用铁器需要为辞，均经根据原呈，以确由本国人民集资，且纯用土法开采，查无违碍纠葛者，仍准领办等语。”“惟一经官厅核准，收归国有，均应立即遵行。庶使民农用具之原料取给有资，而于国有政策之范围，并无妨碍。”②

周自齐对矿业的监管政策还体现在对山西矿政问题的处理上。当时山西巡按使以山西产煤丰富，拟设立矿务总局管理，但希望仿照湖南成案，不由部派督办，而由巡按使简任。周自齐表示反对，称湖南与山西不一样，湖南多为官矿，而且大多经营有年。巡按使兼任督办不过就已有成规，藉资整理。且系指官矿而言，而其他矿仍由财政厅兼理。“晋省既未有官矿，此次该（山西财政厅）厅长所陈各节纯系为发展矿业起见。臣部综管矿政，既负有监督、指导之责，即应有挈领提纲之规画。拟即请设立山西矿务局，由臣部奏请派员总办其事，

① 《财政部农商部呈湖南官矿重要请派大员前往督办以专责成文并批令》，《政府公报》1915年9月20日第1211号。

② 《农商部呈遵令议复广东巡按使张鸣岐呈请变通铁矿办法请训示文并批令》，《政府公报》1915年10月2日第1222号。

仍令随时会同财政厅办理，以专责成。”袁世凯批令准如所议办理。[①]这说明袁世凯与周自齐在矿政归属中央，这一原则问题上是坚决不让步的。

（七）保护企业合法利益、规范企业经营行为

1. 打击假冒知名企业品牌行为

当时南洋兄弟烟草公司呈文农商部，称：“近有射利之辈，以公司各烟销流各处渐盛，往往掺杂伪货，假冒烟牌，愚惑国人。于公司营业、名誉大有关碍。”农商部随即咨行税务处与各省，严查由海关进口，假冒该公司之烟卷。称该商在香港创设制烟公司，经营十余载，成效卓著，已来部禀请立案获准。并望该公司迅速注册烟卷品牌，呈部检验备案，以保护其合法利益。[②]

2. 公司专利规定

如源达电报墨油无限公司由股东黄荫芬改良墨油，虽微有沉淀，而所印墨色尚属鲜明，油痕亦不甚大，尚堪适用。1915 年 10 月，周自齐批准该公司改良墨油，按照暂行工艺品奖章给予专利五年，以示鼓励，并填发奖励执照一纸。[③] 再如浙江商人史翔熊自造纺机，将咸草纺成软席，花色、尺寸具符合要求。为此，周自齐准照浙江巡按使所请，给以五年专利。[④] 山西籍学生祁暄发明打字机一种，构造完备，运用灵便，字迹鲜明。周自齐批准照章准予专利五年。[⑤]

3. 企业保息、免税与专办垄断政策

张謇任农商总长期间，曾出台企业保息、免税政策，对一些重要企业还准以在若干年内，其产品在某区域以专办名义有垄断权。如其开办的大生纱厂即是突出一例。但带来的问题是，一些需扶持的企业

① 《农商部奏奉遵核山西巡按使奏请援案设立矿务局拟由本部派委谭启瑞充任总办以专责成折》，《政府公报》1916 年 2 月 17 日第 42 号。

② 《农商部咨各省巡按使各都统京兆尹税务处据南洋兄弟烟草公司禀请各节咨请饬属妥为保护（通饬各海关查照办理文）》，《政府公报》1915 年 9 月 8 日第 1199 号。

③ 《农商部批第 2062 号》，《政府公报》1915 年 10 月 8 日第 1228 号。

④ 《农商部咨浙江巡按使史翔熊所制软席准予专利五年希饬遵文》，《政府公报》1915 年 10 月 7 日第 1227 号。

⑤ 《农商部咨教育部祁暄所发明打字机器准予专利五年文》，《政府公报》1915 年 10 月 31 日第 1250 号。

虽然以保息、免税政策得到保护，而对于其他创办企业因垄断、专办问题，利益必然受到损害。因此亟须制定两便政策。周自齐就此对农商政策中的保息、免税、专办垄断政策视具体情形作了变通。其中以批复华新纺织公司申请案最为典型。

华新纺织公司禀请开业时按官四商六比例募集资本 1000 万元，实力可谓雄厚，先以直鲁豫为基础，逐渐扩张业务至北方各省。该公司呈请农商部，请保息五年，所购机器、原料以及水陆运输请免一切税捐，制成纱布照成案除纳出场税外，通行各处概不重征。并请准在直鲁豫三省专办 30 年，此期限内尽由本公司推广，其他商人如原办有纱厂，可附入公司合办。倘愿自办，照大生纱厂成案，每出纱一件，给本公司贴费若干。就华新公司禀请，周自齐批复为抵制棉纱、棉布输入，设厂纺织刻不容缓。北方风气未开，此类实业尚在萌芽，开办该公司应表支持，对财政部核准的官股保息、免税各节亦表赞同。但认为所请专办一事，“以直鲁豫三省地方辽阔，千万资本设厂无多，虑难遍及该三省。旧设此项工厂尚属无几，正宜因势利导，以广推行，似不宜限制经营，转阻进步。所有核议华新纺织公司请在直鲁豫专办三十年碍难特予照准”。袁世凯接呈文后，批令曰：“呈悉该公司所请专办一节，既属窒碍难行，应即毋庸置议。即由该部转行知照。”①

在处理华新纺织公司一案中，一方面周自齐既同意了企业要求保息、免税的要求，目的是推广纺织工业的发展，满足企业利益，保护民族企业经营；另一方面同样出于以上目的，拒绝了公司要求专办 30 年的要求，应该讲这样的决定，是出于大局考虑，角度更宽，站得更高。

总体上为保护民族产业，周自齐等交通系领袖在企业要求免税、保息方面十分通融。如江苏通崇海泰总商会报告该属商人制造土布运销东三省从前有 16 万卷之多，而今滞销严重，恳请减轻土布销往东三省税收。周自齐随即与税务处督办梁士诒商议。梁士诒告知，“际

① 《农商部呈核议华新纺织公司所请专办年限各条办法鉴核示文并批令》，《政府公报》1915 年 11 月 1 日第 1251 号。

此国用支绌之秋，关税本未便轻易言减。该总商会前次请求，当经本处核驳有案。惟东三省自满韩边界通车，按照陆路通商章程办理以来，今昔情形不同去年。日本棉布之输入安东者比较往年已增至十倍之多，而营口由轮船、民船进口之土布均逐年递减。若不量予维持，诚恐有江河日下之势”。经农商部、税务处商议，定自本年12月1日起，土布由上海出口装船税率每百斤征税一两，输往东三省再附加五钱，各口进出口土布照此执行。“经此次减税后，各布厂亟应力图改良，并用机器织制，以轻成本，方能占取优势。否则，所出之布，或成本过重，或不合时宜，仍难与洋货争衡。”①

4. 成立矿场警察局

1915年底，周自齐与朱启钤呈请成立矿场警察局。“其主旨在使公司为组织警察之实力，地方长官有管理警察之实权。庶警政之统系既免纷歧，矿区之治安益得保卫。”章程规定各地在财力较充足矿区得设立警察局，由地方道尹、县知事负责，派员办理并报内务部备案。“矿场警察局经费，包括局所员警、工役薪饷、杂费、服装、器械，由道尹或县知事核定后，均归矿业公司担任、筹给。其矿团兼办市警经费，亦仍由公司筹给。”②

（八）设立工业试验所

为便利商民发明、制造各种工业品，特别是新产品，1915年年底农商部成立了工业试验所。试验程序简单，试验用费低廉。其试验种类、试验次序、试验条件等规定，均尚妥洽。所订《工业试验所试验章程》规定，商民可通过邮局将本人信息，试验目的、方法、原料注明，交由邮局寄来即可。其试验种类分19种，详细规定了试验方法、目的、原料数量，试验费每次为1元至4元不等。③

举凡周自齐、朱启钤、梁士诒等交通系人物的实业政策，涉及农、林、商、工、矿等各实业部门，不仅涉及领域广，而且涉及内容

---

① 《农商部饬第1052号》，《政府公报》1915年11月7日第1257号。

② 《内务部农商部呈会拟矿场警察局所组织章程缮单请示文并批令》，《政府公报》1915年12月2日第1282号。

③ 《农商部批第2604号》，《政府公报》1915年12月10日第1290号。

多为当时经济发展中的敏感、重大问题，如矿业管理、垦务、清丈、博览会举办、企业专办问题等。以往对交通系人物实业政策研究极为缺乏，实为学术上一大憾事。通过以上研究，可以看出交通系人物实业政策许多内容可以肯定，可资借鉴，而其对中国近代实业发展的积极影响，如在垦务、矿业、地质调查、农业改良、林业发展等方面的贡献尤其应予以肯定。

结　　语

一　影响交通系经济政策的有关因素

民国年间，一些经济学家曾精辟指出，中国近百年来主流、精英人物经济思想与政策，在同一空间，同一时间竟兼容了各国、各时代、各派的思想，从封建观念到共产主义，无所不有，内容纷歧、庞杂，达于极度。每种思想、政策针对现实问题，而总的趋势或今后应致力的方向是，“建立一种经济科学——适合国情的社会经济学，提倡产业革命、计划经济与社会改革，本民主主义原则，发扬成为一种中心的经济思想”①。

另有学者分析袁世凯执政时期，其经济政策形成的主要背景。一是继承南京临时政府颁布的保护工商业的规章措施。这是北洋政权不能任意改变和否定的。因为兴办实业，建设新社会，以争生存，反映了当时人民群众要求争取国家富强和社会进步的迫切愿望，成为一股历史潮流，难以遏制。二是从袁世凯全部活动看，他在政治上虽处心积虑，欲图洪宪帝制，经济上并不完全排斥资本主义发展。巨额外债，军费浩繁，财政枯竭，使他必然笼络资产阶级，取好国民。②

结合以上，笔者认为，制约交通系领袖制定经济政策的因素主要有以下几点。第一，辛亥革命的胜利与民国建立，刺激了国内发展工商业的热潮。即使袁世凯在其统治期内，也出台各种政策适应这一早

① 夏炎德：《中国近百年经济思想》，商务印书馆 1948 年版，第 146、155—156 页。
② 王相钦：《中国民族工商业发展史》，河北人民出版社 1997 年版，第 318 页。

期现代化的发展趋势。尤其是第一次世界大战及战后几年，我国资本主义经济有了一个迅速发展的黄金时期。这一时期中国近代化工厂，矿山、轮船、铁路、银行都有显著增多，而且工商业、金融业方面私人资本都占有主要地位。以往论著把经济发展原因，往往归于帝国主义忙于战争，暂时放松对中国的经济输出，使中国产品在市场上减少了竞争力量。但它是一个外因，仅考虑这一点不全面。应看到北京政府所制定的实业、货币、金融等政策，已具有资本主义的性质，为该时期经济近代化进程创造了一定的社会经济环境。① 但需指出的是，在肯定北京政府经济政策对早期现代化发展所起作用时，学者多把这些成就、贡献与张謇、周学熙联系起来，而极少注意到梁士诒、周自齐、朱启钤、吴鼎昌、叶恭绰等交通系领袖。

第二，学术界普遍认为，清末民初经济政策的制定，中心是财政问题。农、工商、金融等政策，都以国家财政作为考虑问题、制定政策的立足点。北洋政府在政治上镇压革命、复辟帝制、连年混战、祸国殃民。然而在经济上，却维持国货、振兴实业，使一批具有开明导向与进步特征的经济政策以法规规则的形式由政府公布出台，形成复杂的矛盾现象。在这些矛盾现象的背后，无疑有着政权性质、政府构成的传统与非传统的影响，而关键则在于财政。“在袁世凯以下充当经济政策思想主体的人物，以刘揆一、张謇、周学熙和梁士诒等最具有代表性。作为身历清末民初两个时代并身兼官与商双重身份的历史人物，他们有一点是共同的，即国家财政在其经济政策思想中占有重要的位置。”②

1913 年 7 月袁世凯也曾经讲：“现值军兴之后，百废待兴，金融益见恐慌，民生日形凋敝，流离之子，蹙蹙四方，满目疮痍，未遑恢复。本大总统每念及社会经济与国家财政息息相关，且物资救国之效，与人伦道德，又实互相为资，深愧德薄能鲜无术康济。”袁世凯命令前清关于兴业各法令，若与国体毫无抵触，应继续适用，次第施行。同时命令农商等部，迅速将各种应修订法律，拟议草案，提交国

① 黄逸平：《辛亥革命后的经济政策与中国近代化》，《学术月刊》（沪）1992 年第 6 期。

② 汪敬虞主编：《中国近代经济史：1895—1927》（中册），第 1555—1556 页。

会公决施行。各地方长官亦应有提倡工商业之责。[①] 这段话充分显示袁世凯为首的北洋政府拟定各项经济政策，虽有发展工商，改善民生的意图，但中心仍为国家财政的根本好转。因此身为财政、农商、交通、内务部总长，税务处督办，内国公债局经理，中行、交行总理等身份的交通系领袖，他们在各经济部门中所制定的经济政策不可避免地带有了利用新方法、新形式，同时掺杂旧的制度与措施，突出“理财”目的，帮助袁世凯解决各种财政问题。特别是国家与中央政费的需求问题，在表征上实际就是维护中央政府正常运转所需的中央专款。

如何正确看待北洋政府与交通系经济政策中的财政中心主义，这必须与民初北洋政府在发展资本主义工商业，推进早期现代化进程所起作用结合考察，并正确分析国家与社会，政府与民众间在经济活动，特别是财政运转中的伦理关系。

从马克斯·韦伯开始，经济学家乃至社会科学研究者，均认识到近代资本主义化的经济活动内在驱动力是基于宗教本质的经济伦理，伦理学必须渗透到对经济活动与经济政策的阐述中。“伦理学的目标是将共同的价值和标准注入社会和经济中去。伦理学参与社会必须平衡现代社会分化和脱离生活的倾向。世俗和‘从属体制’，尘世的协调和合理的经济体制均已分化，并分道扬镳，达到了即将瓦解的程度。共同社会意识和共同价值信念因局部理性而瓦解。”[②] 从经济伦理角度考察近代资本主义发展与现代化进程，不能不反思市场经济、自由资本主义、私有化、个体价值是否是早期现代化与资本主义的理性预期目标。而这种分析与反思，对于清末民初这一中国社会急剧转型时期，尤其具有突出意义。笔者不讳言清末新政直至辛亥革命后，自由资本主义与市场化、私营个体工商业通过新的经济政策的调整与制订，有了极大发展，这应该是中国社会在经济上、思想文化上朝向现代化必须迈进的一步，是极为重要的成果。

---

① 《临时大总统提倡工商令》，商务印书馆编译所：《最新行政文牍》，商务印书馆（出版者、时间均不详），第14—15页。

② ［德］彼得·科斯洛夫斯基：《伦理经济学原理》，孙瑜译，中国社会科学出版社1997年版，第9页。

但是，在承认必须保障自由资本主义，个体工商业者利益同时，国家利益位置不能因此而被偏移、降低。传统经济伦理中，“富国”先于“富民”“义重于利”“重本抑末”“黜奢崇俭”等观念在早期现代化进程和社会急剧转型中，地位发生了偏转，而最为明显的是“公私”观念在经济生活中，特别是经济伦理定位上发生巨大偏差。在经济伦理中，如果国家通过行使公共权力，通过立法、行政、司法行为促进了资本主义工商业的发展，体现了国家与社会之间合理的经济伦理关系时，我们视为这是应该的。那么另外，国家在经济伦理中，对社会大众的要求是什么，特别是通过财政税收、工商业活动等最为直接的方式，要求社会大众应尽的义务与责任是什么？如果一个政府承负着对外抵制列强侵略，对内引领早期现代化全面推行责任时，我们又应该如何考量一个社会最为核心的经济伦理，或者说社会经济关系应该如何定位。

尤其不能忽略的是，学术界由于质疑清政府、北洋政府推行早期现代化和发展资本主义工商业的动机，且不能完全肯定其成效。同时对清政府、北洋政府的属性仍标识为反动的，压迫、掠夺人民与工商业者的政府，这就导致评价这两个政府的某些经济政策，不能从他们应有的国家、政府职能角度予以考量。譬如北洋政府旨在稳定、改善中央财政的措施。在财政、经济伦理关系的确立中，实际出现国家本位缺失现象。笔者认为在经济伦理中，财政伦理是其核心，因为财政上的变化是一切变化的重要原因之一，它涉及管理者与被管理者之间在分配、管理社会公共资源上的道德、伦理关系，包含财政收入、支出与管理关系三种。财政收入关系主要包括税收征收、资产收益、国债发行、费用征收等关系；财政管理关系主要包括财政预算、国库经理和审计监督等关系；财政支出关系主要包括财政采购、贷款、投资、转移支付等关系。[①] 北洋政府在财政伦理上侧重中央与国家利益，比如中央专款制度推行，国库制度建立，财税行政权集中，发行公债等，其有无合理之处，理应深刻思考。从这一角度出发，就必须审视

---

① 孙英、吴然主编：《经济伦理学》，首都经济贸易大学出版社 2005 年版，第 315—316 页。

交通系领袖的经济政策哪些是必须予以肯定的，而不是简单认为，这些政策只是帮助北洋政府或袁世凯本人加强统治，增加军政费用，对各省与工商业者横加掠夺。

在社会转型时期，经济伦理或财政伦理是一切经济政策的内核，是无形中影响国家与社会经济关系的内在驱动力。它既受到传统观念、习俗的影响，又受到近代各种社会思潮的影响。它应该体现为理性与现实可行性的有机结合，应该是宪政的、民主的、公平的、有效率的、公德与私利益的有机统一。

第三，笔者认为交通系的经济政策必须考虑如何抵制列强侵略，特别是第一次世界大战爆发后，日本以二十一条所表达出的侵略野心。在实业政策上，如铁路国有、交涉汉冶萍、鼓励国货出口；财政税收政策上，如盐税、关税管理权交涉，国库自主等；金融、货币政策上，如何筹措外债，推行币制改革（如本位制、防止白银与银圆外流等）都含有了抵制列强侵略，收回利权的积极倾向。

有学者指出，清末兴起的经济民族主义虽然刺激了工商业发展，但由于政府威望的急剧下降以及政局的混乱不堪，无法有效抵制列强的经济侵略，更无法侈谈经济建设。因此 20 世纪初期发生的抵制洋货运动、收回利权运动以及兴办实业热潮等经济民族主义行动，多为民间新兴的资产阶级所倡导、推动。造成中国经济现代化的无序状态，就像一个被抛弃的私生子。经济民族主义在外债等问题上尤为明显，大众与一般工商业者所持有的经济民族主义的背后，联系着传统的观念、社会秩序以及生产方式，阻碍着经济观念的更新与经济的进一步发展。[①] 而对政治人物的关注，集中在孙中山与张謇二人身上，很少有人注意交通系领袖如梁士诒、朱启钤、叶恭绰等人的经济民族主义思想，对袁世凯更毋庸多言。因二十一条的签订，北洋政府被视为卖国、丧权的反动政权，其统治者是难以与经济民族主义、捍卫经济主权联系在一起的。这势必不能完全理解民初的经济政策、理性看待经济民族主义发展全貌，不符合历史客观情况。交通系领袖交通、

① 罗福惠主编：《中国民族主义思想论稿》，华中师范大学出版社 1996 年版，第 317、319 页。

金融币制、财政税收、实业等方面的经济政策有许多内容清晰的体现出经济民族主义倾向，这是亟待研究与肯定的，而且研究交通系领袖代表的统治阶级的经济民族主义思想，也许会对研究什么才是理性的经济民族主义有一些新的启示。

第四，是袁世凯的个人集权政治，或者讲构建威权政治对交通系经济政策与活动的影响。

新制度经济学家诺思指出国家是一种强制性的制度安排。一方面，国家权力是保护个人权利的最有效工具。因为国家权力具有巨大的规模经济效益，国家出现及其存在合理性正是为了保护个人权利和节省交易成本。另一方面，国家权力又是个人权利最大和最危险的侵害者，是依靠侵蚀个人权利实现的。在国家侵权面前，个人无能为力。国家提供的基本规则中，主要是界定产权结构竞争与合作的基本规则。没有国家权力及其代理人的介入，财产权利就无法得到有效的界定、保护和实施。因此，国家权力是有效产权安排和经济发展的一个必要条件，没有国家就没有产权。但是，国家权力介入产权安排和交易，又是对个人财产权利的限制和侵害，造成所有权残缺，导致无效的产权安排和经济衰落。这就是有名的诺思悖论。诺思悖论实质上揭示了这样一个道理：没有国家办不成事，但有了国家又有很多麻烦。在新制度经济学看来，任何一套规则都好于无规则。什么是国家？国家是一种制度结构，生产和出售一种确定的社会产品，即安全和公正。怎么能确保秩序、公正和安全呢？就是人们把权利的垄断权交给国家。但国家的活动不是免费进行的，税制和捐税作用就在于使国家获得财源，是公民交给国家保护其财产权和权利的一种费用。①

诺斯的这一观点，中心意义在于国家可以通过公权行为，强制进行制度安排与构建，以自上而下的，“外部”的而非“内生”、自然规律化的方式来直接作用于社会经济发展。这意味着国家先赋有界定国家与个体的经济权利关系的属性，有安排基本经济体制尤其是产权制度的职能。国家还可以最大限度的规定管理与社会交易成本，并用以保障最大规模地创造经济效益和满足社会对公共产品与利益的需

① 卢现祥、朱巧玲：《新制度经济学》，北京大学出版社 2008 年版，第 358—359 页。

求。国家提供给社会的最大产品就是法律与秩序。

国家在社会转型时期，在早期现代化进程中通过体制作用，外部强制力确立制度与秩序，从而推动经济迅速发展，这在亨廷顿那里也得到了肯定性的阐述。亨廷顿指出制度化低下的政府是个弱的政府，还是一个坏的政府。政府的职能就是统治。一个缺乏权威的弱政府还是一个不道德的政府，就像一个腐败的法官，一个怯懦的士兵，或一个无知的教师。“政治现代化涉及到权威合理化，并以单一的、世俗的、全国的政治权威来取代传统的、宗教的、家庭的和种族的等等五花八门的政治权威。这一变化意味着，政府是人的产物而不是自然或上帝的产物，秩序井然的社会必须有一个明确的、来源于人的最高权威，对现存法律的服从优先于实行其他任何责任。政治现代化的含义还包括民族国家享有的对外主权不受他国的干扰，中央政府享有的对内主权不被地方或区域性权力所左右。它意味着国家的完整，并将国家的权力集中或积聚在举国公认的全国性立法机关手里。”① 亨廷顿理论的实质是，各国之间最重大差别不是它们政府的形式，而是其有效统治程度。对于后发现代化国家来说其要义是，欲根除国内政治的动荡和衰朽，必须建立强大政府，舍此无他路可走。强大政府也就是有能力制衡政治参与和政治制度化的政府。政治制度化就是政治组织和施政程序获得公认价值内容和稳定性质的过程，可以用适应性、复杂性、自主性和内聚性等标准加以衡量。一个政府强大与否，稳定不稳定，全凭它能否在完善其政治制度化的速度与扩大群众参与水平二者之间求得最佳值。②

在1911—1916年袁世凯集权统治不断加强，最终完成了一个专制、威权政府的构建过程，并走向了帝制的不归之路。除了袁世凯作为旧时代的新人和新时代的旧人，其主观上不可避免的原因外，客观上必须看到财政问题的空前严峻，与革命党人的政治斗争，第一次世界大战爆发后抵制日本的侵略，以及清末以来地方主义的泛滥，这都

---

① ［美］塞缪尔·P. 亨廷顿：《变化社会中的政治秩序》，王冠华译，三联书店1989年版，第26、32页。

② 同上书，“前言”第4—5页。

是袁世凯强化以其为代表的中央集权的原因。①

对袁世凯集权政治的评价理应辩证分析，一方面其在政治上削弱社会民主参与范围，乃至停开国会、施行党禁，并最终引发帝制活动，这都是应予批判的，毫无疑问。但另一方面，在经济上，袁世凯作为一个后发现代化国家的领导人，亟须在国内形成稳定、统一的政治秩序，形成和平的经济发展环境，因此他不惜用政治威权和强制力来构建中央、国家以及以其为代表的权威，这又是无可非议的。而且正如许多经济学家、学者所承认的那样，正是在1913年袁世凯的个人集权统治得以稳定后，国内财政经济情况得到明显好转（详见第四章）。袁世凯许多旨在加强中央集权的经济政策，如国税与中央专款制度，铁路国有化，矿业国有，收回各省滥币，财政厅直属中央，国库制度，中行归财政部直辖等，其实际效果都是积极的。许多措施对恢复工商业发展，促进财政状况好转都是起到了良好效益的。因此从这一角度出发，我们对这些政策的实际制定者交通系的领袖人物，其政策制定的动机、意义都应从一个新的角度进行分析。即不能简单地认为这是袁世凯反动的集权统治在经济上的需要，而理应分析，中央集权的经济制度与政策是否是必需的、合理的，而且其意义是积极的。

民初交通系领袖制定经济政策的另一重要背景是对前清经济政策中合理部分的继承与发展，这体现了早期现代化进程中，核心政策的稳定、连续性。茅家琦曾指出南京国民政府发展国家资本主义的思想和政策与晚清洋务运动时期一脉相承，和盐铁官营的传统有密切继承关系。“北京政府的经济政策和经济思想看来是中华民国临时政府经济政策的继续，也是晚清‘新政’时期的经济政策和思想的继续。这种经济思想和政策是比较切合实际的。”② 北京政府时期除产生一批清末新政时期未曾制定的新法规外，大多沿用前清原有的经济政策，有的虽未从条例变为正式法规，表明北京政府经济法规的更新和

① 关于地方主义对袁世凯集权政治加强的影响，可以参看张宪文著《试论袁世凯的集权政治与省区的地方主义》，中国历史上的分与合学术研讨会筹备委员会编：《中国历史上的分与合学术研讨会论文集》，联合报系文化基金会1995年版，第305—317页。

② 茅家琦：《实证功夫与思辨精神》，南京大学出版社2008年版，第175—176页。

充实不尽完善，但说明近代经济法制的建设是一个前后相续、不可割断的过程。而同样南京政府对北洋政府时期法规政策沿用者，据统计达到21种。“这说明1912—1937年间民国政府的经济法规有一定的延续性，从法制进程的角度看是不能截然割裂的。”①

民初经济政策既然有着承上启下的作用，那么我们就必须分析，哪些政策是稳定的、具有不可抗逆的历史连续性，而且要分析其作用和性质是什么，这些政策是否在整体上构成整个中国早期现代化进程中的核心经济政策？这些经济政策，因其稳定和连续性、共同性，是否显示出了一种制度、模式上的特征？当然结合本课题研究，还要思考，哪些政策是由交通系领袖制定的，他们对这些政策的连续性、稳定性起到何种作用。

二　交通系经济政策的特点

在分析以上民初经济政策形成背景后，笔者认为交通系领袖的经济政策相应具有以下特点。

第一，财政本位特征。

交通系主要人物在其不同任职期间，所制订的经济政策首要目的是维系中央财政正常运转，保障中央各机关经费的正常开支，促使国家财政状况得到根本好转。

有学者指出，交通系给予了袁世凯“行政的人才与金钱的资源”，通过掌握各要害部门，为袁世凯提供了大笔的经费，也因此涉足财政领域，税制变更、币制改革、公债募集，交通系无役不兴。② 不难看出，很多学者认为交通系的经济政策实质是一种理财政策，是一种消极的维持财政政策，即它不能对工商业发展、国民经济结构调整、民生改善、社会资源合理分配，乃至财政、税收制度的近代化产生任何有意义影响。而且这些政策服务对象只有一个，即袁世凯，而不是

① 徐建生：《民国时期经济政策的沿袭与变异：1912—1937》，福建人民出版社2006年版，第85—88页。

② 许鼎彦：《交通系与民初的内国公债》，中华民国建国文献编辑委员会编辑：《中华民国建国文献：民初时期文献》（第二辑史著二），“国史”馆2001年版，第852页。

“国家”与社会；这些政策的宗旨是为袁世凯的统治考虑，仍含有封建社会士大夫效命于帝王一人，为其擘画财赋收支，以尽个人所需的特征。

笔者认为，这一认识不尽全面和客观。如何看待交通系经济政策中财政本位问题以及财政政策的作用，理应从以下三个方面予以考察。

1. 财政问题之所以成为一切经济政策的中心，不仅因为如上所言一切经济活动的归结点为财政问题，财政伦理是一切经济关系中最本质、核心的内容。还因为无论是晚清，还是南京临时政府、北洋政府，财政始终入不敷出，十分困难。清政府与南京临时政府的财政状况实际上比北京政府在1914—1916年的情况还要糟糕，还要严峻。北京政府的财政基础很薄弱，继承过来的是一个烂摊子，是在真正的破落户财政基础上搭建自己的财政体系的。正如一切新政权成立后，一切政策的中心必然是围绕财政稳定问题，北京政府也毫不例外，否则政府何以维持运转，一切建国计划何以施行？袁世凯在其就职誓词中曾讲：“百废待兴，要在财政。去岁度支预算，虽云入不敷出，然尚号称有二百六十余兆两之岁入。半年以来（指辛亥革命自其就任临时大总统后半年），工商荒废，税入锐减，外债暂不能偿。近以改良政治，必须输入外资，故先定整顿财政大纲，增加财政信用。”袁世凯提出大借款成立、加增盐课、清理田赋、改良国币，划一圜法，为理财关键，须迅速实行。而财政政策之下，袁世凯才提出了提倡实业，以培国本的政策。[①]

仅从袁世凯的这一宣言中，我们可以看出北洋政府成立初期，财政收入主要供支付外债、赔款所需，而主要收入项即维持财政所需、行政费开支的仍是借款。梁士诒曾痛切指出：“夫一国财政，至岁入岁出之总额，公债均居半数，危险何可言喻。”[②] 清末以来的财政危机问题积重难返，到北京政府时期危险程度已达于极点。在这样背景下，经济政策中的财政本位、中心主义必须确立而且理应确立。而北

① 《莅参政院宣言》，陆纯编：《袁大总统书牍汇编》，第2—3页。

② 岑学吕：《三水梁燕孙（士诒）先生年谱》（上册），第139页。

京政府在袁世凯就任大总统后，因不久与革命党人发生政争，之后爆发“二次革命”，所以真正整理财政的时机是在1913年底以后。也正是周自齐、梁士诒、朱启钤、张弧、吴鼎昌、叶恭绰、陈威等牢牢控制财政部、税务处、内政部、造币厂、内国公债局、盐务处、中国银行、交通银行、铁路总局（路政司）等机关，以它们为据点，帮助袁世凯整顿财政，扭转财政状况之时。

2. 在财政极为困绌，需要统筹中央、地方财政收支情形下，北京政府势必要加强财政的中央集权，主要针对两个对象，一个是控制盐、关两税的列强，一个是控制田赋、厘金等税的各省地方长官。胡春惠认为，民初袁、孙、黎、黄四巨头提出八大政纲，已明确提出立国采取集权主义，而因清末以来地方督抚权力坐大而形成的地方主义泛滥，到民初又发展为联邦主义之论，尤其为北京政府统治者所痛恶。“加上此时蒙、藏问题急待解决，而用兵之道，粮饷和金钱是最大前提，因而社会上多数主张政府在财政上应采集权之措施，一以矫正清末以来财税为地方中饱之恶习，同时也达到追求国家主义、成立强固政府之目的。”袁世凯之外，梁启超以及社会舆论主流也支持袁世凯采取财政集权主义。[①]

财政上的中央集权实际反映了民初国家意识在政治家与社会精英意识中地位的凸显，这也是清末民初因社会动荡不安，构建民族国家在社会经济秩序上的要求。因此交通系领袖加强中央集权的财政政策不仅仅具有帮助袁世凯加强统治的意义，更深刻、更重要的意义是强化国家职能，突出国家意识，致力于维护一个多民族的、统一的、强有力的近代民族国家的形成。从这一角度分析，对外，梁士诒、周自齐等力主关税谈判，在盐税、关税稽查、保管权上力争主权；对内，实行中央专款制度，反对各省自举外债，铁路、矿山收归国有，整理各省滥币，各省财政厅部辖等措施，更多的是从国家财政、国家利益角度出发。

梁士诒在民初署理财政总长期间，曾详列六大财政困难（详见第

---

① 胡春惠：《民初袁世凯在财政上的集权措施》，中华民国建国文献编辑委员会编辑：《中华民国建国文献：民初时期文献》（第二辑史著二），第755页。

四章第一节）因此梁士诒才提出："而统一主义之实行，尤以财政为唯一之根本。财政不统一，则其他大政未有能统一者。"[①] 同样周自齐在整理财政时，曾因省财政事权统归中央一事与各省巡按使发生冲突，周自齐为此派员与政治讨论会会长阮斗瞻接洽，通过他向各界传递力主统一财政事权的理由。"本部为策财政之进行，必谋事权之专一，疆吏因其职权之所属，力求统系之分明，要须审慎权衡，推诚相谅，自能泯猜疑之道，收共济之功。"[②]

长期以来，学术界习惯于将袁世凯加强财政集权视为其加强中央集权，乃至推行专制，复辟帝制活动的最重要一环，其目的与手段都应批判、否定。周自齐、梁士诒等加强财政事权统一、整理财政的意义，不过是为袁世凯的集权统治与推行帝制添砖加瓦，是助纣为虐。即使梁士诒、叶恭绰等最初是抵制帝制活动的，但大参案之后，他们屈服于强权，成为帝制活动的财政支柱，成了帝制祸首。受惩罚是罪有应得。[③] 这一观点只反映了交通系经济政策财政本位的消极作用，并未看到它的积极作用。服务于袁世凯集权统治与致力于国家财政形势稳定、现代化国家经济体制建立属于两个完全不同的层次，在对前者予以理性分析与批评时，对后者则理应予以肯定。

3. 在分析交通系财政政策时，学术界过多注重这些政策如何帮助袁世凯加强集权统治，这些政策的实质是掠夺、榨取的手段。对这些政策如何有利于民初宏观经济环境的好转，并促进资本主义经济的发展还缺乏深入论证，更没有将财政制度的近代化与交通系人物紧密关联在一起。

交通系的财政政策在促进国家宏观经济环境（主要是财政状况）好转方面，确实起到了积极作用。正如第四章开篇所提到，经交通系人物在1914—1915年的整理，北洋政府财政出现了其统治时期少有的收支平衡状况。而财税制度改革，币制改革，关、盐税管理权的交

---

① 岑学吕：《三水梁燕孙（士诒）先生年谱》（上册），第139—140页。

② 《〈申报〉关于北京政府财政部与巡按使权限争议的报道》，江苏省中华民国工商税收史编写组、中国第二历史档案馆编：《中华民国工商税收史料选编》第一辑（综合类）上册，第1541—1543页。

③ 贾熟村：《北洋军阀时期的交通系》，第95—117页。

涉等，客观上对于民族工商业在第一次世界大战前后的发展，产品出口都起到一定积极作用。

首先，是对财政好转影响。根据贾士毅记载，民国三年度收支相抵，实际盈余数目25477158元。贾士毅评论道："虽积威之下，间有立法过苛，致启商民之横议。然中央财政，赖有是项入款（指中央专款），渐呈巩固之象，苟能去其太甚，纳诸正规，未斯非济时之策也。"①

其次，财政整理对工商业发展起到积极影响。仅以常关关税修订为例，1914年秋，财政部饬各关调查物价，因各关税率彼此互异，于是照海关半税之例，以值百抽二点五作为定率，超过此率则仍其旧。实行之处，考虑商情，由部编纂说帖布告商民，若新税过重，予以酌减，各关次第推行。"前清各关，规费大抵藉口于补平、补色、津贴、书吏等名目，中饱甚多。如担头、蓬斧、印子、届缘等费，命名离奇，尤难胜纪。盖一关之耗杂，有多至数十种者，病商病国，莫此为甚。改归部辖后，节次申令，将各种规费分别裁革，或并入正税，或填列税单，使书役等无所施其伎俩，前此积痼，乃获渐就廓清。"② 第一次世界大战爆发后，民族工商业出口贸易激增，特别是土货出口极为畅销。设想没有周自齐、梁士诒等推行常关税制改革，这一情景如何能顺利实现？当然，除整理常关税制外，他如裁撤厘金，减轻出口关税，开放盐税引岸制度等都体现出交通系领袖极力推动工商业发展，这些政策、作为是应该给以充分肯定的。

再者，交通系领袖的财税政策也体现出迎合财税制度近代化的倾向。这主要体现为以下几点：（1）预算制度的举办。除了梁士诒在署理财政部期间积极推行预算制度外，周自齐也称，民国头两年中央收支，"并无一定范围，部库益形支绌"。为此，就各省收支加以整顿。"至外省支款，民国初年各自为政，一切支款本无标准，即二年编造预算亦未实行。浮滥之极，迭成奇窘。元二两年，各省应解京协

① 贾士毅：《民国财政史》，第52、55页。

② 《财政部统计科编（民国财政纪要）》，中国第二历史档案馆编：《中华民国史档案资料汇编》（第三辑财政一），第145—146页。

洋赔各款既未照办，甚至夙号富庶之省，有时亦求援中央。上年（民国三年）二月间，始召集各省财政会议确定支出概算方针，按照各省原开预算逐款勾稽，痛加削减，共节省一万六千万有奇，迭奉明令切实遵行，故能将撙节之余款随时接济中央，以资应用。”[①] 本文在第四章中，曾详细论述周自齐与梁士诒对预算制度确立所起到的重要作用。并认为，尽管民初由于国会运行的不正常，以及国会中心议题原因，使得预算制度的立法性得不到保障，但不能掩盖交通系领袖对这一制度确立所作出的努力。特别是他们对预算制度的遵行，体现出的力求财政制度有法可依，有法必行的精神，应该讲在民初政争激烈，立法观念并非强烈情形下具有极为重要的意义与价值。（2）税制的近代化，即单一税制向复税制过渡，提高间接税征税比重。通过提倡举办印花税，推行牙税改革，引导商人进行商业行为改良。特别是举办特别烟酒牌照税与营业税、契税，完全受美国、日本等资本主义国家先进税制影响。所得税、遗产税、通行税、营业税、登录税、印花税，是北洋政府时期我国为引进西方税制而颁布的几部重要新税法。其中除印花税法系清末拟就、民初重订外，其他都是在1913—1915年间创设的。是我国近代第一次运用西方租税理论创设税法体系的尝试。[②] 考察1913—1915年税制变革，其政策大多推行于周自齐与梁士诒任财政总长期间。他们不仅力求税制革新，与世界财税发展趋势吻合，而且结合国情，并不一味照搬照用。如在各省裁厘问题上审慎对待，反对通行税（详见第四章），均反映出他们实事求是的精神。（3）整理恶税与陋规。本书第四章曾详述交通系领袖裁撤铁路厘金，清理常关税旧习，整理田赋征收弊端，力主盐税引岸开放等。以上均表现出交通系领袖改革财税制度弊端，减轻商民负担的决心，这些政策符合社会经济发展需要，深得民心。特别是围绕裁撤铁路厘金，盐税改革问题，他们与代表保守集团、地方利益的各省长官、淮系势力尖锐对峙，乃至因此深陷政治旋涡，受到政敌打击。以铁路厘金裁撤

---

① 《周自齐关于整顿财政呈》，江苏省中华民国工商税收史编写组、中国第二历史档案馆编：《中华民国工商税收史料选编》（第一辑综合类），第594—595页。

② 夏国祥：《近代中国税制改革思想研究》，第69页。

为例，交通部主张“寓征于运”对铁路事业的发展、增加国库收入是有利的。厘金裁撤一方面是交通系与皖系之间的斗争，体现出迎合或违背工商业发展要求的性质；另一方面斗争牵动财政事权，牵动财税体制变动，因此袁世凯才对交通系所体现出的影响财税改革和财税收支来源能量不能不有所警惕和疑忌，决定了之后在大参案中其对交通系的态度。

第二，经济民族主义特征。

梁士诒、周自齐等交通系领袖在其经济政策和活动中对外是出卖主权还是以经济民族主义为导向，具有捍卫国家主权的倾向？笔者认为答案应该是后者。

早在清末，梁士诒与叶恭绰等在赎回京汉路，交涉东三省铁路与沪宁路路权时已表现出经济民族主义倾向。民国建立以后，在交通、财税、实业等政策中，其经济民族主义特征仍然十分鲜明。以铁路交涉为例。1912 年 6 月德国向北京政府提出变更山东铁路路线，德国政府决定将德州、正定及高密、沂州两路商定方法取消，将兖州、开封铁路全线废弃。并提出应按以下办法办理，即（1）高密、沂州铁路照津浦路办法作为中国官办铁路在 1916 年竣工；（2）济南至山东西境连接线，应由济南修至顺德府，于 1916 年竣工；（3）胶济路应由济南至德州铁道连线，或利用津浦铁道，以后另商公道办法。“交通部（时朱启钤为交通总长）接该节略，当查光绪三十三年，订津浦路借款合同时，德使已照覆外部。谓德允（一）由胶州至沂州一段仍作为津浦路枝路归入官路；（二）由津南往山东界之一道，包入津浦官路等语。是胶澳条约上所许铁道两条特权，早因成案而有变动。原拟置之不理，旋因外交机势所关，未便过于峻拒，不获已，于二年十二月，与之商定高韩、顺济两路办法大纲。不期该案甫定，德使即推翻前议，声言开兖、正德两路借款之权，须俟高韩、顺济两路造成，方能舍弃。与争无效，于是同月三十一日，又以照会补订，在高韩、顺济未成以前，开兖、正德两路建筑权应暂保留，不与他国云。”但不久，德国代办再向国务总理兼外长孙宝琦提出无理要求，提出要修建济南经顺德至大同、兖州至襄阳、韩庄至汉口、烟台至潍县四条铁路，借口各国获得修路权均不少，而德国却最少。并且绘制路线图要挟北京政府。孙宝琦与交通部答曰交通部于路务必有计划，如果中方必须建造路线不合德方要求，则德方要求无益。德方在遭到拒绝后，又在烟台、潍县，开封、兖州二路上横生枝节，派委员向交通部提出无理要求。交通部以该委员节外生枝，置原订条约于不顾，未与开议。而后德方又提出要求，即变更两线终点，企图握起点主权；津浦路与陇海、京汉接轨；加建黄河大桥；提高洋员管理权；组织总分机关、包揽路权；限制我平行线；扩充胶济交车条款及其他权限范围；限制附近各路运价及更改章程。“尤为奇异者，则忽要求新与以烟潍、高兖两路建筑管理权。交通部当以毫无根据，且炯知其欲展扩利益范围于山东以外，未之复焉。”①

铁路交涉另一个主要国家是日本，身为交通次长的叶恭绰在交涉中对日方无理要求或侵害中方利益行为多次严加拒绝或抵制。1914年3月10日，日使山座至交通部拜访次长叶恭绰，提及刘冠雄条陈政府速修福建铁道一事，称勿令有野心者借款。日方认为刘冠雄所谓有野心者，系直指日方。日方不仅抗议而且称于福建经济上有特别关系，且此前矢野、小村两公使迭向中方议办福建铁道，及由福建达浙江、武昌两线。务请中方注意。叶恭绰以曾经总理衙门正式拒绝回答之。山座又邀总统府秘书长梁士诒至日使署商谈，梁称福建偏僻，修路非宜，漳厦路现已汲汲不可终日。倘日方于经济外别有目的，非其所敢知。至日方与李鸿章、奕劻所商条款，“彼此口辩，未便据以为案。遂与辞”。此后因孙宝琦向山座允诺同意修建福建至南昌、九江铁路，日方派小幡参赞再向叶恭绰探询意见。而叶恭绰仍向日方表示孙宝琦所谈与事实不符。原与英国定宁湘合同时，曾附定有南昌至武昌，徽州至杭州二支线。如借外债，英商优先。与日方所提或平行或系同线，万难应允。小幡称二路既然均有妨碍，若日方另提出一路线，代以此二线如何？叶称此不能即时奉答。②

由以上事例，可以看出梁士诒、朱启钤、叶恭绰等在涉及铁路路权问题上是能够做到力争维护主权的，特别是在对日本的交涉上，态

① 谢彬：《中国铁道史》，第88—89页。

② 同上书，第117—119页。

度极为坚决。但我们也应看到在铁路问题交涉上，交通系为牵制日本，对英、美两国依赖极大，在与英国商谈长江流域铁路修筑权问题上，做出巨大让步。虽然此举有联英制日倾向，但在主权问题上是有所损害的。而至于二十一条中关于山东，福建等地铁路路权交涉，最后的屈服，则更是无可辩白地说明，交通系坚持经济民族主义立场，维护主权并不能做到完全、彻底。但是，也必须看到，在外交条件允许范围内，他们还是力争主权保全，体现出了维护主权的意识。

交通系领袖民族主义倾向的经济政策还突出体现在汉冶萍问题上。组建通惠公司是极为典型的例子（详见第三章）。盛宣怀也称："周（学熙）、梁（士诒）计划，总统决断，至诚感人，合办似可无后虑。"而日方认为："然而此项借款资金，果如中国方面所言，系中国自身之资金，而非由英、美转借，此点颇为可虑。中国方面深知，如借用外资，必遭日本方面抗议。据称：全部资金系由中国、交通两银行从民间招募而来，不敷之数，由两银行补足云云。"因此日方强烈抵制，称："日本资本团不论如何办法及如何程度，不愿使通惠公司干预汉冶萍公司，故应将通惠公司借款，断断乎谢绝。"[①] 日方在通惠借款上的强烈抵制态度，正说明交通系领袖为保护关系国计民生的重点企业利权问题所付出的巨大努力是可行、有效的。

当然，交通系领袖的经济民族主义还体现在出台政策，鼓励民族工商业发展并鼓励出口上，这些事例比比皆是。除第三、四、五章所述外，如1916年初，浙江嘉兴六邑茧业公所向农商部禀称，因该年本地茧行更换牙帖，"规定茧业牙户请领年换牙帖者，有灶茧行以繁盛上则为限，无灶分行以繁盛中则为限，较前骤增。一行一年之输纳，数达四百数十元之巨，缕陈理由，恳准将有灶茧行请领年换牙帖，以偏僻上则为限，无灶分行，以偏僻中则为限；若欲请领长期牙帖者，再予变通减等，以示鼓励"。农商总长周自齐为此咨文财政部，称："查茧丝为国内出产大宗，亦即输出重要物品，值兹商业凋敝之

① 《盛宣怀复孙宝琦、王存善真电》、《高木陆郎自上海致北京使馆一等书记官小幡西吉密函》、《日正金总行致上海分行经理电》，武汉大学经济系编：《旧中国汉冶萍公司与日本关系史料选辑》，第579—580、595、598页。

际，似应力予维持，俾得徐图发展。茧行牙帖捐税，可否准令分别减等完缴之处，除据分禀有案，不另抄送原文外，相应咨请贵部核夺见复可也。”①

再如梁士诒在1915年11月以税务处督办名义饬各关监督及总税务司：“查此次本处变通发给机制洋货运单暨划一名称、厘定简章各办法，系为便利商人起见，崇文门落地税既准财政部咨称不在沿途厘税范围之内，自应于运单暨简章载明，以免误会。嗣后仿制洋货各机厂，其地点如设在通商口岸或附近，于海关之分卡与海关兼管常关及其分卡，其货物运往他处销售时，即由经过之第一海关或兼管之常关及其分卡征纳正税，给予运单。如设机厂不在前项各地点内者，经过之第一关为常关所管之口卡，即由该关口卡征税给单，为厘金口卡，即由该厘金口卡征税给单。其货物如仍须经过海关，则该常关口卡与厘金口卡应将所给运单之号数及货物件数、税银数目报知经过第一海关之监督……自经本处此次厘定划一运单，所有从前各关刊发之式样概行取消。”② 这段资料说明，梁士诒为抵制洋货，对国产仿制洋货机器在关税征收上大加扶助。除财政部规定崇文门落地税另行缴纳外，实际上机器仿制洋货出口或由第一道海关征收，或由设厂之常关征收，或由厘金税卡征收，均为一次而避免重征。同时划一税单式样以避免征收办法歧异而出现累商、病商现象。这无不体现了梁士诒注重扶持国内工商业，振兴实业，挽回利权的经济民族主义思想。

另一典型事例是扬子机器制造公司延长免税一事。该公司负责赶造海军部浅水兵舰及巩县兵工厂材料等要工，虽经税务处核准免税一年，但因第一次世界大战爆发后，原材料价格大涨，成本大增。梁士诒为此咨文政事堂、财政部、交通部及各省巡按使，称该处为提倡实业起见，准允该公司请求，自1916年2月1日起再予续展一年。③

---

① 《农商部给财政部的咨》，中国第二历史档案馆编：《中华民国商业档案资料汇编（1912—1928）》（第一卷下册），第747页。

② 《税务处饬》，《政府公报》1915年11月15日第1265号。

③ 《税务处咨呈政事堂财政部交通部各巡按使》，《政府公报》1916年2月18日第43号。

当然，梁士诒等人的经济民族主义倾向还体现在关、盐二税管理权的交涉上，本文第四章有详细介绍，不再赘述。此外，要特别指出的是交通系经济民族主义的理性色彩。这特别体现在对外债问题的态度上。有学者指出："梁士诒认为举借外债要受制于人，而且以外债充行政之需，尤为财政原则所大忌，故对外债不甚赞同，而极力主张以内债为弥补财政之入不敷出的办法。"[①] 本书在第四章第三节提出，梁士诒与周自齐举借外债其主观态度上并不积极，客观上为国家财政困难所压迫，不得不接受外债。但第一次世界大战的爆发实际又使外债的客观环境并不有利，因此外债在其理财办法中的地位并不突出。在用途上也呈多元化趋势，虽然军政经费借款为多，但也包含币制、实业、教育借款等内容，对国家财政形势好转起到一定作用。同时应看到，梁士诒与周自齐举借外债数额一般不大，较之 1913 年前与 1916 年后并无大额借款。从还款情况看，借款合同规定多为短期借款或声明头两年不须偿还，因此在 1914—1915 年间，外债支付压力较少，而且借款年限多在 5 年以下，应该讲将外债举借中的损失与不平等内容减少了一些。

第三，国家资本主义特征。

所谓"国家资本主义"，指交通系领袖以政府主管官员或法人身份管理、经营，以官办或官督商办为形式的铁路、航运、邮政、电信、银行等近代企业；或通过财政、税收、金融、币制、公债等政策、法规的颁布干预、影响国内社会经济的发展，调整社会经济资源的分配。

列宁指出："国家资本主义就是资本主义制度下由国家政权直接控制这些或那些资本主义企业的一种资本主义。"[②] 这一概念在 20 世纪 30 年代已被国内普遍接受和使用，国家资本主义在当时被解释为："资产阶级支配的国家，使一切企业由国家来进行的主义。"[③]一些学者对这一概念有进一步的发展，认为："国家资本主义是相对私人资

① 邹进文：《民国初年（1912—1927 年）的财政思想》，武汉大学出版社 2008 年版，第 114 页。

② 《列宁全集》，人民出版社 1987 年版，第 43 卷，第 83—84 页。

③ 高希圣、郭真：《政治法律大词典》，科学研究社 1935 年版，第 323 页。

本主义而言的，由资本主义国家的政权与资本紧密结合而成的，其内容主要包括两方面：一是国家资本大规模的建立，二是国家政权对经济活动强有力的干预和控制。国家资本主义的主要实现形式是国有制，国家干预的主要形式就是经济调控政策，包括财政政策、货币政策、产业政策、收入分配政策等。”①

近年来，学术界对“国家资本主义”的研究已与“官僚资本主义”剥离开来。这使得人们能从一个新的视角，利用现代化理论、公共管理理论，乃至利用金融学、经济学的理论对一些历史问题重新阐述。譬如对南京政府时期的中央银行、资源委员会，对民国初年交通银行的研究都有了新的突破。特别是南京政府时期“国家资本主义”经济在财政税收、金融币制、工矿实业、商业贸易、交通邮电等领域的具体体现都已有深入的研究。但与其相对比，民初北洋政府统治时期的国家资本主义经济方面的研究就显得比较单薄，专门研究民初财政经济政策的专著、成果极少，且没有系统地围绕“国家资本主义经济”这一中心，来介绍北洋政府如何利用国家政权干预、控制财政、金融币制、商业、工矿企业与交通业的发展。笔者以为造成这种现象的原因有以下几种：（1）民初制定的一系列政策刺激了私人资本的扩张，出现了与国家资本并立的经济活动主体。与私人资本发展相比，却是国家资本自清末以来的式微。名义上的国有资产虽有相当数量，如国有铁路、若干国有企业等。但当时国有资产的功能极度扭曲，不能发挥国家资本主义经济作用。这使得人们在认识这一时期经济发展趋势时，将民强国弱，军阀政府对经济的失控，乃至中、交二行商办倾向越来越强，政府控制越来越弱视为主流与趋势。②（2）从根本上讲，袁世凯统治时期的集权主义由于受到了否定，影响了人们对其统治时期经济制度的举国模式从国家资本主义的角度给予客观、深入的研究与分析。而另一方面，北洋政府对于官办和官商合办的工业、金融、交通等企业失去了控制能力，政权的不统一造成企业的不

① 张建刚：《国家资本主义的模式及其发展概况》，《当代经济研究》2010 年第 3 期。

② 许纪霖、陈达凯：《中国现代化史（1800—1949）》第一卷，上海三联书店 1995 年版，第 286 页。

稳定。这些企业有的转为民营，有的沦于相互割裂的地方军阀之手，难以发挥统一而有效的国家资本主义经济的功能。在大多数学者的认识中，北洋政府的统治是国家主义的灾难，是权威与政治经济资源集中的丧失，是国家资本主义的衰退时期。在这一历史背景下，任何经济上的国家计划、集中、干预是难以做到的。因此从价值偏好的角度出发，乃至出自一种“情结”，更愿意认为这一时期是国家资本与国家权利的退出，是私人资本与自由市场、社会力量的崛起时期。一些学者指出在袁世凯政权崩溃后，中国的自由主义者喊出了这样的口号：“打到无所技能，无所事事的政府”“艺术家、农艺师、手艺人、知识分子政府万岁，劳工政府万岁”，他们吸收杜威与基尔特社会主义思想，提出了“职业主义”。“这是一次震撼人心的尝试。这次尝试是在缺乏强有力国家政权干预的情况下，不同社会集团从不同侧面发挥各自创造精神的结果。”形成了中国资产阶级黄金时期，经济利益最大化后政治诉求的一个顶峰。① 从资本主义“黄金时期”这一角度，必然会肯定与注重民族资本主义、自由市场，而否定、忽略国家资本主义经济存在与研究的意义。

此外，对民初国家资本主义经济发展问题由于未进行深入研究，使得对袁世凯统治时期经济发展的分析不能全面；对民初国家资本主义经济的作用没有给予极高的重视与评价，特别是对其上承清末、下启南京国民政府所起的继承作用没有系统阐述；对一些具体的、体现国家资本主义的政策、制度还没有给予客观的、全面的分析与评价。

杜恂诚指出，受政治局势动荡不定的影响，北洋政府时期国有经济处于停滞不前的状况，而这种停滞，自甲午战争后就已经开始了。北洋政府时期官办企业数量、规模进一步显著缩小，民营企业则获得很大发展。北洋政府时期的国有经济，主要是接办晚清政府经办的企业、事业，自身甚少创建。工业方面除汉冶萍公司、江南造船所等有所发展外，多数陷于停滞。矿业稍有拓展。交通运输业中，铁路、邮电均有所发展，轮船招商局则仅能维持。只有银行业在此期间发展较

① ［法］白吉尔：《中国资产阶级的黄金时代：1911—1937》，张富强、许世芬译，上海人民出版社 1994 年版，第 239—242 页。

快。“从总体上看，在北洋政府统治时期，国有经济在资本额总量上仍有一定的增长，但其增长速度远不及民族资本增长速度快，而且国有资本的增长基本上限于银行和邮电业，并严重依赖外债。”①

尽管在发展速度方面，在某些领域资本总额的比重方面，国家资本不如民族资本，但民初国家资本与民族资本相比较，仍处于发展状态，在某些领域优势依然明显。据统计 1894 年工矿业的国家资本总额为 3062 万元，比重为 64.18%，民族资本总额 891 万元，比重不到 38.2%；交通运输业中，国家资本总额为 1694 万元，比重为 94.4%，民族资本总额为 101 万元，比重为 5.6%；金融业则全为民族资本，总额为 2 亿元；合计国家资本总比重为 17.8%，总资本额为 4757 万元。1911—1913 年间，工矿业国家资本增加到 8417 万元，比重为 29.1%，民族资本增加到 20515 万元。比重为 70.9%；交通运输业中国家资本总额增加到 39390 万元，比重为 82.7%，民族资本为 8226 万元，比重为 17.3%；金融业中，国家资本总额为 4489 万元，比重为 7.9%，民族资本为 52000 万元，比重为 92.1%；国家资本总额为 52296 万元，比重为 39.3%。②

如果比较两个时期国家资本总额从 4757 万元增加到 52000 万元，不能不谓是迅速！在本国资本中的比重，可以发现其实际上仍在增长中，从原来占 17.8% 增加到 39.3%，不可谓无增加！而且在交通业中，其比重与资本额仍具有压倒性优势。金融业中，清末创办的中交两银行得以官商合办的形式继续维持国家银行职能，而且北洋政府极力将两个银行牢牢控制在其手中。即使以工矿业言之，“民国三年，重修矿法，矿权主张开放，民间之依法领照从事开矿者遂日多。然是年铁矿、石油收为国有，特设筹办全国煤油事务处，与美孚公司定约，合资探矿。四年，财政部设立采金局，农商部设立黑龙江梧桐河金矿试验场，湖北复设官矿局，开采大冶象鼻山铁矿、煤矿及其他金属”。在矿章方面，章宗祥与张謇、周自齐任农商总长期间，均主张

① 杜恂诚：《中国近代国有经济思想、制度与演变》，第 187—188 页。

② 许涤新、吴承明：《中国资本主义发展史》第二卷，人民出版社 2003 年版，第 1063 页表 6—1；《中国近代国有经济思想、制度与演变》，第 189 页。

铁矿收为国有，尤其是品质优良而且矿产丰富的铁矿。与外商已定契约各矿，“则以开采所定之数为限，以后则收为官有。今后与外人为矿砂卖却之契约者，若非先行呈部认可，则作为无效”。据此，“至（1915年）七月，周自齐继任，乃拟订特准采矿暂行办法六条，呈准公布施行”①。

根据北洋政府1918年矿业调查，本国资本投资采金业为湖南会同、黑龙江漠河、新疆于田等13处；锡矿为湖南临武、云南个旧等5处；铅锌矿为云南东川等3处；锑矿为湖南溆浦、贵州铜仁等4处；铜铅矿1处为湖南常柱，铜矿为湖北大冶等3处；铁矿为河北宣化等2处；煤矿16处，为河北磁县、江西萍乡、广西富川、山西平定、山西阳泉、江苏徐州、河南安阳等地；锰矿一处，为湖南湘潭。② 其中重要官办矿业情况如下，会同金矿于1913年创办，资本为4万元；平江金矿为1897年创办，资本300050两；常宁铅锌矿为1907年举办，其中水口山矿资本50万元，松柏矿资本为71600两；新化锑矿为1915年创办，资本5万两；湖北之阳新煤矿、象鼻山铁矿、大冶阳新铜矿、江西萍乡煤矿举办于1912年，共用资本80万两；彭县铜矿举办于1911年，资本为41000两；宣化煤矿举办于1911年，资本50万两；贺县煤矿与余干煤矿举举办于1907年，资本分别为595000元、20万元。此外，1908年至1915年间，官商合办矿业有个旧锡矿、东川铅锌矿、东川铜矿、临城煤矿、宛平煤矿、新疆煤矿等（与宛平煤矿未开设），官股总资本为264万元，另300万法郎、3万两。民办官收矿业另有漠河金矿、奇乾河金矿、观音山、都鲁山金矿、呼玛金矿、穆陵金矿、依兰金矿、承德金矿、于田金矿、富川锡矿、贺县锡矿、江华锡矿、铜仁锑矿等。此外自清末举办至1916年前继续举办，以后才停办或改办的还有黑龙江嫩江甘河煤矿，资本为136000两，另36000元；呼兰县煤矿资本5万两；梧桐河金矿资本4万元；吉林磐石铜矿资本3万两，另铜钱25吊；陕西延长油矿，资

---

① 《中国矿业小史》，阮湘编：《第一回中国年鉴（1924年）》，第1303、1305页。

② 朱斯煌：《民国经济史》，第283—284页。

本 29 万两，等等。①

由上述资料可以看出，一方面确应承认，由于民初对私营工商业的鼓励政策，使得国家资本在金融、实业领域资本比重确实不占优势；但另一方面，也必须看到，交通四政与矿业中的铁、金、铜、锑等矿仍然为国家资本所垄断、控制。即使在金融领域，中交二行资本额并不具有压倒性地位，但是二行对于民初金融业的影响则是其他各银行无法比肩的。1915 年 9 月以前，中国银行的股本都是官股，银行的一切事务处于北洋政府的完全控制之下。这一阶段的中国银行，可以看作是国家资本。交行同政府关系之密切，甚至超过中行。中交二行作为实际的中央银行，负有发行国币、公债、代行国库等职能，其地位与影响显然是任何私营银行无法取代的。此外垦殖、林业方面的政策，显示出国家资本主义在农业方面也有一定发展。商业方面专卖政策是几千年来国家垄断政策的延续，这在食盐、烟酒等方面尤为明显。

在指出民初国家资本主义发展状况与其在国民经济中的地位、作用时，还应看到交通系的重要影响。笔者认为交通系领袖在其政策、活动中，具有鲜明的国家资本主义倾向。以下将交通系领袖制订的经济政策中具有国家资本主义性质的政策、法规列举如表 1。

表 1　1912—1916 年间交通系制订的国家资本主义性质经济政策②

时间	制订、实施者	政策、法规内容
1912 年	交通部（朱启钤）	打击民信局。
1912 年	朱启钤、施肇曾、曹汝英等	推行“官督商办”，反对轮招局改组、盗卖资产、更换股票。
1912 年 5 月	施肇基	裁驿归邮。
1913 年 1 月	朱启钤	在全国各地设立电政管理局，施行划区管理。
1913 年 2 月（为朱启钤最初提出时间）	朱启钤、叶恭绰、王景春	四政特别会计制度规定官办轮、路、电、邮四政收支制度。

① 《中国矿业小史》，阮湘编：《第一回中国年鉴（1924 年）》，第 1331—1337 页。

② 本表按照交通、金融、财政、实业四个部分排列，每部分又按时间顺序排列内容。

续表

时间	制订、实施者	政策、法规内容
1913 年 7 月	朱启钤	《铁路收用土地暂行章程》明确官办铁路（国有、公有）征地、占地办法。
1913 年 8 月	朱启钤、叶恭绰	《民业铁路条例》限制民业铁路举办条件与资格，实际维护国有铁路经营权益。
1913 年 11 月	交通部邮政司（周自齐、王文蔚）	全国划分二十一各邮区，分设三级邮局，划一管理。
1913 年 12 月	叶恭绰（路政司）	《交通部所属出纳员信用保证金规则草案》明确交通部公款出纳保证制度。
1913—1915 年	朱启钤、梁士诒、叶恭绰等	八省铁路及株萍、漳厦路收归国有。
1914 年	交通部、邮政司等（龙建章）	加入万国邮联，打击客邮。
1914 年 5 月至 1915 年 3 月	叶恭绰、王景春等	《铁路资本支出分类则例》《铁路营业进款分类则例》《铁路营业用款分类则例》（含附件）《铁路岁计账目则例》《铁路盈亏账则例》《铁路盈亏拨补账则例》《铁路总平准分类表分类则例》《营业铁路处理新设展长路线及扩充改良路产会计则例》等规定了国有铁路会计制度与资金管理制度。
1914 年 11 月	罗国瑞、吴应科、袁龄、沈琪、王景春、周万鹏、蒋尊祎	设立路电材料研究会，订立招标购买路电材料办法。
1915 年 4 月	周万鹏（交通部邮传司）	《电信条例》颁布，明定国有原则。
1913 年 1 月、1914 年 2 月	朱启钤、梁士诒	呈准交行取得发行兑换券特权。
1913 年 5 月	梁士诒	《交通银行代理国库暂行章程》规定交行代理国库之权。
1913 年 5 至 8 月、1914 年 2 月至 1915 年 3 月	梁士诒、周自齐	接收各省金库，并将盐、关税移交中行保管。

续表

时间	制订、实施者	政策、法规内容
1913 年 7 月、1914 年 8 月	梁士诒、吴鼎昌、周自齐等	推广使用中行纸币，呈准中行发行兑换券。
1914 年 1 月	梁士诒	主持财政会议，于会上提出《国币条例（实施细则）》《改革币制理由书》，于 2 月 7 日公布。提出银本位制，以七钱二分为单位，主张发行银、镍、铜三种辅币。
1914 年 3 至 7 月	梁士诒、周自齐	整理各省滥币并对官办、官商合办、商办银钱银号严加监管。
1914 年 4 月	周自齐、梁士诒	《交通银行则例》规定官商合办、国家银行职能，并规定其特种银行性质。
1914 年 6 月	周自齐	中国银行归部直辖。
1914 年 8 月	梁士诒、周自齐	呈准成立内国公债局，发行民国三、四年内国公债，并由中交二行举办。
1914 年 8 月	周自齐	设立平市官钱局，平抑铜钱比价，并抵制日本收买铜斤。
1914 年 10 月	梁士诒、周自齐	成立新华储蓄银行，垄断邮政储蓄业务。
1915 年	梁士诒	发起成立通惠实业公司，抵制日本对汉冶萍公司的侵夺。
1915 年	周自齐、吴鼎昌	令各厂停铸旧银圆，不在国币标准以上者，不得铸造；令仿照山东、浙江成例，将正杂各税折合银圆，以广其用途；由中行购运银圆于各地，以剂盈虚；通令各机关，不分省界一律照收银圆；责成中交二行与南京、武昌、天津三厂在汉口、天津、上海关键处斟酌情形，随时挹注。
1915 年 2 月	周自齐	通饬发行新铸袁像银币模式。
1916 年 6 月	周自齐	发表《整理金融条陈》，提出了中交合并、统一国库、统一发行的建议。

续表

时间	制订、实施者	政策、法规内容
1913 年	梁士诒	制订《各公署搭发印花税办法》，规定北京及各省国库发款可搭发千分之二印花，以推广印花税。
1913 年 2—6 月	叶恭绰、朱启钤	呈请裁撤铁路厘金，提出将铁路运费加增 6% 作为对各省补偿，以此裁撤厘金，利交通而便商民。将京张、京绥、京奉铁路沿线的崇文门、丰台、张家口等铁路厘金税局裁撤。
1913 年 7 月	梁士诒	设清查官产处。同时颁布《清查官有财产章程》，以调查官有建筑物及土地入手。
1913 年 8 月	梁士诒	主持全国财政会议，令各省派代表到京会议编制本年预算办法。
1913 年 9 月	梁士诒	为订购军船，举借第二次奥国借款，共计 200 万英镑。
1914 年	周自齐	整理田赋，规定规复前清旧额，并以银圆结算，同时清除弊端，归并科目。
1914 年 2 月	周自齐、张弧	改革盐税征收办法，规定“先税后盐”“整齐税率”“划一斤重”“废除耗斤”“认真掣放”等制度。
1914 年 3 月	周自齐	拟定整顿牙税办法四条。并整理当税。
1914 年 3 月	周自齐	规复各省解款制度。
1914 年 3 月	周自齐	呈请袁世凯修正《清查官产处章程》，以弥补财政，清理官产情况为目的。
1914 年 3 月	周自齐、朱启钤	呈请批准《国有荒地承垦条例》，规定了国有荒地承垦办法，其中详细规定了申报承垦程序、承垦要求。
1914 年 3 月	梁士诒、周自齐、朱启钤等	在财政会议上提出“裁厘加税为修改关税之要点”。
1914 年 4 月	周自齐	《清查滩荡地议定租率酌增放垦升科办法通令》对各省沿海地方及江河流域，内地湖荡、淀泊潴水之区清查、招垦、升科纳税三个方面做了详细规定。
1914 年 5 月	周自齐、张弧	颁布盐务署官制，该章程受到丁恩反对，同时加强了盐政统一。

续表

时间	制订、实施者	政策、法规内容
1914 年 6—7 月	梁士诒、周自齐等	修订常关税则，减轻了工商业者的税负压力。
1914 年 6 月	周自齐	呈文袁世凯提出各省财政厅直辖于部。
1914 年 7 月	周自齐	颁布《特种营业执照税条例》，规定 13 类特种营业行业。税制仿照美国办理。
1914 年 7 月	周自齐等	制订《征收矿税简章》，主旨在于厘定矿税种类，特别是矿税征收、稽查权限的划分。条例中财政部与直属部的各省财政厅权限明显加重。
1914 年 7 月	周自齐	颁布《贩卖烟酒特许牌照条例施行细则》，规定贩卖烟酒类特许营业牌照为财政部颁发，须由营业者向各省经征局署领取。各省烟酒税按月由财政厅解交国库。同时明令东三省俄国各烟酒商严格遵守该细则。
1914 年夏—9 月	周自齐	制定《征收厘税考成条例》《征收官交代条例》《征收田赋考成条例》《常关征收考成条例》等，强化征收管理，杜绝地方在征收中的亏欠、侵蚀、推诿等现象发生，保障财政收入的及时到位。
1914 年 8 月	周自齐	拟定《官产处分条例》，规定官产调查、处理办法。
1914 年 11 月	周自齐	批准四川财政厅制定的《川边贩卖烟酒牌照税推广条例施行附则》，施行烟酒专卖，其税收解交国库。
1914 年 12 月	周自齐	办理清丈，清查田册，田地占有情况。
1914 年底	周自齐、朱启钤等	与美孚公司订立中美石油公司合同，合作开发延长、承德府及其附属油矿。
1915 年 1 月	周自齐、朱启钤	制订检查使用印花办法。
1915 年 1 月	周自齐	制定《补订契税条例施行细则》，补充契税发行、征收等制度。
1915 年 1 月	周自齐	令财政部制定本年度预算办法八条，规定照上年度格式分临时、经常门，各款项分列本年度收数及与上年度增减比较数，下半年无须开列国税、地税名目（已取消）。

续表

时间	制订、实施者	政策、法规内容
1915 年 2 月	周自齐	颁布《屠宰税简章》。
1915 年 5 月	周自齐	《森林法施行细则》就国有森林清查、保护、管理等方面权限作了具体规定。
1915 年 7 月	周自齐	订定农商部直辖《农事试验场查察规则》九条，举办国有农业试验场。
1915 年 8 月	周自齐	规复云南东川铜矿为官办，以应维护利权，铸造国币所需。
1915 年 9 月	周自齐等	呈请维持湖南金、铅、锡、锑、钨等官矿。
1915 年秋	叶恭绰、工景春	反对举办通行税，以妨碍铁路发展。
1915 年 12 月	周自齐	制订《修正特准探采铁矿暂行办法》，规定铁矿以后需官办或官商合办。
1916 年初	周自齐	成立林务处、设林务专员，在各地开始国有林场与苗圃。
1916 年初	周自齐	呈请设立农商部地质调查局。这是我国地质事业、物探事业的重要性和标志性事件，其发起原因除发达产业，增加富源之外，还有维护利权之目的。

以上所列，可以看出交通系领袖制定的经济政策具有的浓重的国家资本主义倾向。那么对交通系致力于发展国家资本主义的经济政策我们应作如何评价呢？

笔者认为，国家资本主义在民初出现的发展势头，固然与交通系领袖主观上的努力提倡分不开，但亦有许多客观原因。其一，近代国家资本主义经济政策受到传统经济政策影响的影响极大。在中国二年多年封建社会时期，历代王朝均将利出一孔，官山海，盐铁官营等作为最根本的经济政策，这在“轻重论”中，尤其得到充分体现。该理论由管子首创，发展于战国，大张于汉代。汉代轻重论的确立有其典型的时代背景，即外有强敌匈奴，内有诸侯国分裂，而国家政权同商人资本之间的矛盾也日趋激化，同时中央集权专制主义已经建立起来，需要巩固和加强统治，增加财政收入，应对城市工商业日益发达，商品货币经济较为繁荣，大商人与地方诸侯的勾结。轻重论提出封建政权必须取得三种轻重之势，对富商大贾的轻重之势，对诸侯的轻重之势，对广大人民的轻重之势。轻重论继承法家对国民经济实行严格的国家控制和干预的思想，主张经济手段和行政手段兼用；国家自上而下宏观干预、调控同国营工商业在市场上的竞争和垄断活动并举；既谋求国家对整个国民经济的支配即轻重之势，又要尽量增加财政收入。[①] 轻重论包含农业、货币、财政、商业、工矿业等各方面政策，实质就是国家发挥在经济生活中干预、控制作用，是封建社会居主流地位，有重要影响的经济政策。这一政策影响了两千多年中国经济生活变迁，自然对近代财政税收、币制、商业、工矿业政策的延续、变易会产生直接影响。

其二，发展国家资本主义是国民经济发展的客观实际要求。以铁路国有为例，有学者讲满清政府以国有铁路政策招致覆灭，民国成立才及一年，交通部竟把各路一一加以收回，并未发生阻力。足见当时商路本无实力，也因国民对于铁路事业的观念已与往时不同。政府趁革新之际，逐渐施行统一路权的政策，自后铁路国有政策遂成惯例。[②] 民初社会舆情与交通发展的实际情形已经说明，铁路国有是必然选择。大规模的行业与财政收入巨大之行业，必须国家经营。国有营业种类各国不同，一般工商业让与民间居多，而国防军工、造币、大型矿山、轮、路、邮、电一般为国有。官办农业为农事试验场，此项官业本为改进之谋，非为赢利考虑。官办工业如兵工厂、钢药厂、硝磺厂、造船厂、呢革厂、印刷局等，皆于军事上或政治上有特别关系，固以归官办为宜。至于化炼厂、造纸厂、各种工艺厂，无非为提倡工业而设。而造币厂必以铸造权归于国家，始有一定程式，避免私铸，模式、成色不一而有阻流通，致损信用。国有商业主要以中央银行由国家经办，便于掌理金库收支，其发行纸币所获之利可归于国家。交通业，“内则资文化之启发，外则关重大之国防，端赖脉络贯通，始可收提纲挈领之效，远近普

① 赵靖、石世奇：《中国经济思想通史》，北京大学出版社 1991 年版，第 536—568 页。

② 凌鸿勋：《中华铁路史》，第 13 页。

及”。因此我国亦应仿效各国采取官办。普通矿虽许人民开办，但食盐及煤油须国家专办，铁矿亦应属于国有。农商部订定《勘选官矿区域暂行简章》，凡于炼焦之煤，与锰、金、银、铜、铅、镍、锌、锡、金刚石及各项宝石，均应暂行划定区域，作为官矿。①

国家资本与私人资本在国民经济结构中缺一不可，二者分布领域，职能与作用均有不同，应相辅相成，而不应互为冲突、排斥。民初学者与社会舆情认识到，工商业可由民办，而交通、矿业、金融币制以及关系国防、国家民生的大工业等必须官办，显然已是意识到了二者的不同地位与职能，是一种理性的认识。因此交通系在发展国家资本主义问题上，我们是理应抱以肯定态度的。

此外，民初国家资本主义的发展，还是因为孙中山、袁世凯等政治人物出于不同角度，提出的共同主张。孙中山主要以民生主义为出发点，为防止私人资本对国民经济的垄断、控制，避免社会贫富分化，同时从维护国家安全利益，奠定国家现代化基础角度出发，提出将交通、工矿等重要产业、实业由国家举办。袁世凯则主要从加强中央集权，解决国家财政问题，同时也是为推进早期现代化，力主铁路、银行、矿业等国有、官办。当然民初发展国家资本主义还是因为国际环境原因。一来日本等列强在第一次世界大战爆发前后对我国的侵略，必然要求北洋政府利用国家力量在经济上确保国家安全。因此在经济政策中，带有统制性的、以国家利益为内核的民族主义的、中央集权的倾向必然要彰显出来，这实际促进了国家资本主义经济政策的外现；其次，20世纪初西方资本主义国家在经历自由资本主义发展时期后，针对其社会经济生活中的各种弊端，都在逐渐加强国家干预作用，国家资本主义在这一时期出现了上升与发展势头，中国的铁路国有政策与银行国有政策是明显受到当时世界潮流影响。

总之，交通系经济政策中的国家资本主义倾向是极为显著的。他们对清末民初国家资本主义持续发展起到重要影响，并直接影响着南京国民政府时期国家资本主义的发展与总体经济政策的制定。国家资本主义是中国早期现代化核心力量，在民初呈现出一定的发展势头和

① 魏颂唐：《财政学撮要》，第175—180页。

发展成果，具有历史必然性，与当时的国内外环境密不可分。交通系致力于发展国家资本主义应该予以肯定。

第四，早期现代化导向的特征。

在交通系制订的经济政策具有现代化导向特征，这主要体现在以下三方面。

其一，对交通、金融、农工商业发展的推动作用。交通方面，体现在民初铁路、电信、邮政业务的迅速发展（详见第二章）。金融方面，体现在民初中交二行代理国库、发行兑换券、整理滥币、币制改革方面的作用，以及对民族工商业的挹注作用；体现在举办新华储蓄银行等举措，体现在举办内国公债对国内金融业发展的刺激作用（详见第三章）。在农工商业方面，则为举办农业改良，大力发展林业；举办博览会，以及通过减税、保息、专利等措施鼓励民族工商业的发展；大力扶持官矿业的发展，鼓励土货出口等（详见第五章）。

其二，是为推进早期现代化，进行的制度创新。交通业方面主要为推行特别会计制度；出台一系列国有铁路资金、资产的管理制度；推广铁路联运制度；裁驿归邮，打击客邮与民信局，加入万国邮联等等。金融业、币制方面，发行内国公债取得巨大成功；对清末以来泛滥成灾的各种滥币进行整顿，施行银本位制，发行袁头币，使币制改革推进了一大步。财政方面，试办预算，完善官厅会计制度并推广审计制度；施行征收官考成制度，严格了国家税政的责任制度；提出裁厘主张，并大力整理田赋弊端，对当税、牙税举办办法进行改革；积极推广印花、营业等税；进行盐政改革，开放引岸，统一盐务管理，改革盐税征收制度；筹备关税谈判，对常关税管理制度进行改革；规定中交二行国家银行、国家金库地位，推行统一财政与统一国库运动，其意义十分深远。实业方面，推广农业改良，筹设农业银行，成立林业管理机构，森林国有，大力发展林业；成立中央与各省劝业委员会，统一权度，制定《证券交易所附属规则》，编制农商统计资料，组织国内博览会、展览会刺激商业发展；成立地质调查局，出台《审查矿商资格规则》，规定铁矿、金库等官办，规范矿业发展；出台专利奖励政策与设立工业试验所刺激民族工业发展等。

其三，交通系对清末一些在早期现代化进程中有重大影响的政策予以继承，同时其新制定的或沿用的一些政策，又为南京国民政府继承。这些政策是我国早期现代化进程中的核心政策，具有的稳定性和连贯性。这些政策没有因为政权更迭，时局变动而发生巨大变化，显示出中国早期现代化进程中的一些模式和制度特征。兹将这些政策通过表2对比说明。

表2　　民初北京政府与清政府、南京政府有关政策比较

政策内容	清末推行情况	民初交通系领袖推行情况	南京国民政府时期推行情况
交通四政国有政策	1911年盛宣怀提出干路国有；1902年电报收归官办，1908年归还商股，全归官办；1911年邮政归邮传部管理，在总办之上设立局长；轮船招商局自创办始，由北洋大臣节制，1908年归邮传部辖，1911年清廷拟收归国有。①	1913—1915年收回八省铁路及株萍、漳厦路为国有；1915年制定《电信条例》，明定国有原则；划分邮区，打击客邮与民信局，推行邮政国有；民元反对轮船招商局商办，提出官督商办办法。	1928年11月国民党中央政治会议通过《建设大纲草案》，规定关系全国交通事业，如铁路、国道、电报、电话、无线电等均应有国家经营。② 1929年6月国民党第三届中央执行委员会第二次全体会议决议轮船招商局由国民政府特派专员负责整理，并组织委员会负责指导。③
成立国家银行，强化央行职能，控制金融	1905年成立户部银行，清政府给予它铸造硬币，发行纸币，代理国库等特权，使其相当于国家银行。1908年成立交通银行，除收支四政官款外，代行国库，业务“多局促于官款之调拨途”④。	中交二行取得发行兑换券、举办公债、代理国库、整理纸币特权，并在币制改革中发挥重要作用，实际为国家银行与中央银行。同时发起成立新华储蓄银行。	改组中交二行，使其成为国家银行，并成立邮政储金汇业总局、中央信托局。形成四行二局的局面。

① 张心澂：《中国现代交通史》，第43—44、267页。

② 孙科：《建设大纲草案及其说明》，罗家伦主编：《革命文献》第二十二辑，中央文物供应社1960年版，第367页。

③ 张心澂：《中国现代交通史》，第269页。

④ 刘克祥、陈争平：《中国近代经济史简编》，第367页。

续表

政策内容	清末推行情况	民初交通系领袖推行情况	南京国民政府时期推行情况
进行币制改革	1909年颁布《币制则例》，定银圆为国币，以七钱二分重一元为单位，铸权统归中央，实行银本位制。	1914年颁布《国币条例》，以银圆为国币，定一元银圆重七钱二分，发行各种辅币，取缔龙洋等杂币地位，实行银本位制。	先是推行“废两改元”，统一使用七钱二分重银圆，使币制进一步统一，后实行金汇兑本位制，发行法币。
财政、税收的高度集权	针对财政重心向各省督抚转移，清廷在1908年推行财政清理，规定财政收归中央，严格京饷解交制度，并加增各省摊派；同时试办国税与地方税办法；①并试办宣统二年（1910年）预算。“可以说，清末的财政改革，如试办预决算、划分国家税和地方税等，是传统理财方式向近代理财方式转变而迈出的第一步。民国初年的财政运行就明显受到清末财政改革的影响。此外，即使一些仍属强化传统封建管理体制的措施，在当时也仍有某些合理性。因为从国家利益的角度看，大量的财政收入散于地方，总不如由中央政府掌握好。尤其对中国这样一个大国来讲，只有相对集中财力，才就确保社会的正常发展。”②	施行中央专款制度，规复各省解款旧额；财政部统辖财税事权，财政厅归部直辖；严格考成制度。将国地两税划分制度与解款制度折中而设所谓专款制度，规定以印花税、烟酒牌照税（附加税）、烟酒税（附加税）、验契税、契税（附加税）五种为专款。后增加屠宰税、牲畜税、田赋附加税、厘金收入。与清末划分国税情形相同。③	统一财税管理权，“举税务、币制各要政统辖于财政部”④。财政事权集中，中央派出财政特派员、关监督、盐运使、统税局等负责国家税收。1928年全国财政会议通过《划分国家收入地方收入标准案》，详定现行、将来国家、地方税收类别；又通过《划分国家支出地方支出标准案》，规定中央、地方财政支出类别。⑤

---

① 朱寿朋：《光绪朝东华录》，第5921页。

② 周志初：《晚清财政经济研究》，齐鲁书社2002年版，第124页。

③ 吴兆莘：《中国税制史》，第125页。

④ 《国民政府档案》一（2），卷6869；转引自陆仰渊、方庆秋《民国社会经济史》，中国经济出版社1991年版，第222页。

⑤ 《划分国家收入地方收入标准案》，江苏省中华民国工商税收史编写组、中国第二历史档案馆编：《中华民国工商税收史料选编》第一辑（综合类上册），第760—764页。

续表

政策内容	清末推行情况	民初交通系领袖推行情况	南京国民政府时期推行情况
财税整理	甲午战争以后，因关盐二税均作为外债担保，厘金、常关税“亦陷于投入偿还外债款项”，“故政府仿效欧美诸国之税制，企图施行所得税、印花税、营业税、注册费等，然终不果也”①。	提出整理旧税，即整理田赋旧弊，拟裁撤厘金，对屠宰、当税、牙税进行整理。推广印花税、契税、牌照税、营业税。改革盐税征收办法，筹划关税谈判，并对常关税征收办法进行改革。“是以营业税（行为税）、直接税替代消费税、间接税之税收主体地位，以改革来尝试实行‘文明先进国家之税制’。”② 严禁烟土走私。	施行关税自主、整顿盐税（废除专商、开放引岸、先税后运、就场征税、简化税目、打击走私、统一盐政）、“裁厘改统”与征收印花、所得税。并整理田赋（禁止预征、核实实数并限制附加）。禁绝鸦片，反对“寓禁于征”。一如北京政府，以城市中的近代经济部门的间接税为税收基础。北京政府制定的契税条例及施行细则在1935年由南京政府宣布仍完全继承。③

① 吴兆莘：《中国税制史》（下册），第7—8页。

② 徐建生：《民国时期经济政策的沿袭与变异（1912—1937）》，第199页。

③ 同上书，第203、87页。

续表

政策内容	清末推行情况	民初交通系领袖推行情况	南京国民政府时期推行情况
矿业官办	1909年制定《大清矿务章程》，规定农工商部综理矿政并统辖办矿人员；各省设立劝业道分管，并在著名大矿及华洋合办各矿、矿务繁多地方设立矿务局，均应由督抚咨明农工商部备案或核夺；进行矿务调查，在各地勘查、测绘；虽规定中外商民可以开矿，但在地权、矿权一节中规定："第二项指矿权而言，系照各国通例，凡矿产悉为国家所有，非经官准不得私相授受。""凡矿商力有不足，官家助以资本者，谓之官银股；官家之地不自开，准给矿商领办者，官地所占之股谓之官地股。"执照分勘矿、开矿、采矿三种，均由农工商部办理，各省督抚转交劝业道、矿务局填给；成立矿务警察，负责弹压；对本章程施行前之官、商、合办旧矿进行清理；进款税、旧矿所收税款、采小矿执照费以一半解交农工商部，开矿税全部解交农工商部。①	明定铁矿以后需官办或官商合办；维持湖南官矿；为铸币及扩充财政，维持利权，提出将云南东川等铜矿收归官办。出台《征收矿税简章》，征税办法大致沿袭前清旧制。进行地质调查，"一以便矿署之钩稽，一以谋财政之统一"②。	1930年颁布《矿业法》，规定矿业国有及勘探、开采、消灭、纳税等权限；铁矿、石油、铜矿等政府有优先权；此外，烟煤矿应归国有，由国家自行探采，钨、锰、锑、钾、铝、磷、铀等矿，农矿部认为有保留必要，得划定区域为国家保留区，禁止探采；农矿部对探矿、采矿有管辖权；"承租人不得将所租国营矿业权转租、抵押、典质或让与"。③ 又规定关系国家前途之大煤矿、煤油矿、铜矿等，悉由国家建设经营。④ 南京政府还成了建设委员会，作为办理国营事业之最早机构，接管北洋政府时期的官办矿业和北洋大官僚投资的矿业企业。另一重要机构是资源委员会，曾计划统制钨、锑产销，以及各省铁、铅、铜、煤、锌、石油等开采。⑤

① 傅英主编：《中国矿业法制史》，中国大地出版社2001年版，第141—161页。

② 《财政农商部呈会同拟订征收矿税简章缮折请鉴核文并批令》，《政府公报》1914年7月27日第799号。

③ 《行政院抄发〈矿业法〉及其施行日期致工商部训令》，中国第二历史档案馆编：《中华民国史档案资料汇编》第五辑第一编（财政经济五），江苏古籍出版社1994年版，第53—71页。

④ 罗家伦主编：《革命文献》第22辑，第368页。

⑤ 刘克祥、陈争平：《中国近代经济史简编》，第527页。

续表

政策内容	清末推行情况	民初交通系领袖推行情况	南京国民政府时期推行情况
专卖政策	盐采用引岸专卖制度；1866年后，陕、甘、康、藏等地仍采用茶引制度；① 庚子事变后，“户部设计筹款，于百货厘中提出烟酒糖茶四项，单独加成”②。此后各省相继开征酒税，袁世凯在直隶筹办酒税。但清政府尚未推行专卖制度。	先是在1914年8月财政部调查各省烟酒产量、成本、税率，后将黄酒、烧酒、烟酒税率提高，“并又颁布烟酒公买局与烟酒公买局栈暂行章程，实行官督商办的公买政策，以为增加财政收入”③。	1929年整理烟酒税，经征机关验名纳税情况，发给凭证，并拟订《全国烟酒商登记章程》，“亦可谓循行公卖之途轨”④。1927年6月颁布烟酒牌照费暂行条例，“除在名称上已将税改费以外，条例内容仍继续旧例规定”，并将烟酒酒类商户分为专卖、零卖两类。1941年国民党第五届中执委八次全体会议决定将盐、糖、火柴、烟、酒、茶叶六类商品实行专卖制度。⑤
农业政策	1896年颁布《招民代垦章程》，并陆续出台各种政策，奖励垦殖；1898年后设立农务局，办理农务学堂并成立各种农业试验所，推广技术改良。1905年又颁布《改良茶叶章程》，1909年颁布《推广农林简明章程》。⑥	1914年3月与11月公布并修正《国有荒地承垦条例》。鼓励垦荒、规划兴办水利，奖励植棉、制茶，大力发展林业，改良农业与畜牧业。	暂准沿用《国有荒地承垦条例》。颁布《农产奖励条例》《农业推广规程》，鼓励农业改良、提高农业生产技术；筹办水利，规范农林渔牧等业，将北京政府国有林场整理后建造“国有林”⑦。

① 吴立本：《专卖通论》，正中书局1943年版，第108、113页。

② 程叔度、秦景阜、姚大中编：《烟酒税史》（上册），第2页。

③ 吴立本：《专卖通论》，第169页。

④ 程叔度、秦景阜、姚大中编：《烟酒税史》（上册），第168页。

⑤ 吴立本：《专卖通论》，第169—170、194页。

⑥ 刘克祥、陈争平：《中国近代经济史简编》，第476—483页；《清末民初经济政策研究》，第53页。

⑦ 徐建生：《民国时期经济政策的沿袭与变异（1912—1927）》，第87、103、118—119页。

续表

政策内容	清末推行情况	民初交通系领袖推行情况	南京国民政府时期推行情况
工商业政策	1903年光绪帝在谕令中提出“通商惠工”，并采取如下政策。第一、成立农工商部，颁布《商律》，支持成立商会等职业社团；第二、颁布《公司律》《破产律》等综合性法规以及农、工、商、交通、金融等各行业法规；第三、兴办实业教育，推广西方科学技术；第四、颁布各类劝奖章程，鼓励投资办厂，吸引侨资等。①	施行保息、专利、示范与奖励政策；对国货减税，鼓励出口；统一权度，吸引侨资；改组商会，规范经济社团。	继续奖励制度，实行过渡性的专利制度并确立商标法，改进试验示范与商品检验制度；改革税制并减税，鼓励国货出口；统一度量衡；整顿、改组职业社团，纳入“民众运动”的党治轨范，改组上海总商会。②
施行四政特别会计制度，抑制民业铁路	邮传部尚书陈璧与五路提调梁士诒为赎回京汉路，提出将邮电路船四政收入由交行统一经理，作为赎路款抵押之用，由部统筹经划，实行特别会计制度。1910年清廷曾制度了特别会计预算，1911年邮传部又拟有路政经费特别会计细则，交由内阁法律馆审查，并交资政院议决，但未能颁行。	1913年2月在国务会议上提出施行四政特别会计制度，1914年10月《会计法》明定施行，编有民国三、四、五年四政特别会计预算；1915年出台《民业铁路条例》，抑制民业铁路发展。	沿用北洋政府《民业铁路条例》至1931年，后修订;③ 1928年交通总长王伯群提出励行会计独立一条，后铁道部总长孙科亦向政治会议提议会计独立。之后中政会规定虽不再冠以特别会计名义，“其会计与一般会计划分，务使营业有可恃之资及维持费，不受流用之影响，而盈亏亦得以瞭然，亦事实上之所必要也”④。
举办公债	先后发行昭信股票、爱国公债等。	成立内国公债局，发行民国三、四、五年内国公债等。	继续举办公债，“以第四期即民国十六年至二十年为最巨。发行公债达二十八种，发行额逾十万万元，占发行额计之百分之六二．一三。”⑤

① 刘克祥、陈争平：《中国近代经济史简编》，第310—314页。

② 徐建生：《民国时期经济政策的沿袭与变异（1912—1927）》，第104页。

③ 同上书，第88页。

④ 张心澂：《中国现代交通史》，第65页。

⑤ 王宗培：《中国之内国公债》，上海长城书局1933年版，第3—4页。

通过比较清末、北京政府（交通系制订）、南京政府时期核行经济政策的共同之处，我们可以概括出中国早期现代化进程中一些具有连贯性、稳定性的政策，并以这些政策为基础，来探究早期现代化发展的模式与体制特征。本文以为这种模式或体制特征主要内容如下。

（一）从清末到民初，再到南京政府，受制于财政极度困难，经济发展基础极度落后，早期现代化目标急剧繁重，国际形势特别是外患极度紧迫，中国的早期现代化等否顺利推行，首先需要的是一个强有力的集权政府，一个强有力的政治统治者。这种诉求乃至发展成为极端民族主义、国家主义思潮的出现，在经济政策上就是集权主义、国家资本主义、统制主义，而不是自由主义、个人主义的色彩突出一些。有学者认为中国作为后发现代化国家，对强大政府的诉求在政治、经济上必然将国家主义、集权主义、民族主义复杂的融合于一。特别是国家主义、民族主义思想与理论，民国时期虽未演化为统治者的政策思路，但所代表的经济政策对统治者的影响不可忽视。[①] 从这一角度分析，民初交通系支持袁世凯在财政经济上施行集权主义，采取集权统治，是有深刻的历史的原因的。

（二）无论交通系还是清政府、南京政府统治者，其经济政策中心是以财政问题为中心，在经济伦理上注重国家、中央利益。为保证财政收支平衡，他们采用新技术、新的政策与法规来扩大财政来源，保持财政稳定成为国家经济生活、政策制定的核心。这也实际成为中国早期现代化进程的一个基点和影响整个现代化推行的根本因素，历届政府实业、金融、交通、币制、税收等经济政策的推行都受到财政问题的影响。这一影响体现在以下几方面，第一，金融、财政政策融合。如交通系控制中交二行，使其代理国库而且为政府垫款，经理公债；第二，国家财政、税收制度围绕扩充财政这一重心，影响着整个工商业发展的方向和水平。如厘金的裁撤就很明显。民初袁世凯为财政问题考虑，最初设想裁厘为关税谈判做好准备，因此支持交通系裁厘主张。但在关税谈判停滞后，为财政收支计，又反对裁厘主张，这自然对工商业发展产生

---

① 徐建生：《民国时期经济政策的沿袭与变异（1912—1927）》，第46—47页。

极大影响。再如常关税改革客观上减轻了工商业者的税负压力。袁世凯与交通系这一举措虽然有减轻民族工商业负担，收回利权，推进现代化发展的动机，实际上根本动机仍为增加财政收入。而反映在四政特别会计制度上，就更为明显了。交通系坚持维护这一制度，不仅有早期现代化的倾向，也有自身集团利益。而袁世凯借此要挟交通系，皖派借此打击交通系不过是因为财政控制权的争夺问题。这些政策因财政本位因素，有的带有消极色彩，而有的带有积极色彩，如交通系推行币制改革、统一国库，整理各省滥币无疑应予更多的肯定。

因此，撇开财政问题这一中心，考察民初乃至整个早期现代化进程中各种经济政策制订的目的和实际效果，都是不太客观与全面的。

（三）对交通、工业及关系国计民生的基础产业进行垄断，由国家举办，体现出浓重的国家资本主义倾向。[①] 同时将金融银行业作为国家干预经济的主要领域，强调这一领域的国家垄断经营。而在清末至南京政府时期，能否建立一个强大的，独立的中央银行体系，并起到中央金库作用，始终是中央政府的努力目标与方向。为实现这一目标，他们既要与列强进行斗争，也要与国内地方利益代表进行斗争，同时还要与私营的金融组织进行斗争，因此充满了复杂和艰巨性。必须承认交通系在民初致力国家银行体系的建立对民初乃至整个早期现代化进程的意义都是极为重大的。“在二十世纪初期就已经认识到国有制对中央银行的特殊意义，这是很了不起的，因为直到30年代凯恩斯主义兴起，许多国家为了加强对经济的干预，才开始控制中央银行，国有化成为设立中央银行的重要原则。”[②]

此外对影响财政、人民生活的重要商品，如食盐、烟酒推行专卖制度。这与交通、工矿业、金融等实行的国有政策反映了国家对国民经济应有的统制作用。而且这些领域是国民经济支柱，是国家经济安全的保障。

---

① 1915年初，舆论曾报道袁世凯交政事堂讨论路矿国有一事，经议决，“以不惟目下政府无此财力，且其中尚有种种流弊，于事实上恐难成立，即将呈覆大总统将两案取消”（见《路矿国有案已均取消》，《盛京时报》1915年3月23日）。但至袁世凯下台，北京政府并未出台政策明确取消路矿国有。

② 杜恂诚：《中国近代国有经济思想、制度与演变》，第121页。

（四）对民族工商业、农业发展的鼓励。交通系与历届政府的统治者一样，对私营工商业以及农业生产者均出台政策，积极予以扶持。如专利、保息、奖励投资、鼓励垦殖、鼓励出口、减税等政策，具有连续性和长期性。但是交通系与历届统治者一样，在涉及财政摄取与挹注与辅助、国家控制与自由发展上，始终没有找到平衡点，仍处于矛盾中。如裁厘问题、停兑问题、限制矿商开采、打击民业铁路等方面就很典型。

（五）经济政策中的新旧杂糅色彩浓重。这指财税政策上，交通系领袖与历届政府的政策较为保守，在一些具体政策上也很少改动。这首先是因为财税制度是国家经济生活的中枢、神经，必须保持财税制度的稳定性，财税制度是国家经济伦理关系的外在表现，国家、中央与地方、个人、社会间的关系恒定的。这在民初就反映在专款制度形成与中央财政权的集中等方面。在一些具体税制上，只要不影响财政伦理，一些新税制被积极推行，这就表现为制度的创新与现代财税制度的建立。如预算试办、会计与审计制度建立，西方税制的引进等。在金融、币制政策方面，为推行中央银行制度形成，统一国库，推行币制改革而制定的一些政策带有进步的色彩，但是，币制改革的艰难、长时段性，以及金融、财政政策的融合，使交通系在内的统治者政策中又有保守的一面。如更多的是利用行政手段干预币制改革与金融活动，中交二行业务以官款往来为主，对民族工商业的扶助有限，等等。在实业政策方面，由于与财政牵连并非直接，同时交通系领袖等统治者作为致力于早期现代化的积极推动者，在政策上都能体现出其开拓、求新、积极的一面。如交通系领袖制订的铁路国有资产管理制度，施行的保息、专利、地质调查、发展林业、举办博览会等制度，无疑应予以高度评价。

第五，精英政治特征。

交通系领袖的经济活动、经济政策的制定还与其政治、经济利益诉求方式相关，与这一群体的职业、生活经历、文化修养等都有具体的关系，体现出精英政治特征。

交通系领袖普遍具有较高文化修养与知识结构。梁士诒是进士出身，而且是清末经济特科第一名。叶恭绰不仅在交通业领域有重要影响，他在诗词、金石、字画、收藏等方面有极高造诣，是民国文化界的泰斗级人物。唐绍仪、周自齐等留学美国，精通外交，对世界局势十分了解，是中国较早的外交家。再如施肇基、詹天佑、吴鼎昌、王景春、关庚麟、周作鹏、罗国瑞、邝孙谋等，都有留学日本、美国的经历，是我国最早一批铁路工程、铁路财政、金融、外交等领域的专家。从交通系代表人物的早期职业、生活经历来看，他们也都是金融、外交、交通、工程等领域最早的行业管理者或重要官员。他们并不是一般的官僚，而是集专家、精英、行业管理者于一身。他们制定经济政策并非是一个简单、庸俗官僚化、行政化、形式化过程，而是体现出专业化、科学化、现代化的倾向。这特别体现在交通政策上，交通系领袖一方面通过交通部门行政主管官员身份，另一方面通过铁路协会这一精英组织机构，提出许多先进的，能代表行业发展规律的政策或主张。如提出铁路国有，提出特别会计制度；再如提出铁路厘金裁撤，完善铁路资产、资金管理办法都是非常领先的，乃至具有超前意识。此外，在财政上提出推行新税制，进行币制改革，成立国家银行，反映出梁士诒、周自齐、吴鼎昌等是中国财政、金融新制度、新体制的创建者。这不仅符合中国早期现代化发展潮流，也与世界发展趋势趋同。这表明交通系领袖具有超出一般官僚的行业管理才能，体现出其管理中较高的专业技术素养。他们不同于浅薄、庸俗、政治人格化的一般官僚阶层，也不同于唯利是图，以金钱、财富、权利为追求目标，充满经济人格化的官僚资产阶级。他们是行业管理者，是具有文化素养、专业技能与知识，具有现代化发展追求的精英，这是对他们的最完整的定位。

对交通系领袖在财政、金融、交通等领域的管理才华，精英特征，各界都有一致认可。如美国驻华公使芮恩施这样评价梁士诒，“总统的秘书长梁士诒是‘中国的皮尔庞特·摩根’，他的声望仅次于袁世凯，是北京最能干和最有势力的人……他不肯担任总长，而只经常通过他对重要雇员的影响来控制内阁行动，他还替袁世凯管理财政上一切事务”[①]。梁士诒去世后，前交通部同人在祭文中称：“开辟交通，主张贯彻。国家命脉，财政为先。金融外溢，其流涓涓。税操客卿，丧失主权。公起抗议，全力斡旋。公理战胜，从事独鲜。利国福民，厥功伟

① ［美］保罗·S. 芮恩施：《一个美国外交官使华记》，第79—80页。

焉。税务初兴，楚才晋用。建议设学，储材首重。道在养成，取求足供。权自我操，遏其鞚纵。强邻贴耳，声色不动。外库常充，大邦是控，公持大计，建国之初。遗艰投大，前席陈谟。通邮筑路，脉络灌输。整理财政，国用以舒。”前财政部同人祭文称：“公债发行，惟公是创。采自欧邦，实为良制。酌计盈虚，昭示信义。国本以宁，民生攸利。改良币制，硕画精详。”① 对梁士诒在财政、币制、交通等领域的卓越才能与功绩给予了认可。

再如对周自齐评价，“洎公入长财政，精心擘画，尤以天下之事为己任。他如财政委员会、币制局、中国银行，公一管其事，必并筹兼顾，算无遗策。尝曰：‘今国用奇绌，使吾久于其事，必能使虚者实，棼者理’。人亦以公言为笃论。公凡三任财政，其划分国家地方税，易关卡为常关，增设盐务署，岁骤入二千万，维持公债，以保国家信用，兼恤商贾之折阅，皆所谓救时之上策也”②。

对吴鼎昌在币制改革中作用，有学者评价：“1915 年初，天津造币厂在吴鼎昌主持下开始铸造银辅币，铸造的银辅币先在京兆、直隶投人流通，后又推广到山东、河南等省，因铸币手续完善，发行机关统一，新发行的这种银辅币无跌价之弊。与此同时，天津造币厂又在 1916 年 2 月按照新颁布的国币条例加铸一分（一百枚当一元）和五厘（二百枚当一元）两种铜辅币。银、铜两种辅币的发行流通，对于统一当时中国混乱的币制，起了一定的作用。”③

对于朱启钤，胡适这样评价道：“他是近十年内的第一个能吏，勤于所事……交通系的重要分子，以天资的聪明论，自然要推叶恭绰；以办事的真才论，没有可以比朱启钤的。”④ 芮恩施这样评价朱启钤：“他还是一个城市设计、筑路和发展工业的实行家。他年纪轻轻，所受的教育和他的性格都完全是中国式的。他有着非常丰富的关于中国政界人物的知识，这些知识在他的那个部里是必要的。作为一个建设者，他成了

① 佚名：《三水梁燕孙（士诒）先生哀挽录》，第 24—25 页。

② 柯劭忞：《勋二位国务总理周公墓志铭》，卞孝萱、唐文权编：《辛亥人物碑传集》，第 325 页。

③ 徐矛、顾关林等主编：《中国十银行家》，第 227 页。

④ 胡适：《胡适文集》，燕山出版社 1995 年版，第 163 页。

北京的奥斯曼男爵，拓宽并铺设了马路，设立了公园。重新安排了公共场所，这些都是他在短短两年任职期间所创造的奇迹。他又创办了国立北京博物院，把皇城的一部分辟作公园，成为市民生活的中心，这是中国从未有过的。由于他精通宗教、艺术和建筑，他就成为一部活的建筑学和艺术的百科全书；他虽然酷爱讲述某座庙宇、宫殿的历史，但他并未因此而没有受到现代的影响。”[①] 民初交通政策，朱启钤确立国有政策，制订四政特别会计制度，办理铁路联运，打击客邮与民信局，对交通业发展实际做出了巨大贡献。

张中行曾这样评价叶恭绰，“也许可以算作得天独厚吧，身材不高而清秀，聪明过人。年轻时候就有大名和高位”。“可贵的是他不同于一般的政客，心目中只有权和利。他还用相当多的力量从事于‘文’或‘艺文’。他能诗能文，能书能画。已出版的著作，我见到的有《遐庵汇稿》《广箧中词》《谈艺录》等”。[②] 有学者评价叶恭绰对民初铁路会计、审计制度影响，称他主张取新弃旧，舍异从同。所谓新、旧，不是复式与单式、西式与中式之别，而是从会计科学的发展，采取最新的簿记方法。所谓异、同，就是舍弃铁路会计各国不同的内容，而保留他们相同之处，为统一铁路会计定下了基本方针。叶恭绰主张派员到京汉、京奉、京浦、沪宁等路调查其原有会计办法及各该路事的沿革，身历其境，洞悉症结。这种不轻视中国自己实际经验，不凭空设想，通过调查确定改革的思想，也是难能可贵的。反映了叶氏把西方科学与中国具体情况结合起来进行会计改革的思想。此外叶氏还主张把资本利息计入建筑成本，理由是借外债的利息，属于建筑成本，将来国家经济宽裕，不借外债，国家自己投资建筑，这项投资额，也应计息列入建筑成本，这样可以比较建筑用款的多少，这是一个有现实意义的理论。[③] 又有学者评价叶恭绰对民初铁路发展贡献，1912 年 6 月中华全国铁路协会在北京成立，叶恭绰被推为副会长，次年春与孙中山在沪会晤，两人决心大力推进铁路建设，十年内筑 20 万里铁路。叶主张利用国内、国外

---

① ［美］保罗·S. 芮恩施：《一个美国外交官使华记》，第 26—27 页。

② 张中行：《月旦集》，经济管理出版社 1995 年版，第 29—30 页。

③ 赵友良：《中国近代会计审计史》，第 328—329 页。

资金，在国内首先建成纵横两干线粤汉线，陇海线，并与欧亚交通贯通，统一会计技术、文字、轨制，厘定铁路法令，大力改革铁路管理。1912 年 11 月成立审订铁路名词会，1913 年 3 月成立统一铁路会计委员会，叶任会长。至 1914 年编订《中国铁路词典》及各种铁路统计则例，颁令全路执行，全国铁路名词、会计统计制度趋向统一。与此同时以分年摊还办法，在 1913 年将八省路权赎回，基本实现对全国路权的直接控制。[①]

后人评价詹天佑，一生与中国铁路事业是无法分开的，自 1888 年从事中国铁路建设事业起，到 1919 年在汉口逝世的 32 年时间里，除主持修建京张铁路外，还先后参加过关内外、津芦、西陵等支线工程及洛潼、沪宁、道清、萍醴、津浦、潮汕、张绥、粤汉、川汉、中东等铁路的筹建工作，足迹遍及长城内外、大江南北。他终身以工程技术为职责，筚路篮褛，鞠躬尽瘁，为中国铁路事业的发展做出了不可磨灭的贡献。除工程技术上的诸多发明外，詹天佑还致力于铁路建设人才的培养，他亲自制订铁路工程技术人员考核晋升办法，对青年工程技术人员要求严格，提携不遗余力。当年京张铁路时代的得力助手，如俞人凤、沈琪、邝孙谋、颜德庆等（以上人员均为交通系人物）以及粤汉铁路时代的凌鸿勋等，后来均担任起中国铁路建设事业的重要职责。他在担任交通部技监及铁路技术委员会会长期间，开始了中国铁路工程法规的首创工作，与此同时，还创办了多学科的中华工程师学会，组织进行科学技术研究和学术交流，并编著《京张铁路工程纪略》《新编华英工学字汇》两书，对中国早期工程事业和工程技术力量培养起了重要作用。[②]

对于张弧，有人评价曰：“弧与学熙皆登甲乙科，一膺监司，一官太守，并有声于清季。弧尤富文藻，饶才思。当甲寅、乙卯间，项城执政，权倾全国，殊有粉饰太平之观。其时学熙长财部，弧贰部务兼筦盐署。学熙持开源节流之策，行之而著效，坐是国库不竭，政费有裕，未闻将领强索军需者。权势如冯国璋、张勋之徒，亦鲜苛求。屈映光且罗

---

① 金士宣、徐文述：《中国铁路史（1876—1949）》，第 540 页。

② 同上书，第 549—550 页。

掘巨万，接济中央，固项城之威逼，抑亦学熙及弧之力成之也。久之，二人议事辄龃龉。盖学熙吝啬，往往不近人情；弧豪侈，有大刀阔斧之之目，宜不能相容。”之后，张弧遭周学熙参弹解职，而袁世凯勉慰张弧，曰：“刘晏理财无过，管仲终当复用；其罪在我，暂避为佳。”并责怪周学熙，“办大事者，岂能惜小费！”后以周自齐代替周学熙，实际上是在财政政策上支持张弧所为。[①] 熊希龄曾为张弧整理盐政呈请袁世凯给以褒奖，呈文称：“窃查本部次长张弧前在长芦盐运使任内，以报解中央盐课，为数甚巨，曾于元年九月间呈奉大总统给予三等嘉禾章在案。该员旋即调任两淮盐运使。其时正值淮岸破碎之余，该员到任后，恢复机关，整理收入，除迭次报解中央盐课外，并次第收复鄂、皖西、湘各岸及江甘、江浦盐埠各食岸。现在淮鹾统一，盐税日增，实出该员整顿之力。刻已调任本部次长，并兼任盐务署长、稽核总所总办，时与外宾交接。论其从公劳勩及现居职务，应否查照外交、交通两部次长之例，将该次长张弧换给二等嘉禾勋章，以资激励而壮观瞻之处，伏乞大总统训示施行。”袁世凯随即批令奖给张弧二等嘉禾勋章。[②] 张弧因整顿盐务，扩充了财政，故被袁世凯称为“盐务专家”“理财能手”，并在张弧 40 岁生日时赐以厚礼及“利用厚生”匾额，极尽恩宠。[③]

交通系其他人物在各自管理领域中体现的专业才能也得到认可和好评。王景春、张心澂被誉为铁路财政学专家。再如周万鹏，“窃维公为我国留学美洲之最初先进，当风起未开之前，致力于电气学业，建政策于当局，终其身不易他职，盖深知专业之义者”。其任电政督办、邮传司长、邮政总局督办期间，曾据理力驳法国私设无线电台、德国西门子公司在电料款问题上的无理要求。“是时航政邮电，并属一司，政费未有定制。公权其出入，节其虚糜，裒以用之建设。先于京津建电报局。于汉口建电话局，于沪建邮务局，皆为廓立闳规，俾合公用。而又增加电线，于各区内则达之僻奥，外则匝于边陲、总其先后所成、有及三万

① 陈赣一：《睇向斋秘录（附二种）》，中华书局 2007 年版，第 130—131 页。

② 《国务总理兼财政总长熊希龄呈大总统详陈本部次长张弧从公劳勩请换给二等嘉禾勋章以资激励乞训示施行文并批》，《政府公报》1913 年 12 月 17 日第 583 号。

③ 合肥市政协文史资料委员会、阜阳市政协文史资料委员会：《皖系北洋人物》，安徽人民出版社 1993 年版，第 331 页。

里以上者，公熟筹大汁，谓中国疆宇与欧美各国，挈长比短，折中定限，宜有电线六十万里为断。”[①]

交通系领袖作为北洋集团内部的一个“文人幕僚”集团，追随袁世凯，控制交通四政，交通银行以及控制部分财政税收事权，使袁世凯与交通系“同中国当时已有的最先进的经济活动有联系，取得的收益也为所有人喜欢。”[②] 交通系在政治、经济利益诉求上不得不从属于袁世凯，客观上使其通过经济政策的制定，维护了其自身利益，但同时也维护了袁世凯的集权统治。乃至在关系群体利益与袁世凯的专制活动之间的取舍时，最终不得不放弃立场，走上拥护帝制的道路。但是也应看到，交通系领袖同时作为专家与精英，认识到何种经济政策是善法，何种经济政策是恶法，何者制定符合历史潮流，是必然选择。因此在许多经济政策制定时，能符合早期现代化发展要求，符合新制度创新要求，符合广大工商业者和普通群众利益。如裁撤厘金，如整顿盐税，如改革常关税，如整理各省滥币，如推行减税专利政策，如奖励出口，贷款给缫丝商人等。这反映出交通系领袖也将致力早期现代化，追求制度创新，追求扶助实业发展作为了自己政治、经济利益诉求方式，以此获得了实业领袖，金融业领袖、交通业领袖的美誉。也正是因为他们在经济政策上能体现出先进性、创新性，体现出在经济领域的卓越管理才能与技术，孙中山先生才能打破政治上的门户之见，力邀梁士诒、叶恭绰、郑洪年等南下赞襄革命。而叶恭绰、郑洪年等人也做出了新的选择，在新的事业中发挥了自己的才能。而吴鼎昌、张心澂、王景春、施肇基等在南京国民政府成立后，也仍旧活跃在金融、财政、外交等领域，是无可厚非的本领域核心人物。

总之，交通系最初是以新型知识分子、专业技术官僚与精英的身份而登上历史舞台的，是以新政实践者、辛亥革命的有功之士、近代交通业的开拓引领者的形象崛起于清末民初这一社会转型时期。民初，交通系是一个与周学熙、张謇、熊希龄、梁启超等决定民初经济走向的主要

---

① 袁希涛：《前交通部邮传司司长翼云周公行状》，《民国人物碑传集》，第 272、274 页。

② Ernest P. Young：*The President of Yuan Shikai*，p. 45.

政治集团，而其影响力超过了后者。由于民初与清末、南京政府时期面临的国内外环境相似，经济现代化的主要任务相似，因此交通系的经济政策在清王朝与南京政府之间，起到承上启下作用，核心政策得到延续。他们延续并发展了中国早期现代化进程中的主要制度和主要模式。即政治上高度中央集权制度，以财政问题为中心，财政伦理上以国家、中央为本位，财政金融政策的高度融合，国家垄断交通、银行、重要工矿业，重要商业部门实行专卖制度。同时鼓励民族工商业的发展，采取一些保商、利商政策。对外，以财政问题为中心，既能本着经济民族主义，在涉及财政、税收主权问题上，利权问题上进行抗争，但又从现实问题出发，在外债等问题上仍仰赖列强。在其经济政策中，能吸收西方先进的制度与措施，进行制度变革，特别是税制、币制、会计制度、铁路管理制度等方面。但是交通系象清末以来许多致力于中国早期现代化的政治集团一样，在涉及财政与经济发展，国家与社会问题上，仍未能找到一个解决矛盾的方法，因此其政策充满了矛盾性，其自身也充满了矛盾性。特别是交通系将其经济政策的成败与否，财政经济政策推行目标的实现寄托在袁世凯这一政治强人身上，寄望于一个威权政府的建立，并将其经济、政治诉求，利益诉求与袁世凯的集权统治结合于一，这就决定了其经济政策中的良莠杂糅，新旧杂糅，也决定了交通系这一集团经济政策的根本属性与作用，决定了这一集团的最终命运和历史评价。

参考文献

（按著、编者拼音字母顺序排列）

一　档案资料

（一）未刊

1. 上海档案馆藏档：《中国银行、浙江兴业银行为领用兑换券合同》，档号 268—1—597—35。
2. 上海档案馆藏档：《上海市缫丝工业同业公会关于受欧洲影响中国交通银行借款六十万两维持有关借款还款的说贴办事章程会议录呈江海关文和合同文书》，档号 S37—1—133。
3. 上海档案馆藏档案：《上海市缫丝工业同业公会关于归还维持借款与财政部农商部等的来往文书和借还款清册》，档号 S37—1—134。
4. 上海档案馆藏档：《上海市缫丝同业公会为本业受欧洲影响无力收茧向财政部税务处拟具银行供给茧商款项条议请饬中交行贷款往来文书》，档号 S37—1—135。
5. 上海档案馆藏档：《上海书业商会恳请税务处将图书转口税值百之二五免去》，档号 S313—1—218—1。
6. 中国第二历史档案馆藏：《交通银行档案》全宗号 398，卷宗号 3258、694。
7. 中国第二历史档案馆藏：《陆军部档案》全宗号 1011，卷宗号 95。
8. 中国第二历史档案馆藏：《中国银行档案》全宗号 397，卷宗号 9174。
9. 中国第二历史档案馆藏：《北洋政府币制局档案》，全宗号 1028，卷宗号 56。

（二）已刊

1. 北京政府：《全国军事政治整理计划书》，（出版单位不详）1919年版。
2. 北京政府财政部编：《关税案牍汇编》，沈云龙主编：《近代中国史料丛刊》第87辑总862册，文海出版社1967年版。
3. 北京政府外交部编：《外交文牍：修改税则案》，沈云龙编：《近代中国史料丛刊》第87辑，文海出版社1972年版。
4. 蔡鸿源主编：《民国法规集成》第22册，黄山书社1999年版。
5. 财政部钱币司编：《币制汇编》第1—4册，（出版单位不详）1919年版。
6. 财政科学研究所、中国第二历史档案馆编：《民国外债档案史料》第一、三、四、五、六册，档案出版社1992年版。
7. 陈旭麓、顾廷龙、汪熙主编：《盛宣怀档案资料选辑》，上海人民出版社1979年版。
8. 甘厚慈辑：《北洋公牍类纂续编》，沈云龙：《近代中国史料丛刊三编》第86辑，文海出版社1967年版。
9. “国立”故宫博物院印行：《袁世凯奏折专辑》，广文书局1970年版。
10. 海关总署编译委员会编：《旧中国海关总税务司署通令选编》第二卷，中国海关出版社2003年版。
11. 湖北省档案馆编：《汉冶萍公司档案史料选编》（上册），中国社会科学出版社1992年版。
12. 江苏省商业厅、中国第二历史档案馆编：《中华民国商业档案资料汇编（1912—1928）》第1卷，中国商业出版社1991年版。
13. 交通银行：《交通银行编制辛亥前各路局邮传部存欠各款账略》，（出版单位不详）1924年版。
14. 交通银行总行、中国第二历史档案馆：《交通银行史料（1907—1949）》第一卷，中国金融出版社1995年版。
15. 罗家伦主编：《革命文献》第二十二辑，（中国台北）中央文物供应社1960年版。
16. 陆纯编：《袁大总统书牍汇编》，广益书局1914年版。

17. 宓汝成:《中国近代铁路史资料(1863—1911)》第3册,中华书局1963年版。
18. 宓汝成:《中华民国铁路史资料(1912—1949)》,社会科学文献出版社2002年版。
19. 聂宝璋、朱荫贵编:《中国近代航运史资料》第2辑,中国社会科学出版社2002年版。
20. 千家驹:《旧中国公债史料:1894—1949》,中华书局1984年版。
21. 秦经国主编:《中国第一历史档案馆藏清代官员履历档案全编》第8册,华东师范大学出版社1997年版。
22. 商务印书馆编译所:《最新行政文牍》,商务印书馆1914年版。
23. 沈雷春编:《中国金融经济史料丛编》第2辑总第11、12册,江恒源:《中国关税史料》,文海出版社1985年版。
24. 世续等:《大清德宗景(光绪)皇帝实录》,华文书局1970年版。
25. (中国台湾)司法行政部刑事司编:《各国刑法汇编》(上册),司法通讯社1980年版。
26. 天津市档案馆、天津社会科学院历史研究所、天津市工商业联合会编:《天津商会档案汇编(1912—1928)》(第4分册),天津人民出版社1992年版。
27. 天津档案馆编:《北洋军阀天津档案史料选编》,天津古籍出版社1990年版。
28. 天津档案馆、南开大学分校档案系编:《天津租界档案选编》,天津人民出版社1992年版。
29. 铁道部:《中国铁路借款合同汇编》,沈云龙:近代中国史料丛刊三编总第289册,文海出版社1987年版。
30. 王景春:《中国铁路借款合同全集》(下册),学生书局1969年年版。
31. 武汉大学经济系编:《旧中国汉冶萍公司与日本关系史料选辑》,上海人民出版社1985年版。
32. 熊性美、阎光华:《开滦煤矿矿权史料》,南开大学出版社2004年版。
33. 杨国安编:《中国烟业史汇典》,光明日报出版社2002年版。

34. 杨廷尉、袁中丕、朱俊主编，江苏省财政志编辑办公室编：《江苏财政史料丛书》第二辑第二分册，方志出版社 1999 年版。
35. 杨志本：《中华民国海军史料》，海洋出版社 1987 年版。
36. 佚名：《中国公债史料》，沈云龙辑：近代中国史料丛刊三编第二十辑总第 200 册，文海出版社 1987 年版。
37. 邮传部：《邮传部奏议类编·续编》，沈云龙：《近代中国史料丛刊》第 14 辑第 140 册，文海出版社 1967 年版。
38. 章有义：《中国近代农业史资料第二辑（1911—1927）》，三联书店 1957 年版。
39. 赵生瑞主编：《中国清代营房史料选辑》，军事科学出版社 2006 年版。
40. 浙江民政厅：《土地法规》，（出版单位不详）1930 年版。
41. 郑毅主编：《东北农业经济史料集成》第 3 册，吉林文史出版社 2005 年版。
42. 中国第二历史档案馆编：《中华民国史档案资料汇编》第三辑，江苏古籍出版社 1991 年版。
43. 中国第二历史档案馆编：《北洋政府档案》，中国档案出版社 2010 年版。
44. 中国第二历史档案馆编：《中华民国史档案资料汇编》第五辑第一编（财政经济五），江苏古籍出版社 1994 年版。
45. 中国第二历史档案馆、中国人民银行江苏分行编：《中华民国金融法规选编》上册，档案出版社 1989 年版。
46. 中国海关总署办公厅、中国第二历史档案馆编：《中国旧海关史料（1859—1948）》第 68、72 册，京华出版社 2001 年版。
47. 《中国近代兵器工业档案史料》编委会：《中国近代兵器工业档案史料（二）》，兵器工业出版社 1993 年版。
48. 中国会计学会会计史料编写组、中国第二历史档案馆编：《中国会计史料选编：中华民国时期》，江苏古籍出版社 1990 年版。
49. 中国人民银行北京分行金融研究所、《北京金融志》编委会办公室编：《北京金融史料（银行篇）》第五册，（出版单位不详）1993 年版。

50. 中国人民银行总行参事室编：《中华民国货币史资料（1912—1927）》，上海人民出版社1986年版。
51. 中国银行总行、中国第二历史档案馆编：《中国银行行史资料汇编（1912—1949）》上编，档案出版社1991年版。
52. 中华人民共和国财政部、中国人民银行总行编：《清代外债史资料（1853—1911）》（中册），中国金融出版社1991年版。
53. （中国台湾）"中央"研究院近代史研究所：《清季中日韩关系史料》，（中国台北）"中央"研究院1972年版。
54. 朱寿朋：《光绪朝东华录》第四、五册，中华书局1958年版。
55. 朱启钤：《东三省蒙务公牍汇编》，沈云龙：《近代中国史料丛刊》第34辑，总第339—340册，文海出版社1969年版。
56. 左治生编：《中国财政历史资料选编》第11辑（北洋政府部分），中国财政经济出版社1987年版。

二　报纸杂志

1.《申报》2.《盛京时报》3.《大公报（天津）》4.《东方杂志》5.《时报》6.《铁路协会会报（拔萃）》7.《政府公报》8.《临时政府公报》9.《交通官报》10.《银行周报》11.《大中华杂志》12.《交通杂志》13.《民立报》14.《神州日报》15.《太平洋报》16.《交通银行月刊》17.《钱业月报》18.《银行周报》19.《民生日报》20.《时事汇报》21.《税务月刊》22.《司法公报》23.《中国经济》24.《烟酒杂志》25.《税务月刊》26.《庸言》27.《民国日报》

三　文集、年谱、回忆录及资料汇编等

1. ［美］包华德主编：《民国名人传记辞典》第4、11分册，沈自敏译，林东民校，《中华民国史资料丛稿（译稿）》，中华书局1983年版。
2. 北京市政协文史资料研究委员会、秦皇岛市委统战部：《蠖公纪事：朱启钤先生生平纪实》，中国文史出版社1991年版。
3. 卞孝萱：《民国人物碑传集》，团结出版社1995年版。

4. 卞孝萱、唐文权编：《辛亥人物碑传集》，团结出版社 1991 年版。
5. 财政部财政调查处编：《各省区历年财政汇览》（第一分册民国十六年江苏省），沈云龙："近代中国史料丛刊三编" 第 52 辑第 511 册，文海出版社 1989 年版。
6. 财政部财政年鉴编纂处编：《财政年鉴》（上册），商务印书馆 1935 年版。
7. 曹汝霖：《一生之回忆》，中国大百科全书出版社 2009 年版。
8. 岑学吕：《三水梁燕孙（士诒）先生年谱》，沈云龙：《近代中国史料丛刊》总第 743 册，文海出版社 1966 年版。
9. 陈璧：《望嵒堂奏稿》，沈云龙：《近代中国史料丛刊》第十辑总第 93 册，文海出版社 1966 年版。
10. 陈赣一：《睇向斋秘录（附二种）》，中华书局 2007 年版。
11. 陈奋：《北洋政府国务总理梁士诒史料集》，中国文史出版社 1991 年版。
12. 陈嵘：《中国森林史料》，中国林业出版社 1983 年版。
13. 陈锡祺主编：《孙中山年谱长编》上册，中华书局 1991 年版。
14. 陈旭麓、顾廷龙、汪熙主编：《轮船招商局》，上海人民出版社 2002 年版。
15. 陈旭麓、顾廷龙、汪熙主编：《汉冶萍公司》，上海人民出版社 2004 年版。
16. 陈亚兰译注：《李善兰华蘅芳詹天佑诗文选译 》，巴蜀书社 1997 年版。
17. 陈真、姚洛编：《中国近代工业史资料》第一、二、三、四辑，三联书店 1957、1958、1961 年版。
18. 段志清、潘寿民：《中国印花税史稿》（上册），上海古籍出版社 2007 年版。
19. 观渡庐编：《共和关键录》，著易堂书局 1912 年版。
20. 关赓麟署：《交通史路政编》，交通部、铁道部交通史编纂委员会 1935 年版。
21. 关冠明：《我的曾伯祖父——关冕钧》，中国人民政治协商会议《梧州市委员会文史资料》委员会编：《梧州市文史资料选辑》第 17

辑，出版单位、时间不详。
22. 韩宏泰：《北洋军阀时期的交通银行》，中国人民政治协商会议全国委员会文史资料委员会：《文史资料选辑》第八十八辑，中国文史出版社 1983 年版。
23. 河南省滑县地方志编纂委员会标注：《重修滑县志（标注本）》（上册），（出版单位不详）1986 年版。
24. 合肥市政协文史资料委员会、阜阳市政协文史资料委员会：《皖系北洋人物》，安徽人民出版社 1993 年版。
25. 韩玉辰：《民初国会生活散记》，中国人民政治协商会议全国委员会文史资料研究委员会编：《文史资料选辑》第 53 辑，文史资料出版社 1964 年版。
26. 沪宁沪杭甬铁路管理局编查科编：《沪宁沪杭甬铁路史料》，出版单位不详 1924 年版。
27. 《胡适文集》，燕山出版社 1995 年版。
28. 黄光域译，吕浦校：《丙午中俄谈判及丁未设东省总督资料两则》，中国社会科学院近代史研究所编：《近代史资料》总 46 号，中国社会科学出版社 1982 年版。
29. 江苏省中华民国工商税收史编写组、中国第二历史档案馆编：《中华民国工商税收史料选编》第一、三、四、五辑，南京大学出版社 1996（第一、三辑）、1994（第四辑）、1999（第五辑）年版。
30. 季啸风、沈友益：《中华民国史史料外编——前日本末次研究所情报资料》，广西师范大学出版社 1995 年版。
31. 交通部年鉴编纂委员会编：《交通年鉴》，交通部总务司 1936 年版。
32. 交通部、铁道部交通史编纂委员会：《交通史邮政编》，中华书局 1930 年版。
33. 交通部、铁道部交通史编纂委员会：《交通史航政编》，（出版单位不详）1931 年版。
34. 来新夏：《北洋军阀》第五册，上海人民出版社 1988 年版。
35. 李桂林编：《中国现代教育史教学参考资料》，人民教育出版社 1987 年版。
36. 李景铭：《一个北洋政府官员的生活实录》，《近代史资料》第 67

号，中国社会科学出版社 1987 年版。
37. 李书斌：《辛亥前后黄克强先生的革命活动》，中国人民政治协商会议全国委员会文史资料研究委员会编：《辛亥革命回忆录》第一集，中华书局 1961 年版。
38. 林增平、周积先编：《熊希龄集》，湖南人民出版社 1985 年版。
39. 廖一中、罗真容：《袁世凯奏议》，天津古籍出版社 1989 年版。
40. ［澳］骆惠敏编：《清末民初政情内幕——泰晤士报驻北京记者袁世凯政治顾问乔·厄·莫理循书信集》，刘桂梁译，知识出版社 1986 年版。
41. 聂其炜：《我和 1913 年时的中国银行》，中国人民政治协商会议全国委员会文史资料委员会：《文史资料选辑》第四十九辑，中华书局 1964 年版。
42. 南开大学经济研究所经济史研究室编：《中国近代盐务史资料选辑》第一辑，南开大学出版社 1991 年版。
43. 阮湘编：《第一回中国年鉴（1924）》，商务印书馆 1924 年版。
44. 上海经世文社编辑：《民国经世文编（财政一）》，经世文社 1914 年版。
45. 上海通志馆编：《上海通志馆期刊》第二卷（第一至四期），沈云龙：《近代中国史料丛刊续辑》第三十九辑，文海出版社 1977 年版。
46. 沈家五编：《张謇农商总长期经济资料选编》，南京大学出版社 1987 年版。
47. 李振华辑：《近代中国国内外大事记》，沈云龙：《近代中国史料丛刊续编》总第 664—670 册，文海出版社 1979 年版。
48. 沈式荀主编：《中华民国第一期临时政府财政部事类辑要》，学海出版社 1990 年版。
49. 沈阳市邮政局邮政志办公室：《中国邮电史料》（第 2 辑），沈阳市邮政局邮政志办公室 1986 年版。
50. 石芳勤：《谭人凤集》，湖南人民出版社 2008 年版。
51. 铁道部铁道年鉴编纂委员会编：《铁道年鉴》（第 1 卷），铁道部铁道年鉴编纂委员会 1933 年版。

52. 王铁崖：《中外旧约章汇编》，三联书店 1982 年版。
53. 盛宣怀：《愚斋存稿》，沈云龙：《近代中国史料丛刊续编第十三辑》，文海出版社 1966 年版。
54. 施肇基：《施肇基早年回忆录》，传记文学出版社 1967 年版。
55. 王鹤鸣：《"通孚阜"集团的创业者——孙多鑫、孙多森、孙多钰合传》，安徽省政协《安徽著名历史人物丛书》编委会编：《安徽著名历史人物丛书》第五分册，中国文史出版社 1991 年版。
56. 夏东元：《盛宣怀年谱长编》（下卷），上海交通大学出版社 2004 年版。
57. 许炳堃：《浙路收归国有的内幕》，中国人民政治协商会议全国委员会文史资料研究委员会编：《文史资料选辑》第 11 辑，中华书局 1961 年版。
58. 徐白齐编：《中华民国法规大全》（第四册），商务印书馆 1936 年版。
59. 徐义生：《中国近代外债史统计资料》，中华书局 1962 年版。
60. 叶恭绰：《清末赎回京汉铁路的经过》，中国人民政治协商会议全国委员会文史资料：《文史资料选辑》第一辑，中国文史出版社 1960 年版。
61. 叶恭绰：《往事回忆：洪宪帝制前政事堂的产生及其有关个人的活动》，中国社会科学院近代史研究所近代史资料编辑室：《近代史资料》（总第 74 号），中国社会科学出版社 1989 年版。
62. 叶恭绰：《我参加讨伐张勋复辟之回忆》，中国人民政治协商会议全国委员会文史资料委员会：《文史资料选辑》（第 41 辑），中国文史出版社 2000 年版。
63. 佚名：《三水梁燕孙（士诒）先生哀挽录》，沈云龙：《近代中国史料丛刊续编》总第 394 册，文海出版社 1966 年版。
64. 银行周报社：《银行年鉴（1921—1922）》，（出版单位不详）1922 年版。
65. 庸庵：《交通系与民初政局》，黄苹孙：《四十年来之北京：第一、二辑合刊》，大东图书公司 1949 年版。
66. 俞诚之：《遐庵汇稿（年谱）》，沈云龙：《近代中国史料丛刊》总第 158 册，文海出版社 1966 年版。
67. 俞飞鹏署：《交通史总务编》，中华书局 1936 年版。
68. 俞飞鹏署：《交通史电政编》，交通部总务司 1936 年版。
69. 虞和平、夏良才编：《周学熙集》，华中师范大学出版社 1999 年版。
70. 詹同济编译：《詹天佑日记书信文章选》，燕山出版社 1989 年版。
71. 章伯锋、李宗一编：《北洋军阀（1912—1928）》（第一卷），武汉出版社 1990 年版。
72. 张国淦：《洪宪遗闻》，中国人民政治协商会议全国委员会文史资料研究委员会编：《文史资料选辑》（合订本第一册），中国文史出版社 1986 年版。
73. 张品兴等编：《梁启超全集》（第五册），北京出版社 1999 年版。
74. 张之洞：《张文襄公全集》，中国书店 1990 年版。
75. 张中行：《月旦集》，经济管理出版社 1995 年版。
76. 赵秉钧编：《工商会议报告录》，工商部 1913 年版。
77. 周志俊：《袁世凯帝制活动与粤皖系之争》，中国人民政治协商会议全国委员会文史资料，《文史资料选辑》第十三辑，中国文史出版社 1961 年版。
78. 朱传誉：《梁士诒传记资料》，天一出版社 1979 年版。
79. 褚德新、梁德主编：《中外约章汇要（1689—1949）》，黑龙江人民出版社 1991 年版。
80. 朱启钤：《蠖园文存》，沈云龙：《近代中国史料丛刊》总第 227 册，文海出版社 1966 年版。
81. 朱锡祚：《新华信托储蓄银行沿革》，中国人民政治协商会议全国委员会文史资料研究委员会编：《文史资料选辑》第 31 辑，中华书局 1962 年版。
82. 中共中央马克思恩格斯列宁斯大林著作编译局：《列宁全集》第 43 卷，人民出版社 1997 年版。
83. 中国国民党中央委员会党史资料编纂委员会编：《江浙铁路风潮》（第 2 册时论），（中国台北）中央文物供应社 1968 年版。
84. 中国国民党中央委员会党史委员会编：《中国国民党八十年大事年表》，（出版社不详）1974 年版。

85. 中国科学院近代史研究所史料编译组编:《辛亥革命资料》，中华书局 1961 年版。
86. 中国人民银行金融研究所编:《中国货币金融史大事记》，人民中国出版社 1994 年版。
87. 中国社会科学院近代史研究所:《中华民国史料丛稿——日本外交文书选译有关辛亥革命》，中国社会科学出版社 1980 年版。
88. 中国社会科学院近代史研究所中华民国史研究室组编:《中华民国史资料丛稿（人物传）》第 5 辑，中华书局 1978 年版。
89. 中国社会科学院近代史研究所中华民国史研究室编:《孙中山全集》第 2 卷，中华书局 1982 年版。
90. 中国史学会编:《辛亥革命》第 8 册，上海人民出版社 1957 年版。
91. 中国银行北京分行、北京档案馆编:《北京的中国银行（1914—1949)》，中国金融出版社 1989 年版。
92. 中华民国史料中心编:《胡汉民先生遗稿》，（中国台北）中华书局 1978 年版。
93. 中华民国史实纪要编辑委员会:《中华民国史实纪要（初稿）中华民国二年（1913 年正月至六月)》，中华民国史料研究中心出版 (时间不详)。
94. 周秋光编:《熊希龄集》，湖南出版社 1996 年版。
95. 周彦:《北京新华储蓄银行的组织业务及其内幕》，全国政协文史资料委员会编:《文史资料存稿选编》第 21 辑（经济）上册，中国文史出版社 2002 年版。

四 相关论著

1. ［法］白吉尔:《中国资产阶级的黄金时代: 1911—1937》，张富强、许世芬译，上海人民出版社 1994 年版。
2. ［美］保罗·S. 芮恩施:《一个美国外交官使华记》，李抱宏，盛震溯译，商务印书馆 1982 年版。
3. 包遵彭:《中国海军史》，中华丛书编审委员会（中国台湾）1970 年版。
4. ［德］彼得·科斯洛夫斯基:《伦理经济学原理》，孙瑜译，中国社会科学出版社 1997 年版。
5. 蔡勤禹：《民间组织与灾荒救治——民国华洋义赈会研究》，商务印书馆 2005 年版。
6. 察应坤、邵瑞：《周自齐传》，山东画报出版社 2009 年版。
7. ［日］长野郎：《中国土地制度的研究》，强我译，神州国光社 1932 年版。
8. 陈登原：《中国田赋史》，商务印书馆 1936 年版。
9. 陈汉才：《康门弟子述略》，广东高等教育出版社 1991 年版。
10. 陈锦涛：《中国币制问题之经过及展望》，财政部币制研究委员会 1934 年版。
11. 陈诗启：《中国近代海关史（民国部分）》，人民出版社 1999 年版。
12. 陈宪章：《中国国有铁路之外债问题》，文英印务局 1937 年版。
13. 陈向元：《中国关税史》，东方印书馆 1929 年版。
14. 程叔度、秦景阜、姚大中编：《烟酒税史》（上册），财政部烟酒税处、大东书局 1929 年版。
15. 程悠：《中华民国工商税收大事记》，中国财政经济出版社 1994 年版。
16. 丁长清、唐士粤主编：《中国盐业史（近代当代编）》，人民出版社 1997 年版。
17. 董长芝、马玉东：《民国财政经济史》，辽宁师范大学出版社 1997 年版。
18. 董昕：《中国银行上海分行研究（1912—1937）》，上海人民出版社 2009 年版。
19. 杜恂诚、严国海、孙林：《中国近代国有经济思想、制度与演变》，上海人民出版社 2007 年版。
20. 杜恂诚：《中国金融通史》（第 3 卷：北洋政府时期），中国金融出版社 2002 年版。
21. ［奥］耿爱德：《中国纸币史》，商务印书馆 1928 年版。
22. 敷文社：《最近官绅履历汇编》，沈云龙：《近代中国史料丛刊》第 45 辑总第 450 册，文海出版社 1966 年版。
23. 傅英主编：《中国矿业法制史》，中国大地出版社 2001 年版。

24. 高拜石：《古春风楼琐记》（第五集），台湾新生报社 1979 年版。
25. 高希圣、郭真：《政治法律大词典》，科学研究社 1935 年版。
26. 龚冠华：《中国纸币史》，上海新业印书馆 1928 年版。
27. 郭道扬：《中国会计史稿》（下册），中国财政经济出版社 1988 年版。
28. “国史”馆史料处主编：《中国铁路沿革史》，（中国台北）“国史”馆 1984 年版。
29. 汗血月刊社编辑：《田赋问题研究》（上册），汗血书店 1936 年版。
30. 何廉、李锐：《财政学》，“国立”编译馆 1935 年版。
31. 侯杰：《〈大公报〉与近代中国》，南开大学出版社 2006 年版。
32. 黄远庸：《黄远生遗著》，商务印书馆 1924 年版。
33. 黄逸平、虞宝棠：《北洋政府时期经济》，上海社会科学院出版社 1995 年版。
34. ［日］吉田虎雄：《中国货币史纲》，周伯棣译，中华书局 1934 年版。
35. 贾德怀：《民国财政简史》（上册），商务印书馆 1941 年版。
36. 贾士毅（阳羡贾）：《民国财政史》，商务印书馆 1917 年版。
37. 贾士毅：《国债与金融》，商务印书馆 1930 年版。
38. 贾士毅：《民国初年的几任财政总长》，传记文学出版社 1967 年版。
39. 贾熟村：《北洋军阀时期的交通系》，河南人民出版社 1993 年版。
40. （中国台湾）教育部主编：《中华民国建国史（第二篇：民初时期）》（第 3 册），“国立”编译馆 1987 年版。
41. 蒋静一：《中国盐政问题》，正中书局 1936 年版。
42. 金士宣：《铁路运输业务》，天津大公报馆 1932 年版。
43. 金士宣、徐文述：《中国铁路发展史（1876—1949）》，中国铁道出版社 1986 年版。
44. 金鑫主编：《中华民国工商税收史》（盐税），中国财政经济出版社 1999 年版。
45. ［英］肯德：《中国铁路发展史》，李抱宏等译，三联书店 1958 年版。
46. 梁钜文：《中央银行制度概论》，大东书局 1931 年版。

47. 凌鸿勋：《中国铁路志》，沈云龙：《近代中国史料丛刊续辑》总第923册，文海出版社1982年版。
48. 凌鸿勋：《中华铁路史》，商务印书馆1981年版。
49. ［日］铃木隆史：《日本帝国主义与满洲》，周启乾译，金禾出版社1998年版。
50. 李吉奎：《梁士诒》，广东人民出版社2005年版。
51. 李占才：《中国铁路史（1876—1949）》，汕头大学出版社1994年版。
52. 李宗一、曾业英：《中华民国史》第二编（北洋军费统治时期）第一卷（1912—1916年），中华书局1987年版。
53. 刘秉麟：《近代中国外债史稿》，三联书店1962年版。
54. 刘成禺：《世载堂杂忆》，辽宁教育出版社1997年版。
55. 刘克祥、陈争平：《中国近代经济史简编》，浙江人民出版社1999年版。
56. 刘寿林：《辛亥以后十七年职官年表》，中华书局1966年版。
57. 隆武华：《外债两重性——引擎，桎梏》，中国财政经济出版社2001年版。
58. 骆宝善：《骆宝善评点袁世凯函牍》，岳麓书社2005年版。
59. 陆仰渊、方庆秋：《民国社会经济史》，中国经济出版社1991年版。
60. 罗福惠主编：《中国民族主义思想论稿》，华中师范大学出版社1996年版。
61. 罗介夫：《中国财政问题》，太平洋书店1932年版。
62. 马金华：《民国财政研究——中国财政现代化的雏形》，经济科学出版社2009年版。
63. 马陵合：《清末民初铁路外债观研究》，复旦大学出版社2004年版。
64. 马敏：《官商之间——社会巨变中的近代绅商》，天津人民出版社1995年版。
65. 马敏、张三夕：《东方文化与现代文明》，湖北人民出版社2001年版。
66. 茅家琦：《实证功夫与思辨精神》，南京大学出版社2008年版。
67. 宓公干：《典当论》，商务印书馆1936年版。

68. 宓汝成：《帝国主义与中国铁路》（1847—1949），经济管理出版社2007年版。
69. 区季鸾（编）、黄荫普（校）：《广东纸币史》（下编），国立中山大学经济调查处1935年版。
70. 欧宗祐：《中国盐政小史》，商务印书馆1931年版。
71. 千家驹：《中国经济问题丛书之二：中国的内债》，社会调查所1933年版。
72. 邱捷：《孙中山领导的革命运动与清末民初的广东》，广东人民出版社1996年版。
73. 钱承绪编：《中国之田赋制度》，中国经济研究会、民益书局1942年版。
74. 钱实甫：《清季新设职官年表》，中华书局1961年版。
75. 钱实甫：《清季重要职官年表》，中华书局1959年版。
76. 钱实甫：《北洋政府时期的政治制度》上册，中华书局1984年版。
77. 钱实甫：《北洋政府职官年表》，华东师范大学1991年版。
78. 彭焕明、王全度：《无锡县土地志》，江苏人民出版社1998年版。
79. 秦孝仪主编：《中华民国经济发展史》（上），近代中国出版社1983年版。
80. 上海通志编纂委员会编：《上海通志》第一册，上海社会科学院出版社、上海人民出版社2005年版。
81. 盛俊：《海关税务纪要》，商务印书馆1919年版。
82. 沈云龙：《徐世昌评传》，传记文学出版社1979年版。
83. 沈云龙：《近代史料考释》，传记文学出版社1986年版。
84. 苏全有：《清末邮传部研究》，中华书局2005年版。
85. 孙修福：《中国近代海关史大事记》，中国海关出版社2005年版。
86. 田斌：《中国盐税与盐政》，江苏省印刷局1929年版。
87. ［日］田原天南：《清末民初中国官绅人名录》，沈云龙：《近代中国史料丛刊》第三编第80辑总第793册，文海出版社1996年版。
88. 汪敬虞：《中国近代经济史：1895—1927》（中、下册），人民出版社2000年版。
89. 王军主编：《中国财政制度变迁与思想演进》（第二卷），中国财政经济出版社 2009 年版。
90. 王开节、何纵炎编：《邮政六十周年纪念刊》，沈云龙主编：《近代中国史料丛刊续辑》总第 925 册，文海出版社 1982 年版。
91. 王开节、修域、钱其琛：《铁路·电信七十五周年纪念刊》，沈云龙主编：《近代中国史料丛刊续辑》第九十三辑总第 924 册，文海出版社 1982 年版。
92. 王柽：《邮政》，商务印书馆 1935 年版。
93. 王相钦：《中国民族工商业发展史》，河北人民出版社 1997 年版。
94. 王孝通：《中国商业史》，商务印书馆 1936 年版。
95. 王延超：《财政学概要》，立信会计图书用品社 1947 年版。
96. 王芸生：《六十年来中国与日本》第四卷，三联书店 1980 年版。
97. 王宗培：《中国之内国公债》，长城书局 1933 年版。
98. 王振先：《中国厘金问题》，商务印书馆 1927 年版。
99. 魏颂唐：《财政学撮要》，浙江经济学会 1917 年版。
100. 沃邱仲子：《当代名人小传》（上），崇文书局 1919 年版。
101. 沃邱仲子：《徐世昌》，崇文书局 1918 年版。
102. 沃邱仲子（费行简）：《民国十年官僚腐败史》，中华书局 2007 年版。
103. 吴立本：《专卖通论》，正中书局 1943 年版。
104. 武堉干：《中国关税问题》，商务印书馆 1930 年版。
105. 吴兆莘：《中国税制史》（下册），商务印书馆 1937 年版。
106. 夏东元：《郑观应传》，华东师范大学出版社 1985 年版。
107. 夏国祥：《近代中国税制改革思想研究：1900—1949》，上海财经大学出版社 2006 年版。
108. 夏炎德：《中国近百年经济思想》，商务印书馆 1948 年版。
109. 谢彬：《中国铁道史》，中华书局 1929 年版。
110. 谢彬：《中国邮电航空史》，上海书店 1991 年版。
111. 谢彬：《国防与外交》，中华书局 1938 年版。
112. 徐沧水：《内国公债史》，商务印书馆 1926 年版。
113. 徐沧水：《上海银行公会事业史》，沈云龙：《近代中国史料丛刊三编》第 24 辑，文海出版社 1988 年版。

114. 许涤新、吴承明：《中国资本主义发展史第二卷：旧民主主义革命时期的中国资本主义》，人民出版社 2003 年版。
115. 许纪霖、陈凯达：《中国现代化史（1800—1949）》第一卷，三联书店 1995 年版。
116. 徐寄庼：《最近上海金融史》，商务印书馆 1926 年版。
117. 徐建生：《民国时期经济政策的沿袭与变异：1912—1937》，福建人民出版社 2006 年版。
118. 徐建生、徐卫国：《清末民初经济政策研究》，广西师范大学出版社 2001 年版。
119. 许金城编：《民国外史》，沈云龙：《近代中国史料丛刊三编》第 21 辑总第 204 册，文海出版社 1986 年版。
120. 徐矛、顾关林等主编：《中国十银行家》，上海人民出版社 1997 年版。
121. 徐凌霄、徐一士：《凌霄一士随笔》第 2 册，山西古籍出版社 1997 年版。
122. 许毅：《北洋政府外债与封建复辟》，经济科学出版社 2000 年版。
123. 晏才杰：《租税论：中国财政问题第二编》，新华学社 1922 年版。
124. 颜惠庆：《颜惠庆自传——一个民国元老的历史记忆》，商务印书馆 2003 年版。
125. 杨德森：《中国海关制度沿革》，商务印书馆 1925 年版。
126. 杨权：《开拓近代交通事业的文化人叶恭绰》，广东人民出版社 2009 年版。
127. 杨汝梅：《民国财政论》，商务印书馆 1927 年版。
128. 杨天石：《民国掌故》，中国青年出版社 1993 年版。
129. 杨荫溥：《民国财政史》，中国财政经济出版社 1984 年版。
130. 姚会元：《中国货币银行（1840—1952）》，武汉测绘科技大学出版社 1993 年版。
131. 姚崧龄：《中国银行二十四年发展史（民国元年至二十四年）》，刘绍唐主编：《民国史料丛刊》第 29 种，传记文学出版社 1976 年版。
132. 叶景莘：《整理财政计划》，（出版单位不详）1923 年版。

133. 叶元龙：《中国财政问题》，商务印书馆 1937 年版。
134. 叶世昌：《中国货币理论史》，厦门大学出版社 2003 年版。
135. 佚名：《我国发行内国公债史略》，太平洋书店 1929 年版。
136. 尹铁：《晚清铁路与晚清社会变迁研究》，经济科学出版社 2005 年版。
137. 邮电史编辑室编：《中国近代邮电史》，人民邮电出版社 1984 年版。
138. 虞和平：《中国现代化历程》（第二卷），江苏人民出版社 2007 年版。
139. ［法］约瑟夫·马纪樵：《中国铁路金融与外交（1860—1914）》，许峻峰译，候贵信校，中国铁道出版社 2009 年版。
140. 曾鲲化：《中国铁路史》，沈云龙：《近代中国史料丛刊》总第 973 册，文海出版社 1966 年版。
141. 曾仰丰：《中国盐政史》，商务印书馆 1936 年版。
142. 赵靖、石世奇：《中国经济思想通史》，北京大学出版社 1991 年版。
143. 赵友良：《中国近代会计审计史》，上海财经大学出版社 1996 年版。
144. 张华腾：《北洋集团崛起研究》，中华书局 2009 年版。
145. 张辑颜、杨荫溥：《中国金融论》，上海书店 1991 年版。
146. 张嘉璈：《中国铁道建设》，杨湘年译：商务印书馆 1945 年版。
147. 张家骧：《中华币制史》，民国大学出版社 1925 年版。
148. 张家骧：《最新财政学》，商务印书馆 1918 年版。
149. 张后铨：《招商局史（近代部分）》，中国社会科学出版社 2007 年版。
150. 张朋圆：《梁启超与民国政治》，吉林出版集团有限公司 2007 年版。
151. 张瑞德：《中国近代铁路事业管理的研究——政治层面的分析（1905—1937）》，（中国台北）“中央”研究院近代史研究所 1991 年版。
152. 张晓辉、苏苑：《唐绍仪传》，珠海出版社 2004 年版。

153. 张心澂：《中国现代交通史》，上海书店 1992 年版。
154. 张心澂：《交通会计》，商务印书馆发行 1936 年版。
155. 张学继：《袁世凯幕府》，中国广播电视出版社 2005 年版。
156. 章宗元：《中国泉币沿革》，经济学会 1915 年版。
157. 中国工程师学会编：《中国工程师学会三十周年纪念刊——三十年来之中国工程》，京华印书馆 1946 年版。
158. 中华全国铁路协会编辑部编：《中华全国铁路协会第一次报告》，中华全国铁路协会事务所 1912 年版。
159. 中国银行行史编辑委员会：《中国银行行史（1912—1949）》，中国金融出版社 1995 年版。
160. 中国银行上海国际金融研究所行史编写组：《中国银行上海分行史》，经济科学出版社 1991 年版。
161. 中国银行总司库：《内国公债汇览》，京华印书局（出版时间不详）。
162. 朱偰：《中国租税问题（中国财政问题第三编）》，商务印书馆 1936 年版。
163. 诸青来：《求是斋经济论集》，中国图书服务社 1938 年版。
164. 朱斯煌：《民国经济史》，银行学会出版 1948 年版。
165. 朱英：《晚清经济政策与改革措施》，华中师范大学出版社 1996 年版。
166. 朱英：《中国早期资产阶级概论》，河南大学出版社 1992 年版。
167. 周葆銮：《中华银行史》，商务印书馆 1923 年版。
168. 周伯棣：《财政学第二分册：租税论》，文化供应社 1944 年版。
169. ［美］周锡瑞：《改良与革命》，杨慎之译，江苏人民出版社 2007 年版。
170. 周志初：《晚清财政经济研究》，齐鲁书社 2002 年版。
171. ［日］宗方小太郎：《辛壬日记——一九一二年中国之政党结社》，冯正宝译，中华书局 2007 年版。
172. 邹进文：《民国初年（1912—1927 年）的财政思想》，武汉大学出版社 2008 年版。
173. 邹鲁：《回顾录》，岳麓书社 2000 年版。

174. 邹宗伊：《金融经济大纲》，中华书局 1936 年版。

五 论文、论文集

1. ［法］白吉尔：《上海银行公会（1915—1927）——现代化与地方团体的组织制度》，上海市地方志办公室编：《通往世界之桥（上）》（《上海研究论丛》第三辑），上海社会科学院出版社 1989 年版。
2. 陈长河：《袁记“大典筹备处”成立于何时》，《史学月刊》1983 年第 3 期。
3. 陈晓东：《清政府铁路“干路国有政策”再评价》，《史学月刊》2008 年第 3 期。
4. 丁日初：《关于“官僚资本”与“官僚资产阶级”问题》，张宪文、陈兴唐、郑会欣：《民国档案与民国史学术讨论会论文集》，档案出版社 1988 年版。
5. 杜恂诚：《交通系与交通银行》，《银行家》2003 年第 4 期。
6. 方平：《梁士诒的内债观与民三、民四内国公债》，《历史教学问题》2002 年第 5 期。
7. 方平：《梁士诒与“洪宪帝制”》，丁日初主编：《近代中国》第十辑，上海社会科学院出版社 2000 年版。
8. 姜铎：《略论旧中国三大财团》，李新萍：《姜铎文存——近代中国洋务运动与资本主义论丛》，吉林人民出版社 1996 年版。
9. 杭斯：《梁士诒的办行方针》，《新金融》1995 年第 4 期。
10. 洪葭管：《百年交行：1908—1949 年间的变迁》，《新金融》2008 年第 5 期。
11. 黄逸平：《辛亥革命后的经济政策与中国近代化》，《学术月刊》1992 年第 6 期。
12. ［美］麦肯农：《梁士诒与交通系》，《中国现代史论集》第 5 辑，联经出版社 1980 年版。
13. 宓汝成：《中国近代铁路发展史上民间创业活动》，《中国经济史研究》1994 年第 1 期。
14. 李金全：《民初交通部研究（1912—1916）》，陕西师范大学 2010 年硕士论文。

15. 李荣昌：《南京临时政府财政问题探析》，《辛亥革命史丛刊》编辑组：《辛亥革命史丛刊》第五辑，中华书局 1983 年版。
16. 李恩涵：《中英广九铁路路权交涉——晚清收回路权运动研究之三》，中华文化复兴运动推行委员会主编，中国近代现代史论集编辑委员会编辑：《中国近现代史论集》第十四辑，《清季对外交涉（一英美法德）》，（中国台湾）商务印书馆 1986 年版。
17. 李恩涵：《中国近代之收回路路利权运动》，中华民国史料研究中心编：《中国现代史研究专题报告》1985 年第 2 辑。
18. 林家有：《孙中山与梁士诒》，《近代史研究》1990 年第 3 期。
19. ［日］林原文子：《津浦铁路厘金的局的废除与恢复（续）——袁世凯政权经济政策的主要特征》，刘庆旻译，《北京档案史料》1997 年第 5 期。
20. 刘桂五：《交通系述论》，《社会科学战线》1982 年第 3 期。
21. 马陵合：《北洋时期全国铁路协会研究》，《史林》2009 年第 3 期。
22. 闵杰：《民国初年商办铁路的收归国有》，中国社会科学院近代史研究所：《中华民国研究三十年（1972—2002）》中册，社会科学文献出版社 2008 年版。
23. 彭明：《五四前后的交通系》，《历史教学》1964 年第 2 期。
24. 启功编：《冉冉流芳惊绝代——朱启钤学术研讨会文集》，贵州人民出版社 2005 年版。
25. 石宝友：《清末民初旧交通系研究》，安徽师范大学 2007 年硕士论文。
26. 石宝友：《梁士诒与民初公债——民三、民四公债研究》，《黄山学院学报》2006 年第 1 期。
27. 苏全有：《民初交通部的官营与民营政策评析——以铁路为视点》，《晋阳学刊》2008 年第 6 期。
28. 苏全有、姚翠翠：《梁士诒与民初铁路》，《周口学院学报》2008 年第 6 期。
29. 苏全有：《清末铁路总局探析》，《中州学刊》2008 年第 2 期。
30. 苏全有：《梁士诒与清末铁路利权收回》，《河南大学学报（社会科学版）》2009 年第 6 期。

31. 苏全有：《梁士诒与清末铁路》，《历史教学（高校版）》2010 年第 4 期。
32. 苏全有、王丽霞：《民初交通部的干路国有政策评析》，《重庆交通大学学报（社会科学版）》2008 年第 4 期。
33. 王鹏：《吴鼎昌其人其事》，《中国档案报》2005 年 3 月 18 日。
34. 王雅文：《论清末民初政坛上的梁士诒》，《史学集刊》2004 年第 2 期。
35. 王榆芳：《试论民初干路国有运动成功的原因》，《河南科技大学学报（社会科学版）》2008 年第 8 期。
36. 魏明：《北洋财阀——交通系透视》，德杰编：《龙虎争斗——北洋军阀密录》，团结出版社 1994 年版。
37. 魏明：《交通系概述》，《南开学报》1987 年第 4 期。
38. 翁先定：《交通银行官场活动研究（1907—1927）》，中国社会科学院经济研究所学术委员会编：《中国社会科学院经济研究所集刊?（第 11 集）》，中国社会科学出版社 1988 年版。
39. 武玉兴：《叶恭绰与近代中国交通事业》，山东师范大学 2009 年硕士论文。
40. 谢国兴：《民初汉冶萍公司的所有权归属问题》，中华民国建国文献编辑委员会编辑：《中华民国建国文献：民初时期文献》（第二辑、史著二），“国史”馆 2001 年版。
41. 徐建生：《一生沉浮的“财神”梁士诒》，《南开史学》1990 年第 1 期。
42. 许毅：《北洋政府时期的铁路外债与铁路建设》，许毅：《从百年耻辱到民族复兴》（第二卷），经济科学出版社 2003 年版。
43. 徐宗勉：《关于资产阶级从拥袁走向反袁的历史考察》，《社会科学研究（成都）》1986 年第 5 期。
44. 余江东：《论曾鲲化早期铁路管理思想》，《近代史研究》1989 年第 4 期。
45. 于庆祥：《清末民初交通系研究》，中国人民大学 2000 年博士论文。
46. 张富强：《梁士诒功过评说纷纭》，《学术研究》1990 年第 2 期。
47. 张华腾：《对立中的统一：辛亥革命前后同盟会、北洋集团关系述论》，《江海学刊》2006 年第 1 期。

48. 张华腾：《京汉铁路利权的赎回及其是非得失》，《南开学报（哲学社会科学版）》2010 年第 2 期。

49. 张建刚：《国家资本主义的模式及其发展概况》，《当代经济研究》2010 年第 3 期。

50. 中华民国建国文献编辑委员会编辑：《中华民国建国文献：民初时期文献》（第二辑史著二），（中国台北）“国史”馆 2001 年版。

51. 张启祥：《交通银行研究》，复旦大学 2006 年博士论文。

52. 张宪文著：《试论袁世凯的集权政治与省区的地方主义》，中国历史上的分与合学术研讨会筹备委员会编：《中国历史上的分与合学术研讨会论文集》，联合报系文化基金会 1995 年版。

53. 珠海市政协、暨南大学历史系编：《唐绍仪研究论文集》，广东人民出版社 1989 年版。

54. 朱宗震：《袁世凯政府的币制改革》，《近代史研究》1989 年第 4 期。

55. 朱宗震：《孙中山民元开国的财政政策》，朱宗震：《孤独集——朱宗震史学论文自选集》，上海书店 2001 年版。

六　外文资料

1. Ernest P. Young, *The President of Yuan Shikai*, Michigan University Press, 1968.

2. 平野和由：《军阀政権の经济基盘——交通系・交通银行の动向》，田沢丰、田中正俊：《讲座中国近现代史第四卷——“五・四”运动》，东京大学出版会，1978 年。

后　记

匆匆，我的读博岁月已逝去四年有余。但读博三年每一个学习、生活的片段，每一幕场景与画面仍常常浮现于眼前。甚而别梦依稀，无数次在睡梦中我又回到了西京，在雁塔下的绿荫芳菲中，在终南山麓的行云流水中，听到师友的欢声笑语，听到他们、看到他们向我召唤。

无数次梦见自己又出发了，年迈的父母与妻子携着年幼的儿子或站在窗前，或立在门前挥手告别。他们无语，而眼神似在问我：何时归来。又无数次梦见自己携带行囊奔走于东西南北，在路上成为我和您——求学者的生活常态。行万里之路，方能读万卷之书。三年之间，至京津宁沪等地，或向名家宿学请教，或在当地的兰台、石室中苦心孤诣，爬梳自己需要的文献。尤难忘者，2011 年的三四月份。京城的这个春天让我冰火两重，一半是火焰，一半是海水。除了在北京医院照顾身患重病，两报病危的母亲，其余时间便埋在国图的文山书海中。常常身心交瘁，困乏异常，心神难宁。多少次自己想说服自己歇一歇，闭上眼睛，有足够理由不必这样煎熬自己。可总有一个声音对自己讲，不要停下来，不要说累，要坚持。多少个晚上彻夜不眠，为了老人，也为了自己的追寻。有时仅仅是一个没有确定的文献，一个没有理清的头绪，一个没有成型的观点而日夜苦思冥想。

身在路上，心更在路上。就像自己最喜爱的一首歌曲《三百六十五里路》所歌唱的那样："多年漂泊日夜餐风露宿，为了理想我宁愿忍受寂寞，饮尽那份孤独！抖落异地的尘土，踏上遥远的路途，满怀痴情追求我的梦想。三百六十五日，年年地度过，过一日行一程。三百六十五里路呀，越过春夏秋冬。三百六十五里路呀，岂能让它虚度！"三年的读博历练，几乎每一日都在问自己，是否习惯了知识分子真正该有的生活方式，是否有了知识分子真正的学术精神和思维方法，是否有了知识分子对学术、知识应有的热爱与坚守。我想苦苦追求的，最大的收获，比一篇博士论文更有价值的应在这些方面。

这篇论文我难以界定它的价值与意义有多大。但是因为它含着我的心血，浓缩了我三年的付出与努力，所以权且将它看作一份成果，一份礼物。我要把这份成果、这份礼物献给我所敬爱的人。因为没有你们，我的这份成果与礼物或许会变得浅薄，变得庸常，也许会让我遗憾——它并不能成为我的人生作品。

感谢您，我敬爱的父亲和母亲！你们不仅给予了儿子生命，而且以直面病魔的勇气，教育了儿子去勇敢面对生活中原来没有承受过、难以承受的重负。即使在你们最痛苦时候，也在宽慰、鼓励儿子面对生活中的苦难；在你们最痛苦的时候，却在关心儿子的生活与学业！您的坚强、坦然、乐观、勇于担当，哪种深深的血脉亲情，还有您对生活的热爱，让儿子明白这是获得一切幸福的本源，是我一生受之无穷的财富，是儿子在今后生活与学术上前进的动力！

感谢您，恩师张华腾教授！接纳了我这样一个不算聪颖，缺乏天资，也不尽踏实的学生。忘不了您在课堂上的细致教诲，对论文上的每一处批改，在学术上的提携与引导。我深知这里面有您对学生的殷切期盼。您在学术上的刻苦、认真、严谨、废寝忘食，常常使我感到惭愧与自责，使我不敢也绝无理由懈怠、敷衍。您是我和所有学生在学术上的榜样，让我明白做一名真正意义的学者、知识分子的价值和内涵。感谢您，在学术之外，生活上对我的关心与帮助，您细致入微，善解人意，给了学生信心、感动和动力。

感谢您，尊敬的王玉华教授，三年来您对我的教诲，对我学术上的帮助，我将深深铭记在心中。感谢您，尊敬的岳珑教授、陈答才教授、黄正林教授、韩星教授；并特别感谢您，尊敬的汪朝光教授。作为答辩委员会主席和专家，你们对拙作提出了宝贵建议，并对我今后学术上的进一步发展提出了许多宝贵的建议。

我还要特别感谢南京大学的陈谦平教授、李玉教授，复旦大学戴鞍钢教授，西北大学陈国庆教授，中国第二历史档案馆郭必强研究员。他们或对我的博士论文内容、结构、观点提出宝贵意见，或对本人在中国第二历史档案馆、南京大学图书馆查阅资料提供了大力帮助。感谢我的同门或同年学友许效正师兄、马建华师兄、汪永平师妹、王爱云师妹、熊群荣师弟、丁守伟师弟，卢中阳师弟、谢伟峰师兄。和你们朝夕相处，情同手足，在学业、生活中互相关心、帮助，这种情谊永生难忘。

最后还要感谢感谢我亲爱的妻子！你无怨无悔和我走过了生命中迄今为止那段艰难的岁月，独自承担家务，抚养幼子，而且孝敬双亲，辛勤工作。在共同面对生活中的这些艰辛与磨难时，你让我拥有了生命中最美好、最真挚的爱。你让我明白做一名好儿子、好丈夫、好父亲、好兄弟的意义与价值。

本书以我的博士论文初稿为基础，补充、增加了一些新出版的史料，对一些内容、观点做了调整或补充。限于本人学识水平，难免内容、观点乃至史料运用上有不足或值得商榷之处，深望学界同人不吝指教。

杨　涛

2016 年 12 月 26 日